Ms. 6129

HISTOIRE

COMPLÈTE

DE BORDEAUX

DEUXIÈME PARTIE

TOME I"

BORDEAUX. — IMPRIMERIE DE J. DELMAS, RUE SAINTE-CATHERINE, 159.

HISTOIRE COMPLÈTE

DE

BORDEAUX

PAR

M. l'Abbé PATRICE-JOHN O'REILLY

CHANOINE HONORAIRE,
LICENCIÉ ÈS-LETTRES, CORRESPONDANT DU MINISTÈRE DE L'INSTRUCTION PUBLIQUE
POUR LES TRAVAUX HISTORIQUES,
MEMBRE CORRESPONDANT DE L'ACADÉMIE IMPÉRIALE DES SCIENCES,
BELLES-LETTRES ET ARTS DE BORDEAUX,
DE LA SOCIÉTÉ DES ANTIQUAIRES DE L'OUEST (A POITIERS),
DE LA COMMISSION DES MONUMENTS HISTORIQUES DE LA GIRONDE, ETC.

DEUXIÈME PARTIE

TOME Ier.

> Non modo casus et eventus rerum, sed ratio
> etiam, causæque noscantur.
> TACITE.

> Historia testis temporum, lux veritatis, vita
> memoriæ, magistra vitæ, nuntia vetustatis.
> CICÉRON. (*De Orator.*)

BORDEAUX	**PARIS**
CHEZ J. DELMAS, IMPRIMEUR,	CHEZ FURNE, LIBRAIRE,
Éditeur et propriétaire de l'Ouvrage,	RUE SAINT-ANDRÉ-DES-ARTS, 45,
RUE SAINTE-CATHERINE, 139,	DIDIER, quai des Augustins, 35.
Et chez les principaux Libraires de la ville.	

1856

Tout exemplaire de cet ouvrage qui ne sera pas revêtu de la signature de l'auteur, sera réputé contrefaçon, et poursuivi, ainsi que le vendeur, selon les lois

[signature]

Comme il s'agit, dans quelques chapitres de cet ouvrage, de matières religieuses, l'auteur déclare qu'il soumet respectueusement à la sainte Église catholique, apostolique et romaine, mère et maîtresse de toutes les Églises, et à ses Supérieurs ecclésiastiques, tout ce qui a émané et qui émanera de sa plume, se déclarant prêt à condamner tout ce qu'ils y trouveront de condamnable, et à corriger tout ce qui leur paraîtra inexact ou répréhensible.

ERRATA.

Page 21, ligne 6, au lieu de : soit à la ville ou à, lisez : *soit à la ville, soit à.*
Page 193, au lieu de : qualifier ce vénérable vieillard des exécrables qualifications d'intrus, de schismatique, etc., lisez : *qualifier ce vénérable vieillard d'intrus, de schismatique ou d'usurpateur.*
Page 473, au lieu de : bouche d'un seul homme, lisez : *bouche du seul homme.*

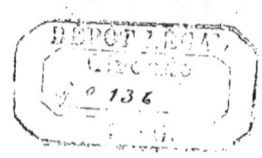

M

Devenu propriétaire de l'important ouvrage intitulé : *Histoire complète de Bordeaux*, par M. l'Abbé O'Reilly, j'ai l'honneur de vous prévenir que le premier volume de la seconde partie est en vente chez moi. Veuillez, M   , en qualité de souscripteur, faire retirer votre exemplaire.

J. DELMAS,

Imprimeur, propriétaire de l'Histoire de Bordeaux,

Rue Sainte-Catherine, 159, *à Bordeaux.*

1856

VERGNIAUD

GUADET

PRÉFACE.

L'histoire de Bordeaux, depuis 1789 jusqu'à la révolution de 1830, n'a jamais été écrite ; c'est un vaste champ qui reste encore à défricher, un sol vierge, une région inexplorée, dont je me permets de faire la description. C'est un monde nouveau qui se présente à nos regards, de nouvelles institutions, de nouvelles mœurs, des hommes nouveaux, des scènes émouvantes et tragiques, des utopies irréalisables ; en un mot, un déluge d'erreurs, d'extravagances et de forfaits, suivi de quelques années de gloire sous l'Empire, et des bienfaits de la paix et d'une prospérité toujours croissante sous le gouvernement constitutionnel de la Restauration. En 1789, on commença la réforme politique avec de bonnes intentions ; mais les hommes qu'on chargea de refaire les mœurs, les usages et les lois, en refaisant la Constitution, ne regardèrent que l'avenir, et se mirent à courir en avant sans tenir compte du passé et sans savoir précisément où ils allaient. On voulait réformer les abus, et l'on abusa de la réforme : les passions et les préventions des législateurs passèrent dans les lois ; et agissant sans règle, courant sans guide à l'inconnu, on bâcla bien des chartes, et l'on finit par rendre la loi athée et la France impie et ingouvernable. On crut pouvoir donner une nouvelle vigueur à la tige de la vieille Constitution du pays en retranchant ses rameaux luxuriants et inutiles ; mais on finit par déraciner l'arbre lui-même, qui avait, pendant tant de siècles, étendu sur la France son ombre tutélaire. La vieille monarchie fut sacrifiée pour une Constitution éphémère, qui en enfanta bien d'autres, mais qui toutes ne devaient vivre qu'un jour !

Bordeaux prit une part active à ces abortifs efforts de rénovation : on y croyait voir l'aurore d'un beau jour ; hélas ! ce ne fut que la lumière crépusculaire du soir ; on allait s'abîmer dans les ténèbres ! C'est avec des documents authentiques et inédits que j'ai entrepris de décrire les agitations de nos clubs, qui, à l'instar de ceux de Paris, s'organisèrent pour le désordre, démoralisèrent le peuple, et finirent par républicaniser la monarchie ; c'était la fièvre de la liberté naissante, l'enfantement de la démocratie ; c'était l'anarchie passant des intelligences dans les faits, et se personnifiant enfin dans des monstres tels que Robespierre, à Paris, Carrier, à Nantes, Lacombe et *consorts,* à Bordeaux. Une ombre funeste voilait alors le beau ciel de la France, et annonçait au monde étonné des jours mauvais et de déplorables malheurs ! Le roi, l'un des meilleurs rois que le ciel ait donnés à la terre, se vit forcé de descendre du trône de ses pères pour aller s'asseoir sur l'infâme sellette des coupables ; et ce fut à un généreux enfant de Bordeaux que ce prince malheureux confia la défense de son innocence contre ses sujets ingrats et égarés, devenus à la fois ses accusateurs, ses juges et ses bourreaux ! Nous sommes aussi heureux de pouvoir dire que ce fut un élève du séminaire irlandais, à Bordeaux, un noble enfant de la verte et trop malheureuse Érin, l'estimable abbé Edgeworth, qui, sans souci de la vie, sans crainte de la mort, monta sur l'échafaud avec la royale victime, pour préparer sa belle âme, par les consolations de la religion, au grand passage du temps à l'éternité, et pour lui dire, comme un dernier adieu à la vertu méconnue et malheureuse : « Fils de saint Louis, » montez au ciel ! » (1).

(1) L'abbé Edgeworth appartenait à une ancienne et respectable famille, en Irlande ; il vint à Bordeaux dans le printemps de 1762, avec M. Richard O'Reilly ; mais ne trouvant pas le séminaire irlandais de cette ville convenablement organisé, Edgeworth partit bientôt après pour Paris, où il se fixa, et le jeune O'Reilly alla faire ses études au collège de la Propagande, à Rome, où il fut ordonné prêtre. Rentré dans sa patrie, le jeune abbé O'Reilly fut nommé coadjuteur de l'évêque de Kildare, et fut sacré dans sa chapelle domestique, à Kilcock. Nommé plus tard archevêque d'Armagh, et primat de toute l'Irlande, Mgr O'Reilly laissa dans sa patrie de pieux et impérissables souvenirs. Il mourut le 31 janvier 1818, à Drogheda, à l'âge de soixante-onze ans. On a publié sur lui une notice biographique dans l'*Ami de la Religion,* tome 16, n° 417, page 141.

Il ne faut pas le confondre avec un autre prélat de la même famille, Lord Farrell O'Reilly, décédé évêque de Kilmore en 1824. La mort de ces vénérables pontifes, suivie de près de celle de parents chéris, et de presque toute une nombreuse famille, une santé réputée alors trop faible pour supporter l'atmosphère brumeuse et malsaine des Iles Britanniques, sont la cause que l'auteur de cet ouvrage se trouve maintenant sur les bords de la Garonne.

La France n'eut plus de roi ; des misérables s'en firent les tyrans. La couronne du petit-fils de Louis XIV gisait dans la boue : le nouveau souverain, le peuple abusé, se coiffa du bonnet rouge, et après avoir brisé le sceptre, se fit un autre symbole de sa puissance, l'impitoyable et trop complaisante guillotine ! L'écho de notre place Dauphine semble apporter encore à nos oreilles les derniers soupirs de nos trop nombreuses victimes, et les gémissements des familles inconsolables de notre cité ! Jamais peuple n'a gémi sous une si lourde, si humiliante et si épouvantable tyrannie, que celle de nos démocrates devenus rois. Une fois maîtres du terrain, ils voulaient tous monter sur le trône : ils se disputaient les lambeaux du manteau royal, se repoussaient, s'accusaient, s'entr'égorgeaient tour à tour. La Révolution, comme Saturne, disait Vergniaud, dévorait ses enfants ! C'est bien aux Français d'alors qu'on pouvait appliquer ces vers, qu'Homère adressa à ses compatriotes :

> Trop de chefs vous nuiraient : qu'un seul homme ait l'empire ;
> Vous ne sauriez, ô Grecs ! être un peuple de rois ;
> Le sceptre est à celui qu'il plut au ciel d'élire
> Pour régner sur la foule et lui dicter des lois.
>
> (*Iliade*, 11 vers, 204).

Les Français ne le comprirent que trop tard ; mais les Bordelais ne furent pas les derniers à secouer leurs chaînes à la face de leurs oppresseurs, et à leur demander compte de la vraie liberté, l'antique apanage de la France.

C'est avec une véritable douleur que je raconterai les affligeantes scènes de la terreur à Bordeaux, les atrocités de nos *sans-culottes*, les boucheries de Lacombe et les drames sanglants de la place Dauphine ! Il me faudra enregistrer dans mes colonnes les noms et les jugements des victimes ; il faudra aussi parler des bruyantes folies de la fête de la déesse *Raison*, et rappeler les plus brillants traits qui ont signalé la vie politique de Vergniaud, de Guadet et de nos Girondins bordelais. De courtes notices biographiques sur ces hommes, que nous pouvons appeler les fondateurs de la république française, ne seront pas sans intérêt :

tout ce qui touche à ces géants de la tribune ne peut manquer de charme pour les habitants de Bordeaux.

C'est avec un sentiment d'admiration respectueuse que je m'arrêterai un instant devant la grande figure de Napoléon, ce soldat heureux, couronné de gloire, grand comme sa renommée, incarnation du génie militaire, que la fortune suivait partout pour lui tresser des couronnes. Après avoir imposé silence au peuple, ce singulier souverain en haillons, il vint dans nos murs, traînant à sa suite des rois captifs, ordonna la construction d'un pont monumental, disposa des restes de l'ancien château de Vauban, fit réparer les flèches aériennes de la primatiale, et laissa d'autres souvenirs aux Bordelais, étonnés de sa gloire et reconnaissants de ses bienfaits.

Mais ce brillant météore s'éclipsa en 1814, époque fameuse dans les annales du pays, où des Bordelais, hommes de tête et de cœur, osèrent publier leurs vœux et demander tout haut ce que Wellington et Boresford ne voulaient pas leur rendre ; c'était le 12 mars ! (1).

Quelques mois s'écoulent, et une barque légère rapporte en France l'homme phénomène qui s'était assis sur le trône de Louis XIV. Clausel arrive, et la fille du roi-martyr, l'orpheline du Temple, dit un adieu à notre cité, où elle avait trouvé des amis et fait des ingrats ! Les aigles de Napoléon reprennent leur vol, et s'abattent bientôt après dans les plaines de Waterloo. Le grand capitaine, qui réunissait en sa personne Alexandre, César et Charlemagne, désabusé enfin de ses rêves de gloire, va, triste captif, nouveau Prométhée, méditer à Sainte-Hélène sur l'inconstance de la fortune, la trahison de ses amis, et sur la seule chose qui ne change pas, la religion, qui le consola sur son lit de mort et qui bénit sa tombe !

Dans le cours de cet ouvrage, on verra paraître quelquefois sur la scène de l'histoire des hommes dont les noms et les excès

« (1) Le marquis de Wellesley et ses collègues, les ministres du roi d'Angleterre,
» dit M. Thiers, se souciaient peu de rétablir les Bourbons en France ; ils étaient
» prêts à traiter avec Napoléon. » *(Histoire du Consulat*, tome 12, page 107).
Nous mettrons cette vérité dans tout son jour.

ne sont malheureusement que trop connus des Bordelais ; mais les fautes sont personnelles ; et les erreurs de beaucoup de gens, en temps de révolution, ne sont, en général, que les écarts de l'inexpérience, d'une fougueuse ou ignorante jeunesse, le fruit de conseils dangereux, ou le résultat de l'entraînement de mauvais exemples. Faut-il voiler les excès ? Mais non : le moraliste en tire de grandes instructions pour l'humanité, et les désordres du père sont souvent d'utiles leçons pour les enfants. Les cacher, ce serait mentir à la face du monde et méconnaître le noble devoir de l'historien.

« J'estime, dit une de nos grandes célébrités historiques et parlementaires, j'estime qu'il n'y a rien de plus condamnable, lorsqu'on s'est donné spontanément la mission de dire aux hommes la vérité sur les grands événements de l'histoire, que de la déguiser par faiblesse, de l'altérer par passion, de la supposer par paresse, et de mentir, sciemment ou non, à son siècle et aux siècles à venir. C'est une espèce de mensonge, dit Fleury, que de ne dire la vérité qu'à demi. Personne n'est obligé d'écrire l'histoire ; mais quiconque l'entreprend, s'engage à dire la vérité tout entière..... Si quelquefois il paraît censurer les personnes dont il parle, c'est la faute des coupables et non de l'historien. » Thiers. — *Histoire du Consulat*, tome XII, Avertissement, p. 11.

Discours IV.

Nous louons, nous honorons tous les sentiments qui ornent le foyer domestique ; nous respectons tous les liens qui rattachent les enfants au père, les jeunes rameaux au vieil arbre qui les a produits : c'est une loi divine ; et rien de plus édifiant que de voir l'affection filiale, l'amour conjugal, et une tendre et vieille amitié se créer des idoles pour perpétuer les souvenirs de ceux qui en étaient les objets ; mais l'histoire n'est pas obligée de leur apporter son encens. Son burin ne doit servir ni à accréditer ni à consacrer des réminiscences mensongères. On s'aveugle souvent sur les torts de ceux qu'on aime ; on les croit meilleurs qu'ils ne sont en réalité ; mais la vérité perce les ténèbres dont l'affection l'enveloppe, et fait tomber le bandeau qui nous privait de la lumière. Un éloge non mérité est comme le parfum de la rose que vous flairez le matin ; le soir, il n'en reste plus rien. L'amour se plaît dans les illusions, comme l'enfant qui ne voit les choses qu'à demi, dans la douteuse clarté d'un agréable crépuscule. Laissez venir le grand jour, et l'enfant verra bien autrement les choses. La vérité peut ne pas convenir à tous ; mais on a beau la couvrir d'un voile impénétrable, elle le pénètre et le déchire ; elle se rend toujours plus ou moins apparente, malgré l'action délétère du temps et des hommes, et finit à la longue par conquérir les hommages de ceux-là mêmes qui n'en voulaient pas. Où en serions-nous, grand Dieu ! si après leurs forfaits, les méchants pouvaient les ensevelir dans les ténèbres, et se draper audacieusement dans leur innocence affectée ! L'histoire est un des grands agents de Dieu ; elle met les hommes et les choses à leur place.

Ces observations peuvent avoir leur utilité ; cependant, dévoué par mes devoirs à une mission pacifique, était-il nécessaire de prévenir mes lecteurs que je ne chercherai jamais à déplaire, encore moins à offenser ? Sans autre antipathie que celle qui s'attache au mal ; sans autres sympathies que celles que fait naître le bien ; sans amour, sans haine au milieu des vieux partis qui ont longtemps occupé et occupent encore la scène de la politique, je n'avancerai rien sans en avoir les preuves et sans m'appuyer sur des documents authentiques et pour la plupart inédits. Dans l'exposé des faits, je veux toute ma liberté ; mais dans les inductions que la morale ou l'austère logique doit en tirer, je tâcherai toujours d'apporter un esprit de modération et de charité qui ne nuira en rien à la vérité. Je n'ai qu'un vœu : celui d'être juste envers tout le monde, véridique, impartial et complet ; je n'ai pas de coterie à flatter, ni de passions politiques à exploiter. Je n'ai qu'un but : celui d'être utile à mes concitoyens, et de devenir auprès de la postérité la voix des siècles passés et l'écho de la vérité.

Je me suis arrêté, dans trois ou quatre chapitres, sur le schisme constitutionnel à Bordeaux ; j'ai cru devoir le faire, car c'était l'une des plus grandes plaies de l'époque ; c'étaient de nouveaux embarras, surajoutés à ceux déjà trop grands et trop nombreux de l'administration civile, c'étaient d'énormes difficultés, qu'on croyait surmonter par la force ou trancher avec le sabre, mais qui renaissaient et s'étendaient sans cesse, plus sérieuses et plus menaçantes. Pour mieux assurer son triomphe, la démagogie aurait voulu inspirer ses idées à tout le monde, contrôler la croyance, s'interposer entre l'homme et son Dieu, enchaîner le sentiment religieux, et asservir ce qu'il y a de plus libre au monde : la raison, la pensée, la liberté de la conscience.

J'avais cru un instant qu'il fallait garder tous ces détails pour l'*Histoire de l'Église de Bordeaux*, que je me propose de publier plus tard ; mais ils touchaient de trop près aux intérêts temporels pour les passer tout à fait sous silence. Les affaires politiques et religieuses s'identifiaient, se mélangeaient, se confondaient tellement dans les faits administratifs comme dans l'esprit des législateurs d'alors, qu'il m'eût été impossible de ne pas parler de ces dernières. J'ai glissé rapidement là dessus ; mais l'exposé que j'en fais, quoique succinct, suffira pour montrer les fâcheuses conséquences qui résultent de l'impolitique et insoutenable confusion des pouvoirs civil et ecclésiastique. Le schisme, à Bordeaux comme à Paris, n'était qu'une inspiration de la politique républicaine ; c'était l'intervention directe des laïques dans les affaires ecclésiastiques, l'usurpation du pouvoir spirituel, et son asservissement aux besoins et aux exigences de quelques suppôts de la démagogie impie ; c'était une tentative folle et abortive de l'incrédulité, à l'imitation de l'Angleterre, pour faire du sacerdoce une spéculation, métamorphoser les prêtres en agents de police, et détacher de Rome, centre de l'unité, mère et maîtresse de toutes les Églises du monde, la patrie de Charlemagne, de saint Louis et de Louis XIV. Tous ces efforts ont échoué à Bordeaux : le *constitutionnalisme* religieux de ces bâcleurs insensés de chartes et de croyances n'a pas pu s'établir sur l'antique siége des Delphin, des Léonce, des d'Aviau, où le schisme et l'hérésie n'ont jamais pu prendre racine. Toutes ces matières paraîtront *in extenso* dans l'*Histoire de l'Église de Bordeaux*.

Le public voit maintenant le tableau que j'avais à remplir : le sujet était vaste, neuf et intéressant ; c'était une voie nouvelle et jusqu'ici inexplorée : je l'ai parcourue de mon mieux, avec la conscience de mon devoir ; mais aussi avec la juste appréhension de ne pas répondre à l'attente des savants et aux espérances des Bordelais. L'ai-je bien fait ? C'est au public éclairé de le dire.

Tous les documents, toutes les observations qui pourront servir à compléter ou à rectifier mes assertions, seront reçus avec reconnaissance. L'amour paternel pour ce nouveau-né, que je présente aux regards du monde, ne m'aveuglera pas sur ses défauts; rien n'est parfait ici-bas : le beau ciel de Naples a souvent des nuages; il y a de la fange parmi les sables aurifères du Pactole, et notre belle Garonne ne mêle-t-elle pas ses eaux bourbeuses aux limpides courants des gaves de nos montagnes? A défaut de tout autre mérite, j'aurai au moins celui de la bonne volonté; et je n'hésiterai pas un instant à dire avec Pline : « Nous ne doutons » pas qu'il ne se soit glissé des fautes dans ce travail de longue » haleine, car, comme homme, nous sommes sujet à l'erreur, » et nous sommes d'ailleurs chargé d'autres affaires (1). » Je ne me récrierai pas contre la sévérité d'une critique impartiale et consciencieuse : elle est toujours utile et souvent nécessaire. Je m'estimerai heureux de pouvoir, par les conseils de mes amis, rectifier mes jugements et rendre hommage à la vérité, en corrigeant mes fautes. En utilisant les doux loisirs de ma solitude, je n'ai eu qu'une pensée : celle d'employer utilement mon temps, de me procurer les agréables distractions de l'étude, de rendre quelque service à la génération qui s'élève dans ma patrie adoptive pour remplacer celle qui s'en va. Qu'il me soit permis de dire, avec le poëte de Rome, à ceux qui viendront après nous :

..... *Juvenes illic et facta domestica vobis,*
Sæpe tibi pater est, sæpe legendus avus.

OVID. — *Fast.*, lib. I.

Ici de vos aïeux vous trouverez l'histoire;
Lisez donc, Bordelais, ces titres de leur gloire.

---

(1) *Nec dubitamus multa esse quæ et nos præterierint; homines enim sumus et occupati officiis.* PLIN., lib. I.

HISTOIRE
COMPLÈTE
DE BORDEAUX

DEUXIÈME PARTIE

LIVRE Ier

CHAPITRE PREMIER.

L'ancien édifice social s'écroule. — État des esprits. — Imprudente conduite du Parlement et de toutes les classes.— Lutte de la royauté avec la démocratie. — Réunion des électeurs. — Les quatre-vingt-dix électeurs à la cathédrale. — Les représentants des trois ordres. — Nouvelles réclamations de la noblesse. — Réponse du ministre. — Le Parlement encourage la désaffection du peuple envers le ministère.— Désordres à Bordeaux.—La prise de la Bastille connue à Bordeaux. — Conduite des Bordelais. — Assemblée des citoyens au Jardin-Public. — Les quatre-vingt-dix électeurs réunis en assemblée délibérante. — La garde nationale formée. — Elle crie contre la garnison du château. — Mensonges propagés contre la garnison, comme devant détruire le château et la ville, etc.

Nous entrons maintenant dans une époque de notre histoire où un spectacle étrange et nouveau frappe tous les regards : tout l'ancien édifice social s'ébranle; la nouvelle année arrive et annonce un nouveau monde, un nouvel ordre de choses, de nouvelles lois, une nouvelle société et de nouveaux maîtres. Les hommes même qui jouent le plus grand rôle sur le

1789

vaste théâtre des affaires, sont nouveaux, dans toutes les acceptions de ce mot; et ne sachant comment étayer l'édifice qui croule, ils commencent par le démolir pour le mieux reconstruire ! On était las de la cour, on détestait les ministres; mais on respectait encore le roi. Les nobles s'étaient faits démocrates, non pas pour remettre le pouvoir à ce qu'on appelle le peuple, mais bien pour abattre les ministres et les adversaires des parlements; ils voulaient se relever de l'abaissement où les avait jetés Richelieu, et recouvrer le terrain que son despotisme leur avait ravi. Les parlements voulaient s'approprier tout ce qu'on ôtait à la royauté. Les coryphées des partis criaient contre les abus; mais, arrivés au pouvoir, ils s'efforcaient, non de les réformer, mais de les maintenir pour en profiter. Les cafés, les auberges, les estaminets, étaient les lieux des *rendez-vous* des politiques, et remplaçaient les salles du Parlement et des tribunaux. La lutte des parlements et du gouvernement avait engendré un esprit de critique et d'indépendance; les droits même du pouvoir étaient soumis au jugement de l'opinion publique. L'opposition aux ordres ministériels était à la mode; et comme il n'y a qu'un pas du ministre au roi, le pouvoir royal se trouvait compromis. La presse dessilla les yeux des moins clairvoyants, révéla les abus, indiqua des remèdes bons ou mauvais, que le libéralisme naissant prônait avec enthousiasme. Bientôt un cri général retentit du château à la chaumière contre des abus réels, et grossis souvent par des imaginations exaltées; on se mit à démontrer la nécessité d'une réforme générale, et celle de créer des institutions en harmonie avec les idées dominantes et les besoins du peuple et du siècle.

Le Parlement, sans s'en douter, avait poussé à la roue et hâté le cataclysme; il ne faisait que se suicider. Ces cours de justice formaient l'un des principaux rouages de la machine gouvernementale; on les détruit: la machine ne fonctionne plus; on essaie de la faire marcher d'une autre façon. Le

Parlement de Bordeaux était pour quelque chose dans ce travail de désorganisation; il avait ouvert la brèche à la réforme; la révolution y entra avec son cortége de malheurs, qui balance bien les avantages qui en sont résultés. La presse devient un dissolvant irrésistible, un formidable levier entre les mains des partis, contre toutes les formes de gouvernements libres; mille pamphlets, mille projets, mille utopies, circulent : les uns veulent raviver ce qui est mort ou mourant, les autres veulent du neuf avec de vieux priviléges; quelques-uns songent à la Constitution anglaise, produit exotique peu en rapport avec les mœurs, les idées et les besoins de la France; le tiers-état, dont Sieyès croyait révéler l'existence et annoncer le prochain réveil, ne demandait qu'un système plus large, plus juste et moins aristocratique; mais au milieu de ces fantaisies des nouveaux régents de la France, la révolution marchait sans s'arrêter, la noblesse s'effaçait, le clergé courbait la tête et s'éclipsait; les curés se laissaient aller au torrent, croyant que l'on n'en voulait qu'aux richesses de l'épiscopat; et le tiers-état, qui avait constamment joui de ses droits politiques, quoi qu'en ait dit Sieyès, voulait les étendre et en avoir de nouveaux; il n'était jusqu'alors qu'un rouage de la machine politique; il n'était qu'une partie, il finit par être tout. « La lutte de la couronne avec l'aristocratie » avait fini, dit Châteaubriand; mais celle de la démocratie » avec cette même couronne commença. La royauté, qui avait » favorisé le peuple, afin de se débarrasser des grands, s'a- » perçut qu'elle avait élevé un autre rival, moins tracassier, » mais plus formidable; le combat s'établit sur le terrain de » l'égalité (1). »

La France cependant paraissait contente; elle croyait entrevoir dans le lointain un avenir heureux; elle se berçait

---

(1) Sur cette matière, on trouvera d'intéressants détails sur le développement de l'influence du tiers-état, dans l'excellent ouvrage de M. Aug. Thierry, intitulé: *Essai sur l'histoire du tiers-état*.

au moins de douces espérances; ses vœux allaient enfin se réaliser. Les États devaient s'assembler à Versailles le 5 mai, conformément aux lettres closes du roi, en date du 25 janvier; elles furent enregistrées le 18 février, à la sénéchaussée de Guienne, ainsi que le règlement qui avait été rédigé pour l'occasion. Suivant ces lettres, la sénéchaussée devait avoir seize députés aux États : quatre pour le clergé, quatre pour la noblesse et huit pour le tiers-état; la ville de Bordeaux devait fournir quatre députés; les quatre autres devaient être élus par les communes de la sénéchaussée. La nomination des représentants de la noblesse et du clergé se fit directement; celle du tiers-état devait se faire par des électeurs nommés par les assemblées primaires, composées de toutes les corporations de la ville. Cette première opération se fit avec calme et ordre, et les deux cent quarante électeurs nommés par les corporations pour aller siéger à l'assemblée électorale de la sénéchaussée, se réunirent les 7, 8 et 9 mars, à l'Archevêché, pour s'entendre sur les choix à faire, pour rédiger les cahiers des doléances et des réclamations, et pour délibérer avec maturité sur les vœux et les réformes que leurs mandataires devaient proposer aux États.

De leur côté, les jurats convoquèrent pour le 2 mars, dans l'église du collége de Guienne, une assemblée de ceux des habitants de la ville qui ne se trouvaient compris dans aucun corps ou communauté, afin d'élire deux députés, à raison de cent individus, qui, se réunissant à ceux des corporations et communautés de la ville, prendraient part aux opérations des élections générales. Par lettres-patentes, le nombre des électeurs fut réduit à quatre-vingt-dix; ceux-ci se réunirent à la cathédrale les 9 et 10 mars, sous la présidence du grand sénéchal de Guienne, pour vérifier leurs pouvoirs, rédiger les cahiers et faire les choix définitifs. Le clergé nomma Mgr de Cicé, archevêque de Bordeaux; MM. Piffon, curé de Valeyrac; Delage, curé de St-Christoly; et d'Héral, vicaire-général. La noblesse nomma MM. Leberthon, premier-président du Parlement; le vicomte de Ségur, maréchal-de-camp; le chevalier de Verthammont, et M. de Lavie, président à mortier. Le tiers-état élut MM. Fisson-Jaubert, médecin; Deluze-Létang, propriétaire à Coutras; Boissonnot, notaire à Blaye, et Valentin Bernard, propriétaire à Bourg; tous quatre pris dans les communes de la sénéchaussée. Les quatre autres, qui devaient représenter la ville, étaient MM. Nairac, négociant; Lafargue, ancien consul; Gachet de l'Ile, négociant, et Desèze, médecin. Dans la quinzaine, les trois ordres devaient remettre séparément à leurs représentants leurs *cahiers* de doléances et de réclamations pour les États-généraux.

Pendant que les Bordelais préludaient ainsi, de leur côté, aux États-généraux, leur conseil des Cent-trente s'efforçait de raviver les vieilles haines; mais il éteignit en impuissants efforts son principe de vitalité, le désir de conquérir ses libertés, vœu local qui allait être absorbé dans celui d'une assemblée générale de la nation. De nouveaux notables venaient d'être élus en remplacement de ceux dont la mission venait de se terminer. Bien que cette élection eût été faite selon les formes légales et usitées, les notables de l'ordre de la noblesse se refusèrent à concourir à l'élection des nouveaux sujets. La jalousie s'était déjà glissée entre les différents ordres : la lutte commença. La noblesse écrivit en cour, et ayant recruté beaucoup d'adhérents parmi les Cent-trente, elle renouvela ses plaintes contre les jurats, et demanda instamment leur renvoi immédiat, celui surtout du sieur Lamontagne, procureur-syndic.

Voici la lettre que les Bordelais écrivirent au roi :

« Sire,

» La commune de Bordeaux renouvelle auprès de Votre
» Majesté les respectueuses supplications que les trois ordres

» de la ville ont déjà eu l'honneur de lui adresser. En défé-
» rant à Votre Majesté la nomination du sieur Lamontagne à
» la place de procureur-syndic, en la suppliant de détruire
» l'effet d'un acte qui donne atteinte à ses droits, à ses privi-
» léges, la commune se félicite de pouvoir motiver sa récla-
» tion sur les conventions de l'heureux traité qui l'a soumise
» à la domination française, et que son inaltérable fidélité,
» et le bonheur de vivre sous vos lois, lui rendent chaque
» jour plus précieuses.

» Telle est, Sire, l'importance du droit dont nous vous de-
» mandons de maintenir l'exercice, que, quand même il ne
» serait pas établi sur les titres les plus authentiques, sur la
» loi inaltérable des propriétés, votre intérêt, celui de vos
» peuples, qui ne peut en être séparé, vous détermineraient
» à le créer par une loi nouvelle ; et la commune de Bordeaux
» se flatterait alors d'obtenir de votre bienfaisance ce que
» votre justice ne saurait aujourd'hui lui refuser.

» Dans tous les temps, sous la domination des ducs de
» Guienne, sous celle des rois d'Angleterre, et depuis le traité
» qui réunit la Guienne à la France, la ville de Bordeaux a
» toujours joui du droit d'élire ses officiers municipaux, ses
» représentants.

» Comme administrateurs des revenus de la commune,
» c'est par elle que les officiers municipaux sont commis pour
» veiller à leur emploi, à leur conservation. Ces biens n'ont
» été formés, par le consentement unanime de la cité, que
» sous la condition formelle qu'ils ne pourraient être gérés
» que par elle ou par ses préposés. Comme officiers de police,
» ils exercent, par délégation, une juridiction patrimoniale à
» la ville, qu'elle s'est expressément réservée par le traité de
» 1451, et que les lois les plus solennelles ont, de règne en
» règne, successivement confirmée. Sous ce double rapport,
» le droit d'élection pour les offices de la municipalité est une
» suite nécessaire, absolue, immédiate, de notre propriété.

» Tel est, d'ailleurs, le droit commun de la France. La
» commune de Bordeaux serait-elle moins privilégiée que les
» autres municipalités du royaume, parce qu'un traité solen-
» nel a consacré ses franchises, et qu'elle ne les a point ac-
» quises de la munificence de ses souverains?

» Dans les pays régis par le droit écrit, les villes les moins
» considérables ont maintenu ce privilége contre les efforts
» de leurs seigneurs suzerains. Toutes les fois qu'ils ont cher-
» ché à les dépouiller de ce droit, en nommant aux places
» municipales, sans attendre la présentation de la commune,
» les magistrats chargés de rendre, au nom de Votre Majesté,
» la justice à vos peuples, ont accueilli leurs réclamations.
» La ville de Bordeaux, après avoir conservé une Constitution
» libre, au milieu des troubles et de l'anarchie du gouverne-
» ment féodal, serait-elle moins heureuse, lorsque, ne con-
» naissant d'autre suzerain que Votre Majesté, l'opulence, la
» liberté et le courage de ses habitants, l'ont mise à même
» de se placer sous la sauvegarde immédiate de son souve-
» rain?

» Sire! c'est pour le bonheur de vos peuples que la Pro-
» vidence a placé dans vos mains cette autorité suprême dont
» vous ne chérissez les droits que pour protéger vos sujets, et
» veiller par vous-même au soin de les rendre heureux. C'est
» là l'objet de vos travaux, l'origine et le but de votre puis-
» sance; et c'est par cet intérêt commun que vous voulez en
» fixer l'étendue. Comment, au milieu des sollicitudes dont
» le trône est environné, Votre Majesté pourrait-elle distin-
» guer dans le fond des provinces les sujets que l'opinion
» publique appelle aux places de la municipalité? C'est aux
» vertus et aux talents qu'elles doivent être données. L'inté-
» rêt de l'État, le maintien des mœurs et l'honnêteté publique
» l'exigent, et tel est le vœu de Votre Majesté.

» La place de procureur-syndic est destinée à des juris-
» consultes. Ceux que la voix publique indiquerait, absorbés

Livre I.
Chap. 1.

1789

» par les occupations de leur état, ont rarement des rapports
» qui lui soient étrangers. Ils jouissent en silence, et parmi
» leurs concitoyens, de la considération attachée à leurs tra-
» vaux, de l'estime due à leurs vertus, et de l'honneur de
» leur vie privée. Comment parviendraient-ils aux pieds du
» trône, et combien de facilités l'intrigue n'aurait-elle pas
» pour les en écarter ?

» La commune ne peut pas se tromper sur le choix des
» sujets qu'elle présente : des précautions sages suffisent pour
» assurer l'impartialité des élections; et Votre Majesté, ras-
» surée par le suffrage de la cité, se tranquillise sur la préfé-
» rence qu'elle donne, par la certitude de faire toujours un
» bon choix.

» Vainement le sieur Lamontagne chercherait-il à se pré-
» valoir de quelques exemples de nominations faites sans que
» la commune ait été consultée. L'abus ne change pas la loi;
» et il suffirait d'exposer à Votre Majesté que cet usage est
» abusif, pour qu'elle se décidât à le proscrire; mais si ces
» sortes de nominations ont été maintenues, c'est uniquement
» parce que la cité n'a pas réclamé. Dans ces occasions, le
» choix était tombé, sans doute, sur des sujets recommanda-
» bles par leurs qualités personnelles. Le suffrage de la com-
» mune n'avait pas, il est vrai, précédé, mais il a suivi ces
» nominations; et si la lettre de la loi n'a pas été observée,
» son but a pu paraître rempli.

» Sire, ce n'est point avec autant de rigueur que vos sujets
» aiment à calculer leurs droits. Le bien de votre service et
» l'intérêt public peuvent seuls les déterminer à réclamer
» votre justice; et lorsque leur conscience ne leur a pas im-
» posé ce pénible devoir, comment leur confiance n'aurait-elle
» pas été illimitée ?

» Le feu roi, votre auguste aïeul, a reconnu lui-même la
» nécessité de maintenir les droits de la commune par les élec-
» tions, par ses lettres-patentes de 1767 et celles de 1772.

» Ces lois, solennellement enregistrées, nous dispenseraient
» du soin de relever l'abus de quelques nominations anté-
» rieures, puisque ces abus ont été formellement proscrits
» par elles.

» Quand bien même ces lois auraient introduit un droit
» nouveau, elles ont invariablement fixé le régime de notre
» municipalité; et depuis leur promulgation, leur disposition
» pour la place de procureur-syndic n'a jamais été en-
» freinte.

» Mais notre confiance en vos vertus ne nous permet pas
» de passer sous silence une considération bien importante,
» et que nous supplions Votre Majesté de peser dans sa sa-
» gesse, avec cette probité scrupuleuse dont elle aime à don-
» ner l'exemple à tous ses sujets. Dans les dernières années
» du règne de Louis XIV, on imposa une finance sur les pla-
» ces de procureur-syndic et de clerc de ville. La commune
» y consentit. Quelque grands que soient ses sacrifices, elle
» n'a jamais balancé à y souscrire, lorsque les besoins de
» l'État l'ont exigé. Les lettres-patentes de 1767, en réinté-
» grant la ville dans tous ses droits, l'autorisèrent à rem-
» bourser cette finance, et ce remboursement a été effectué.
» Dès lors, Votre Majesté voit qu'indépendamment des titres
» incontestables qui assurent nos droits pour l'élection des
» places municipales, ce droit, relativement à celles de pro-
» cureur-syndic et de clerc de ville, peut être considéré
» comme une propriété dans laquelle la commune a été réin-
» tégrée, et réintégrée à titre onéreux.

» La nomination du sieur Lamontagne à la place de pro-
» cureur-syndic est donc contraire au droit de la ville, au
» vœu de Votre Majesté elle-même, à la disposition précise
» de ses lois. Votre Majesté pourrait-elle se déterminer à la
» laisser subsister ?

» Sire, si le sieur Lamontagne eût été légalement pourvu de
» la place de procureur-syndic, s'il eût conservé celle de clerc

» de ville, dont il s'est démis, les représentants de la com-
» mune auraient été forcés de provoquer sa destitution. Le
» procès-verbal dressé par l'assemblée des Cent-trente, dans
» sa séance du 9 de ce mois, et qu'elle a eu l'honneur de re-
» mettre sous les yeux de Votre Majesté, constate les infidé-
» lités multipliées dont le corps de ville s'est rendu coupable
» envers la commune. Le sieur Lamontagne, en sa qualité de
» clerc de ville, et remplissant les fonctions du procureur-syn-
» dic, était chargé de la correspondance et de la rédaction
» des procès-verbaux. C'est lui principalement que la com-
» mune accuse d'avoir abusé de l'honorable mission qui lui
» était confiée, pour attaquer nos franchises, détruire nos pri-
» viléges, calomnier tous les ordres de la cité, et tromper
» Votre Majesté elle-même. Ce n'est pas l'erreur d'un moment,
» c'est un plan réfléchi, combiné depuis près de deux années.
» Partout on en retrouve des vestiges. Et quel était son ob-
» jet? Il n'en avait d'autre que celui d'usurper une place que
» la confiance donne, et dont l'opinion publique l'aurait tou-
» jours écarté, de disposer à son gré de toutes les places muni-
» cipales, de se rendre nécessaire à l'autorité par des terreurs
» imaginaires, de couvrir son administration d'un voile im-
» pénétrable, et de se rendre le dispensateur, l'arbitre absolu
» de tous les droits dont il n'était que le dépositaire.

» Deux fois la commune a reçu son serment, deux fois il a
» promis aux pieds des autels de défendre nos priviléges, et
» la solennité de son installation n'a fait que le charger d'un
» double parjure.

» Que veut-il, qu'attend-il de nous? Que peut-il espérer
» de la justice de Votre Majesté? A peine l'accès du trône, qu'il
» avait fermé pour la commune, s'est-il ouvert pour elle, à
» peine ses représentants se sont-ils assemblés, qu'il a fui
» l'œil sévère de ses concitoyens. Qu'est-il devenu? Sans doute
» il persiste dans son odieux projet; il assiége sans cesse la
» porte des ministres de Votre Majesté, et les vœux qu'il forme

» au fond de son cœur le rendent chaque jour plus coupable.

» Sire, le ministère du procureur-syndic de la ville de
» Bordeaux est un ministère d'honneur et de confiance ; le
» sieur Lamontagne pourrait-il désormais le remplir ? Quel
» garant de sa fidélité donnerait à son souverain l'homme qui
» n'a pas craint de briser les liens qui l'attachaient à sa pa-
» trie ?

» La commune de Bordeaux ose espérer que Votre Majesté
» daignera accueillir favorablement ses respectueuses récla-
» mations. Votre intention, Sire, n'a jamais été de la priver
» de ses droits, de ses priviléges. Comment les habitants de
» Bordeaux auraient-ils pu encourir votre disgrâce ? Votre
» Majesté n'a jamais eu des sujets plus soumis et plus fidèles.

» Le brevet même du sieur Lamontagne prouve la surprise
» qu'il a faite à la religion de Votre Majesté. Les termes dans
» lesquels il est conçu annoncent que les circonstances du
» moment, et les témoignages rendus en faveur du sieur La-
» montagne, avaient déterminé Votre Majesté à le pourvoir de
» son pur mouvement. Ainsi, ce n'est point une dérogation
» formelle à nos droits que Votre Majesté a voulu faire, c'est
» une disposition forcée, un acte commandé par des circons-
» tances, et Votre Majesté a daigné annoncer elle-même
» qu'elle a cru faire un bon choix. Sire, ces circonstances ont
» été dénaturées, et la commune n'oubliera jamais que le
» sieur Lamontagne fut le principal auteur de cette calomnie.
» Quelle sera sa ressource, aujourd'hui que votre sagesse est
» éclairée ? Quel témoignage pourra-t-il invoquer ? Quelle
» voix osera s'élever pour attester au pied du trône sa capa-
» cité, sa suffisance, lorsque la cité qu'il a trahie, lorsque
» tous ses concitoyens, les premiers juges de ses mœurs, de
» ses talents, de ses vertus, se réunissent pour déclarer qu'il
» a perdu leur confiance ?

» Le sieur Lamontagne osera-t-il opposer aux demandes
» de la commune le suffrage qu'elle lui a donné par ses re-

Livre I.
Chap. 1.

1789

» présentants, lorsqu'il fut élu pour la place de jurat et celle
» de clerc de ville ? Un choix antérieur ne dispense point
» d'un nouveau choix pour une place nouvelle et surtout plus
» importante. La confiance la mieux méritée peut se perdre
» en un instant, et telle est la triste, mais insurmontable po-
» sition où le sieur Lamontagne s'est placé lui-même.

» L'assemblée des Cent-trente s'occupe du soin de rétablir
» l'ordre dans l'administration des finances de la commune,
» de faire disparaître les abus qui s'y sont glissés, et, sous
» l'heureuse influence de votre autorité, de substituer au mé-
» pris des règles, à la subversion des lois, le respect de notre
» antique Constitution, l'amour de l'ordre et l'empire de la
» justice. Comment cette heureuse révolution pourrait-elle
» s'opérer, lorsque la commune verrait à la tête de la muni-
» cipalité un homme qui n'a plus sa confiance, et qu'elle doit
» regarder comme l'auteur ou, du moins, le complice de tous
» les désordres qu'elle veut réprimer.

» Daignez, Sire, dans un moment où, par une détermina-
» tion qui rendra votre règne à jamais mémorable, vous ré-
» tablissez la nation dans tous ses droits oubliés pendant près
» de deux siècles, daignez rappeler le brevet du sieur Lamon-
» tagne, et ne permettez pas qu'il puisse s'applaudir d'avoir
» trahi ses concitoyens, surpris votre justice, et rendu inu-
» tile pour notre cité (dans la partie la plus importante de sa
» Constitution), ce grand acte de réintégration, qui fera à ja-
» mais bénir le nom de Louis XVI.

» Telles sont, Sire, les très-humbles et très-respectueuses
» supplications qu'ont l'honneur d'adresser à Votre Majesté,
» De Votre Majesté, les très-humbles et très-fidèles sujets.

» LES CENT-TRENTE
» De votre bonne ville de Bordeaux. »

Outre cette supplique, adressée à Sa Majesté, les Bordelais écrivirent une lettre au ministre, conçue en ces termes :

» A Bordeaux, le 21 février 1789.

» Monseigneur,

« L'assemblée des Cent-trente croit devoir aux vues bien-
» faisantes de notre auguste monarque de prévenir la sagesse
» de son conseil sur les difficultés que peut éprouver la no-
» mination des députés aux États-généraux, à raison de l'état
» actuel de notre municipalité.

» Le corps de ville, composé d'un maire, d'un lieutenant
» de maire, de six jurats, d'un procureur-syndic et d'un clerc
» de ville, doit présider les assemblées de toutes les corpo-
» rations, et prononcer provisoirement sur toutes les ques-
» tions qui pourront s'élever dans les assemblées; telle est la
» disposition précise du règlement.

» Nous n'avons que trois jurats : le temps d'exercice de
» l'un d'entre eux est fini depuis le mois d'août dernier; il n'a
» jamais paru dans nos assemblées, et il vaque seulement aux
» fonctions les plus indispensables de la police.

» Les deux autres ont été forcés de donner leur démission
» sur le procès-verbal de la commune; cette démission a été
» acceptée, et, depuis deux mois, nous attendons chaque jour
» leur remplacement.

» La commune a présenté à Sa Majesté, à deux différentes
» reprises, ses humbles supplications sur l'illégalité de la no-
» mination du sieur Lamontagne à la place de procureur-
» syndic; l'opinion générale de nos concitoyens nous a forcé
» de déclarer qu'il n'était personne qui pût se déterminer à
» accepter aucune des places de la municipalité pour en par-
» tager les fonctions avec lui.

» Dans ces circonstances, Monseigneur, que de difficultés
» vont s'élever sur l'exécution d'un règlement qui doit pré-
» parer le bonheur et la régénération de la France !

» Le tiers-état de la ville de Bordeaux n'aura point de » juges; le lieutenant de maire, en sa qualité de gentilhomme, » et le sieur Acquart, jurat, comme secrétaire du roi, n'ont » point de voix délibérative, d'après le règlement lui-même; » et l'un des deux jurats qui restent doit remplir les fonc- » tions du procureur-syndic.

» Le seul moyen d'y remédier serait de nommer provi- » soirement à toutes les places vacantes, y compris celle de » procureur-syndic. La nécessité d'y pourvoir promptement » nous a déterminés à présenter à Sa Majesté vingt-quatre su- » jets, sur lesquels elle daignera en choisir huit pour rem- » plir provisoirement les huit places vacantes.

» Daignez, Monseigneur, accélérer autant qu'il sera possi- » ble le succès de notre démarche. Il serait trop douloureux » pour nous de voir s'élever dans notre ville des obstacles qui » tendraient à éloigner le bonheur de la France, et à retar- » der l'exécution des projets de notre auguste monarque. » Serait-il possible, Monseigneur, que l'intérêt d'un seul par- » ticulier pût balancer les droits d'une cité entière et l'objet » des vœux de tous les Français.

» Nous sommes avec respect, Monseigneur, vos très-hum- » bles et très-obéissants serviteurs.

» *Les Cent-trente de Bordeaux.*

» BROCHON,

» Faisant, dans l'assemblée des Cent-trente, les fonctions » de clerc secrétaire. »

Le ministre, suffisamment éclairé sur le but hostile des Cent-trente, et se trouvant d'ailleurs à la veille de voir une organisation sociale, toute nouvelle, remplacer l'ancienne, écarta la question par des paroles évasives et sur de futiles prétextes, comme nous allons le voir par la réponse suivante, datée de Versailles, le 8 mai 1789, et signée *de Villedeuil*:

« J'ai mis sous les yeux du roi, Messieurs, la lettre que
» vous avez adressée à Sa Majesté le 2 de ce mois. Les obs-
» tacles qui ont empêché jusqu'à présent que toutes les places
» de jurats fussent remplies, ne sont pas encore levés. Sa
» Majesté attend, dans sa sagesse et dans sa justice, que les
» circonstances permettent de les faire cesser. Au surplus,
» elle m'a chargé de vous mander qu'elle est satisfaite de la
» manière dont les jurats qui sont en exercice remplissent
» leurs fonctions; qu'elle s'aperçoit que vos séances se pro-
» longent considérablement, et que vous devez songer qu'elles
» ne peuvent être perpétuelles. »

Cette réponse, critique et sévère, ne corrigea pas le conseil des Cent-trente; ils envoyèrent une autre missive le 20 juin 1789, et dévoilèrent, avec une trop grande franchise, de ridicules prétentions auxquelles le ministère s'obstinait à ne pas souscrire; ils demandaient, pour concilier les droits et la dignité du souverain avec les intérêts des opposants, d'être chargés eux-mêmes de faire le choix des vingt-quatre électeurs, qui, selon l'usage, présentaient au roi les sujets destinés à occuper les places de la municipalité.

Cette lettre resta sans réponse : le ministre avait sur les bras des affaires trop importantes, et faisait peu de cas des réclamations partielles dans un temps où les intérêts généraux de la France absorbaient toute son attention. Mais, dans toutes ces discussions, le Parlement jouait un grand rôle; il soufflait le feu de la discorde, encourageait les populations à résister aux injonctions du ministère, les poussait à la révolte et avançait, sans s'en douter, la fin de sa propre existence et le cataclysme épouvantable de 1793. Comme Samson, il voulait montrer sa force et se venger; il ébranla les colonnes de l'édifice, et s'ensevelit sous les ruines. Tout respect pour l'autorité s'éteignait peu à peu; et le peuple, trompé par les grands mots de *liberté et d'égalité,* se crut tout permis, et osa même tout faire; la liberté, pour lui, c'était la faculté

Livre I.
Chap. 1.

1789

de faire ce qu'il voulait, de dire tout haut ce qu'il pensait, de détruire même la propriété pour arriver à l'égalité, et d'employer le fer et la flamme pour se défaire de tout individu qui s'opposerait à la réalisation de ses idées anti-sociales.

Cet état de choses exigeait de prompts et puissants remèdes. L'hiver avait été excessivement rigoureux; le pain avait subi une forte hausse dans son prix; c'était plus qu'il n'en fallait pour exciter les mécontents à des scènes de désordre, et à profiter de la fatale tendance des esprits vers les idées démagogiques. A d'autres époques, de pareilles circonstances s'étaient présentées; mais la morale avait encore son frein, la loi sa puissance, la religion ses prestiges et son empire; avec ces éléments, il était facile de contenir la foule et de conjurer le danger; mais aujourd'hui rien ne paraissait solidement établi; chacun s'empressait, par des écrits, des paroles et des faits, à hâter l'œuvre de dissolution; le Parlement sapait le trône; la philosophie incrédule des encyclopédistes s'efforçait de renverser l'autel; le corps municipal avili, persécuté, sans influence morale par suite de son obstination à rester en place malgré le peuple, provoquait une réaction qui bouleversait les esprits et poussait les masses à la sédition et au désordre; l'impunité était d'ailleurs presque assurée aux malfaiteurs, puisque le droit et la justice étaient déjà mis en question; les magistrats, qui avaient tant contribué à gêner la marche régulière du gouvernement, voyaient aujourd'hui le pouvoir s'échapper de leurs mains, le désordre partout, et l'horizon chargé d'orages. Des bandes de misérables se portèrent, sous l'empire de ces circonstances, dans les marais dès Chartreux, complantés d'aubiers, et dans les environs de la ville; elles coupèrent les arbres, dévastèrent le terrain, et enlevèrent ou détruisirent les fruits pendants. On établit des marchés sur les lieux témoins de ces scènes, et le bois abattu fut vendu par ces singuliers accapareurs du bien d'autrui, qui avaient fait du froid le prétexte de leurs coupables excès. On jeta en prison quelques-uns de ces misérables; mais on avait appris au peuple à se compter et à apprécier sa force : on les relaxa après quelques mois de détention.

Accoutumé depuis des siècles à des commotions intestines et aux tristes conséquences des guerres, Bordeaux ne resta pas insensible au mouvement politique; il se ressentit vivement de ces fortes émotions fébriles qui agitèrent Paris le 14 juillet; la nouvelle de la prise de la Bastille parvint le 17 à nos concitoyens, par un courrier de M. Nairac. Une effervescence incroyable s'empara de toute la population : les uns enchantés, les autres consternés, et tous affectés plus ou moins, selon leurs sympathies et leurs croyances politiques. La jeunesse, toute à ses premières émotions, se décora de la cocarde tricolore, au milieu des plus bruyantes démonstrations, et envoya une députation à l'assemblée des Quatre-vingt-dix, pour la prier d'arborer les trois couleurs, comme emblême de l'union et du patriotisme des Bordelais; une adresse, empreinte des plus nobles sentiments, et signée de quatre mille citoyens, fut immédiatement transmise avec les plus chaleureuses félicitations à l'Assemblée nationale. Quelques jours plus tard, on se réunit au Jardin-Public, au nombre de trente mille citoyens, pour délibérer sur ce qu'il y avait à faire dans ces difficiles conjonctures. L'esprit public, à Bordeaux, était bon, et l'ordre était devenu tellement le besoin et le vœu de tout le monde, que personne n'osa proposer une mesure contraire à la paix ou aux sentiments de la généralité des citoyens; tous les intérêts, toutes les passions, se turent devant l'intérêt général, qui était la préoccupation de tous. On admirait le peuple parisien, on applaudissait au progrès de la liberté, ou de ce qu'on décorait de ce nom ; mais les plus sages auguraient mal de cette ivresse populaire, et ne voyaient dans le lointain que des tempêtes et des orages. Dans tous les groupes, on discourait sur la politique : les orateurs étaient nombreux ; mais il manquait à leur éloquence une tribune. On appuya contre un ormeau une échelle de jardinier, c'était tout ce qu'il fallait pour ces Démosthènes en herbe. Du haut de cette tribune, on proposa plusieurs mesures plus ou moins importantes; mais celle qui obtint l'approbation générale, ce fut la formation des régiments patriotiques, proposée chaleureusement par M. Fonfrède. Il demanda dans cette vue qu'on nommât par acclamation deux commissaires par chaque paroisse, qui iraient prier les quatre-vingt-dix électeurs de vouloir se mettre à la tête des citoyens, de diriger l'élan patriotique des Bordelais, et d'adopter des mesures convenables pour qu'on pût s'enrégimenter le lendemain.

Les députés des treize paroisses de Bordeaux, nommés sur-le-champ, se rendirent à l'Hôtel-de-Ville, où se trouvaient les quatre-vingt-dix électeurs, et leur firent connaître le vœu du peuple. Ceux-ci hésitèrent un peu, puis demandèrent du temps pour en délibérer; mais les députés des paroisses insistèrent pour qu'on se décidât de suite, laissant entrevoir que l'effervescence populaire pouvait avoir de fâcheuses suites; que des milliers de citoyens attendaient avec impatience au dehors leur adhésion au vœu des habitants; qu'un seul mot suffirait pour calmer cette agitation, et qu'on préviendrait, par ces sages précautions, les désordres que pourrait produire l'arrivée des paysans des environs, qui, assurait-on, devaient se rendre en ville le lendemain.

Vaincus par ces raisons, les quatre-vingt-dix électeurs donnèrent au vœu du peuple leur adhésion pleine et entière, et répondirent par un arrêté portant que, s'étant constitués par nécessité en assemblée délibérante, ils acceptaient la mission qu'ils tenaient de la confiance de leurs concitoyens, *de pourvoir aux soins que nécessitaient les circonstances pour la défense commune et le maintien du bon ordre de la ville;* qu'à cet effet, quoique sans autorité légale, ils se borneraient à proposer les mesures les plus utiles, et à inviter le peuple à les adopter; qu'ils allaient rédiger un règlement provisoire pour la formation d'une armée patriotique bordelaise, et qu'ils en distribueraient le lendemain des exemplaires par milliers.

Cette déférence pour le vœu populaire conquit la confiance générale. Voilà donc les quatre-vingt-dix électeurs investis à Bordeaux d'un pouvoir souverain ! Cependant, ils ne changent rien, ne précipitent rien; et, laissant toujours subsister les mêmes formes administratives et les mêmes administrateurs, ils n'exercent qu'une influence paternelle, et s'occupent avec zèle de la garde nationale, des subsistances, des ateliers de charité, du culte, des spectacles et de toutes les parties du service public, excepté, toutefois, l'autorité judiciaire et les actes de police, qu'ils abandonnent aux jurats. La modération et le désintéressement des électeurs, dans ces temps critiques, leur éloignement pour tout ce qui pourrait paraître arbitraire ou gênant pour le peuple, leur louable vigilance au milieu des plus grands embarras, leur concilièrent l'amour des habitants, imposèrent silence aux agitateurs, et firent garder par le peuple une attitude calme et respectueuse. Il y eut cependant quelques démonstrations menaçantes contre les jurats; mais l'influence de la nouvelle magistrature suffit seule pour réprimer ces désordres à leur naissance. Au lieu de les chasser honteusement des places qu'ils occupaient en violation de la loi et des priviléges de la ville, les Bordelais ne prirent qu'une demi-mesure, en associant en sous-ordre quelques citoyens honorables à cette magistrature déconsidérée.

Le 21 juillet, les citoyens se réunissent dans les églises de leurs paroisses, et se font inscrire sur le cadre de la garde nationale, ou, comme on disait alors, de l'armée patriotique de Bordeaux. Douze mille hommes s'enrôlent le même jour, conformément au règlement rédigé par les quatre-vingt-dix électeurs, et se mettent à la disposition de l'autorité compé-

Livre I.
Chap. 1.

1789

tente pour tout ce qui intéressait la paix et la sûreté de la ville; les régiments se complètent et forment chacun leur état-major, le service s'organise, des corps-de-garde sont établis aux portes et aux places publiques, avec ordre de surveiller les voyageurs et les attroupements, et des patrouilles parcourent les quartiers les plus solitaires de la cité. Tout se passe avec ordre, enthousiasme, et un empressement patriotique; mais tout à coup des bruits sinistres circulent dans la ville, et, malgré les généreux efforts des électeurs, font naître la défiance, la crainte et de fausses alarmes. La nouvelle milice ne voit plus que des ennemis dans la garnison du Château-Trompette; le mensonge, la calomnie, sont les premières armes employées pour s'en défaire; on affirme que les troupes avaient miné les abords de cette place forte; que les canons étaient braqués sur la ville; qu'on y avait introduit de nuit des armes, des munitions de guerre et des approvisionnements considérables en grains et en farine; et, enfin, qu'à un signal donné, les habitants seraient moissonnés par la mitraille, et la ville réduite en cendres. Quelque absurdes que soient ces bruits semés par la malveillance, on les croit possibles, même probables; la crainte convertit en réalité des chimères. Le comte de Fumel, commandant du château, se rend auprès des quatre-vingt-dix électeurs, pour démentir ces bruits; il demande, il exige qu'une députation de l'armée bordelaise, ayant quelques électeurs à sa tête, aille visiter toutes les parties du fort, et s'assurer ainsi de la fausseté de ces rumeurs. Il travaillait en vain; l'ignorance et la crédulité admettaient sans réflexion, sans examen, les bruits mensongers que la malveillance avait répandus. Il alla encore plus loin pour désabuser le peuple. Sachant qu'on n'avait en général que des fusils de chasse, il fit distribuer aux citoyens des armes et des fusils de l'arsenal; mais ses efforts furent inutiles : toute sa franche loyauté ne réussit ni à dissiper les craintes, ni à éclairer un peuple abusé.

CHAPITRE II.

Adresse des quatre-vingt-dix électeurs au roi. — Bruits alarmants mis en circulation. — M. de Fumel livre les clés du Château-Trompette aux quatre-vingt-dix électeurs. — Désordres causés par la crainte de manquer de comestibles. — Discours du procureur-général. — Réponse du président des Quatre-vingt-dix. — Conduite louable des électeurs. — Les inquiétudes du Parlement. — Sa politique pour ressaisir son pouvoir. — Incendie des châteaux. — Pillage des magasins de grains. — Des comités patriotiques formés partout. — Emprunt de Necker. — Contribution des Bordelais. — Mémoire du garde-des-sceaux au sujet des désordres. — Discours de M. Dudon, procureur-général, sur le même sujet. — L'arrêt du Parlement, etc.

Tandis que la société se laissait aller à un esprit de vertige et de méfiance, des pétitions arrivaient de tous côtés au pied du trône : toutes les villes y envoyaient des adresses, les parlements des remontrances, les particuliers des avis. La France était malade; il n'y eut de petit philosophe, soit à la ville ou à la campagne, qui n'en voulût être le médecin. Outre les innombrables brochures politiques qui parurent alors, les quatre-vingt-dix électeurs de Bordeaux crurent aussi devoir envoyer, le 25 juillet, au roi, l'adresse suivante :

1789

« Vous avez mérité, Sire, d'entendre la vérité, en appelant
» du fond des provinces et de toutes les parties de l'empire
» les hommes que la nation a jugés les plus capables de vous
» la dire. Cet acte de justice avait été représenté à Votre
» Majesté comme dangereux pour son autorité. On avait osé
» vous dire que la nation ne pouvait recouvrer ses droits sans
» porter atteinte à ceux de son chef. Que de piéges dange-
» reux ont été semés autour de vous !..... Des ministres ver-
» tueux avaient été écartés de votre personne sacrée; il en
» était un surtout que l'opinion publique avait plus particu-
» lièrement distingué, et qui avait plus parfaitement justifié

» la confiance dont vous l'aviez honoré. Des moyens violents
» ont été employés pour vous l'ôter...... Non-seulement on
» l'avait éloigné de votre personne, mais encore on l'avait
» forcé de fuir une patrie adoptive, qu'il avait servi avec le
» plus grand zèle, et à laquelle il avait inspiré une confiance
» peut-être sans exemple.

» On nous assure que Votre Majesté a prévenu les vœux
» de son peuple en rappelant ce fidèle serviteur. Daignez,
» Sire, recevoir les actions de grâces des communes de votre
» ville de Bordeaux, pour cet acte de justice et pour tous
» ceux qui l'ont précédé et suivi.

» Sire, dans ce moment, votre ville de Bordeaux présente
» une image fidèle de la capitale, et elle se fait gloire de
» suivre en tout son exemple...... Nous nous sommes réunis
» avec ardeur pour le maintien du bon ordre et de la tran-
» quillité publique, et nos concitoyens de toutes les classes
» continuent d'agir de concert, pour éviter toute espèce de
» trouble et de désordre...... »

Tout cela est bien; mais quelque honorable que fût le but de cette assemblée, qui s'était constituée elle-même, sans ordre, sans forme légale, sans mission, toujours est-il vrai que ses efforts combinés ne purent empêcher le désordre à Bordeaux, et que, sous plus d'un rapport, notre cité ressemblait à la capitale. Nous verrons plus loin les généreux efforts du clergé en général pour arrêter les désordres et raffermir la tranquillité publique par de nouveaux sacrifices; nous pouvons nous en convaincre par le discours de Mgr de Cicé, et nous assurer que les nobles et le clergé firent alors tout ce qui était moralement possible pour épargner à la France les horreurs d'une révolution. Mais il n'y avait plus moyen de le faire; ce n'était plus la liberté qu'on voulait; elle n'était plus qu'un prétexte : on désirait soulever la France, on voulait pousser les municipalités à armer des volontaires, entretenir dans le peuple l'esprit militaire et démocratique, et encourager partout les fâcheuses agitations dont on ne se plaignait déjà que trop. Pour y arriver, le *club Breton*, à Versailles, répandit des bruits inquiétants, et réussit à ameuter les paysans contre les capitalistes et les seigneurs. Le 29 juillet, des nouvelles semblables furent répandues dans nos campagnes : des bandes de brigands armés dévastaient, disait-on, les environs d'Angoulême, et se portaient sur Bordeaux. Le peuple se leva en masse contre ces brigands, qui devaient, disait-on encore, détruire les récoltes, incendier les maisons, enlever les filles et les femmes, et faire du pays bordelais un vaste désert. Des compagnies se forment instinctivement contre un mal imaginaire; un grand nombre des membres du Parlement se mettent à la tête du peuple, moins pour combattre que pour en diriger et maîtriser les mouvements désordonnés. On court demander des armes au Château-Trompette; le régiment de St-Remi orne les drapeaux de couleurs patriotiques et d'un crêpe, en signe de deuil pour le sang répandu en juillet à Paris. La garnison du château croit un instant que les flots de peuple qui entourent les fossés ne demandent pas mieux que de traiter le Château-Trompette comme une autre Bastille, et de renouveler les scènes du 14 juillet à Paris. Elle se prépare à une vigoureuse résistance. Cependant, le commandant, mieux renseigné sur les bruits ridicules qu'on faisait circuler dans les campagnes, sachant d'ailleurs ce que voulaient les chefs de la garde nationale et le but qu'ils s'étaient proposé, rassura ses subordonnés, et, par une inspiration heureuse, s'empressa de livrer les clés du château aux quatre-vingt-dix électeurs. Cet acte de confiance lui concilie l'estime et la reconnaissance des Bordelais. En vingt-quatre heures, on distribue les fusils de l'arsenal aux citoyens, et la milice citoyenne se trouve entièrement armée. Les soldats se réunissent et se mêlent avec les bourgeois; les membres du Parlement se font inscrire sur les rôles de la garde nationale, et montent la garde comme les autres citoyens; des manœuvres militaires ont lieu tous les jours, et des officiers apprennent aux bourgeois les exercices des camps. Partout des réunions amicales et la plus touchante fraternité; partout des fêtes, des parties de plaisir, où, à côté du buste du meilleur des rois et du plus honnête homme de son royaume, on portait en triomphe le buste de Necker, que Mirabeau appelait dédaigneusement le *roi de la canaille,* et dont la fille, Mme de Staël, avec tous les prestiges de son admirable talent, n'a pu faire un grand homme !

Tous ces mouvements, toutes les préoccupations de la politique, n'étaient pas sans inconvénient, surtout pour l'agriculture et le commerce. M. Villotte, président des quatre-vingt-dix électeurs, le constata devant ses collègues, et crut devoir les prévenir des conséquences qui pourraient en résulter. En effet, les chefs des familles, craignant de manquer de farine et de quelques autres ressources alimentaires, s'approvisionnèrent d'avance d'une quantité beaucoup plus considérable que celle qui aurait pu suffire à leurs besoins; les habitants des campagnes, toujours éveillés au son du tambour pour les manœuvres militaires et leurs assemblées politiques, s'occupaient peu de la culture des champs, et venaient faire leurs approvisionnements en ville; les spéculateurs, les accapareurs de grains ne contribuaient pas peu à aggraver les misères de la disette. Dès lors, on pouvait prévoir des excès inouïs de la part d'une population affamée : le pillage des grains, l'incendie des châteaux, la guerre de ceux qui n'avaient rien contre ceux qui avaient quelque chose; en un mot, l'anarchie.

Le 29 juillet, M. Dudon, procureur-général, se rendit au lieu de l'assemblée des quatre-vingt-dix électeurs, et dit :

« Qu'ils étaient, comme lui, témoins du tumulte qui s'éle-
» vait parmi le peuple, à raison de la disette du pain; que

Nous devons aux intelligentes et laborieuses recherches de M. Detcheverry, archiviste de l'Hôtel-de-Ville de Bordeaux, le plus grand nombre des articles désignés à la marge par ces mots : *Archives de l'Hôtel-de-Ville.*

» l'autorité étant dans cette circonstance *absolument sans*
» *vigueur,* il serait inutile de l'employer pour prévenir les
» désordres qui pourraient être la suite de ces émeutes; que
» ce moyen, qui, dans tout autre temps, aurait pu opérer des
» effets salutaires, ne ferait, dans ce moment d'orage, que
» ranimer l'aigreur et soulever encore plus les esprits; qu'il
» ne voyait de parti à prendre, dans cette calamité publique,
» que d'engager l'assemblée, qui avait si justement mérité la
» confiance de toutes les classes, à considérer combien il était
» important de calmer les alarmes du peuple; que l'assemblée
» pouvait seule les dissiper, puisqu'elle tenait son autorité de
» l'opinion publique, qui seule pouvait tout maîtriser et tout
» conduire au bien, etc., etc. »

Cette démarche du procureur-général prouve combien les ressorts de l'autorité s'étaient affaiblis sous le souffle de la démocratie. Le Parlement n'existait plus ! son organe naturel le reconnaît devant une assemblée populaire, plus puissante que sa Compagnie, qui commençait enfin à recueillir ce qu'elle avait si imprudemment semé.

Le président répondit à M. Dudon : « Que l'assemblée avait
» toujours respecté l'autorité des tribunaux; qu'elle avait
» entendu les cris du peuple, et qu'elle en avait été sensible-
» ment affectée; mais que n'ayant que des connaissances très-
» superficielles de cette partie de l'administration, confiée
» d'ailleurs aux soins et à la vigilance d'un bureau composé
» de magistrats éclairés, qui suivaient depuis longtemps des
» études semblables, elle avait cru ne devoir ni ne pouvoir
» s'en mêler; mais qu'elle allait à l'instant même s'occuper de
» tous les moyens, réfléchir sur toutes les ressources que son
» zèle et son attachement pour ses concitoyens pourraient lui
» offrir, afin de calmer les craintes, ranimer la confiance dans
» le peuple, adoucir au moins la situation décourageante où
» tous les esprits étaient plongés, etc., etc. »

En effet, l'assemblée des Quatre-vingt-dix ne négligea

rien de ce qui pouvait conjurer les dangers du moment, satisfaire aux besoins du peuple ou dissiper ses craintes : elle invita les boulangers à acheter une quantité considérable de grains, pour en avoir en réserve et en distribuer à ceux qui pouvaient en manquer; elle engagea les jurats à assurer aux boulangers une indemnité pour les pertes qui pourraient résulter pour eux de cette opération commerciale, suggérée par un esprit de prévoyance; et, pour la plus grande sûreté des boulangers, l'assemblée se rendit garante de cet engagement du corps de ville envers leur communauté. On organisa ensuite un comité de subsistances, composé de sept membres, pour diriger cette partie importante de l'administration. A ce comité, on adjoignit douze commissaires, chargés de faire tous les jours, dans les douze quartiers de la ville, l'inspection la plus minutieuse des boulangeries, des magasins des commissionnaires de grains; de relever soigneusement la quantité des farines, celle des blés envoyés aux moulins par les boulangers; d'engager les commissionnaires à tenir fidèle compte des livraisons qu'ils opèreraient et des personnes auxquelles ils les feraient, afin que le résultat, constaté dans un tableau synoptique, pût fixer le comité sur l'état actuel des subsistances et sur les besoins de la ville.

Le vieux monde croulait de toutes parts; les institutions anciennes, fruit du temps et de l'expérience des sages, disparaissaient devant les modifications que les nouvelles lumières et l'amour progressif des innovations exigeaient. Le Parlement voyait tout trembler autour de lui; il commença enfin à être inquiet sur sa propre existence, et vit avec effroi la cognée au pied de l'arbre séculaire de la monarchie, dont il n'avait que trop ébranlé les racines. Ennemi du despotisme ministériel, il était devenu une gêne pour la royauté; il s'était flatté qu'une révolution ne serait qu'une opposition plus violente aux mesures arbitraires des ministres; qu'elle s'arrêterait à Bordeaux devant le Palais de l'Ombrière; qu'elle respecterait les grands corps de l'État, et que l'Assemblée nationale, après avoir détruit quelques abus, surtout dans le ministère des finances, se retirerait et remettrait encore à flot le vaisseau de l'État, avec ses parlements, ses cours et les mille rouages de l'ancien régime. Il se trompait · les révolutions ne s'arrêtent pas sur la pente où elles lancent le char de l'État. L'Assemblée nationale dépassa les prévisions du Parlement; et, tout en restreignant le pouvoir des ministres et les prérogatives de la couronne, elle coupa aussi les racines du despotisme parlementaire, aussi insupportable, aussi odieux que celui des agents de la royauté. Le Parlement de Bordeaux, qui se vantait d'avoir, en grande partie, provoqué la crise publique par sa magnanime résistance, crut devoir et pouvoir résister encore; il essaya ses forces affaiblies; mais c'était pour apprendre qu'il était trop tard !

Dans la mémorable séance du 4 août, l'Assemblée constituante décida qu'il n'y aurait plus de charges vénales, plus de justices seigneuriales, plus de priviléges ni droits féodaux; qu'il y aurait égalité d'impôts, admission de tous les citoyens aux emplois civils et militaires, abandon des priviléges de Paris et des grandes villes; et, trois jours après, elle décida encore que les biens ecclésiastiques appartenaient à la nation, et que la dîme serait supprimée à dater du 1ᵉʳ janvier 1790. C'en était fait de la vieille monarchie, la révolution était consommée. La société se démolissait pièce à pièce, et s'applaudissait de ses travaux ! Plus de quatre mille habitants du pays bordelais, presque tous ceux qui savaient écrire à l'époque, se firent inscrire comme ayant adhéré aux décisions de l'Assemblée constituante, et se montrèrent fiers de ses innovations.

Le Parlement commença à voir clair dans les travaux de nivellement qu'on poursuivait avec tant d'activité. C'était la fin de sa puissance, le commencement de son agonie; mais, trop habile pour se prononcer ouvertement contre le cours de la révolution, il s'érigea en défenseur de l'ordre public et de la légalité; c'était à ses yeux un moyen de raviver un peu sa popularité éteinte. Partout il se commettait des crimes; on eut soin d'en exagérer le nombre, l'horreur et les circonstances. La milice bordelaise, tenue constamment en alerte pour la défense du territoire, de la propriété et de la sûreté individuelle, se fatiguait à ce service si pénible, et apprenait des meneurs réactionnaires à blâmer l'Assemblée constituante de la continuation d'un état de choses si fâcheux en lui-même et si nuisible à toutes les classes. Le Parlement paraissait ajouter foi à ces dangers, pour la plupart imaginaires, et effrayait ses concitoyens de l'idée de ces brigands invisibles, qui, disait-on, allaient venir ravager le pays. On s'accoutumait peu à peu à la pensée que le nouveau gouvernement était la cause de tous les désordres, et que le seul moyen de les faire cesser, c'était de rendre aux parlements leurs antiques droits et leur pouvoir primordial, après la réforme des abus qui s'étaient glissés dans l'administration des finances.

On se doutait bien de la source d'où émanaient ces commentaires intéressés sur l'ordre de choses établi; ils étaient sans effet : le mal était déjà trop grand. L'incendie des châteaux et des maisons de plaisance, entre autres, des châteaux de la Pomarède, de Benauge et de Béchevelle, qui ne durent leur conservation qu'aux mesures prises par les quatre-vingt-dix électeurs, paraissait donner du poids aux raisonnements des réactionnaires; mais l'œuvre de destruction était trop avancée; il y avait trop de gens intéressés à la rénovation sociale, pour qu'on pût l'arrêter facilement, ni même jamais.

L'influence des quatre-vingt-dix électeurs à Bordeaux était considérable : émanation du peuple, leur autorité avait ses sympathies. Presque toutes les villes, bourgs et villages s'empressèrent, à l'exemple de Bordeaux, d'établir des troupes patriotiques pour le maintien de la tranquillité publique, et d'organiser des *comités* locaux pour la direction du peuple. Ces comités correspondaient avec les quatre-vingt-dix électeurs de Bordeaux, par des lettres remplies de sentiments de patriotisme et de confraternité, à l'effet de réprimer toute sorte de désordres, de poursuivre sans relâche les personnes capables d'exciter des troubles, et de se prêter mutuellement, au besoin, des secours de toute sorte.

Les quatre-vingt-dix électeurs de Bordeaux crurent devoir mettre à profit une institution si utile, et établirent une correspondance active avec les autres comités, par leur arrêté du 11 août. Ils comptaient, disaient-ils, sur une bonne récolte en grains et sur d'abondantes ressources pendant le cours de l'année; ils s'appuyèrent beaucoup sur ce qui s'était passé à l'Assemblée nationale, dans la séance du 4 du même mois, où la noblesse et le clergé s'empressèrent de donner les plus éclatants témoignages de leur désintéressement, de leur générosité, de leurs sentiments patriotiques et de leur vœu constant et unanime d'adoucir principalement le sort du laboureur et des habitants des campagnes. Ils se plaignirent ensuite des excès, des actes de violence contraires à la liberté naturelle, qui avaient déshonoré certaines localités; ils s'élevèrent avec force contre les impardonnables prétentions de ceux qui voulaient empêcher les propriétaires de disposer à leur gré de leurs denrées ou de les garder, malgré leurs désirs de s'acquitter de leurs engagements en les vendant. Ils invitèrent les divers comités de la province à protéger, par tous les moyens possibles, la *propriété et la liberté*, à prévenir et réprimer les désordres, à s'opposer aux attroupements illicites et tumultueux, et à l'affiche des placards séditieux, à faire arrêter toutes personnes qui exciteraient des émeutes, et à les faire conduire en prison à Bordeaux.

Ces mesures avaient été soumises à l'approbation du roi, qui, affligé de savoir qu'on incendiait partout les châteaux et qu'on dévastait les propriétés des seigneurs, dont on brûlait les archives, rendit une ordonnance, à Versailles, le 9 août, contre de pareils excès et contre les gens mal intentionnés

Livre I.
Chap. 2.

1789

Arrêté
des
90 Électeurs.

qui les provoquaient; c'était l'approbation la plus formelle de la conduite des quatre-vingt-dix électeurs de Bordeaux. Cependant, ces louables mesures n'arrêtèrent pas les désordres; il aurait fallu monter plus haut pour en trouver la cause; elle était dans la pénurie du trésor : mille circonstances avaient accru les besoins du fisc, tout en en diminuant les ressources; les dépenses s'étaient augmentées, tandis que les recettes avaient baissé; le prix du sel était réduit; les impôts rentraient difficilement, et, en certains endroits, pas du tout; la contrebande se faisait à force armée; les registres étaient enlevés et brûlés, et tout semblait concourir à diminuer ou à anéantir une grande partie des revenus publics. Dans cet état de choses, Necker, dont on avait célébré le retour en France et au ministère par des fêtes splendides et de magnifiques réjouissances, à Bordeaux comme partout, demanda un emprunt de 30 millions. L'enthousiasme des Bordelais pour ce ministre était tel, qu'en peu de jours leurs principaux capitalistes souscrivirent pour une somme de 2,087,000 fr.; mais ni la prétendue habileté de Necker, ni les efforts et les sollicitudes des ministres et des comités locaux, ne purent mettre fin aux déplorables désordres qui se commettaient et se propageaient partout. Les longues nuits de l'hiver favorisaient les auteurs de ces excès; la justice était impuissante, et le magistrat sans autorité. A Vayres, les paysans, soulevés en masses et armés de fusils, de sabres et de haches, se portèrent sur une lande appartenant au président de Gourgues, et coupèrent au pied tous ses bois taillis, sur une superficie de 25 journaux, et démolirent la maison du garde. De semblables ravages eurent lieu à Yzon et dans quelques autres communes des environs. Dans plusieurs endroits, on pilla les greniers, ou on contraignit les propriétaires de céder leurs denrées à vil prix. Enfin, les plaintes devinrent si générales, que le garde-des-sceaux adressa au président de l'Assemblée nationale un mémoire, où nous remarquons les passages sui-

vants : « Des brigands armés commettent impunément les
» plus grands excès, et toutes les propriétés en seraient bien-
» tôt la proie, si l'on ne pouvait parvenir à rétablir enfin
» l'ordre et l'empire des lois.....

» Sa Majesté, en sanctionnant le décret du 10 août der-
» nier, était dans la confiance que les officiers civils et mu-
» nicipaux n'hésiteraient pas à envoyer le secours des troupes
» pour réprimer les insurrections, que leur influence et les
» milices nationales ne pouvaient calmer; mais un nombre
» infini d'exemples constate que les officiers civils ou muni-
» cipaux sont empêchés, par la crainte même qu'inspirent
» ces insurrections, de requérir l'assistance militaire..... »

Tel était l'état des esprits et du pays sur la fin de 1789 et au commencement de l'année suivante : le désordre régnait partout, le commerce et l'industrie étaient ruinés, les honnêtes gens outragés dans leur honneur, leurs biens pillés; et, par l'impuissance des magistrats, l'impunité assurée aux malfaiteurs. Les Bordelais se plaignaient amèrement de ces vexations quotidiennes; les Agenais, aussi bien que les habitants des autres parties de la province, faisaient entendre de leur côté leurs plaintes; enfin, alarmé du progrès effrayant du mal, le procureur-général, M. Dudon, exposa devant la Cour la situation du pays, et dépeignit, en couleurs assez sombres, les fléaux, les désordres et les calamités qui pesaient sur la presque totalité du ressort. « Messieurs, dit-il, qu'il est dou-
» loureux pour nous d'être forcés de faire diversion à des
» témoignages apparents de félicité publique, pour fixer nos
» regards sur les fléaux et les calamités sans nombre qui
» affligent et dévastent une partie de notre ressort !

» Tout ce que le roi avait préparé pour le bonheur de ses
» sujets; cette réunion des députés de chaque bailliage, que
» vous aviez sollicitée vous-mêmes, pour être les représen-
» tants de la nation, pour travailler à la réformation des abus
» et assurer le bonheur de l'État; tous ces moyens, si heu-

Livre I.
Chap. 2.

1790

16 Janvier.

Archives
de
l'Hôtel-de-Ville

20 Février.

Archives
de
l'Hôtel-de-Ville

Moniteur,
6 Mars.

» reusement conçus et si sagement combinés, n'ont produit
» jusqu'à présent que des maux qu'il serait difficile d'énu-
» mérer. La liberté, ce sentiment si naturel à l'homme, n'a
» été pour plusieurs qu'un principe de séduction qui leur a
» fait méconnaître leurs véritables intérêts ; tandis que d'au-
» tres en ont fait un cri de ralliement, auquel se sont ras-
» semblés les hommes les moins dignes d'en jouir. Ainsi se
» sont formées ces hordes meurtrières qui ravagent le Li-
» mousin, le Périgord, l'Agenais et une partie du Condomois.
» Ces provinces sont dans ce moment inondées du sang de
» leurs habitants ; ce n'est, de toutes parts, que meurtres,
» incendies ; ce sont des ravages de toute espèce et des cruau-
» tés dont il serait aussi long que pénible de vous faire le
» tableau.

» Mais qui pourra concevoir quel est l'empire de ce pres-
» tige destructeur, qui, dans tant de provinces et dans le
» même temps, a séduit les habitants des campagnes au
» point de leur faire abandonner la culture des terres, pour
» former des attroupements séditieux, et qui, tournant, pour
» ainsi dire, leur fureur contre eux-mêmes, les a portés à
» détruire par le pillage les dépôts de leurs subsistances
» actuelles, à intercepter la circulation des grains, et à nous
» inspirer encore des alarmes sur la récolte à venir ?

» La dévastation des châteaux n'a point assouvi leur rage ;
» ils ont osé commettre les mêmes horreurs dans les églises,
» et on nous assure que, dans leur fureur, l'autel même n'a
» pas échappé à leurs mains sacriléges.

» Voilà, Messieurs, les premiers fruits d'une liberté publiée
» avant la loi qui devait en prescrire les bornes, et dont la
» mesure a été livrée à l'arbitraire de ceux qui avaient tant
» d'intérêt à n'en connaître aucune. Mais, non, Messieurs, la
» loi existe encore, et il est honorable pour vous, qui en êtes

---

Le 28 janvier 1790, la ville fut partagée en vingt-huit arrondissements.

» les ministres, comme pour nous, qui en sommes l'organe,
» de donner aux juges de votre ressort l'exemple de ce cou-
» rage qui ne connaît que le devoir, de les rassurer sur leurs
» tribunaux, et de leur inspirer la force de poursuivre ces
» brigandages avec toute la sévérité des ordonnances.

» Eh! que craindraient-ils en effet? La justice et la loi
» trouveront assez d'appui dans ces citoyens, dont nous vous
» peignons les malheurs et les alarmes; car il en est, dans
» les campagnes même, où la contagion a fait le plus de
» progrès; il en est, disons-nous, qui savent, ainsi que les
» milices des villes, qu'ils sont armés contre les séditieux,
» contre les brigands, contre les ennemis du bien public,
» pour le maintien de l'autorité royale et de l'empire des
» lois, pour le retour de l'ordre et de la police générale, sur
» lesquels repose le bonheur public.

» Ainsi, les détracteurs de la magistrature, inquiets et ja-
» loux, se hâteraient vainement d'en publier l'insuffisance pour
» en atténuer les effets; ils ne nous accuseront plus d'avoir
» vu tant de maux avec indifférence; ils n'abuseront plus de
» la crédulité des peuples; et dût cet acte de votre justice
» souveraine être le dernier, ce peuple y reconnaîtra peut-
» être encore ceux dont il a pleuré la captivité, ceux qu'il a si
» souvent et si justement appelés ses défenseurs et ses pères. »

Ce réquisitoire fut suivi d'un arrêt signé du président Daugeard, qui ordonna qu'à la diligence des substituts dans les siéges royaux, et des procureurs d'office dans les juridictions seigneuriales, il serait informé des faits mentionnés dans le présent réquisitoire, pour le procès être fait et parfait aux auteurs, fauteurs et participants desdits délits, etc., etc. La Chambre des vacations fit publier partout le réquisitoire et l'arrêt de la Cour; mais cette publication produisit partout une pénible sensation, et indigna le peuple.

Livre 1.
Chap. 2.

1790

CHAPITRE III.

Mécontentement des patriotes bordelais à l'occasion du réquisitoire de M. le Procureur-général. — Conduite des habitués du café National (aujourd'hui la Préfecture). — Conduite de la garde nationale. — Langage de M. Fonfrède. — Adresse à l'Assemblée. — Les expressions de M. de Montmorency. — Il est appuyé par MM. de Noailles et de Clermont-Tonnerre. — Le président Daugeard mandé à la barre. — Dudon fils. — Défense de Dudon père. — Allocution du président de l'Assemblée. — Discours de M. Daugeard. — Rapport de M. de Montmorency. — Discours de l'abbé Maury. — Daugeard et la Chambre des vacations blâmés. — Adresse des négociants de Bordeaux. — La garde nationale. — L'état militaire de Bordeaux.

<small>Livre I.</small>
<small>1790</small>

La publicité donnée au réquisitoire du procureur-général et à l'arrêt de la Cour excita les murmures des mécontents. Les patriotes traitèrent de mensonges et de calomnies les faits avancés dans le *factum* de M. Dudon, et le Parlement n'échappa pas à l'indignation du peuple. Ces faits n'étaient cependant que trop vrais : nous avons vu ce qui s'était passé dans plusieurs localités du Bordelais; le *Mémoire* adressé par le garde-des-sceaux au président de l'Assemblée nationale prouve que cet état de désordre et de convulsions intestines n'était que trop général en France ; les déplorables assassinats de la ville de Béziers, le pillage des grains, la dévastation des châteaux et des propriétés particulières sur tous les points du ressort du Parlement ; tout cela et mille autres scènes également déplorables démontraient aux esprits non prévenus la haute gravité du mal et la véracité du procureur-général.

<small>Journal de Guienne, 27 mars.</small>

Les journaux du temps constatent d'ailleurs les faits avancés, et parlent de l'arrivée à Bordeaux d'un détachement du régiment de Champagne, qui, par les ordres du roi, s'était porté dans la Haute-Guienne, le Quercy et les lieux circonvoisins, pour y concourir, avec les milices nationales, au rétablissement de la tranquillité publique, troublée par *une horde de brigands, et le pauvre peuple séduit et ameuté*. Les malheurs de Montauban, survenus à cette époque, et tous les actes de sédition, de rébellion, toutes les atteintes portées à la paix publique, sont des faits dont on ne saurait contester l'existence, et qui sont plus que suffisants pour prouver que le procureur-général n'avait pas tort, quoi qu'en pussent dire les démocrates bordelais. Cette fois-ci, le Parlement voulait agir conformément à ses devoirs; mais son influence était éteinte. Il s'était associé dans le temps aux mouvements tumultueux et désordonnés du peuple; il avait flatté la foule, il devait à son tour être vaincu par elle.

L'arrêt et le réquisitoire furent amèrement critiqués. Le café National (la Préfecture) était le *rendez-vous* habituel des politiques avancés et des coryphées du parti démocratique. Ils se réunissent pour lire ce *factum*, ils le commentent à leur gré, et, comme un corps revêtu d'une autorité légale, ils prennent une délibération ainsi conçue : « L'assemblée patriotique,
» après avoir entendu différentes lectures d'un arrêt rendu le
» 20 de ce mois, en Parlement et Chambre des vacations, sur
» le réquisitoire du sieur Dudon, procureur-général, relative-
» ment à des troubles exagérés par sa religion parlementaire,
» qu'il dit s'être passés dans le ressort ;
» Considérant que l'esprit de cet arrêt ne respire que l'im-
» posture et la calomnie contre nos dignes représentants de
» l'Assemblée nationale et contre les volontaires patriotes
» réunis sous les drapeaux de la liberté, et ne tend qu'à
» semer la division, la discorde et l'alarme parmi tous les
» citoyens;
» Partant, déclare unanimement, ladite assemblée patrio-
» tique du café National, que cet arrêt sera brûlé devant la
» principale porte dudit café National, fossés du Chapeau-
» Rouge, sur un bûcher de sarments dressé à cet effet, et que
» procès-verbal en sera rédigé, et copie de tout envoyé au

» sieur Daugeard, président, au sieur Dudon père, procu-
» reur-général, ainsi qu'à MM. les quatre-vingt-dix Électeurs
» et au conseil militaire patriotique, qui sont justement priés
» d'en faire la dénonciation à l'Assemblée nationale.

» Fait à Bordeaux, en pleine Assemblée, le 25 février
» 1790. »

Le soir, à sept heures, on dressa en effet le bûcher pour l'exécution de la sentence prononcée par le soi-disant tribunal du café National de Bordeaux. C'est à la suite de cette échauffourée qu'on dressa le procès-verbal suivant :

« Vu le jugement prononcé par l'Assemblée, a été, ledit
» arrêt du Parlement, brûlé devant la principale porte du
» café National, fossés du Chapeau-Rouge, par l'un des pa-
» triotes zélés, en présence de l'Assemblée, cejourd'hui 25 fé-
» vrier, à sept heures du soir. »

Le même jour, le conseil de l'armée patriotique fut réuni. L'aide-major-général Boyer-Fonfrède y prit la parole, et dénonça, en termes chaleureux, ce qu'il appelait le pamphlet anti-révolutionnaire à la vindicte de la municipalité et à l'indignation du peuple; il s'efforça de prouver que la Chambre des vacations colorait ses desseins féodaux, ses principes et projets criminels, du beau nom de bien public, et les cachait sous un voile d'hypocrisie politique. Il ne voyait nulle part les maux dont M. Dudon se plaignait. « Ce ne sont pas des
» maux, dit-il, que la destruction des priviléges, des bastilles,
» des ordres arbitraires de tous les despotes, grands et petits. »
Après avoir sévèrement critiqué le langage de M. Dudon, comme injurieux à l'Assemblée nationale et à la révolution, il s'écria : « Qu'ils pleurent sur l'heureuse révolution qui nous
» rend libres, égaux et heureux, leur douleur aristocratique
» sera un nouvel hommage rendu à la bonté de nos lois et à
» la sagesse de nos représentants; mais qu'ils se gardent bien
» de répandre leurs plaintes séditieuses; tous les regrets sont
» criminels, quand la nation n'a que des espérances... Le peu-

» ple n'a ni remords, ni regrets; s'il lui en restait quelqu'un, » ce serait d'avoir été détrompé si lentement et délivré si tard » de ceux qui ont l'audace de se nommer ses pères, etc., etc.»

On décida de suite qu'il fallait punir d'une manière solennelle et légale les auteurs et fauteurs de ce pamphlet réactionnaire, en rayant du contrôle de la garde nationale tous ceux qui l'avaient signé; on résolut d'envoyer une députation à la barre de l'Assemblée nationale, pour y dénoncer le réquisitoire et l'arrêt, et solliciter une flétrissure publique pour ces deux écrits anti-révolutionnaires. Une adresse fut rédigée sur-le-champ et revêtue des signatures de plusieurs milliers d'individus.

La députation se rendit à Paris, et fut bien accueillie; l'adresse fut lue le 4 mars, et M. de Montmorency fut chargé d'en faire le rapport. Il s'y montra sévère, impitoyable, presque ultra-républicain : « Ce sont des magistrats, dit-il, qui » professent ces incroyables principes! L'Assemblée nationale » peut-elle laisser entre leurs mains le dépôt des lois? Peut- » elle souffrir que la Constitution soit menacée par une ligue » parlementaire...... Votre comité ne peut-il pas, ne doit-il » pas dire, avec les citoyens de Bordeaux et avec la France » entière : Quoi donc ! la déclaration des droits de l'homme » et de citoyen, la destruction de l'aristocratie féodale, l'abo- » lition des priviléges, la suppression de la vénalité des offices » de la magistrature, tant d'autres décrets que l'amour de la » liberté a dictés, que l'amour de la liberté et de l'égalité a » applaudis, doivent être mis au rang des maux qu'il est dif- » ficile d'énumérer ! etc., etc. »

Vivement impressionnée par ce rapport d'un aristocrate démocratisé, l'Assemblée manda à la barre le président Daugeard et le procureur-général, et adressa à la milice bordelaise, par l'organe de M. Fonfrède, de chaudes félicitations sur sa conduite patriotique. M. de Noailles avait vivement appuyé le rapport de Matthieu de Montmorency Le fils de

Livre I.
Chap. 3.

1790

Moniteur,
6 mars.

M. Dudon, alors à Paris, sollicita la grâce d'être admis à plaider pour son vieux père. Maury et Cazalès appuyèrent fortement sa demande; Mirabeau s'y opposa; mais on décida que l'on entendrait le fils Dudon. Admis à la barre, il s'efforça de maîtriser ses émotions, et s'exprima ainsi : « Je savais
» bien, Messieurs, que la nature serait plus forte; mais si
» quelque chose peut nuire à mes moyens, c'est la sensibilité
» dont je suis affecté...... Si mon père s'est livré à quelques
» expressions trop fortes, il faut donner quelque chose à la
» faiblesse humaine. *(Des mouvements éclatent)*. Je pourrais
» l'excuser en retraçant sa vie entière; le peuple qui le mau-
» dit aujourd'hui est trompé. Quand les parlements se sont
» opposés avec vigueur au despotisme, quand mon père bra-
» vait les violences et les injustices des ministres, on lui pré-
» parait des triomphes, etc., etc. »

Les murmures continuaient; mais Alexandre Lameth, après avoir entendu M. Dudon dire que son père avait failli être la victime de ces désordres, s'écrie : « Je trouverais M. le Pro-
» cureur-général beaucoup mieux justifié, si, au lieu de nous
» apprendre qu'il a été vivement frappé de quelques dangers
» personnels, il nous eût dit qu'il a été trop affecté des dés-
» ordres publics. Je ne disconviens pas que les parlements
» ne se soient opposés quelquefois au despotisme; mais ils en
» étaient les rivaux plutôt que les ennemis. »

M. Desèze éleva la voix en faveur de M. Dudon père, et remontra qu'à cause de ses quatre-vingts ans, on ne devait pas le mander à Paris. M. de Menou demanda la suppression de la Cour de Bordeaux, et, de tous les coins de la salle, il s'éleva des cris contre des hommes courageux qui n'avaient qu'un tort, celui d'avoir fait leur devoir. L'Assemblée se rendit à l'avis de M. Desèze, et dispensa Dudon père du voyage de Paris, lui ordonnant de présenter sa défense par écrit; mais elle manda à sa barre le président Daugeard.

M. Daugeard se rendit à Paris, nanti de la défense écrite

de M. le Procureur-général, qu'il fit remettre au président de l'Assemblée. M. Dudon y exposa la conduite qu'il avait tenue, et déclara que c'était pour s'acquitter de ses devoirs de magistrat actif, vigilant et intègre, et en même temps pour entrer dans les vues pacifiques de l'Assemblée nationale, qu'il avait déféré à la Chambre des vacations les désordres, les brigandages et les crimes de toutes sortes qui se commettaient journellement dans plusieurs parties du ressort du Parlement de Bordeaux. Le mal était grand, il fallait un prompt et vigoureux remède. Il dit qu'on y avait envoyé le régiment de Champagne pour réprimer ces affligeants désordres; que cette mesure avait obtenu l'approbation des honnêtes gens; et que, dans des cas si graves, la justice aurait eu grandement tort si elle était restée inactive et silencieuse. Il repoussa avec force les insinuations malveillantes de Fonfrède, fit un hideux tableau des brigandages qu'il voulait punir, s'exprima dans son écrit en termes caractéristiques d'une conviction consciencieuse, et finit par dire que s'étant conduit en magistrat digne et pénétré de ses devoirs, il était persuadé que l'Assemblée nationale approuverait sa conduite, etc.

Le président Daugeard se présenta à la barre de l'Assemblée le 8 avril. M. de Menou, qui présidait ce jour-là, lui parla en ces termes : « Si l'Assemblée nationale n'avait écouté que
» la rigueur des principes; si, pesant tous les termes de l'arrêt
» de la Chambre des vacations du Parlement de Bordeaux, en
» date du 20 février 1790, elle se fût déterminée par cette
» seule considération, peut-être eût-elle déployé une sévérité
» capable de contenir dans la soumission tous ceux qui ten-
» teront de mettre des obstacles au succès de ses travaux.
» Mais l'Assemblée nationale ayant égard aux circonstances,
» et cherchant à se persuader qu'en croyant faire le bien on
» peut s'égarer sans être coupable d'intention, vous a mandé
» pour apprendre de vous-même quels ont été les motifs
» de la Chambre des vacations du Parlement de Bordeaux.

» Punir est pour l'Assemblée nationale le fardeau le plus
» pesant; persuader et convaincre, voilà son vœu le plus em-
» pressé : elle ne cessera d'être indulgente qu'au moment où
» on la forcera d'être sévère. »

M. Daugeard, debout, s'exprima ainsi : « J'obéis aux or-
» dres du roi, et je me présente devant vous avec la sécurité
» d'un magistrat qui a fidèlement rempli son devoir. La Cham-
» bre des vacations a exercé toute la plénitude du pouvoir
» judiciaire qui était entre ses mains; elle a rendu un arrêt
» que les malheurs du temps sollicitaient de son patriotisme,
» et elle n'a eu d'autre regret que celui d'avoir différé trop long-
» temps cet acte de justice. Des hordes de brigands dévas-
» taient les campagnes et violaient les propriétés, le fer et la
» flamme à la main ; on se demandait s'il n'y avait plus de
» justice dans ce malheureux royaume. Des procès-verbaux
» constatent les faits; les révoquer en doute, ce serait ajouter
» l'outrage aux malheurs des infortunés qui en ont été les
» victimes. La Chambre des vacations voulait consoler un roi
» si bienfaisant, dont les malheurs présentaient à l'Europe
» étonnée un si étrange contraste avec ses vertus. Des mo-
» tifs aussi puissants auraient-ils pu égarer des magistrats
» impassibles comme la loi dont ils sont les garants? La Cham-
» bre ordonna la publication de son arrêt pour annoncer sa
» résistance aux ennemis de l'État. J'ai honoré mon nom en
» souscrivant cet arrêt. Voilà les considérations qui ont déter-
» miné notre conduite; si vous nous demandez nos motifs,
» vous les découvrirez tous dans le désir du bien public et
» dans l'amour de nos devoirs ! »

Ces nobles accents d'un magistrat courageux et éclairé, d'un bon citoyen et d'un sincère royaliste, étonnèrent l'Assemblée, et provoquèrent de la part du côté droit des applaudissements frénétiques. Après que cette agitation se fut calmée, M. de Montmorency dit qu'il était vivement affecté des malheurs si-gnalés par M. le président Daugeard ; mais faisant allusion à la position du roi, que le président de Bordeaux avait représentée comme malheureuse, il s'écria : « Doit-on compter pour » rien les consolations que le roi a aujourd'hui d'être entouré » d'un peuple libre et qui le sera toujours, quels que soient » les efforts des ennemis de la révolution. » MM. de Croï et de Clermont-Tonnerre s'écrièrent qu'il était plus difficile de disculper le président de Bordeaux des phrases contenues dans son discours, que du fait même dont il était accusé. M. de Clermont-Tonnerre s'éleva avec force contre les insinuations de M. Daugeard, relativement à la position du roi, à laquelle ce fidèle et courageux Bordelais avait fait allusion dans ces paroles de son discours : « Le roi était venu épancher sa dou- » leur au milieu de vous, ce roi si bienfaisant, si digne de » l'amour de ses peuples, dont les malheurs présentent à » l'Europe étonnée un si étrange contraste avec ses vertus, » et qui s'était plaint avec attendrissement des cruels effets » de la licence ! »

Ces nobles paroles, prononcées par un royaliste, frappèrent vivement les oreilles républicaines ; elles provoquèrent un murmure général, et, chose étonnante et fâcheuse pour quelques nobles familles, le premier cri de désapprobation sortit des bouches de quelques aristocrates abusés. Tout le monde avait mis la main à la grande œuvre de destruction ; la société se suicidait avec un incroyable empressement et une joie infernale !

M. de Montmorency fut chargé de faire un rapport sur l'affaire de Bordeaux ; il le lut à l'Assemblée le 24 avril. Le rapporteur y avoue que le comité dont il faisait partie n'y avait plus aperçu un délit national, puisqu'il ne lui donnait qu'une simple improbation.

« La plupart des expressions les plus fortes, dit-il, étaient » susceptibles d'un double sens qu'on devrait toujours inter- » préter avec indulgence. » Singulière préoccupation des esprits prévenus ! Il commence le rapport en disant : « Que nulle in-

» terprétation ne semblait pouvoir excuser le réquisitoire et
» les insinuations dangereuses qu'il contenait; » et il ajoute
cependant avec une ridicule naïveté que : « le procureur-
» général avait manifesté ses intentions avec tant de franchise,
» qu'il était impossible de ne pas y ajouter foi; que le dis-
» cours prononcé par M. Daugeard ne portait pas les mêmes
» caractères; que, néanmoins, on ne pouvait y trouver un
» titre d'accusation, puisque la plupart des expressions les
» plus fortes étaient susceptibles d'un double sens qu'on de-
» vrait interpréter avec indulgence, etc. »

Ce singulier rapport étonne tout le monde : l'abbé Maury le foudroie de son éloquence, et démontre qu'il portait évidemment le caractère et l'empreinte de la passion. Il examine d'abord si le réquisitoire mérite d'être improuvé, et, enfin, demande si le Corps législatif le peut improuver. Il établit, en principe, que la Cour de Bordeaux ne saurait être inculpée :
« On vous parle, dit-il, d'improuver des principes, et l'on ne
» vous cite pas ces principes. S'il y en avait de condamnables,
» il ne faudrait pas seulement les improuver. Le dispositif de
» l'arrêt ne contient aucune maxime, aucun principe.......
» Quant au réquisitoire, il ne peut également donner lieu à
» inculpation; on n'y trouve que l'expression du sentiment
» douloureux dont M. le Procureur-général avait été affecté
» à la vue des malheurs qui désolaient la Brive, l'Agenais, le
» Condomois et le Quercy : huit cents meurtres y avaient été
» commis. *(On murmure)*.... Votre surprise, reprend l'abbé
» Maury, après avoir été interrompu, votre surprise nous ap-
» prend combien vous êtes peu instruits des faits. J'ai vu les
» procès-verbaux.... : il n'y avait pas encore quinze coupa-
» bles punis; la Chambre des vacations ne pouvait improuver
» ce réquisitoire; l'homme de la loi, qui parle au nom du roi
» dans les tribunaux, n'est pas justiciable de ces tribunaux....
» Votre comité vous propose d'improuver le réquisitoire pour
» ses principes et ses maximes ! Qu'est-ce qu'improuver des

» maximes et des principes qu'on ne cite pas? C'est prouver
» qu'il n'y a pas lieu à délibérer, que de prouver qu'il n'y
» a lieu qu'à improuver. Je conclus à ce que l'Assemblée
» décrète qu'il n'y a lieu à aucune improbation contre la
» Chambre des vacations de Bordeaux, et qu'il n'y a lieu de
» délibérer sur l'inculpation proposée contre le réquisitoire.
» Chez tous les peuples, les juges ne sont point établis pour
» approuver ou improuver, mais pour absoudre ou condam-
» ner. »

Malgré cette brillante et concluante improvisation, l'Assemblée ordonna l'improbation. M. Daugeard fut rappelé à la séance du 29 avril, et, pendant la lecture du décret inspiré par des passions républicaines, plusieurs membres du côté droit se tinrent debout et semblèrent par leur attitude s'identifier avec le président inculpé, et témoigner leur approbation du réquisitoire et de l'arrêt.

Dans ce temps, on reçut à la barre de l'Assemblée une députation des négociants de Bordeaux. Outre ses chaudes félicitations sur l'heureuse révolution de la France, elle promit de seconder les efforts des représentants pour rétablir l'ordre dans les finances, et d'appuyer leur résolution au sujet de la vente des biens nationaux et de l'émission des assignats : « La
» Compagnie des négociants de Bordeaux assemblée, nous
» avons fait serment, sur l'autel de la patrie, au nom de la
» liberté nouvellement conquise, mais qui ne pourra jamais
» nous être ravie, de seconder les efforts de l'Assemblée. »

On connaissait le patriotisme des négociants de Bordeaux : leur adresse, remise à l'Assemblée le 3 avril, en portait l'empreinte la plus profonde :

« Grâce vous soit rendue, disaient-ils, dignes représentants
» du peuple français; c'est à votre courage et à vos lumières
» que nous sommes redevables de la plus mémorable et de la
» plus heureuse révolution. Vous avez dépassé nos espéran-
» ces; vous n'avez pas craint d'anéantir l'édifice gothique de

» notre gouvernement ; vous n'avez pas été effrayés des tra-
» vaux immenses qu'exige une reconstruction entière. Aussi
» sages législateurs que profonds philosophes, vous avez su
» lire dans le cœur des Français, et y discerner le germe de
» la liberté n'attendant qu'une étincelle pour s'enflammer et
» jeter le plus grand éclat. Vous n'avez pas été retenus par le
» reproche de frivolité trop longtemps imputé à notre nation ;
» vous avez senti que si nous avions toujours eu le bon es-
» prit de cacher nos chaînes sous des fleurs, c'est que le seul
» aspect des fers est insupportable aux enfants de la France.
» Commencez à recueillir les fruits de vos soins paternels ;
» l'esprit public vient de faire plus de progrès en moins d'un
» an qu'il n'en avait fait dans plusieurs siècles. Votre exem-
» ple a électrisé toutes les âmes. Le commerce, jusqu'ici mé-
» connu et humilié, n'ayant pas même dans notre ville la
» permission de s'assembler librement, ne pouvait que garder
» un silence passif ; mais à peine l'avez-vous délivré de ses
» entraves, qu'il relève son front patriotique et vole au se-
» cours de la nation. Profondément affecté de ne pouvoir seul
» la sauver du péril qui la menace, il s'y dévoue tout entier,
» et ne doute plus, comme sous le régime arbitraire, d'en-
» chaîner son sort à celui de l'État. Nous nous sommes as-
» semblés pour concourir à dissiper ces terreurs chimériques
» qui ébranlent le crédit national. Justement indignés, sans
» être effrayés, des manœuvres perfides des ennemis de la
» révolution, nous avons voté un acte d'abandon et de dé-
» voûment absolu à tout ce qui émanera de votre sénat au-
» guste, etc. »

Cette généreuse conduite, cet esprit de sacrifice et de désintéressement, étaient d'autant plus honorables, que la guerre
civile menaçait tout le Midi d'une conflagration générale, et
que la perspective d'un soulèvement simultané des noirs et
des mulâtres contre les blancs, dans les îles à sucre, avait
déjà jeté dans la consternation le commerce français, et en

particulier celui de Bordeaux, qui se trouvait créancier des colons-planteurs pour plus de 150 millions. A la vue de ces désastres qu'on entrevoyait dans un avenir peu éloigné, les négociants bordelais signèrent une réclamation contre l'abolition de la traite des noirs, qu'ils regardaient comme devant produire dans la suite les effets les plus désastreux, et même la ruine du commerce français; mais les événements ont aussi leur logique et leurs conséquences inévitables; les considérations les plus graves, les prévisions les plus raisonnables et les plus évidentes ne purent empêcher la ruine du commerce et la perte de nos colonies. Les dernières conséquences des principes alors professés à la tribune nationale n'ont eu leur entier développement qu'en 1848.

Dans ce temps tout fut changé, remplacé ou modifié de manière à ne rien laisser debout de nos anciens usages et institutions : nouvelles lois, nouvelle forme de la jurade, sous le nom de *municipalité* ou *conseil municipal,* nouvelle administration, tout était neuf et nouveau; c'était un optimisme parfait! Une garde nationale avait été organisée le 21 juillet 1789; c'étaient des soldats-citoyens divisés en deux légions composées chacune de trois bataillons. On y créa aussi un bataillon de marine, un escadron d'artillerie, une compagnie de sapeurs-pompiers et un escadron de cavalerie (1).

(1) L'état militaire de Bordeaux fut aussi modifié plus tard; notre cité devint le chef-lieu de la onzième division militaire, et l'hôtel de M. de Lalande, avocat-général au Parlement, rue Bouffard, est aujourd'hui la résidence du commandant de la division, et le lieu où sont établis les bureaux de l'état-major. Cet hôtel fut construit en 1780; mais le propriétaire ne prévoyait ni pour qui ni à quelle fin il dépensait son argent. La garnison de la place se compose ordinairement d'un régiment d'infanterie, qui se trouve logé dans quatre casernes séparées. Une compagnie de la dixième légion de gendarmerie fait le service à Bordeaux; ses casernes ont été construites en 1833, sur le terrain de l'ancien couvent des Minimes.

CHAPITRE IV.

Nouvelle municipalité. — Commissaires pour organiser le nouveau département de la Gironde. — Serment des municipaux et de la garde nationale. — *Te Deum*. — Les affaires de Montauban. — Expédition des Bordelais pour pacifier cette ville. — Son retour. — Débats de l'Assemblée nationale à cette occasion. — Velléités de guerre des Montalbanais. — Création du département de la Gironde. — Les clubs. — Troubles à Bordeaux à l'occasion de quelques excès commis par des soldats de la garnison. — La municipalité y intervint. — Les prisonniers conduits en triomphe dans la ville. — Les clubs, etc., etc.

Livre I.

1790

L'ancien ordre de choses ayant été renversé, on essaya d'établir un autre régime sur d'autres bases, avec une nouvelle législation; il s'agissait de créer des institutions en rapport avec les nouvelles idées, et de coordonner toutes les parties du nouvel édifice social, afin de former un tout complet, un corps compacte et homogène. La municipalité était le seul corps populaire alors existant; il avait jusqu'ici résisté au mouvement de 1789, et même à l'animadversion que le peuple avait conçue pour les membres encore en exercice, à cause de leur obstination à rester en place d'après les ordres du ministère, et contre les libertés et priviléges de la ville. C'étaient MM. Duhamel, lieutenant de maire; Villotte, Leydet et Acquard, jurats; ce dernier faisait les fonctions de clerc de la ville; et M. de Lamontagne, procureur-syndic de la ville.

En exécution des décrets de l'Assemblée nationale, ces jurats divisèrent le territoire de la ville et des faubourgs en vingt-huit sections, et fixèrent au 8 février l'ouverture des assemblées primaires. Par lettres-patentes du 16 mars 1790, le roi nomma MM. de Fumel, Sers et Desaubinaux, commissaires, pour procéder à l'établissement du département de la Gironde et des districts ou subdivisions territoriales, conformément aux décrets de l'Assemblée. Le 3 mars, on termina les opérations électorales par le dépouillement des scrutins dans les diverses sections; le nombre des votants était de trois mille sept cent soixante-quatre individus pour une population de plus de cent mille âmes. La nouvelle municipalité était composée d'un maire, de vingt officiers municipaux, d'un procureur de la commune, d'un substitut du procureur et de quarante-deux notables. Cette nouvelle municipalité fut installée le 2 avril 1790.

Livre I.
Chap. 4.

1790

NOTE 2.

La nouvelle municipalité remplaça donc l'ancienne jurade, seul monument encore debout à Bordeaux au milieu de tant de ruines. Installés le 2 avril, les membres se rendirent le lendemain à la chapelle du collége, et y prêtèrent le serment voulu par la loi; et le cinquième jour du même mois, la garde nationale alla remplir la même formalité au Jardin-Public, qui, dès lors, prit le nom de *Champ de Mars*. Sous une tente élégante, dressée sur la terrasse, on avait élevé un autel autour duquel se tenaient le clergé et l'état-major de la garde nationale; en face de cet autel, vers le milieu du jardin, était un long mât peint aux trois couleurs, au haut duquel flottait un pavillon tricolore avec cette inscription : *La Nation, le Roi, la Loi;* à droite et à gauche, étaient des fauteuils pour le maire, les officiers municipaux, le procureur de la commune et son substitut, et derrière eux, des chaises disposées en hémicycle pour MM. les Notables.

A l'heure convenue, M. l'abbé Aubert célébra une messe basse; après quoi, le général remit au maire la formule du serment prescrite par le décret de l'Assemblée nationale, du 7 janvier 1790, sanctionnée par le roi le 16 mars suivant, et conçue en ces termes :

« Nous jurons d'être fidèles à la nation, à la loi et au roi, de
» maintenir de tout notre pouvoir, sur la réquisition des corps
» administratifs et municipaux, la Constitution du royaume,
» et de prêter pareillement, sur les mêmes réquisitions, main-

Archives
de
l'Hôtel-de-Ville

» forte à l'exécution des ordonnances de justice et à celle des » décrets de l'Assemblée nationale, acceptés et sanctionnés » par le roi ! » Tous les régiments de la garde, qui se composait de treize mille six cents hommes, prêtèrent le serment; après quoi, on entonna le *Te Deum*, qui fut chanté avec un enthousiasme difficile à décrire. Tous les visages étaient rayonnants de joie, tous les cœurs contents; une ère de bonheur paraissait luire sur Bordeaux et sur la France, et il semblait que l'on oubliait le passé pour se livrer aux rêves d'un heureux avenir ! On organisa une société, dite *des Amis de la Constitution*, qui a été appelée plus tard *société populaire des Amis de la Liberté et de l'Égalité,* ou *club des Récollets,* ainsi appelé du nom du lieu où elle se réunissait. On peut juger, par les modifications successives du nom de cette première société républicaine à Bordeaux, de la marche des idées et de la propagation de l'esprit démocratique dans notre cité. C'était d'abord une *société populaire;* mais l'anglomanie s'étant infiltrée dans nos mœurs, on emprunta aux Anglais le mot *club*, ou réunion politique, avec une organisation régulière, mais où, selon les mœurs républicaines, toutes les classes étaient confondues, tous les citoyens admissibles. Le *club des Récollets* se distingua d'abord par un esprit de modération et de réserve; mais il fut effacé en octobre 1793 par une autre société politique, ultra-démocratique, moins gênée dans son allure, plus violente et plus novatrice, mais populaire et puissante; nous voulons parler du *club National,* qui s'éleva par ses violences à la hauteur des clubs de la capitale. Quelque emportés que fussent les habitués des premiers *clubs* de Bordeaux dans leurs sauvages improvisations, la paix ne fut point troublée, grâce au zèle et aux sollicitudes du corps municipal et de la milice nationale; mais une fâcheuse collision entre les habitants de Montauban donna lieu à un patriotique élan de notre garde, dont il est nécessaire de parler.

La ville de Montauban, depuis le XVIᵉ siècle, a constamment été le foyer du protestantisme et des intrigues religieuses. Lorsqu'au commencement de la nouvelle ère, il s'agissait de former le corps municipal, les catholiques, plus nombreux que les sectaires, s'efforcèrent de l'emporter dans les élections pour la nouvelle municipalité, sur les protestants, qui, entièrement affranchis des entraves du précédent gouvernement, et appuyés d'ailleurs par les adeptes de la philosophie voltairienne, l'indifférence des catholiques et le silence très-significatif d'un gouvernement irréligieux ne négligèrent rien pour faire triompher leur cause. La lutte électorale donna lieu à des cabales, à des injures, et même à des violences très-répréhensibles.

Jusque-là, les protestants vivaient en amis avec les catholiques; mais la liberté engendra la licence, et les vaincus sous Louis XIV voulurent devenir vainqueurs à leur tour sous Louis XVI. Les protestants s'étaient glissés au pouvoir, et la majorité catholique eut à supporter les tracasseries de la minorité, et cela sans se plaindre. Dans ce moment, on voulut procéder à l'exécution des décrets sur la fermeture des couvents; la populace s'y opposa : les pauvres, malgré leur enthousiasme pour les innovations révolutionnaires, désiraient conserver ces pieux asiles, où ils trouvaient des exemples de vertu à suivre, des consolations dans leurs douleurs et un refuge contre la faim et le froid. Ils allèrent par milliers stationner devant les portes des monastères, que des commissaires stipendiés voulaient fermer et supprimer. Le commandant, M. de Montbrun, protestant, et, par conséquent, suspect aux catholiques, avait beaucoup d'influence en ville : le peuple se porta chez lui et voulut le contraindre à signer une obligation de conserver les maisons religieuses. Le langage et la conduite du commandant parurent équivoques et offensants; des scènes de désordre eurent lieu. La maréchaussée arriva pour sauver le malheureux Montbrun; mais elle le trouva percé de trois coups d'épée. A ce signal, le fanatisme aveugle

Livre I.
Chap. 4.

1790

et longtemps comprimé des classes inférieures de la société catholique, éclata en mille désordres trop fastidieux, trop pénibles à décrire.

La nouvelle de ces horribles scènes parvint bientôt à Bordeaux, et éveilla le patriotisme de la garde nationale. Notre cité jouissait encore d'une tranquillité au moins apparente; la politique absorbait un peu l'attention du peuple; mais des craintes sur la position des colonies et les périls qui menaçaient le commerce bordelais, qu'on voyait compromis très-probablement pour plus de 150 millions, étaient la préoccupation générale des négociants et des hommes d'affaires. Le commerce bordelais devait être, par intérêt, antipathique à tous ces essais d'émancipation et de liberté; mais le patriotisme l'emporta sur les craintes, et les commerçants firent taire leurs appréhensions particulières devant les dangers de la patrie. Les jeunes gens bien élevés, les hommes bien pensants, s'échauffèrent au récit des événements de Montauban; et, enfin, le *café National* (la Préfecture) ne suffisait bientôt plus pour recevoir tous ceux qui, exécrant les crimes des Montalbanais, venaient s'engager à aller pacifier cette ville ou la réduire en cendres. On s'encourageait, on s'enflammait par des récits plus ou moins exacts, on se préparait à partir; mais, avant tout, il fallait avoir l'assentiment et l'appui de la municipalité. Ce corps, loin d'entraver cette généreuse initiative de nos vaillants jeunes gens, prit un arrêté, le 14 mai, en vertu duquel on devait offrir aux malheureux persécutés de Montauban un asile hospitalier à Bordeaux, et tous les secours nécessaires dans leur triste position. Mais ayant reçu des nouvelles plus désastreuses encore de Montauban, la municipalité arrêta que le duc de Duras, généralissime des gardes nationales de Guienne, serait prié de faire partir au plus tôt un détachement de volontaires, pour mettre fin à ces désordres et garantir la vie et la liberté des Montalbanais. Un registre fut ouvert de suite, et couvert en peu d'heures des signatures de quinze mille volontaires, tous armés et équipés pour cette philanthropique expédition. De son côté, le régiment de Champagne, en garnison à Bordeaux, fournit comme contingent quarante grenadiers et quarante chasseurs. Ces troupes, partagées en deux divisions, l'une aux ordres du major-général Courpon, l'autre sous le commandement de l'aide-major Pourcin, se mirent en marche le 17 mai, avec ordre de s'arrêter à Moissac, en attendant les ordres de l'Assemblée nationale, qu'on avait prévenue par un courrier expédié pour Paris l'avant-veille. La dépêche fut adressée à M. Nairac, représentant de Bordeaux, lequel la communiqua le 19 mai à l'Assemblée nationale, et demanda qu'on approuvât, séance tenante, la patriotique conduite et l'élan généreux et spontané de la brave jeunesse bordelaise. Mirabeau, tout en approuvant la démarche des Bordelais, s'y opposa, par la raison que la municipalité aurait dû attendre les ordres de l'Assemblée pour faire partir les troupes; et qu'en leur ordonnant de s'arrêter à Moissac, elle se reconnaissait coupable, et avait mis l'Assemblée dans l'impossibilité d'approuver sa conduite. L'Assemblée fit peu de cas de ces observations, et adopta la proposition de M. Nairac.

Les Montalbanais, effrayés à l'approche de nos troupes, organisèrent tous leurs moyens de résistance, et appelèrent les habitants des campagnes à faire cause commune avec eux contre ceux qu'ils appelaient les brigands de Bordeaux, les suppôts de la tyrannie qui pesait sur l'Assemblée et sur la France. C'était une tentative de réaction avortée. La conduite intolérante des Montalbanais avait révolté tous les peuples des environs; aucun secours ne leur fut offert, aucune sympathie ne leur fut acquise; tandis que les Bordelais, en passant, reçurent de nouveaux renforts, aux applaudissements des habitants du pays. Quatre mortiers, des bombes et des munitions de toute espèce furent expédiés de Bordeaux, et on mit tant d'empressement dans la marche du détachement et dans le transport du matériel de guerre et des provisions, que tout

Livre I. Chap. 4.

1790

Moniteur, séances des 19 mai et 3 juillet.

arriva à Moissac en cinquante-deux heures. Sur les rives de la Garonne, le convoi trouvait des hommes stationnés pour le remorquer, et disposés à concourir autant que possible à hâter le dénoûment des scènes tragiques de Montauban.

La municipalité de cette ville, déterminée à repousser la force par la force, donna ordre à M. d'Esparbes, commandant de la garnison, d'aller attaquer la première colonne de l'armée bordelaise ; c'était une mesure tout à la fois impolitique et dangereuse. Le détachement de cette garnison, en quartier à Moissac, se prononça pour ses frères d'armes de Bordeaux ; et indigné de ce que ses officiers refusaient de donner des cartouches, menaça de passer, armes et bagages, au régiment de Champagne, qu'il croyait incorporé dans l'armée bordelaise. Témoin de ces mouvements, et convaincu de l'antipathie de ses soldats, M. d'Esparbes se hâta de rentrer à Montauban. Le calme se rétablit peu à peu dans cette malheureuse ville, et le commissaire du roi, M. Dumas, en y arrivant, trouva que les déplorables scènes de persécution religieuse et de meurtre avaient cessé devant les conseils des hommes sages et la juste crainte des châtiments bien mérités. Le commissaire se rendit auprès des troupes bordelaises, les félicita de leur zèle et de leur patriotisme empressé, et, pour éviter une collision qui pourrait avoir de regrettables suites, les engagea à rentrer à Bordeaux. Le détachement retourna sur ses pas, et, dans toutes les villes et villages qu'il dut traverser, fut l'objet des fêtes et des ovations presque continuelles. Arrivé à Bordeaux le 8 juin, il y fut accueilli avec des transports de joie par le peuple et les corps constitués. On dépensa pour cette expédition 64,862 livres ; cette somme fut payée en grande partie au moyen d'une souscription volontaire ; le reste fut soldé par la municipalité. Le 8 juillet suivant, la garde nationale de Toulouse écrivit une lettre de félicitations à ses camarades et confédérés de Bordeaux, qui, à leur tour, y répondirent le 15, en termes affectueux et patriotiques.

La réforme des abus était le vœu général ; elle était dans tous les cœurs et sur toutes les lèvres ; mais par ce mot les démagogues comprenaient la destruction de toutes les formes gouvernementales jusqu'alors connues en France ; il fallait faire table-rase. L'ancienne hiérarchie judiciaire fut supprimée partout; quelques parlements refusèrent de transcrire sur leurs registres le décret de suppression, et s'attirèrent de nouvelles vexations. La Chambre des vacations, à Bordeaux, éclairée par les événements, ne crut pas devoir résister; en le transcrivant, elle signa son arrêt de mort ! On craignait le Parlement de Bordeaux; son hostilité aux ministres était devenue proverbiale; mais il était trop humilié et abattu : sans énergie, sans principe de vitalité, il se soumit en toute humilité, et la nouvelle de sa soumission, transmise à l'Assemblée nationale le 5 octobre, y causa une émotion agréable. On avait mis les biens nationaux en vente; mais on craignait une réaction, et il n'y eut que peu d'acheteurs. La hardiesse des uns encouragea les autres, et, enfin, le 25 novembre, l'Assemblée fut informée par le directoire de la Gironde que la vente de ces biens s'effectuait lentement, mais avec succès; qu'elle avait déjà fait entrer dans la caisse publique une somme de 1,708,075 livres, et que, selon toutes les probabilités, le total des adjudications dans la Gironde s'élèverait à la somme de 30 millions.

C'est cette même année qu'on fit en France une nouvelle division territoriale. La province de Guienne fut divisée en six départements, savoir : la Gironde, la Dordogne, les Landes, le Lot, l'Aveyron et le Lot-et-Garonne. L'héritage d'Éléonore perdit son nom, et fut morcelé sous de nouvelles dénominations empruntées à des fleuves ou à des circonstances locales. Tout était renversé. On croyait asseoir sur des bases solides une monarchie constitutionnelle; hélas! on semait des vents pour recueillir des tempêtes, on travaillait pour détruire même les éléments d'un édifice nouveau; on voulait la liberté, mais l'anarchie, coiffée du bonnet phrygien, vint s'asseoir sur les

Livre I.
Chap. 4.

1790

Archives
de
l'Hôtel-de-Ville

Moniteur,
5 octobre.

Moniteur,
séance du
25 novembre

vénérables débris du trône et de l'autel. On fit une Constitution, mais on défit la monarchie. Le roi céda son sceptre à des monstres à face humaine. Robespierre à Paris, Lacombe à Bordeaux, Carrier à Nantes, et des démagogues forcenés, se disputèrent bientôt après les lambeaux du manteau de pourpre du roi guillotiné, le restaurateur de la liberté en France !

Pendant ces grands travaux de l'Assemblée nationale, la nouvelle municipalité de Bordeaux, secondée par une nombreuse milice locale, s'efforçait de maintenir la tranquillité publique; mais des éléments divers s'entre-heurtaient au sein de la ville, et des passions haineuses et implacables s'agitaient trop pour ne pas faire avorter les généreux efforts des autorités constitutionnelles. Les clubs, qui, deux ans plus tard, devinrent si redoutables, sous le nom de *sections*, commençaient déjà à laisser entrevoir leurs tendances démagogiques, et se recrutaient de tout ce qu'il y avait de bas, d'immoral, d'ingouvernable dans toutes les classes; la démagogie y coulait à pleins bords. Les chefs de ce parti, tout en protestant de leur zèle et de leur dévoûment à la chose publique, s'élevaient au niveau des magistrats, et s'arrogeaient une puissance égale à celle des autorités constituées : tout le monde commandait; tout était confusion; personne ni rien n'était à sa place. Un jour, on mit au cachot quelques militaires du régiment de Champagne pour avoir manqué à la discipline. C'était trop aux yeux des démagogues; cela sentait un peu l'ancien régime; il fallait faire pénétrer la liberté dans les casernes, et rendre aux soldats l'indépendance qu'on leur avait ravie sous le prétendu despotisme de Louis XVI, le moins despotique des rois ! Aussitôt, le sieur Desfieux, au nom des habitués du club du café National, écrivit une lettre à la municipalité, et une seconde au commandant du Château-Trompette, invitant la première à intervenir en faveur des soldats indisciplinés, qu'il qualifie de *vrais défenseurs de la patrie et de la liberté*, et laissant entrevoir au second combien on devait redouter l'effervescence et l'irritation qui déjà régnaient parmi le peuple. Le commandant, enchaîné par ses devoirs, n'avait ni ordre à recevoir, ni suggestion à écouter; mais la municipalité, poussée par les criailleries intéressées des clubistes, intervint et entreprit de faire passer les coupables dans une autre prison. Cependant, au moment du transfert, ils furent enlevés par la populace et promenés triomphalement dans tous les quartiers de la ville. Le peuple se sentit souverain; personne n'osa lui contester la puissance !

Outre ce club du café National, il y en eut un autre qui joua un grand rôle à Bordeaux; nous parlons de la *société des Amis de la Constitution*. C'était une réunion d'hommes nouveaux, exaltés, enthousiastes des nouvelles institutions, et pleins d'horreur pour l'ancien régime. Là se réunissaient tous les oisifs de la ville, les commerçants ruinés et ceux qui allaient l'être, des procureurs sans travail, des avocats sans clients, des médecins sans malades, des prêtres et des moines défroqués, tous les mécontents, toute la lie de la population, tous ceux qui n'avaient rien à perdre et beaucoup à gagner dans les bouleversements dont ils ne voyaient que trop bien la France menacée; tous ceux-là faisaient partie de ce premier club bordelais qui alla plus tard s'installer orgueilleusement dans l'église de St-Dominique (Notre-Dame), et ériger sa bruyante tribune à la place de l'autel du Dieu vivant ! Il n'avait qu'un seul titre au respect du peuple, c'était sa hardiesse; elle seule faisait tout son droit. Cependant, il s'éclipsa bientôt après devant la scélérate hardiesse du club National, qui eut ses directeurs, ses orateurs et ses journaux !

Livre I.
Chap. 4.

1790

CHAPITRE V.

L'administration départementale installée. — Sa composition. — L'administration du district. — La cérémonie de la Fédération. — Le serment des Fédérés. — Malaise de Bordeaux. — Les assignats. — Secours fourni par Necker. — Les attroupements des citoyens devant les maisons des boulangers. — Courpon, le commandant, dénoncé à l'Assemblée par le régiment de Ste-Eulalie. — État financier et politique de Bordeaux. — Installation du tribunal civil. — Discours de Gensonné. — Ses illusions. — Il est bientôt après désabusé.

Livre I.

1790

La révolution marchait à grands pas; toutes les administrations se renouvelaient, et de toutes les anciennes institutions il n'en devait rester bientôt que des souvenirs. Le 8 juin, l'Assemblée nationale de la Gironde commença ses opérations; sur soixante-dix-huit mille quatre cent quatre-vingts citoyens actifs du département, il n'y eut que huit cent sept électeurs. L'administration départementale fut installée d'abord à l'Intendance de la Guienne, le 6 juillet; mais elle fut transférée, l'année suivante, au palais archiépiscopal; elle se composait de MM. Journu, président; Chollet, de Bordeaux; de Rances, de Langon; des Barrets, de Libourne; Lafon-Ladebat, de Bordeaux; Mandavy, de Pauillac; Montballon, de Bourg; Pujoulx-Laroque, de Saint-Macaire, administrateurs; Barennes père, procureur-général-syndic; Roullet, substitut. Cette administration comprenait tout le territoire du département de la Gironde, divisé en sept districts renfermant soixante-treize cantons, et subdivisés en six cent trente-six municipalités. En 1800, la préfecture de la Gironde a remplacé cette administration; elle fut installée au même palais; mais elle fut transférée à l'hôtel Saige en 1810.

Outre cette administration départementale, il y en eut une

autre pour chaque district. Celle du district de Bordeaux se composait de MM. Monnerie, président; Dufour, Journu-Aubert, Meyer, Broussilhon, administrateurs; Duranthon, procureur-syndic; elle entra en fonctions le 26 juillet 1790. Au mois de septembre suivant, la municipalité apposa les scellés sur le greffe et la salle d'audience du Parlement et sur la salle d'audience du sénéchal, qui cessa de suite ses fonctions, conformément à la loi sur l'ordre judiciaire.

Mais la cérémonie la plus intéressante fut celle de la Fédération, qui eut lieu au Jardin-Public le 17 juin 1790; c'était un spectacle bien imposant que celui de cet autel du dieu des armées, environné du clergé, des corps constitués, des milices locales et de la population entière, animée, au moins en apparence, du plus pur enthousiasme, électrisée des cris patriotiques, et jurant, les mains levées vers le ciel, d'être fidèle à la nation, à la loi et au roi! Hélas! qu'elles sont trompeuses les paroles des hommes! et quelle dépravante leçon d'immoralité sacrilège ces chefs de parti, ces dupeurs des peuples, n'ont-ils pas donnée au monde, en prêtant des serments qu'on devait violer le lendemain!

Les treize régiments d'infanterie de la garde nationale bordelaise occupaient sur quatre rangs les deux côtés parallèles du jardin; les régiments d'artillerie et le corps du génie étaient placés sur la ligne du carré, qui est au nord du jardin; le régiment de Champagne stationnait en dessous de la terrasse, en face de l'artillerie; la cavalerie était placée moitié à droite, moitié à gauche du régiment de Champagne; la terrasse était réservée pour les dames, toutes portant la cocarde tricolore, et dont la parure brillante et variée augmentait les charmes et l'éclat de ce magnifique spectacle. Au milieu du carré, on avait dressé un autel simple, rustique, mais très-élégant, qu'on pouvait facilement apercevoir de tous les coins du jardin; il était entouré d'une galerie peu élevée, mais assez spacieuse pour contenir les magistrats et fonctionnaires publics,

et surmonté d'un pavillon à la chinoise reposant sur des mâts légers et gracieux. A l'heure convenue, le maire, les officiers municipaux, suivis des députés des villes voisines, arrivèrent et passèrent successivement devant toutes les lignes des régiments; les tambours battaient aux champs pendant leur passage. Un moment après, on vit arriver les chanoines de St-Seurin, escortés de la musique; on invita le doyen à bénir les drapeaux destinés aux villes fédérées, et dont l'un devait être remis aux députés de Toulouse. Les tambours ayant battu un ban, M. de Courpon, major-général de la garde nationale, et le chevalier de Forestier, lieutenant-colonel du régiment de Champagne, tournés vers leurs corps respectifs, prononcèrent d'une voix vibrante le serment fédératif, conçu en ces termes : « Nous jurons, sur l'autel de la patrie,
» et en présence de l'Être suprême, de maintenir de tout
» notre pouvoir la Constitution du royaume, d'être fidèles à
» la nation, à la loi et au roi, d'exécuter et faire exécuter les
» décrets de l'Assemblée nationale, sanctionnés ou acceptés
» par le roi; nous jurons de rester à jamais unis par les liens
» de la plus étroite fraternité, et de concourir par la réunion
» de nos lumières et de nos forces au maintien du bon ordre
» et de la liberté publique, dans tous les lieux où nous serons
» appelés. »

Après avoir prononcé ces paroles, les deux commandants s'étant avancés l'un vers l'autre, se donnèrent la main gauche: et levant, de la main droite, leurs épées au-dessus de leurs têtes, ils s'écrièrent : *Nous le jurons.*

Alors l'un des officiers municipaux s'avançant sur l'une des marches de l'autel, lut tout haut la formule du pacte fédératif conclu entre eux et les municipalités de Toulouse, de Bergerac, de Libourne et autres lieux; tous les contractants se levèrent à l'instant, et ayant prononcé les paroles sacramentelles de cette mémorable fédération, une salve d'artillerie signala ce moment solennel à tous les habitants de la ville et de la campagne. Une autre salve annonça l'arrivée des députés de Montauban, qui demandèrent à être admis à prêter le serment civique entre les mains du maire et des officiers municipaux de Bordeaux ; sur l'écusson de leur drapeau étaient représentés les emblêmes de la Fédération, ainsi que les noms des délégués toulousains et montalbanais. Il fut présenté à la bénédiction par le duc de Duras, généralissime des gardes nationales de la sénéchaussée de Guienne. L'abbé Batanchon, qui officiait, prononça un discours relatif aux circonstances, et le termina par les cris de : *Vive la religion! vive la nation! vive la loi! vive le roi!* Après la bénédiction des drapeaux, on chanta en chœur le *Domine salvam fac gentem, Domine salvam fac legem, Domine salvum fac regem;* puis, au bruit de l'artillerie, le duc de Duras remit les drapeaux bénis aux députés des villes fédérées, au milieu des cris patriotiques et des scènes les plus attendrissantes de concorde et de confraternité. Plus de haine, plus de souvenirs amers, plus d'animosité dans les cœurs ! On se laissait aller à une sorte de délire, on courait les uns aux autres, s'embrassant, se félicitant, se réjouissant de cette nouvelle ère de bonheur, de paix, de concorde et de liberté qu'on avait inaugurée à Bordeaux ; c'était l'âge d'or. Hélas ! ce ne fut que l'époque des rêves et des plus trompeuses illusions !

A juger du cœur des hommes ce jour-là par les démonstrations extérieures et les serments solennels prononcés d'un ton si fortement accentué dans tous les rangs des magistrats, des milices et des citoyens, on aurait dit que la paix allait régner, au moins pour longtemps, dans nos murs ; il n'en était rien. La garde nationale conçut des soupçons contre ses frères du régiment de Champagne, et voulut participer avec eux à la garde du château ; un malaise général se manifesta par la triste perspective des orages prochains ; les vivres devinrent rares et chers, le numéraire disparut complètement. On avait imaginé un papier-monnaie, sous le nom d'*assignats;* mais

Livre I.
Chap. 5.

1790

Archives
de
l'Hôtel-de-Ville

cette conception monétaire tomba bientôt dans un tel discrédit, que la municipalité, dans son rapport du 10 août, fut forcée d'avouer que *l'approvisionnement de la ville éprouvait des difficultés incroyables, attendu que le numéraire avait complètement disparu, et que les assignats n'avaient point de cours dans les lieux d'où venaient les blés.* Pour remédier à cet affligeant état de choses, et suppléer à cette non-valeur du papier-monnaie, on proposa d'accorder une prime de 2 ou même 3 p. 100 en faveur des assignats qui seraient reçus en paiement lors de la vente des biens nationaux. Dans cette fâcheuse extrémité, on écrivit à M. Necker; mais ce ministre n'avait à sa disposition, pour le moment, que la modique somme de 150,000 fr., somme trop minime pour les besoins si pressants et si multipliés de la ville de Bordeaux. Des rassemblements tumultueux se formèrent devant les portes des boulangers; on demandait qu'on diminuât le prix du pain; on criait contre les accapareurs; on se permettait les propos les plus séditieux et des actes inqualifiables contre les boulangers impopulaires; et pendant que la municipalité essayait de disperser ces attroupements en promettant de s'occuper activement des besoins du peuple, d'autres citoyens réunis en club délibéraient gravement sur le renvoi des ministres et sur les questions les plus ardues de la politique. Le serment de concorde, les patriotiques engagements de la Fédération, n'existaient déjà plus que comme souvenirs; et pour augmenter le désordre de cet état anormal, une compagnie du régiment de Ste-Eulalie dénonça à la garde nationale de Paris le commandant Courpon, et fit imprimer contre lui un misérable libelle, avec cette épigraphe :

« L'aristocratie des riches aura-t-elle donc remplacé l'aristocratie des grands? »

La confusion était partout; le mot magique de *liberté* signifiait pour la foule indépendance de tout contrôle, impatience de tout frein; les esprits étaient troublés par la vente des biens nationaux; la caisse municipale, comme le trésor public, était vide (1); les capitaux étaient enfouis, le commerce anéanti, l'industrie paralysée; et au milieu de ces scènes si décourageantes, de ces désordres éternellement renaissants, l'autorité, dépourvue de nerf et de toute action sur les esprits, n'avait que de vaines promesses qui la déconsidéraient davantage, et des paroles de conciliation et de paix, remède impuissant en temps de révolution, qui peut avoir quelque effet sur des hommes sages et dociles, mais qui ne sert le plus souvent qu'à enhardir les mécontents.

C'est dans ces circonstances pénibles qu'on s'efforçait de rétablir l'ordre avec des éléments de désordre : l'anarchie était dans les esprits et dans les faits, et les institutions nouvelles tombées en discrédit même à leur naissance. Le 20 novembre, on installa le tribunal civil du district (2) dans le palais de l'Ombrière. M. Gensonné, procureur de la commune, prononça à son installation un discours remarquable, dont nous croyons devoir extraire les passages suivants :

« Ils ne sont plus ces corps antiques, dont on osait préten-
» dre que l'existence était liée aux fondements de la monar-
» chie, qui, abusant sans cesse de la faiblesse ou de la tyrannie
» du gouvernement, placés par la fatalité des circonstances,
» ou plutôt par les coupables efforts d'une insidieuse politique,
» entre le peuple et le monarque, n'ont feint de se montrer

Livre I. Chap. 5.

1790

Archives de l'Hôtel-de-Ville

---

(1) Nous consignons ici, d'après des données positives, l'état des ressources et des charges de la municipalité au 8 décembre 1790.

Le revenu fixe de la ville en droits d'octroi était porté à. . . . . . 925,000 liv.
En recettes diverses, à. 200,000
                                                          ―――――
                                                          1,125,000 liv.

La dépense annuelle dépassait la recette de plus de 50,000 écus.
La dette arriérée montait à près de 4,000,000.

(2) Il était composé de MM. de Brezets, président; Brochon père, Desèze, Desgranges, Desmirail, Saint-Guirons, juges; Peirens, commissaire provisoire du roi.

Archives de l'Hôtel-de-Ville

» alternativement les défenseurs de l'un et de l'autre que pour
» se rendre indépendants de tous les deux!

» Ils ne sont plus! Le génie de la liberté a fait disparaître
» ce fantôme d'une représentation chimérique que la nation a
» toujours dû désavouer; il a brisé ce prisme trompeur, qui
» si longtemps égara l'opinion publique par l'illusion de leurs
» fausses vertus. L'aurore d'un nouveau jour luit enfin sur la
» France; la justice va reprendre tout son éclat.... »

Dans ces quelques lignes, on devine déjà l'un des réformateurs girondins; il salue avec enthousiasme l'ère de la liberté qui allait luire sur la France désormais heureuse; mais, en annonçant l'âge d'or de la république, il était loin de prévoir le cortége de maux qu'elle entraînait à sa suite, ou la triste destinée qu'elle réservait à lui et à ses généreux mais infortunés amis! Il ne lui fallut cependant pas longtemps pour découvrir les orages qui assombrissaient l'horizon politique de la France. Magistrat, il voyait avec peine les empiètements des sociétés politiques sur les droits des cours de justice, et l'immense pouvoir que les clubs s'arrogeaient à Bordeaux. Oubliant complètement le merveilleux tableau qu'il avait tracé le 20 novembre, de tous les bienfaits que le génie de la liberté allait verser à torrents sur la France, il épanche sa douleur le 9 décembre, et appelle toute la sévérité des lois contre des clubs qui s'érigent en tribunaux et même en corps législatifs, qui envahissent le domaine des magistrats légalement institués, et s'arrogent un pouvoir que la Constitution leur dénie.

« Aujourd'hui, dit-il, que la Constitution a déterminé tous
» les pouvoirs, que des magistrats élus par le peuple sont
» chargés de la vindicte publique et du droit de poursuivre
» et de punir les atteintes portées à la sûreté générale ou pri-
» vée, il est contre tous les principes de la Constitution, con-
» traire à l'essence du gouvernement que nous avons adopté,
» qu'une société quelconque s'érige en tribunal, reçoive des

» plaintes et s'arroge à la fois les fonctions de juge et d'accu-
» sateur public, avec une espèce de censure, et que des par-
» ticuliers sans mission, sans caractère, et qui se sont constitués
» d'eux-mêmes les représentants d'un peuple libre, s'annon-
» cent comme son organe, et présentent comme le résultat
» du vœu général leur opinion personnelle. Il est également
» contraire à tous les principes que des sociétés semblables
» affectent à l'égard de quelque citoyen que ce soit une supré-
» matie que la loi ne leur a point déléguée, qu'elles prennent
» des arrêtés à l'instar des tribunaux, qu'elles les publient,
» qu'elles les fassent exécuter, et qu'elles tournent ainsi en
» dérision ces formes protectrices de l'honneur, de la fortune
» et de la vie des citoyens, et pour lesquelles l'amour de la
» liberté doit nous inspirer un respect religieux. »

En lisant ces lignes, on croit entendre le vertueux et consciencieux procureur-général Dudon, foudroyant les dangereuses innovations de son temps et les égarements des peuples;
il n'eût pas mieux ni autrement parlé. Mais non, ce n'est pas
lui, c'est le girondin Gensonné, le réformateur politique, qui,
le 20 novembre, se berçait des plus douces illusions, et, le
9 décembre suivant, fit un si noir tableau des excès des démagogues bordelais ! Les événements marchaient vite et dépas-
saient ses prévisions; la raison, comme la loi, était impuissante
et silencieuse; le mal a aussi sa logique et ne manque pas de
produire ses conséquences, que les hommes pleurent, mais
n'arrêtent pas !

Ajoutons à cet affligeant exposé de Gensonné l'extrait
suivant du discours prononcé par le député de la Martinique,
dans la séance du 14 décembre 1790, et nous aurons une idée
de l'état de la France, et de Bordeaux en particulier, sous le
tyrannique empire des clubs démagogues.

« Qu'il est grand, qu'il est effrayant le tableau que nous
» devons vous présenter ! Nous éviterons pour vous, Messieurs,
» et pour nous-mêmes, de renouveler nos douleurs; elles sont

> consignées dans le mémoire historique des faits, appuyé de
> pièces justificatives que nous mettrons sous vos yeux. Vous
> y verrez les lois sans force, l'autorité anéantie, l'anarchie,
> l'affreuse anarchie, multipliant les désordres, excitant toutes
> les passions, portant le feu dans toutes les têtes et plaçant
> le fer dans toutes les mains. » Voilà la France, et Bordeaux
en particulier, à la fin de 1790. L'état politique de l'année suivante n'en diffèrera que par une plus grande extension du mal.

CHAPITRE VI.

Affaires ecclésiastiques. — État du clergé de Bordeaux. — Déclaration exigée des religieux qui voulaient vivre en communauté ou rentrer dans le monde. — Quelques prêtres embrassent le schisme. — Libelles contre les ecclésiastiques, et en particulier contre M. l'abbé Langoiran. — Lettre de M. Duranthon, procureur-syndic du district, à M. Langoiran. — Réponse de celui-ci. — Lettre de M. Duranthon à la supérieure du couvent des Minimettes. — Réponse de celle-ci. — Lettre de M. Duranthon à la municipalité, contre M. l'abbé Langoiran, etc., etc.

Les désordres du monde civil et politique avaient pénétré dans l'Église, et le sanctuaire où l'on se rendait pour adorer un Dieu de paix était devenu la scène bruyante où apparaissaient tour à tour l'indifférence, le schisme et l'apostasie. La religion, base nécessaire de l'ordre, était attaquée par les démagogues comme étant l'appui de la royauté, et les ennemis de Louis XVI ne croyaient pas pouvoir renverser la monarchie sans avoir miné l'Église et sans avoir détruit l'autel, auquel ils feignaient de croire le trône adossé. Les attaques contre la monarchie étaient vives, fréquentes et passionnées; mais il fallait agir avec plus de prudence, de lenteur et d'astuce contre l'Église, qui avait des racines plus profondes dans le cœur du peuple, et des promesses d'indéfectibilité que n'avait pas la royauté. Tout était bien arrêté et concerté pour que la chute du trône ébranlât et entraînât l'Église de France et ses antiques institutions. Les idées des utopistes parisiens trouvèrent de l'écho en province. Cependant l'esprit religieux des Bordelais résista longtemps; mais il fut enfin attiré dans l'orbite des innovations. Il y avait alors dans notre cité un grand nombre de monuments religieux, d'églises, de couvents et de chapelles particulières, plusieurs ordres religieux qu'on croyait riches, et des biens ecclésiastiques que nos avides

Livre 1.
—
1790

NOTE 3.

novateurs en politique voulaient s'approprier. Les décrets de l'Assemblée nationale, du mois de septembre, et des 4, 5 et 8 octobre 1790, dévoilèrent au clergé le sort qui l'attendait ; l'Assemblée avait déclaré que les biens ecclésiastiques appartenaient à l'État ; elle avait déchiré les titres les plus sacrés de la propriété, et annulé même les testaments des morts en faveur des églises et des maisons de prières ! C'était un acte de spoliation inouï contre une partie de la nation, qui ne savait que se plaindre, n'ayant ni les moyens, ni la volonté de résister ; sa faiblesse faisait la force de ses ennemis. Le décret qui proclamait la liberté des cultes, sapait les vieilles croyances de la France, rangeait sous le même niveau la foi de saint Pierre et du monde catholique, avec les discordantes doctrines de Luther, de Calvin, de Knox et des mille et une sectes nées des flancs impurs du protestantisme ; le mahométisme même se trouva, au même titre, naturalisé en France, et élevé, avec son sensualisme avilissant, à la hauteur du catholicisme ; c'était déclarer tous les systèmes religieux également bons, affranchir l'homme des craintes salutaires de la foi, le laisser libre dans son choix entre la vérité, qui est le principe de cohésion entre les différentes parties de la société, et l'erreur, qui en est l'irrésistible dissolvant. La suppression des vœux religieux dans les monastères des deux sexes troublait les consciences, restreignait la liberté qu'on prétendait donner à la France et qu'on refusait aux âmes pieuses, antipathiques au mariage ou dégoûtées du monde et de ses innombrables misères. Enfin, l'obligation de prêter serment à un ordre de choses destructif de la hiérarchie catholique ; le décret qui portait que l'élection des évêques se ferait à la pluralité des voix ; la suppression des ordres religieux par la loi du 13 février 1790, qui déclarait les biens des monastères *biens nationaux* (1),

---

(1) Il y avait à Bordeaux, alors, seize couvents d'hommes et treize de femmes. Quant à la richesse du clergé français, il est bon de constater qu'elle était infini-

mirent le comble à l'impiété et jetèrent sur le pavé des prêtres mécontents, des religieux infidèles à leur vocation, et ouvrirent la porte à tous les scandales, à tous les désordres; c'était le dernier coup de sape porté aux fondements de l'édifice social ; c'était l'anarchie dans les cœurs et les intelligences, comme dans les faits! Le clergé fut frappé de stupeur, ainsi que les honnêtes gens de toutes les classes; il se tut, parce que la résistance eût été inutile, inefficace et dangereuse. La soumission la plus aveugle à des décrets liberticides était ce qu'exigeaient ces prétendus amis de la liberté des cultes et des consciences. Un grand nombre d'ecclésiastiques se résigna : les plus pieux aimèrent mieux se démettre de leurs postes que de souscrire à des mesures spoliatrices, qui, violant les droits de propriété, déchiraient des contrats garantis par les lois civiles, et ravissaient à des milliers de Français de l'un et l'autre sexe des droits acquis et leurs espérances pour l'avenir.

Conformément aux ordres supérieurs, la municipalité de Bordeaux prit une délibération pour dresser l'état et recevoir les déclarations individuelles de tous les religieux et religieuses de la ville, afin de connaître ceux qui voulaient continuer à vivre en communauté et ceux qui préféreraient la vie civile : on devait assigner à ceux-ci un lieu de résidence et un traitement annuel. Comme on peut bien le présumer, on en trouva, mais en petit nombre : c'était en général des hommes déréglés dans leur conduite, méprisés par le public, et sans aucune considération ni dans l'Église, ni dans le monde. La plupart étaient déjà connus par des publications révolutionnaires ou des prédications fanatiques contre ce qu'ils appelaient l'ancien ré-

---

ment inférieure à celle de la protestante Angleterre, qui surpassait même celle du clergé chrétien dans le reste du monde. D'après un journal anglais bien renseigné, que le *Temps* a traduit, numéro du 8 novembre 1831, le revenu de l'Église anglicane est de 236,489,125 fr.; et celui du clergé catholique, sur toute la surface du monde, est de 224,975,000 de francs.

gime. Déjà, depuis 1789, le clergé était le point de mire de tous les publicistes républicains. M. Boissel, avocat de Bordeaux, avait donné le signal, en publiant son *Clergé dévoilé*, qu'il devait adresser aux États-généraux ; c'était un tissu de mensonges et d'infamies qu'il avait ourdi contre les évêques, les curés et les religieux, dans le but de les flétrir dans leurs mœurs, confisquer leurs biens, saper les fondements de l'Église et assujétir les religieux à une politique voltairienne.

Le 5 juillet 1790, M. Daguzan, curé et maire de Bègles, qui devint plus tard curé constitutionnel de St-Louis de Bordeaux, prononça, à la fin des travaux de l'assemblée électorale de la Gironde, un discours en rapport avec les circonstances ; il s'exprima en patriote, et *frémit*, dit-il, *en rappelant les maux incalculables sous lesquels les Français gémissaient accablés !* Il parla du *despotisme, assis sur un trône de fer, qui pesait cruellement sur le peuple le plus digne d'être libre ;* il s'éleva *contre les milliers de tyrans qui avaient asservi les Français après les avoir avilis*, et déclara *que les villes étaient d'immenses ateliers d'esclaves forcés au travail par d'autres esclaves....* ; c'était là le langage du jour !

M. Hollier, chanoine de St-Émilion, devenu plus tard vicaire métropolitain de l'évêque constitutionnel de Bordeaux, se signala aussi par ses discours révolutionnaires et ses excentricités républicaines. Il composa une adresse aux ouvriers des villes et aux paisibles habitants des campagnes, en faveur de la Constitution civile, et accabla de ses reproches les nobles, les rois et le haut clergé ! C'était un *factum* ignoble, incendiaire, et mal écrit !

M. Pinon, religieux jacobin, écrivit une lettre pleine de basses moqueries, sous le titre de *Lettre de consolation au Clergé sur la perte de ses biens et de ses droits.*

M. Lisle-Ferme publia des opuscules contre le clergé, et s'efforça de justifier les mesures qu'on avait prises à l'égard des évêchés et du clergé.

L'abbé Langoiran, jeune, léger, et si différent de son frère le vicaire-général, dont nous aurons occasion de parler, figura aussi parmi les rares apostats de l'Église de Bordeaux. Il avait du talent, un esprit subtil et sophistique, mais de mauvaises mœurs; il mourut sous la Restauration. Il avait été vicaire de St-Mexant; il devint président des *Amis de la Constitution* en janvier 1789. Il plantait l'arbre de la liberté au moment même où l'on massacrait son infortuné frère !

Il y avait à Bordeaux d'autres ecclésiastiques imbus de bonne heure de sentiments républicains; mais ils étaient étrangers au diocèse. Ils étaient rares, très-rares, les prêtres bordelais qui se déshonorèrent dans ces mauvais jours par une honteuse apostasie ou des excès condamnables. L'entraînement de quelques mauvais exemples, des passions vives mal comprimées, les séductions du pouvoir, l'empire des circonstances électrisantes d'un peuple courant en délire après un bonheur idéal, tout cela et mille autres choses contribuèrent puissamment à leurs déplorables écarts, et peuvent, au tribunal de la raison et de la postérité, excuser les égarements qu'ils ont presque tous expiés par leurs cuisants remords et condamnés eux-mêmes avant leur mort !

Parmi les pamphlets incendiaires de l'époque, il y en avait un qui était intitulé : *Notes succinctes relatives aux mauvais Prêtres de Bordeaux*. On l'attribuait à un prêtre assermenté, qui s'efforçait de dénigrer ses anciens confrères dans le sacerdoce. Le premier qu'il signala au pouvoir, ce fut l'abbé Langoiran, grand-vicaire de Mgr Champion de Cicé, archevêque de Bordeaux; il fut accusé d'avoir séduit quelques citoyens, d'avoir fait présenter une motion à toutes les sections pour la conservation des maisons religieuses, d'avoir employé les mensonges, tous les moyens de séduction, des menaces même pour empêcher les religieuses de rompre leurs chaînes et de sortir de leurs prisons, surtout dans les couvents des Minimettes et des Annonciades. Le pamphlet ne fut qu'une dénonciation contre ce respectable prêtre, qui s'était constamment refusé à prêter le second serment schismatique exigé par les lois anti-catholiques de l'Assemblée, et qui est mort martyr de sa fidélité à sa foi, comme nous le verrons plus loin.

La constitution civile du clergé, proclamée loi de l'État le 24 août 1790, fut pour la France religieuse la boîte de Pandore : tous les maux de l'Église et presque tous ceux de l'État en sont sortis; elle bouleversa toute l'Église de France, ne reconnut que dix métropoles, parmi lesquelles se trouvait celle de Bordeaux, qui prit le nom de *métropole du Sud-Ouest,* avec un arrondissement territorial, qui comprenait les évêchés des départements de la Gironde, de la Vendée, de la Charente-Inférieure, des Landes, de Lot-et-Garonne, de la Dordogne, de la Corrèze, de la Haute-Vienne, de la Charente et des Deux-Sèvres.

Une nouvelle circonscription paroissiale devait être la conséquence nécessaire de cette démarcation des diocèses; elle fut faite : c'était un bouleversement général, l'anéantissement du travail des siècles, la substitution d'un ordre de choses laïque à ce qui avait été réglé par le concours des puissances ecclésiastiques et civiles, et qui avait la sanction du temps et l'approbation des hommes sages. Cette constitution laïque fut transcrite sur les registres du district de Bordeaux, le 15 octobre 1790, conformément à une délibération du directoire du département, présidé par M. Journu.

La loi qui prescrivait le serment fut publiée le 26 décembre 1790. Ceux qui refuseraient de le prêter le dimanche suivant, à l'issue de la messe, en présence du Conseil municipal et des fidèles, dans l'église, seraient censés avoir renoncé à leurs fonctions. On était tenu de les remplacer par voie d'élection. Ceux qui le prêtaient et qui venaient à y manquer, étaient poursuivis devant les tribunaux comme rebelles à la loi, punis par la privation de leur traitement, et, en outre, déclarés déchus de leurs droits de citoyens actifs et incapables d'aucune fonction publique. Cette désastreuse loi fut enregistrée au tribunal du district de Bordeaux, présidé par M. de Brezets, le 8 janvier 1791.

C'est dans ces pénibles circonstances que M. l'abbé Langoiran se montra toujours fidèle à ses obligations sacerdotales et aux devoirs de sa place. Consulté de tous côtés, il ne se gênait pas pour dire tout haut son opinion sur les difficiles questions du moment; il encourageait les uns, détrompait les personnes abusées, soutenait les faibles et raffermissait dans les vrais principes les membres du clergé diocésain et les religieuses des couvents. Dénoncé, ainsi que nous l'avons vu plus haut, comme un esprit tracassier, indocile, et en révolte contre la loi, M. Duranthon, procureur-syndic du district de Bordeaux, lui écrivit, le 20 novembre 1790, la lettre suivante :

« Le directoire du district est informé que vous fatiguez
» les communautés dont vous êtes le supérieur, pour les en-
» gager à renouveler publiquement leurs vœux; il m'a chargé
» de vous prévenir que cette entreprise excitait des rumeurs,
» et qu'il vous priait de renoncer à des tentatives qui pour-
» raient troubler les consciences.

» Il est bon que vous sachiez aussi, Monsieur, qu'on a
» dénoncé au directoire une consultation imprimée, qu'on
» prétend que vous faites circuler dans les diverses maisons
» religieuses. Je sais qu'elle a excité des troubles; heureu-
» sement, dans les monastères, comme ailleurs, l'amour de
» l'ordre et de la paix a prévalu sur le fanatisme des âmes
» superstitieuses; mais enfin il est temps qu'on cesse d'ameu-
» ter les cloîtres.... »

Qu'il est édifiant de voir dans cette lettre la tendre sollicitude du républicain Duranthon pour les consciences, que troublait si mal à propos le pieux vicaire-général ! Quelques jours s'écoulèrent, et l'abbé Langoiran répondit à ce singulier protecteur de la paix des cloîtres.

Dans cette lettre, que nous reproduirons en entier dans notre *Histoire ecclésiastique de Bordeaux*, M. Langoiran déclara qu'il n'avait pas violé le décret de l'Assemblée nationale; que, dans ce décret, il n'est question que de vœux solennels, que la loi civile ne reconnaîtra plus ni ne maintiendra plus par l'action civile qu'elle accordait auparavant. Il affirme, en outre, que les religieuses dont il s'agissait n'avaient pas fait des vœux solennels, mais des vœux simples, chose que la loi ne défendait pas, et maintient que tout ce que les lois ne défendent pas est par cela même permis; il avoue, avec une noble franchise, tout ce que les religieuses avaient fait, la part qu'il y avait prise, et se reconnaît l'auteur d'une petite brochure qu'on avait dénoncée comme une publication récente et séditieuse; mais qui, malheureusement pour le dénonciateur, avait été écrite longtemps avant la révolution et les décrets sur l'état religieux.

Avant d'adresser à M. Langoiran la lettre dont nous avons parlé plus haut, et qui provoqua cette réponse si sage, si mesurée, si convenable aux circonstances politiques d'alors et au caractère de l'auteur, M. Duranthon écrivit à Mme la Supérieure des Minimettes la lettre suivante :

« Madame, j'ai appris que M. l'abbé Langoiran, l'un des
» vicaires de l'évêque, curé de St-André, exigeait de votre
» communauté qu'elle procédât à une rénovation solennelle
» de vos vœux; qu'il ne craignait pas d'user de sa prétendue
» qualité de votre supérieur pour vous faire un devoir de
» cette cérémonie, qui, dans ce moment, ne serait qu'une dé-
» rision puérile si elle ne devenait une profanation sacrilége,
» ou plutôt une protestation contre les décrets de l'Assemblée
» nationale.

» J'ai su aussi qu'il faisait circuler dans votre maison, et
» dans les autres maisons religieuses, une consultation sur les
» vœux monastiques, sur la clôture, etc., etc., et dans la-
» quelle, sous les noms de Pontas, de Ste-Beuve, de Bel-

» larmin, on pose des principes tout contraires aux dogmes
» véritablement sacrés de notre Constitution. Je ne vous cache
» pas que ces menées sourdes contre le nouveau régime, de
» la part d'un prêtre qui a solennellement juré de maintenir
» la Constitution de tout son pouvoir, ont plus vivement in-
» digné notre directoire qu'elles ne l'ont alarmé (1).

» Nos messieurs ont compté sur la prudence, sur la vertu,
» sur le patriotisme déjà éprouvé de votre communauté; ils
» espèrent que vous ne vous prêterez pas aux vues de ce zélé
» vicaire; vous devez sentir que l'administration ne pouvait
» s'empêcher d'improuver ce spectacle qu'on voudrait donner
» à notre ville, et par lequel, peut-être, on serait bien aise
» d'en préparer d'autres.

» C'est avec une satisfaction bien douce que je me trouve
» auprès de vous l'interprète des sentiments et des vœux de
» ma compagnie, et bien sûr que vous aurez fait ce qu'exige
» de vous, dans ce moment, cette religion sainte, qu'un faux
» zèle se plaît à confondre avec des institutions humaines et des
» intérêts anti-évangéliques. Je ne crains ni de vous effrayer,
» ni de vous déplaire en vous parlant de manœuvres que vous
» aurez condamnées; j'aurais trop de regrets qu'aucun de nos
» monastères se permît des écarts, dont la moindre peine
» serait la privation ou la réduction de leur traitement. Un
» vicaire, qui serait plus sévèrement traité lui-même, ne pour-
» rait pas garantir les victimes qu'il aurait faites des mortifi-
» cations auxquelles il les aurait exposées. C'est ce qu'il serait
» bon que vous fissiez sentir à vos dames, et peut-être de-
» vez-vous aux liens qui vous unissent de leur faire connaître
» ma lettre, que j'adresse à toutes en l'adressant à celle que
» leur confiance a mise à leur tête. »

Cette lettre jeta dans une consternation profonde les pau-

---

(1) M. l'abbé Langoiran n'avait pas prêté le serment constitutionnel; ses ennemis le disaient, mais c'était une calomnie affreuse.

vres religieuses du couvent des Minimettes. La supérieure, sous l'impression de la peur, répondit le même jour, 20 novembre; et pour se disculper elle-même et ses dames, chargea l'abbé Langoiran d'une manière compromettante, comme nous allons le voir par sa réponse :

« M. l'abbé Langoiran, notre supérieur, étant venu mer-
» credi pour annoncer à la communauté qu'on devait renou-
» veler solennellement, demain dimanche, les vœux, ce qui
» me semble contraire au décret constitutionnel du 13 février,
» comme chef de la maison, je prends la liberté de m'adresser
» à vous pour vous dénoncer l'affaire et savoir la conduite que
» je dois tenir, craignant qu'on impute à ma communauté
» entière un acte qui ne regarde au plus que quelques par-
» ticulières trompées, étant toutes, d'ailleurs, très-pleines de
» respect pour tous les décrets de l'Assemblée nationale sanc-
» tionnés par le roi.

» Je suis, etc., etc.

» PLANCADE,
» *Supérieure des Minimettes.*

» Samedi, 20 novembre 1790. »

A la suite de cette correspondance, M. Duranthon envoya des copies de ces lettres aux maire et jurats, avec une mission particulière où il les invite à « veiller d'une manière par-
» ticulière sur ce bon abbé et sur quelques autres qui ne
» seraient pas fâchés de nous procurer quelques scènes un
» peu plus sérieuses.

» Je ne sais, ajoute-t-il, si vous avez été instruits qu'on
» fait circuler dans toutes les communautés de filles une con-
» sultation théologique, où, sans oser attaquer directement
» vos opérations et les nôtres, en exécution des décrets de
» l'Assemblée nationale, on les censure bien ouvertement, par
» la généralité des principes que l'on pose sur les devoirs de
» la clôture, la fidélité aux vœux qu'on a émis, etc., etc. Je
» n'ai qu'un exemplaire de cet ouvrage; je vous l'enverrai,

» pour que vous puissiez mieux connaître à quel point nous
» devons compter sur les serments réitérés de l'abbé Lan-
» goiran et de ses dignes émules.

» Votre bon ami et frère,

» Duranthon,
» *Procureur-syndic.* »

« *P. S.* Je viens d'apprendre que cette rénovation de vœux
» a eu lieu dans plusieurs communautés ; on m'a même dé-
» noncé le prédicateur de la Visitation, comme ayant prononcé
» hier (dimanche), à l'occasion de cette cérémonie, un discours
» qui paraissait bien plutôt une censure des décrets de l'As-
» semblée nationale qu'un vrai sermon. Il serait bien que vous
» prissiez à cet égard quelques informations, et même que
» vous mandassiez ce prédicateur devant vous, si vous décou-
» vriez que son sermon eût présenté des maximes inconstitu-
» tionnelles. »

La persécution avait été sourde, incessante, mais timide jusqu'alors ; quelques mauvais sujets seuls osaient s'attaquer aux prêtres ou aux religieux. Dès ce moment, la guerre fut déclarée ; et dans la publicité donnée à ces lettres, on découvre l'origine et la cause de cette implacable haine, qui, plus tard, ne devait s'assouvir que du sang de l'abbé Langoiran, et, plus tard encore, de celui que Lacombe était destiné à répandre sur la place Dauphine !

CHAPITRE VII.

Persécution du clergé. — Rapport de M. Barennes, procureur de la commune. — Le clergé placé sous la sauvegarde des lois et de la municipalité.— Champion de Cicé, archevêque de Bordeaux. — Sa conduite. — Son discours sur la Constitution. — Le langage du club National à son égard. — Il ne prêta pas le serment constitutionnel, quoi qu'en disent quelques écrivains.— Ses lettres à cet égard. — La conduite de quelques ordres religieux. — Réclamation des religieux de la Merci.

Livre I.
—
1790

Proclamation de MM. les Maire et Jurats, du 2 juin 1790.

Longtemps avant la spoliation du clergé et la prestation du serment civique, prescrit par le décret du 25 octobre 1790, les ecclésiastiques de Bordeaux eurent à essuyer bien des tracasseries et des insultes de la part des démocrates de toutes les classes : leurs richesses réelles ou supposées, la faiblesse des hommes, que la religion laisse désarmés devant le glaive des tyrans ou la malveillance des impies, et à qui la résistance est interdite, hors les cas qui intéressent la foi; la patience, le pardon, la résignation, les nobles vertus que le sacerdoce exige; la cupidité, qui, pour s'emparer des biens de l'Église, poussait les malveillants à décrier, à abattre les possesseurs pour s'approprier leurs dépouilles; tout cela exposait le clergé à des vexations gratuites et incessantes, malgré sa soumission aux lois qui ne blessaient ni sa foi ni sa doctrine. Au mois de juin, la municipalité fut obligée, sur le rapport de M. Barennes, procureur de la commune, de le prendre sous sa protection, pour le mettre à couvert des *injures et des excès* dont on l'accablait. Dans ce réquisitoire, M. Barennes, après des lieux communs sur le despotisme, sur la bonté du roi, sur les opérations financières, sur les assignats, parle, avec des accents d'admiration et de respect, du clergé et de son union avec les autres citoyens du royaume : « Hâtez-vous,

» Messieurs, dit-il, de proclamer cette réunion des esprits et
» des cœurs, si honorable pour nos concitoyens et pour la
» religion; il faut que toute la France apprenne que les Bor-
» delais n'ont qu'une opinion, qu'un sentiment; que tous nos
» cœurs brûlent également du feu sacré du patriotisme.

» Que nos vertueux ecclésiastiques de tous les ordres soient
» donc tranquilles; qu'ils jouissent de toutes les douceurs de
» la paix qui règne parmi nous; qu'ils soient bien convaincus
» qu'ils ont autant d'amis et de frères qu'il y a de citoyens. »

Le procureur rejeta sur des étrangers les outrages dont les prêtres avaient eu à se plaindre, et requit qu'ils fussent mis sous la *sauvegarde des lois et de la municipalité, et qu'il fût fait inhibitions et défenses de les molester en injures et en excès*. Ces lignes montrent assez l'étendue du mal et la profondeur de la plaie que les innovations politiques et religieuses avaient faites à la société, et que nos édiles impuissants se chargeaient de guérir avec des réquisitoires.

Le clergé, cependant, s'était soumis jusqu'ici à la force des choses; il imitait le sage exemple de son archevêque, Mgr Champion de Cicé, qui, quoique garde-des-sceaux, était impuissant à arrêter le torrent, et n'avait qu'à gémir sur le sort du clergé et de l'Église, et à se résigner. Sa popularité, que M. Thiers reconnaît, ne fut pas de longue durée: le peuple porta ses affections et ses hommages à d'autres idoles, et l'archevêque quitta un poste où il lui était impossible de faire le bien. Il se montra toujours conciliant, toujours disposé à accueillir tout projet de constitution qui pût rallier tous les Français autour de leur roi et affermir son trône; il vit la France placée sur une pente qui conduisait d'un côté à la république, et de l'autre à un schisme. Ne pouvant arrêter le cours des idées et des choses, il se rapprocha sagement du parti du mouvement, non pas pour obstruer la route où il devait passer, mais pour s'emparer, s'il était possible, de la direction générale des esprits dans l'intérêt du trône et de

Livre. I.
Chap. 7.

1790

Ferrières.
Mémoire,
tome III.

*Histoire
de la
Révolution*,
liv. Ier.

Livre I.
Chap. 7.

1790
Mandements des Archevêq. de Bordeaux.

l'autel. A son retour de la première assemblée des notables, il prononça, le 9 août 1787, en présence des évêques de sa province et des députés du second ordre, un discours remarquable, où il donne les preuves les plus évidentes de la pureté de ses intentions et de l'étendue des vœux qu'il formait même alors, sous l'administration de M. de Calonne, en faveur du tiers-état. La noblesse, mue alors par des sentiments généreux, proposa un plan administratif et financier; et l'ayant soumis aux observations des autres corps, offrit en même temps de concourir en commun aux charges de l'État.

Le clergé ne voulut pas rester en arrière, comme nous venons de le voir; et, en preuve de son zèle, de son bon vouloir et de la pureté de ses intentions patriotiques, il consentit, dans une assemblée générale, à un nouveau don gratuit; c'était un nouvel impôt qui augmentait beaucoup ses charges, déjà trop considérables; il commença même à le payer, ce qu'aucun autre corps de l'État n'avait fait encore.

Le clergé de Bordeaux a eu la gloire de préluder, par l'organe de Mgr de Cicé, aux généreuses dispositions que l'on développa dans les dernières assemblées du clergé de France. A lui appartenait l'honneur d'avoir donné le premier exemple des sacrifices; tous les évêques et les députés applaudirent aux sages vues de l'archevêque de Bordeaux. Le clergé se montra généreux; on disait que c'était par peur et par faiblesse; encore une calomnie! c'était l'effet d'un noble patriotisme, inspiré par la religion. Comme on le croyait riche, on se décida facilement à lui prendre tout! Il devança ses spoliateurs par un généreux sacrifice.

Séance du 27 juillet 1789

Au mois de juillet 1789, Mgr Champion de Cicé fut chargé de faire un *Rapport à l'Assemblée nationale, sur un projet de Constitution.* Nous sommes heureux de pouvoir donner au public ce document inédit, si précieux pour l'histoire politique et religieuse de Bordeaux, si honorable pour le caractère de notre archevêque et pour son clergé :

« Messieurs, vous avez voulu, dit-il, que le comité que vous
» avez nommé pour rédiger un projet de Constitution, vous
» présentât, dès aujourd'hui, au moins une partie de son tra-
» vail, pour que la discussion puisse en être commencée ce
» soir même dans vos bureaux.

» Votre impatience est juste, et le besoin d'accélérer la
» marche commune s'est à chaque instant fait sentir à notre
» cœur comme au vôtre.

» Une Constitution nationale est demandée et attendue par
» tous nos commettants, et les événements survenus depuis
» notre réunion la rendent, de moment en moment, plus in-
» stante et plus indispensable; elle seule peut, en posant la
» liberté des Français sur des bases inébranlables, les pré-
» server des dangers d'une funeste fermentation, et assurer
» le bonheur des races futures.

» Jusqu'à ce dernier temps, et je pourrais dire jusqu'à ces
» derniers moments, ce vaste et superbe empire n'a cessé
» d'être la victime de la confusion et de l'indétermination des
» pouvoirs. L'ambition et l'intrigue ont fait valoir à leur gré
» les droits incertains des rois et des peuples; notre histoire
» n'est qu'une suite de tristes combats de ce genre, dont le
» résultat a toujours été ou l'accroissement d'un fatal despo-
» tisme, ou l'établissement plus fatal peut-être encore de la
» prépondérance et de l'autocratie des corps, dont le joug pèse
» en même temps sur les peuples et sur les rois.

» La prospérité passagère de la nation n'eût été, jusqu'à
» présent, que l'effet du caractère ou des talents personnels
» de nos rois et de leurs ministres, ou encore des combinai-
» sons fortuites que les vices du gouvernement n'ont pu dé-
» truire. Le temps est arrivé où une raison éclairée doit dis-
» siper d'anciens prestiges; elle a été provoquée, cette raison
» publique; elle sera secondée par un monarque qui ne veut
» que le bonheur de la nation qu'il se fait gloire de com-
» mander; elle le sera par l'énergie que les Français ont

Livre I.
Chap. 7.

1790

» montrée dans ces derniers temps ; elle le sera par les sen-
» timents patriotiques qui animent tous les membres de cette
» assemblée.

» Loin de nous tout intérêt d'ordre ou de corps ; loin de
» nous tout attachement à des usages, ou même à des droits
» que la patrie n'avouerait pas ; il n'est rien qui ne doive flé-
» chir devant l'intérêt public. Eh ! quelle classe de citoyens
» pourrait revendiquer des priviléges abusifs, lorsque le roi
» lui-même consent à baisser son sceptre devant la loi, et à
» regarder le bonheur des peuples comme lui prescrivant le
» plus sacré de ses devoirs, et à rendre ce bonheur même la
» règle et la mesure de ses prérogatives et de son autorité.

» Toutes ces considérations, sans doute, étaient bien pro-
» pres à échauffer notre zèle ; il ne faut pas d'effort pour se
» livrer à l'empressement du patriotisme et s'abandonner à
» ses pressantes inspirations ; combien, au contraire, ne nous
» en a-t-il pas fallu pour en tempérer les élans ! Combien
» d'imposants motifs nous ont présenté la nécessité de nous
» préserver d'une dangereuse précipitation ! C'est en votre
» nom, Messieurs, qu'il nous était recommandé de recueillir
» et de rassembler les vœux et les opinions. C'est à tracer
» les premiers fondements de l'édifice que vos mains géné-
» reuses vont élever à la liberté, et avec elle à la dignité de
» l'homme et à la félicité publique, que vous nous avez ap-
» pelés ; c'est devant vous que nous avons à répondre, devant
» les représentants d'un grand empire ; c'est devant l'Europe
» entière, dont les regards sont attachés sur nous, et qui attend
» de vos lumières un modèle qui sera bientôt imité ; c'est pour
» la postérité, qui tous les jours commence, qui dans un mo-
» ment nous demandera compte de nos travaux ; c'est par ces
» considérations que nous avons senti qu'il fallait nous asservir
» à une méthode sévère, et réunir à une méditation profonde,
» sur les bases même de la Constitution, l'étude des volontés
» exprimées par nos commettants.

» Ainsi, nous avons cru devoir commencer par l'examen de
» ces volontés, consignées dans les cahiers que nous avons pu
» consulter. M. le comte de Clermont-Tonnerre va vous pré-
» senter le travail raisonné dont il a bien voulu se charger,
» pour vous faire connaître l'esprit général des cahiers. Nous
» avons surtout fixé notre attention sur les articles que nos
» commettants nous ont plus spécialement recommandés, et
» qu'ils regardent avec justice comme nécessaires et indis-
» pensables.

» Mais nous avons en même temps reconnu que ces diffé-
» rentes vues exigeaient l'établissement des moyens suffisants
» pour les accomplir ; qu'il fallait déterminer et définir les di-
» vers pouvoirs institués pour le maintien de l'ordre social,
» circonscrire leurs limites, et en même temps les préserver
» de toute invasion ; que la Constitution de l'empire devait
» présenter un ensemble imposant, dont toutes les parties,
» liées et correspondantes entre elles, tendissent au même
» but, c'est-à-dire à la liberté publique et à celle de tous les
» individus, et, qu'enfin, nous remplirions mal votre attente
» en vous présentant des dispositions éparses, incohérentes et
» dénuées des précautions capables d'en garantir pour tou-
» jours l'exécution. C'est sous ces rapports importants que
» s'est présenté à nous l'ouvrage que vous nous avez confié.

» Et d'abord, nous avons jugé d'après vous que la Consti-
» tution devait être précédée d'une déclaration des droits de
» l'homme et du citoyen, non que cette exposition pût avoir
» pour objet d'imprimer à ces vérités premières une force
» qu'elles tiennent de la nature, qui les a déposées dans tous
» les cœurs, auprès du germe de la vie, qui les a rendues
» inséparables de l'essence et du caractère de l'homme, mais
» c'est à ces titres mêmes que vous avez voulu que ces prin-
» cipes ineffaçables fussent sans cesse présents à nos yeux et
» à notre pensée ; vous avez voulu qu'à chaque instant, la
» nation, que nous avons l'honneur de représenter, pût s'y re-

» porter, en rapprocher chaque article de la Constitution dont
» elle s'est reposée sur nous, s'assurer de notre fidélité à nous
» y conformer, et reconnaître l'obligation et le devoir qui
» naissent pour elle de se soumettre à des lois qui maintien-
» nent inflexiblement tous ses droits. Vous avez senti que ce
» serait pour nous une garantie continuelle contre la crainte
» de nos propres méprises, et vous avez prévu que si, dans la
» suite des âges, une puissance quelconque tentait de nous
» imposer des lois qui ne seraient pas une émanation de ces
» mêmes principes, ce type original, et toujours subsistant,
» dénoncerait à l'instant, à tous les citoyens, le crime ou
» l'erreur.

» Cette noble idée, conçue dans un autre hémisphère,
» devait de préférence se transplanter d'abord parmi nous :
» nous avons concouru aux événements qui ont rendu à l'Amé-
» rique septentrionale sa liberté; elle nous montre sur quels
» principes nous devons appuyer la conservation de la nôtre;
» et c'est le Nouveau-Monde, où nous n'avions autrefois ap-
» porté que des fers, qui nous apprend aujourd'hui à nous
» garantir du malheur d'en porter nous-mêmes.

» Les membres de votre comité se sont tous occupés de
» cette importante déclaration des droits; ils ont peu varié
» dans le fond et beaucoup plus dans l'expression et dans les
» formes. Deux ont paru réunir les différents caractères des
» autres; on vous a déjà fait connaître, par la voie de l'im-
» pression, celle de M. l'abbé Sieyès; celle de M. Mounier
» vous sera de même communiquée.

» La première s'emparant, pour ainsi dire, de la nature de
» l'homme dans ses premiers éléments, et la suivant, sans
» distraction, dans tous ses développements et dans ses com-
» binaisons sociales, a l'avantage de ne laisser échapper au-
» cune des idées qui enchaînent les résultats, ni des nuances
» qui lient les idées elles-mêmes. On y retrouve et la préci-
» sion, et la sévérité d'un talent maître de lui-même et de son

» sujet. Peut-être en y découvrant l'empreinte d'une sagacité
» aussi profonde que rare, trouverez-vous que son inconvé-
» nient est dans sa perfection même, et que le génie particu-
» lier, qui l'a dictée, en supposerait beaucoup plus qu'il n'est
» permis d'en attendre de l'universalité de ceux qui doivent
» la lire et l'entendre. C'est par déférence pour ces réflexions
» que M. l'abbé Sieyès a disposé les principes de son ouvrage
» en résultats courts et faciles à saisir.

» Celle de M. Mounier est formée d'après les mêmes ob-
» servations sur la nature de l'homme. L'enchaînement des
» résultats s'y fait moins apercevoir ; ce sont des formules
» pleines, mais détachées les unes des autres : les personnes
» exercées les liront aisément et suppléeront les vides laissés
» entre elles ; les autres les retiendront plus facilement, et ne
» seront effrayées ni par la fatigue d'en saisir attentivement la
» génération, ni par la crainte de mal choisir, dans une suite
» de propositions, celles où réside le résultat qui les intéresse.
» Vous retrouverez dans le projet de M. Mounier les idées
» qui vous ont déjà été présentées par M. Lafayette, et qui
» ont reçu vos éloges. M. Mounier a également eu soin de
» consulter les divers projets remis par plusieurs membres
» distingués de cette assemblée.

» Vous déciderez, Messieurs, entre ces deux genres de
» mérite, tous deux si recommandables ; vous pèserez ce
» qu'on doit aux lumières des esprits les plus pénétrants, et
» ce qu'on doit à la simplicité des autres. Peut-être croirez-
» vous devoir concilier cette double obligation, et de là naîtra
» une nouvelle forme, qui conviendra à tous comme elle sera
» l'ouvrage de tous.

» Nous joignons à ces deux projets de déclaration des droits
» de l'homme et du citoyen, le projet du premier chapitre de
» la Constitution, sur les principes du gouvernement français.
» Ici nous avons été guidé et éclairé par une antique tradi-
» tion et par l'universalité de nos cahiers. Nous soumettons

Livre I.
Chap. 7.

1790

» ce projet à votre examen ; nous le perfectionnerons par le
» secours de vos lumières, et nous vous le présenterons en-
» suite plus digne de vous, dans le corps entier de la Consti-
» tution. Nous avons cru pouvoir l'en détacher pour le moment,
» afin que vous puissiez reconnaître si nous avons rendu avec
» fidélité les principes de vos commettants, sur des objets
» d'une aussi haute importance.

» Nous vous rendrons compte ensuite, et le plus tôt qu'il
» sera possible, de nos vues pour l'organisation du pouvoir
» législatif, celle du pouvoir d'administration, celle du pou-
» voir judiciaire, celle du pouvoir militaire, et, enfin, celle
» d'une instruction publique et nationale.

» Nous invitons avec empressement tous les membres de
» cette assemblée à nous faire part de leurs idées sur ces dif-
» férents objets, et nous croyons devoir fixer spécialement
» leur attention sur deux questions importantes, qui sont
» relatives à la composition et à l'organisation du Corps lé-
» gislatif, et dont la solution entraînera les plus précieuses
» conséquences.

» On demande d'abord si le Corps législatif sera périodique
» ou permanent ; le grand nombre des cahiers ne parle, il
» faut l'avouer, que de la périodicité, et nous ne vous dissi-
» mulerons cependant pas que l'opinion unanime du comité
» est pour la permanence.

» Nous avons pensé que le pouvoir législatif ne pouvait
» être, sans danger, condamné au silence et à l'inaction pen-
» dant aucun intervalle de temps ; que lui seul a le droit
» d'interpréter ou de suppléer les lois qu'il a portées ; que se
» reposer sur le pouvoir exécutif de cette double fonction, ce
» serait compliquer ensemble deux forces dont la séparation
» est exigée par l'intérêt public ; que commettre cette autorité
» à des corps, ce serait, par un plus grand malheur encore,
» exposer tout à la fois, et le pouvoir exécutif, et le pouvoir
» législatif, à une invasion redoutable de leur part ; qu'enfin,

» ce pouvoir ne pouvant s'exercer par délégation d'aucun
» genre, et devant néanmoins être actif, il restait uniquement
» à rendre permanente l'assemblée à laquelle il appartient de
» le faire agir.

» Ce n'est pas qu'aucun de nous ait pensé que cette assem-
» blée dût être perpétuelle, mais seulement toujours en
» mesure de se former, toujours continuant ses séances, et
» ne se renouvelant que dans ses membres, dans une pro-
» portion de nombre et de temps qu'il paraîtra convenable de
» fixer.

» Notre opinion n'est pas également arrêtée sur la compo-
» sition même du Corps législatif; sera-t-il constitué en une
» seule chambre ou en plusieurs?

» Les personnes qui sont attachées au système d'une cham-
» bre unique peuvent s'appuyer, avec une juste confiance,
» sur l'exemple de celle dans laquelle nous sommes réunis,
» et dont les heureux effets sont déjà si sensibles; elles allè-
» guent encore que c'est la volonté commune qui doit faire la
» loi, et qu'elle ne se montre jamais mieux que dans une
» seule chambre; que tout partage du corps constitutif, en
» rompant son unité, rendrait souvent impossibles les meil-
» leures intentions, les réformes les plus salutaires; qu'il in-
» troduirait dans le sein de la nation un état de lutte et de
» combat dont l'inertie politique ou de funestes divisions pour-
» raient résulter; qu'il exposerait aux dangers d'une nou-
» velle aristocratie, que le vœu, comme l'intérêt national, est
» d'écarter.

» D'autres, au contraire, soutiennent que le partage du
» Corps législatif en deux chambres est nécessaire. Qu'à la
» vérité, dans le moment d'une régénération, on a dû préférer
» une seule chambre; qu'il fallait se prémunir contre les
» obstacles de tout genre dont nous étions environnés; mais
» que deux chambres seront indispensables pour la conser-
» vation et la stabilité de la Constitution que vous aurez dé-

Livre I.
Chap. 7.

1790

» terminée; qu'il faut deux chambres pour prévenir toute
» surprise et toute précipitation, pour assurer la maturité des
» délibérations; que l'intervention du roi dans la législation
» serait vaine, illusoire et sans force, contre la masse irrésis-
» tible des volontés nationales portées par une seule chambre;
» que devant tendre surtout à fonder une Constitution solide
» et durable, nous devons nous garder de tout système qui,
» en réservant toute la réalité de l'influence au Corps légis-
» latif, intéresserait le monarque à saisir les occasions de la
» modifier, et exposerait l'empire à de nouvelles convul-
» sions.

» Que l'activité du Corps législatif, en accélérant sa marche
» sans utilité, l'expose à des résolutions trop subites, inspirées
» par une éloquence entraînante ou par la chaleur des opi-
» nions, ou, enfin, par des intrigues étrangères, excitées par
» les ministres ou dirigées contre eux; que ces résolutions
» précipitées conduiraient bientôt au despotisme ou à l'anar-
» chie; que l'exemple de l'Angleterre et celui de l'Amérique
» démontrent l'utilité de deux chambres, et répondent suffi-
» samment aux objections fondées sur la crainte de leurs
» inconvénients. Ils ajoutent, néanmoins, qu'en partageant le
» Corps législatif en deux chambres, ce doit être sans égard
» aux distinctions d'ordres qui pourraient ramener les dan-
» gers d'autant plus redoutables de l'aristocratie, qu'ils au-
» raient le sceau de la légalité; mais en faisant ressortir leur
» différence de l'influence que l'on attribuerait à chacune
» d'elles, et de la nature même de la Constitution.

» C'en est assez, Messieurs, pour vous faire connaître les
» principaux rapports de la question qui exerce en ce moment
» vos commissaires; elle est susceptible des plus grands déve-
» loppements, et chacun de ces développements est susceptible
» lui-même des réflexions les plus graves et les plus sérieuses.
» Vous les modifierez avec l'application qu'ils exigent; nous
» aurons rempli envers vous un premier devoir en la provo-

» quant, et nous en remplirons un autre en accélérant de plus
» en plus nos travaux. »

Qu'on lise avec attention ce rapport si lumineux, si impartial, si dégagé de tout intérêt d'ordre ou de corps, de toute prévention de parti politique, et qu'on nous dise si l'archevêque de Bordeaux était l'ennemi du tiers-état, l'avocat du despotisme et de l'aristocratie, ou l'adversaire d'une réforme dont la nécessité se faisait sentir partout. Et, cependant, c'est le prélat que Duranthon et ses amis, à Bordeaux, s'efforçaient de représenter comme entiché des vieux préjugés et communiquant ses inspirations anti-démocratiques à M. Langoiran et aux prêtres!

A Paris, on appréciait ses sentiments bien différemment qu'à Bordeaux; il y était aimé et respecté du peuple, et s'était montré si disposé en faveur du nouveau régime, qu'il fut nommé garde-des-sceaux en août 1789. Dans les pénibles circonstances du moment, il revêtit la nouvelle Constitution des sceaux de l'État, en attendant que le pape prononçât; mais remplacé dans le ministère l'année suivante, il reprit sa place de député à l'Assemblée nationale, et écrivit à la municipalité de Bordeaux pour lui rendre compte de sa conduite parlementaire, et demander à ses commettants la continuation de leur confiance et de son mandat. Cette lettre fut mal reçue à Bordeaux; les habitués du *café National* lui répondirent, le 30 novembre 1790, par des observations sèches, amères et même insolentes; ils lui dirent qu'il avait été leur évêque, et qu'il jouissait de la *considération attachée à sa dignité, à son pouvoir et à sa fortune immense.* « Vous aviez des flatteurs,
» des courtisans, lui dirent-ils; vous n'aviez point d'amis. Les
» personnes impartiales qui n'attendaient de vous ni protec-
» tion, ni faveur, ni bénéfice, vantaient votre esprit, vos
» talents, la facilité de votre élocution; mais de là à l'éloge
» qu'eût mérité un vrai pasteur, la distance est considé-
» rable. »

On lui rappela que ses premiers pas furent ceux d'un citoyen zélé pour la patrie; qu'il avait travaillé à ramener les ordres à l'égalité; qu'il avait donné l'exemple d'une réunion que sollicitait le salut du royaume. « Ce moment, Monsieur, di-
» rent-ils, fut le plus beau de votre vie. Votre élévation au
» ministère parut une juste récompense de vos sentiments
» d'alors, et on ne douta point que votre main ne fût destinée
» à purifier le sceau de l'État, qu'avait souillé la main de votre
» prédécesseur.

» Votre lettre à la municipalité vous peint exempt de tout
» reproche dans le cours de votre administration; la France
» entière, Monsieur, en a jugé tout autrement.... Un ministre
» doit, comme la femme de César, être non-seulement à l'abri
» du blâme, mais du soupçon. »

On lui dit tout crûment que son civisme et même son humanité étaient suspects; qu'on était en droit de le croire d'après sa correspondance avec le maire de Montauban, ce premier acteur de cette *horrible tragédie* qui avait fait couler des torrents de sang montalbanais. « Vous l'avez protégé et
» soutenu de tout votre crédit, ce même maire, quand il alla
» à Paris répondre, à la barre de l'Assemblée, à une accusation
» d'assassinat. Qu'a-t-on pu penser de vous, quand on vous
» a vu envoyer au procureur-général du ci-devant Parlement
» de Toulouse, le décret qui commit la municipalité de cette
» ville pour informer des troubles survenus à Montauban?
» Qu'a-t-on pu penser de vous, quand, pour couronner tant
» de marques éclatantes de partialité, vous avez porté le roi
» à nommer son commissaire près du tribunal de Moissac, ce
» procureur de la commune, que ses concitoyens n'envisagent
» qu'avec horreur et que repousse avec effroi la ville même
» à laquelle vous venez de le donner?..... Joignez à cela les
» plaintes de la capitale et de toute la France sur le retard
» de l'envoi des décrets et sur l'altération du texte de quel-
» ques-uns, vous sentirez combien on a dû mettre de sévérité

» dans les jugements qu'on s'est permis de porter contre
» vous..... Cependant, vous désirez cette confiance (celle des
» Bordelais); et si nous sommes forcés à dire qu'il pourra vous
» être difficile de l'obtenir, nous devons pourtant convenir
» que cela n'est pas impossible.... Quelque solides que soient
» les écrits que vous mettez sous les yeux du public, le
» public n'y croira pas.... Redevenez dans l'Assemblée natio-
» nale ce que vous étiez à l'ouverture des États-généraux,
» l'ennemi de toute distinction, de tout privilége, de tout abus
» qui pèse sur le peuple..... Prouvez enfin à la France, à
» l'Europe, que l'évêque d'Autun n'est pas le seul qui sache
» faire à la vertu, au bien public, le sacrifice de ses richesses
» et de ses titres. Les citoyens, Monsieur, ont droit d'être
» étonnés de vous voir prendre encore le titre inconstitutionnel
» d'archevêque. Si vous êtes soumis, en effet, à cette Consti-
» tution que le roi a acceptée, que vous avez scellée du sceau
» de l'État et que vous avez juré d'observer, pourquoi tardez-
» vous si longtemps à vous y conformer?..... »

On peut juger de l'état politique de Bordeaux par ces lignes, et de l'audace toujours croissante des habitués du café National. L'Archevêque, malgré sa condescendance et les égards qu'il témoignait pour les principes constitutionnels, encourut la disgrâce et la haine des hommes avancés du nouveau régime; il n'était plus à Bordeaux, mais ses fidèles représentants y étaient restés pour accomplir des devoirs sacrés; tous les bons prêtres, aussi bien que les vicaires-généraux, se trouvaient constamment en butte aux traits de la malveillance, aux calomnies les plus atroces et à toute sorte de mauvais traitements. Pour qu'on crût qu'ils étaient en contradiction avec eux-mêmes, qu'ils avaient changé d'avis, et que c'était par une obstination condamnable ou par quelque influence occulte et étrangère qu'ils résistaient aux lois, on fit courir le bruit que l'archevêque de Bordeaux avait prêté le serment, et que tel et tel autre ecclésiastique éminent et respectable du diocèse avait suivi son exemple ; c'était vouloir avilir le prélat aux yeux de la saine partie de son clergé, et séduire, par la puissance d'un grand exemple venu d'en haut, les prêtres et les fidèles qui se tenaient peu en garde contre les ruses et les séductions du parti anti-prêtre. Informé qu'on avait voulu le flétrir dans ce qu'il avait de plus précieux au monde, sa foi, il écrivit, le 19 janvier, aux administrateurs du département de la Gironde, une lettre où, démentant ces bruits absurdes et sans fondements, il leur dit : « Je ne puis donc » prêter le serment exigé, sans reconnaître que le pouvoir » civil s'étend sur des objets spirituels, sur le gouvernement » de l'Église et sa discipline générale, et a droit d'y statuer » sans l'intervention de l'autorité ecclésiastique ; or, c'est ce » que les principes dans lesquels j'ai été élevé et que j'ai tou- » jours professés ne me permettent pas de reconnaître. »

Il avait revêtu la Constitution des sceaux de l'État ; c'était là la source des bruits calomnieux qu'on faisait courir sur son compte ; mais c'était un acte ministériel, purement politique : « J'ai dû me renfermer dans les mesures adoptées par le roi, » dit-il dans sa lettre au curé de Talence ; elles consistaient » à tout communiquer au Saint-Père, et à faire savoir à l'As- » semblée qu'en attendant la réponse de Rome, Sa Majesté » souscrivait à l'exécution des décrets. On y a connu égale- » ment l'exposition des principes des évêques, à laquelle j'ai » adhéré avec presque tous mes collègues dans l'épiscopat. » Lorsqu'après ma sortie du ministère, le serment a été dé- » crété, je n'ai pas attendu qu'il me fût demandé, ou à aucune » autre personne de mon diocèse : je me suis adressé au dé- » partement lui-même, pour lui manifester, et à tout mon » diocèse, que ma conscience ne me permettait pas de prêter » ce serment. »

C'est donc à tort que certains biographes l'accusent d'avoir prêté le serment constitutionnel ; nous sommes heureux de pouvoir venger sa mémoire calomniée. Pendant ces tracasseries gratuites, mais intéressées, les religieux furent complètement découragés : l'influence de l'archevêque étant nulle, ils étaient réduits à compter sur eux-mêmes et à suivre les conseils de leur propre conscience et de la prudence. Voyant que toute résistance était inutile et même dangereuse, les Dominicains se soumirent de suite aux décrets sur les biens ecclésiastiques et les ordres religieux ; quelques jours plus tard, les Minimes, les Carmes, les Chartreux, suivirent leur exemple. Les religieux de la Merci, dans une adresse au département et au district, au moment où l'Assemblée nationale voulait supprimer les ordres mendiants, exposèrent qu'ils n'avaient jamais formé un ordre de cette espèce; ils prouvent que leur ordre a trouvé grâce même aux yeux des philosophes modernes; qu'il avait été, dès son origine, un ordre militaire autant que religieux, composé de guerriers propres à combattre les ennemis du nom chrétien, et de religieux paisibles dont le zèle se bornait à solliciter la bienfaisance publique, non pour eux, mais pour les chrétiens prisonniers chez les Maures; que tel avait été le noble but que saint Pierre Nolasque s'était proposé ; que la France et l'Espagne avaient recueilli le fruit de cet ordre généralement révéré comme nécessaire pour le rachat des captifs; que, s'ils n'avaient plus depuis longtemps des militaires dans leur communauté, l'ordre n'en a pas moins subsisté et ne s'est pas moins signalé par son zèle à racheter les captifs.

Ils firent observer aux administrateurs que les commissaires de la municipalité avaient trouvé leur gestion fidèle et régulière; que s'ils faisaient des quêtes quelquefois, ce n'était pas pour se conformer aux constitutions de leur ordre, mais pour faire subsister leurs frères dans l'état de dénûment où les affaires politiques du jour les avaient réduits. Ils supplièrent les administrateurs de ne pas les confondre avec les ordres mendiants, et de vouloir bien s'intéresser au sort des pauvres religieux, qui font appel à leur justice et à leur humanité.

« Nos biens, disent-ils, sont peu considérables, puisqu'ils pou-
» vaient à peine nous faire vivre ; mais notre maison est placée
» au centre de la ville : l'emplacement et les bâtiments peu-
» vent en être vendus à un prix assez haut, pour que la
» valeur, jointe à celle de nos biens, procure à l'État un ca-
» pital dont le produit surpasse celui que nos traitements
» représenteront. Nous ne sommes qu'un petit nombre de
» religieux, sur lesquels six prêtres, dont deux vieillards, l'un
» de quatre-vingt-cinq ans, l'autre d'environ soixante-dix ;
» le plus jeune a cinquante ans passés ; et les quatre frères
» laïques, dont le moins âgé a environ cinquante ans ! »

Ces réclamations, comme on le pense bien, restèrent sans effet et même sans réponse. Tout devait disparaître sous le niveau révolutionnaire : la route se déblayait partout sous les pas des réformateurs parisiens ; partout l'administration s'emparait des églises, des monastères et de leurs biens ; c'était une riche et abondante mine que l'Assemblée nationale exploita longtemps par des agents infidèles, qui achevaient de ruiner la France, déjà trop appauvrie par les absurdes spéculations des utopistes républicains. Un décret du 19 octobre 1790 ordonna de faire un inventaire de l'argenterie des églises ; on voyait bien dès lors le but qu'on voulait atteindre. Le 3 mars suivant, il fut ordonné, par un autre décret, de faire porter aux hôtels des monnaies l'argenterie qu'on jugerait superflue. C'était tout dire : à quoi bon des vases d'argent dans les églises !

Voilà l'état où se trouvait Bordeaux vers la fin de 1790.

CHAPITRE VIII.

Municipalité modifiée.— Insolence du peuple contre les administrateurs et magistrats. — Duranthon. — Le curé de St-Éloi lui écrit. — Colère des clubistes. — Écrit de M. le Curé de Ste-Eulalie, adressé à M. Duranthon.— Réponse de l'abbé Langoiran à ce magistrat.— Il le réfute.— Conduite et discours de M. Barennes, procureur de la commune. — M. Gensonné se prononce contre les prêtres. — Son discours. — Conduite de la municipalité.

L'année 1791 fut loin de promettre aux Bordelais une période moins malheureuse que celle qui l'avait précédée. L'orage ne faisait que monter à l'horizon politique de la France; il ne devait éclater que plus tard. Le respect que le peuple avait pour les actes de la municipalité, s'affaiblissait tous les jours; elle n'était pas à la hauteur de l'opinion républicaine; il fallait la remplacer peut-être, ou au moins la modifier. On prit ce dernier parti; le peuple le voulait, sa volonté était la loi. Le directoire du district paraissait aussi mal composé : les membres de cette administration étaient trop modérés; il fallait des hommes plus avancés dans les principes du jour. Ne pouvant pas les déloger, on se mit à les accabler d'invectives et d'injures. Le 6 janvier, ils vinrent se plaindre à la municipalité des insultes graves que le sieur Rivière, maire de Carignan, s'était permises contre eux; il était allé jusqu'à provoquer en duel le président de l'assemblée. L'audace des démocrates allait toujours en croissant, au point que les municipaux eux-mêmes, ces magistrats populaires, étaient menacés de coups de canne. Ces conflits perpétuels devaient, ainsi que nous le verrons, rebuter les magistrats et mettre des entraves à tout projet d'amélioration. Cependant la ville abolit plusieurs droits féodaux qui se percevaient à son profit, tels que le

Livre I.

1791

NOTE 4.

droit de *biguerieu* ou de plaçage, le droit de marque ou de visite pour les charrettes, le droit pour les mesures et pour le bois de chauffage, par la raison, dit la délibération, que la perception de tous ces droits était incompatible avec la liberté !

En quelques localités, le peuple refusait de recevoir les curés constitutionnels ou d'entendre leurs messes; les curés légitimes et fidèles à leur devoir étaient accueillis partout avec bonheur, comme dans l'Église primitive ; c'étaient des confesseurs de la foi, de véritables ministres de Dieu ; ils trouvaient partout des amis, des asiles, des subsistances.

Parmi les plus acharnés persécuteurs des prêtres de Bordeaux, se trouvait Duranthon, dont nous avons déjà parlé. Il déploya un zèle frénétique pour les obliger à prêter le serment constitutionnel, et alla même jusqu'à dire en public que M. Lespiaut, curé de St-Éloi, avait fait ce qu'il exigeait des autres prêtres. Affligé de ces rumeurs calomnieuses, M. Lespiaut lui écrivit en termes chaleureux, et lui dit : « Comment
» avez-vous pu employer contre moi ces raisonnements va-
» gues et captieux, dont on ne se sert aujourd'hui que pour
» égarer le peuple, et peut-être pour provoquer sa fureur
» contre ceux qu'on vient de placer entre le sacrilége et les
» horreurs du besoin?..... Ah ! si pour mettre le sceau à la
» félicité publique, on ne me demandait que le sacrifice de
» mon repos, de ma vie même, que mon sort me paraîtrait
» doux ! mais ce sont mes principes auxquels il faut renoncer,
» c'est ma croyance qu'il faut trahir, sans que, sous aucun
» rapport, l'intérêt de l'empire l'exige.... Cependant, sous le
» voile de l'intérêt et de l'amitié, vous ne craignez pas de me
» noircir aux yeux de mon peuple, de ce troupeau confié à
» mes soins, et dont la bienveillance m'est si chère..... Vous
» savez combien votre estime me fut toujours précieuse ; je
» me consolerais bien difficilement de la perdre, mais vous
» me pardonnerez sans doute de n'obéir qu'à ma raison, de
» n'écouter que ma conscience. »

Ce refus irrita au suprême degré les esprits révolutionnaires de Bordeaux. On avait cru M. Lespiaut un homme facile à séduire; il se montra vrai prêtre, et voulut mourir plutôt que de trahir sa foi. Les membres du club du café National se mirent à crier contre les prêtres fanatiques et intolérants, et se concertèrent pour écrire une lettre sur le serment civique à ce nouveau confesseur de la foi; elle fut inspirée par la haine, dans un paroxisme de colère anti-chrétienne. « Ceux, » disent-ils, qui crient qu'on égare le peuple, sont les seuls » qui l'égarent véritablement..... C'est la ruse grossière de » l'hypocrisie, qui voudrait détourner les yeux qui l'obser- » vent, en les dirigeant sur les objets de ses ridicules impu- » tations. » Quant au sacrifice de son repos ou de sa vie même, dont le vénérable curé avait parlé, ils lui répondent grossièrement : « Il est bien difficile de vous croire capable d'un » pareil dévoûment. Un prêtre qui compromet la tranquillité » publique, pour tâcher de conserver son pouvoir temporel, » n'est pas prêt à faire à la patrie un pareil sacrifice. » On analyse sa lettre, on y trouve mille choses qui n'y sont pas ! On se récrie contre les termes les moins offensants; on se scandalise de ses intentions qu'on croyait connaître; on trouve en lui, et dans sa lettre, mille choses condamnables; la passion tient lieu de raison dans les temps où la force constitue le droit.

Duranthon ne se tint pas pour battu, ni même pour découragé; il recommença la lutte, et écrivit une longue lettre, captieuse et bien faite, pour faire chanceler des catholiques faibles et ignorants, et pour surprendre leur foi. M. Montsec, curé de Ste-Eulalie, lui envoya une brochure intitulée: *Mémoire à consulter,* où il détruit son argumentation et dévoile, à sa honte, ses erreurs et ses sophismes. Il lui prouve que, de tout temps, l'Église, comme société, avait le droit de se faire des lois et avait exercé ce droit; et que loin de céder aux exigences de l'empereur, le concile de Calcédoine avait décidé

qu'Eustaithe, évêque de Berithe, qui, d'après la volonté du prince, avait usurpé les droits de Photius, évêque de Tyr, n'aurait ni pouvoir ni place en vertu des ordres de ce prince. « N'y fût-il pas aussi décidé, dit-il, que les pragmatiques im-
» périales n'auraient pas lieu au préjudice des canons, etc.? »

Duranthon avait dit qu'autrefois le peuple avait exercé le droit d'élire les évêques et les curés. « Il est vrai, répond le
» curé, que tantôt les empereurs, tantôt les peuples, tantôt les
» cathédrales, tantôt les rois, choisirent les évêques; mais ne
» furent-ils pas présentés, soit aux conciles provinciaux, soit
» ensuite aux métropolitains, enfin, depuis deux siècles, aux
» papes, pour être confirmés et pour recevoir la juridiction? »

Cette ancienne doctrine avait été renouvelée et confirmée par le concile de Trente. Quant à l'acceptation de la nouvelle Constitution, qui bouleversait toute l'économie intérieure de l'Église, il lui fait observer que les lois générales de discipline ayant été faites par les conciles, c'est aux conciles généraux seuls qu'il appartient de les changer ou de les modifier, ou au pape, à qui les conciles ont remis le soin, en vertu de la plénitude de ses pouvoirs, de décider les difficultés contingentes. L'Assemblée nationale a reconnu la nécessité de l'avis et du concours des évêques pour la circonscription paroissiale; pourquoi ne reconnaît-elle pas l'autorité de l'Église, ou, au moins, du pape, pour la circonscription des évêchés? L'Assemblée réduit l'autorité du pape à une simple lettre de communion, que chaque évêque nouvellement élu en France était tenu de lui écrire, en témoignage du respect que ses égaux devaient avoir pour lui, le premier d'entre eux, et qu'ils étaient et seraient unis dans la même croyance. Mais on lui dit qu'il est de foi que le pape, vicaire de Jésus-Christ, a une primauté de juridiction sur chaque évêque, sur chaque diocèse, sur chaque prêtre, et même sur chaque fidèle; comme pasteur universel, il a le droit divin de paître les *brebis et les agneaux,* les pasteurs et les troupeaux.

Il est de foi, ajoute le curé, que l'évêque est supérieur aux prêtres, et cependant la Constitution le met dans leur dépendance, puisqu'il ne peut rien faire, rien ordonner, sans le consentement et la pluralité des voix de son conseil ; il ne peut pas ôter le pouvoir même à un simple vicaire, sans son conseil ; et si le vicaire réussit à gagner ou à tromper le conseil, il restera vicaire, malgré l'évêque, même avec de mauvaises mœurs; l'évêque ne sera, dans ce cas, que le premier entre ses égaux; bien plus, le conseil pourra juger son évêque !

Livre I.
Chap. 8.

1791

Le curé continue de faire ressortir tout ce qu'il y avait d'absurde dans la constitution civile du clergé, et finit, en parlant du serment qu'on lui demandait : « Plutôt la pau-
» vreté, la misère, le mépris, les souffrances, que de se rendre
» ainsi infâme. »

Ce Mémoire d'un homme de foi, pénétré de ses devoirs de prêtre et de chrétien soumis à son supérieur, fit une grande sensation à Bordeaux. On le lut, on le dévora, et partout les vrais catholiques éprouvèrent une véritable joie à s'en servir pour neutraliser les mauvais effets de l'écrit de Duranthon ; c'était un remède contre les principes de l'hérésie, qui s'amalgamaient avec les doctrines des républicains ; c'était un réactif qui dévoilait les doctrines corruptrices d'une société maladive.

La lettre de M. Duranthon avait séduit quelques prêtres; les menaces, les promesses, le sophisme, le mensonge, tout fut mis en usage pour ébranler les vrais ministres de Dieu ; mais on ne fit que quelques rares dupes, et, en particulier, M. Réaud, curé de Léognan, qui, moins fidèle à ses devoirs, écrivit à M. Duranthon qu'il allait faire le serment, et que, comme maire de sa paroisse, il quitterait les ornements sacerdotaux pour ceindre l'écharpe tricolore, afin de recevoir le serment de son vicaire ! La chute de ce prêtre affligea tout le monde, mais n'étonna personne. Il put être un bon maire; mais ce ne fut qu'un mauvais prêtre de plus !

Duranthon triomphait ; il se promettait d'autres recrues de

ce genre, et porta même ses vues sur M. Langoiran, vicaire-général, à qui il prit la liberté d'envoyer son *factum* schismatique et constitutionnel. La position sociale et les sentiments de l'abbé Langoiran lui firent un devoir de répondre; il le fit avec la modération et la réserve que les circonstances commandaient, et lui écrivit, le 20 janvier 1791 : « Je ne me suis » pas dissimulé tous les désagréments, et peut-être le danger, » de la tâche que je m'imposais; mais j'ai cru devoir tout » sacrifier à mes obligations ministérielles et à mon amour » pour la vérité, si indignement outragée. » Il entre alors en matière, et suit pas à pas le magistrat théologien. Celui-ci, pour établir la compétence de l'autorité temporelle au sujet de l'érection des évêchés ou des métropoles, citait deux fois un canon du concile de Calcédoine, qu'il disait avoir extrait du tome II du *P. Labbe*, page 128, et ajoutait, d'un ton de conviction triomphant : « L'empereur peut circonscrire » les limites des provinces ecclésiastiques, ériger en métro-» poles les villes épiscopales, en désigner les évêques, et faire » autres choses semblables (1). »

M. Langoiran affirme hardiment que ce canon, fabriqué par des imposteurs intéressés, ne se trouve pas dans le tome II du *P. Labbe*, où l'auteur ne dit pas un mot de ce concile, ni au tome IV, où il en parle fort au long, ni dans le *P. Hardouin*, ni dans les autres collecteurs des canons des conciles; il assure que celui de Calcédoine enseigne, de la manière la plus claire, la plus expresse et la plus incontestable, une doctrine absolument contraire. « Si vous voulez vous donner la peine, » Monsieur, lui dit-il, de lire, non le tome II, mais le tome IV » de ce même *P. Labbe*, que vous avez cité si mal à propos, » vous y verrez que l'empereur ayant érigé en métropole la

(1) Licitum est imperatori de ecclesiasticarum provinciarum finibus definire, et aliquarum privilegia, et episcopales urbes metropolium honore donare et antistites designare et alia hujusce modi facere, etc. *Concil. Calced.* (*Labbe,* tome II, page 128).

» ville de Bérithe, ce qui était chez les Romains, même dans
» l'ordre civil, une grande prérogative, dont les cités consi-
» dérables étaient jalouses, Eustathe, évêque de cette ville,
» prétendit avoir acquis le droit pour le spirituel, puisque
» l'empereur avait érigé pour le civil cette ville en métropole.
» En conséquence, il exerça la juridiction de métropolitain
» sur une partie des diocèses de la province, qui jusqu'alors
» n'avaient reconnu pour métropole, même pour le civil, que
» la ville de Tyr. Photius, évêque de cette dernière ville,
» porta des plaintes au concile de Calcédoine, contre Eustathe.
» Après que le concile eut entendu l'un et l'autre, il décida
» que l'érection de la ville de Bérithe en métropole, par la
» pragmatique de l'empereur, était nulle, quant à l'autorité
» ecclésiastique; que les pragmatiques ne pouvaient préjudi-
» cier en rien, pour le spirituel, aux droits des métropolitains,
» et que, pour ces objets, il fallait suivre les canons des pères,
» et non les pragmatiques ou les décrets de la puissance civile.
» *Sancta synodus dixit : Contra regulas nihil pragmaticum*
» *valebit; Regulæ patrum teneant.* Alors un des pères du
» concile demanda qu'on abolît les pragmatiques ou lettres
» impériales qui pourraient porter atteinte à l'autorité des
» saints canons, et occasionner des procès entre les évêques.
» Le concile, tout d'une voix, s'écria : Tous les rescrits impé-
» riaux cesseront, les canons seuls auront force de loi. *Sancta*
» *synodus acclamat : Omnes eadem dicimus, universa prag-*
» *matica cessabunt; Regulæ teneant* (Labbe, tome IV). D'après
» ce jugement, le prétendu métropolitain impérial fut réduit
» à la simple qualité d'évêque, et Photius rétabli dans tous
» ses droits sur la province, et Eustathe réduit à la simple
» qualité d'évêque (1).

» Cependant, par de justes égards pour l'empereur, le
» concile décida que les évêques des autres villes qui avaient

Livre I.
Chap. 8.

1791

---

(1) Eustathius vero e pragmatico typo nihil amplius sibi vindicet quam reliqui episcopi ejusdem provinciæ. (*Labbe*, tome IV, page 549.)

» été érigées longtemps avant en métropoles, telles que Nicée
» et autres, continueraient à jouir des honneurs de cette di-
» gnité, mais sans aucune espèce de pouvoir ou juridiction
» extraordinaire, et sans que cette condescendance pût tirer
» à conséquence pour l'avenir, afin, disent-ils, de mettre les
» choses saintes à l'abri de l'instabilité de l'ambition des admi-
» nistrateurs temporels (1). »

Il est donc évident que les pères de cette auguste assemblée ont décidé, de la manière la plus expresse, que l'érection des métropoles, quant à la juridiction spirituelle, appartient à l'Église, et qu'elle ne pouvait pas être ni ne serait jamais du ressort de la puissance temporelle. « Les commissaires de
» l'empereur en convinrent eux-mêmes; car ayant demandé
» aux pères du concile, si les questions concernant l'érection
» des métropoles pouvaient être définies selon la teneur des
» rescrits impériaux, et les pères ayant répondu que ce serait
» une infraction aux lois et aux saints canons de l'Église,
» *non licet, hoc est præter regulas* (*Labbe*, tome IV, page 544),
» alors les commissaires rendirent, au nom de l'empereur, un
» témoignage solennel à la vérité de ces maximes, en ces
» mots : *Sanctissimo Domino orbis placuit non juxta prag-*
» *maticos typos res sanctas episcoporum procedere, sed juxta*
» *regulas a SS. Patribus latas.* » (*Ibid.*, page 544).

Duranthon avait écrit à un de ses amis que la mission des prêtres n'a d'autres bornes que le ciel d'où elle émane, et la terre entière pour qui elle est donnée; que l'assignation d'un certain territoire n'est qu'un acte de police, du ressort de la puissance civile, et que la juridiction est toujours la même, soit qu'on étende, soit qu'on resserre les limites de ce terri-toire. L'abbé Langoiran relève cette erreur avec talent et force, et la réfute par la décision d'un grand nombre de conci-

---

(1) Quæcunque autem civitates per litteras imperatorias metropolis nomine honoratæ sunt, solo honore fruantur, servato scilicet veræ metropoli suo jure. (*Ibid.*, tome IV, canon 12).

les, entre autres de ceux de Latran, de Constance et de Trente.

» Les prêtres, dit Langoiran, reçoivent dans leur ordina-
» tion l'aptitude, ou, comme parlent les théologiens, le pou-
» voir radical d'exercer les fonctions du saint ministère ; mais
» cette aptitude ou ce pouvoir, tout divin qu'il est dans son
» origine, reste sans force et sans activité jusqu'à ce que
» l'Église, en leur assignant des sujets, leur donne la mission
» et la juridiction nécessaires. »

Après avoir démontré combien l'organisation civile du clergé était contraire aux lois de l'Église, destructive de sa discipline et de sa hiérarchie, opposée aux saints usages qui dataient des premiers siècles de la foi, aux prescriptions des conciles et à l'enseignement des pères de l'Église, et même au bon sens le plus ordinaire, M. Langoiran s'arrête à la suppression des cinquante-trois évêchés, décrétée par une autorité incompétente, sans avoir observé aucune des lois civiles ou canoniques en vigueur sur cette matière ; il lui fait observer que toute cession ou démission est nulle de plein droit, lorsqu'elle est commandée par la force, comme le dit saint Athanase. *Les actes forcés expriment la volonté de celui qui fait violence, et non de celui qui la souffre :* « *Actus coacti non coactorum voluntatem, sed cogentium exprimunt.* » Il finit en lui disant :
« Vous n'exigez pas, sans doute, que je m'expose, faute d'être
» convaincu, à commettre un parjure, en jurant contre mes
» lumières et contre ma conscience.... Vous êtes trop instruit
» pour ne pas savoir qu'un seul doute raisonnable sur la légi-
» timité d'un des objets qui sont la matière du serment, serait
» un obstacle invincible à ce qu'on pût le prêter sans en
» violer la sainteté....... Il me paraît étonnant qu'après avoir
» décrété la liberté des opinions religieuses, on réduise néan-
» moins cinquante mille ecclésiastiques à la cruelle alterna-
» tive d'un faux serment ou d'une indigence sans ressource ;
» qu'on dise à chacun d'eux : *Meurs de faim, ou jure contre
» tes lumières et ta conscience.* Si ceux qui refusent de prêter

Livre I.
Chap. 8.

1791

» le serment sont dans l'erreur, c'est assurément une erreur » innocente; on peut alors les plaindre, mais non pas les » punir comme coupables. »

Cet opuscule, bien pensé, bien écrit, produisit les meilleurs effets et fut répandu avec profusion dans toutes les classes de la population bordelaise; mais l'auteur, l'abbé Langoiran, devint odieux aux novateurs et à cette partie du peuple que la démagogie avait égarée. On le regardait comme un obstacle à la marche de la nouvelle Église, un adversaire dont il fallait se défaire. On en attendit l'occasion.

Pendant ce temps, l'esprit public était singulièrement agité : les affaires de l'Église étaient celles de tout le monde et faisaient tourner toutes les têtes; ceux qui avaient la foi s'intéressaient au sort des prêtres persécutés; c'étaient leurs concitoyens, leurs parents, leurs amis, dont le seul tort consistait à s'en tenir, en fait de politique, à leurs devoirs religieux, à leurs vœux et à leur conscience. L'autorité, au contraire, s'efforçait de les rendre odieux au peuple, de les asservir à ses prescriptions et de les avilir par ses imputations.

Aux yeux des utopistes d'alors, la religion était peu de chose, un moyen gouvernemental, une organisation simple, que le pouvoir temporel pouvait et devait mettre en rapport avec les nouvelles institutions. Dans une assemblée du directoire du département, tenue le 15 janvier, la constitution civile du clergé était le sujet de la délibération. M. Barennes, procureur-général-syndic, prit la parole et s'efforça de la justifier, comme étant parfaitement conforme à l'esprit de l'Église catholique, apostolique et romaine, et comme conservant, dans toute son éclatante intégrité, la juridiction ecclésiastique. Ce n'était pas un sophisme, cela aurait coûté trop de peine; c'était un tissu de mensonges. Mais des démonstrations de cette nature n'avaient rien d'étonnant dans la bouche d'un procureur-syndic, et surtout contre les prêtres, en 1791. Écoutons le procureur théologien :

« Le pape, dit-il, est proclamé le chef visible de l'Église. » Il l'appelle même le premier évêque de la terre; tout cela est bien; mais M. Barennes avoue humblement qu'il *n'est pas théologien;* il aurait pu s'en dispenser: on s'en douterait bien par ses erreurs et son peu de précision dans ces matières. « Dès que l'évêque élu, dit-il, aura reçu, par la confirmation » canonique, le caractère sacré de l'épiscopat, avec le pou- » voir qui en est inséparable, il écrira au pape, comme chef » visible de l'Église universelle, en témoignage de l'unité de » foi et de la communion qu'il doit entretenir avec lui. » Fort bien! c'est chose facile; mais si le pape ne veut pas de ses lettres ou de cette singulière communion, cessera-t-il d'être évêque, ou le pape cessera-t-il d'être le chef visible de l'Église de France ?

Ces évêques de France, constitutionnels, peuvent-ils, doivent-ils, dans leurs doutes ou leurs embarras, recourir à ce chef visible, au *premier évêque de la terre?* Non, dit M. Barennes, ce *serait dénaturer la juridiction spirituelle et avilir l'épiscopat.* Selon lui, tous les évêques sont égaux ; le pape n'est que le premier d'entre eux; il n'a pas plus de droits que le dernier évêque du monde! D'où vient donc qu'il en est le chef? Les évêques de France voulaient consulter le chef de l'Église pour savoir s'ils pouvaient prêter le serment à la constitution civile du clergé; c'était absurde, selon notre procureur! S'agit-il du dogme ou de la violation de quelque article de la foi catholique? Mais le pape n'est pas juge ; c'est « un » évêque qui n'a d'autre pouvoir que celui de nos évêques » constitutionnels. S'agit-il de la discipline? Pourquoi encore » consulter le pape? La puissance temporelle admet ou rejette » ce qui est de pure discipline. »

Enfin, après avoir soutenu que la puissance civile avait le droit de diminuer le nombre des siéges épiscopaux, et, par conséquent, de priver certains évêques de la juridiction qu'ils avaient canoniquement reçue; après avoir soutenu que les

Livre I.
Chap. 8.

1791

évêques ne peuvent destituer les prêtres que sur l'avis de leurs conseils, et après avoir mis en avant mille niaiseries semblables, il s'écrie : « Il fallait, Messieurs, couper les têtes de
» l'hydre; le despotisme s'était glissé, depuis un grand nom-
» bre de siècles, dans ce pouvoir tout spirituel que les ponti-
» fes exerçaient au nom de Jésus-Christ. C'est lui, n'en dou-
» tons pas, dont les accès auraient affaibli et dégradé ce pou-
» voir céleste, si Dieu, qui en était la source, n'en eût défendu
» la pureté..... »

Cela peut signifier, peut-être, que Dieu avait choisi les évêques constitutionnels, les démocrates et les procureurs pour y introduire la liberté, tout en forçant les prêtres à n'être pas libres et à faire ce que défendait leur conscience, et que n'exigeait nullement le salut de l'empire !

Le procureur termine enfin son discours politico-religieux en invitant les ecclésiastiques à se rendre aux processions et autres cérémonies religieuses; et dit, en s'adressant aux membres du directoire du département : « Nous vous prions, Mes-
» sieurs, de les y inviter par un arrêté qui annonce tout à la
» fois à vos concitoyens votre amour et votre respect pour
» la religion; et à Messieurs du clergé, votre juste confiance
» dans leurs vertus religieuses et patriotiques. »

L'arrêté fut fait le même jour par le directoire, présidé par M. Journu; mais les bons prêtres n'en furent pas moins inquiets sur leur avenir.

Sur ces entrefaites parut un opuscule de controverse, un nouvel aliment aux discussions religieuses; il était intitulé : *Prône d'un bon Curé sur le serment civique exigé des évêques, des curés, etc., etc.* M. Gensonné, avocat de Bordeaux, plus tard membre de la Convention, et régicide, remplissait alors les modestes fonctions de procureur de la commune. Il lut cet opuscule, qu'il qualifia de libelle, et le dénonça en accents de colère à la municipalité, qui, d'après son réquisitoire, en ordonna, le 18 janvier, la suppression, comme « séditieux,

» attentatoire à la souveraineté de la nation et aux décrets
» de l'Assemblée nationale, sanctionnés par le roi; et défendit
» d'imprimer ou de distribuer cet écrit, ou tout autre sem-
» blable, tendant à altérer le respect dû à la loi, à alarmer
» les consciences et à détourner les ecclésiastiques fonction-
» naires publics de l'obéissance qu'ils doivent à la loi, sous
» peine d'être poursuivis et punis comme perturbateurs du
» repos public, réfractaires à la Constitution et aux lois du
» royaume. »

Tous ces débats, ces discussions, ces pamphlets que vomissait la presse chaque matin, n'étaient guère faits pour tranquilliser le peuple ou calmer l'effervescence qu'on remarquait dans tous les rangs. Pour contre-balancer les impressions produites par les publications catholiques, la municipalité publia une *Instruction sur la Constitution civile du clergé*, qui devait être lue, à l'issue de la messe, par le curé ou le vicaire, ou, à leur défaut, par le maire ou le premier officier municipal. Tout cela fut fait, mais sans avoir modifié en quoi que ce fût les sentiments du clergé.

Embarrassés du refus persévérant des prêtres respectables de Bordeaux de prêter le serment, et ne sachant que faire dans des conjonctures si fâcheuses, la municipalité se réunit le 27 janvier, sous la présidence de M. de Fumel, maire, afin d'aviser aux moyens de concilier tous les intérêts. M. Gensonné y essaya de dissiper les doutes que les prêtres et les fidèles pouvaient avoir encore; il s'efforça de justifier les dispositions générales de la constitution civile du clergé, dans un ouvrage dont nous parlerons plus tard; et, entre plusieurs choses de peu d'importance, ajouta : « On a prétendu que les
» ecclésiastiques qui ne se seraient pas présentés dans le délai
» fixé par la loi, pour faire au greffe de la municipalité la
» déclaration de l'intention où ils sont de prêter le serment
» que le décret exige, devraient, à l'expiration de ce délai,
» s'abstenir de toutes fonctions, et qu'ils s'exposeraient même,

Livre I.
Chap. 8.

1791

21 Janvier.

» en les continuant après cette époque, à être poursuivis » comme perturbateurs de l'ordre public..... » Tel était, en effet, le sens de la loi, et c'est ainsi que l'avaient comprise les curés ; mais Gensonné, par ses subtiles distinctions, croyait pouvoir les tranquilliser et dissiper leurs craintes et celles du peuple ; il se trompa dans ses calculs, comme nous allons le voir dans le chapitre suivant.

A la suite de ce discours, et sur la réquisition de Gensonné, la municipalité fit publier partout que la loi qui fixe le délai pour la prestation du serment n'attachait, au défaut d'une déclaration officielle au greffe, que la seule présomption de leur renonciation à leurs places ; qu'elle ne défend point, en ce cas, de continuer à vaquer au service de leurs paroisses ; que ce service ne peut, ni ne doit être interrompu ; et que ce ne sera qu'à l'époque où leurs successeurs seront nommés qu'ils ne pourront plus s'immiscer dans les fonctions qu'ils auront répudiées, sans attenter à l'ordre public. Elle enjoignit, en conséquence, à tous les ecclésiastiques fonctionnaires publics, qui n'auraient pas fait leur déclaration dans le délai fixé par la loi, de continuer à remplir leurs fonctions jusqu'à ce que la nomination de leurs successeurs pût prévenir toute interruption dans le service de leurs paroisses.

On délibéra, en outre, que le dimanche suivant, 30 janvier, le conseil-général se rendrait, à neuf heures, à l'église de St-Mexant, pour y entendre la messe et assister au sermon. Il fut fait, au surplus, séance tenante, inhibition et défense à toute personne de se coaliser pour combiner un refus d'obéir aux décrets sanctionnés par le roi, déclarant que tous les ecclésiastiques sans distinction, ainsi que tous les autres citoyens, sont sous la sauvegarde spéciale de la loi, et qu'il n'est permis à qui que ce soit de les troubler dans l'exercice de leur ministère, ni de les inquiéter ou injurier de quelque manière que ce soit.

CHAPITRE IX.

Embarras de la municipalité. — Gensonné publie son réquisitoire. — Il cherche à séduire les bons prêtres par un exposé erroné des principes catholiques.— La réfutation de cet ouvrage. — La municipalité embarrassée. — Démarche des curés de la ville. — Mesures prises par les officiers municipaux, en conséquence de ces démarches. — Assemblée des curés de Bordeaux.— Leur exposition de foi.— Monument précieux de leur constance et de leur attachement à la foi de leurs pères.

Les mesures prises par la municipalité décélaient ses embarras; elle voulait exécuter à la lettre le décret sur le serment civique des prêtres; mais éprouvant partout un refus consciencieux, elle crut devoir interpréter la loi d'une manière bénigne, en adoucir les rigueurs, montrer au peuple qu'elle aimait toujours la religion, et en imposer à tout le monde en allant en corps à la messe. Le peuple aimait encore les prêtres : leur influence était grande ; l'esprit public n'était pas encore tout à fait corrompu, et on comprit, en prenant les mesures moins acerbes dont nous avons parlé à la fin du dernier chapitre, qu'il fallait se montrer moins sévère contre les prêtres des paroisses, et ménager la susceptibilité de la population, prête à en épouser la cause et la défense. La loi existait cependant; mais l'application rigoureuse n'en paraissait pas opportune. Les vrais catholiques et le clergé se plaignaient beaucoup de M. Gensonné : doué d'un caractère raide et obstiné, il aurait voulu agir avec rigueur contre les prêtres non assermentés : son réquisitoire du 27 janvier portait l'empreinte de ces dispositions; il alarma le clergé. Cette pièce est pleine d'arguments tout sophistiques et faits pour tromper les fidèles ; elle fut réfutée d'une manière solide et convenable par un individu bien compétent en ces matières, qui cacha

Livre I.

1791

son nom sous ces initiales : *J. M. N.* ; mais on pensait, du moins dans le monde politique, que l'abbé Langoiran n'y était pas étranger.

Nous publierons, dans notre *Histoire ecclésiastique de Bordeaux*, l'attaque et la réponse ; le réquisitoire de M. Gensonné *sur le serment des prêtres fonctionnaires publics*, ainsi que la savante réfutation qu'on en a faite. Ces documents sont utiles à l'histoire ecclésiastique de Bordeaux, et peuvent offrir un certain intérêt politique à ceux qui désirent se rendre compte de cette persécution des ministres des autels et de l'acharnement de leurs ennemis.

Après des compliments sur les talents du procureur-syndic, M. Gensonné, qu'on trouvait, dit la réfutation, selon les circonstances, *administrateur éclairé, théologien habile, canoniste consommé*, l'auteur dit qu'il a lu avec le plus grand empressement, et avec les préventions les plus favorables, ce qu'on appelle *un grand ouvrage;* mais, ajoute-t-il : « que j'ai été
» trompé, lorsqu'en voulant examiner de plus près ce grand
» nombre de faits qui en font le principal mérite, j'ai vu que
» les uns ne faisaient rien à la question qui nous divise, et
» que les autres étaient peu exacts et peu fidèles ! Quoique
» j'aie les plus grands reproches à vous faire pour vos cita-
» tions, il répugne cependant à l'estime que j'ai pour vous de
» vous accuser de mauvaise foi. J'aime mieux croire que la
» réflexion n'a pas guidé votre choix ; que vous avez mis
» dans votre travail une précipitation dont vos grandes occu-
» pations sont la cause unique, ou plutôt que vous avez été
» trompé par quelques coopérateurs peu scrupuleux, en qui,
» sans doute, vous avez trop de confiance.....

» Avant de parcourir tous ces faits, permettez-moi, Mon-
» sieur, de vous demander à quoi servent toutes ces citations
» de saint Paul, de saint Augustin, des quatre articles de nos
» libertés, qui établissent l'obéissance que nous devons aux
» rois dans les choses qui concernent le temporel ? A quoi bon

» nous dire, et nous dire plus d'une fois, que notre divin Légis-
» lateur, *en donnant la mission à ses apôtres, ne les a point
» affranchis du serment de fidélité qu'ils devaient à leurs sou-
» verains; que le pouvoir qu'il leur a transmis est tout sur-
» naturel et ne peut gêner, en aucun cas, l'exercice de la
» puissance temporelle?* Connaissez-vous, Monsieur, quelques
» ecclésiastiques qui n'admettent deux autorités parfaitement
» distinctes par leur nature, leur objet et leurs moyens ?
» Dans ce grand nombre d'instructions pastorales de nos évê-
» ques, parmi tous ces écrits que les circonstances ont fait
» répandre, en citeriez-vous un seul qui n'insiste sur l'exis-
» tence de deux puissances également souveraines et indé-
» pendantes pour les objets qui sont exclusivement de leur
» ressort ? Ne sont-ce pas là, au contraire, les principes que
» nous invoquons pour justifier notre refus ? N'avons-nous pas
» déclaré hautement que nous respections les lois de l'empire;
» que nous étions prêts à jurer d'y être toujours fidèles; que
» l'amour de la patrie et de notre roi était intimement gravé
» dans notre cœur; et en nous réservant d'exclure de notre ser-
» ment ce qui concerne le gouvernement spirituel de l'Église,
» n'avons-nous pas rendu l'hommage le plus sincère et le plus
» respectueux aux lois civiles et à l'autorité dont elles éma-
» nent ?

» Vous connaissiez, Monsieur, notre disposition à cet égard,
» et vous n'ignoriez pas que notre doctrine était sur cet objet
» parfaitement conforme à la vôtre. Pourquoi donc insister,
» dans votre réquisitoire, à prouver une vérité sur laquelle
» nous étions si bien d'accord ? Sans doute, tous ces textes
» lui donnaient un extérieur imposant de science et d'érudi-
» tion, et vous vouliez, par cette profusion d'inutilités, séduire
» la multitude, qui ne juge jamais des choses que par leur
» première surface.

» Mais, Monsieur, comment n'avez-vous pas senti qu'en par-
» lant si souvent de résistance aux lois, en confondant le ser-

» ment pour la Constitution, que le clergé a toujours offert et
» qu'il offre encore, avec le serment pour la constitution civile
» du clergé, vous rendiez les prêtres fonctionnaires publics
» suspects dans leur fidélité aux lois de l'État, à la nation et au
» roi? que les gens peu instruits ne verraient dans leurs pas-
» teurs que des rebelles et de mauvais citoyens; et que, par
» cette erreur, vous les disposiez à applaudir au spectacle de
» la persécution qu'ils éprouvent, ou, au moins, à la voir avec
» indifférence? Plusieurs personnes accusent hautement vos
» intentions; pour moi, qui connais la droiture de votre cœur
» et la douceur de votre caractère, je vous reprocherai seu-
» lement une grande imprudence, que les circonstances et
» votre qualité de magistrat rendent à la vérité très-blâmable.
» J'ai cru ces observations nécessaires; je viens maintenant à
» l'objet essentiel de cette lettre.

» Je connais, Monsieur, la source où vous avez puisé votre
» fastueuse érudition (1); et pour mettre nos lecteurs à portée
» de juger du degré d'autorité que mérite l'auteur qui a si
» fort abrégé votre travail, je rapporterai le témoignage de
» ce magistrat célèbre, dont la mémoire sera toujours chère
» aux Français, l'immortel d'Aguesseau. Dans la première ins-
» truction qu'il composa, étant alors procureur-général, pour
» son fils, il lui conseilla la lecture du traité de M. Le Vayer :
» *De l'autorité des rois dans l'administration de l'Église;* mais
» il le prémunit contre les erreurs qui déparent cet ouvrage.
» Vous pouvez, lui dit-il, en passer la première partie, qui
» est très-longue, mais superficielle et peu exacte sur certains
» faits, pour vous attacher d'abord à la seconde, qui est toute
» de droit, et où vous trouverez des idées simples, naturelles,
» mesurées avec toute la sagesse possible et véritablement
» capable de concilier les deux puissances souvent ennemies,

(1) *Traité de l'autorité des rois, touchant l'administration de l'Église,* par M. Le Vayer de Boutigny, ouvrage faussement attribué à M. Talon.

» qui ne le seraient jamais si elles entendaient parfaitement
» leurs intérêts (1). »

Ici, l'auteur de l'excellent ouvrage qui nous occupe, et que nous donnerons en entier dans notre *Histoire ecclésiastique de Bordeaux*, met en regard les arguments de Gensonné et ses propres réponses; c'est la partie la plus substantielle et la plus intéressante de cette polémique. Pour prouver que les rois ont de tout temps réglé ce qui regarde le culte et la discipline ecclésiastique, Gensonné remonte aux rois de Judée; il passe en revue David, Salomon, Josaphat, Joas, Ézéchias, et descend à Constantin, Théodore, Honorius, Zénon, Justinien; et dans ses courses vagabondes à travers les vastes champs de l'histoire, n'oublie pas Clovis, Childebert, Clotaire IV, Caribert, Charlemagne et ses successeurs, jusqu'à Louis XIV. C'étaient autant d'adversaires qu'il croyait avoir trouvés contre le défenseur du catholicisme, autant de champions pour défendre le schisme et ses doctrines erronées. L'apologiste le suit pas à pas, et n'élude pas une seule de ses objections; il démontre sa mauvaise foi, son ignorance en matières religieuses, et lui prouve qu'il falsifie l'histoire, qu'il mésinterprète les écritures, qu'il dénature les récits les plus simples, abuse de la crédulité de ses lecteurs pour favoriser la diffusion des mauvaises doctrines, et lui déclare que jamais les rois de France n'ont érigé de nouvelles métropoles, ni créé de nouveaux évêchés, sans invoquer le concours de la puissance spirituelle.

Cet écrit, qui rappelle le célèbre apologétique de Tertullien, produisit une très-grande sensation à Bordeaux, et servit à fortifier les faibles, à dessiller les yeux des ignorants, à confondre l'imposture et à raffermir les fidèles dans leur attachement aux pasteurs légitimes et aux vrais principes catholiques.

---

(1) *Œuvres de d'Aguesseau*, tome I.

Furieux de voir sa mauvaise foi dévoilée, sa fausse érudition démasquée et ses projets avortés, Gensonné ne cessa de pousser à la persécution des prêtres non assermentés, et au triomphe de la constitution civile du clergé. Il ne réussit que trop bien, comme nous le verrons dans la suite. La justice n'était alors qu'un mot; la vengeance était à ses yeux un droit, et le seul remède aux blessures que la réfutation de son volumineux réquisitoire avait faites à sa vanité. Il continua donc, avec un haineux acharnement, à persécuter les prêtres fidèles.

En présence des dangers dont ils se voyaient menacés, et pressés par les instances si vives, si réitérées, de la municipalité, surtout à la suite de l'*Instruction* du 21 janvier, dont nous avons parlé plus haut, les curés de Bordeaux ne savaient quelle conduite tenir. Ils se rendirent au département, qui les renvoya à la municipalité, où ils ne trouvèrent que des gens incertains, timides, et peu disposés à donner une réponse catégorique aux demandes toutes naturelles qu'on leur adressait. N'ayant obtenu aucune satisfaction la première fois, ils y retournèrent et prièrent les officiers municipaux de vouloir bien enfin leur tracer la ligne de conduite qu'ils devraient suivre quand le délai fixé par la loi pour la prestation du serment serait expiré, attendu que s'ils continuaient à remplir leurs fonctions, ils étaient, d'après les dispositions du décret, dans le cas d'être considérés et poursuivis comme perturbateurs du repos public; et que s'ils les abandonnaient, il en résulterait probablement des rumeurs et des troubles en ville. Le délai étant expiré le 25, et n'ayant pas reçu de réponse le 26, les curés se réunirent, et écrivirent à MM. les Municipaux, que, voulant obéir à la loi, ils étaient déterminés à cesser, dès le lendemain, leurs saintes fonctions, protestant d'ailleurs que, comme pasteurs des âmes, ils ne cesseraient pas de donner aux fidèles tous les secours de leur ministère. La municipalité se réunit aussitôt, comme nous l'avons dit plus haut, et après avoir interprété les dispositions de la loi, elle invita et somma, au besoin, MM. les Curés de continuer leurs fonctions jusqu'à la nomination de leurs successeurs.

Livre I.
Chap. 9.

1791

Les curés de la ville voyant les embarras de la municipalité, en présence d'une loi qu'il fallait exécuter, et d'une population qui aimait, au moins en général, ses pasteurs, crurent devoir profiter des circonstances pour exposer leur foi, réfuter les faux systèmes qu'on appuyait sur la Constitution anticatholique qu'on venait de bâcler à la hâte, et exposer aux fidèles les vrais principes qu'ils devaient suivre. Leur lettre adressée aux municipaux est une véritable apologie de la foi catholique, une réfutation des doctrines erronées des laïques qui désiraient régenter l'Église, et une justification de leur propre conduite et de celle des fidèles qui suivaient leur exemple. Nous sommes heureux de posséder ce document si précieux, si honorable pour l'Église de Bordeaux, et qui rappelle les *apologies* des premiers siècles de la foi. Nous le donnerons tout en entier dans notre *Histoire ecclésiastique de Bordeaux*. En voici le commencement :

« Messieurs, nous avons reçu, le 27 de ce mois (jan-
» vier 1791), l'extrait des registres de la maison-commune,
» en réponse à notre lettre de la veille. Sans nous arrêter
» davantage aux dispositions effrayantes de la loi sur le ser-
» ment, nous continuerons l'exercice des fonctions publiques
» de notre ministère, puisque, d'après votre déclaration, nous
» ne craignons plus d'être considérés, pour les avoir remplies,
» comme perturbateurs du repos public. N'improuvez, Mes-
» sieurs, ni la lettre, ni les sollicitations de vive voix qui
» vous ont contraints de nous donner cette déclaration. Nous
» sommes jaloux, dans ces circonstances périlleuses, de ne
» mériter aucune espèce de blâme, et, en confondant nos
» ennemis, de les forcer à nous accorder leur estime. Nous ne
» voulons être coupables ni de désobéissance, ni de lâcheté.
» Ployant toujours les premiers devant les lois de César qui
» ne s'opposeront pas à la loi de Dieu, nous réservons le cou-

» rage du zèle et de la charité pour soutenir, même contre
» les nations et les rois, les droits sacrés de la religion et de
» la conscience. Et puisque l'occasion de produire nos senti-
» ments et nos principes s'offre d'elle-même, souffrez que nous
» vous adressions aujourd'hui nos observations sur la dernière
» délibération du directoire du département, et le réquisitoire
» qui le précède, et que vous envoyâtes à chacun de nous (1).

» Vous nous avez jetés dans la consternation en nous ap-
» prenant que le Directoire venait d'adopter, de consacrer, et
» que vous adoptiez et consacriez vous-mêmes des principes
» hérétiques et d'autres maximes tendantes à détruire la reli-
» gion catholique dans ce beau royaume de France, qui n'en
» avait jamais reconnu d'autre.

» Nous avons donc rompu le silence ! Peut-être nous a-t-on
» accusé de le garder trop longtemps. De jour en jour, nous
» espérions voir le calme succéder à la tempête, et les esprits
» revenir insensiblement à la doctrine apostolique, inconnue
» dans un siècle où l'on n'étudie pas la religion. Nous disions :
» le peuple se trompe, mais c'est sans le connaître. En pro-
» fessant l'erreur de bouche, il croit de cœur *(ad Rom., X, 10)*,
» à la religion de ses pères ; dans cette effervescence des es-
» prits, il n'entendrait pas notre voix : attendons, nous le désa-
» buserons plus tard ; et quand ses yeux seront ouverts, notre
» patience, nos lenteurs, notre silence même, lui prouveront
» que la charité prend toutes sortes de formes lorsqu'il s'agit
» de ménager ses frères et de les gagner à Jésus-Christ.

» Mais aujourd'hui qu'on propose directement aux fidèles
» confiés à nos soins, au nom d'une autorité que nous leur
» avons appris à respecter, des maximes contraires à la foi
» catholique ; aujourd'hui que recevant nous-mêmes, des mains
» de MM. les Officiers municipaux l'ouvrage, où ces principes
» sont établis, notre silence deviendrait une approbation so-

(1) Délibération du 15 janvier 1791, concernant le clergé.

» lennelle de la doctrine qu'il renferme ; il n'est plus permis
» de se taire : *Non possumus non loqui. (Act. Apost.,* IV, 19).

   » Nous ne nous dissimulons pas, néanmoins, Messieurs,
» l'effet inévitable d'une déclaration de nos sentiments. Que
» de sarcasmes on vomira contre nous ! Notre nom, jusqu'à
» présent couvert des bénédictions de nos paroissiens, va
» peut-être se trouver chargé de malédictions et d'anathèmes.
» Cruelle situation ! Si nous ne parlons pas, nous manquons à
» la religion, à nos devoirs et à notre troupeau ; si nous par-
» lons, nous échaufferons les esprits déjà trop exaltés, nous
» aliènerons des cœurs déjà trop aigris. Nous aurons beau
» prétexter la pureté de nos vues, nous aurons beau prendre
» un ton doux et modeste, ce ton qui conviendrait seul à notre
» douleur, quand il ne serait pas celui de notre état, la pré-
» vention inflexible repoussera sans l'écouter la justification
» de notre conduite.

   » Ce n'est pas que nous sollicitions ici votre indulgence, ou
» que nous voulions attendrir le peuple sur notre sort. Pré-
» venons tous les reproches ; l'innocence n'a pas besoin qu'on
» lui fasse grâce ; et quant aux malheurs qui nous attendent,
» pleins de confiance en celui qui nous fortifie, nous espérons
» montrer bientôt que les hommes les plus modérés sont tou-
» jours, dans les revers, les plus courageux et les plus fermes.
» Mais contre notre vœu, mais en remplissant un devoir, nous
» pouvons contrister, nous pouvons détacher de nous des pa-
» roissiens que nous aimons et dont nous étions aimés ! Cette
» pensée nous désole. Il faut avoir été pasteur, il faut n'avoir
» eu, comme nous, toute la vie, d'autres soins, d'autres plai-
» sirs, d'autres espérances, et, s'il est permis de le dire, d'autre
» passion que celle de porter dans les cœurs la paix et les
» tendres affections de la charité, pour comprendre tout ce
» que cette appréhension a de douloureux et d'amer.

   » N'importe : expliquons-nous, nous vous le devons, Mes-
» sieurs, car, obligés incessamment de nous refuser à prêter

Livre I.
Chap. 9.

1791

» entre vos mains le serment civique, ne sommes-nous pas
» tenus, par respect pour l'autorité dont vous êtes revêtus, de
» faire connaître les motifs de notre résistance ? Nous le de-
» vons à nos paroissiens; ne pouvant pas plus que nous prêter
» ce serment, il faut qu'ils trouvent dans ces motifs claire-
» ment développés de notre refus, des règles sûres de con-
» duite. Nous nous le devons à nous-mêmes, car, personne
» ne l'ignore, si parmi nos ennemis, les uns, pour soulever les
» esprits contre le clergé, l'accusent de publier séditieusement
» des systèmes, d'autres, afin de ne laisser échapper aucun
» moyen de séduction, répandent sourdement que nous avons
» tort, sans doute, puisque nous craignons de manifester nos
» sentiments. Enfin, nous le devons surtout à l'Église. On
» attaque sa foi, sa puissance toute spirituelle, sa hiérarchie.
» On veut ébranler toutes les bases sur lesquelles repose l'édi-
» fice de Jésus-Christ.

» Veuillez, Messieurs, vous placer un instant dans notre
» position : vous dont la vigilance infatigable maintient avec
» tant de sagesse la tranquillité publique, veuillez vous sup-
» poser pasteurs des âmes, chargés de défendre le précieux
» dépôt de la foi dans un moment où vous croiriez la religion
» en péril; que feriez-vous ?...... Nous avons entendu votre
» réponse ; c'est celle de notre cœur. Eh bien ! alors, dites-
» vous, le désir de nous trouver irréprochables devant les
» hommes et devant Dieu doublerait notre patience, notre
» activité, notre charité, notre zèle envers nos paroissiens.
» Nous éviterions de choquer les esprits, et néanmoins sans
» redouter ni le mépris, ni la misère, ni les menaces, ni la
» mort, nous dirions à ceux qui défendent d'enseigner la
» vérité : *Nous devons obéir à Dieu plutôt qu'aux hommes.*
» *(Act. Apost.,* V, 28*),* etc. Nous soutiendrons, par des exhor-
» tations simples, les fidèles ébranlés. C'est notre résolution.

» M. le Procureur-général du département, dans son ré-
» quisitoire, approuvé par MM. les Officiers du Directoire,

» approuvé par vous, Messieurs, s'efforce de justifier ces dis-
» positions de la constitution civile du clergé, que nous ne
» pouvons jurer de maintenir, sans abjurer la doctrine de
» l'Église et sacrifier notre conscience à l'opinion. Réfuter ces
» principes, c'est établir les nôtres, qui doivent être ceux de
» tous les fidèles.

» D'après ce réquisitoire, en premier lieu, la *mission des
» évêques embrasse l'univers;* en sorte que l'extension ou le
» resserrement de leur juridiction n'est plus qu'un objet de
» police purement civile.

» En second lieu, la constitution civile du clergé n'a point
» borné le pouvoir de l'évêque dans le régime de son dio-
» cèse.

» En troisième lieu, par les art. 23 et 41, titre II, l'As-
» semblée nationale ne s'attribue point un pouvoir qui n'ap-
» partient qu'à l'Église.

» En quatrième lieu, le Saint-Siége apostolique n'a point
» reçu de Jésus-Christ une primauté de juridiction dans toute
» l'Église (ce qui est cependant un article de foi).

» Nous ne dirons rien des divers décrets concernant les
» élections, la suppression des chapitres et monastères, le
» changement des vicaires, etc., etc., etc., si contraires à la
» discipline et à l'esprit de l'Église primitive. Puisque le ré-
» quisitoire de M. le Procureur-général-syndic n'en parle pas,
» il nous suffira de consigner ici notre adhésion à l'*Exposition
» des principes sur la constitution civile du clergé,* monument
» éternel élevé, par la modération évangélique, à la gloire
» de l'Église gallicane.

» Nous ne voulons réfuter ni cette citation fausse des prin-
» cipes du clergé de France en 1682, à l'appui de l'opinion
» nouvelle sur la juridiction (le clergé de France ne parla pas
» même alors de la juridiction épiscopale); ni cette opinion
» plus nouvelle encore, que le *pape n'est pas juge,* quand il
» s'agit du dogme (c'est un point de foi, que tout évêque est

» juge dans les matières dogmatiques); ni cette proposition,
» enfin, où l'on voit la confirmation canonique conférer le
» caractère sacré de l'épiscopat, qui est nécessairement l'effet
» du sacrement de l'ordre : ce sont là, sans doute, des inad-
» vertances. Venons à la discussion des principes. »

Ici, le clergé de Bordeaux examine cette proposition mise en avant par les réformateurs de l'Assemblée nationale : *la mission des évêques embrasse l'univers*. Il démontre, avec une admirable force de logique, que Jésus-Christ a donné à son Église le pouvoir d'étendre et de resserrer la juridiction des évêques; que l'Église renferme dans sa constitution divine toute la puissance nécessaire pour maintenir dans son sein la paix et l'ordre; que si les gouvernements séculiers avaient été seuls chargés de la gouverner, elle eût disparu déjà dans les orages soulevés contre elle par les passions humaines et l'aveugle fureur des princes persécuteurs et des peuples abusés.

Les curés de Bordeaux reconnaissent que la puissance temporelle a le droit de diviser la France en départements, et de leur donner des noms relatifs à leur position ou aux accidents topographiques; mais ils soutiennent que ces divisions et ces noms ne sauraient limiter, étendre ou anéantir l'autorité d'un seul évêque sans le concours de l'Église. Sans doute, l'évêque porte partout le caractère que lui avait imprimé l'Esprit-Saint, comme le dit Gensonné dans son réquisitoire; mais on ne peut pas en conclure qu'il peut exercer partout son ministère.

Le clergé de Bordeaux cite les conciles et tous les organes de la plus haute et de la plus vénérable tradition; il réduit à rien les arguments de ses adversaires, et prouve que la puissance temporelle ne peut, sans le concours de l'Église, supprimer des évêchés, limiter ou restreindre la juridiction des évêques.

Dans le second paragraphe, le clergé réfute l'art. 14, titre I, de la constitution civile du clergé, qui porte que « les vicaires
» des églises cathédrales, les vicaires supérieurs, les vicaires

» directeurs formeront ensemble le conseil habituel et per-
» manent de l'évêque, qui ne pourra faire aucun acte de juri-
» diction, en ce qui concerne le gouvernement du diocèse,
» qu'après avoir délibéré avec eux. »

Cet article renverse toute l'économie de l'Église chrétienne; partout et toujours les catholiques ont cru et confessé que l'évêque a, de droit divin, une primatie de juridiction sur les prêtres. La supériorité hiérarchique de l'évêque sur les prêtres est une des grandes vérités du christianisme : statuer que l'évêque ne pourra faire aucun acte de juridiction, en ce qui concerne l'administration du diocèse, qu'après avoir délibéré avec ses prêtres, c'est limiter son pouvoir et détruire le régime prescrit par Jésus-Christ lui-même.

Dans le troisième paragraphe, le clergé de Bordeaux discute une assertion de Gensonné, qui avait affirmé dans son réquisitoire que l'Assemblée nationale, par les art. 33 et 44, titre II, ne s'attribuait point un pouvoir qui n'appartient qu'à l'Église. Il l'invite à lire avec attention ces articles, et à en mesurer la portée.

Art. 33. « Les curés actuellement établis en anciennes
» églises cathédrales, ainsi que ceux des paroisses qui seront
» supprimées pour être réunies à l'église cathédrale et pour
» former le territoire, seront, de plein droit, s'ils le deman-
» dent, les premiers vicaires de l'évêque, chacun suivant l'or-
» dre de son ancienneté dans les fonctions pastorales. »

Art. 44. « Pendant les vacances du siége épiscopal, le pre-
» mier, ou, à son défaut, le second vicaire de l'église cathé-
» drale, remplacera l'évêque, tant pour les fonctions canoniales
» que pour les actes de juridiction qui n'exigent pas le carac-
» tère épiscopal. Mais, en tout, il sera tenu de se conduire par
» les avis de son conseil.

» Regarderait-on, dit le procureur-général-syndic, comme
» des atteintes portées à la juridiction spirituelle les disposi-
» tions de ces articles ?

Livre I.
Chap. 9.

1791

» Oui, Messieurs, répondent les curés de Bordeaux, nous les
» regardons comme des atteintes formelles portées à la juri-
» diction spirituelle ; nous pensons que l'Assemblée nationale
» ne pouvait pas plus formellement s'attribuer la juridiction
» spirituelle de l'Église. » Ils ne se bornent pas seulement à
le penser et à le dire, ils le prouvent par des arguments
puisés dans la nature de la puissance spirituelle, et appuyés
sur une logique serrée et victorieuse.

Dans un quatrième et dernier paragraphe, les curés de
Bordeaux répondent à M. le Procureur-général-syndic, qui
avait dit que c'était à tort que quelques pasteurs avaient
attribué au pontife de Rome une souveraineté de juridiction
sur les autres Églises :

« Le Saint-Siége apostolique n'a point reçu de Jésus-Christ
» une primauté de juridiction sur toute l'Église.

» Le pape, comme chef de l'Église, et occupant le siége
» central de l'épiscopat, a, sans doute, non un pouvoir, mais
» un devoir plus étendu. »

A ces propositions, qui blessaient profondément la foi, les
prêtres de Bordeaux répondent avec une énergie et une noblesse de langage inspirées par une foi sincère, qui savait
affronter et braver tous les périls. « En prononçant ces pa-
» roles, disent-ils, il nous semblait qu'une main téméraire
» venait arracher de notre sein le précieux dépôt de la foi,
» et nous jurions de le défendre par tous les sacrifices et par
» tous les moyens de la charité. Nous rappelions, avec une
» douleur mêlée d'effroi, ces troubles d'Angleterre, ces cir-
» constances malheureusement trop ressemblantes à celles de
» notre situation, qui présageaient le schisme prochain de ce
» royaume encore catholique. »

Les curés de Bordeaux rappellent plusieurs circonstances
de l'histoire de Henri VIII ; ils pénètrent jusqu'au fond des
propositions erronées de Gensonné, les dissèquent, les réfu-
tent, et lui font voir qu'il accorde au pape la primauté que son

réquisitoire lui refuse. En disant que *le pape a non un pouvoir, mais un devoir plus étendu*, il oubliait sans doute que dans l'ordre de la religion, comme dans l'ordre civil, l'étendue du pouvoir devient toujours la juste mesure du devoir ; c'est le rapport nécessaire de la cause avec l'effet.

Ce ne sont pas quelques docteurs qui ont enseigné le droit divin de la primauté de saint Pierre ; c'est l'Église universelle dans ses conciles, c'est la voix de tous les chrétiens, de tous les pères, de tous les docteurs, depuis le temps des apôtres jusqu'à Bossuet, dont ils citent le magnifique discours à l'ouverture de l'assemblée du clergé de France, en 1684.

Après avoir éclairci les difficultés que le sophisme et la mauvaise foi avaient soulevées, après avoir réfuté victorieusement les arguments insidieux de leurs adversaires, ces dignes pasteurs de Bordeaux s'adressent, en terminant, aux municipaux, et leur disent : « Décidez maintenant, Messieurs, si
» l'Assemblée nationale pouvait ériger des métropoles, sup-
» primer des évêchés, étendre ou resserrer la juridiction des
» évêques sans le concours de l'Église ; si elle pouvait su-
» bordonner la juridiction de l'évêque aux décisions de son
» conseil ; si elle ne s'est point attribué des droits et une
» puissance qui n'appartiennent qu'à l'Église ; en un mot, si la
» foi n'est point altérée par les décrets sur la constitution civile
» du clergé. Décidez si nous pouvons, si les fidèles peuvent
» plus que nous, jurer de maintenir de tout leur pouvoir
» cette constitution. Cependant, l'Assemblée nationale pour-
» suit l'exécution de ses décrets. Cruel avenir !......... Qui
» ne voit que les évêques et les pasteurs élus à la place de
» ceux qui refuseront de prêter le serment, seront des intrus
» qui n'obtiendront ni la communion du souverain pontife, ni
» celle des autres évêques du monde ? Qui ne voit que les
» prêtres assez faibles ou assez peu instruits pour le prêter,
» imprimeront bientôt eux-mêmes sur leur front la tache de
» l'intrusion, en communiquant avec ces nouveaux pasteurs ?

Livre I.
Chap. 9.

1791

» Car, Messieurs, cette lèpre spirituelle est contagieuse ; il
» suffit de toucher celui qui en est atteint pour s'en trouver
» couvert soi-même. Ah ! nous n'y pensons point sans frémir !
» Occupés jusqu'à présent de prêcher à nos paroissiens l'obéis-
» sance à leur pasteur, nous serons contraints de leur défendre
» toute communication avec ceux que la puissance temporelle
» subroge à leur place. Ne craignez pas, cependant, que nous
» oubliions jamais les règles de la prudence et de la charité
» chrétienne : nous n'éclaterons point en murmures et en re-
» proches. Adorant les desseins de la Providence, nous prie-
» rons pour ceux qui nous vouent au mépris et à la misère.
» Réduits, s'il le faut, à n'évangéliser que le petit nombre de
» fidèles assez courageux pour s'enfermer avec nous dans des
» temples souterrains, ou pour nous suivre dans les solitudes,
» nous saurons enseigner les vérités évangéliques sans fo-
» menter les troubles, sans nourrir les inimitiés. C'est l'hérésie
» qui souffle la rébellion et la guerre ; la religion de Jésus-
» Christ n'oppose à la persécution que patience et douceur.
» Nous promettons à ce Jésus, l'auteur et le consommateur
» de notre foi, de mettre sans cesse sous nos yeux la conduite
» de ses apôtres, et sur nos lèvres leurs exhortations pater-
» nelles. Nous jurons de prêcher la résignation, la paix, la
» charité, le respect pour l'Assemblée nationale.... Ah ! Mes-
» sieurs, commandez tous les sacrifices qui n'emportent pas
» celui de la conscience, et vous apprendrez de notre obéis-
» sance prompte et entière que des hommes prêts à livrer et
» leurs biens et leur sang pour conserver leur foi, ne sau-
» raient allumer les divisions et les haines.

» Nous sommes avec respect, » etc., etc.

Cette digne et admirable confession de foi sur les principaux points de la constitution civile du clergé, était signée de
tous les curés de la ville, à l'exception d'un seul misérable
transfuge, qui, peureux par caractère et faible par manque
de foi et de lumières, s'était engagé, au grand scandale de

l'Église, à prêter le serment voulu le dimanche suivant. Les autres membres du clergé ne firent que gémir sur sa défection et sur son mauvais exemple. Il fut fêté par les novateurs et les impies; mais il devint pour tous les honnêtes gens et les bons catholiques un objet de pitié et de mépris. L'apostasie n'a qu'un jour de gloire et des années de honte et de remords !

En lisant aujourd'hui, après un laps de soixante-quatre ans, cette lucide, cette franche et généreuse apologie de la foi catholique, on se rappelle les apologistes des quatre premiers siècles de l'Église, et surtout Tertullien, dans ses *Prescriptions contre les Hérétiques*, s'en rapportant aux décisions des évêques. On admire cette sainte audace de ces courageux confesseurs de la foi, à Bordeaux, qui, à la vue de l'exil, de la misère et de la mort, ne craignirent pas, en abandonnant leurs moyens d'existence, leurs troupeaux et leur pays, en présence du schisme et de l'hérésie triomphant, et s'appuyant sur la loi et les baïonnettes, d'arborer le drapeau du catholicisme et de confesser tout haut le symbole de la foi. C'était pour l'Église de Bordeaux et de la France la lutte entre la vérité et l'erreur, entre la vie et la mort; c'était pour elle la question suprême : *être ou ne pas être!* Dans ces tristes jours, les Bordelais n'ont pas manqué à leurs devoirs; ils ont souffert comme des martyrs: ils ont prié, pleuré et combattu jusqu'au dernier moment; ils nous ont laissé ce précieux monument de leur foi, qui reflète tant d'honneur sur Bordeaux, leur patrie, et que nous reproduirons tout en entier dans notre *Histoire ecclésiastique de Bordeaux,* parce que nous sommes convaincus qu'on le relira toujours avec amour, admiration et reconnaissance.

LIVRE II.

CHAPITRE PREMIER.

La municipalité de Blaye. — Son adresse à l'Assemblée nationale, concernant les prêtres.— Les ecclésiastiques du Blayais qui prêtèrent le serment. — La conduite de M. Turenne, vicaire de St-Michel. — Pacareau, chanoine de St-André, publie une brochure sur le serment. — Serment de M. Oré, curé de St-Mexant. — Une couronne civique lui est offerte par le club National.—Pacareau élu évêque de Bordeaux. — Nouvelle circonscription des paroisses de Bordeaux. — Les prêtres constitutionnels repoussés par le peuple.—Des religieuses maltraitées par une poignée de furieux. — La conduite de Lacombe. — Les frères des écoles chrétiennes supprimés. — Conduite de la vile populace et de M. Risteau à l'égard de M. l'abbé Landar. — Les Chartreux expulsés de leur couvent. — Désordres au théâtre. — Éloge du nouvel évêque élu, Pacareau.

1791   Ces écrits firent du bien, ne fût-ce qu'en montrant au monde la puissance des principes, la fidélité du clergé à ses devoirs et la route que les vrais catholiques avaient à suivre dans ces affligeantes conjonctures; mais le mal est contagieux de sa nature, et le peuple, trompé par de fallacieuses promesses et les rêves décevants de quelques utopistes, s'abandonna presque partout aux suggestions intéressées des ennemis de la religion et du trône. La municipalité de Blaye se montra à la hauteur des circonstances politiques du moment; le 6 février, elle envoya à l'Assemblée nationale une adresse où, après avoir calomnié quelques prêtres insermentés du pays, elle s'efforça de tranquilliser l'assemblée au sujet de la ville de Blaye et des environs, comme étant à l'abri des conseils et des séductions des prêtres réfractaires. « Rendez-nous justice, » disent-ils, l'égarement de nos prêtres n'a pas influé sur nos » cœurs ; nous sommes et nous avons toujours été dignes de » vous. » Ils annoncent que leurs prêtres frémissaient à l'idée de l'abîme où les entraînait la perfidie de M. l'abbé Delage, curé de S¹-Christoly, membre de l'Assemblée nationale, siégeant *au côté droit,* et assurent que plusieurs d'entre eux allaient faire le serment (1). Cette adresse contenait une liste des ecclésiastiques du Blayais qui avaient prêté le serment prescrit par le décret du 27 novembre 1790 ; c'étaient MM. Duvergier, ci-devant chanoine de S¹-Sauveur de Blaye, et devenu maire de la ville. Il prêta serment le 6 février 1791, dans l'église de S¹-Sauveur, où, après avoir célébré la messe, il s'exprima ainsi au moment d'embrasser le schisme : « Mes-» sieurs, déjà comme citoyen, comme notable, comme maire » de votre cité, je vous ai donné plus d'une fois des preuves » éclatantes de mon zèle, de mon dévoûment et de mon pa-» triotisme. » Pour couronner ses œuvres, il prêta le serment civique et mit le sceau à son apostasie. Son exemple fut suivi par Siozard, curé de S¹-Romain ; Lavergne, ci-devant prieur de S¹-Romain et aumônier de l'hôpital S¹-Nicolas, à Blaye ; Maubourguet, curé de S¹-Martin de Blaye ; et Villegente, curé de Plassac.

Tous les autres ecclésiastiques restèrent fidèles à leurs devoirs et rédigèrent une adresse collective contre le serment ; mais menacés d'être poursuivis comme perturbateurs de la paix publique, quelques-uns d'entre eux se rendirent aux vœux de l'autorité et rétractèrent leur signature ; c'étaient Valcarcel, curé de S¹-Sauveur de Blaye ; Girodeau, curé de Ber-

Livre II.
Chap. 1.

1791

---

(1) Cette adresse fut signée par MM. Duverger, maire ; Tizon, Baptiste Donis, Gabaud, Du Château, Ransac, Dumetz, Laloubie, officiers municipaux ; Chety, procureur de la commune ; Aladane, Moreau, Bellegarde, Bellon, Blaise, Arrivé, Lavergne, Bonnard, Marmon, Siozard, Labernade, Philippon, B. Binaud, J. Anglade, Cottard, notables ; Bonnaud, secrétaire.

son ; Valleau, curé de Villeneuve en Bourgeais ; Ferbos, curé de St-Paul en Blayais; Marcou, curé de Campagnan; Moulis, curé de Cartelègue; Besse, curé de Mazion; Boissonnet, vicaire de St-Paul en Blayais; Guéraud, vicaire de St-Sauveur; Barbarie, vicaire de Cartelègue; Baas, curé de Cars, et Naudin, son vicaire ; Dintrans, curé de Générac en Blayais.

Quelques jours plus tard (14 février), le curé de Branne écrivit à ses confrères pour les engager à faire le serment exigé par la loi; et après s'être élevé contre le despotisme des évêques, déclara qu'il avait fait le *même serment avec plaisir, sans contrainte et sans remords!*

Ces défections affligèrent profondément le clergé et les catholiques; mais rien ne put ébranler la fidélité des curés de Bordeaux et de la grande majorité du clergé du diocèse. Quelques-uns d'entre eux, emportés par un zèle outré et imprudent, aggravèrent leur position et provoquèrent contre tout le corps une surveillance plus minutieuse et plus fatigante. C'est ce qu'on reprochait à M. Turenne, ancien curé de St-Sulpice, habitué de St-Michel depuis trois ans, comme aumônier du régiment patriotique de cette dernière paroisse de Bordeaux. Quoiqu'il eût obtenu, à la prière d'un vicaire de St-Michel, et sur le témoignage d'un officier de la garde nationale, des attestations honorables de la municipalité de Bordeaux, il fut arrêté par la municipalité de Libourne comme ayant colporté et vendu des écrits incendiaires. Il avoua le fait et fut jeté en prison.

Cette résistance naturelle et permanente du clergé, cette opposition aux vues schismatiques de l'Assemblée nationale et de la municipalité de Bordeaux, réveillèrent les mauvaises passions de la populace, que Duranthon, Gensonné *et consorts* n'avaient que trop travaillées; on mit en circulation des écrits calomnieux, des diatribes contre les prêtres insermentés, comme cause principale, unique, peut-être, des maux de la patrie. Se voyant attaqués dans leur conduite, ces ministres des autels crurent devoir se défendre et se justifier ; ils publièrent, en réponse à ces pamphlets injurieux, un ouvrage bien pensé, bien écrit, sous le titre : *Motifs des prêtres qui refusent le serment.*

Toutes ces attaques inspirées, envenimées par la haine de la religion et de ses vrais ministres, toutes ces réponses plus ou moins mesurées et très-souvent imprudentes, malicieusement commentées et travesties par les constitutionnels, au lieu de guérir la plaie, ne firent que l'élargir : les deux partis ne faisaient que s'irriter davantage et se provoquer mutuellement à des actes de violence. C'est alors que nous voyons sortir pour la première fois de son obscurité habituelle le nommé Pacareau, vieux chanoine de St-André, et l'un des anciens vicaires-généraux de Mgr de Lussan (1). Se croyant une autorité, poussé en avant par des intrigants plus adroits que lui, et voulant peut-être, malgré ses quatre-vingts ans, être quelque chose dans la nouvelle Église, il croit devoir intervenir dans les grandes discussions du moment, et publie, le 1er mars, *des Réflexions sur le Serment civique du clergé,*

---

(1) Pacareau était né à Bordeaux, et s'était adonné de bonne heure à l'étude des langues étrangères. Homme modeste, charitable et doux, il partageait ses revenus avec les pauvres, et fut nommé enfin vicaire-général de Mgr de Lussan. A la mort de ce prélat, il fut désigné, comme le plus ancien des vicaires-généraux, à la place de vicaire-général capitulaire, poste honorable qu'il occupa sans éclat jusqu'à l'arrivée de Mgr de Rohan, et reprit les mêmes honorables fonctions quand ce dernier prélat fut transféré sur le siège de Cambrai. Élu évêque constitutionnel de Bordeaux, le 14 mai 1791, il mourut le 5 septembre 1797, âgé de 81 ans, selon *les Siècles littéraires*, tome V, ou, d'après Chaudon, de 86 ans. Pacareau avait beaucoup lu, beaucoup étudié ; mais il n'a laissé que quelques opuscules sans mérite, sans réputation, tels que sa *Nouvelle Considération sur l'usure et le prêt à intérêt* (1784); un *Mémoire expositif des Droits du Chapitre de St-André sur les cures de sa dépendance* (1787); *Réflexions sur le Serment* (1791). Tous ces petits ouvrages de Pacareau étaient les fruits de sa vieillesse; ils s'en ressentaient bien, et ont disparu avec lui. Tous les ans, il composait un *Noël*, ou cantique populaire, que le peuple chantait à la messe de minuit ; on lui attribue celui qui commence ainsi :

« *Rebeillats bous, meynades,*
» *Canten Nadaou allègrement,* » etc., etc.

ou *Lettre adressée à un Commissaire du roi dans un département de France*. Il s'y efforça, malgré ses convictions, de prouver que l'État a le droit de supprimer des évêchés, d'en ordonner une nouvelle délimitation, et déclare au monde qu'il ne s'agit dans tout cela que de la police extérieure de la puissance temporelle, et nullement des dogmes de la foi. Il déguise ou passe sous silence les faits historiques que démentent ses assertions ; il en dénature d'autres, et déclare, en finissant, qu'il *n'avait fait son écrit que dans l'unique vue de calmer les consciences indiscrètement alarmées*.

C'est chose assez curieuse que de voir le vieux Pacareau, dont la *conscience* n'était rien moins que délicate, s'occuper avec tant de sollicitude des *consciences alarmées!* Il est permis de soupçonner que l'ambition de l'ancien vicaire-général y jouait un plus grand rôle que ses sentiments délicats, et que, dans ce conflit des deux pouvoirs, il espérait trouver plus de facilité pour monter un peu plus haut dans la nouvelle hiérarchie. Il ne se trompait pas : son écrit lui valut sa déshonorante élection comme évêque constitutionnel de Bordeaux, le 15 du même mois.

La conduite de Pacareau affligea les vrais catholiques, mais n'étonna personne ; il était vieux, cassé et facile à influencer ; il était flatté de la perspective de porter un jour une mitre, même ramassée dans la boue. Mais son exemple ne trouva que quelques rares imitateurs dans les rangs inférieurs du sacerdoce. L'aumônier du régiment de St-Pierre, ci-devant religieux bénédictin de la congrégation de St-Maur, et ancien professeur d'éloquence au collége royal et militaire de Sorrèze, prêta serment le 13 mars, après un discours où il démontra les prétendus avantages de la constitution civile du clergé, à laquelle il *brûlait de jurer d'être fidèle,* et priait Dieu d'éclairer le digne pasteur de St-Pierre pour qu'il fît comme lui. Dieu n'écouta pas sa prière sacrilége : le digne pasteur préféra l'exil à l'apostasie ; et de tous les curés de Bordeaux, pas un ne suivit l'exemple de ces deux renégats, à l'exception de M. Oré, curé de St-Mexant, qui, séduit par des promesses, obsédé de ses amis, et tremblant à la vue des malheurs qui menaçaient l'Église, prêta le serment et devint curé schismatique de St-Pierre. Quelque temps plus tard, il quitta son état, et fut employé à la Mairie; mais expulsé de cette place sous la Restauration, il fut autorisé à reprendre l'habit ecclésiastique, et mourut peu après prêtre habitué de la même église qu'il avait scandalisée par sa conduite, et qu'il s'efforçait d'édifier par la régularité de la fin de sa vie. Le jour qu'il prêta le fatal serment qui lui laissa pour ses vieux jours tant de cuisants remords, le club du café National lui fit présenter une couronne civique par son président, qui, escorté d'une foule immense, lui adressa le discours suivant : « Vertueux citoyen, » députés par le club National, nous venons vous témoigner » son estime et sa reconnaissance. La loyauté, le courage et » le généreux patriotisme qui vous ont porté à prêter le ser- » ment civique, au mépris des suggestions perfides des enne- » mis de la patrie, vous assurent à jamais l'affection et le » respect des honnêtes gens qui peuplent cette grande cité... » Que la horde infâme des ennemis de la patrie murmure » des imprécations contre vous, elle ne saurait ternir la » gloire dont vous venez de vous couvrir, et nous nous enor- » gueillissons de vous présenter cette couronne civique, qui » vous est décernée par les vrais amis de la religion et de la » liberté. »

Cette flagornerie intéressée, cette ovation du schisme et de l'impiété eut beaucoup de retentissement dans le pays; mais le diadème de lauriers se changea plus tard en couronne d'épines, et la joie d'un moment fit place à des remords accablants !

Le clergé constitutionnel se recrutait facilement dans ces temps de désordres; il ouvrit ses rangs à tous les suspects, à tous les mécontents, et commença enfin à prendre une attitude caractéristique dans la ville ; mais il lui manquait un chef. L'assemblée électorale, convoquée le 15 mars dans l'église de S⁴-André, élut le chanoine Pacareau comme évêque constitutionnel de Bordeaux ; c'était ériger autel contre autel ; le schisme était consommé et organisé ; c'était la récompense de l'opuscule schismatique de cet ecclésiastique. Le district avait supprimé, les 22 et 26 février, quelques églises de la ville, et avait soumis ses délibérations à l'Assemblée nationale, qui, par son décret du 6 mars, décréta qu'il n'y aurait plus à Bordeaux que dix paroisses, savoir : S⁴-André, Ste-Eulalie, Ste-Croix, S⁴-Michel, S⁴-Paul, S⁴-Pierre, S⁴-Dominique (rendu au culte), S⁴-Seurin, S⁴-Louis, S⁴-Martial de Bacalan. L'église de S⁴-Nicolas-des-Graves devait être conservée comme oratoire et chapelle de secours de la paroisse de Ste-Eulalie, dont le curé serait chargé d'y envoyer un vicaire, tous les dimanches et jours de fête, dire la messe et faire les instructions religieuses. L'église de Puy-Paulin fut mise en vente le 27 octobre de la même année.

Toutes ces tracasseries, toutes ces mesures subversives de la hiérarchie troublaient l'ordre public et bouleversaient non-seulement les usages locaux, mais même l'existence d'un grand nombre d'individus. Les anciens pasteurs furent expulsés de leurs églises et de leurs demeures ; les sanctuaires conservés devaient être livrés aux prêtres constitutionnels ; mais le peuple n'en voulait pas ; et pour calmer l'effervescence de l'esprit public, le Directoire fut obligé de donner aux ecclésiastiques non-conformistes les églises supprimées. Dès ce moment, les constitutionnels se virent abandonnés et leurs églises désertes, tandis que les oratoires des prêtres non-conformistes étaient constamment pleins de monde et fréquentés par les vrais catholiques et par tout ce qu'il y avait de respectable à Bordeaux. Cet état de choses ne pouvait se tolérer : il attestait une profonde antipathie pour les idées nouvelles, et tendait à créer un esprit de réaction et à refroidir le patriotisme des vrais révolutionnaires. On fit fermer plus tard les églises des prêtres catholiques.

A la campagne, le peuple refusait aussi de recevoir les prêtres constitutionnels et d'entendre leurs messes; il gardait ses pasteurs légitimes, et quoique réfractaires, il leur procurait des asiles et des moyens d'existence. On envoya un prêtre assermenté à Cenon; mais les habitants se soulevèrent en masse et repoussèrent le mercenaire, qui, par un serment schismatique, s'était rendu indigne de leur confiance et de leur estime. Un jour, quelques forcenés s'emparèrent de deux religieuses qui refusaient d'entendre la messe d'un prêtre assermenté, et les menacèrent d'une manière indigne: les menaces ne furent rien pour ces saintes filles, qui refusèrent de communiquer avec les prêtres schismatiques. On les traîna à la rivière, et après les y avoir plongées à diverses reprises, on les retira demi-mortes; elles refusèrent encore : la foi et la patience furent plus fortes que la haine de ces démagogues fanatiques, qui, fous de la liberté, la voulaient pour eux seuls et la refusaient à des pauvres filles qui ne pensaient pas comme eux. On les laissa partir; mais l'autorité, honteuse de ces misérables excès, se présenta chez elles pour entendre leurs plaintes et leurs dépositions : « Ah! Monsieur, répondirent ces saintes » héroïnes de la foi, nous ne serons jamais les délatrices des » gens à qui nous avons voué notre existence et nos soins. » Nous ne cesserons pas même, dans cette circonstance, d'être » sœurs de charité, comme nous en sommes les martyres. »

C'est alors que l'on vit paraître à Bordeaux un homme destiné à en devenir le fléau! Sorti de la basse classe, doué d'un caractère sombre, farouche et sanguinaire, Lacombe, originaire de Toulouse, où il avait été maître d'école, vint s'établir dans nos murs, et s'y signala bientôt par ses excès démagogiques; il fut jugé par les proconsuls de l'époque digne d'être élevé à la place de président du tribunal révolutionnaire de notre ville. C'est lui que nous verrons plus tard organiser et

Livre II.
Chap. 1.

1791

Avril.

Mémoires de Ferrières.

présider l'infâme commission militaire qui établit la plus exécrable inquisition contre la religion, la fortune et les vertus domestiques et sociales des Bordelais; qui régna sans contrôle sur la population consternée, et réalisa sur les bords de la Garonne les projets horribles des Jacobins de Paris. Le jour de Pâques (1791), il alla, comme espion, assister au sermon dans l'église des Récollets; car on y allait encore. Le prédicateur prit pour sujet les persécutions de l'Église primitive; mais à peine eut-il commencé à développer sa pensée, que Lacombe lui cria qu'il parlait *inconstitutionnellement*. Il comprit probablement que le prédicateur voulait entretenir ses auditeurs de la persécution naissante de l'Église de France, ou peut-être ne cherchait-il qu'une occasion pour provoquer des désordres et pour punir le pieux ministre de Dieu. Il se trompait d'époque et de lieu. Le peuple n'était pas encore à la hauteur des vices de Lacombe: il se leva en masse, et des huées publiques poursuivirent au dehors l'insolent Jacobin, expulsé avec ses séides impies!

Ce ne fut pas seulement aux prêtres non conformistes qu'on en voulait; les constitutionnels épanchaient leur haineuse animosité même sur les personnes les plus inoffensives; il suffisait seulement du soupçon de n'être pas ami des conformistes pour encourir leur haine. Les frères des écoles chrétiennes furent dénoncés comme n'amenant leurs élèves ni à la messe, ni aux sermons des prêtres assermentés; c'était, disait-on, inspirer à la jeunesse la haine ou au moins une antipathie formelle pour la révolution. Cette dénonciation, répétée par la malveillance et la mauvaise foi, porta ses fruits : les frères furent supprimés et remplacés par des instituteurs particuliers.

C'était un triomphe pour l'Église constitutionnelle; mais ce n'était pas assez; il fallait une victoire complète et l'anéantissement de tout ce qui n'était pas de la nouvelle secte. Un jour, M. l'abbé Landar, ex-vicaire de St-Michel, fut appelé dans une maison pour y confesser un malade. Il fut aperçu, en sortant, par une bande de forcenés qui le poursuivirent à coup de pierres; mais il fut assez heureux pour échapper à leur fureur, et vint réclamer secours et protection à la municipalité. On lui demanda les noms des coupables; mais n'ayant pas de notions précises, il sortit pour s'informer de toutes les circonstances de cette affaire, et faillit être la victime d'une bande encore plus irritée que la première. La garde nationale arriva à temps pour le sauver : le capitaine Risteau le fit conduire à l'Hôtel-de-Ville comme un criminel digne des châtiments les plus rigoureux, et s'en rendit l'accusateur. Le maire lui demanda quel était le délit du prêtre inculpé; le capitaine insista pour qu'il fût puni comme perturbateur de la paix publique, et déclara que s'il ne l'était pas, on aurait beau le requérir dans la suite de se rendre sur les lieux du désordre ou des attroupements, et qu'il n'en ferait rien. Le maire, ne comprenant pas cette haine sans base, sans aucune raison qui pût la justifier ou l'excuser, rappela avec bonté au chef fanatique de la garde l'art. 10 des *Droits de l'Homme*, par lequel nul ne devait être inquiété pour ses opinions même religieuses. Ce furieux, devenu l'écho du parti constitutionnel, ne voulut rien entendre, et demanda à grand cris qu'on punît le prêtre, dont le seul tort consistait à se rendre au chevet du lit d'un moribond! Le maire déclara tout haut que c'était changer la liberté en tyrannie, et qu'il mettait dès ce moment l'abbé Landar sous la sauvegarde de la municipalité et du département; qu'en présence de scènes semblables, il était devenu presque impossible de remplir les fonctions municipales, au milieu de l'anarchie qui se généralisait, et surtout quand chaque citoyen, au lieu de prêter main-forte à l'autorité pour défendre la liberté générale et individuelle, s'érigeait en interprète et en exécuteur de la loi, se croyant tout permis contre la liberté de certaines classes et surtout contre celle des opinions religieuses. Quelques jours après, les offi-

Livre II.
Chap. 1.

1791

ciers municipaux furent encore appelés par les Chartreux pour empêcher une bande de mauvais sujets d'introduire de force des femmes dans leur couvent. Mais, après leur départ, des scènes encore plus scandaleuses eurent lieu dans ce couvent ; les religieux furent obligés d'abandonner leur retraite solitaire à la rapacité de ces hommes égarés; et une lettre des administrateurs du district annonça avec une froide indifférence à l'apathique municipalité d'alors, que *des brigands s'étaient introduits nocturnement dans le monastère et avaient volé les effets précieux*. Dans ce temps, l'autorité était condamnée à l'inaction, et la loi au silence; le désordre et l'insubordination faisaient partout des progrès effrayants : c'était la souveraineté du peuple en action. On s'avisa, un soir, de jouer au Grand-Théâtre la pièce dite *Jean Calas*, qui avait déjà été représentée à Paris. Une partie des spectateurs, choquée de certaines situations de ce drame, demanda à grand cris la chute du rideau. L'autorité, se rendant à ce vœu légitime, le fait baisser; mais le parterre, qui avait appris sa force, réclama la continuation de la pièce. On eut la faiblesse de faire droit à ces cris, et d'accroître par cette concession les exigences du parterre, qui insista pour que la même pièce fût jouée le lendemain. La municipalité, qui s'aperçut trop tard de sa faute, s'y refusa, et fit substituer à la pièce en question celle du *Médecin malgré lui*. Les mutins revinrent à la charge, et écrivirent sur l'affiche : *Calas malgré lui;* et sur la proclamation qu'avait fait afficher la municipalité : *Calas malgré eux!* La pièce commence à l'heure ordinaire : on siffle les acteurs, on force l'orchestre de jouer l'air *Ça ira*, et on l'accompagne en chœur. Non content de ce résultat, le parterre escalade les loges et se précipite sur la scène; les officiers municipaux veulent parler: les séditieux couvrent leur voix et leur imposent silence, et insistent même pour que M. Jaubert, l'un des plus énergiques de ces officiers, adresse des excuses au public. On traîne de force les acteurs sur la scène: *Calas* est joué, à la satisfaction du parterre, et la municipalité, convaincue enfin de sa faiblesse, permet au directeur de jouer la même pièce toutes les fois que cela plairait au public! C'était le triomphe du peuple, qui n'a qu'à se compter pour connaître sa puissance et l'abaissement d'un pouvoir qui se met à genoux devant des factieux à qui il doit apprendre la force de la loi et le respect de l'autorité!

Les constitutionnels triomphaient partout; ils avaient pour eux la force matérielle, la loi, les mécontents et les impies! Ils avaient même un évêque dont les écrits respiraient le plus ardent patriotisme, et dont les vertus, disaient-ils, le rendaient digne de s'asseoir sur le siége de Mgr de Cicé! Peu satisfait de cette stérile admiration de ses grandes qualités, M. Mollin résolut de les publier à l'univers : il s'en fit donc le panégyriste ; et après avoir vomi des injures contre les prêtres fidèles à leurs devoirs, il s'exprima ainsi : « Je vous
» rappellerai avec plaisir que, loin de jamais imiter quelqu'un
» de ses confrères dans leurs égarements, M. Pacareau ne fai-
» sait que gémir sur leur aveuglement. Que n'a-t-il pas fait,
» pendant plus d'un demi-siècle, pour leur donner l'exemple
» le plus frappant de la meilleure conduite? Cet état saint
» exige pour première qualité l'humilité et le désintéresse-
» ment. N'étaient-ce pas là les principales vertus de ce nou-
» vel évêque? Ne s'est-il pas, en quelque sorte, privé de
» toutes les douceurs de la vie, et même des choses les plus
» nécessaires, en faisant des aumônes très-multipliées, pour
» soulager l'humanité souffrante, et dans l'espérance d'apaiser
» la colère de Dieu? Les impies diront-ils que c'était par
» hypocrisie et dans l'espérance de s'en voir un jour récom-
» pensé sur la terre? Non, sans doute ; nous ne devons donc
» attribuer qu'à Dieu d'avoir permis qu'il en fût récompensé
» dès ce bas monde. Le Seigneur a béni notre élection : ne
» cessons de lui rendre grâces, et de le prier de nous conser-
» ver cet évêque, qui, malgré son âge avancé, va sacrifier

Livre II.
Chap. 1.

1791

15 Mars.

Livre II.
Chap. 1.

1791

» tous les instants de sa vie à rétablir le bon ordre, à nous
» édifier et à confirmer l'heureux choix que MM. nos Élec-
» teurs éclairés ont fait de sa personne. Suivant le nouveau
» régime, le peuple choisira ses pasteurs et ses évêques ;
» puisse, en tout lieu, la Providence leur accorder un bonheur
» semblable au nôtre ! »

Non content d'avoir flatté en prose le nouvel évêque des schismatiques, notre pauvre prosateur et plus pauvre poète essaya encore son éloge en vers; la muse manqua à l'invocation du rimeur, et, de ses flagorneries parasites, nous ne conservons que les strophes suivantes, qui nous donnent la taille de cet avorton du Parnasse, et la mesure de ses ridicules inspirations (1).

(1) Vive l'évêque de Bordeaux.
Oh ! que ses mandements sont beaux !
Ce n'est pas un emblème ;
Hé bien !
Il les fera lui-même,
Et vous m'entendez bien.

Que Dieu conserve Pacareau,
Pour le bonheur de son troupeau.
En lui tout nous invite,
Hé bien !
A chanter son mérite
Et l'emploi de son bien.

CHAPITRE II.

M. l'abbé Toucas-Poyen.— Son apologie adressée à M. Barennes, en faveur du clergé blayais.— Les intrigues des administrateurs pour le gagner à la constitution civile du clergé. — Il propose des restrictions ou modifications au serment civique.— On fait courir le bruit qu'il avait prêté le serment. — Il se justifie en chaire. — Il est dénoncé.— La consultation de cinq célèbres avocats de Bordeaux.— Sa déposition.

Parmi les ecclésiastiques qui ont joué un rôle honorable dans ces tristes circonstances, se trouvait le curé de St-Genès de Talence, M. Toucas-Poyen, mort, de nos jours, curé de St-Pierre de Bordeaux. Dès le mois de janvier, il avait manifesté ses sentiments au sujet du serment civique, à son ami, M. Barennes, et avait témoigné une horreur profonde pour toute mesure qui tendrait à détacher l'église de Bordeaux de celle de Rome, maîtresse de toutes les églises catholiques, source du pouvoir épiscopal et centre de l'unité. Quand le clergé blayais eut rédigé sa déclaration sur le serment constitutionnel, M. Toucas-Poyen n'hésita pas un instant à l'adopter et à y apposer sa signature ; il écrivit même en sa faveur, comme nous allons voir, et adressa une copie de son apologie à M. Barennes, procureur-général-syndic du département de la Gironde, qui avait dénoncé à l'autorité supérieure la déclaration, ainsi que les signataires. Cette apologie commence ainsi ; elle fait honneur à son auteur :

« Je suis dénoncé comme perturbateur de la paix publi-
» que, pour avoir adhéré à la déclaration de MM. les Curés
» du Blayais sur le serment civique, et c'est vous, Monsieur,
» qui m'avez dénoncé ! Les hommes vulgaires, ceux qui ne
» connaissent pas les élans du patriotisme, seront étonnés peut-
» être que vous n'ayez pas fait grâce à tous les signataires en

Livre II.

1791

» faveur de votre ancien ami; mais pour moi, qui sais qu'il
» n'est pas de sacrifice que l'amour de la patrie ne commande,
» j'applaudis aux efforts que vous avez dû faire sur vous-même
» pour traduire devant les tribunaux, comme criminel, celui
» que vous avez le plus aimé. »

M. l'abbé Toucas-Poyen réfute toutes les charges alléguées par M. Barennes; et l'ayant suivi avec beaucoup de circonspection dans son argumentation insidieuse, il termine cette admirable lettre, qui figurera dans notre *Histoire ecclésiastique de Bordeaux,* par ces mots : « Nous nous flattons, Mon-
» sieur, d'avoir démontré, avec la dernière évidence, que la
» déclaration de MM. les Curés du Blayais ne mérite aucun
» des reproches que vous lui avez faits. Aussi sommes-nous
» convaincu que vous rendrez à ces signataires l'honneur que
» votre réquisitoire tend à leur enlever. Nous l'attendons avec
» confiance des sentiments de justice qui doivent animer un
» homme public.

» J'ai l'honneur, etc.

» Toucas-Poyen,
« *Curé de St-Genès de Talence.* »

Cet écrit était si bien raisonné, les observations si solides et présentées en style si convenable et avec des convictions si sincères, qu'on cessa de poursuivre les signataires de la déclaration. M. Toucas-Poyen aimait les lettres; il avait une bonne réputation comme prêtre et comme homme de société, et était alors, quoique jeune, estimé et recherché. On désirait le décider à prêter le serment, plutôt pour le conserver dans le pays et l'offrir comme exemple à ses confrères, que dans un but religieux; c'était une conquête que tout le monde, et M. Barennes en particulier, désirait faire; mais la conscience du prêtre fit avorter ce projet et l'empêcha de grossir les rangs de ses ennemis. Dans l'espoir de l'ébranler, M. Barennes chargea M. Perrin, notaire, de remettre à M. le Maire de Talence une lettre officielle, par laquelle il invita ce magistrat à recevoir le serment du curé, tel qu'il lui plairait de le faire. Perrin, accompagné de MM. Villebois et Grassé, allèrent le trouver à Talence, lui exposèrent les intentions de l'autorité supérieure et leur désir de le maintenir dans sa paroisse, près de ses anciens amis et connaissances. M. le Curé proposa quelques modifications du serment, notamment ces mots : *tout autant que la Constitution maintiendra notre sainte religion;* les trois députés crurent pouvoir souscrire à cette demande, et lui, de son côté, crut pouvoir prêter le serment ainsi modifié. Mais le Directoire du département en jugea différemment, et les négociations furent rompues. Cependant, pour tromper le public, et probablement dans l'espoir de faire dans le clergé d'autres dupes, on répandit le bruit que le curé de Talence avait prêté le serment civique. Le curé, indigné d'apprendre qu'on lui prêtait des sentiments qu'il n'avait pas, publia, le 25 mars, une protestation où il se justifia des contradictions qu'on croyait voir entre sa conduite et ses principes, et apprit au monde les *conditions et les restrictions* sous lesquelles il avait voulu consentir à faire le serment, conditions qui mettaient sa foi *à couvert de toute atteinte.* L'une d'elles était de ne jamais reconnaître Pacareau pour son évêque; c'était un refus formel de s'associer au schisme, et un aveu honorable pour son orthodoxie. Il avouait aussi qu'à ceux qui avaient accepté ses restrictions, il avait répondu que, *si ses restrictions étaient admises, il croirait non-seulement pouvoir, mais même devoir faire le serment, pour éloigner de sa paroisse le malheur d'être livrée à un faux pasteur sans pouvoir, sans mission.* Les têtes se montent à Bordeaux comme à Talence; l'effervescence populaire éclate en murmures: des émissaires turbulents se rendent à Talence et accusent le curé de s'être joué de leur crédulité. Il se justifie dans un écrit qu'il adresse aux trois commissaires que M. Barennes lui avait envoyés. L'un d'eux, et au nom des deux autres, lui adresse les lignes suivantes, en réponse à sa protestation :

Livre II.
Chap. 2.

1791

« Monsieur, est-il vrai que vous ayez pu abuser du senti-
» ment d'attachement qui m'a engagé à vous conjurer de mé-
» diter, aux pieds du crucifix, les raisons qui vous portèrent
» à refuser le serment prescrit par l'Assemblée nationale ; que
» vous en avez abusé, dis-je, au point de me compromettre,
» et deux autres électeurs. Vous attestez mon témoignage :
» vous le trouverez dans le simple récit des faits tels qu'ils
» se sont passés. Ils ne sont pas tels que vous les racontez,
» mais j'affirme vrai ce que vous allez lire. Guidé par un
» sentiment de paix, et intimement persuadé du bien que vous
» êtes en état de faire, je vous écrivis, le.... de ce mois, de
» mon propre mouvement, la lettre suivante :

» Monsieur, l'assemblée électorale du district a déjà com-
» mencé la nomination aux cures du district, et les moments
» sont pressants. Je frémis en voyant arriver celui où l'on
» procèdera à vous donner un successeur, tant je suis per-
» suadé que vous êtes l'homme que la Providence a destiné
» au rétablissement des mœurs dans la paroisse de Talence.
» Quatre onces de mon sang, je vous le jure, me coûteraient
» peu, si ce sacrifice pouvait vous déterminer ; mais ces mo-
» tifs sont peu dignes de vous. Je vous somme donc, Mon-
» sieur, au nom du Dieu qui jugera vos intentions et les
» miennes, d'examiner, aux pieds du crucifix, les raisons qui
» doivent vous déterminer ; je vous conjure d'écarter de vos
» réflexions tout ce qu'il pourrait y avoir d'humain. C'est à
» Dieu même, Monsieur, oui, c'est à Dieu que vous répon-
» drez du choix que nous allons faire, si malheureusement ce
» choix ne tombait pas sur un sujet digne de vous rem-
» placer.

» Que je m'estimerais heureux, Monsieur, si votre réponse
» me mettait à même de certifier à l'assemblée votre déter-
» mination à satisfaire à la loi. Je vous conjure d'en être aussi
» convaincu que du profond respect avec lequel j'ai l'hon-
» neur d'être, etc., etc.

» Loin de vous porter, par des motifs humains, à sacrifier
» votre conscience à la loi, je me bornai à vous conjurer de
» méditer encore la raison de votre refus, et je suis intime-
» ment persuadé que cet examen vous aurait porté à faire un
» serment qui, dans le fait, n'est autre que celui d'un bon
» citoyen.

» Le lendemain matin, en revenant à l'assemblée, je ren-
» contrai dans la rue du Cahernan M. Perrin, ancien notaire,
» qui m'arrêta et me dit qu'il portait, de la part du départe-
» ment, à la municipalité de Talence, l'ordre de recevoir le
» serment de M. le Curé; mais ne recevant point de réponse
» de vous, et craignant que la nomination à votre cure ne se
» présentât à l'ordre du jour, je témoignai mon inquiétude à
» MM. Larré et Grassé, vos amis; ils me proposèrent de pren-
» dre une voiture et d'aller savoir votre détermination. Nous
» vous trouvâmes chez un de vos amis, et là vous montrâtes
» une formule de serment conçue en ces termes : *Je jure*
» *d'être fidèle à la nation, a la loi et au roi, et de maintenir*
» *la Constitution décrétée par l'Assemblée nationale et sanc-*
» *tionnée par le roi, tout autant qu'elle maintiendra notre*
» *sainte religion.*

» Cette restriction, qui ne portait que sur l'avenir, parais-
» sait admettre tout ce qui a été décrété jusqu'à présent, et
» qui s'accordait avec l'instruction de l'Assemblée nationale,
» qui déclare qu'elle n'attentera jamais au dogme de la foi,
» nous parut pouvoir être acceptée. Vous priâtes M. Larré
» de se charger de remettre, en passant, à M. le Maire de Ta-
» lence un paquet du département, portant ordre de recevoir
» votre serment.

» Mais, Monsieur, vous vous permettez là-dessus de com-
» promettre M. Barennes, votre ancien ami. La lettre portait,
» je me le rappelle très-bien · *Il serait possible que M. le Curé*
» *de Talence se présentât pour prêter le serment. Dans ce cas,*
» *vous devez l'admettre, même avec telles restrictions qu'il lui*

Livre II.
Chap. 2.

1791

» *plaira d'y insérer, parce que ce n'est pas aux municipalités*
» *à juger si le serment doit être admis ; mais c'est aux corps*
» *administratifs à en décider.*

» Vous priâtes alors M. Larré de vouloir bien dire à M. le
» Maire de Talence que vous vous rendriez chez lui dans
» l'après-midi pour remplir cette formalité ; puis, vous tour-
» nant vers nous, vous nous assurâtes que l'amour de vos
» paroissiens pouvant seul vous déterminer à prêter le ser-
» ment, vous n'accepteriez aucune place.

» L'un d'entre nous vous fit observer alors qu'étant rede-
» vable de vos talents au public, vous ne deviez pas borner le
» choix des électeurs, s'ils croyaient devoir vous appeler à
» une cure en ville ; et vous répétâtes que vous étiez très-
» déterminé à ne pas quitter Talence. Jusque-là, Monsieur,
» rappelez-vous-le, je n'avais rien dit, et alors seulement je
» m'avançai ; et en vous embrassant, je vous dis : *M. le Curé,*
» *j'attendais de vous cette réponse, et j'y comptais.* De retour
» à l'assemblée électorale, je dis à M. le Président que vous
» deviez vous présenter dans l'après-midi à la municipalité,
» pour y faire votre soumission et pour prêter le serment, ven-
» dredi, fête de la Vierge. Cette nouvelle, je ne le nierai pas,
» fit plaisir à l'assemblée, non comme le récit d'une victoire
» remportée, mais comme lui donnant la douce satisfaction
» d'avoir un ecclésiastique de moins à remplacer, parce que,
» ministres de la loi, les électeurs désiraient de n'employer la
» rigueur que le moins possible.

» Quel fut mon étonnement lorsque, le lendemain matin,
» M...... me dit, en arrivant à l'Assemblée, que vous aviez
» changé les restrictions que vous nous aviez lues, et que
» votre serment n'a pas été admis. Je voulus m'en assurer par
» moi-même, et je fus sur-le-champ vous trouver, de mon
» propre mouvement, par pur attachement, et sans aucune
» mission de l'assemblée électorale. Je vous trouvai dans des
» dispositions bien différentes de celles de la veille, et je vis

» clairement que je devais perdre toute espérance de vous
» voir satisfaire à la loi. Je vous quittai véritablement affecté
» de votre résolution; mais vous n'aurez pas à me reprocher
» d'avoir employé aucun moyen de séduction auprès de vous.

» Il me reste, Monsieur, à relever une erreur qui termine
» votre écrit et qui me compromet personnellement vis-à-vis
» d'un curé que j'aime, que je respecte, et que je suis vérita-
» blement affligé de voir s'éloigner de sa place. Mon estime
» pour lui est d'autant mieux fondée, que, fidèle à tout ce que
» tout citoyen doit à la loi, il s'est toujours refusé à signer cette
» fameuse protestation, qui, en prouvant une coalition, infir-
» mait d'autant les sentiments religieux que l'on a affecté d'y
» répandre. D'après cela, Monsieur, j'ai dû être affecté de voir
» dans votre écrit que les trois électeurs que vous nommez
» vous ont offert la cure de St-Seurin. Il est faux, Monsieur,
» que nous vous ayons fait une pareille offre; et de quel droit
» trois électeurs sans mission auraient-ils pu vous offrir une
» cure qui ne peut être donnée qu'à la pluralité absolue des
» suffrages des électeurs ? J'ose vous certifier, Monsieur, que
» MM. Larré et Grassé ne sont pas plus coupables que moi
» d'accaparer les suffrages; nous connaissons trop la valeur
» du serment que nous avons fait, de nommer en notre âme
» et conscience les sujets qui nous paraîtront les plus di-
» gnes.......... »

On voit les manœuvres et les intrigues employées pour séduire M. Toucas-Poyen; après Langoiran, qui vivait dans la
retraite, c'était l'homme le plus remarquable du clergé bordelais; son influence était grande : tous les bons prêtres partageaient ses convictions et marchaient avec lui. Toucas-Poyen
résista à tous les artifices des constitutionnels; mais affligé de
voir son honneur et sa réputation compromis, et ses paroissiens, comme le public, induits en erreur par de faux bruits,
il expliqua en chaire ses sentiments sur le serment et sur les
restrictions qu'il serait possible d'y apporter; il déclara nette-

ment sa répugnance, et dit que *sa conscience ne lui permettait pas un serment pur et simple, et que, dans le refus qu'il faisait de le prêter, il n'était dirigé par aucune considération humaine; qu'il obéissait seulement aux cris de sa conscience.*

L'église était pleine de monde; il s'y trouvait des espions et des ennemis du curé. Les sieurs Duboscq, officier municipal, et Deyries, notable, tous deux ignorants, ne sachant ni écrire ni même lire, incapables d'apprécier le discours du pasteur, mais assez méchants, assez révolutionnaires pour en dénaturer le sens et la portée, le dénoncent comme ayant dit qu'il *ne reconnaîtrait jamais Pacareau pour son évêque, et que si lui, abbé Poyen, venait à être remplacé par quelque prêtre, alors ses paroissiens pourraient faire leurs prières chez eux, et qu'elles seraient aussi bonnes qu'à l'église.*

Sur ces paroles, mal comprises et mal interprétées, son discours fut dénoncé, le 6 avril, au tribunal et qualifié d'incendiaire. Le 10, on procéda à l'information par l'audition de six témoins révolutionnaires, et dont aucun ne savait lire; ils se contredisaient à chaque instant et se réfutaient mutuellement. Le premier témoin affirma que le curé avait avancé en chaire que, quand il serait remplacé, *la confession et la communion ne vaudraient rien.* Le second témoin n'était pas dans l'église lors du prône! Le troisième dit beaucoup moins que le procès-verbal. Le quatrième et le cinquième, c'étaient Duboscq et Deyries; ils étaient dénonciateurs, et ne pouvaient être entendus comme témoins. Le sixième déclara que M. Poyen avait dit : « *qu'on ferait un péché si on assistait à la messe de » celui qui le remplacerait, et qu'il ne fallait rien croire de » ce que Pacareau disait.* » Chaque témoin, chaque accusateur lui prêtait son langage, ses idées et ses impressions arrangées avec malice.

M. l'abbé Poyen fut décrété d'ajournement personnel; mais la municipalité, mieux éclairée, abandonna la qualification d'*incendiaire* et de *perturbateur du repos public;* tous ses écrits furent saisis et joints à la procédure. M. Poyen allait enfin expier sa fidélité à sa foi; mais fier de sa droiture et soutenu par sa conscience, il consulta les avocats Boudin, de Cazalet, Lumière, Martignac et Desvignes, qui se réunirent chez lui, le 28 juillet, pour rédiger une consultation en faveur de leur client. Ces avocats citèrent l'art. 5 de la *Déclaration des Droits de l'homme et du citoyen*, qui porte que « *tout ce qui n'est pas défendu par la loi, ne peut être empêché, et que nul ne peut être contraint de faire ce qu'elle n'ordonne pas... Elle n'a droit de défendre que les actions nuisibles à la société,* » et l'art. 10, qui applique ces principes généraux à la liberté de penser, à la croyance, en observant que « *nul ne doit être inquiété pour ses opinions, même religieuses.* »

Il fut facile à ces cinq avocats, l'élite du barreau, de prouver que M. Toucas-Poyen était inattaquable; qu'il n'avait excité aucun désordre. Jamais on n'avait traîné devant les tribunaux un prêtre pour avoir refusé de penser comme les législateurs au sujet de la constitution civile du clergé et du serment prescrit par le décret du 27 novembre 1790; que d'autres ecclésiastiques avaient entamé une polémique très-active sur ce sujet sans être inquiétés; qu'ils étaient libres de garder leurs opinions; mais que le gouvernement était libre de ne pas les employer; que les protestants et tous les sectaires étaient libres de ne pas reconnaître pour leurs chefs les papes ou les évêques catholiques, et qu'on ne saurait ravir à M. Poyen cette même liberté de reconnaître ou de ne pas reconnaître M. Pacareau pour son évêque, et d'en donner les raisons, pourvu qu'il ne troublât pas l'ordre. L'Assemblée nationale elle-même ne condamnait pas la répugnance de certains prêtres pour un serment contraire à leur croyance et à l'esprit de l'Église, ou pour le développement pacifique de cette répugnance. L'idée de faire des lois spéciales à cet égard a été repoussée par l'Assemblée nationale, et Robespierre, dont l'âme était à la hauteur de toute idée anti-religieuse,

s'écria, le 24 mars 1791, quand on voulut présenter un semblable projet : « J'ai entendu dire qu'il fallait déterminer les
» peines à infliger aux ecclésiastiques qui, par leurs discours
» ou leurs écrits, excitaient le peuple à la révolte. Un pareil
» décret serait un très-grand danger pour la liberté publique ;
» il serait contraire à tous les principes. On ne peut exercer
» de rigueur contre personne pour des discours; on ne peut
» infliger aucune peine pour des écrits; rien n'est si vague
» que ce que l'on trouve dans des discours et des écrits excitants à la révolte. Il est impossible que l'Assemblée décrète
» que les discours tenus par un citoyen quelconque puissent
» être l'objet d'une procédure criminelle. Il n'y a point de
» distinction à faire entre un ecclésiastique et un autre citoyen ; il est absurde de porter contre les ecclésiastiques
» une loi qu'on n'a pas osé porter contre tous les citoyens.
» Des considérations particulières ne doivent jamais l'emporter
» sur les considérations de la justice et de la liberté. Un ecclésiastique est un citoyen, et aucun citoyen ne peut être soumis à des peines pour des discours, et il est absurde de faire
» une loi uniquement dirigée contre les ecclésiastiques.......
» J'entends des murmures, et cependant je ne fais qu'exposer
» l'opinion des membres qui sont les plus zélés partisans de
» la liberté. Ils appuieraient eux-mêmes nos observations,
» s'il n'était pas question des affaires ecclésiastiques. » L'Assemblée, frappée de ces vérités, rejeta la loi proposée.

Les cinq avocats concluent que, sous quelque rapport qu'on considère l'accusation portée contre M. Poyen, elle est non-seulement contraire aux principes sacrés du droit naturel, mais subversive des lois existantes. M. Poyen doit donc demander la cassation de la procédure, avec dommages et intérêts contre les dénonciateurs.

Cette affaire intéressait tous les prêtres, tous les bons catholiques; elle prenait des proportions grandioses ; l'abbé Poyen, comme l'abbé Langoiran, était devenu le point de mire des calomnies et des injures de tous ceux qui prônaient la Constitution, qui favorisaient le schisme et le développement des nouvelles idées politiques et religieuses. Malgré la consultation des avocats, l'autorité donna suite à l'affaire, et, le 19 avril, M. Toucas-Poyen fut cité devant le tribunal, présidé par M. Desmirail; de Géraud l'assistait comme greffier.

Après avoir décliné ses noms, Antoine-Marie Toucas-Poyen, âgé de trente-six ans, il répond qu'il avait prêché le 25 mars, à Talence, mais qu'il n'avait jamais eu l'intention de faire un discours incendiaire, de provoquer un tumulte, de soulever les paroissiens; mais seulement pour *détruire les bruits désavantageux répandus sur son compte;* qu'il n'avait rien avancé qui pût tendre à la désobéissance; que la procédure était illégale, puisque le procès-verbal qui lui servait de base aurait dû être dressé dans les vingt-quatre heures, et ne l'a été que deux jours après, et sur des dispositions incohérentes et contradictoires; qu'il avait prévu et dit en chaire que des *hommes méchants* envenimeraient ses paroles; qu'il n'avait jamais dit en chaire qu'il ne reconnaîtrait pas M. Pacareau pour évêque; mais que c'était une des restrictions qu'il avait mises au serment à lui proposé, *de ne jamais* communiquer avec lui; *qu'il était prêt à le reconnaître évêque de tous ceux qui ont la même croyance que M. Pacareau;* mais que *ses opinions ne lui permettaient pas de le reconnaître ni pour son évêque, ni pour celui de tous ceux qui pensent comme le prévenu;* qu'il n'a jamais renoncé à sa qualité de citoyen français; qu'il se soumettait aux lois de l'empire, mais que l'Assemblée nationale avait laissé aux ecclésiastiques la liberté ou de se soumettre à la constitution civile du clergé, ou de voir nommer à leurs cures d'autres prêtres, et d'être privés de leurs fonctions. Ils pouvaient refuser, sans désobéissance aux lois, d'adopter la constitution civile du clergé, en consentant à subir la peine imposée par l'Assemblée nationale à ceux qui refusent de se conformer à cette constitution.

Le décret du 7 mai 1791 vint confirmer tout ce que les avocats avaient dit en faveur de M. Poyen; l'art. 11 ordonnait que les églises ouvertes pour les non-conformistes fussent fermées dans le cas où l'on aurait fait quelques discours contenant *des provocations directes contre la Constitution du royaume, et en particulier contre la constitution civile du clergé.*

Acquitté et mis en liberté, son triomphe ne dura guère. De plus mauvais jours arrivèrent; il s'échappa de Bordeaux, et alla, en 1792, à Orthez, où il tomba malade. Obligé de quitter le sol natal, il se réfugia à l'étranger, et rentra plus tard à Bordeaux, où Mgr d'Aviau le nomma à la cure de St-Pierre.

CHAPITRE III.

Sacre de Pacareau. — Discours de Vergniaud. — Noms des premiers prêtres constitutionnels.— Deuil des Bordelais à la mort de Mirabeau.— Lettre de communion écrite par l'évêque constitutionnel Pacareau au pape. — Lacombe, curé constitutionnel de St-Paul. — Lalande, curé constitutionnel de St-Michel. — Ouvrage de Lacombe. — Courte notice analytique de ce travail. — Son éloge par Lalande. — Discours de Lacombe contre la Bulle du pape. — Un nouvel ouvrage du même sur les assemblées primaires, etc., etc.

Le schisme marchait à grands pas, malgré les généreux efforts du clergé de Bordeaux ; mais il lui manquait un chef officiel : Pacareau avait été élu évêque, mais il n'était pas encore consacré. Cette cérémonie fut annoncée pour le 3 avril ; elle devait être suivie de la proclamation des nouveaux curés élus conformément à la Constitution.

Au jour convenu, l'assemblée électorale du district se rendit à St-André, sous la présidence de Vergniaud, jeune avocat de Bordeaux, à qui la révolution ouvrait alors une carrière si orageuse. Avant la consécration de Pacareau, sous le titre d'*évêque métropolitain du sud-ouest,* et la proclamation des nouveaux curés constitutionnels, Vergniaud adressa à l'Assemblée le discours suivant (1) :

Citoyens,

« La religion chrétienne triompha aisément des idoles du
» paganisme, par la sublimité de sa doctrine et la pureté de
» sa morale. Bientôt ses ardents néophites, emportés par le
» mouvement d'un beau zèle, crurent que, pour l'honorer, il
» fallait décorer ses temples de tout l'appareil de nos pompes

Livre II.
—
1791

(1) Discours inédit.

» mondaines, hélas! semblables à des hommes qui, pour aug-
» menter l'éclat du soleil, agiteraient des flambeaux dans les
» airs.

» Dans les beaux jours de cette religion sainte, les fidèles
» nommaient eux-mêmes leurs pasteurs. Les mains terribles
» du despotisme, qui, dans tous les temps, travailla sans re-
» lâche à forger des chaînes au genre humain, leur ravit ce
» droit précieux. Il fut dans la suite exercé par des tyrans
» couronnés; des tyrans subalternes l'usurpèrent à leur tour;
» il descendit par tous les degrés de la féodalité, et se trans-
» mit plus d'une fois aux personnes les plus viles.

» Des lois bienfaisantes ont détruit ces abus scandaleux; la
» nation se charge de pourvoir elle-même aux frais du culte;
» elle consacre au soulagement du peuple ces richesses qui
» ouvrirent à la cupidité la porte du sanctuaire, et par là elle
» rend à la religion le plus solennel des hommages. Désor-
» mais, ce sera des suffrages des fidèles que les ministres des
» autels recevront la juste récompense de leurs services; on
» ne verra plus le vice insolent profaner les couronnes dues à
» la vertu, en s'emparant de la glorieuse prérogative de les lui
» décerner.

» Citoyens, il est des hommes, ou animés d'un faux zèle,
» ou aveuglés par des préjugés funestes, qui murmurent con-
» tre une si belle régénération; des prêtres même ne sem-
» blent l'avoir envisagée qu'avec terreur et se sont éloignés
» de l'arche sainte. Plaignons-les, car on doit de la pitié à
» tout homme qui s'égare. Mais si quelque factieux entrepre-
» nait de jeter l'alarme dans nos consciences, s'il tentait d'al-
» lumer les torches de la discorde à celles du fanatisme, ah!
» repoussons alors, avec la plus vive énergie, ces suggestions
» fatales; souvenons-nous que le Dieu de nos pères est un
» Dieu de paix, qui fit de l'amour de l'humanité son pre-
» mier précepte, de l'obéissance aux lois un devoir inviolable,
» et qui désavouerait pour ses ministres des hommes semant

» les dissensions, prêchant les haines et devenus les apôtres
» de la rébellion.

» Citoyens, la nature nous a faits tous égaux ; la religion
» nous unit par des liens plus intimes encore ; elle nous a
» faits tous frères. Bénissons la Constitution, qui nous ramène
» dans les bras de ces deux filles du ciel, et nous assure, par
» la jouissance des droits sacrés de l'une, par les sublimes et
» consolantes espérances de l'autre, tout ce que l'Arbitre éter-
» nel de nos destinées nous permet de goûter de bonheur
» dans cette vie passagère.

» Citoyens, la défection de quelques ecclésiastiques a d'abord
» porté la consternation dans la vigne du Seigneur. Que ces
» jours d'inquiétude et de douleur se changent en jours d'al-
» légresse ! Non, cette vigne précieuse ne sera pas frappée de
» stérilité ; il s'est présenté des ouvriers dignes d'elle, qui la
» travailleront avec ardeur. De nouveaux époux iront conso-
» ler les églises que la crainte d'un veuvage spirituel avait
» affligées. Déjà le peuple a nommé des évêques qui n'ont
» pour cortége et pour tout luxe que de longs travaux, de
» grandes lumières et leurs vertus. On ne pourra plus les
» remarquer qu'à leur simplicité vraiment évangélique, et
» à leur tendre sollicitude pour les troupeaux confiés à leurs
» soins. Voyez-les, (1) dans ce jour solennel, assis au milieu de
» nous comme des pères dans le sein de leurs familles. Ainsi
» les Mathias, les Jacques, les Cyprien méritèrent l'amour des
» fidèles dont le suffrage les porta sur les chaires pontificales.
» Ainsi ils devinrent la gloire de la primitive Église.

» Citoyens, le peuple a nommé aussi des curés à des parois-
» ses abandonnées ; il leur a choisi des pasteurs qui, dans ces
» temps difficiles, soient également les missionnaires de la
» religion et ceux de la patrie.

Livre II.
Chap. 3

1791

MM. Pacareau, évêque de Bordeaux ; Sorine, évêque de Dax ; Barthe, évêque d'Auch ; Robinet, évêque de Saintes ; Pontar, évêque de Périgueux.

» Citoyens, rendons grâces au Dieu des nations. Il se forme
» aujourd'hui, j'ose le dire, entre lui et les Français, le pacte
» le plus auguste. Les Français ont prêté à son culte un appui
» respectueux; il couvrira leur Constitution de sa protection
» sacrée. Vous allez voir dans les temples flotter le drapeau
» de la liberté à l'ombre de l'étendard de la croix; oui, vous
» avez pour garants et pour médiateurs de cette alliance solen-
» nelle, et les prélats vertueux élus par le peuple dans les
» diverses parties de la France, et les pasteurs citoyens que
» vous avez nommés, et dont je vais faire la proclama-
» tion. »

Toutes ces paroles dorées, que l'éloquence de Vergniaud jetait, comme un vernis, sur une matière brute et vermoulue, enchantèrent les nouveaux sectaires; les constitutionnels étaient fiers de leur nouvel évêque, qui, malgré ses quatre-vingts ans, et au moment de disparaître dans l'éternité, se prêtait avec une complaisance servile et sacrilége à cette indigne parodie des cérémonies catholiques; ils en préconisaient les qualités; ils chantaient les louanges des nouveaux curés conformistes; ils n'avaient que des injures et des imprécations à la bouche, contre les prêtres fidèles à leur foi et à leurs serments, et se félicitaient d'avoir enfin une organisation hiérarchique régulière, et de n'être plus une secte acéphale, sans chef, sans ministres, sans règle, sans discipline. L'enthousiasme fut à son comble parmi les *Pacaristes*, et en témoignage d'amour et de reconnaissance envers ce nouveau Melchisédech, on donna son nom *(Pacareau)* au navire la *Saintonge*, appartenant à MM. Lys et Mazler, sur lequel on arbora, le même jour, le pavillon national

Mais ce jour de bonheur devait avoir une fin, et la félicité des Bordelais schismatiques ne devait pas durer longtemps. La nouvelle de la mort de Mirabeau vint jeter, le 5 avril, un voile de deuil sur la ville, et fit taire tout autre sentiment que celui de la douleur. Le lendemain, dans une réunion des officiers municipaux, M. Vielle, procureur de la commune, s'exprima ainsi :

« Messieurs, un cri lugubre et lamentable s'est fait enten-
» dre dans la capitale de l'empire, et ce cri, répété jusqu'à
» nous, va bientôt se propager et porter la consternation dans
» toute la France. Déplorable événement pour la patrie ! Le
» Démosthène Français n'existe plus !..... Une maladie aiguë
» nous a enlevé en peu de jours l'un des plus beaux génies
» du siècle naissant de la liberté !.... *Mirabeau est mort !!!*

» Ah ! sans doute, il ne l'est pas pour sa gloire ; il ne le
» sera jamais pour les Français ; sa grande âme repose dans
» le sein de la Divinité, et son nom, déjà gravé en traits de
» flamme dans le temple de l'immortalité, sera sans cesse
» l'objet de la gratitude et de l'admiration des vrais amis de
» la patrie et de l'humanité. Ce qu'il a écrit, ce qu'il a fait
» pour l'une et pour l'autre, deviendra le code et l'égide de
» la nation ; et si jamais les ennemis du bien public osaient
» s'élever contre cette Constitution à laquelle il a tant coopéré
» et qu'il a si courageusement défendue, son image ferait en-
» core le terrible effet de sa voix ; elle suffirait seule pour les
» déconcerter et les confondre.

» Ne concentrez cependant pas votre douleur au dedans de
» vous-mêmes ; qu'elle se manifeste au dehors, pour le soula-
» gement et la consolation de la commune que vous repré-
» sentez ; interprètes du vœu qu'elle a formé, arrêtez que les
» mânes de ce grand homme seront honorés ici, comme ils
» l'eussent été dans Athènes et dans Rome, de tout l'éclat de
» la pompe funèbre, et que vos concitoyens seront invités à
» unir leurs prières aux vôtres pour la félicité éternelle de
» celui qui travailla, jusqu'au dernier soupir, pour le bon-
» heur du peuple. »

Après cette fade apothéose d'un ennemi forcené de la religion, et, par conséquent, de l'ordre, des bonnes mœurs et
de tous les biens qui en découlent, la municipalité ordonna

Livre II.
Chap. 3.

1791

Archives
de
l'Hôtel-de-Ville

un service funèbre dans l'église métropolitaine, un deuil public de trois jours, avec suspension des spectacles et des amusements populaires. On aurait dit qu'il s'agissait de la mort du sauveur de la patrie, et que la France ne pourrait plus exister dès qu'elle n'avait plus le comte de Riquetti pour diriger ses destinées ! Qu'on n'oublie pas ses *faits et gestes,* son langage et ses diatribes contre les rois et les prêtres, ses extravagances républicaines et ses incroyables rapports avec le meilleur des rois, dont il n'avait que trop ébranlé le trône; qu'on lise sa *Vie politique et privée,* où nous trouvons le passage suivant :
« Riquetti ne se justifiera sur rien, et il restera prouvé que,
» dès le berceau, il fut un méchant homme; que la nature
» ne réprouva jamais un fils plus ingrat; que l'Hymen n'alluma
» jamais son flambeau pour un époux aussi féroce; que la
» vertu n'eut jamais de plus grand ennemi; la patrie, de ci-
» toyen plus dangereux; les lettres, de plus vil écrivain; la
» noblesse, d'apostat plus corrompu; la société, d'hypocrite
» plus insidieux; l'amour, de plus lâche serviteur; l'amitié,
» de fripon plus ruineux; le sentiment, de moqueur plus
» effronté; le libertinage, de fauteur plus cynique; les lois
» divines, de contempteur plus impie; les lois humaines, de
» violateur plus déterminé; les empires, de plus hardi sédi-
» tieux à proscrire. »

Si l'on trouve ce tableau trop chargé, qu'on demande à M. Burke, membre grave et illustre du Parlement britannique, son opinion sur ce singulier demi-dieu de la France révolutionnaire. « Être l'objet des invectives de M. Riquetti,
» dit-il dans une lettre écrite à un de ses amis, le 11 février
» 1791, c'est un honneur auquel il est difficile de rien ajou-
» ter. Mirabeau à Bicêtre m'inspirerait de la pitié; Mirabeau
» sur son trône (il l'avait appelé le roi des Français), sur ce
» trône que les jeux de la fortune destinent quelquefois pour
» récompense à certaines actions qui conduisent communé-
» ment à un autre terme que je ne veux pas nommer, n'est

» plus pour moi qu'un objet de mépris, car le vice n'est ja-
» mais plus odieux et ne se montre jamais plus vil aux yeux
» de la raison, que lorsqu'il usurpe et souille la place natu-
» relle de la vertu. »

Voilà l'homme dont la *grande âme,* grâce au ridicule réquisitoire du procureur de Bordeaux, *reposait déjà dans le sein de la Divinité!* Celui qui jouissait d'un bonheur sans fin, sans mélange, et pour qui notre magistrat cependant veut, par une contradiction ridicule, que les Bordelais unissent leurs prières pour lui obtenir la *félicité éternelle!*

Le grand pontife constitutionnel de Bordeaux débuta par ces prières officielles pour les *mânes* du grand homme, qui, déjà admis à la *félicité éternelle dans le sein de Dieu,* ne devrait pas sans doute avoir besoin qu'on priât pour lui ! Pacareau, cependant, se rendit aux vœux de la municipalité, et commença ainsi sa mission épiscopale par l'apothéose d'un impie ! Mais il lui restait une chose importante à faire; c'était de se mettre en rapport avec le souverain pontife et de lui écrire une lettre de communion conformément à un article de la constitution civile du clergé. C'était chose assez difficile, non pas d'écrire la lettre, mais d'établir la communion avec le pape, qui ne le voulait ni ne le pouvait dans les circonstances actuelles, et de créer avec le chef de l'Église des liens que les constitutionnels avaient brisés et qu'ils ne pouvaient renouer qu'en abjurant les principes qu'ils professaient, et que Rome déclarait schismatiques et hérétiques. Pacareau ne s'effrayait pas de si peu de chose ! Lui qui, par son apostasie, avait sali ses cheveux blancs et déshonoré sa vieillesse sacerdotale, n'avait plus rien à craindre; il prit enfin la plume et écrivit, le 12 avril 1791, au père commun des fidèles, de la manière suivante :

Livre II.
Chap. 3.

1791

Lettre de communion écrite par M. l'Évêque du département de la Gironde, métropolitain de l'arrondissement du Sud-Ouest, suivant l'art. 19 du titre II de la constitution civile du clergé.

Très-Saint-Père,

NOTE 7.

« Aussitôt que, par un décret de la divine Providence, et
» par les suffrages du peuple, j'ai été appelé au siége épis-
» copal et métropolitain de la Gironde, mes premiers soins
» ont été d'accourir, en signe de communion, au siége apos-
» tolique, comme à l'arsenal et au temple de la vérité, comme
» au centre de l'unité, où la foi de Pierre est et sera toujours
» en vigueur.

» Ne dédaignez pas, Très-Saint-Père, la démarche; ne frus-
» trez pas l'attente de celui qui, dès ses plus tendres années,
» étroitement attaché à la pierre angulaire, a toujours honoré
» et respectera jusqu'à ses derniers soupirs, dans ceux qui
» vous ont précédé, les successeurs du Prince des apôtres, et
» dans vous, Très-Saint-Père, qui tenez heureusement, avec
» tant de sagesse, le timon de l'Église au milieu des orages
» qui l'agitent de toutes parts. Tels ont toujours été et tels
» sont mes sentiments.

» Que des bouches perverses versent à torrents le fiel de
» la calomnie; il n'est pas moins vrai qu'il ne s'est rien passé,
» dans notre Assemblée nationale; qu'on n'a sanctionné aucun
» décret qui puisse porter atteinte aux dogmes de la foi et
» à ses divins préceptes. Nous ne connaissons qu'un Dieu,
» une foi, un baptême, un Christ, prêtre éternel, chef in-
» visible de l'Église dont vous êtes le chef visible, comme
» premier vicaire de son amour, et le premier des évêques
» que le Saint-Esprit a établi pour gouverner et conduire
» l'église de Dieu.

» Tels sont les points fondamentaux et inébranlables de
» notre croyance.

» Il n'en est pas ainsi de la police ecclésiastique; elle varie

» au gré des circonstances, des lieux et des temps; elle peut
» changer de mieux en mieux, sans préjudicier aux saintes
» règles de la foi et des mœurs. C'est ce que nous faisait pres-
» sentir le roi-prophète dans cet admirable cantique où, par-
» lant de l'Église, sous l'emblême de l'épouse de Salomon, il
» nous la représente assise à la droite de son céleste Époux,
» revêtue d'une robe diversifiée des plus riches couleurs et
» brillante de l'or le plus pur. C'est ce que l'apôtre insinuait
» aux Corinthiens, en leur promettant de régler les autres arti-
» cles de la discipline lorsqu'il se serait rendu auprès d'eux.

» Très-Saint-Père, vous ne connaissez que trop la situation
» où l'Église est réduite en ces jours malheureux. Ah! com-
» bien de fois, personne ne l'ignore, répandant votre âme aux
» saints autels, et mêlant vos larmes aux gémissements de la
» colombe, vous avez conjuré le Père des miséricordes de
» dissiper les ténèbres qui nous cachent la vérité, de répan-
» dre sur nous ses lumières et sa grâce, et de rendre à l'or
» pur de la religion son antique splendeur! En attendant avec
» confiance que le Dieu de paix et de consolation nous accorde
» ce bienfait, et qu'il achève la grande œuvre qu'il a com-
» mencée parmi nous, daignez, Très-Saint-Père, accorder
» votre bénédiction apostolique au plus humble de vos servi-
» teurs.

» † Pierre,
» *Évêque métropolitain de la Gironde.*

» Bordeaux, 12 avril 1791. »

Cette singulière lettre portait l'empreinte d'une profonde ignorance ou d'une mauvaise foi insigne. Que M. Pacareau ait ignoré la discipline de l'Église, les décisions des conciles, les leçons des saints pères, les saintes pratiques de tous les temps et de tous les siècles, il est difficile de le croire, surtout de la part d'un ancien vicaire-général. Il est plus naturel et plus rationnel de croire à sa mauvaise foi et à son hypocrite duplicité : sa conduite justifie son opinion; son langage la confirme. Il reconnaît que le siége de Rome est *l'arsenal de la vérité* et le *centre de l'unité,* et cependant il adopte des idées que Rome condamne; et au lieu de s'attacher au centre de l'unité catholique, il s'en détache pour ériger autel contre autel, former une nouvelle Église, que Rome ne reconnaît pas, et s'en fait le chef! Il dit que la *foi de saint Pierre est et sera toujours en vigueur à Rome.* Vous n'avez donc plus la foi de saint Pierre, puisque Rome condamne la vôtre. Ou vous nous trompez donc, M. Pacareau, ou Rome se trompe; mais Jésus-Christ a dit que l'enfer même ne prévaudra jamais contre la foi de saint Pierre et de Rome; c'est donc la vôtre qui est en défaut.

Il s'efforce de justifier les décrets anti-catholiques de l'Assemblée nationale. Ici, il ne saurait être de bonne foi : Rome les avait condamnés, et presque tous ses confrères, à Bordeaux, aimèrent mieux abandonner leurs paroisses et s'exposer à la misère, à l'exil, à la mort, que de souscrire à des lois qui blessaient celles de la religion.

Il se permet, avec une gravité doctorale, de rappeler au pape que la discipline est variable de sa nature, et que, pourvu qu'on eût en France quelques points principaux de la croyance, le reste était arbitraire. Mais Pacareau dut avoir lu les écrits des théologiens, les opuscules de l'abbé Langoiran, la réfutation des réquisitoires de Duranthon et de Gensonné, et les lettres de l'abbé Toucas-Poyen, et mille autre brochures qu'on avait publiées en défense des vrais principes; sa mauvaise foi est ici évidente et sans excuse. Il finit en priant Dieu *d'achever ce qu'il a commencé* en France. Veut-il parler de la réforme constitutionnelle de l'Église et de la grande œuvre du schisme des prêtres assermentés? Mais c'est une insulte faite au pape, dont il recherche la communion, et qui avait foudroyé *cette grande œuvre,* que lui, évêque assermenté, suppliait le ciel *d'achever!* C'est assez risible de la part d'un ancien vicaire-général de supposer que Dieu avait commencé le schisme des constitutionnels, dont lui, Pacareau, était devenu un suppôt et une pierre angulaire!

Cette lettre ne produisit pas de sensation dans le monde : les catholiques se moquèrent de l'œuvre et de l'ouvrier; les constitutionnels la trouvèrent trop timide et presque orthodoxe, et les moins exaltés des schismatiques l'excusèrent comme l'ouvrage qui se ressentait de la longue vieillesse de l'auteur. Pacareau baissait déjà dans l'estime et l'opinion de ses ouailles : il fallait trouver un autre homme de tête, de talent et d'audace, pour défendre à sa place, par la parole et la plume, les nouvelles doctrines politico-religieuses de la nouvelle Église.

Cet homme était trouvé : c'était Lacombe, ancien principal du collége de Bordeaux et curé constitutionnel de St-Paul. Voulant entreprendre un travail sérieux, et désireux de le rendre digne de sa cause et utile à ses coreligionnaires, il s'associa M. Lalande, curé constitutionnel de St-Michel, et profita de ses conseils et de sa coopération. Lalande s'était déjà signalé dans la carrière du constitutionnalisme ecclésiasque; il avait été sous-principal du collége et ami de Lacombe, dont nous le verrons devenir le vicaire-général. Le jour de son installation comme curé de St-Michel, il prononça, selon l'usage, un discours de circonstance, où il assurait qu'il *redoutait comme un malheur tout ce qui aurait pu apporter quelque changement dans sa situation, ou lui faire occuper une place dans le sanctuaire.* Mais, dit-il, *un nouvel ordre de choses a dû nécessairement modifier ces dispositions;* et après avoir confessé en toute humilité son incapacité de lutter avec avantage contre des jours de crise, il semble rentrer en lui-même, et se demande avec raison : « *Suis-je bien assuré, d'ailleurs,*
» *que c'est dans sa miséricorde et non dans sa justice que le*
» *Seigneur m'a choisi!* » Il proclama son courage à affronter tous les périls de la situation; et prenant Dieu à témoin de son

désir de réunir tous les chrétiens, rend, sans le vouloir peut-être, un honorable témoignage à la foi des habitants catholiques de la paroisse de St-Michel. « Hélas ! dit-il, je ne sais
» que trop qu'ils me refuseront tout accès auprès d'eux, et
» cette pensée verse déjà l'amertume dans mon âme. »

Heureux et fier de l'appui de son ancien sous-principal et professeur d'éloquence, Lacombe se mit à composer un nouvel ouvrage, sous le titre d'*Adresse au clergé inconstitutionnel*, etc. Le style en est véhément comme le caractère de l'auteur ; le langage en est acerbe, haineux et plein de colère et d'orgueil ; on y retrouve à chaque page les épithètes les plus blessantes, les termes les plus mortifiants et les injures si souvent employées alors contre ceux qui ne voulaient pas grossir les rangs des assermentés ; c'étaient le reproche de *fanatisme*, les titres de *lâches, de vils, de traîtres, de perfides*, prodigués avec beaucoup d'autres qualifications semblables aux bons prêtres, « qui, dit Lacombe, dépouillés de leurs titres chimériques, réclament au nom de la religion les honneurs d'une
» inégalité monstrueuse. »

Cet homme, ancien doctrinaire, qui avait si indignement oublié son caractère et méconnu ses devoirs, ose dire aux pasteurs fidèles : « Ministres de Jésus-Christ, vous avez trahi
» son Église ; il remet aujourd'hui ses intérêts aux mains de
» son peuple ; c'est par lui qu'il vous déclare sa volonté. » Il accuse les princes de l'Église d'être la cause de tous les maux de la patrie et du monde ; il prétend que les abbayes étaient possédées par des personnes indignes, les bénéfices achetés et vendus ; il se demande comment de tels pasteurs sont arrivés à leurs postes : « Un homme en crédit, dit-il, la protection
» d'une femme, des conventions honteuses et secrètes, des
» préventions en cour de Rome, des intrigues, enfin, de tout
» genre, ont introduit le prêtre dans le sanctuaire, et les ri-
» chesses de l'Église sont devenues l'apanage d'une multitude
» d'êtres qui ne croient pas même en Dieu, qui les nourrit !

» Le sacerdoce est devenu un état humiliant pour qui n'a pas
» l'adresse d'envahir l'encensoir, et le prêtre, pauvre, avili,
» rampe indignement sous des maîtres orgueilleux ! »

Livre II.
Chap. 3.

1791

Plus loin il ajoute, en parlant du clergé : « Un corps, par-
» venu à un certain degré de corruption, périt plutôt qu'il
» ne se régénère lui-même ; il faut que le ciel l'y contraigne
» par des prodiges ; et le seul prodige que nous devons en
» attendre, c'est la révolution française. »

Il applaudit à la confiscation des biens ecclésiastiques et à l'idée qu'on a eue d'abandonner au peuple l'élection des évêques et des curés ; puis il envahit le domaine de la politique religieuse, et déclare « qu'il n'est pas dans l'ordre de la na-
» ture que ceux qui gouvernent fassent les lois....... Si les
» évêques et les conciles, indépendamment de la foi et des
» mœurs, ont le droit de faire des lois sur la discipline, les
» peuples ont le droit d'accepter celles qui leur conviennent
» et de rejeter celles qui ne leur conviennent pas. » Amené par le cours de ses idées à parler de la juridiction des évêques et des curés, il la subordonne à la volonté du peuple. « Prê-
» tres, vous ne pouvez pas nous prêcher si nous ne voulons
» pas vous entendre, et nous ne pouvons pas vous recevoir si
» vous ne voulez pas nous prêcher notre foi ; il faut donc, en
» ce sens, que les peuples et les prédicateurs concourent à
» l'établissement de l'Évangile... Comme il est libre à chacun
» de choisir le directeur le plus sage, un département entier
» a le droit de choisir le pasteur général ou l'évêque qui mé-
» rite le plus sa confiance. »

Parlant des prêtres qui refusent le serment, il dit : « Les
» prêtres réfractaires seront justement dépouillés de l'exercice
» de leur autorité : l'homme ne doit pas obéir à l'homme qui
» ne veut pas obéir aux lois...... Sachez (peuples) que si vos
» pasteurs ont le droit de rappeler à la vérité les pécheurs
» qui s'égarent, vous l'avez également de rappeler à leurs
» devoirs les pasteurs qui pourraient les oublier..... »

2ᵉ Part. A.

Vient ensuite un pompeux éloge de Pacareau, célèbre médiocrité du moment, qu'il allait bientôt effacer ! Puis il termine son ignoble pamphlet, sa diatribe dégoûtante, par un violent appel à tous les principes de l'anarchie et de l'hérésie contre l'ancien régime, qui était tombé, et contre le catholicisme, qui était encore debout et qu'il désirait renverser. « Et » vous, sages représentants de la nation, dit-il, dont la main » hardie a détruit l'édifice que l'orgueil avait élevé pour nous » donner des fers et nous tenir dans l'esclavage, ne cessez de » veiller contre les ennemis d'une religion qui appelle les » hommes à une véritable liberté. »

Voilà Lacombe, voilà l'homme auquel le ciel permit dans sa colère de s'asseoir dans la chaire des Delphin, des saint Seurin et de tant d'autres saints évêques de Bordeaux ! Il était digne de succéder à Pacareau, car il était plus avancé que lui dans les principes du schisme et dans les doctrines démocratiques du jour ! Son livre fut accueilli dans le public par des sentiments divers : chez les uns, c'était le dégoût; chez les autres, c'était un mélange de mépris et de pitié. A quelques-uns, ce dégoûtant opuscule apparut comme l'épanchement mal déguisé d'une âme trop longtemps retenue dans les limites du devoir, et exhalant enfin le trop plein d'un cœur corrompu en extravagances qui l'élevaient à la hauteur de Luther et de Calvin ! Ce livre trouva cependant un apologiste ! c'était Lalande; c'était de sa part un devoir de copaternité : le père louait l'enfant à qui il avait, pour ainsi dire, donné le jour.

Lalande, dans une réunion électorale, annonça la nouvelle publication, et s'étendit longuement sur ses mérites. Guadet, qui présidait l'assemblée, répondit ainsi à son discours : « Mon» sieur, lorsqu'un prêtre aussi éclairé, aussi respectable que » vous, lorsqu'un citoyen aussi vivement épris de l'amour de » la Constitution, garantit solennellement l'utilité d'un ouvrage » destiné à combattre les ennemis de la patrie et de la reli» gion, il n'est pas permis de douter que cet ouvrage ne soit,

» en effet, utile aux citoyens. Aussi l'assemblée électorale re-
» çoit-elle, avec la plus vive reconnaissance, l'hommage que
» vous venez lui offrir. La violence que vous avez faite à l'au-
» teur (1) honore votre patriotisme ; il en est de la modestie
» comme de la nature, il faut presque toujours lui arracher
» ses secrets. »

Lalande était content ; Lacombe l'était bien davantage. Il se crut une célébrité, et devina déjà qu'il fallait à sa tête une mitre d'archevêque, peut-être celle du vieux Pacareau. On le connaissait bien ; mais il ne se croyait pas assez apprécié : il se chargea lui-même de se révéler au public, tout entier, à la première occasion ; elle ne tarda pas à se présenter. Le 15 mai, il prononça un discours sur la Bulle du pape et ses menaces d'excommunication au sujet de la constitution civile du clergé, et prit pour texte ces paroles de saint Paul : « *Cum autem* » *venisset Céphas Antiochiam in faciem ei restiti, quia repre-* » *hensibilis erat.* » AD GALAT, cap. II.

Après un ennuyeux exorde, où il étale les bienfaits qui découlent du nouveau régime, le bien qu'il fait dans la paroisse de St-Paul, où sa voix, dit-il, est écoutée avec respect, et la confiance que son peuple a en lui, il s'écrie : « Faut-il,
» mes très-chers Frères, que de nouvelles alarmes viennent
» troubler vos vues, et jeter entre vous et moi de nouvelles
» incertitudes !.... Ah ! mes Frères, et moi aussi je veux sau-
» ver mon âme, et vous ne pensez pas, sans doute, que, pour
» des considérations humaines, j'aie renoncé à toutes les jouis-
» sances de la vie ; que, pour le plaisir de faire triompher
» l'erreur pour un moment, je me sois condamné à vivre
» captif dans un temple et des tribunaux profanes, à tour-
» menter ma faible existence, afin de tomber plus sûrement,
» à la fin de mes jours, entre les mains de la justice divine,

---

(1) On avait répandu le bruit que Lacombe, par modestie, n'avait consenti qu'à regret, et aux sollicitations de son ami Lalande, à la publication de son *Adresse !*

» avec les aveugles que j'aurais égarés. Croyez que j'ai prévu,
» en me mettant à votre tête, les blasphêmes des impies, les
» outrages des méchants, les réclamations même de la politi-
» que romaine, et jusqu'aux éclats de ses foudres ; oui, j'avais
» prévu qu'elles gronderaient sur nos têtes, et appuyé sur mes
» principes, j'ai osé les braver. »

Ici Lacombe dénature plusieurs faits historiques, pour avoir le plaisir de noircir les papes ; il les représente comme les ennemis du peuple, s'arrogeant une puissance supérieure à celle des conciles et des rois, et provoquant partout des crimes, des soulèvements, des massacres ! C'est de la boue qu'il ramasse des deux mains pour la jeter à la face des pontifes les plus vénérés, des rois catholiques les plus irréprochables et même des peuples les plus attachés aux doctrines de Rome. Et comme pour se démentir lui-même, réfuter tout ce qu'il dit, et pour condamner son ouvrage, il fait naïvement cet aveu, que sa conscience, plus forte que la corruption de son esprit, lui arrache : « Cependant, mes très-chers Frères, nous
» prononçons malheur et anathème contre le chrétien qui, à
» l'aspect de tant d'iniquités, diminuerait le respect qu'il doit
» à la chaire de saint Pierre. L'univers doit fléchir le genou de-
» vant cette pierre fondamentale sur laquelle repose inébran-
» lablement l'Église de Jésus-Christ. C'est le point central d'où
» partent et auquel aboutissent tous les rayons de la vérité
» évangélique ; c'est le tronc de l'arbre qui a été planté par
» le Sauveur des hommes, et qui a étendu sur toute la terre
» ses branches protectrices ; c'est le gouvernail qui dirige
» l'arche sainte au milieu des flots de l'erreur et de l'iniquité,
» qui viennent battre et se briser contre elle. En un mot, mes
» chers Frères, vénérons le siége apostolique où se sont assis
» tant de grands saints ; mais n'oublions pas que ces saints
» étaient des hommes, et que, sur le trône de la vérité, ils
» portaient une âme sujette à l'erreur. »

Voilà des lignes belles, éloquentes et dignes d'un vrai catholique! Mais ennemi de Rome et de la vérité, il se laisse bientôt aller au courant de ses idées, et, attaquant l'infaillibilité du pape, rappelle la conduite des princes ennemis de Rome. Après avoir qualifié la Bulle du souverain pontife de calomnieuse, de séditieuse, de puérile, il ose affirmer que le Saint-Esprit n'était ni l'auteur ni le complice de ce libelle obscur (1).

Mais c'en est assez sur ce sujet; nous connaissons maintenant ce misérable écrit. On voit que Lacombe était prêt à faire tout ce qu'on voudrait; il avait cessé d'être catholique, et visait déjà, par ses extravagances schismatiques, à devenir un jour le chef de la nouvelle Église constitutionnelle ! Il composa dans ce temps un autre opuscule intitulé : *Instruction chrétienne sur les Assemblées primaires*, qu'on fit répandre à profusion dans la ville et dans le département; il y pressa ses concitoyens de se rendre aux élections, et leur proposa l'exemple des apôtres, qui invitaient les fidèles à choisir sept hommes remplis de l'esprit de Dieu : *Considerate, fratres, viros ex vobis boni testimonii septem*. Il leur traça le portrait d'un bon représentant, et eut l'air de leur dire qu'il ne serait pas fâché de conquérir leurs suffrages et de devenir leur député à l'Assemblée législative, qu'il s'agissait de former bientôt après. Il ne se trompait pas dans ses prévisions: il fut nommé représentant de Bordeaux, comme nous le verrons plus bas.

(1) Voir notre *Histoire ecclésiastique de Bordeaux*.

CHAPITRE IV.

Dissensions intestines. — Les prêtres constitutionnels peu fréquentés. — Les prêtres catholiques estimés et suivis. — Pétition contre les couvents et les églises catholiques. — Efforts des autorités en faveur du clergé constitutionnel. — Démarche des citoyennes bordelaises en faveur des prêtres constitutionnels, et surtout en l'honneur de Pacareau. — Procession burlesque de ces femmes. — La nouvelle de la fuite du roi arrivée à Bordeaux. — Mesures de sûreté ordonnées. — Anniversaire de la prise de la Bastille célébré à Bordeaux. — Nouveau serment prêté par les révolutionnaires, et en particulier par les héroïnes bordelaises, ou les *amies de la Constitution*, etc., etc.

Livre II.
—
1791

Tous ces écrits, toutes ces discussions, cette vive et intarissable polémique religieuse, n'étaient guère propres à calmer les esprits ou à réconcilier les différents partis entre eux : les constitutionnels s'appuyaient sur la force ; les vrais catholiques, condamnés au silence, s'affermissaient mutuellement dans les anciens principes de leurs pères ; la persécution servait à étendre et à fortifier leur foi. Les prêtres non-conformistes étaient les idoles des classes inférieures comme des familles respectables ; leurs oratoires et leurs confessionnaux étaient fréquentés, tandis que les églises des schismatiques étaient désertes et leurs prêtres généralement peu estimés, même parmi leurs partisans, et méprisés de tous les autres habitants. Les chapelles des couvents recevaient tous les jours les prêtres non assermentés ; les fidèles y accouraient pour les secours religieux ; et la foule, qui fréquentait les offices divins dans ces chapelles solitaires, contrastait trop avec le vide des églises paroissiales pour ne pas exciter la jalousie et provoquer des démonstrations hostiles de la part des constitutionnels. En effet, on se met à crier beaucoup contre ces assemblées religieuses en dehors des églises principales. On veut absolument le triomphe du schisme; et, enfin, on adresse à ce sujet à MM. les Administrateurs du département la pétition suivante, signée de trois cent cinquante habitants, dont les noms sont dans nos cartons, sur notre bureau, mais qui, à la distance où nous sommes de ce temps orageux, n'ont pas ce caractère d'importance historique qui nous porterait à les reproduire. Cette pétition est ainsi conçue :

« Messieurs, le désir de remplir dans toute son étendue un
» serment sacré, celui de maintenir de tout son pouvoir la
» Constitution de l'État et les lois décrétées; le désir d'empê-
» cher l'accroissement et le progrès des superstitions, des
» erreurs nuisibles à la patrie, et principalement du fana-
» tisme, qui lui est cent fois plus funeste; le désir, enfin, de
» faire triompher la bonne cause, qui est celle de la nation,
» et de mettre en pratique ce grand principe du droit public :
» *Le salut du peuple est la suprême loi*, engagent les citoyens
» soussignés à recourir à vous, pour vous faire une demande
» qui vous a été déjà faite plusieurs fois, et qui est toujours
» l'objet des inquiétudes des zélateurs de la Constitution et
» des lois; c'est la fermeture des églises conventuelles. Vous
» n'avez pas cru devoir encore, Messieurs, acquiescer à cette
» pétition, réitérée à différentes époques. Sans doute, de bons
» motifs vous ont guidés dans le parti auquel vous avez cru
» devoir vous arrêter; votre patriotisme connu nous en est un
» sûr garant; peut-être même des considérations vous ont-
» elles décidés à ne point exécuter l'arrêté du département
» de Paris, qui est néanmoins si sage et si favorable à la
» liberté des cultes; cependant, comme les soins de l'admi-
» nistration à laquelle vous êtes attachés peuvent vous avoir
» empêchés d'examiner cet objet sous toutes ses faces; et
» comme d'ailleurs vous n'êtes pas à portée de voir tous les
» progrès que fait la doctrine des prêtres non-conformistes et
» des ennemis de la Constitution, nous vous prions de vouloir
» bien peser dans votre sagesse les motifs que nous allons

» avoir l'honneur de vous présenter en peu de mots, per-
» suadés que vous prendrez les mesures les plus convenables
» à la chose publique...... »

Ici les pétitionnaires rappellent aux administrateurs qu'ils ont le droit de fermer les églises des monastères, si le bien public et le maintien de la Constitution l'exigent. Le département de Paris avait statué que toutes les églises qui ne seraient point nationales porteraient une inscription qui marquerait qu'elles sont consacrées au culte religieux ; or, les églises conventuelles ne sont point nationales : les églises paroissiales et les succursales doivent seules être considérées comme telles. Cette disposition du département fut approuvée par l'Assemblée nationale, le 7 mai. « L'État a permis, disent-ils, que
» des hommes et des filles vécussent en communauté et eus-
» sent des temples pour leur service, dans la persuasion que
» cela était utile pour le moment à l'État ; mais ces églises
» sont les repaires, ajoutent-ils, des prêtres non assermentés :
» les fidèles y vont entendre la messe et abandonnent les prê-
» tres constitutionnels !

» Ces églises doivent être fermées. Alors les non-confor-
» mistes seraient obligés d'en acheter d'autres. Or, ils ne pour-
» raient jamais en avoir autant qu'il y a maintenant d'églises
» conventuelles. Il y aurait, par conséquent, moins d'espace
» pour la superstition et le fanatisme, qui ont fait infiniment
» plus de progrès dans les quartiers de la ville où il y a de
» ces églises que dans ceux où il n'y en a pas. On peut citer
» la paroisse de Ste-Eulalie, qui est celle où il y a le plus
» de couvents des deux sexes, et qui fourmille d'aristocrates
» qui n'ont aucune raison de l'être, que le fanatisme qu'on
» leur a inspiré.

» Laissez les églises conventuelles ouvertes, ajoutent-ils,
» vous aurez toujours un grand nombre de prêtres non asser-
» mentés à Bordeaux ; fermez-les, vous en verrez diminuer
» le nombre. Sans doute, vous ne pourrez pas empêcher les

» religieuses de les appeler et d'entendre *in petto* cinq ou six
» messes par jour dans les églises fermées, mais elles n'au-
» raient pas la liberté d'y admettre les assistants ; elles en
» seraient bientôt ennuyées, et les prêtres eux-mêmes ne sup-
» porteraient pas longtemps cette solitude. A la campagne,
» les prêtres non-conformistes seraient moins dangereux : la
» liberté des cultes n'en souffrirait pas la moindre atteinte.
» Loin de nous les principes et les sentiments du fanatisme et
» de l'intolérance ; loin de nous tout sentiment de haine, même
» envers les prêtres inconstitutionnels : nous ne haïssons pas
» leurs personnes parce qu'ils sont hommes, nous ne haïssons
» que leurs principes et leurs maximes, destructeurs du pa-
» triotisme, l'un des plus beaux sentiments de la nature.... »

Puis, ces prétendus amants de la liberté, qui la veulent pour eux-mêmes, à l'exclusion de tous ceux qui ne pensent pas comme eux, répètent que ces restrictions ne nuiront en rien à la liberté des cultes! Après cette niaiserie, les trois cent cinquante pétitionnaires prient les administrateurs de procéder à cette mesure, dictée par une intolérance liberticide, et de *suivre les dispositions de l'arrêté du département de Paris, que nos braves gardes nationales, n'en doutons pas, sont prêtes à faire exécuter.*

On ne voulait plus, en ville, les prêtres non assermentés: on voulait à toute force mettre le clergé schismatique en vogue, et l'entourer du respect et de la considération auxquels sa conduite ne lui donnait pas droit; c'était difficile : les prêtres constitutionnels ne rencontraient presque partout que des visages antipathiques et un accueil dédaigneux. Le vieux Pacareau vivait dans la retraite et ne voyait autour de lui que des prêtres infidèles, comme lui, des hommes tarés et des gens sans religion. Les femmes, qui depuis ont pris une part si déplorable dans nos saturnales républicaines, commencèrent alors à se mêler de la politique; on les voyait déserter leurs ménages et les soins domestiques pour se réunir sur les places publiques; et là, oubliant la timidité et la pudeur, le plus bel ornement de leur sexe, elles ne craignaient pas de discourir sur les matières politiques, haranguer la foule, et exciter souvent, par leurs reproches et leurs inconvenantes clameurs, les passions de leurs époux, de leurs amis, de ces nombreux oisifs qu'on voit sur les places publiques toujours partisans du désordre et des dissensions civiles. Parmi les plus remarquables de ces héroïnes bordelaises, on distinguait les citoyennes Dubois, Gentil, Martin, Thounens, veuve Azema, Arias, Fayolle, Félixe, Dorbe, Cadette, Dorbe aînée, Caudeyran, Benoît, Papon, Clément, Voisin, Jamard, veuve Déalbitre, Élisabeth Oré, Marandon, Monty, Lafon, Larue, Larmée, etc., etc.

Animées d'une haine profonde pour le clergé orthodoxe, et antipathiques par goût, par mœurs, par intérêt, aux couvents et communautés que leurs maris et leurs amis avaient essayé de faire fermer, elles se réunirent, le 19 juin, à St-André, à quatre heures de relevée, pour donner à M. Pierre Pacareau, évêque métropolitain du Sud-Ouest, un témoignage public et collectif de leur attachement à sa personne, et de leur admiration et de leur respect pour ses vertus. Le conseil municipal applaudit à ce patriotique projet, et sitôt que leur démarche fut connue, on vit une multitude de ces femmes oisives, qu'on trouve dans toutes les villes, accourir avec empressement et se faire inscrire parmi les dames patriotes de Bordeaux. Dans une réunion tenue aux Augustins, et présidée, le 25 juin, par Mme Gentil, on nomma trésorière Mme Dubois; et ayant reconnu, après quelques débats, la nécessité d'avoir un secrétaire, la citoyenne Thievent fut nommée pour remplir ces fonctions dans les brillantes assemblées de ces femmes.

Dans cette réunion, on arrêta les dispositions suivantes, que nous croyons devoir reproduire:

« Art. 1er. — Les citoyennes dont les noms seront inscrits
» ci-après, se trouveront, le 28 de ce mois, à huit heures du

» matin, au Champ-de-Mars, pour, de là, se rendre avec ordre
» dans l'église de S*t*-André.

» Art. 2. — Le même jour, dans ladite église, il sera célé-
» bré une messe, et chanté un *Te Deum* en action de grâces
» envers l'Être suprême, de ce qu'il lui a plu d'accorder à ce
» diocèse le bonheur d'avoir pour chef un citoyen non moins
» recommandable par sa piété que par ses lumières, et pour
» demander au ciel la conservation des jours précieux de cet
» illustre prélat.

» Art. 3. — Qu'après cette cérémonie religieuse, toutes les
» citoyennes qui pourront y assister prononceront le serment
» ci-après :

» Nous jurons, en présence de l'Être suprême : 1° d'être
» fidèles à la nation, à la loi, et de maintenir de tout notre
» pouvoir la Constitution décrétée par l'Assemblée nationale.

» 2° D'élever nos enfants dans ces principes, et de ne rien
» négliger pour leur inspirer l'amour de la liberté et des
» lois.

» 3° De nous opposer de toutes nos forces aux projets des
» ennemis de la Constitution, et de dénoncer, aussitôt que
» nous en aurons connaissance, les manœuvres qu'ils oseraient
» tenter, dans le coupable but de la renverser ou d'y porter
» la moindre atteinte.

» 4° De ne point souffrir en notre présence, sur le compte
» de notre respectable prélat, ni sur celui des autres prêtres
» constitutionnels, des propos injurieux, tendants à affaiblir le
» respect qui leur est dû comme fonctionnaires publics; mais,
» en même temps, de nous abstenir de toutes voies de fait
» contre ceux ou celles qui pourraient s'égarer au point de se
» livrer à de pareils excès, et de nous borner à les dénoncer
» à l'administration et aux tribunaux, afin qu'ils soient pour-
» suivis et punis selon toute la rigueur des lois.

» 5° De ne jamais rien entreprendre qui gêne la liberté des
» opinions religieuses, et la facilité que la Constitution donne à

Livre II.
Chap. 4.

1791

» tout citoyen d'exercer tel culte que bon lui semble, pourvu
» qu'il respecte l'ordre public établi par la loi.

» Art. 4. — Que le serment ci-dessus sera lu, à haute et
» intelligible voix, dans l'église de St-André; et qu'ensuite,
» toutes les citoyennes se lèveront, et diront : *Nous le jurons.*

» Art. 5. — Qu'après la prestation du serment, nous nous
» rendrons par députation, et avec le plus d'ordre qu'il nous
» sera possible, mais sans bannière, sans drapeau, dans la
» maison de M. Pierre Pacareau, pour lui offrir un bouquet
» et lui remettre la présente délibération, dont un double a été
» déjà remis à MM. le Maire et Officiers municipaux.

» Art. 6. — Que quatre d'entre nous se transporteront, le
» 27, devers MM. les Administrateurs des directoires du dépar-
» tement et du district, devers MM. le Maire et les Officiers
» municipaux, les corps civils et militaires, MM. les Curés de
» la ville, MM. les Vicaires de l'évêque, etc., etc., pour les
» prier d'assister à l'auguste cérémonie qui vient d'être dé-
» crite.

» Art. 7. — Que la fraternité et l'égalité étant la base de la
» présente résolution, toutes les bonnes citoyennes, mères de
» famille, ou leurs filles, qui désireraient être admises parmi
» nous, le seront sans aucune difficulté ; et qu'à la suite des
» noms de celles qui seront présentées, on inscrira ceux de
» toutes les citoyennes qui ne pourront y assister, soit pour
» cause de maladie ou d'absence, soit pour tout autre motif
» légitime. Il suffira que les citoyennes aient manifesté le désir
» et l'intention de se joindre à nous, s'il leur avait été pos-
» sible, pour qu'elles soient censées avoir prêté le serment et
» avoir rendu à M. Pacareau l'hommage que nous lui desti-
» nons.

» Art. 8. — Chacune de nous versera, suivant ses facultés,
» ou 24 sous, ou 12 sous, ou même quelque chose de plus
» ou de moins, dans la caisse commune, tenue par Mme Du-
» bois, trésorière, et le montant de cette souscription servira

» aux frais de la fête; le surplus sera distribué aux pauvres,
» distribution qui est confiée aux soins de Mmes Gentil et Du-
» bois.

» *Signé* : F. GENTIL, *présidente;* DUBOIS, *trésorière;*
» THIEVENT, *secrétaire.* »

On peut juger par cette singulière démarche de l'état de l'opinion publique à Bordeaux, et de la fermentation des esprits : nos bonnes républicaines ne pouvaient pas se faire à l'idée de voir leurs prêtres abandonnés et leurs églises désertes; tandis que les femmes pieuses et modestes, les mères de famille respectables, les bonnes épouses et les modèles des vertus domestiques, se séparaient de nos Spartiates, et allaient, comme par le passé, consulter, pour les affaires de conscience, les prêtres fidèles à la foi de leurs pères, à leurs promesses cléricales et à leur devoir.

La pétition et les huit articles délibérés dans ce club de femmes furent adressés à la municipalité; c'était une affaire d'État pour les Bordelais, et qui préoccupait singulièrement l'esprit public. Le conseil municipal s'assembla; et considérant que les sentiments patriotiques des citoyennes bordelaises méritaient les plus grands éloges, et que leur devoir, comme magistrats, les portait à favoriser le développement de l'esprit patriotique de leurs concitoyens; que, d'ailleurs, une si généreuse démarche que celle des citoyennes de Bordeaux ne saurait avoir trop d'éclat, ni être marquée par une approbation trop manifeste de la part des autorités, arrêta que le corps municipal se rendrait, le 28, au Champs-de-Mars, et que là, il se mettrait à la tête des citoyennes de Bordeaux pour les conduire à la cathédrale; qu'après la cérémonie religieuse, M. le Maire recevrait le serment patriotique de ces bonnes dames; que M. le Commandant-général de la garde nationale serait invité, et requis au besoin, de commander un fort détachement des troupes sous ses ordres, pour escorter le cortége depuis le Champ-de-Mars jusqu'à S¹-André, et pour maintenir le bon ordre aux postes et dans l'intérieur de cette église.

Cet arrêté fut pris le 27 juin, et signé : Saige, *maire.*

A l'heure convenue, tout le monde était à son poste : le cortége était accompagné d'une foule extraordinaire de gens de toutes les classes, attirés, les uns par curiosité, les autres, pour en rire, d'autres, enfin, pour applaudir à la démarche de ces héroïnes, qui voulaient conquérir une place dans le monde politique et rendre hommage au patriarche du schisme à Bordeaux, dont la population méconnaissait les belles qualités et les brillantes vertus. Ces ovations, ou ces burlesques processions politico-religieuses, devinrent des spectacles à la mode; le mois suivant, elles allèrent aussi complimenter, de la même façon, M. Tymbaudé, curé assermenté de S¹ᵉ-Eulalie, puis M. le curé de S¹-Martial, puis les autres curés constitutionnels, chacun à son tour; c'étaient des couronnes civiques, des fleurs en bouquets, des immortelles mêlées avec des lauriers, et, pardessus tout, des fleurs de rhétorique pour ces nouveaux apôtres du constitutionnalisme religieux, en compensation du respect et de l'estime que les gens sensés leur refusaient.

Tandis qu'on se laissait aller à ces singulières ovations, dont il ne résultait pour les auteurs et les objets que le mépris et le ridicule, une nouvelle politique vint jeter la ville dans une consternation profonde. Le roi et la famille royale avaient voulu sortir du pays et se réfugier à l'étranger; ils furent arrêtés à Varennes et ramenés à Paris. Les révolutionnaires ne savaient qu'en dire; les royalistes se désolaient de savoir le roi captif; les hommes sages prévoyaient de nouvelles complications dans la politique, et tous s'abandonnaient à de sinistres prévisions et à une anxiété profonde. La nouvelle en arriva à Bordeaux par une lettre adressée au Directoire du département, par MM. Paul Nairac et Desèze, députés de notre ville; elle était ainsi conçue :

» Paris, mercredi, à minuit, 22 juin 1791.

« Messieurs, le ministre de l'intérieur a expédié partout des
» courriers pour annoncer l'évasion du roi et de la famille
» royale dans la nuit du 20 au 21. Cette nouvelle aura, sans
» doute, consterné les bons citoyens. Nous nous hâtons, Mes-
» sieurs, de les tranquilliser, en vous envoyant un courrier
» porteur de la nouvelle de l'arrestation du roi à Varennes,
» village situé entre Clermont en Beauvoisis et Verdun, à sept
» lieues de Metz, où il paraît qu'il devait être reçu par M. de
» Bouillé, commandant de la place. Les dispositions de sa
» part, dont on a connaissance, prouvent que cet officier est
» devenu traître à sa patrie, en favorisant la fuite du roi. Il
» est impossible, tant nous sommes pressés et fatigués des
» séances de l'Assemblée, qui ne s'est pas séparée depuis hier
» matin, de vous donner d'autres détails. M. Élizée Nairac
» vous communiquera ceux que nous avions préparés dans
» une lettre que monsieur son frère lui avait écrite hier. Paris
» n'a jamais été plus tranquille. Les mesures que l'Assemblée
» nationale a prises ont satisfait tout le monde. La confiance
» est plus entière que jamais, et, Dieu merci, tout ira bien.
» Samedi nous vous adresserons d'autres détails.

» P. Nairac et Desèze. »

Cette lettre vint à propos calmer les esprits et mettre fin à
cette panique passagère qui s'était emparée de tout le monde.
Sous l'empire de la première impression, le Directoire du département s'assembla le 24, et fit publier l'arrêté suivant :

« Citoyens, le salut de la liberté et de l'empire est dans
» vos mains : les ennemis de la patrie viennent d'enlever le
» roi et la famille royale; dans des circonstances si urgentes,
» tout dépend de votre fidélité aux ordres que vos adminis-
» trateurs auront à donner pour sauver la patrie. C'est à ce
» nom sacré que nous vous demandons le plus grand respect
» pour la loi, le plus grand calme, la discipline la plus exacte

» dans toutes les compagnies des gardes nationales, la plus
» grande surveillance sur tous les hommes dont le patriotisme
» paraissait le plus douteux ; mais sans aucune violence sur
» leurs personnes ou sur leurs propriétés.

» C'est au milieu des dangers publics que le courage d'un
» peuple libre doit se montrer. Citoyens ! développez toute
» l'énergie dont vous êtes capables ; et si la patrie est attaquée,
» faisons tous le serment sacré de vivre libres ou de mourir.
» On ne triomphe pas d'une nation qui fait un pareil serment,
» et tous les peuples le respecteront.

» Nous n'abandonnerons pas le poste où votre confiance
» nous a placés ; nous ne cesserons pas un instant de veiller
» sur la chose publique. »

Après ces préliminaires, le Directoire prescrivit diverses mesures qu'il croyait nécessaires pour le maintien de l'ordre, pour la sûreté des individus des diverses nuances politiques, et, enfin, pour se tenir prêt à toutes les éventualités que les circonstances pourraient faire naître. Mais la lettre de MM. Nairac et Desèze vint heureusement, deux jours après, tranquilliser les Bordelais, et mettre un terme à cette panique qui avait inspiré tant de mesures si énergiques.

Dans les temps de révolution, les crises se renouvellent souvent, l'agitation ne cesse jamais, et chaque jour apporte un nouveau tribut de craintes et d'émotions. L'année qui vient ne fait que rappeler le souvenir doux ou amer des scènes de l'année précédente ; c'est ainsi qu'on voit arriver l'anniversaire du 14 Juillet et de la Fédération. Tout était disposé pour célébrer cette grande fête nationale avec une pompe convenable : le programme des réjouissances était publié, et tous les citoyens se préparaient sincèrement ou par politique à y prendre part. A neuf heures et demie, le 14 juillet, le corps municipal sortit de la maison-commune au son de la grosse cloche et précédé d'un détachement du guet, du drapeau fédératif de Toulouse, porté par un volontaire du régiment de

Ste-Colombe, des trompettes et des huissiers. Le cortége était superbe, et grossi de plusieurs milliers de curieux accourus de toutes parts pour assister à cet imposant spectacle; il parcourut les Fossés, les rues du Cahernan, du Poisson-Salé, Marchande, Ste-Catherine; et après une halte à la maison-commune d'administration (ci-devant hôtel de l'Intendance), se remit en marche pour le Champ-de-Mars. MM. les Administrateurs du département et du district étaient précédés et escortés d'un détachement de la garde à pied, ayant en tête le modèle de la Bastille, donné au département par M. Palloy, et porté par les gardes nationaux des sept districts du département. La bannière fédérale était portée par un volontaire de Libourne. Le cortége était fermé par un détachement de la garde nationale à cheval.

Arrivés au Champ-de-Mars, la garde nationale forma la haie depuis la porte jusqu'à l'entrée du carré; le cortége défila devant la terrasse, où se trouvait une tente élégante, sous laquelle étaient réunis les juges des districts, MM. du bureau de paix, les juges-de-paix avec leurs assesseurs, les juges et consuls, les officiers de l'amirauté, le nouvel évêque et les curés constitutionnels de la ville et des faubourgs; puis ayant fait le tour du carré du Champ-de-Mars, il s'arrêta devant l'autel de la patrie, élevé au milieu, d'une hauteur d'à peu près 5 mètres; sur cet autel, on déposa le modèle de la Bastille et la bannière fédérale.

Le procureur-général-syndic prononça ensuite un discours relatif aux circonstances, et requit le renouvellement général du serment. Alors le commandant-général monta à la plus haute marche de l'autel, et après avoir ordonné aux tambours de battre un ban, lut à haute voix la formule; puis s'étant rendu auprès du commandant de l'autre détachement, tous deux se donnant la main gauche, et élevant leurs épées de la droite, prononcèrent tout haut les mots · *Je le jure,* serment qui fut ensuite répété par toutes les troupes de ligne et les gardes nationales. Il se trouvait dans la garde des jeunes gens qui, n'ayant pas vingt-un ans, n'avaient pas encore fait le serment; ils s'avancèrent alors pour remplir cette formalité; puis un détachement alla chercher l'évêque et son clergé, et forma un cercle autour de l'autel.

A ce moment, on vit les *dames amies de la Constitution*, au nombre de quatre mille, sortir des bosquets où elles avaient été placées; elles formaient une colonne de douze de front, et se divisèrent ensuite en deux parties, qui défilèrent, dit le registre, dans le plus bel ordre et sans la moindre confusion. Le procureur de la commune leur donna lecture de la formule du serment; chacune d'elle répéta avec enthousiasme les mots : *Je le jure.* Elles présentèrent à l'autel un drapeau, avec cette devise en lettres d'or : *Vivre libre, ou mourir;* et ces autres mots pour légende : *Confié à la garde nationale bordelaise, par les dames citoyennes de Bordeaux, amies de la Constitution, le 14 juillet 1791*; son emblême était le bonnet de la liberté au bout d'une pique ! Le drapeau fut béni par l'évêque, puis remis au commandant de la garde par la citoyenne Larmée, qui lui adressa un discours au nom de ses compagnes.

Après cette cérémonie, deux époux se présentèrent à l'autel: le curé de St-Louis leur donna la bénédiction nuptiale; les dames amies de la Constitution rentrèrent dans leurs bosquets, et le défilé commença au bruit des tambours et de l'artillerie, auquel se mêlaient les acclamations des assistants et les chants de joie de nos enthousiastes démocrates des deux sexes.

CHAPITRE V.

Les députés du département de la Gironde.—Vexations exercées sur les catholiques. — Adresse du Directoire du district au sujet de quelques troubles survenus dans quelques paroisses. — Les catholiques demandent de pouvoir se réunir pour les cérémonies de leur culte. — Refus de la part du Directoire du district, qui avait tant parlé de la liberté des consciences.— Réponse favorable du Directoire du département.—Nouvelle demande d'une église particulière.—Elle leur est accordée. — Première réunion troublée par des malveillants. — Les catholiques font un exposé fidèle de tout ce qui était arrivé dans cette réunion. — Les vexations continuent. — Tous les couvents évacués.

Le moment des élections s'approchait; c'était une époque orageuse qu'on avait à traverser, une époque qui avait aussi ses périls pour le présent et qui devait avoir une très-grande influence sur l'avenir de nos institutions représentatives. Convoqués pour le 24 août, les électeurs des districts se réunirent à Bordeaux, et nommèrent députés MM. Barennes, procureur-général-syndic et président de l'assemblée électorale; Ducos, secrétaire; Gensonné, Grangeneuve, avocats; Jay, ministre protestant de Ste-Foy; Journu-Aubert, négociant; Lacombe, curé de St-Paul; Lafon-Ladebat, Sers, négociants; Servières, de Bazas; Vergniaud, avocat de Bordeaux; Guadet, de St-Émilion; et Garreau, de Ste-Foy, député-suppléant.

Les nouveaux élus professaient des sentiments politiques plus ou moins avancés; mais c'étaient tous des hommes d'ordre, des amis de la paix et de la liberté, mais peu intéressés à la liberté religieuse, qui, cependant, vaut bien toute autre. C'était là, on ne pouvait en disconvenir, la plaie de l'époque, le mal qui touchait de près toutes les classes, et qui se faisait sentir partout, beaucoup plus que les hasardeuses spéculations politiques de nos réformateurs parisiens. Les catholiques éprouvaient tous les jours de plus en plus des vexations et des tracasseries sans nom, sans prétexte et sans nombre ; refusés, repoussés par les fidèles, les prêtres constitutionnels fatiguaient de leurs plaintes les magistrats de la commune. Le Directoire du district, composé alors de MM. Demeyère, vice-président ; Journu-Aubert, Roussillon, Dufourg, administrateurs ; Duranthon, procureur-syndic ; et Lahary, secrétaire, rédigea une adresse à leurs concitoyens, sur les troubles qui avaient eu lieu dans quelques paroisses, et sur la liberté religieuse. Cette pièce, écrite le 29 août, est trop curieuse pour ne pas trouver place, au moins pour ses parties les plus remarquables, dans l'histoire de notre cité ; elle est ainsi conçue :

« Amis et Frères,

» Les administrateurs que vous avez choisis pour être au-
» près de vous les organes de la loi, sont profondément con-
» tristés de voir succéder, dans plusieurs des paroisses dont
» le bonheur est confié à leur vigilance, les insurrections fou-
» gueuses du fanatisme aux saints élancements de la liberté
» et aux douces jouissances de la subordination et de la paix.

» Jusqu'à présent, nous nous sommes applaudis d'avoir à
» diriger le peuple le plus doux, le plus humain, le plus juste ;
» aurions-nous à craindre de voir éclater au milieu de nous,
» lorsque l'ordre civil est pleinement organisé, ces spectacles
» d'horreur, ces scènes de violence et de sang qui ont désolé
» quelques départements dans les premiers moments de la
» désorganisation de l'État, et dont nous sûmes si glorieuse-
» ment nous préserver, par le seul ascendant de notre modé-
» ration et de notre sagesse, lorsque nous n'avions ni lois, ni
» administrations, ni tribunaux.

» Et qu'est-ce donc, Amis et Frères, qui vous agite et vous
» tourmente ? Qui peut vous faire méconnaître aujourd'hui ce
» frein des lois que vous avez attendu avec une patience si
» courageuse, que vous avez sollicité, réclamé, comme le pre-

» mier de vos besoins, comme le seul et unique asile dans
» lequel vous pussiez vous réfugier, pour jouir, dans une paix
» tranquille et constante, des droits de l'homme et de citoyen?
» Des divisions puériles et ridicules sur le culte national et
» public peuvent-elles vous faire oublier ces droits précieux
» et les devoirs sacrés qu'ils vous imposent? Que devient la
» liberté civile là où n'existe pas la liberté religieuse? Et
» comment serais-je citoyen libre, homme libre, si d'autres
» hommes peuvent commander à ma conscience et me con-
» traindre à professer ce que je ne crois pas, ou à faire ce que
» je crois devoir éviter? La plus sacrée de nos libertés n'est-
» elle pas celle de nos opinions et de nos pensées? Quel autre
» que Dieu lui-même peut commander aux esprits et maîtriser
» les cœurs? A quel autre que lui dois-je répondre de mes
» sentiments intérieurs, sur nos devoirs envers lui et sur la
» manière dont je remplis ce devoir? Que gagnez-vous à con-
» duire à l'église un homme qui ne veut pas y aller? Il n'y
» entrera que pour prendre Dieu à témoin de la violence que
» vous lui faites et lui demander justice de la double profa-
» nation dont vous vous rendez coupables, en usurpant sur lui
» le droit que Dieu s'est réservé à lui seul, et en souillant, par
» le mensonge et l'hypocrisie, des autels qui, n'étant consacrés
» qu'à la vérité, ne doivent être approchés que par la raison
» éclairée et échauffée par le sentiment intérieur d'une piété
» sincère.

» Ah! sans doute, nous ne pouvons qu'applaudir à l'affec-
» tion véritablement religieuse et civique que vous manifestez
» pour vos nouveaux pasteurs, à la confiance dont vous les
» honorez et dont ils se sont montrés si dignes, au zèle que
» vous avez pour eux; mais cette affection, cette confiance,
» ce zèle, perdraient nécessairement de leur prix, si on pouvait
» douter de la liberté de votre choix; et l'on pourrait en dou-
» ter toujours, si la contrainte et la violence se mêlaient à des
» sentiments si honorables et si beaux.

Livre II
Chap. 5.

1791

» Amis et Frères, nous savons que des prêtres non-confor-
» mistes, des prêtres qui ont abjuré les saintes libertés de
» l'Église de France, et, par esprit de parti, se sont livrés aux
» principes despotiques de la cour de Rome, se permettent
» des propos et des invectives contre les curés constitutionnels;
» qu'il en est même qui le font avec assez d'éclat pour trou-
» bler la tranquillité publique; mais vous avez des tribunaux
» chargés de les ramener à l'ordre, qui connaissent l'impor-
» tance de leurs devoirs, et qui sauront et voudront les rem-
» plir; dénoncez-leur les perturbateurs du repos public. Vous
» avez des administrateurs, des municipalités, dont l'œil est
» toujours ouvert sur tout ce qui se passe sur leur territoire;
» adressez-vous à eux avec confiance, et ne craignez pas qu'ils
» trahissent, qu'ils oublient le serment qu'ils ont fait de main-
» tenir la Constitution de tout leur pouvoir, et de se sacrifier
» eux-mêmes, s'il le faut, pour vous assurer la libre, la pai-
» sible jouissance de tous vos droits.

» Nous savons qu'il est des citoyens qui désertent vos églises
» pour courir à des prêtres non assermentés. Que vous im-
» porte? Êtes-vous chargés du soin de leurs âmes? Rendrez-
» vous compte devant Dieu, devant les hommes, de leurs
» actions et de leurs pensées? Craignez-vous que Dieu vous
» interroge un jour et vous juge sur le culte qu'ils lui auront
» rendu, sur les principes et les motifs de leur conduite? Non,
» vous ne rendrez compte devant Dieu et devant les hommes
» que de l'abus que vous pourriez faire de vos droits pour
» violer les leurs, et des moyens que vous pourriez avoir em-
» ployés pour les entraîner avec vous et les arracher aux
» asiles qu'ils se sont choisis.

» Soyez bien persuadés que l'erreur qui serait de bonne
» foi, serait plus agréable à Dieu que la profession même de
» la vérité qui ne croirait pas être la vérité; et croyez sur-
» tout que l'erreur qui ne trouble pas l'ordre public vaut
» mieux que la vérité qui le troublerait; car l'ordre public,

» la paix, est le premier besoin de l'homme, la première loi
» de la nature, le premier objet des conventions sociales; et
» Dieu lui-même n'a mis à la tête des commandements qu'il
» nous a faits, celui de l'aimer et de nous aimer, que parce
» qu'il a voulu que tout, jusqu'à la vérité même, fût sacrifié
» à ce sentiment de l'amour du père commun de tous les
» hommes, à ce sentiment de l'amour de tous nos semblables,
» qui n'est lui-même que le premier sentiment; car Dieu ne
» nous a permis, ne nous a ordonné de l'appeler *notre père,*
» que parce qu'il a voulu que, pour l'aimer comme *notre*
» *père,* nous nous regardassions tous comme ses enfants,
» comme une seule et unique famille; que nous nous respec-
» tassions et que nous nous chérissions comme frères. »

A part quelques sophismes que nous ne discutons pas ici, tout cela est beau, presque tout conforme à l'esprit de la véritable liberté; mais ici commencent les inspirations de l'esprit du schisme et une série de misérables sophismes et de mensonges contre le catholicisme, sur les ruines duquel ils voudraient asseoir le frêle édifice de leur nouvelle foi constitutionnelle.

« Nous savons, ajoutent-ils, que, dans les campagnes sur-
» tout, vous n'êtes que trop autorisés à regarder comme
» ennemis de la Constitution ceux qui se montrent ennemis
» des curés constitutionnels; que rien n'ayant été changé, ni
» dans le dogme, ni dans la morale, il n'est aucune raison, ni
» solide, ni plausible, de douter de la légitimité des change-
» ments qui se sont faits; que tous ces changements avaient
» été demandés, ou expressément, ou équivalemment, par le
» clergé lui-même dans ses cahiers; que la nation entière les
» avait demandés dans tous les temps; qu'il est d'ailleurs
» absurde de croire qu'une partie de la nation puisse être
» indépendante de la nation, qu'une partie de la nation puisse
» avoir le droit de subordonner à son acquiescement ou à son
» refus des réformes que la nation juge indispensables; qu'il

Livre II.
Chap. 5.

1791

» est contraire à la foi que nous avons toujours professée
» de dire que le clergé est l'Église, car l'Église n'a jamais été
» ni pu être que l'assemblée des fidèles; que, par conséquent,
» ce que veut l'assemblée des fidèles, le clergé, qui n'en est
» qu'une partie, doit nécessairement le vouloir; que le clergé
» est d'autant moins fondé à rejeter la réforme demandée à
» l'Assemblée nationale, et si heureusement opérée par elle,
» qu'il faisait partie de l'Assemblée nationale; qu'il y était tout
» entier par ses représentants.

» Que, d'ailleurs, dans tous les temps, les fidèles n'ont reçu
» leurs pasteurs que de la loi ou des organes de la loi, dans les
» formes établies par les ordonnances ou les tribunaux juges
» de ces formes; que ce n'était point aux particuliers de juger
» de la validité des titres ou de la capacité légale des pasteurs
» qui leur sont envoyés; qu'ils les reçoivent ou doivent les
» recevoir tels qu'ils sont envoyés; qu'il n'est d'autre titre pour
» eux que la possession actuelle des pasteurs, l'exercice pu-
» blic et légal de leurs fonctions pastorales; que sans ce dogme
» d'une confiance nécessaire en l'autorité publique, il ne pour-
» rait exister que des pasteurs individuels, et que tout parois-
» sien serait dans l'obligation indispensable d'examiner et de
» juger lui-même le titre de son curé ou de son évêque, et
» ne pourrait le reconnaître comme tel qu'après s'être assuré,
» par son propre jugement, que son titre est légitime; et
» comme chaque paroissien pourrait, sur cet objet comme
» sur tous les autres, porter un jugement différent, il en résul-
» terait que tel ministre, qui serait regardé par les uns comme
» légitime pasteur, pourrait et devrait être méconnu par les
» autres. »

Que de sophismes, que de fausses idées, que d'erreurs et quelle ignorance des choses de l'Église dans ce peu de lignes ! Ils continuent sur le même ton et avec la même assurance, et affirment qu'on choisissait autrefois les évêques et les curés parmi les laïques, et même les laïques non encore chrétiens !

Ils assurent que les catholiques seront bientôt, par la modération et avec le temps, amenés à embrasser les doctrines constitutionnelles. Ils se jettent ensuite dans des considérations politiques; ils déclament contre les disputes et l'intolérance du clergé, et prodiguent des éloges à leurs propres lois, à leurs doctrines et à leurs prêtres. Il faut cependant le reconnaître, on trouve, à travers ces invectives lancées à la tête des prêtres et des rois, de bonnes inspirations, une tendance à la conciliation, un esprit pacifique, un désir vague de calmer toutes les passions, d'éteindre toutes les haines et d'anéantir toute pensée d'intolérance ou de réaction.

« Quand nos ennemis, disent-ils, auraient mérité cette ex-
» piation, est-ce à nous de la leur faire subir? Avons-nous
» mérité l'avilissement auquel nous réduirait une honteuse
» vengeance? Amis et Frères, quand on aime véritablement la
» liberté, on l'aime, on la respecte pour les autres comme
» pour soi-même; on la veut tout entière, on la veut dans
» tout et partout, et pour soi comme pour les autres; on ne
» veut d'autre dépendance que celle de la loi, d'autre jouis-
» sance, d'autre autorité que celle de la loi. La loi qui a
» déclaré les opinions libres, les cultes libres, n'est pas moins
» sacrée que celle qui a déclaré les personnes libres, nos terres
» et nos possessions libres. Cette loi de la liberté des opinions,
» de la liberté des cultes, n'a fait ni exception ni réserve ; et
» pourvu qu'on ne trouble pas l'ordre public, chacun doit
» être libre d'aller où il veut, de penser ce qu'il veut, de dire
» et d'écrire ce qu'il veut, sous sa responsabilité personnelle
» devant les tribunaux... Nous avons individuellement donné
» à toutes les nations l'exemple de la conquête la plus ra-
» pide et la plus étonnante de la liberté civile, donnons-leur
» l'exemple d'une conquête plus étonnante et plus difficile,
» celle de la liberté religieuse. »

Cette adresse, malgré ses défauts, calma un peu l'effervescence populaire, et apprit au peuple ce que c'est que la liberté, qu'il n'avait que trop méconnue. Enhardis par les efforts des magistrats et des administrateurs éclairés, les catholiques se réunirent; et croyant pouvoir enfin jouir de cette douce liberté dont on parlait tant, ils adressèrent une pétition au Directoire, pour qu'il leur fût permis de se réunir, pour leurs cérémonies religieuses, dans l'église des ci-devant Cordeliers, dont on ne se servait plus. Le Directoire se réunit le 30 août, et par sa délibération du même jour, on voit que, malgré les belles phrases que nous venons de lire, la liberté n'était pour les révolutionnaires qu'un mot, et que l'intolérance, qu'on avait l'air de proscrire, en avait usurpé la place. Voici la délibération prise à ce sujet :

« Le Directoire du district, considérant que la pétition de
» quelques citoyens se disant professer la religion catholique,
» apostolique et romaine, pour avoir une église particulière,
» n'a point d'objet, puisque toutes les églises nationales sont
» consacrées au culte de la religion catholique, apostolique
» et romaine, et que l'administration ne pourrait accorder
» des édifices particuliers que pour des cultes particuliers;

» Que cette pétition n'est pas, d'ailleurs, conforme à la loi,
» qui exige que toute pétition soit signée par le pétitionnaire,
» s'il sait signer, ou que, s'il ne sait pas signer, il en soit fait
» mention, et qu'il paraît, avec évidence, que plusieurs signa-
» tures sont écrites de la même main;

» Qu'il paraît, avec la même évidence, et par la seule col-
» lection des feuilles, que pour avoir des signatures on a pré-
» senté aux signataires des feuilles détachées de la pétition,
» ce qui fait craindre que lesdites signatures aient été sur-
» prises;

» Que l'administration n'a pas pris encore de détermination
» sur la destination de ladite église des Cordeliers;

» Que, quel que soit le respect de l'administration pour les
» principes consacrés par les décrets sur la liberté des opi-
» nions religieuses, ce respect ne doit point lui faire oublier

» celui qu'elle doit à la loi sur les pétitions, le soin qu'elle
» doit prendre de la tranquillité publique, et qu'elle doit
» éviter surtout d'autoriser une requête qui, par son titre
» seul, outrage et calomnie le Corps législatif, la loi et les
» catholiques citoyens;

» Par toutes ces considérations, le Directoire du district,
» ouï M. le Procureur-syndic, est d'avis que la pétition ne
» peut être accueillie; et pour justifier en tout temps que,
» par cet avis, il n'attente en aucune manière à la liberté
» des opinions religieuses, qu'il regarde et protégera toujours
» comme la propriété la plus précieuse, le droit le plus sacré
» de l'homme et du citoyen, arrête que lui-même transmettra
» ladite pétition (dont copie sera déposée au secrétariat du
» district) à MM. du Directoire du département, numérotée
» et signée au bas de chaque page par son secrétaire, *ne*
» *varietur;* et que MM. du département restent priés de la
» retenir dans leur secrétariat, sans préjudice aux pétition-
» naires, d'en demander des expéditions.

» *Délibéré en Directoire, à Bordeaux, le 30 août* 1791.

» Signés : MONNERIE, président; DEMEYÈRE, vice-
» président; JOURNU-AUBERT, ROUSSILLON,
» DUFOURG, administrateurs; DURANTHON,
» procureur-syndic; LA TOUR-LAMON-
» TAGNE, *secrétaire-provisoire.* »

La pétition fut, en effet, adressée au Directoire du département. Ces administrateurs, convoqués le 1er septembre, rendirent à ce sujet un arrêté, conçu en ces termes : « Vu
» la pétition présentée par plusieurs citoyens de Bordeaux,
» tendant à la location de l'église, etc.,

» Le Directoire du département, considérant, etc., etc.;

» Que, néanmoins, son respect pour la loi et pour la liberté
» des opinions religieuses est un sûr garant de l'empressement

» avec lequel il accueillera les pétitions des citoyens lorsqu'ils
» les présenteront dans les formes prescrites par les décrets,
» a arrêté que la pétition dont il s'agit ne peut être accueil-
» lie..., sans préjudice aux citoyens, s'ils le jugent à propos,
» d'en présenter une nouvelle, conforme aux dispositions des
» décrets. »

Cet arrêté semblait ouvrir la porte à l'espérance d'un meilleur avenir. Le Directoire se plaignait seulement d'un vice de forme, mais ne repoussait pas indéfiniment les suppliques des catholiques, qui se plaignaient de n'être plus libres ; il provoquait une nouvelle demande, et donnait d'avance l'assurance qu'elle serait favorablement accueillie. Bercés de ces douces espérances et nourris d'illusions, les catholiques s'assemblèrent le 5 septembre, d'après l'autorisation du maire, et écrivirent au Directoire une lettre sage, mesurée, ferme, mais respectueuse, dans laquelle ils expliquent leur éloignement consciencieux pour des églises nationales, et demandent la liberté de se réunir pour prier en commun dans des églises catholiques, selon la croyance de leurs pères. Craignant de ne pas obtenir la permission de se réunir dans plusieurs, ils demandent en particulier celle des religieux Cordeliers. (Voir notre *Histoire ecclésiastique de Bordeaux*.)

Cette fois-ci ce ne fut plus une illusion : l'autorisation sollicitée fut accordée ; et le même jour, les catholiques, enchantés des succès de leurs démarches, se réunirent dans le local désigné, au grand mécontentement des constitutionnels. Des attroupements se formèrent autour de la chapelle catholique, des cris se firent entendre, et tout semblait annoncer un conflit entre les deux partis. Enfin, un malveillant, bien connu par ses mauvais antécédents, s'introduisit dans la réunion des catholiques, qui, se doutant de ses intentions, se séparèrent sur-le-champ ; et le 9 septembre, en réponse à de calomnieuses inculpations de leurs ennemis, adressèrent aux administrateurs du département de la Gironde un exposé justificatif, dans lequel ils rendent compte de leur conduite dans le monastère des Cordeliers, où on les avait autorisés à se réunir, se plaignent du sieur Brouet, qui s'était introduit dans leur réunion religieuse pour en troubler l'ordre, et expriment l'espoir qu'on leur accordera l'objet d'une pétition fondée sur la loi, sur la justice et sur l'un des droits les plus sacrés de l'homme, celui de la liberté des opinions religieuses.

Vain espoir ! Le schisme s'appuyait sur la force publique, d'un côté; et de l'autre, empruntait au voltairianisme ce qu'il renfermait de plus vivace et de plus haineux contre le catholicisme. La guerre était déclarée, et les catholiques furent réduits au silence et à l'impuissance de parler de leurs droits ou de se réunir pour prier ! On finit, dans ce mois de septembre (1791), de faire évacuer tous les couvents de la ville; il y en eut quinze d'hommes, dont cinq de l'ordre des Mendiants, et treize de femmes, dont trois seuls n'étaient pas cloîtrés. Une poignée de misérables régnait par la terreur sur cent six mille deux cent seize âmes, population constatée alors officiellement !

CHAPITRE VI.

Système de dénonciation. — Le duc de Duras emprisonné. — Proclamation de la nouvelle Constitution à Bordeaux.—Discours de Lacombe, nommé curé de St-Paul à Bordeaux. — Son discours à l'occasion de la prestation du serment civique. — Son premier prône à St-Paul. — Son éloge de Pacareau. — Discours d'un prêtre constitutionnel après les élections. — Discours d'*adieu* de Lacombe se rendant à Paris comme député de Bordeaux. — Il avait des vues saines en politique au commencement, comme il paraît par son discours au club des *Amis de la Constitution* à Bordeaux. — La nouvelle municipalité de Bordeaux.

Livre II.
1791

L'ordre n'existait plus à Bordeaux. Des dissensions intestines, des jalousies particulières, les passions politiques mêlées avec des sentiments religieux, qui se combattaient éternellement, sans aucune perspective de la paix, parce que les principes des catholiques étaient incompatibles et inconciliables avec ceux des constitutionnels; tous ces éléments s'entre-heurtaient à Bordeaux, et semblaient éloigner pour toujours de nos paisibles contrées tout esprit de concorde et de charité. Les dénonciations devenaient fréquentes : l'ami dénonçait en secret l'ami, le domestique trahissait les secrets du maître, le pauvre se prononçait contre le riche, son bienfaiteur, et les mots magiques de *liberté* et d'*égalité* engendraient et voilaient tous les excès ! Le duc de Duras était alors le commandant de la garde nationale; il était trop riche pour ne pas exciter la convoitise des malveillants, trop puissant pour ne pas avoir de jaloux. On l'accusa d'avoir fait des enrôlements clandestins contre-révolutionnaires. La charge était absurde ; n'importe, on en voulait aux aristocrates : il fallait commencer à leur faire la guerre. On l'arrête le 17 septembre, et on le jette en prison. Le temps s'écoule; mais pendant la procédure, la loi d'amnistie pour les délits révolutionnaires est publiée. Il sort de prison et de sa patrie ingrate; froissé dans son honneur par des soupçons injustes, il se réfugia sur la terre étrangère; il aurait voulu respirer l'air de son pays; mais l'exil lui parut préférable au déshonneur, et même au foyer domestique. M. Joly, son complice réputé, obtint en même temps sa liberté.

Dans ce moment, tous les esprits s'occupaient de la nouvelle Constitution, qui devait être proclamée le 25 septembre, en exécution de la loi du 15 du même mois. La municipalité se réunit le 22, et prit des dispositions convenables pour cette solennité civique. Le 25, à huit heures du matin, le corps municipal, assisté de MM. les Notables, sortit avec le cortége ordinaire et précédé d'un détachement de la garde nationale : en tête du cortége, le secrétaire-greffier de la commune portait le livre de la Constitution, renfermé dans un étui recouvert de velours bleu, entouré de crépines en soie aux couleurs nationales, et sur lequel étaient brodés en lettres d'or les mots: *Constitution française*. La première publication de l'acte constitutionnel eut lieu sur la place du *Mai*, et fut suivie d'une salve de onze coups de canon; la seconde, sur la place du Marché-Neuf, avec les mêmes formalités; la troisième, sur la place Royale; et la quatrième, au Champ-de-Mars, sur l'autel de la patrie, au milieu de tous les corps civils et religieux, et suivie d'une salve générale de l'artillerie, à laquelle les armateurs et les capitaines de navires avaient été invités à répondre par des coups de canon. Après cette publication, on chanta un hymne civique, à grand chœur, autour de l'autel, sur lequel était déposé le livre de la Constitution; et une salve générale de l'artillerie ayant annoncé la fin de cette solennité politique, on reprit l'Acte constitutionnel, et le cortége retourna dans le même ordre à la maison-commune. Le soir, on organisa des bals champêtres, des amusements de toutes sortes : l'autel de la patrie, la terrasse, les grilles du Champ de la Fédération, ainsi que les façades des maisons, étaient illuminées; c'était un spectacle féérique que celui que présentait Bordeaux

Livre II.
Chap. 6.

1791

Archives
de
l'Hôtel-de-Ville
NOTE 8.

à la naissance de cette Constitution qui semblait devoir régir pour toujours les destinées d'un peuple enthousiasmé de sa perfection. Hélas! elle a vécu ce que vivent les roses, comme l'a dit un poète; elle est morte et n'a laissé que de tristes souvenirs! Bien d'autres sont venues au monde depuis sur cette belle terre de France; et à en juger par leur embonpoint juvénil et leur virilité précoce, on devait présumer qu'elles étaient nées dans toutes les conditions de la viabilité, et que les Français seraient le peuple le mieux constitué du monde! Il n'en est rien: les bourrasques populaires ont emporté bien des chartes, bien des parchemins, qu'on a jetés au peuple abusés comme des hochets qu'on donne aux enfants; et Dieu sait ce qu'il nous en reste encore à voir!

C'est en vertu de cette Constitution que les élections eurent lieu, et que les noms des députés dont nous avons parlé plus haut sortirent de l'urne électorale. Il était temps que ces représentants se rendissent à Paris, à l'Assemblée législative, qui devait commencer ses travaux au mois d'octobre. De tous ces hommes, Lacombe est celui qui occupait le plus l'opinion publique; il avait la passion de faire parler de lui, et il n'y a malheureusement que trop réussi. Instruit et hardi, il aimait assez à parler en public; mais n'ayant point de principes fixes, ni en politique, ni même en religion, ce téméraire doctrinaire ne parlait que pour dévoiler ses misérables sentiments et pour se faire mieux connaître. Élu curé de St-Paul dans l'assemblée électorale du district, comme nous l'avons vu plus haut, il fit un bref discours aux électeurs; puis affectant une grande humilité et une modestie profonde, il s'avoua peu digne de remplir la sublime et glorieuse fonction de pasteur.

Il confessa, en outre, tout en bénissant la nouvelle réforme, qu'elle n'avait pas les sympathies d'une infinité d'*illustres évêques* et de *respectables prêtres;* mais en agissant ainsi contre de si grandes autorités, il se consola par la pensée qu'il n'avait fait que céder *à la voix de sa conscience!*

C'est assez curieux de voir cet insensé s'efforçant de justifier son apostasie par les cris de sa conscience, toujours docile, toujours souple et soumise aux ordres du pouvoir civil, jusqu'à prêcher, embrasser et appuyer un schisme dans le clergé de Bordeaux, toujours si uni! Il déclare que le ciel est pour le clergé constitutionnel, et assure que les prêtres fidèles à leur devoir sont des loups auxquels Dieu ne permettra pas que les vrais fidèles soient exposés. Il s'évertue ensuite à faire l'éloge de Pacareau, célèbre son savoir, ses vertus et ses qualités épiscopales; il en fait presque un anachorète et un saint, et foudroie dans sa colère, du haut de la chaire de St-Paul, les méchants qui oseraient qualifier ce *vénérable vieillard* des exécrables qualifications d'*intrus*, de *schismatique* ou d'*usurpateur!*

Puis, venant à parler de lui-même, il déclare connaître bien ses devoirs et vouloir les remplir. « Je n'ignore pas, dit-il,
» que je vais être parmi vous un sujet de doute pour les fidè-
» les, un sujet de scandale pour les méchants; que la mauvaise
» foi interprètera mes démarches, dénaturera mes intentions;
» mais n'importe, ma conscience a parlé, je dois surmonter
» tous les périls et braver les tempêtes, etc., etc. »

Il ne le fit que trop, et sans écouter cette conscience qui, sans doute, dans la solitude, lui parlait bien souvent et bien haut, mais dont une folle ambition et un sot orgueil étouffaient la voix importune. Son esprit inquiet ne se contentait pas de la position où la Providence l'avait placé; il visait à l'héritage de Pacareau et aux honneurs de la députation. Un caractère comme le sien, prêt à tout faire et à se ployer à toutes les circonstances, versé dans les intrigues et se jouant de sa parole pour tromper le peuple, ne pouvait manquer de parvenir à son but; il fut élu député.

Lacombe, avant de se mettre en route pour Paris, monta en chaire à St-Paul, et fit à ses paroissiens son discours d'*adieu*. Il cite les attendrissantes paroles de saint Paul aux habitants de Milet; puis il ose dire : « Oui, je puis aussi me flatter d'avoir

Livre II.
Chap. 6.

1791

» sacrifié le repos de mes jours au bonheur de mon troupeau;
» je puis aussi attester pour garants de mon zèle et de ma
» tendresse, ma conduite au milieu de vous, les tribulations
» que j'ai souffertes, les sollicitudes de toute espèce dont vous
» avez été la cause et l'objet; mais les traverses qu'on m'a
» suscitées ont été pour mon âme un sujet d'allégresse, parce
» que je souffrais pour vous, parce que je trouvais au fond des
» cœurs fidèles le dédommagement de tous mes sacrifices. »

Ce parallèle entre saint Paul et le curé schismatique de St-Paul de Bordeaux ne laisse pas d'avoir son côté plaisant! N'est-ce pas honteux de voir un prêtre qui s'est oublié jusqu'à fouler aux pieds ses devoirs, entreprendre sérieusement son propre éloge, et, à défaut de mains officieuses, cueillir des fleurs pour se tresser une couronne! Quels sacrifices a-t-il pu faire, lui, qui, jamais content de l'humble sphère où il avait vécu, voulait toujours arriver plus haut? Lui, dont l'ambition alla s'installer dans la chaire de St-Paul, puis se transporta à la tribune, et, de là, sur le siége de Bordeaux!

Après cet exorde, il se plaint de ce qu'il est obligé de rompre les doux liens qui l'unissent indissolublement à son troupeau et de lui faire ses *adieux*. Brûlant d'envie d'aller à l'Assemblée, il ose cependant dire en chaire : « Malheureux
» celui qui attribuerait à une vaine ambition un départ qui
» contrarie le plus cher de mes vœux. » Mais prévoyant bien qu'on ne le croirait pas sur parole, il allègue, comme pour justifier ses vues, un motif qu'il croyait tout puissant sur les esprits : « Si j'ai consenti à m'éloigner de vous, c'est pour mieux
» assurer votre félicité sous le double rapport de la religion et
» des lois sociales. Qu'il est beau, en effet, qu'il est intéres-
» sant pour vous le nouvel apostolat dont la cité vient de
» me revêtir!.... De quel abîme de maux ne puis-je pas vous
» tirer, en sortant de cet étroit bercail pour consacrer mes
» soins à la nation entière...... »

Après cet épanchement de son dégoûtant orgueil et de sa

sotte vanité, il fait un tableau assez décourageant de l'état malheureux de la France, sans penser, peut-être, que ses amis et lui-même en étaient en partie la cause. Il assure qu'il ne veut pas prolonger davantage la crise politique : « Loin de
» nous l'ambition funeste des révolutions; c'est une crise qui est
» quelquefois nécessaire, mais toujours violente, et qui doit
» décider en un instant de la mort ou de la vie…. Nos prédé-
» cesseurs ont planté l'arbre de la liberté, dont les branches,
» se déployant de jour en jour, promettent à tous les Français
» leur ombre hospitalière; mais cet arbre, faible encore, ne
» jettera pas de profondes racines s'il n'est soutenu par un
» ferme appui…. Législateurs immortels, après avoir extirpé
» les erreurs, ils ont posé les plus beaux principes; ce sera
» à nous de vous faire jouir de leurs conséquences. Leurs
» plus grands travaux ont été en spéculations; les nôtres
» doivent être en pratique. Pour tirer le peuple de la léthargie
» dans laquelle il était enchaîné, ils ont dû le pousser violem-
» ment vers la liberté……. Gardons-nous d'un système qui
» tendrait à nous plonger dans une molle inertie, en éloignant
» ce noble enthousiasme de la liberté, qui nous a portés, à tra-
» vers tant d'obstacles et d'utiles débris, aux brillantes destinées
» dont nous allons jouir. Sous les noms spécieux de prudence,
» de ménagements, de froide raison, que j'entends réclamer et
» préconiser en tous lieux, je crains que les ennemis du bien
» public ne cherchent à nous jeter dans un assoupissement
» fatal, dont ils ne manqueraient pas de nous punir, et qui
» bientôt deviendrait pour nous le sommeil de la mort !…….
» Il en est ici-bas de la liberté comme du royaume des cieux,
» il faut pour la ravir une sage violence. Que notre civisme
» soit prudent, qu'il soit toujours éclairé par le flambeau de la
» raison et de la morale ; mais qu'il soit en même temps pas-
» sionné, véhément, impétueux : la timidité du peuple fait l'au-
» dace des tyrans… Nous avons encore des dégoûts à surmon-
» ter, des trahisons à contenir, des rois ennemis à combattre. »

Livre II,
Chap. 6.

1791

Quel langage, bon Dieu, pour la chaire ! Il continue sur le même ton, avec le même dévergondage de sentiments, le même style déclamatoire, et finit par des conseils que sa charité révolutionnaire donne à ses paroissiens et à ses vicaires. Parleur bruyant et infatigable à Bordeaux, il n'osa guère prendre la parole à l'Assemblée ; il s'effaça presque complètement : la tribune avait pour lui des écueils que n'avait pas la chaire ; il cessa de parler, mais il ne cessa pas d'être révolutionnaire.

Il faut avouer cependant que, dès son début dans la carrière politique, Lacombe n'était ni républicain, ni ennemi du roi ; son caractère sacerdotal le retenait dans les limites du bien, et ce n'est pas de prime abord qu'un esprit, quelque audacieux, quelque paradoxal ou novateur qu'il soit, passe d'un extrême à l'autre, du bien au mal. Comme curé de St-Paul, Lacombe allait quelquefois au club dit la *Société des Amis de la Constitution;* il y voyait bien des choses étranges, entendait bien des hommes bruyants et ingouvernables : les uns voulaient une royauté enchaînée par des institutions républicaines ; les autres, une république véritable, sans doute celle de Lacédémone ; d'autres, un gouvernement mixte, un mélange de royauté et de république, comme en Angleterre ; d'autres, enfin, une sorte d'oligarchie ; et chaque fraction de ce club tumultueux voulait adresser des pétitions à l'Assemblée pour la réalisation de ses utopies. Lacombe s'élevait contre ces coupables rêves des esprits malades ou inquiets, qui voulaient abaisser le roi à leur niveau, pour mieux atteindre à sa couronne, et, peut-être, s'en disputer les fleurons. Un soir, s'élevant avec force contre ces téméraires faiseurs de constitutions, il leur demande s'ils ont bien réfléchi sur les suites funestes de leurs coupables projets; il leur rappelle qu'il est défendu de soulever des débats sur un point quelconque de la Constitution, ou de s'occuper de nouvelles réformes ; que toutes les sociétés semblables à la leur devraient savoir qu'il leur était défendu de présenter des pétitions au Corps législatif.

La nation avait ses représentants, et se reposait sur eux; des moments d'effervescence ne sont pas toujours bons pour discuter des problèmes si difficiles à résoudre. « Quand votre
» roi, disait-il dans le club, après la fuite de la famille royale,
» quand votre roi vient de vous trahir avec toute la lâcheté
» d'une âme faible, avec toute l'atrocité d'un tyran, gardez-
» vous de juger la royauté. Vous allez briser dans votre dou-
» leur l'instrument qui vous a blessé, mais dont le secours
» vous est nécessaire. Les Anglais, en immolant Charles Ier,
» voulurent aussi renverser le trône; mais Cromwel leur fit
» bientôt sentir que ce trône était une des bases essentielles
» de la constitution et de la liberté publique.... Quoi! parce
» que plusieurs municipalités ont forfait à la Constitution, il ne
» faut donc plus de municipalités! Parce que certains dépar-
» tements ont abusé de leur autorité, il ne faut donc plus de
» départements! Et si l'Assemblée nationale trahit la patrie,
» il ne faudra plus d'Assemblée nationale!....... Soyez plus
» conséquents; si la royauté est nécessaire à l'étendue de notre
» empire, si elle est nécessaire à notre position géographique,
» si elle est nécessaire au caractère national, et ces trois
» points ne sont plus un sujet de doute, conservez la royauté
» et punissez ceux qui en abusent; mais ne parlez pas d'écha-
» fauds, de tortures ou de sang!... Elle est sage, elle est noble
» cette loi qui déclare inviolable la personne du monarque;
» la nation doit se respecter elle-même dans son chef, même
» quand son chef ne se respecte plus! Un simple citoyen est
» puni de mort, parce qu'il ne donne pas d'autre prise à la
» vengeance publique, et qu'il faut, néanmoins, une punition
» éclatante pour arrêter la contagion; mais un roi, sans qu'on
» attente à sa personne, n'est-il pas exposé de toutes parts aux
» atteintes de la loi? Les honneurs, les avantages suprêmes
» dont il est entouré, ne sont-ils pas autant de moyens ter-
» ribles que le peuple s'est réservés pour en faire un exemple
» à l'univers? Que tout tyran apprenne qu'une nation n'a pas

» besoin d'employer contre lui la violence; qu'il suffit qu'elle
» retire de lui ses dons généreux, pour lui faire sentir tout le
» poids de son inimitié; il *doit perdre tout, excepté le sou-*
» *venir de ce qu'il était.* La France doit-elle priver la terre
» de l'exemple d'un mauvais roi, plongé tout à coup dans
» l'humiliation la plus profonde? Imitons les Syracusains :
» ils ne dressèrent pas de croix ou d'échafaud au parjure
» Denys; ils le laissèrent caché parmi la populace des Corin-
» thiens; et quand un despote les menaçait de son joug, ils
» lui répondaient froidement : *Souviens-toi de Denys à Co-*
» *rinthe*.....

» On vous a parlé de rendre la couronne élective. Pardon-
» nez-moi l'indignation que m'a inspirée ce conseil désastreux.
» Je vous avoue que, quelque idée que j'aie des grands talents
» et des vues patriotiques de celui qui vous l'a donné, j'au-
» rais voulu, pour la gloire de cette assemblée, qu'il eût été
» enseveli sous les flots des réclamations unanimes. L'expé-
» rience des peuples sera donc toujours perdue pour les peu-
» ples ! Quand on a proféré cette malheureuse parole, ne
» vous êtes-vous pas représenté aussitôt la Pologne, un des
» plus beaux empires de l'univers, livrée par ce système
» d'élection à tout ce que peut la rage des factieux? N'avez-
» vous pas vu les tempêtes couvant dans ce pays pendant la
» durée de chaque règne, pour éclater et mettre l'État en feu
» à la mort du monarque? N'avez-vous pas vu les puissances
» avides profitant de ces troubles intestins pour en envahir
» les provinces, et s'entr'arrachant les membres de ce corps
» déchiré ?

» ...... Je ne prétends pas opposer mes vues à celles qu'on
» a hasardées devant vous; je ne prétends pas non plus les
» combattre..... J'ai voulu seulement vous faire sentir qu'il
» est temps de mettre un terme à cette discussion scandaleuse,
» et qu'il y aurait eu plus de grandeur à imiter, sur les crimes
» du roi, le silence sévère et le calme imposant de l'Assem-

» blée nationale..... Reposons-nous sur la sagesse de nos re-
» présentants ; attendons leurs décrets sans inquiétude, et dès
» qu'ils seront proclamés, employons toutes nos forces à les
» faire aimer, ou, ce qui est la même chose, à les faire com-
» prendre...... Je conclus à ce que toute discussion sur le
» gouvernement et le pouvoir exécutif soit incessamment fer-
» mée ; je demande la question préalable sur toutes les mo-
» tions qui ont été faites à ce sujet, et qu'il ne soit fait aucune
» adresse ni pétition à l'Assemblée nationale pour le change-
» ment ou la modification d'aucun droit constitutionnel. »

Ce discours, où l'on remarque des vues politiques saines, de l'élévation dans les sentiments, une éloquence peu commune et une allure mâle et vigoureuse, suffit pour révéler tout le caractère de Lacombe au commencement de son apparition dans le monde politique. Nous avons cru devoir le conserver, ne fût-ce que comme document biographique sur un homme qui a fixé longtemps les regards des Bordelais, et que son élévation à l'épiscopat nous obligera bientôt à ramener sur la scène de l'histoire.

Rien de bien remarquable n'est arrivé à Bordeaux dans les derniers mois de l'an 1791. On élut une nouvelle municipalité, qui entra en fonction le 6 décembre, conformément à la nouvelle Constitution. On remplaça aussi les administrateurs du district, ainsi que les notables : on trouvera le nom de ces nouveaux membres ou administrateurs dans la *note* 10e.

CHAPITRE VII.

Suppression des sœurs de la charité.— On croit pouvoir les remplacer par des veuves et de jeunes filles. — On se trompe.— On prend des infirmiers.— État du clergé. — Langoiran persécuté.— Ses livres arrêtés.— Il se cache.— On visite quelques couvents, sous prétexte d'y trouver des armes. — On fait fermer des églises où les non-conformistes se réunissaient.— Le club exige d'autres sacrifices.— Désordres à l'occasion d'un enterrement. — Jugement rendu à ce sujet. — Pétition contre des prêtres étrangers. — Les femmes patriotes s'arment. — Leur lettre à cette occasion. — Lettre du ministre Duranthon. — Ses effets à Bordeaux.

Livre II.
—
1792

La nouvelle année commence sous les auspices les plus décourageants! l'impiété gagnait toutes les classes, et l'hostilité contre les prêtres non-conformistes allait toujours en croissant : la confiscation des biens ecclésiastiques, le pillage des églises et des couvents, étaient un attrait suffisant pour la cupidité des uns, et pour inspirer aux ennemis des prêtres et des religieux une haine pour les individus qu'on voulait voler à l'abri de la loi. On avait supprimé les frères des écoles chrétiennes; leur pieuse et sainte institution contrastait trop avec les nouvelles idées : les hommes d'alors ne voulaient rien de divin autour d'eux. Il y avait encore à Bordeaux des sœurs de la charité, chastes colombes du sanctuaire, saintes victimes de l'amour de Dieu : Qu'y faisaient-elles ? Du bien. C'était trop pour les philanthropes du jour : la charité habitait le ciel, la philosophie devait la remplacer sur la terre ! Elles s'étaient consacrées au service de Dieu et de l'humanité souffrante, elles veillaient au chevet des lits des malades, elles quêtaient les humiliations, elles couraient après les infortunes pour les consoler, la misère pour la soulager, les malades pour les guérir, les enfants pour les élever pour le ciel et pour la société, les filles pour en faire de bonnes épouses, de tendres mères. C'était trop, en vérité, de ces missionnaires de la charité dans le nouveau monde ; il fallait les supprimer ! Un écrit, émané du club des *Amis de la Constitution,* se distribue en ville ; il engage les veuves et les jeunes filles à se vouer aux soins des malades dans les hôpitaux, afin de remplacer, disait-on, des personnes *accoutumées, il est vrai, à faire le bien; mais peu en garde contre les moyens de séduction d'une politique ennemie, et qui s'étaient laissées circonvenir par les éternels oppresseurs de la liberté des peuples, et subjuguer par l'esprit dominateur du fanatisme ultramontain.*

Mais pour arriver à la suppression de ces incomparables filles de St-Vincent-de-Paule, il fallait, pour en imposer au peuple, sinon des raisons, au moins de plausibles prétextes. On se mit à répandre le bruit qu'elles avaient mal administré et même refusé des secours dans les lieux consacrés à la bienfaisance, lorsque les malades ne partageaient pas leurs préjugés, leurs erreurs et leur haine pour la nouvelle Constitution. Cet écrit calomnieux, signé : Duvigneau, président ; Faure, Laubarède, Terrasson, Ducourneau, Barthès, tous de chauds révolutionnaires, fut accueilli avec mépris et ne fit pas de dupes ; il n'apprit aux Bordelais qu'une chose, que la philosophie voltairienne, qui infectait alors tout le corps social, est impuissante à produire une seule fille de charité ! Honteux de leurs infructueux efforts, ils nommèrent, quelques jours après, des infirmiers pour remplacer ces vénérables filles de St-Vincent. Ces pauvres mercenaires étaient payés pour leurs services ; les sœurs n'attendaient rien de la terre que la misère, la calomnie et l'ingratitude : Dieu, Dieu seul, pouvait et devait être leur récompense.

Le vandalisme révolutionnaire était fier de ses triomphes ; l'édifice du catholicisme était presque tout par terre, et le schisme, uni à l'hérésie, s'était assis sur les ruines. Quelques

Livre II.
Chap. 7.

1792

Archives
de
l'Hôtel-de-Ville

prêtres restaient encore sur ce sol brûlant, comme pour attendre l'heure du dernier sacrifice; leur présence était la censure, la condamnation de ces ecclésiastiques qui avaient prêté le serment constitutionnel et embrassé les nouvelles erreurs. Parmi ces courageux et fervents défenseurs de la foi, se trouvait l'abbé Langoiran, homme de grandes vertus, de talent et de courage, disposé à souffrir le martyre plutôt que de transiger avec sa conscience ou de ployer sa croyance aux exigences des hommes. Il avait composé quelques opuscules pour affermir les fidèles dans la foi de leurs pères et pour les détourner des nouvelles doctrines condamnées par Rome; c'était plus qu'il n'en fallait pour le rendre odieux aux ennemis du catholicisme. Il était la bête noire de l'administration; tous les agents de la police le suivaient, l'observaient et s'informaient minutieusement de sa conduite, de ses actions et de ses paroles. Se voyant entouré d'espions et exposé à des périls presque inévitables, il fit porter une caisse de papiers et de livres chez M. Garrigou, négociant, qui, bien renseigné sur les piéges qu'on tendait à l'abbé, refusa de les recevoir, pour ne pas se compromettre. Le domestique allait rentrer chez lui; mais, arrêté en route, on déposa la caisse dans la salle du Directoire. On invita les dénonciateurs à assister, le 7 janvier, à cinq heures du soir, à l'ouverture de la caisse et à l'examen du contenu.

En effet, à cinq heures du soir, le Directoire s'assembla, et après quelques débats, prit l'arrêté suivant : « Attendu qu'il » n'existe pas encore de délit prouvé, ladite caisse et la » lettre, signée *Langoiran*, seront envoyés à la municipalité, » pour que, en présence des sieurs Langoiran et Garrigou, » elle procède à l'ouverture de ladite caisse et à l'inventaire » des titres de chaque brochure, et faire de suite l'examen » de chacun desdits écrits, afin de s'assurer s'ils sont de nature » à nuire à la tranquillité publique; et, dans ce cas, être, par » le procureur-général-syndic, sur le rapport qui lui en sera

» fait par la municipalité au Directoire, dénoncé aux tribu-
» naux ; et, dans le cas contraire, remis au propriétaire.

» *Signé* : L. JOURNU. »

La municipalité procéda en effet à l'ouverture de la caisse, et chargea MM. Boyer-Fonfrède et Oré de l'inventaire et de l'examen des brochures. Après avoir reçu leur rapport, le Directoire s'assembla, le 16 janvier, et dressa une délibération, où se trouvent indiqués par leurs titres les ouvrages saisis dans la caisse :

« Vu la lettre du procureur-général-syndic, du 14 du cou-
» rant; l'extrait des registres du directoire du département
» de la Gironde, du 13 ; la lettre de MM. les Officiers muni-
» cipaux de la commune de Bordeaux, adressée au départe-
» ment; la lettre du sieur Garrigou, écrite au sieur Langoiran
» le 16 janvier 1792; la lettre du sieur Langoiran à la muni-
» cipalité de Bordeaux, du 9 du courant; l'extrait des regis-
» tres de la municipalité, du 7 du courant ; le procès-verbal
» fait à la municipalité, le 8 ; l'extrait des registres de la
» municipalité, du 9; le rapport de M. Boyer-Fonfrède, du
» 10 ; l'extrait des registres de la maison-commune, aussi du
» 10 ; cinq lettres de Sorbonne, numérotées 9, 10, 11, 12 et
» 13 ; une lettre du sieur Langoiran à un capitaine d'une
» compagnie des troupes patriotiques, n° 7 ; un Mémoire dans
» lequel on expose la doctrine contenue dans un livre qui a
» pour titre : l'*Embryologie sacrée*, deux exemplaires, nos 40
» et 41 ; vingt-quatre exemplaires d'un ouvrage intitulé :
» *Examen du serment civique* décrété le 9 novembre 1791,
» depuis le n° 14 jusqu'à 37 ; deux exemplaires d'un ouvrage
» intitulé : *le Peuple détrompé*, nos 53 et 55 ; huit exemplaires
» d'un ouvrage intitulé : *Bref du pape*, depuis le n° 45 jus-
» qu'à 51, un de ces exemplaires sans *numéro* ; un exemplaire
» de la *Lettre pastorale* du cardinal de Bernis, n° 58 ; ordon-
» nance de Mgr l'évêque de Soissons, n° 64 ; protestation de la

» noblesse de France, n° 56; lettre des professeurs en théo-
» logie de Sorbonne et de Navarre, n° 63; différentes lettres
» écrites par L'Homond, n° 66; adresse des prêtres non asser-
» mentés de la ville de Paris au roi, n° 64; saint Jean-Chry-
» sostôme aux catholiques de France, n° 67; réponse de
» M. Langoiran à M. Duranthon; deux exemplaires d'un ou-
» vrage intitulé : *Dénonciation aux Français catholiques des*
» *moyens employés par l'Assemblée nationale pour détruire en*
» *France la religion catholique,* n°s 2 et 3; exposition des
» principes sur la constitution civile du clergé, n° 4; traité du
» schisme, n° 5; la lettre d'envoi de M. Roullet de la lettre du
» sieur Langoiran à M. Garrigou, et la lettre du sieur Langoi-
» ran au sieur Garrigou..... »

Comme la loi protégeait la manifestation libre des opinions et la censure des doctrines, et même des pouvoirs constitués (art. 17 du chapitre V de la section 3 de la Constitution), le Directoire se trouvait embarrassé pour ordonner la poursuite de l'abbé Langoiran. La haine l'emporta sur la liberté, et le Directoire prit une délibération, où il déclare, en motivant extra-légalement des mesures judiciaires contre un homme dont le seul tort consistait à avoir en son pouvoir ces ouvrages, déjà imprimés depuis longtemps; qui n'en avait pas publié un seul, à l'exception de ses propres lettres, que la loi, sans une action rétroactive, ne pouvait pas atteindre, et, enfin, qui n'avait à se reprocher que d'avoir envoyé ces ouvrages à M. Garrigou, envoi qu'ils qualifient de *publications*, pour pouvoir atteindre un homme dont on voulait se défaire; le Directoire déclare dans cette délibération que : « Il est d'avis,
» qu'à la requête de M. le Procureur-général-syndic, le sieur
» Langoiran (Simon) soit dénoncé à M. l'Accusateur-public,
» pour être poursuivi devant les tribunaux, comme ayant
» *publié* des ouvrages qui provoquaient la désobéissance à la
» loi, l'avilissement des pouvoirs constitués, la résistance à
» leurs actes, la subversion par la force des armes de l'ordre

» public établi par les lois, et comme tendant à troubler l'État
» par une guerre civile et religieuse.

» Délibéré à Bordeaux, le 16 janvier 1792.

» R. Demeyère, vice-président; Dufourg, Bernada,
» administrateurs; Pery, suppléant du procureur-
» syndic; Latour-Lamontagne, secrétaire. »

M. Langoiran commençait alors à entrevoir le sort qui l'attendait; il se cacha pendant quelque temps chez un ami; puis, craignant des poursuites plus actives, il se retira à la campagne, comme nous le verrons plus bas, pour se dérober à la haine de ses ennemis, à la persécution, à la mort. On avait si bien égaré la foule, qu'elle le crut coupable : les premières impressions sont toujours les plus vivaces, et ce n'est pas chose facile que de détromper une population séduite. Rien n'avait été négligé pour indisposer toutes les classes contre les prêtres : la foule ne raisonne pas; les coryphées pensent et parlent pour elle, et, du moment qu'on lui eut appris qu'un seul prêtre était coupable, elle crut facilement que tous les autres l'étaient également. La haine des prêtres s'étendait partout, et tout ce qui se rattachait à la question religieuse devint l'objet des provocations incessantes et des outrages d'une population oisive et turbulente. On avait même jusqu'alors toléré quelques communautés de filles non cloîtrées; on n'avait pas osé les jeter sur le pavé; cependant, leur existence étant une anomalie dans la nouvelle Constitution, il fallait s'en défaire, et, pour cela, on prétendit que les aristocrates et les prêtres y avaient réuni un amas considérable d'armes et de munitions, pour une prochaine contre-révolution. L'agitation était à son comble; on voulait s'y porter en foule et raser ces maisons qui contenaient les dépôts dénoncés; mais craignant une répression sévère, on adressa, de tous côtés, au Directoire des pétitions, demandant avec force que ces édifices fussent visités et que les délégués s'adjoignissent, pour ces explorations, des architectes, afin de découvrir avec plus de facilité les cachettes et les lieux des dépôts.

Ces visites, comme on le pense bien, n'amenèrent aucun résultat; mais ces dénonciations calomnieuses, ces propos diffamatoires, ces attaques insidieuses et ténébreuses, faites presque toujours à l'instigation du club National, tenaient les perturbateurs en haleine, et assuraient aux chefs du parti révolutionnaire l'empire sur une populace égarée, facilement impressionnée, et toute disposée à seconder ceux qui, par des vues intéressées, flattaient ses passions politiques.

On ne s'arrêta pas à ces vexations contre de pauvres filles sans défense : on demanda la suppression des églises qui n'étaient point paroissiales, puis de celles dont les curés n'étaient point encore remplacés. La municipalité souscrivit en partie à ces demandes, et le Directoire, par un arrêté du 10 février, ordonna que tous les édifices que des sociétés particulières pourraient consacrer à l'exercice d'un culte quelconque, porteraient sur leur façade cette inscription :

ÉDIFICE CONSACRÉ A UN CULTE RELIGIEUX
PAR UNE SOCIÉTÉ PARTICULIÈRE.

—

PAIX ET LIBERTÉ.

Singulière paix que celle qui soufflait la guerre, et qu'on ne voyait nulle part que sur la façade de quelques maisons! Singulière liberté que celle qui rivait les fers aux pieds et aux mains de plusieurs milliers d'individus inoffensifs, qui n'osaient pas même parler de la liberté de conscience ni prier Dieu à la façon de leurs pères! Les proclamations ne manquaient pas pour maintenir la paix et la liberté; mais comment faire de l'ordre avec des principes de désordre? La garde nationale était souvent requise; mais elle était composée de mauvais éléments; elle n'exécutait point les ordres qu'on lui transmettait, et, très-souvent, les proclamations étaient arrachées par les ennemis de l'ordre. Le club National agissait en souverain et imposait au peuple et aux magistrats ses lois ; il obtenait tous les jours de nouvelles concessions, et son association aux clubs avancés de la capitale le rendait en quelque sorte une puissance à Bordeaux. Il avait déjà demandé et obtenu qu'on fît disparaître les *derniers vestiges de l'esclavage,* c'est-à-dire la livrée des Suisses de l'hôtel des Monnaies, de la Comédie, de la Douane, de la maison d'administration de la Marine et des gardes de la Bourse ; il demanda ensuite l'inauguration du drapeau national à la salle du Grand-Spectacle, *afin que les citoyens qui s'y rassemblaient pussent avoir continuellement sous les yeux ce signe de notre régénération et de notre liberté,* et que, le jour de cette cérémonie, on jouât la tragédie de *Brutus*. Cette demande fut exécutée en tous points, et l'affluence était telle à cette représentation démocratique, que l'on fut obligé de jouer encore la même pièce le lendemain. On parlait de la liberté comme acquise à tout le monde : le club était libre ; c'était assez pour Bordeaux ! tout le monde devait l'être. Comment oser se plaindre, quand les républicains en herbe étaient contents et heureux ? Cependant, nous allons emprunter à nos archives municipales une page assez curieuse, qui démontre combien étaient illusoires la paix et la liberté dont on se vantait tant à Bordeaux.

Comme nous l'avons déjà vu, les fidèles ne voulaient pas de prêtres constitutionnels et abandonnaient leurs églises ; les bons prêtres se cachaient ; leurs églises étaient supprimées par le décret du 29 novembre, et leurs partisans assujétis à toutes sortes de vexations ; mais rien ne put arrêter les vrais catholiques : ils savaient où se trouvaient les prêtres fidèles, et même les mourants n'en voulaient pas d'autres. Le 1er février, une personne, qui habitait la paroisse de Ste-Eulalie, vint à mourir ; elle était pieuse, attachée à la doctrine catholique, et pleine d'horreur pour les prêtres qui ne vivaient pas en communion avec Rome. Comme elle, ses amis et ses parents ne voulaient pas avoir le curé constitutionnel de la paroisse ; leurs répugnances étaient connues; on savait partout où étaient leurs sympathies, et soit qu'ils l'eussent dit ou qu'on le leur eût faussement attribué, le bruit circulait en ville que la défunte avait témoigné le désir d'être enterrée dans un couvent de religieuses, et que, pour accomplir cette dernière volonté de la morte, on devait, pour ne pas soulever la colère populaire, provoquer des murmures et pour sauver les apparences, porter clandestinement le corps dans le couvent désigné, et présenter à l'église un cercueil qui ne renfermerait qu'une bûche à la place du cadavre. Cette nouvelle était incroyable; mais la passion obscurcit la raison, et le ridicule et l'absurde trouvent des gens crédules et des dupes; on croit facilement tout ce qui s'accorde avec ses propres préventions, ou qui puisse jeter de la défaveur sur un adversaire : on croyait le conte que la malveillance avait fait circuler, pour provoquer des désordres et nuire, peut-être, à une famille religieuse. Les hommes parlaient; mais cette fois les femmes veulent agir : elles se réunissent au nombre de soixante ou quatre-vingts dans le cimetière de Ste-Eulalie, et veulent s'assurer du fait et s'opposer à ce simulacre de cérémonie religieuse. A l'heure convenue, le cortége funèbre arrive : nos patriotes en jupes s'avancent et déclarent au curé qu'on l'avait trompé par un enterrement simulé, et l'engagent à se retirer dans son église. Le curé obéit à ces singuliers magistrats, en disant : *Faites donc ce que vous voudrez.* Alors elles ouvrent le cercueil, déplient le suaire, et s'assurent, à leur honte, que c'étaient les restes de la défunte !

Ce désordre était trop répréhensible pour rester impuni : le procureur de la commune, M. Jacques Vielle, y vit un crime prévu par la loi, une atteinte portée à l'harmonie de l'ordre social, à la paix et à la tranquillité publiques, un égarement coupable inspiré par un esprit intolérant opposé à la liberté individuelle; il requit qu'on arrêtât, par une punition exemplaire, ces excès d'anarchie, ces criminelles inspirations de l'intolérance religieuse.

Le tribunal, présidé par M. Maignol, juge-de-paix, condamne « le 4 février 1792, Marie Douat, veuve Lafé, Cathe-
» rine Clémenceau, femme Narbonne, Jeannette Cathérineau
» fille, chacune en 12 liv. d'amende, solidairement, et à être
» renfermées pendant huit jours dans une maison de déten-
» tion; condamne Catherine Jaudeau, femme Monty, en 150
» livres d'amende, et attendu son état de grossesse, la met
» en liberté; ordonne, en outre, que le jugement sera imprimé
» aux frais et dépens de la femme Monty, veuve Lafé, Cathe-
» rine Clémenceau et la fille Jeannette Cathérineau. »

Les honnêtes gens applaudirent à cette sévérité; mais nous n'avons pas trouvé dans les papiers de la Mairie la moindre preuve que ce jugement ait reçu son exécution : les lois d'alors étaient élastiques; les hommes les ployaient aux besoins des temps et aux circonstances.

Bordeaux ne fut pas le seul endroit où les ministres des autels eussent à se plaindre des vexations de la populace : les autres départements leur étaient tellement antipathiques et hostiles, qu'ils se virent forcés de déserter leurs presbytères, leurs paroisses, leurs familles et leurs pays, pour d'autres contrées hospitalières. Bordeaux, grande ville, paraissait offrir un asile assuré à ces malheureux proscrits; le caractère hospitalier du peuple, ses mœurs jusque-là douces et inoffensives, son respect pour son clergé, ses habitudes religieuses et éminemment sociales, semblaient les y inviter comme dans un lieu de retraite. En février 1792, on y en comptait jusqu'à deux mille! On les connaissait, quoique déguisés, les uns sous l'habit de marchands ambulants, les autres habillés en gardes nationaux, quelques-uns chargés d'outils, comme de simples ouvriers, tous avec un costume laïque et fuyant le sol enflammé de leurs pays, dans l'espoir de rencontrer des frères et des amis sur la terre hospitalière de la Gironde. Il n'en fut rien : les Bordelais n'étaient plus ce qu'ils avaient été; la révolution avait changé leurs mœurs et leur caractère. La présence de ces malheureux, errants, tristes et désolés, sur les rives de la Garonne, comme Israël sur les bords des fleuves de Babylone, sans pouvoir même chanter leurs douleurs sur leur lyre silencieuse, excita la colère des démocrates anti-prêtres; et, le 27 février, on présenta au corps administratif, contre ces pauvres ecclésiastiques, une pétition inspirée par une haine anti-sacerdotale, et signée par mille cinq cent trente citoyens de Bordeaux. On reprochait à ces étrangers inoffensifs des paroles séditieuses, des provocations à la révolte, des propos inconstitutionnels, mille choses politiquement coupables, mais auxquelles ils n'avaient jamais songé, et dont la fausseté n'était que trop évidente. Après ces incriminations et des déclamations furibondes, les patriotes bordelais exigèrent que ces réfugiés insermentés fussent renvoyés dans leurs municipalités, et que les églises où on les accusait de se rassembler fussent fermées pour toujours. Ces exigences des habitués du club des *Amis de la Constitution* furent autant d'injonctions pour les officiers municipaux. Le lendemain, l'ordre d'expulsion fut affiché partout, et les quatre églises tolérées pour l'exercice des cultes non-conformistes furent fermées par l'administration départementale, sous le prétexte que la fréquentation de ces maisons de prières avait causé du trouble.

Le club était la source d'où émanaient ces actes d'intolérance : dans ses mains, la calomnie était une arme et la municipalité un instrument pour l'exécution de ses volontés; il avait des chefs, et les hommes leur obéissaient instinctivement, comme des esclaves à leurs maîtres. On songea même à enrégimenter les femmes : leur patriotisme n'était pas un sujet de doute, et leur docilité patriotique aux ordres des chefs du club paraissait un garant de leur soumission à la discipline. Jusque-là elles n'avaient pas été armées; mais puisqu'elles avaient renoncé aux douces occupations domestiques, à cette réserve si bienséante, et aux vertus privées du sexe, pour se mêler aux débats de la tribune, aux déclamations des places publiques et aux émeutes de la rue, il paraissait naturel et rationnel, puisqu'elles se faisaient hommes, qu'on les fît participer à des travaux mâles et même aux exercices militaires. Cette idée fut conçue par Golar, président du club des Surveillants de la Constitution; il invita les citoyennes qui venaient assister aux séances et s'inspirer à la source de la pure démocratie, à se munir, à l'instar des citoyennes de la capitale, de piques ou de toute autre sorte d'armes. Nos héroïnes se sentirent flattées de cette attention; et pour témoigner à l'auteur de la proposition toute la reconnaissance du beau sexe, Mlle Élisabeth Lée, l'une des plus ferventes et des plus patriotes habituées du club, lui écrivit, le 5 mars, une lettre dont je crois devoir reproduire les passages les plus saillants :

« Vous êtes prié, M. le Président, de délibérer prompte-
» ment sur ce sujet important. On désire que la mesure soit,
» pour la hauteur, comme celle que M. Moulinié a présentée.
» Quant au fer, cela devient égal, pourvu qu'il perce bien....

» N'oubliez pas surtout, Messieurs, de vous défaire, aussi
» promptement que vous le pourrez, de cette vermine empoi-
» sonnée! Redoublez vos efforts pour que ces serpents de prê-
» tres réfractaires, habillés de toutes les couleurs et sous toutes
» les métamorphoses que leur lâcheté leur suggère, sortent du
» sein de votre département. Le salut de la patrie dépend des
» actes rigoureux qu'on doit prendre à leur égard. Comptez
» toujours sur le courage et la force des bons citoyens et
» citoyennes, jaloux de vous imiter, et qui marchent de front
» avec vous pour cueillir les lauriers de la liberté....

» Je voudrais que tous les départements fissent la dépense
» d'embarquer tous les prêtres, pour les aller vendre au roi
» de Maroc. Ce roi achète tous les.......... de l'Europe; on
» pourrait lui vendre de meilleure marchandise. »

Livre II.
Chap. 7.

1792

Ces curieux excès suffisent pour nous montrer jusqu'à quel point les têtes étaient alors exaltées à Bordeaux. Si Mlle Lée ne brillait pas par le style, elle rivalisait, sous d'autres rapports, avec les plus ardents patriotes de l'époque; vraie Lacédémonienne, elle était digne de commander nos héroïnes de Bordeaux, des forcenées comme elle-même!

On peut se faire une idée, par cette lettre, de l'état de l'opinion publique parmi les classes inférieures de la société. L'intolérance des constitutionnels ne connaissait plus de bornes : les injures, les calomnies, des imprécations de toutes sortes étaient les armes qu'on employait le plus souvent contre les prêtres non-conformistes et leurs partisans. Il en résultait des disputes, des séditions, des collisions fâcheuses : la paix n'existait plus; la haine avait usurpé sa place. Fatigué des rapports qu'on lui adressait de toutes parts, Duranthon, alors ministre de la justice, écrivit aux tribunaux une lettre sage et ferme, mais qui ne produisit, à Bordeaux comme ailleurs, qu'un effet passager.

Le ministre encourage les magistrats à travailler avec zèle à la grande œuvre de la pacification de la France, tout en déployant partout une impartiale équité, une grande indulgence pour les erreurs innocentes et les hommes de bonne foi; mais une inflexible sévérité contre les méchants et les délits de toute espèce. Il leur trace les principes qu'il désire qu'on suive, et déclare que « si l'on eût été bien fixé d'abord sur
» ce qu'on doit entendre par la liberté des opinions religieu-
» ses, on eût évité bien des écarts, et la diversité des cultes
» n'eût jamais troublé la paix publique..... Le peuple, dont
» le sentiment exquis est un flambeau souvent plus lumineux
» que tous les raisonnements des philosophes, n'a jamais pu
» croire qu'il y eût deux cultes catholiques, et que les prêtres
» non assermentés eussent un culte différent de celui des prê-
» tres assermentés. Dans la scission que les premiers ont voulu
» faire, il n'a vu ni pu voir qu'une faction politique, et s'est

» indigné qu'on osât couvrir du masque de la religion des
» intentions et des projets anti-civiques. Jusque-là, il avait
» raison.

» Mais où il a eu tort, c'est lorsqu'il a voulu contraindre,
» ou ces prêtres non-conformistes, ou leurs partisans, à venir
» dans nos églises, à participer à nos cérémonies, à recon-
» naître nos pasteurs. Ce qui a été véritablement déplorable
» et digne de toute l'animadversion des lois, c'est la licence
» qu'il s'est donnée de pénétrer jusque dans les maisons par-
» ticulières, sous prétexte qu'on y disait la messe ; de porter
» le trouble et l'effroi dans l'intérieur des ménages, par des
» recherches que la plus audacieuse intolérance ne s'est jamais
» permises ! C'est d'avoir employé tour à tour, ou la violence,
» ou la dérision publique, pour vaincre l'obstination de ceux
» qui, s'imposant le devoir de se séparer de leurs frères, se
» faisaient un mérite de la persécution qu'ils éprouvaient, et
» s'honoraient de leurs humiliations. Si ces abus se reprodui-
» saient encore, il faudrait les réprimer avec une inflexible
» sévérité......

» Mais le grand abus des mots *liberté des opinions* est venu
» de ces hommes de parti, qui emploient le sacré et le pro-
» fane pour renverser l'ordre établi par la volonté générale
» du peuple français........ Il leur est libre, sans doute, de
» penser qu'ils n'ont pas pu prêter le serment civique et de
» le refuser ; il leur est libre de croire que nos pasteurs n'ont
» pas donné à la France les preuves qu'elle leur a deman-
» dées de leur soumission aux lois et de leur civisme ; en un
» mot, il leur est libre de penser tout ce qu'ils voudront, et
» même de le dire, et même de l'écrire. Mais opiner n'est pas
» juger, n'est pas condamner, n'est pas anathématiser, n'est
» pas provoquer la révolte et conseiller l'insurrection.

» N'oubliez jamais, Messieurs, que vous n'êtes pas placés
» sur le tribunal pour donner des leçons de théologie ou dis-
» cuter des dogmes religieux ; ce fut là un des grands mal-

Livre II.
Chap. 7.

1792

» heurs de nos pères, de mêler la Divinité dans leurs intérêts
» civils, et de subordonner leurs droits comme membres de
» la société à leurs pensées comme sectateurs de telle ou
» telle religion. Aujourd'hui, ce qui est à Dieu est laissé à
» Dieu : la loi, les tribunaux, ne s'occupent et ne doivent
» s'occuper que des droits et des devoirs de l'homme, des
» droits et des devoirs du citoyen. Les fonctions de juge, c'est
» de maintenir chaque sociétaire dans la pleine et libre jouis-
» sance de ses droits, c'est de contenir chaque individu dans
» les limites de ses devoirs, c'est, en un mot, d'assurer la
» paix publique par l'application impartiale des lois pour la
» liberté des personnes et la conservation de toutes les pro-
» priétés.

» La liberté des opinions doit être égale, sans doute, pour
» tous les citoyens; il n'est donc jamais permis de condam-
» ner, d'outrager par des qualifications injurieuses ceux qui
» pensent autrement que nous, de prononcer contre eux des
» proscriptions et des anathèmes; car on n'est plus libre dans
» ses opinions, si l'on ne peut les avoir, les conserver qu'aux
» dépens de son honneur et de la considération dont on a le
» droit de jouir dans une société dont on respecte les conven-
» tions et les lois; on n'est plus libre, si l'on ne peut les ma-
» nifester sans que les sectaires d'opinions contraires aient le
» droit de nous dénoncer au peuple comme coupables d'im-
» piété; et en usurpant les droits de celui qui seul a juridic-
» tion sur les consciences, de se permettre une réprobation,
» qui, sans pouvoir rien changer à nos futures destinées, peut
» nous rendre exécrables auprès d'une portion de nos conci-
» toyens.

» Vous dites, vous écrivez, vous publiez, que nos pasteurs
» sont des intrus, des usurpateurs de vos places, de votre pa-
» trimoine, de vos fonctions; que leur serment, qui les fait
» citoyens, efface en eux le caractère de prêtre ou leur en
» enlève les pouvoirs; que les sacrements qu'ils administrent

» ne sont pas des sacrements. Vous vous insinuez dans les
» familles; vous dites à l'époux qu'il n'est point le mari de
» son épouse ; vous leur dites, à l'un et à l'autre, que leur
» union n'est qu'un commerce de débauche, que leurs enfants
» ne sont que les fruits malheureux d'une prostitution crimi-
» nelle, etc., etc., etc.

» Ces propos, tenus devant des hommes éclairés, n'exci-
» teraient, sans doute, d'autres sentiments que ceux de la
» commisération et du mépris, d'autres mouvements que ceux
» que provoquent les ridicules facéties d'un baladin. Mais
» auprès des personnes, ou qui manquent d'instruction, ou
» dont l'imagination est ombrageuse et la conscience aveu-
» glément timorée, ces propos, ces écrits, produisent les plus
» funestes effets, soit pour elles-mêmes, soit contre ceux
» qu'on leur dépeint sous des couleurs aussi odieuses, et l'on
» croira que ce désordre est justifié par ces mots : *c'est mon*
» *opinion; la liberté des opinions est décrétée, etc., etc.* »

Ici, le ministre exhorte ses subordonnés à répandre l'instruction et à présenter à leurs concitoyens, dans l'exercice de
leurs fonctions, le front le plus inaltérable, l'âme la plus
ferme, les principes les plus lumineux et les plus sûrs.

» Je sens, dit-il en terminant, combien les obstacles se
» multiplient pour ralentir votre marche ou pour la détourner,
» combien vous avez de préjugés à vaincre et de passions à
» combattre; mais songez aussi quelle gloire, quelle consola-
» tion, vous attendent au bout de votre carrière dignement
» parcourue : la tranquillité, la prospérité d'un grand empire,
» le bonheur de vos concitoyens, l'assiette immuable de la
» liberté, et la reconnaissance publique, voilà le prix néces-
» saire de nos travaux et de nos soins; on ne saurait pro-
» poser à des âmes généreuses une perspective plus encou-
» rageante.

» *Signé :* Duranthon. »

Cette instruction ministérielle, à part quelques misérables

sophismes et les préventions des jeunes années de Duranthon, inévitables chez un ministre de l'époque, mérite d'être conservée; c'était, en général, une règle sage qu'il traçait aux magistrats, des principes sûrs qu'il développait dans l'intérêt de tout le monde, et une large manière de considérer la liberté des opinions à une époque où une intolérance liberticide n'en voulait qu'une, et où les hommes et les choses descendaient à la barbarie et prenaient des proportions mesquines et méprisables. Cette lettre produisit de bons effets à Bordeaux, où Duranthon avait des amis et avait joui de la considération publique; elle arrêta pour quelques jours le progrès de l'intolérance publique et religieuse, et contint un peu dans les limites du devoir ces furies à face humaine, qui, sous le nom d'*amis de la Constitution et de la liberté,* portaient l'effroi et la terreur dans tous les ménages.

CHAPITRE VIII.

Désordres partout. — Lettre du ministre Rolland à l'occasion des troubles religieux. — Influence des clubs de Paris. — Leur lettre à celui de Bordeaux. — Arrestation de quelques prêtres par les volontaires de Libourne, en garnison à Bordeaux. — Lettre de MM. Fonfrède et Crozillac, écrite de Paris à la municipalité de Bordeaux. — Un arbre de la liberté planté à Bordeaux. — Massacre des abbés Langoiran et Dupuy. — Conduite barbare du peuple et des autorités. — Lettre du Directoire à la municipalité.

La lettre de Duranthon calma un peu les esprits à Bordeaux ; mais il n'en était pas de même partout : des désordres eurent lieu, et des rapports affligeants vinrent réveiller de nouveau la sollicitude du gouvernement. Le roi avait apposé son *veto* aux décrets hostiles au clergé ; mais presque partout le peuple, se rendant l'interprète des vœux de l'Assemblée législative, se chargea d'avance d'exécuter la volonté des législateurs et de suppléer ainsi à l'inaction forcée des municipalités et des tribunaux. On maltraita les prêtres non-conformistes, on supprima les sœurs de St-Vincent-de-Paul à Marseille, et de jeunes écervelés y jouèrent à la boule avec les têtes des morts ! Toulouse eut ses scènes d'horreur à l'occasion des cultes ; toutes les congrégations religieuses furent supprimées ; des femmes furent fouettées en pleine rue à Poitiers, parce qu'elles allaient à l'église, et, à Bordeaux, on commit des violences sur une jeune femme catholique. La France était devenue une vaste arène où ses enfants descendaient tous les jours pour s'insulter, s'outrager et s'entr'égorger !

Effrayé de l'aspect et de la tournure que prenaient les affaires, le ministre Rolland, chargé de la justice par *interim*, adressa, le 5 avril, à MM. les Présidents, Juges et Commis-

Livre II.

1792

saires du roi près les tribunaux criminels des départements et districts, une circulaire, dont nous reproduisons l'extrait suivant :

« Les querelles du sacerdoce, Messieurs, désolent le » royaume ; les opinions religieuses servent de prétexte à » tous les troubles ; mais l'amour des richesses et de la domi- » nation, la haine d'une Constitution établie sur les bases de » l'égalité, en sont le véritable mobile. »

Ici, le ministre, après avoir encouragé les tribunaux à se montrer sévère contre les ennemis de l'ordre, ajoute : « N'ou- » bliez pas cependant, Messieurs, que la *Déclaration des Droits* » consacre la liberté des opinions, même religieuses, et que » la manifestation pure et simple des pensées, dans un état » libre, doit être éternellement à l'abri de toute atteinte ; » que l'erreur, tranquille et paisible, soit respectée ; que les » consciences jouissent de la liberté la plus entière ; que les » sentiments pervers mis en action soient seuls exposés aux » rigueurs de la justice ; mais qu'elles s'exercent également » sur tout infracteur des lois, sans exception de cultes ni de » personnes. S'il arrivait que des prêtres, qui ont accepté la » constitution civile du clergé, développassent un système » persécuteur ; s'ils devenaient fauteurs, instigateurs de ré- » volte, que la loi, qui doit être la même pour tous, sévisse » également contre eux. »

D'après cette circulaire et celle de M. Duranthon, il paraît certain que les ministres s'efforçaient de maintenir les principes d'une véritable liberté, de protéger tous les cultes et de n'épargner aucun infracteur des lois, à quelque nuance politique ou religieuse qu'il appartînt ; mais leurs généreux efforts furent impuissants devant l'action des clubs de Paris, dont les excès démagogiques encourageaient les anarchistes des provinces, et rencontrant partout, à Bordeaux comme ailleurs, des sympathies et des échos, ont fini par neutraliser la volonté des ministres et par révolutionner la France. Le club de Bordeaux s'était affilié à celui des Jacobins de Paris, et en recevait ses inspirations. Comme la capitale était le grand foyer où s'élaboraient les projets révolutionnaires, où se concentrait alors toute l'action combinée des anarchistes haut placés, pour rayonner avec une plus grande force expansive jusqu'aux extrémités de la France; comme le nom de Paris avait ses prestiges pour la foule, et que l'Assemblée législative elle-même, au vu et au su de tout le monde, subissait déjà le joug et l'avilissante influence des Jacobins, les idées transmises de Paris semblaient être des ordres, et l'adhésion des agents révolutionnaires en province devait en être la conséquence nécessaire. Pour mettre cette vérité dans tout son jour, nous n'aurions qu'à citer les lettres des *Jacobins, ou amis de la Constitution de Paris,* à leurs *affiliés,* les surveillants de la Constitution, à Bordeaux; une seule suffira : elle porte les signatures de Joseph Gaillard, président ; Merlin, député ; Réal, Polverel fils, Boisguyon, Lanthenas, Duchosal, Santhonax, Mallaré, et prouve combien la municipalité de Bordeaux devait être entravée dans sa marche et contrariée dans tout le bien qu'elle aurait pu ou voulu faire.

« Paris, 28 février 1792.

» Frères et Amis,

» Le titre que vous avez pris annonce l'objet de votre
» institution. Surveiller les pouvoirs constitués, les dénoncer
» à l'opinion publique s'ils s'écartent de leur devoir, les forcer
» de suivre la route que la loi leur a prescrite, dénoncer les
» complots des prêtres, voilà le devoir des surveillants de la
» Constitution, et déjà vous avez prouvé que cette tâche n'était
» pas au-dessus de vos forces et de votre zèle....... Il paraît
» que vous avez à vous plaindre de votre municipalité, du
» tribunal du district et du tribunal de police correctionnelle.
» Surveillez-les avec attention et forcez-les au respect pour
» les lois, en les dénonçant aux autorités supérieures et à

» l'opinion publique, toutes les fois qu'ils oseront les mécon-
» naître.... Nous sommes bien joyeux de voir que les piques
» se propagent dans les départements....; l'exemple de vos
» braves citoyennes sera sans doute imité; leur généreuse
» résolution de s'armer de piques prouve bien qu'elles sont
» mères, femmes, sœurs et filles des plus ardents amis de la
» liberté. »

Voilà le langage que les Jacobins de Paris adressaient à nos démocrates *enragés* et aux femmes patriotiquement folles de Bordeaux. Ces éloges, ces encouragements, donnés à l'ignorance unie à la malice et à l'impiété, étaient lus en pleine séance, et contribuaient d'autant plus à monter les têtes, qu'ils venaient de Paris, et même des députés haut placés dans l'estime populaire. Il survint bientôt après des faits, qui prouvèrent aux moins clairvoyants que la leçon des *frères* et *amis* de la capitale n'était pas perdue.

Dans ce temps, il y avait au Château-Trompette un bataillon des gardes nationales de Libourne. Ces volontaires, sans doute renseignés et excités par quelques *frères* et *amis* des clubs, dressèrent une liste de dix-sept prêtres insermentés, qui vivaient pour ainsi dire cachés à Bordeaux, et résolurent d'aller les enlever. Sans ordre, sans réquisition, ces ardents patriotes sortirent du Château vers quatre heures du matin et se portèrent aux coins des rues où ces ecclésiastiques devaient passer. Ils en arrêtèrent six, et les conduisirent comme de vils criminels à la municipalité, au milieu des vociférations des mégères et des imprécations des anti-prêtres (1). D'après les désirs de plusieurs citoyens, on les transféra au Château, où ils furent renfermés dans la prison, dite la *chambre de discipline*. On ne se contenta pas de cette capture : on se mit à

---

(1) Ces six prêtres furent MM. Montmirel, curé de St-Michel; Maubourguet, bénéficier de St-Pierre; Tandonnet, curé de Pugnac en Bourgès; Perrier, curé de Cambes; et Rousseau, curé de Lafosse, district de Bourg.

forcer l'entrée des maisons paisibles, de celles de M. d'Arche et de plusieurs autres; en particulier, de celle de M. Ladonne, rue S¹-François, homme de bien, ami de la religion; à violer le secret des lettres et des familles, et à troubler la paix des domiciles dans plusieurs quartiers, sous le prétexte qu'on y recélait des prêtres. Ces misérables excès excitèrent chez les honnêtes gens un cri de réprobation : le département réclama le transport des six prisonniers, et ce ne fut qu'avec la plus grande difficulté et une instance vigoureuse qu'il put l'obtenir de la garnison. Mais à peine rendus au département, on fit circuler de nouvelles clameurs, des propos incendiaires contre le Directoire; on se vit obligé de les renvoyer de suite, sans escorte, au Palais, où ils subirent un interrogatoire minutieux. Le juge-de-paix n'ayant rien pu trouver qui justifiât leur arrestation, les renvoya libres, après, toutefois, le départ des volontaires.

La conduite des volontaires était souverainement répréhensible; aucun décret ne justifiait leur impardonnable violence : il fallait un châtiment, d'après l'opinion de tous les corps constitués. On les consigna dans leur caserne pendant quelques jours; mais le ministre de la guerre fit partir toute la garnison pour la frontière, en punition de l'arrestation illégale, injustifiable des six citoyens, qui, vivant à l'abri des lois, n'avaient rien fait qui pût donner droit, même aux agents de la justice, de les arrêter. Comme on le voit, la capitale se réflétait déjà dans la province, et l'anarchie, sous le spécieux prétexte de réformer, s'avançait, grandissait, s'étendait, hideuse et sanglante, à travers le beau royaume de saint Louis.

L'exemple venait d'en haut, et les désordres des provinces provenaient de ceux de la capitale. MM. Crozilhac et Boyer-Fonfrède aîné, que les Bordelais avaient députés auprès de l'Assemblée, pour en obtenir des secours pour notre malheureuse population, écrivirent à la municipalité de Bordeaux, le 5 juin, des détails sur la conduite que tenaient les

magistrats de Paris à l'égard des boulangers et des subsistances; ils ajoutent : *La facilité avec laquelle vous avez obtenu 800,000 fr. n'est pas maintenant, dans nos discussions au comité, une des observations qui se reproduisent le moins souvent.* Puis revenant à la politique, et après avoir déclaré par un impardonnable mensonge, démenti par le temps et les événements de juin, que *tout est parfaitement tranquille à Paris, et que le licenciement de la garde du roi paraît avoir déjoué quelque grand complot,* ils ajoutent : « M. Duranthon (mi-
» nistre), qui a fait une ou deux fois preuve d'inexpérience,
» s'est, dans cette occasion, parfaitement conduit au conseil.
» Il a refusé de contre-signer plusieurs lettres, et, par sa pru-
» dence, a empêché un éclat qui eût pu devenir fâcheux. —
» Je suis donc le seul homme qui ne puisse écrire, quand il
» lui plaît, à l'Assemblée, a dit le roi. — Oui, Sire, a répondu
» le ministre; mais vous êtes aussi le seul irresponsable. »

On voit bien la tranquillité dont jouissaient les citoyens de Paris, et surtout l'infortuné Louis XVI, le moins libre de tous les hommes de son royaume.

Enchaîné, vexé, contrarié par ses ministres, le prince les renvoie; mais c'était pour en prendre d'autres qui valaient moins que Duranthon. Les circonstances devenaient graves, par suite de l'attitude hostile du cabinet, de l'Assemblée et du peuple, et cependant nos deux députés rejettent tout le tort sur le malheureux roi, dans leur lettre du 16 juin, à la municipalité de Bordeaux; nous n'en extrayons que les passages suivants :

« Vous aurez appris, Messieurs, le renvoi des ministres
» patriotes, par les intrigues d'une cour contre-révolution-
» naire; vous aurez admiré la lettre de M. Rolland, qui a osé
» dire la vérité dans un lieu où son éclat n'avait pas encore
» percé; vous aurez applaudi au décret par lequel l'Assem-
» blée nationale prend acte devant le peuple entier, par l'en-
» voi de cette lettre aux départements, que le roi ne veut

» ni gouvernement, ni liberté; qu'il parle de l'ordre, parce
» qu'il force à une nouvelle révolution; de la paix, parce que
» nous sommes en guerre.

» Il nous reste à vous annoncer, et nous le faisons avec
» bien de la joie, que M. Duranthon a senti qu'il ne pourrait,
» sans se déshonorer, rester dans le conseil du roi. Il lui a
» demandé hier sa démission. Désespéré qu'on ne la lui ait
» pas donnée, et dans une lettre qui va être imprimée, il en
» dit assez énergiquement la raison au roi, il ne veut pas
» absolument s'entendre avec lui et le roi de Bohême pour
» faire la contre-révolution. »

Dans une autre lettre, postérieure de quelques jours, ces messieurs s'expriment encore sur le malheureux roi, sur ses amis et sur les circonstances d'alors, de la manière suivante :

« Nous nous apercevons, Messieurs, que les mêmes moyens
» ont été employés partout, par la cour et ses partisans, pour
» vicier l'opinion publique et amener des divisions, même
» parmi les amis de la liberté. Il n'est aucune sorte de tra-
» hison ou de perfidie que les personnes qui environnent le
» roi ne soient déterminées à mettre en usage : tous les
» moyens sont bons pour effrayer le peuple, acheter le pau-
» vre et alarmer le riche sur ses propriétés.....; les modérés
» même sont outrés de tant de perfidie de la part du roi et
» de son conseil; nous espérons que, malgré le château des
» Tuileries, nous n'aurons pas la guerre civile.....

» Il est impossible de se jouer avec plus d'imprudence que
» ne le font le roi et les ministres de l'énergie et des desti-
» nées des Français.....

» La position des choses est dans ce moment si violente,
» qu'il est impossible qu'elle dure longtemps; elle paraît être
» le résultat des mouvements d'un parti qui veut à tout prix
» détruire les sociétés populaires. Nous qui n'appartenons
» qu'au parti des amis de la liberté, nous voyons surtout deux
» factions qui se disputent le ministère et finiront par ensan-

» glanter la scène. On a mis en avant Lafayette; on veut,
» sous l'enveloppe d'une pétition, lui faire dicter des ordres;
» on cherche, avec une mauvaise foi révoltante, à rendre
» communs à toutes les sociétés du royaume quelques égare-
» ments de celle de Paris, lorsque, sans ces foyers d'esprit
» public dans les départements, l'anarchie serait peut-être
» complète. Voilà ce qui rend le camp nécessaire, et voilà la
» cause du refus de sanction. On s'attend à quelque grand
» mouvement dans les départements; nous espérons que le
» nôtre ne restera pas en arrière. »

Quelle hardiesse, quelle inconvenance de langage! Le roi, le roi seul, était coupable! Il ne voulait, disaient ces messieurs à une populace abusée et qu'ils trompaient davantage, il ne voulait pas la liberté en France, lui, que la postérité, moins aveuglée et plus reconnaissante, a appelé le *restaurateur de la liberté des Français!* Quel est ce grand mouvement qu'attendaient nos deux démocrates bordelais? Un acte de souveraineté populaire? Leur instinct révolutionnaire ne les trompait pas; leurs criminelles espérances ne se réalisèrent que trop, ainsi qu'on va le voir.

A cette époque, la manie de planter des arbres de liberté s'était propagée de la capitale dans les provinces : l'anniversaire de la prise de la Bastille provoqua des agitations fiévreuses et une recrudescence de zèle démocratique chez tous nos patriotes; ils envoyèrent à la municipalité une députation pour demander l'autorisation de planter un arbre de liberté sur la place Royale. Les officiers municipaux s'empressèrent d'accéder à cette patriotique prière, et promirent même d'assister à cette cérémonie populaire.

Ce fut le 15 juillet. Tous les divers corps d'administration s'y rendent en grand costume, escortés par la garde nationale, la troupe soldée, et précédés de la musique militaire. Il était sept heures du soir : toute la population s'était portée sur les quais; tous les oisifs, tous les démocrates des faubourgs et de la campagne étaient accourus et mêlaient leurs frénétiques acclamations aux cris de *vive la liberté! vivre libres ou mourir!* Ce ne fut pas de l'enthousiasme, ce fut de l'ivresse, un paroxisme fébrile de démocratie, une fureur contagieuse, qui se communiquait comme une commotion électrique à tout le monde. On avait organisé des orchestres partout ; on chantait, on criait, on dansait autour de l'arbre, et, selon les registres municipaux, nos graves magistrats, oubliant à la fois leur dignité et peut-être leurs années, se mêlèrent à la foule, en sautant, en dansant et en gambadant autour du symbole végétatif de la liberté naissante !

Livre II.
Chap. 8.

1792

Le cortége était à peine rentré à la Maison-Commune, qu'un officier municipal de police vint déclarer qu'un grand malheur venait d'être commis dans la Maison d'administration; qu'on y avait massacré des prêtres; que, sur le premier avis qu'on lui avait donné qu'il se formait un rassemblement tumultueux, il avait envoyé sur les lieux un détachement de la garde; mais que malheureusement ce secours était arrivé trop tard.

Sur ce récit contristant et tragique, la municipalité chargea aussitôt des commissaires de se transporter, avec des soldats, sur la scène de ces désordres; elle transmit aussi l'ordre au commandant des forces armées de mettre sur pied de forts détachements de la garde nationale, pour contenir le peuple ameuté et rétablir la tranquillité. Les commissaires s'empressèrent d'exécuter les ordres qu'on leur avait donnés, et revinrent faire leur rapport sur les faits accomplis.

Il paraît, d'après le registre municipal, que les trois prêtres, MM. les abbés Langoiran, Dupuy et Panetier, vieillard de près de quatre-vingts ans, s'étaient cachés depuis quelque temps à Caudéran. Arrêtés le matin du 13 juillet, par quelques gardes nationaux de Caudéran, dans la propriété de M. Lajarte, ils furent conduits devant M. le Juge-de-paix, qui, ne trouvant pas matière à une accusation, les renvoya libres. Peu contents de cette décision, les anarchistes, tous armés, les conduisirent dans l'après-midi au Directoire, où ils arrivèrent pendant la plantation de l'arbre de la liberté, à laquelle assistait, dans ce triste moment, le frère de l'un d'eux, le jeune Langoiran, qui avait apostasié sa foi et déshonoré, par sa conduite, sa robe de prêtre! Arrivée sur la place Dauphine, la patrouille qui les conduisait se voit entourée d'hommes en haillons, de quelques meneurs qui se cachaient dans la foule, et de femmes de mauvaise vie, excités par la police contre l'abbé Langoiran, qu'on regardait comme le seul obstacle aux desseins des schismatiques et l'auteur de tous les désordres. Des vociférations se font entendre. On lisait, sur une affiche en gros caractères rouges, ces mots : *On recommande Langoiran aux bons patriotes.* On comprend l'invitation, et l'on se met à demander la mort du vicaire-général non-conformiste. On veut briser les rangs des soldats, et, quoique repoussés avec vigueur, les assaillants persistent et pénètrent enfin dans la cour de l'hôtel de l'administration. Là, croyant que les prêtres allaient échapper à leur colère, ces misérables redoublent leurs cris; la foule augmente; on repousse les gardes nationaux; et des forcenés, sous les yeux de la troupe, massacrent Langoiran et Dupuy, et assouvissent leur rage sur leurs cadavres mutilés!

Le vieux Panetier, voyant l'infortuné Langoiran tomber à son côté, sur les marches de l'hôtel, réussit à pénétrer dans l'intérieur et à échapper, comme par miracle, à leur fureur homicide. Les deux cadavres sont traînés par ces barbares dans la cour; ils coupent la tête à celui de Langoiran, et, la plaçant au bout d'une pique, ils la promènent en ville, aux cris de *vive la Constitution! mort aux prêtres! à bas les réfractaires!* etc., etc.

Le juge-de-paix fut appelé pour verbaliser sur ce triste événement; mais le désordre n'en continua pas moins : le cadavre gisait tristement sur le pavé, sans que personne osât s'occuper de sa sépulture, et l'orgie de ces assassins soudoyés ne cessa qu'à une heure avancée de la nuit !

Les Bordelais furent indignés de cet abominable crime ; mais il n'osaient guère manifester leur opinion ; et un sentiment de crainte pour leurs personnes et d'horreur pour ces cannibales qui déshonoraient ainsi leur ville, ordinairement si paisible et si agréable par la douceur de ses mœurs, fit fermer toutes les portes et les fenêtres. On eût dit une ville prise, dévastée et sans habitants. Outre la désolante solitude des rues, la tristesse régnait sur la physionomie des rares individus qui osaient sortir ; et un silence morne, mais expressif, de la douleur générale, fit comprendre enfin aux assassins et à ceux qui les avaient soldés, l'énormité de leurs crimes et l'indignation des honnêtes gens. Enfin, dans ces scènes d'épouvante et d'horreur, la voix publique, devançant le devoir, força l'autorité de convoquer des gardes nationaux à la pointe du jour. Fatigués de ces sanglantes saturnales, les assassins s'enfuirent en jetant la tête du vénérable prêtre au milieu de la rue (1), et, à la honte éternelle de l'administration, pas un seul de ces forcenés ne fut arrêté ! Leur impunité fit comprendre aux amis de la religion et de l'ordre ce qu'ils pouvaient attendre des misérables qui s'étaient emparés du pouvoir à Bordeaux, et qui n'avaient que la triste ambition de s'élever à la hauteur des Jacobins de Paris.

Quel déplorable prélude au massacre de septembre à Paris ! Quelle horrible préface à ce livre de sang, où Lacombe, d'exécrable mémoire, et ses bourreaux associés, ont consigné

---

(1) C'était dans la rue Bouffard, devant la porte d'un cabaret, que ces forcenés déposèrent la tête du malheureux prêtre ; ils voulaient achever de s'enivrer, et laissèrent sur le pavé le chef sanglant de leur victime, qu'on ne fit enlever que le lendemain de bonne heure ! Le pavé conserva toujours l'empreinte du visage en profil : les gens religieux allaient la voir, comme la relique d'un martyr. On essaya à plusieurs reprises de laver la pierre ; c'était inutile : l'empreinte était ineffaçable. Pour ôter aux gens religieux tout prétexte de rassemblement, on fit enlever le pavé ensanglanté, qu'on jeta dans des décombres de l'hôtel de la Mairie actuelle.

les noms de l'élite de nos prêtres, de nos vieux nobles et de nos honnêtes gens, qu'il a fait moissonner par sa trop complaisante guillotine ! Dieu ! quels fruits que ceux du nouvel arbre de la liberté ! Mais ce qui serre le cœur et glace le sang, c'est de penser que c'est au sein de la civilisation, à la fin du XVIIIe siècle, qu'ont eu lieu ces scènes de barbarie, dignes des soldats d'Attila ou de Genséric ! C'est de voir ce crime atroce désigné froidement, dans le registre municipal, par ces mots : *Mort de l'abbé Langoiran et autres, tués par des gens égarés !* Mais, quelque pénible que soit l'impression que fait éprouver aux cœurs humains la froideur calculée de ces paroles, elle l'est moins encore que le sentiment qu'on éprouve en lisant la lettre du Directoire à la municipalité, que nous donnons ici :

« Messieurs, il y a une heure que quelqu'un est venu nous
» dire de votre part que vous alliez envoyer une bière pour
» enlever les corps qui sont dans la cour de la Maison d'ad-
» ministration.

» Personne n'a paru, et les cadavres sont toujours là;
» veuillez nous faire dire s'il est vrai que vous ayez donné
» des ordres à ce sujet.

» M. le Procureur-syndic vient de nous observer qu'il se-
» rait très-intéressant que ces cadavres fussent enterrés de
» manière à ce qu'on sût le moins possible où ils l'auront été.
» Vous sentirez quelles sont les raisons qui ont suggéré cette
» observation à M. le Procureur-syndic, et nous croyons
» qu'elle doit être prise en grande considération. Vous savez
» de quoi sont capables les fanatiques.

» *Les administrateurs composant le Directoire*
» *du département.*
» *Signé :* Couzard.

» 16 Juillet, à une heure du matin. »

Il est donc certain qu'on avait laissé les cadavres de ces

infortunés prêtres dans la cour, gisants dans le sang, depuis huit heures du soir jusqu'à une heure du matin ! Il est certain que ni les officiers municipaux, ni les administrateurs, n'ont pas osé ou, très-probablement, n'ont pas voulu s'en occuper, ni s'opposer à la marche triomphale de ces misérables à travers les rues de Bordeaux, qu'après que l'aurore fût venue éclairer ces scènes de sang, et forcer ces monstres, plutôt par un sentiment de honte que de crainte, de s'éloigner du théâtre de leurs forfaits ! On dirait, en lisant cette singulière lettre du Directoire du département, qu'il lui tardait de dérober les cadavres aux regards du public indigné; c'était la honte, et non la justice ou l'humanité, qui inspirait sa démarche. Peut-être craignait-on qu'on en fît des martyrs, et qu'on vînt enlever leurs restes mortels, comme des reliques des hommes saints, morts pour la foi. Cela rappelle la conduite des Juifs, qui commandaient qu'on gardât bien le sépulcre du Sauveur, de peur que ses amis ne vinssent la nuit dérober son corps, et que la *dernière erreur ne fût pire que la première !*

CHAPITRE IX.

La mort de Langoiran ne fut pas un cas fortuit, un accident.— Elle était préméditée. — La preuve. — Lettre de Fonfrède. — Lettre d'Azema à la Société des Surveillants. — Ces désordres n'étaient qu'un coup monté.— Lettres de Fonfrède et de Crozilhac, à l'occasion des troubles du 20 juin. — Autres extraits de leurs lettres. — Sacrifices civiques de Ferrières, de Labadie, de Grangeneuve. — Louis XVI se réfugie au sein de l'Assemblée. — Banquet civique à Bordeaux. — La statue de Louis XV renversée et brisée.

Livre II.
—
1792

Nous avons vu, dans le chapitre précédent, la fin tragique de l'infortuné abbé Langoiran et de son ami, coupables seulement de quelques écarts de zèle et d'une vigilance pastorale qui offusquait trop les constitutionnels et les révolutionnaires: son tort principal, c'était d'avoir oublié que, dans les temps de troubles populaires et de révolutions politiques, il est toujours dangereux de n'avoir pas tort avec la majorité. Aux hommes de la trempe de leurs ennemis, le remords d'un crime est peu de chose; c'était à leurs yeux tout simplement deux hommes de moins dans la société; mais c'était un pas de plus, c'était le triomphe pour la révolution.

On a présenté ces meurtres comme un cas fortuit, un de ces fâcheux incidents dans la vie des peuples, qu'on ne peut ni prévoir, ni expliquer. Bernadau, dans sa prétendue *Histoire de Bordeaux* (page 169), dit que les victimes furent arrachées à la garde par quelques hommes qui sortaient des cabarets du quartier, et il ajoute que c'était le seul crime commis à Bordeaux dans le cours de la révolution. C'est mentir impudemment à la face des contemporains, et chercher à en imposer à la postérité. En examinant cette assertion de Bernadau, trop intéressé, comme nous le verrons ailleurs, dans la question révolutionnaire pour ne pas chercher à déguiser la vérité, nous

nous attacherons seulement à démontrer que ces meurtres étaient prévus et prémédités, et devaient servir d'introduction à l'ère sanglante de 1793 !

L'insurrection des faubourgs, l'invasion des Tuileries et les outrages faits à la royauté, avaient consterné les Parisiens (20 juin). On sait que le prétexte de ces troubles était de contraindre Louis XVI à rapporter le *veto* qu'il avait mis sur les décrets relatifs à la formation d'un camp sous Paris, et à la déportation des ecclésiastiques. Depuis quelque temps, les prêtres étaient signalés comme le plus puissant obstacle à l'établissement d'une république, but que les démocrates voulaient atteindre. Toutes les lettres écrites alors de Paris, et surtout celle du 24 avril, que j'ai sur mon bureau, respirent une haine farouche, un ardent désir de destruction, à l'égard du clergé. « Lisez le *Moniteur,* écrit Fonfrède à la municipalité :
» Vous y verrez que la surface de la France est désolée par
» cette prétendue secte pour laquelle tous les crimes connus
» jusqu'à ce jour ne sont que des jeux d'enfants ; par ces
» mêmes hommes qui ont fait tout ce qui était en leur pou-
» voir pour détrôner la Divinité, qu'ils prétendent servir ; par
» ces hommes, contre lesquels la sagesse des législateurs va
» être forcée de porter une loi répressive, terrible, et qui ne
» sera pas frappée du *veto*......

» Est-ce le moment d'afficher des maximes de tolérance
» en faveur d'hommes qui ne veulent pas même tolérer la
» Constitution ?........

» Devons-nous compromettre notre repos et notre liberté,
» pour quelques fripons qui feignent d'être fanatiques, quel-
» ques vieillards aveuglés et quelques bégueules imbécil-
» les ?.......

» Simon Langoiran a-t-il voulu mettre en feu le départe-
» ment, et a-t-il été puni ? Vous promettez de punir les con-
» spirateurs, et vous le feriez, sans doute, si le droit de le
» faire vous était confié; mais le tribunal l'a-t-il fait, et le

» vulgaire n'est-il pas excusable de ne savoir pas vous sé-
» parer, comme nous le ferons, ainsi que tous nos députés et
» les ministres, des magistrats qui ont trahi la justice, le
» peuple et leurs serments? »

Fonfrède était doué d'un cœur chaud et généreux, d'un esprit vif et impressionnable; il ne voyait et ne désirait qu'une chose, le triomphe de la république, ce rêve de sa vie. Ses lettres sont sévères, parce qu'il recevait de Bordeaux des rapports mensongers et des détails exagérés sur les nobles et les prêtres, et ses réponses se ressentaient de son impatience devant des obstacles, et de l'irritation qu'une opposition persévérante produisait dans son système nerveux.

Des missives semblables, renouvelées bien souvent, ne pouvaient qu'entretenir les discordes civiles et la haine qu'elles enfantaient; elles fournissaient aux sociétés populaires de Bordeaux des motifs et des encouragements, pour en venir à des mesures plus expéditives. Déjà, lors de l'arrestation illégale de quelques prêtres, faite par le bataillon de Libourne, caserné au Château, et dont nous avons déjà entretenu nos lecteurs, il avait été prouvé que ces volontaires n'avaient agi qu'à l'instigation de la *Société des Amis de la Constitution*. On aurait désiré le nier, ou, au moins, accréditer des doutes à cet égard; mais c'était impossible. La vérité ressort de la lettre au ministre de la justice, Duranthon, sous la date du 2 juin 1792. « On m'assure, écrit-il, que les coupables ont déclaré qu'ils a-
» vaient été excités par les membres de la *Société des Amis de*
» *la Constitution*. Ces plaintes m'ont vivement affecté, et j'ai
» peine à croire que des citoyens, qui se disent amis de la
» Constitution, se soient permis d'autoriser de pareils désor-
» dres, et même de les exciter. » Il est donc évident que l'influence de cette société l'emportait sur l'autorité municipale, et il ne saurait être douteux, que, rendue plus entreprenante que jamais par la présence de Boyer-Fonfrède, qui se trouvait alors à Bordeaux, et qui devait assister à la plantation de

l'arbre de la liberté, elle ait voulu mettre en pratique la théorie des Jacobins, et agir sans avoir à craindre le *veto*. La lettre suivante vient d'ailleurs à l'appui de ce que nous avançons :

> « A M. le Président de la *Société des Surveillants de la Constitution,*
> » séante au ci-devant St-Christoly, à Bordeaux.
>
> » M. LE PRÉSIDENT,
>
> » La *Société des Amis de la Constitution* a nommé dans son
> » sein douze commissaires, formant un comité spécialement
> » chargé de surveiller la *chose publique, en ce qui concerne*
> » *les projets contre-révolutionnaires et la tranquillité de la*
> » *ville.* Le comité m'a chargé de vous prévenir, Monsieur,
> » que ce soir, vers les sept heures, il députera vers votre
> » société, pour s'entretenir particulièrement avec les mem-
> » bres que vous avez eu la bonté de choisir dans votre sein,
> » pour former un comité secret. Nos députés leur communi-
> » queront divers objets qui méritent l'attention et la sollicitude
> » des bons citoyens ; et les deux comités pourraient, si votre
> » société l'approuve, agir de concert pour la surveillance in-
> » dispensable dans la crise actuelle. Le comité des Douze
> » connaît trop votre zèle pour la tranquillité publique, pour
> » n'être pas convaincu que votre société adhèrera à sa de-
> » mande. En mon particulier, je ne puis que m'applaudir de
> » la commission dont j'ai été chargé, puisqu'elle me met à
> » même de présenter à votre société l'hommage de mes sen-
> » timents fraternels, et à vous, M. le Président, l'assurance
> » de mon respectueux dévoûment.
>
> » *Signé :* AZEMA,
> » *Du comité des Douze des Amis de la Constitution.*
>
> » Bordeaux, le 15 juillet 1792, an IV de la liberté. »

Si l'on fait attention à la date de cette lettre (15 juillet), à l'heure du rendez-vous (sept heures du soir), à l'exaltation très-probable du peuple à la plantation de l'arbre de la liberté, à la formation d'un comité qui devait imprimer une plus grande activité aux affaires; si l'on fait attention que, la veille, il s'était passé des saturnales abominables à Libourne, où les religieuses du couvent des Dames de la Foi furent arrachées de leurs cellules et du sanctuaire, traînées indécemment à l'arbre de la liberté, et contraintes de prendre part aux danses lubriques d'une populace en délire ; si l'on remarque encore l'ordre donné par la municipalité à la garde nationale, non pas d'arrêter, mais de *disperser* les personnes qui promenaient la tête de l'infortuné Langoiran, dont pas une seule ne fut punie, ni même poursuivie judiciairement, on ne pourra s'empêcher d'apercevoir dans la coïncidence de tous ces faits une certaine liaison, une entente évidente, qui nous permettent d'attribuer à autre chose qu'à un malheureux hasard la mort du regrettable Langoiran et de son infortuné compagnon.

Le même jour que ces atrocités se commettaient à Bordeaux, arriva un courrier porteur d'un acte du Corps législatif, qui, sous l'influence des Jacobins au dehors, et, au dedans, de la Chambre, déclarait la patrie en danger, par suite de la répugnance que montrait le roi à apposer sa signature aux décrets de l'Assemblée relatifs au clergé. On prit aussitôt une délibération qui déclarait en état de permanence les conseils du département et du district, ainsi que les conseils-généraux des communes : tous les citoyens en état de porter les armes furent déclarés en activité de service, et chacun fut tenu de faire constater à la municipalité le nombre et la nature des armes dont il se trouvait détenteur.

Ici, qu'on nous permette de jeter un coup-d'œil rétrospectif sur les événements qui venaient de s'accomplir à Paris; nous le croyons nécessaire, ou au moins utile, pour éclairer la marche de notre narration, et montrer à tous les regards les hommes qui jouaient alors un grand rôle dans nos affaires politiques. Nous voulons parler de MM. Fonfrède et Crozilhac; ils étaient alors (20 juin) à Paris. Par les extraits suivants de leurs lettres, on verra sous quel point de vue nos deux concitoyens ont envisagé les hommes et les faits d'alors; leurs lettres serviront de miroir où se reflèteront en même temps leurs sentiments et les principaux traits de leur caractère politique. Écoutons leur récit du 20 juin :

« Messieurs, nous croyons devoir nous empresser de dissi-
» per les inquiétudes qu'aurait pu vous donner le courrier
» d'hier, et vous annoncer le résultat d'une journée qui a
» affligé tous les patriotes éclairés. On criera, peut-être, en
» dénaturant les faits, en empoisonnant les intentions, qu'une
» grande conspiration avait été tramée contre les jours du roi.
» D'après tout ce que nous avons vu, nous n'avons remarqué
» dans ce grand mouvement populaire que l'explosion illégale
» de l'indignation de la multitude contre la cour. Nous som-
» mes même forcés d'ajouter, tout en persistant à croire que
» la conduite du roi perd la France, qu'il a déployé un grand
» caractère; et que, soit fermeté d'âme, soit exaltation de
» tête, car son jésuite, Lenfant, le confesse, le communie et
» lui promet sans cesse les honneurs du paradis, Louis XVI
» a fait preuve d'un grand sang-froid et d'une fermeté diffi-
» cile à comprendre; voici le fait :

» On savait depuis plusieurs jours que les habitants réunis
» des faubourgs devaient présenter à l'Assemblée nationale
» et au roi une pétition. Hier, malgré la défense faite, par les
» corps administratifs, de tout rassemblement armé, un nom-
» bre infini d'ouvriers armés de piques, de pieux, de lances,
» de faulx, et un grand nombre de gardes nationaux, se mi-
» rent en marche. Leurs députés présentèrent une pétition
» vigoureuse à l'Assemblée nationale; elle crut les calmer en
» leur permettant de défiler devant elle; mais en violant la
» promesse qu'il avait faite, un peuple innombrable et armé
» se présenta au Château, précédé de douze canons. La garde

Livre II.
Chap. 9.

1792

Archives
de
la Mairie.

» plia; la résistance eût été le signal d'un carnage horrible,
» dans la disposition où étaient les esprits. Un canon fut porté
» jusque sur la terrasse qui commande le jardin, les portes
» enfoncées et brisées. Le roi fit ouvrir la dernière et se pré-
» senta; un grenadier lui offrit le bonnet de la liberté, en lui
» disant qu'avec ce signe il serait invulnérable. Sur ces entre-
» faites, des députés, que le hasard avait réunis à un dîner,
» et au nombre desquels étaient Vergniaud, Isnard, etc., se
» rendent au Château, reçoivent partout les témoignages du
» respect dû à leur caractère, pénètrent jusqu'au roi et l'en-
» tourent, décidés à périr avec lui s'il se trouvait un seul scé-
» lérat dans cette foule innombrable, que l'événement prouve
» n'avoir été mue que par de bonnes intentions. On demande
» au roi la sanction de deux décrets, avec force, mais sans
» outrage : il ne répond rien. Vergniaud harangue le peuple
» et lui fait sentir que l'Assemblée nationale rejettera avec in-
» dignation une sanction ainsi obtenue. Pétion arrive; mêmes
» témoignages de respect. L'Assemblée envoie députation sur
» députation : un charbonnier harangue le roi, et lui dit qu'on
» l'aimerait même s'il voulait aimer la Constitution. Le roi,
» une sonnette à la main, demande la parole, crie : *vive la*
» *nation!* et boit à sa santé, cause avec les députés, parle
» avec M. Lafon de ses rapports de finances, à M. Carnot de
» ses rapports militaires, etc., etc., etc. On lui demande s'il
» est ému : Ma conscience est celle d'un homme de bien, dit-
» il; mettez la main sur mon cœur, voyez s'il palpite. Enfin,
» Pétion engage le peuple à défiler. Il traverse les apparte-
» ments du roi et ceux de la reine, dans lesquels était le
» prince royal, jouant sur une table, la cocarde nationale à la
» main. Tout rentre dans l'ordre, et cette scène, qui afflige
» les patriotes, parce qu'elle ne mène à rien et va être le
» prétexte de bien des calomnies, se termine sans aucun acci-
» dent. »

Il est assez curieux de voir Fonfrède et Crozilhac attester

le noble *caractère* et la *fermeté d'âme de Louis XVI,* en présence d'une foule poussée, soudoyée par des misérables! L'un d'eux demanda plus tard la mort de ce prince, qui a fait *preuve d'un grand sang-froid et d'une fermeté difficile à comprendre!* C'était, comme à Rome, parer de fleurs la victime qu'on destinait à la mort! On le croyait lâche! on se trompait. Environné de *charbonniers* et de misérables plus dangereux qu'eux, parce qu'ils étaient riches, chefs du parti et ennemis des rois, il ne pâlit pas en présence de ce peuple souverain en haillons, et le défia de trouver dans le mouvement de son cœur une palpitation de plus ou de moins que dans les plus beaux jours de sa vie! Mais continuons la lecture des extraits de cette correspondance démocratique ; elle fournit le sujet à de graves réflexions.

Livre II.
Chap. 9.

1792

Autre extrait. — 30 Juin.

« Vous nous demandez, Messieurs, quelle est l'intrigue qui
» a renversé le précédent ministère? C'est la coalition de la
» fameuse minorité de la noblesse, cause de tous nos maux,
» et dont Lafayette est le chef, et dont quelques membres de
» l'Assemblée nationale sont les valets. Que veut-elle faire?
» Détruire les sociétés populaires. Pourquoi? Parce qu'elles
» apprennent au peuple ce que c'est que les deux Chambres;
» qu'elles lui en inspirent l'horreur, et que c'est la plus forte
» et peut-être la plus juste barrière qui s'oppose à leur éta-
» blissement. Comment veut-elle les faire proposer? Comme
» condition de paix par le roi de Prusse et le roi de Bohême,
» à la tête de deux cent mille hommes, lorsque tous les offi-
» ciers de l'état-major auront donné leur démission et désor-
» ganisé par là nos armées. Que signifie cette insolente dé-
» marche de Lafayette? Elle a été imaginée pour donner, par
» l'intrigue ou la peur, la majorité à cette partie de l'Assem-
» blée qui est bien affligée de ce que le roi n'a que 30 mil-
» lions de liste civile. A quoi tient le sort de la Constitution?

» A l'énergie que vont montrer les départements, énergie que
» les magistrats du peuple doivent porter au plus haut pé-
» riode...

5 Juillet.

» ...... Hier au soir, à onze heures, l'Assemblée nationale
» a décrété le licenciement de l'état-major de la garde natio-
» nale parisienne. L'insolence du *héros des deux mondes* en a
» fait sentir la nécessité. Ce n'a pas été sans une forte oppo-
» sition ; ce sont toujours des victoires à remporter plutôt que
» des questions à éclairer. Cette division dans le Corps légis-
» latif est un grand malheur ; elle se propage dans l'empire
» et augmente l'audace de la cour, sûre d'y trouver un ap-
» pui. »

On voit, par ces extraits de la correspondance de nos deux Bordelais, quel était l'état des esprits à Paris à cette époque, et quels étaient les sentiments de ces correspondants de notre municipalité ! Mais continuons notre récit.

La guerre occupait alors toutes les pensées et fournissait un nouvel aliment à l'ardeur patriotique du peuple : les volontaires s'enrôlaient en foule et avec empressement pour voler aux frontières ; les circonstances exigeaient le concours de toutes les volontés, des sacrifices de toute espèce. Pour preuve de son civisme, le tribunal du district de Bordeaux vota une somme annuelle de 1,200 liv. pour les frais de la guerre, afin de contribuer au succès des armes de la patrie et au maintien de la liberté. Au mois d'août, on eut encore besoin de nouvelles ressources : les Bordelais, malgré la stagnation ou plutôt la nullité des affaires commerciales, firent éclater le plus grand enthousiasme, et continuèrent à donner les preuves les plus touchantes de leur générosité et de leur patriotisme. On récompensa par des largesses particulières ceux qui avaient donné les premiers l'exemple des enrôlements volontaires. M. Ferrières donna 600 liv. à de braves

patriotes qui avaient passé sous le drapeau de la patrie. Un citoyen témoignait un jour, dans une réunion, la meilleure volonté, même un désir de s'engager; mais il se disait retenu par sa femme, qu'il fallait nourrir. « Ta femme, dit son voi-
» sin, aura ma maison pour asile; elle partagera ma table et
» je lui donnerai 12 liv. par mois. » Le mari prend la plume et souscrit avec bonheur l'engagement désiré. M. Nairac souscrivit pour 200 liv. et M. Boué pour 3,000 liv., pour encourager les enrôlements. Leur exemple trouva beaucoup d'imitateurs; c'était chez tout le monde une fièvre de sacrifices patriotiques !

M. Labadie venait de composer une compagnie de cent cinquante chasseurs. On la présenta à la *Société des Amis de la Constitution;* mais ils étaient presque tous sans armes, sans argent, sans habits, sans chaussures, et n'apportaient à la patrie que leurs bras et leur bonne volonté. M. Grangeneuve, qui présidait ce jour-là, leur offrit un habit, une veste et un pantalon ! Son exemple trouva des imitateurs, et tous, heureux de marcher sur ses traces, leur offrirent, les uns des souliers, les autres du linge, des habits ou de l'argent ; partout on faisait les vœux les plus chauds pour le triomphe de leur cause. Bordeaux était devenu un véritable champ de manœuvres militaires et un arsenal de guerre. Ici, l'on s'exerçait aux évolutions stratégiques; là, on fabriquait des piques, on dérouillait des sabres et des fusils. Dans un quartier, les femmes, les filles, les vieillards, préparaient de la charpie ; dans un autre, on faisait de la poudre, et partout on voyait l'activité d'un camp, on entendait le bruit du tambour, le cliquetis des armes et l'éternel mouvement des citoyens courant avec un enthousiasme patriotique aux exercices militaires. Dans tous les coins de la ville, on voyait des bureaux de souscription pour venir en aide à l'équipement des bataillons bordelais.

Cette ardeur, cet enthousiasme, avaient leur source dans les

Livre II.
Chap. 9.

1792

Courrier Français,
30 août.

nouvelles que les clubistes de Paris transmettaient régulièrement à Bordeaux. La capitale avait déclaré la patrie en danger; c'était un appel aux passions populaires. Les provinces y répondirent, en jurant de maintenir la Constitution, de vivre libre ou de mourir en la défendant. Bientôt après, on sut que Louis XVI s'était réfugié dans le sein de l'Assemblée; ce n'était qu'un pas de plus vers l'échafaud ! C'était se constituer le prisonnier de ses ennemis ! Il était faible; on crut que la royauté était une superfétation politique, une grande et dispendieuse inutilité ! On commença à penser qu'il fallait la supprimer. Jusque-là, on avait besoin d'un roi; mais on lui fit sentir qu'il avait besoin du peuple, et le peuple apprit à se passer de roi! Il était un obstacle au succès de la démocratie; il gênait la marche lente mais sûre de la république, qui s'avançait avec son cortége de mille maux; et la législature, ne sachant que faire d'elle-même ou de la victime à demi-découronnée, laissa prendre le Château des Tuileries, suspendit le roi, et après avoir assisté, témoin oculaire ou en partie auxiliaire, sur la scène des désordres de l'époque, expira dans la boue détrempée du sang de plus de trois cents prêtres et évêques massacrés en septembre.

Tandis que Paris se préparait à inaugurer un peu plus tard la république, la municipalité de Bordeaux attendait impatiemment les volontaires de Nantes, qui étaient en route, pour célébrer, par un banquet civique, la complète organisation du bataillon bordelais. Sur ces entrefaites, un courrier arrive de la capitale, avec un décret de l'Assemblée nationale, qui suspendait le Pouvoir exécutif, à la suite de l'affreuse journée du 10 août, et convoquait une Convention nationale. Cette nouvelle exalta les têtes et enflamma l'imagination de nos républicains. L'idée d'un roi était devenue le cauchemar du peuple; on ne pouvait, ni en parler en termes honnêtes, ni en entendre parler, ni même en voir en effigie ou en peinture. Le 15 août, à la suite d'un banquet civique préparé au Champ-de-Mars par le bataillon de Bordeaux et les deux compagnies des volontaires nantais arrivés dès l'avant-veille, le bruit se répandit tout à coup que le peuple allait se porter en foule sur la place Royale, pour renverser et briser la statue équestre de Louis XV. Les membres du conseil-général de la commune et tous les corps constitués se réunirent aussitôt, et, d'un commun accord, résolurent de faire descendre la statue le lendemain.

La panique était générale : on s'attendait à de grands désordres. On s'efforça de calmer les têtes; on prévint les convives assis à table qu'ils pouvaient rester tranquilles à leur place, et que le lendemain, à telle heure, il n'y aurait plus de statue de roi dans Bordeaux. Des hommes de l'art furent appelés : MM. Bonfin, Burguet, Latus et Oré, présentèrent divers plans sur les moyens d'enlever la statue sans la dégrader. Le district en approuva un qui paraissait le plus convenable et le plus expéditif; il désirait conserver cette magnifique statue dans l'intérêt des arts. Cette question fut soumise au département, qui, la regardant comme une affaire purement municipale, s'en remit à la sagesse des officiers municipaux, qui prirent, en conséquence, un arrêté, dont voici la conclusion :

« ..... Considérant les dépenses et les lenteurs qui seraient
» indispensables pour la conservation de ce monument; *attendu*
» *qu'il a été fondu d'un seul jet,* et qu'il est urgent de mettre
» à exécution la délibération que les corps administratifs prirent le 15 du courant au Champ-de-Mars,
» A arrêté : Ouï et requérant le procureur de la commune,
» que le monument sera détruit, sans qu'il soit besoin de la
» conservation de la statue et du cheval, et que les artistes
» seront consultés sur le meilleur usage qu'on pourra faire du
» bronze. »

Pitoyable, misérable vendalisme ! Un mois après, on comptait au citoyen Lanier 1,200 liv. pour avoir brisé cette incomparable statue, et le bronze fut employé à faire des canons de campagne!

Le corps municipal, composé alors de MM. Saige, maire, Jaubert, Lagarde, Pélissier, Camescasse, Gautier, Marchand, Latus, Lafitte, Auperic, Vallet, Oré, Lassabathie, Vielle, ne manqua pas d'écrire à nos Bordelais, à Paris, les détails de cette misérable mutilation. Voici comment se termine sa lettre du 22 août 1792 :

« La statue équestre de Louis XV fut renversée avant-hier.
» Le peuple a donné le temps de dégarnir le piédestal et de
» sauver toutes les pièces de marbre dont il était revêtu. Les
» Bordelais ont voulu prouver, comme les Parisiens, qu'ils
» savaient punir l'orgueil des rois et leur apprendre à res-
» pecter le peuple, par lequel ils étaient devenus souve-
» rains. »

Sur le piédestal de cette statue, on lisait ces mots : « *J. B. Le Moyne faciebat Parisiis,* 1744. » En entendant lire le mot *Le Moyne,* le peuple, trompé par un nom propre, mais qui semblait, par un fortuit jeu de mots, signifier une chose qui lui était antipathique, s'écrie dans le paroxisme de sa colère révolutionnaire : *A bas le moine!* et le bronze, brisé en haine du *moine* et du roi, fut renvoyé à une fonderie de canons! Les magnifiques bas-reliefs du piédestal existent encore au musée de cette ville.

Avant de terminer ce chapitre, jetons un coup-d'œil rétrospectif sur l'état de l'esprit public à Bordeaux, pendant l'année 1792. Les Bordelais étaient alors presque aussi avancés dans le mouvement que les Parisiens eux-mêmes; l'esprit révolutionnaire avait envahi toutes les classes de la bourgeoisie et même une partie de la noblesse. Le Parlement avait toujours maintenu son indépendance de l'autorité royale; son opposition systématique, malgré son respect pour le prince, recélait un germe révolutionnaire : la résistance était devenue héréditaire dans ce puissant corps, et le despotisme ministériel y rencontrait des adversaires implacables. Le commerce mettait les Bordelais en rapport avec les peuples libres de l'Amérique et de la Hollande, et les institutions républicaines, qui paraissaient si favorables au développement des relations commerciales et de la prospérité publique, y trouvèrent des amis qui en proclamaient la nécessité. Bordeaux était d'ailleurs la patrie de Montaigne et de Montesquieu, tous deux libres penseurs, héritiers plus ou moins avoués de l'esprit de la réforme protestante et soutiens des doctrines dont Rousseau et Voltaire s'étaient faits les apologistes. Le président Dupaty vint rallumer le flambeau presque éteint : Vergniaud en reçut le germe, et Boyer-Fonfrède en rapporta un semblable des provinces unies des Bas-Pays, où il avait passé une partie de sa jeunesse.

Ces principes sont contagieux ; ils se communiquèrent à tout le barreau : Guadet, Gensonné, Ducos et plusieurs autres, en furent plus ou moins atteints, et presque tout le Parlement, quoi qu'on dise de certains actes d'intolérance de sa part, ne demandait pas mieux que d'établir la liberté religieuse, ou, en d'autres termes, de réaliser la consécration absurde de tous les cultes, comme étant tous également vrais, également inspirés avec la liberté civile et politique la plus étendue, et dont les développements successifs ont fini par l'anarchie la plus complète. Il faut observer, en outre, que le Bordelais était une terre à moitié romaine ; le droit romain et le droit coutumier y marchaient de front et étaient invoqués tour à tour par les juges et les plaideurs. La jeunesse s'y passionnait pour la liberté du *forum*, et en conservait les souvenirs et les traditions comme un précieux patrimoine ; on y prenait pour modèles les grands orateurs et les poètes de Rome et d'Athènes, et un certain souffle de l'antiquité enflait la poitrine des Bordelais, enflammait leurs âmes et vivifiait leurs paroles. Bordeaux, dit Lamartine, était républicain par éloquence encore plus que par opinion ; il y avait un peu de l'emphase

Livre II.
Chap. 9.

1792

Les Girondins.

latine jusque dans son patriotisme. La république devait naître dans le berceau de Montaigne et de Montesquieu ; il en fut ainsi : Les fondateurs de la liberté en France étaient des enfants de Bordeaux.

En effet, dès le premier moment de la révolution, les Bordelais ne cessèrent de prouver leur ardent patriotisme par des sacrifices immenses en hommes et en argent. Ayant su, en avril, que la guerre était déclarée, le peuple se porta en masse sur les fossés, sur les quais et les places publiques : le club des *Amis de la Constitution* s'ouvrit aux acclamations d'une multitude immense de tous les âges et de toutes les conditions; on ouvrit un registre pour les offrandes volontaires, et, en quelques heures, on reçut 60,000 fr. Les pauvres demandaient à marcher contre Coblentz et les ennemis de la patrie; les riches, outre les offrandes de leur patriotisme, se chargeaient de nourrir leurs femmes et leurs enfants, et, dans tous les rangs et sur toutes les physionomies, on voyait éclater le patriotisme le plus pur et un enthousiasme incroyable.

On envoya une députation à Paris; elle se présenta à la barre de l'Assemblée le 4 mai, et exposa le but de son voyage, l'amour des Bordelais pour la liberté et la Constitution, et leurs immenses sacrifices. « N'en doutez point, dit l'orateur
» de la députation, les Bordelais seront toujours prêts à offrir
» à la patrie le sacrifice de leur fortune et de leur vie.......
» Nous sommes chargés de déposer sur l'autel de la patrie
» 12,000 liv., offrande particulière des officiers municipaux
» de Bordeaux, qu'ils consacrent avec joie aux frais de la
» guerre. Le produit d'une contribution des citoyens, amis de
» la Constitution, vous sera incessamment offert. Au moment
» où l'on nous écrit, il s'élevait à 100,000 liv. »

Outre cette somme, on envoya à Vergniaud 630 liv., qu'il déposa sur le bureau. Au mois de juin, la compagnie patriotique du régiment de St-Michel de Bordeaux envoya

— 245 —

à l'Assemblée 256 livres 15 sous 9 deniers pour la guerre.

Outre ces sacrifices et plusieurs autres, dont nous aurons occasion de parler, les Bordelais formèrent des bataillons tout prêts à partir pour les frontières; mais au moment de s'y rendre, ils envoyèrent des députés à l'Assemblée. Reçus le 20 juin, leur chef s'exprima ainsi : « Législateurs, le premier et le se-
» cond bataillon du département de la Gironde, appelés à la
» frontière pour la défense de la patrie, viennent, par un mou-
» vement unanime, vous apporter l'hommage de leur respect
» et de leur fidélité. Nous attendions depuis longtemps, avec
» impatience, le moment de nous mesurer avec les ennemis
» de la nation souveraine, que nous sommes destinés à défen-
» dre. Nous touchons enfin à cet instant désiré : on verra si
» nous en sommes dignes; on verra si notre poste sera défendu
» avec courage : la vie n'est pas pour des hommes libres le
» plus grand des sacrifices. Législateurs, nos serments nous
» sont plus chers que la vie; ils sont fondés sur les plus nobles
» sentiments qui puissent enflammer le cœur humain, l'amour
» de la patrie, de la liberté et des lois. Ce que nous n'ou-
» blierons jamais, c'est que ces lois doivent être toujours
» présentes à notre mémoire et chères à nos cœurs; c'est que
» la force armée est essentiellement obéissante; c'est que,
» quel que soit notre grade, aucun de nous n'a le droit d'exa-
» miner l'ordre qu'il reçoit avant d'y avoir obéi; c'est que,
» dans un pays libre, tout citoyen, depuis le soldat jusqu'au
» général, doit marcher droit à l'ennemi, sans tourner la tête
» en arrière. Continuez donc, législateurs, à assurer la félicité
» des peuples par des lois sages, fermes; et faites qu'en
» défendant votre ouvrage, nous travaillions au bonheur des
» Français. »

L'Assemblée fut enchantée de ce discours; elle en ordonna l'impression et l'envoi aux quatre-vingt-trois départements.

Pendant cette année, il se forma à Bordeaux plusieurs sociétés publiques; mais aucune ne fit preuve de tant d'ardeur

Livre II.
Chap. 9.

1792

que celle dite des *Amis de la Constitution* : activité, dévoûment, sacrifice, esprit de prosélytisme, voilà quelques-uns de ses caractères distinctifs. Elle chargea vingt-quatre commissaires de parcourir le département, avec mission de réchauffer les esprits, ranimer l'énergie du peuple, l'instruire de ses nouveaux devoirs et recruter des soldats. Chaque nouveau soldat devait recevoir 50 fr. de gratification aux dépens de la société. Rien n'égalait l'austère sollicitude et le bruyant patriotisme des constitutionnels bordelais : les nouvelles de Paris entretenaient ces sentiments exaltés ; les succès des députés enflammaient les jeunes imaginations et réveillaient des ambitions assoupies. L'arrestation du roi, en juin, les événements de juillet et d'août, la déchéance de Louis XVI formulée en projet de décret par Vergniaud, furent autant de stimulants qui donnèrent une nouvelle impulsion au mouvement vers la république. On effaça l'écu royal, et un membre alla même jusqu'à proposer d'effacer de la monnaie l'effigie du roi. « Cette » effigie scandaleuse, dit alors Ducos, se trouve encore sur » les murs de cette assemblée ; je demande que les commis- » saires de la salle la couvrent de la déclaration des *Droits* » *de l'Homme*. » Cela fut fait à l'instant ; et, quelques jours plus tard, on effaça partout, à Bordeaux, les fleurs de lys et les armes de la maison des Bourbons. L'étrange position de la royauté enhardit les réformateurs : la démocratie triomphait enfin, et la république avançait à grands pas. La convocation d'une Convention, à la demande de Vergniaud, bouleversa l'ordre politique, et on n'avait rien de plus à faire qu'à inaugurer la république. Les conseils du département, du district et de la ville de Bordeaux, se réunirent, et déclarèrent « qu'ils » avaient senti le besoin de témoigner à l'Assemblée leur ab- » solue confiance et leur entier dévoûment. Guidés par vous, » marchant sur vos traces, nous vous aiderons à sauver la li- » berté et l'égalité, ou nous périrons avec elles. Nos citoyens » sont calmes ; ils partagent la confiance que nous inspirent les

» représentants de la nation ; et plus les circonstances seront
» graves et difficiles, plus leur patriotisme et le nôtre aura
» d'ardeur et d'énergie. »

Cette adresse, rédigée dans un moment si critique, plut tellement à l'Assemblée, qu'elle en ordonna l'impression aux frais du trésor, et l'envoi aux quatre-vingt-trois départements.

Tout annonçait la prochaine naissance de la république ; mais les massacres de septembre vinrent en souiller le berceau ! Vergniaud, Guadet, tous les Girondins, flétrirent avec énergie ces monstres avides du sang des riches, des prêtres et des nobles. Marat contint sa pensée de vengeance, et, le 22 septembre, dénonça les députés de la Gironde comme ayant formé un complot pour égorger les patriotes ; mais Vergniaud et Guadet repoussèrent avec indignation la dénonciation et les dénonciateurs, Marat et ses associés, les égorgeurs des prisonniers. La guerre était donc ce jour-là déclarée entre Marat et les anarchistes, d'un côté ; les Girondins et les amis de l'ordre, de la vraie liberté et des lois, de l'autre ; c'était une guerre à mort : mais les armes étaient différentes. Les Jacobins eurent plus d'audace ; les Girondins, la haute influence qu'inspiraient leur attachement à l'ordre et leur désir d'asseoir solidement la république. Les Jacobins ne reculaient pas devant les moyens les plus infames, s'ils servaient à leur faire atteindre leur but. Les Girondins avaient moins de ruse que de franchise ; ils se croyaient tout-puissants, parce qu'ils tenaient un moment dans leurs mains l'inutile sceptre de Louis XVI ; et, ne voulant pas déshonorer la république naissante, ils demandèrent la punition des Septembriseurs, qui avaient ensanglanté son berceau.

On les accusa de *modérantisme* ; c'était un nouveau crime qui devait un jour les pousser sur l'échafaud, comme nous le verrons plus loin.

CHAPITRE X.

Nouvelles élections. — Discours démocratique de Fonfrède. — Serment prêté au Champ-de-Mars. — Le curé de Ste-Eulalie réprimandé. — Les mots *liberté, égalité* reçoivent une nouvelle acception. — Tracasseries destructives de la liberté.— Les prêtres veulent émigrer.— On le veut bien ; mais le peuple s'y oppose. — Plus de prêtres, plus de religieux, ni de religieuses. — Lettre de Crozilhac. —Nouveaux représentants. — La république proclamée à Bordeaux. — Proclamation du conseil-général. — Nouveaux corps constitués. — Le tribunal de commerce installé. — Vue anticipée de 1795 !

Livre II.

1792

La France était mûre pour la république; l'anarchie était partout. On s'en prenait au roi, aux ministres, aux institutions. On suspendit tous ces rouages comme inutiles. On essaya, d'un seul bond, de sauter dans un gouvernement nouveau, gouvernement populaire, dans lequel le peuple se gouverne lui-même, et, en haine des rois, se fait roi lui-même! Peuple singe, qui parodie Rome, la Grèce, les Anglais, et ne sait jamais être lui-même! Nous allons la voir à l'œuvre, cette nation acéphale, ce peuple qui se croyait être souverain en laissant river ses fers!

En vertu de la loi du 12 août 1792, toutes les sections furent appelées à voter pour l'élection des députés à l'Assemblée nationale. Dans une de ces réunions, dites des *Amis de la liberté et de l'égalité*, M. Boyer-Fonfrède prononça un discours ultra-démocratique sur cette question brûlante · « *Quel est le meilleur mode de gouvernement pour l'empire fran-* » *çais ?* » Après avoir longtemps et sèchement disserté sur les Grecs et les Romains ; après avoir cité tour à tour la Pologne, la Russie, l'Allemagne et l'Amérique ; après avoir réfuté ou approuvé Platon, Jean-Jacques, Montesquieu, Condorcet, Washington, notre orateur-négociant jette tout son encrier à la face de l'infortuné Louis XVI, dans un dégoûtant tableau, dont nous ne donnerons ici que quelques traits un peu trop saillants : « Une trahison nouvelle, après mille autres, » dit-il, a dévoilé toute l'atrocité d'un homme qu'une fois » déjà l'équité et la raison avaient déclaré criminel, lorsque » la loi le proclama inviolable. Un événement sinistre, mais » heureux (le 10 août), a brisé le dernier bout de nos chaînes. » Louis XVI a rompu le premier le pacte passé avec lui. Un » ancien disait que ce qu'il avait vu de plus étonnant, c'était » un vieux tyran. Les braves Parisiens et les fédérés ont » épargné à jamais à la France l'ignominie d'un tel spectacle. » Le nouveau Damoclès palpite déjà sous le glaive ; aux con- » vulsions de la terreur, il doit y joindre le supplice des » remords, si les remords peuvent entrer dans l'âme d'un » tyran....

» Je n'ai plus aujourd'hui qu'un seul vœu à exprimer : La » nation a commencé à punir un homme qui n'eut d'un roi » que la férocité, qui fut un horrible fléau pour la France. » Le sang d'un nombre infini de bons citoyens, dont ses tra- » hisons nous ont privés, crie vengeance contre lui. Puisse » la future Convention nationale la leur accorder. »

Son vœu se réalisa plus tard, comme on sait; et sa boule noire, jetée dans l'urne conventionnelle, emporta le roi et la royauté ! Épouvantables souvenirs ! Pourquoi la vérité historique nous oblige-t-elle à les évoquer, nous qui ne demanderions pas mieux que de les ensevelir dans une nuit éternelle !

Le 22 août, tous les corps constitués de la ville, accompagnés de la garde nationale, se réunirent au Champ-de-Mars pour prêter le nouveau serment. Cette fois la royauté n'y était pour rien; nos patriotes s'estimaient heureux de se voir délivrés de ce bagage gênant et incommode ! On n'y entendait parler que de la *liberté et de l'égalité;* c'étaient là les divinités de la nouvelle époque. Cependant, ces déesses, qui allaient inau-

Livre II.
Chap. 10.

1792

gurer la république, avaient une marche capricieuse et incertaine ; elles souriaient aux uns et refusaient capricieusement leurs faveurs aux autres, comme nous allons voir.

Dans une séance du même jour, on délibéra que le curé de Ste-Eulalie, bien qu'il fût assermenté, devait être réprimandé pour s'être montré en soutane dans l'enceinte du Champ-de-Mars, lors de la cérémonie, et il lui fut enjoint, ainsi qu'à tous les autres ecclésiastiques en exercice, de ne porter leur soutane que dans l'étendue de leurs paroisses respectives. Le curé de Ste-Eulalie était-il libre, ou sa soutane nuisait-elle au culte de la *liberté ?* Les *sans-culottes* s'habillaient à leur façon et se coiffaient du bonnet rouge; c'était bien : ils étaient libres. Mais pourquoi, au nom de la *liberté,* défendre à un prêtre de porter son costume ?

Tout changeait alors en France ; les mots même devaient signifier le contraire de leur acception ordinaire. *Liberté* signifiait *servitude réelle,* et *égalité* voulait dire *le niveau de la misère pour les dupes; les honneurs, la fortune et la gloire pour les dupeurs !* C'est à cette époque que commença l'usage d'ajouter dans tous les actes publics, après la date ordinaire, les mots : *l'an IV de la liberté, et le premier de l'égalité ;* mensonges officiels qui ont servi à tromper le peuple !

La place Dauphine reçut aussi le nom de *place Nationale;* pourquoi ? Nous n'en savons rien, si ce n'est qu'on devait y faire plus tard la chose la moins *nationale* du monde, égorger des citoyens inoffensifs, l'élite de la nation ! On fit graver également, sur la porte extérieure de la Maison-Commune, ces mots vides de sens : *Maison-Commune; publicité, responsabilité, sauvegarde du peuple !*

C'est avec le prestige fantasmagorique de ces grands mots qu'on croyait alors enchaîner ou changer le cours des événements. On cherchait en vain quelque rapport, quelque analogie entre la parole exprimée et l'action qu'elle devait produire. Ainsi, sous le règne de la liberté, il n'y eut pas de liberté pour les aristocrates, les royalistes, les prêtres, les moines, les religieuses ; ii y avait en France et à Bordeaux une classe nombreuse de ceux qui tenaient au passé et qui désiraient conserver la foi de leurs pères et les institutions de leur patrie ; c'étaient les *suspects*, mot excellent, élastique, et d'une si merveilleuse souplesse dans la bouche des républicains, qu'il désignait les trois quarts et demi des citoyens français. Y avait-il de la liberté pour eux ? Mon Dieu, non ; et cependant c'est l'amour de la liberté qui les rendait suspects ! L'égalité existait encore moins. Comment la maintenir en présence des exigences du peuple abusé ? Une personne, autre qu'un clubiste bien reconnu, avait-elle besoin, soit pour affaires, soit pour le rétablissement de sa santé, de se transporter à la campagne ? On lui imposait la rigoureuse condition de se présenter à son arrivée devant la municipalité du lieu où elle se rendait, et d'y déposer le billet d'autorisation délivré par les officiers municipaux de Bordeaux ; de retirer un certificat du dépôt qu'elle en avait fait ; de le faire parvenir à la Maison-Commune de Bordeaux, le second, le troisième ou le quatrième jour *(selon la distance)* après son départ de cette ville ; d'envoyer ensuite, tous les quinze jours, à la municipalité de Bordeaux, un certificat de celle du lieu où cette personne résidait, pour constater sa présence dans cet endroit. Où était la liberté ?

Les prêtres, craignant déjà pour leur vie et prévoyant que la tempête qui obscurcissait partout l'horizon politique de la France finirait par emporter ce qui restait de l'autel et du trône, de la royauté et du clergé, se présentèrent en foule pour prendre des passeports, les uns pour l'Espagne, les autres pour l'Italie, tous pour quelque sol hospitalier ou moins brûlant que celui de la France. Les patriotes devaient s'applaudir, ce nous semble, de voir s'exiler d'eux-mêmes ceux qu'ils considéraient comme ennemis ; c'était la loi et le résultat de la liberté d'alors. Tout au contraire, ils s'en alarmèrent et réclamèrent de la municipalité qu'elle s'opposât au départ de ces hommes, qu'ils ne voulaient ni voir, ni tolérer en France! La municipalité de Bordeaux ne savait que faire; tout en cherchant à concilier, en apparence, ce qu'on devait à la liberté avec la volonté du peuple, ou plutôt d'une minime fraction du peuple, mais fraction turbulente, tracassière, exigeante, elle laissa partir ceux qui étaient déjà embarqués ou en route, et fit ensuite renfermer au Grand-Séminaire tous les prêtres insermentés qui se trouvaient dans la ville. Nous le demandons encore, où était la liberté?

Ce ne fut pas seulement aux prêtres qu'on refusait la liberté : on l'enlevait aux riches, aux propriétaires; tous ceux qui avaient quelque chose à perdre commencèrent à être suspects à ceux qui n'avaient rien. On ordonna des visites domiciliaires, sous le prétexte de découvrir des armes; on en profita pour enlever toutes les choses précieuses qui tombaient sous les mains de ces inquisiteurs barbares; c'était, d'abord, les chevaux des émigrés, plus tard les chevaux de luxe. Les nouveaux bataillons manquaient, en partie, d'artillerie ; il fallait trouver du bronze; les débris de la statue équestre de Louis XV ne suffisaient plus : on abattit et l'on brisa les belles figures qui ornaient le mausolée de Candale; on pilla tout ce que renfermaient les églises, les châteaux et les monastères, en fait de bronze ; et, de cette façon, nos Vandales eurent, il est vrai, quelques chefs-d'œuvre de moins et quelques canons de plus. On se demande toujours : où était la liberté?

Lors de la clôture des couvents, on laissa subsister quelques sœurs de charité pour soigner les malades, quelques religieuses du couvent des Orphelines, de la Maison de Force, de celles de la Foi et de la Magdeleine : elles étaient alors utiles; mais en 1792 l'éducation du peuple était faite! elles n'étaient qu'un embarras. On les supprima. Elles faisaient du bien aux pauvres; c'est vrai. La république se chargea d'en faire à leur place! Il faut cependant en convenir, la révolution était conséquente avec elle-même. Comment, dans le renversement général des principes et des idées, pouvait-elle employer des institutrices religieuses, éléments discordants dans le nouvel édifice social, et que la logique révolutionnaire devait nécessairement regarder comme vicieux, hostiles et incorrigibles? Qu'auraient fait, d'ailleurs, les sœurs de la charité dans les hôpitaux, au moment où ces asiles de la douleur et de la pitié allaient manquer des ressources les plus nécessaires à l'humanité souffrante? où, malgré la vente des biens nationaux, les souscriptions de toutes sortes, les emprunts, les secours envoyés de la capitale, la municipalité allait elle-même se trouver forcée d'en détourner ses regards? Qu'avait-on besoin désormais de ces saintes institutrices, qui enseignaient aux jeunes filles l'amour de la religion, qui n'existait plus; de l'ordre, qu'on ne connaissait plus; du travail, dont on ne voulait plus; ou de la vertu, qui n'était plus qu'un nom pour nos esprits forts? Ne suffisait-il pas qu'elles connussent les *Droits de l'Homme*, les chants patriotiques, les motions des clubs et le maniement des piques, comme les héroïnes de Bordeaux dont nous avons parlé? Le moment, d'ailleurs, allait bientôt arriver où les plus heureux seraient précisément ceux qui s'efforceraient d'éteindre les souvenirs, et qui ne tiendraient au passé que par leur apostasie civile et religieuse, ou par la haine qu'il leur inspirait! La liberté, il n'y en avait pas! De l'égalité, hélas! on apprit bientôt après à en faire au moyen de la guillotine!

Paris, dans tout ce temps, était la source d'où émanaient les commotions qui électrisaient les provinces. Les massacres de septembre avaient ensanglanté les rues de la capitale; la nouvelle en fut transmise à Bordeaux par une lettre de Crozilhac, en date du 5, d'où nous extrayons le passage suivant : « Les alarmes, écrit-il, d'abord extrêmes dans cette ca-
» pitale, et la fureur du peuple, se calment enfin. Cepen-
» dant, hier encore, il continuait à massacrer dans les pri-

Livre II.
Chap. 10.

1792

» sons ceux qui lui avaient échappé les jours précédents.....

» Les commissaires envoyés par l'Assemblée nationale au-
» près des sections, pour les inviter à propager parmi le peu-
» ple le respect dû aux lois, à la vie et aux propriétés des
» citoyens, ont rapporté hier au soir, à l'Assemblée, qu'ils
» avaient reçu partout le témoignage d'une entière confiance
» en elle, et le serment unanime d'assurer l'exécution de ses
» décrets par tous les moyens que pourra suggérer l'ardent
» amour de la liberté et de l'égalité. » Or, voulez-vous savoir ce que fit quatre jours après ce bon peuple, qui avait
tant de respect pour les lois, la vie et les propriétés des
citoyens ? Il égorgea les prisonniers d'Orléans, qu'on avait
fait venir exprès de Paris ! Dans sa missive du 11, le même
Bordelais termine par ces mots d'une froideur glaciale, au
sujet de ces abominables meurtres : « Puissent les événe-
» ments des 2, 3, 4 et 5 septembre, tant de massacres, celui
» des prisonniers d'Orléans, égorgés avant-hier à Versailles,
» ne point choquer et nous aliéner les dispositions du peuple
» anglais ! »

On se sent froissé au fond de l'âme en lisant ces lignes !
Quoi ! pas un regret, pas une larme, sur la tombe de ces infortunées victimes ! La seule préoccupation de l'esprit de notre
républicain bordelais, c'était la conservation de l'amitié des
Anglais, ces éternels ennemis de la France !

Quelques jours plus tard, on reçut à Bordeaux la lettre
suivante, de la commune de Paris, en date du 5 septembre;
c'était une invitation à toutes les municipalités à imiter les
égorgeurs de septembre, à Paris. En voici le texte :

» FRÈRES ET AMIS,

» La commune se hâte d'informer les frères de tous les
» départements, qu'une partie de ces conspirateurs féroces,
» détenus dans les prisons, a été mise à mort par le peuple,
» acte de justice qui lui a paru indispensable pour réduire,

» par la terreur, les légions de traîtres cachés dans ses murs,
» au moment où il allait marcher à l'ennemi; et, sans doute,
» la nation entière, après la longue suite de trahisons qui l'ont
» conduite à l'abîme, *s'empressera d'adopter ce moyen si néces-*
» *saire au salut du peuple.*

» Les administrateurs du salut public,

» Panis, Sergent, Marat, *l'ami du peuple.*

» *P. S.* Nos frères sont invités à mettre cette circulaire sous
» presse, et à la faire passer à toutes les municipalités de leur
» arrondissement.

» La veille, Billaut de Varennes avait dit aux égorgeurs de
» l'abbaye : Respectables citoyens, vous avez bien *mérité* de
» la patrie. La municipalité s'occupe de vous récompenser ;
» vous allez, en attendant, recevoir 24 fr. chacun. Braves
» gens ! *continuez votre ouvrage.* La France vous doit une
» reconnaissance éternelle. »

Cette abominable, cette sanguinaire adresse électrisa les frères et amis de Bordeaux ! C'était une invitation formelle à massacrer les suspects, les opposants, vrais ou supposés, du système républicain. Nous les verrons tout à l'heure à l'œuvre !

L'Assemblée électorale, réunie à Libourne le 13 septembre, avait nommé les nouveaux députés à la Convention : MM. Vergniaud, Guadet, Gensonné, Grangeneuve, Ducos, Jay, l'abbé Sieyès, Condorcet; mais on remplaça ces deux derniers par Lacaze et Garreau, auxquels furent ajoutés Duplantier, Deleyre, Boyer-Fonfrède et Bergouing, quelque temps après (7 décembre).

Ce fut le 21 septembre qu'eut lieu l'installation de la Convention; elle fermait l'arène sanglante des mois d'août et de septembre; mais elle la rouvrit plus vaste et plus sanglante encore. On avait vu couler le sang des nobles, des prêtres, des citoyens de toutes les conditions; que restait-il à faire pour répandre celui des princes et du roi? N'avait-on pas maintenant à sa disposition une populace habituée aux crimes par des meurtres impunis, et avide d'en commettre d'autres? Les nouveaux députés avaient été désignés aux électeurs comme républicains ou comme hommes d'opinions avancées; tout annonçait un avenir favorable et le triomphe définitif des institutions républicaines. La Convention ne manqua pas à sa mission, et, se confiant aux éléments qu'elle renfermait dans son sein, elle prononça, comme acte d'inauguration, l'abolition de la royauté et la proclamation de la république.

Voilà donc le vaisseau de l'État lancé sur une mer orageuse, sans pilote, sans boussole, sans gouvernail! Le peuple s'en félicitait dans son ignorance, et tout était au mieux dans le meilleur des mondes possibles! La nouvelle fut accueillie par les clubs de Bordeaux avec des acclamations de joie; c'était une fête de famille. Les honnêtes gens y prirent part ou feignirent de le faire: tout le monde allait être heureux; malheur à celui qui oserait en douter! Le conseil-général se réunit, le 25 septembre, pour délibérer sur les circonstances. Monsieur L. Journu présidait l'assemblée, qui se composait de MM. Labrouste, Couzard, Ferrière, Lardeau, Montbalon, Hollier, Derancy, Pujoulx-Laroque, Peychaud, Villebois, Robert, Duvigneau, Desbarat, Baron, administrateurs; et Roullet, procureur-général-syndic. On y rédigea la proclamation suivante:

« Citoyens, la Convention nationale vient d'abolir la royauté.
» Nous proclamons ce grand événement: nous vous annon-
» çons, dans les vifs transports de l'amour de la patrie et de
» la liberté, que la France n'aura plus de roi. Le sceptre de
» la tyrannie est brisé; l'autorité arbitraire d'un seul dispa-
» raît, l'autorité de tous lui succède. Le vil échafaudage du
» trône tombe et s'anéantit, et le peuple s'élève dans toute
» sa grandeur. Français, vous remontez enfin à la dignité de
» l'homme; il n'est plus de souverain pour vous que la loi;
» qu'elle soit donc toujours à vos yeux inviolable et sacrée.

» La loi est aujourd'hui le résultat de toutes les forces et de
» toutes les volontés; qu'elle obtienne donc toutes les soumis-
» sions et tous les hommages.

» Français, vous voulez la république; vous en êtes dignes.
» Mais n'oublions jamais que ce serait peu pour nous d'avoir
» le gouvernement des républicains, si nous n'en avions aussi
» les mœurs et les vertus; que la république est une famille,
» une réunion de frères; que les hommes y sont tous égaux,
» tous amis; que le vrai républicain porte dans son âme le
» respect pour les personnes et les propriétés, comme il y
» porte l'amour de ses enfants et de la patrie; qu'il aime et
» pratique la tolérance, comme il chérit la liberté même; car
» la tolérance n'est autre chose qu'un respect immuable pour
» le libre usage de la pensée et du sentiment; que le répu-
» blicain n'use jamais du droit du plus fort, parce que ce
» droit est odieux, parce que la force du citoyen n'est pas
» dans ses passions ou dans ses volontés, mais toute dans la
» loi; qu'il ne veut que ce qu'il peut par la loi; que le vrai
» républicain révère l'ordre social autant que celui de la na-
» ture, et pense qu'un individu ne peut pas plus violer la loi
» qu'il n'est en son pouvoir de changer l'ordre des éléments.

» Français, peuple éclairé, peuple courageux, c'est vous-
» mêmes qui gouvernez par vos délégués. Faites donc que
» votre gouvernement soit juste et paisible; c'est par là seu-
» lement qu'il peut vous honorer. Montrez à l'Europe étonnée
» que, dans les plus violentes crises d'une révolution politi-
» que, vous n'avez pas oublié un seul instant que l'ordre est
» le principe et l'âme de tout, et que la plénitude de l'ordre
» est dans le respect pour la loi.

» *Signé* : L. Journu, *président.*

» Buhan, *secrétaire-général-provisoire.* »

La lecture de ce décret de la Convention se fit, à Bordeaux, avec toute la pompe que l'on mettait à ces sortes de solennités ; elle eut lieu dans différents endroits de la ville : d'abord, sur la place d'Aquitaine, qui, dès lors, prit le nom de *place de la Convention*, devant la Maison-Commune, à la place du Marché-Neuf, à la place Royale, qu'on nomma alors *place de la Liberté*, aux Chartrons, au Champ-de-Mars et sur la place Dauphine, alors *Nationale*. Le 2 octobre, les vingt-huit sections de la ville se réunirent, chacune dans un local particulier, pour exprimer leur adhésion franche et loyale au gouvernement républicain. On croyait avoir enfin touché à la fin de toutes les misères de la patrie. Hélas ! elles ne firent alors que naître. La section n° 11 se distingua par son ardent civisme et son enthousiasme révolutionnaire : ses commissaires, Badin et Boissier, rédigèrent la profession de foi qui *abolissait à jamais la maudite royauté en France*.

Quelques semaines plus tard, on organisa de nouveaux Directoires du département et du district ; c'était le 7 décembre. On renouvela en même temps le tribunal civil ; les noms de tous ces fonctionnaires se trouvent dans la *note* 11ᵉ. Le 12 du même mois, la municipalité installa avec solennité le tribunal de commerce à la place de l'ancienne juridiction consulaire de la Bourse, dont l'origine datait de l'an 1563. (Voir la *note* 11ᵉ).

Le reste de l'année 1792 ne fut marqué, à Bordeaux, par aucun événement mémorable. Les nouvelles de la guerre occupaient tous les esprits ; de nouveaux bataillons se formaient sur le papier ; mais les recrues n'allaient pas toutes grossir les rangs de l'armée. On n'y voyait guère non plus les anarchistes, les clubistes, les dénonciateurs, gens casaniers par goût et par intérêt, qui, dans toutes les révolutions, ont l'art de se montrer partout, excepté sur le champ de l'honneur ; qui, pour l'ordinaire, parlent le plus haut et agissent avec lâcheté, intriguent en secret, calomnient sans honte, vantent effrontément la vertu qu'ils détestent, flétrissent en public les vices qu'ils adorent en secret; et qui, après avoir séduit, trompé, abruti la tourbe ignorante et crédule dont ils se disent les amis, trouvent plus souvent que les honnêtes gens une issue pour échapper aux désastres qu'ils ont attirés sur leur patrie. Nous allons maintenant assister aux grands et lamentables événements de 1793.

LIVRE III.

CHAPITRE PREMIER.

Commencement de 1793. — Une nouvelle municipalité. — Faim, misère et triste position des Bordelais. — Le caractère des Bordelais change, et, avec lui, les noms des rues, les places, etc., etc. — Réunion des Amis de la Liberté, etc. — Rapports d'une femme républicaine. — Son allocution au drapeau tricolore. — Adresse de nos républicaines à la Convention. — Disette à Bordeaux. — Situation affreuse de la ville, etc.

<small>1793

Histoire des Erreurs et des Crimes, tomes 3 et 4, p. 109.</small>

Nous voici arrivés à une époque funeste, à 1793 ! Le nom seul nous glace le sang dans les veines; car c'est avec les larmes des Bordelais qu'on en devrait écrire les annales ! L'Assemblée législative, dit Prudhomme, commença le 1er octobre et fut terminée le 27 septembre 1792. Dans cette période, il périt en France huit mille quarante-quatre individus, sans y comprendre ni les soldats qui sont morts dans les combats contre les ennemis de l'extérieur, ni des femmes qui furent aussi sacrifiées. Il est désolant d'avoir à constater ces déplorables suites de nos dissensions; mais quel pénible sentiment n'éprouvera-t-on pas en lisant les crimes, les forfaits qui ont ensanglanté les places publiques de toutes nos villes, et, chez nous, la place Dauphine, pendant la terreur de 1793 !

Nous voudrions passer sous silence cette lamentable époque. Nous voudrions ensevelir dans l'oubli tous les crimes, excuser toutes les fautes, jeter un voile sur les lâchetés des uns, les faiblesses des autres, les craintes de tous. Nous voudrions nous taire ; hélas ! il n'est pas possible : nous écrivons l'histoire, et c'est à son flambeau que, dans nos recherches de la vérité, nous allons éclairer nos pas, pendant que nous marchons dans la boue pétrie avec le sang des Bordelais !

Avant de continuer notre récit, jetons un regard sur l'état intérieur de notre ville. L'ancienne municipalité ne paraissait pas à la hauteur des circonstances actuelles; on la remplaça par une nouvelle.

La commune de Bordeaux avait demandé et obtenu des secours de l'Assemblée nationale ; mais la Convention se sentant peu à son aise, les supprima subitement, et laissa les Bordelais pourvoir à leurs besoins. Privée de cette ressource, la nouvelle municipalité se vit dans l'effrayante nécessité de supprimer l'indemnité qu'elle accordait aux boulangers ; ceux-ci ne pouvant pas faire de grands sacrifices tous les jours, et ne voulant pas compromettre leur fortune, menacèrent de ne plus faire de pain. C'eût été désespérer le peuple et le pousser à tous les excès; car comment résister aux terribles exigences de la faim ! La meilleure volonté du monde eût été paralysée chez eux, par les mille entraves que leur commerce rencontrait, par l'opposition constante que mettaient la plupart des communes voisines au passage des grains et des farines; c'étaient des conflits de municipalité à municipalité, qui n'aboutissaient qu'à augmenter la détresse générale et à prouver que, si la fraternité est rarement pratiquée dans les temps ordinaires, elle n'est plus qu'un mot, nous pouvons dire un *non-sens* en temps de crise. Comment, d'ailleurs, fonder des espérances sur la récolte ? La Gironde, complantée de vignobles, ne produit que peu de céréales, et ne saurait se suffire à elle-même ; l'agriculture était d'ailleurs négligée, ou, pour mieux dire, abandonnée. La jeunesse, avide de nouveautés, surexcitée par l'amour de la gloire, et croyant voir revenir l'âge d'or, s'envolait gaîment loin de ces campagnes qui ne

Livre III.
Chap. 1.

1793

Archives
de
l'Hôtel-de-Ville
NOTE 12.

pouvaient plus la nourrir. Le pain des camps était bon, et le fusil lui paraissait plus léger que les instruments du labourage. Les jeunes gens qui restaient voyaient tout leur temps absorbé par une multitude de fêtes civiques, de cérémonies et d'usages particuliers à la république; ils quittaient rarement le fusil pour la charrue, et comptaient bien déjà que si, dans le siècle d'égalité, la faim venait les étouffer dans ses rudes étreintes, le château serait tenu de nourrir la chaumière !

Ainsi, la raison humaine semblait avoir abdiqué, et les hommes, ne la connaissant plus, s'abandonnaient à toutes sortes de folies ! Tous les esprits tendaient vers des innovations plus ou moins excentriques ou puériles : ils n'avaient qu'un but, celui de détruire. Reconstruire, c'était trop aristocratique. Amis de la *sainte égalité,* ils voulaient tous s'asseoir sur des ruines ! Des mots nouveaux furent donnés aux choses anciennes. Le collége de Guienne, autrefois l'orgueil de Bordeaux, était devenu le *collége national.* On fit frapper des médailles pour être distribuées aux élèves; sur l'exergue, on grava les mots : *espoir de la patrie,* et sur le champ : *mœurs, vertus, talents.* Puis l'administration n'ayant pas de quoi solder les professeurs, leur abandonna, avec une coupable insouciance, les revenus du collége. Dans l'une des séances du conseil-général, on proposa de détruire toutes les portes de ville, sans exception, comme entachées, sans doute, du péché d'origine féodale; mais leur haine pour le passé se borna, pour le moment, à faire disparaître les portes trop aristocratiques : celles dites Dauphine, Richelieu, St-Germain, ainsi que les élégantes grilles de la Bourse, de la Douane et du Chapeau-Rouge. Un évêque remplaçait l'archevêque; ils croyaient probablement rabaisser le dignitaire, en ôtant quelques lettres à son titre ! On n'était plus *monsieur;* on s'appelait *citoyen, frère, ami.* La plupart des rues et places avaient troqué leurs noms d'origine historique contre de nouveaux noms sans portée, sans signification; ainsi : la place Ferdinand s'appelait *place du Département;* le nom de *place Guillaume-Tell* fut substitué à celui de place Rohan; la petite place St-André devint la *place de l'Opinion;* la grande place St-André, celle de la *Montagne;* la place St-Projet, celle des *Sans-Culottes;* la place du Palais, celle de *Brutus;* la place Royale, celle de la *Liberté;* la place des Capucins, celle des *Droits de l'Homme;* la place St-Julien, celle de la *Convention;* le Marché-Royal devint le *Marché de la Liberté;* le quai du Chapeau-Rouge, *quai Marat,* etc., etc. Nous ne finirions pas si nous voulions enregistrer les incroyables métamorphoses qu'on fit subir à nos rues, toutes plus ridicules les unes que les autres. Nous avons eu les rues de la *Frugalité* (rue Boulan), de la *Lumière* (rue St-Bruno), du *Réveil* (rue de la Chartreuse), du Couvent (rue des *Nations-Libres*), de *Ça-Tiendra* (rue de la Chapelle-St-Martin), de *Haine aux Tyrans* (rue des Lauriers), *J'adore l'Égalité* (rue Monbazon), *Vivre libre ou mourir* (rue Neuve-St-Seurin), *Plus de Rois* (rue Pont-Long), *Ça-Ira* (rue Ségur), etc., etc.

La manie d'écrire était à la mode : tout le monde voulait régenter la république et transmettre à la dernière postérité ses immortelles élucubrations. Pas de cabaretier, pas de barbier, pas de chétif pédagogue, qui ne s'érigeât en Solon : hommes, femmes, tous péroraient, tous écrivaient, tous déclamaient. On ne saurait se faire une idée de la quantité de brochures, de misérables pamphlets, d'écrits de toutes sortes, que la presse a vomis dans ces crises révolutionnaires : les discours, les lettres, les circulaires, des Morin, des Benjamin père, des Martin, des Dorbe, des Thounens, fourmillent dans les archives municipales de Bordeaux. Au lieu de publier ces violentes et ridicules productions des têtes exaltées, nous nous bornerons à reproduire quelques passages du procès-verbal de la *Société des Amis de la liberté et de l'égalité* à Bordeaux, séante aux ci-devant Jacobins, le 13 janvier 1793; ils suffiront assez pour faire connaître le style et les sentiments des auteurs ; c'est encore écrire l'histoire du temps.

La séance s'ouvre sous la présidence de la citoyenne Dorbe cadette. On annonce une députation des *frères* du club National et des frères les *Surveillants;* elle est introduite, et le chef prononce un discours *vraiment patriotique et fraternel.* Enfin, la présidente, après avoir exprimé la satisfaction de l'assemblée, de voir réunis dans le même local tant de *frères* et d'*amis,* donne, sur le banquet civique auquel elle avait assisté, les détails suivants :

« Votre présidente et les citoyens et citoyennes, souscrip-
» teurs au banquet, se sont rendus dans le lieu de vos séances ·
» A une heure, le consul des États-Unis de l'Amérique et les
» musiciens se sont rendus; à deux heures, nous nous som-
» mes dirigés vers le lieu préparé pour le banquet civique.
» La citoyenne présidente et le consul des États-Unis ouvraient
» la marche, puis les citoyennes et les citoyens souscripteurs;
» nous marchions de deux en deux. Arrivés chez Battut
» (restaurateur), les citoyennes et citoyens, nommés commis-
» saires, ont placé les souscripteurs suivant la délibération
» prise par la société, que les citoyennes seraient placées d'un
» côté de la table et les citoyens de l'autre. On a servi la
» soupe au premier coup de clochette; le repas était frugal.
» Je n'ai pas besoin de vous dire que nos cuillers et nos
» fourchettes étaient de bois; les marques d'union et de fra-
» ternité ont embelli la fête. »

Puis vient une vingtaine de toasts aux frères affiliés, à la victoire, à la paix, à l'union, à la fraternité, etc., etc. A la fin du repas, la présidente chanta un couplet patriotique de sa composition. En lisant ces paroles, on voit que si notre héroïne n'avait pas l'esprit d'un poète, elle avait la mâle vigueur et le cœur d'une Spartiate.

La poésie pourrait être meilleure; mais les sentiments sont ceux d'une bonne républicaine! Elle ne brillait pas sur le

Parnasse ; mais elle était digne d'aller s'asseoir sur la Montagne ! Voici ses paroles :

> Républicains dignes de l'être,
> Armez-vous pour la liberté ;
> Allez combattre les traîtres,
> Amis de la captivité. *(bis.)*
> Français, allez, marchez, victoire,
> Les lauriers sous vos pas sont semés,
> Et les traîtres exterminés
> Nous assurent paix et gloire.
>
> Aux armes, citoyens ! formez vos bataillons ;
> Marchez, marchez, qu'un sang impur abreuve nos sillons.

Après les frénétiques applaudissements des *frères et amis*, le consul des États-Unis fit un discours, à la fin duquel il annonça, comme un prophète en proie à ses hallucinations républicaines, que le jour n'était pas éloigné où les hommes seraient libres et heureux ! Enfin, la présidente clôt la séance par cette apostrophe, d'une poésie sauvage et d'un lyrisme révolutionnaire, au drapeau tricolore :

« O drapeau tricolore ! reçois aujourd'hui l'hommage de ce
» peuple nombreux ; et vous, citoyennes et citoyens, répétez
» avec moi ce cri de gloire et de bonheur : *Vive le drapeau*
» *de la république française!*

» O drapeau tricolore ! sois, s'il se peut, sensible à mes
» accents : frémis, agite-toi à la voix de ces femmes, de ces
» enfants, de ces guerriers, élevant vers le ciel leurs mains
» et leurs hommages !

» Trophée immortel, je te salue. Je vous salue, bannières
» augustes, guides du courage, gage assuré de la victoire ; je
» vous salue au nom de toutes ces républicaines dont je suis
» l'organe ; je vous salue et je vous consacre dans ce temple
» de la liberté, où chaque jour les Bordelaises viennent brûler
» un nouvel encens. »

Cette scène, dont le ridicule et le burlesque forment le

caractère saillant, se passait huit jours avant le mort de Louis XVI, de ce prince que ses bourreaux appelaient le *tyran*, mais que la postérité, moins passionnée, salue déjà du nom de *restaurateur de la liberté en France*, j'allais presque dire de *martyr de la foi*.

L'arrêt qui condamna l'infortuné Louis XVI à la peine de mort, fut prononcé à la majorité de 366 voix sur 721 votants, au lieu de 750 qu'ils devaient être, suivant la composition de la Convention. Onze représentants étaient absents sans congés ; ils furent censurés au procès-verbal : sept absents par commission, quatre ne voulant pas voter ; dix étaient malades, et un mort.

Voici la nature du vote : un pour la mort, en réservant au peuple à commuer la peine ; vingt-trois pour la mort, en demandant qu'on examinât s'il serait convenable d'accélérer ou de retarder l'exécution ; huit pour la mort, et sursis jusqu'à l'exclusion de la race entière des Bourbons ; deux pour les fers ; deux pour la mort, avec sursis jusqu'à la paix, ou exécution dans les vingt-quatre heures, dans le cas ou une des puissances étrangères envahirait le territoire français ; trois cent dix-neuf pour la détention jusqu'à la paix ; trois cent soixante-six pour la mort sans restriction.

L'arrêt prononcé, M. Desèze, de Bordeaux, se lève, et lit un écrit de Louis XVI, ainsi conçu : « Je dois à mon honneur, » je dois à ma famille, de ne point souscrire à un jugement » qui m'inculpe d'un crime que ma conscience ne me reproche » point. Je déclare donc que j'interjette appel à la nation elle-» même du jugement de ses représentants. »

Desèze appuie cet appel, et dit : « Citoyens, ne donnez » pas à la France, et au monde, le spectacle douloureux d'un » arrêt de mort prononcé à la majorité de cinq personnes. » La Convention rejeta le sursis et l'appel au peuple. Sur la question du sursis, 310 votants sur 690 se prononcèrent pour le sursis, et 380 pour l'*exécution prompte*.

Le roi demanda trois jours pour se préparer à paraître devant la Majesté Divine; les barbares rejetèrent cette demande, et ajoutèrent : « La nation française, aussi grande dans sa » bienfaisance que rigoureuse dans la justice, prendra soin de » sa famille et lui fera un sort convenable. » Ce sort convenable, nous le connaissons : la mort de la reine, la captivité sans exemple et la mort du jeune prince, les infortunes de la duchesse d'Angoulême, nous ont fait connaître la mesure de l'humanité des conventionnels et des républicains!

Livre III. Chap. 1.

1793

Nous verrons plus bas la part qu'avaient prise nos Girondins à ce déplorable arrêt.

La nouvelle de la mort du roi jeta la consternation parmi les personnes bien pensantes à Bordeaux, et répandit la joie parmi les ultra-démocrates : chez les uns, c'était le désespoir; chez les autres, le triomphe de la démocratie, la république, enfin, assise sur sa base définitive.

Le supplice de ce prince infortuné exalta à l'extrême l'irritabilité de nos républicaines; elles écrivirent à la Convention nationale une adresse que nous croyons devoir reproduire, si non comme document historique d'une grande importance, du moins comme tableau des mœurs et échantillon de l'éloquence de nos républicaines :

« A LA CONVENTION NATIONALE.

» Bordeaux, 7 février 1793, IIe de la république.

» REPRÉSENTANTS DU PEUPLE FRANÇAIS,

» Trop lâche pour résister à la volonté nationale, le traître
» Capet ourdissait dans l'obscurité la trame fatale dont il vou-
» lait nous enlacer. Trahissant tour à tour les amis de la
» patrie et les transfuges de Coblentz, il appela, pour combler
» le déficit, cette nation généreuse qu'il venait de ruiner sans
» pudeur. Bientôt, craignant qu'elle ne reprît un pouvoir
» usurpé par des siècles de tyrannie, il veut dissoudre une

Archives de l'Hôtel-de-Ville

» souveraineté supérieure à la sienne; il environne de baïon-
» nettes menaçantes les représentants de vingt-quatre millions
» d'hommes : leur fermeté n'en est point ébranlée. Tranquilles
» au poste qui leur avait été assigné, ils attendirent la mort
» en ne souscrivant point à l'esclavage. Mais le despote avait
» trop compté sur l'aveugle obéissance des soldats éclairés par
» l'amour de leur pays; ce n'étaient plus des êtres passifs,
» mais autant de citoyens prêts à défendre leurs frères, leurs
» concitoyens. Le vœu public s'était prononcé. N'espérant plus
» reprendre ouvertement un pouvoir arbitraire et un sceptre
» odieux, couvert du sang des vainqueurs de la Bastille, il
» accepte le pouvoir légal que lui confèrent les députés de la
» nation; il promet de la rendre heureuse en faisant exécuter
» les lois faites par elle; mais en secret, soudoyant ses ennemis
» avec ce même or qu'il tenait de sa magnificence, protégeant
» des prêtres factieux qui semaient dans l'intérieur le trouble
» et la discorde, il payait au dehors les émigrés rebelles :
» une garde licenciée, mais toujours à ses ordres, les a trop
» bien exécutés le 10 août. Était-ce pour leur indiquer de
» nouvelles victimes, qu'abandonnant ses complices sangui-
» naires, il esquive le combat ordonné par lui-même et porte
» dans le sanctuaire des lois une tête coupable? Il croyait,
» sans doute, les voir bientôt paraître dégoûtants du sang des
» Français, porter leurs mains, exercées aux forfaits, sur les
» pères de la patrie; éteindre avec leur vie la liberté, l'éga-
» lité, tous les fruits de la révolution! semblables à ces hordes
» barbares qui plongèrent les sénateurs romains, vieillards
» désarmés, sans défense, dans la nuit du tombeau! car quel
» crime peut coûter à celui qui tourne les armes contre sa
» patrie? à celui qui ordonne le carnage de ses sujets? Et la
» déchéance eût assez puni tant de forfaits! Et la réclusion ou
» le bannissement eût assez puni celui qui fit verser tant de
» sang! celui dont les haines perfides nous ont entourés d'en-
» nemis! Non!!! sa tête devait tomber. Représentants, vous

» avez rempli le vœu de la république; vous avez été justes,
» et la tyrannie n'est plus.

» *Signé* : Arias, *présidente;* Papon, *vice-présidente;*
» Béchade-Thounens, *secrétaire;* Souriac,
» *sous-secrétaire.* »

A ce désordre, qui avait passé des esprits dans les faits, et qui régnait, non-seulement à Bordeaux, mais sur toute l'étendue de la France, il faut joindre les dangers du dehors et les préoccupations d'une guerre générale avec presque toute l'Europe. Le peu de commerce que les négociants pratiquaient se trouva forcément interrompu : l'industrie fut anéantie et l'agriculture abandonnée. Les subsistances étaient rares; elles manquèrent alors presque complètement, comme pour accroître le mécontentement, le désespoir du peuple et les embarras de l'administration. Vingt-trois cargaisons de blé, achetées par le gouvernement, avaient été prises ou retenues en mer par les Anglais; c'était une déplorable fatalité qui pesait comme un remords sur la nation régicide! On souffrait des tortures morales et physiques : on mourait de faim! Pour prolonger une misérable existence, il fallait imaginer une nouvelle composition de pain, qui offrît à la fois une économie de la matière première et un aliment sain et assez nutritif. Après plusieurs essais, on s'en tint au mélange suivant :

1 Boisseau froment,

1/2 Boisseau baillarge,

1/4 Boisseau fèves,

1/4 Boisseau blé d'Espagne.

Triste ressource, nourriture insuffisante! Et, cependant, heureux encore ceux qui pouvaient en avoir! Dans quelques localités, on faisait bouillir la paille avec du lait; dans d'autres, on mélangeait avec du son le chiendent et d'autres herbes; dans certaines campagnes, on se disputait les racines des plantes légumineuses : partout la désolation, la lutte entre la vie et la mort! Quoique la municipalité eût cessé pendant un temps de payer l'indemnité qu'on accordait aux boulangers, elle se vit forcée d'y recourir encore, et même d'emprunter pour cet objet une somme de 600,000 fr.

Ces emprunts successifs et onéreux ruinaient les ressources de la ville, sans faire disparaître la cause du mal; car les habitants de la campagne, harcelés par les impitoyables besoins de la faim, trouvaient à s'approvisionner à Bordeaux à un prix moindre que dans leurs localités; ils y affluaient de toutes parts, et enlevaient de chez les boulangers le pain qui devait servir à la nourriture des habitants de la ville seulement. On y voyait accourir de quatre, six et sept lieues de distance, des vieillards qui ne tenaient que par un fil à la vie, des femmes nourrices ou courbées sous le poids des années, amaigries, exténuées et succombant quelquefois en route sous les dures étreintes de la faim. On souffrait de voir de jeunes gens énervés, de jeunes filles à joues hâves, au teint pâle blafard, à l'œil morne, sans feu, sans mouvement, qui venaient demander un morceau de pain, pour disputer encore quelques jours leur misérable vie à la mort! On multipliait les entraves, les difficultés dans l'obtention de quelques miettes de pain : c'étaient des cartes, des certificats des maires des communes où résidaient les nécessiteux; mais la faim surmontait tous ces obstacles; et comment, d'ailleurs, l'empêcher d'aller crier *misère* à toutes les portes! On les renvoyait avec un pain de cinq ou six livres; mais qu'est-ce qu'une si misérable pitance pour une famille affamée? et il arrivait quelquefois que le commissionnaire avait tout dévoré avant d'arriver à son domicile, où une famille l'attendait avec une impatience qui croissait en raison de son désappointement, et qu'elle ne soulageait que par des larmes!

Le cœur navré de ce spectacle déchirant, les administrateurs ne savent que faire. Ils quêtent, ils empruntent, ils font appel à tous les nobles sentiments; mais les besoins se renouvellent et se multiplient, et les ressources tarissent ou ne suffisent plus. La municipalité fait appel à la partie éclairée des sections, et réclame leur concours pour mettre un terme à des scènes si déplorables; elle leur fait comprendre que le sacrifice annuel de 1,500,000 fr. qu'elle s'était imposé jusque-là pour frais d'indemnité, avait absorbé toutes ses ressources, ainsi que le produit de la vente de quelques-unes de ses propriétés; que cette indemnité dangereuse, impolitique et insuffisante, ne pouvait se continuer; qu'il fallait régler le prix du pain sur le prix du froment, et laisser à la liberté des transactions le soin d'en modifier le cours; mais que la suppression de l'indemnité accordée aux boulangers devant entraîner l'augmentation du prix actuel du pain, ce changement ne pouvait s'effectuer probablement sans occasionner peut-être quelque trouble, et qu'il était important, par conséquent, que les sections ne désemparassent pas et s'efforçassent d'éclairer le peuple sur sa position et sur la nécessité d'une pareille mesure.

La conduite de la municipalité, dans cette circonstance, était digne d'éloges. C'était agir avec un esprit de prévoyance, de discernement et de sagesse. Elle publia des proclamations pour prévenir le peuple de l'état des choses et des remèdes qu'on y apportait. Les sections aussi prévinrent le peuple, par des avis, de l'augmentation qui devait avoir lieu, et tout faisait espérer que cet incident se passerait, si non sans murmures, au moins sans trop d'effervescence. Il n'en fut pas ainsi.

CHAPITRE II.

Désordres à Bordeaux. — Rassemblement tumultueux de femmes. — Elles résistent aux sommations d'un détachement de la garde. — Les soldats blessés. — Une femme tuée. — Le rassemblement se disperse. — On organise deux bataillons. — On les dirige sur La Rochelle. — Les volontaires abondent. — L'esprit public à Bordeaux. — Lettre de la Chambre de Commerce relativement aux portraits des princes. — Les députés de la Gironde. — Leurs sentiments. — Leur conduite. — Leur réunion chez M. Rolland. — Desfieux. — Vergniaud. — Les lettres aux Bordelais. — La Fédération. — L'adresse des sections à la Convention. — Elle est approuvée par le conseil-général. — Discours de Duvigneau, en remettant cette adresse à la Convention.

Livre III.
—
1793

8 Mars.
Archives
de
la Mairie.

Par les mesures qu'on avait prises, on croyait avoir assuré la tranquillité de la ville et du pays, et avoir neutralisé les efforts des malveillants par le concours de toutes les volontés. On se trompait : on comprimait le mécontentement populaire ; mais cela en rendit l'explosion plus violente et plus générale. Le lendemain, 8 mars, vers neuf heures du matin, un grenadier du poste de la porte de la *Convention* (St-Julien), vint prévenir la municipalité qu'il s'était formé hors de la ville un rassemblement tumultueux de femmes, marchant en colonnes, en tête desquelles il y en avait une qui battait le tambour, comme pour appeler leurs amies ; que cet attroupement se portait sur la place des *Droits de l'Homme* (place des Capucins). On dirigea aussitôt sur ce point le commandant de la garde nationale, à la tête de vingt grenadiers, et ayant auprès de lui le citoyen Baour, officier municipal. Parvenus auprès de cette singulière armée, ils haranguèrent les deux ou trois cents femmes qui la composaient. Ils s'efforcèrent de leur persuader de se retirer ; et, après un ennuyeux échange de demandes et de réponses, elles parurent enfin disposées à le faire, lorsqu'elles virent arriver d'autres groupes plus ou moins

nombreux, qui semblaient repousser toute proposition d'ac-   Livre III.
commodement ou de retraite. Le commandant, vu la faiblesse   Chap. 2.
numérique de son escorte, jugea prudent de se retirer en bon
ordre pour chercher du renfort; mais arrivé sur la place de   1793
la Maison-Commune, il trouva une foule immense, et animée,
selon les apparences, des dispositions les plus hostiles.

Les hommes essayèrent de passer tranquillement; mais ils furent assaillis de coups de pierres, et plusieurs d'entre eux furent grièvement blessés. Ils réussirent cependant à pénétrer dans la Maison-Commune, dont ils fermèrent les portes; mais la populace se vengea de cette retraite sur les vitres, qui furent entièrement brisées. Le tumulte augmenta, les vociférations devinrent plus furieuses; on s'en prit aux portes, qu'on voulait enfoncer, et tout faisait craindre qu'elles cédassent aux coups de ces forcenés, lorsqu'un renfort arriva fort à propos pour dissiper l'attroupement et dégager les assiégés. A son arrivée, l'officier qui commandait ce renfort se vit assailli de pierres, de projectiles de toutes sortes. Il ordonna à la foule de se retirer; et voyant enfin que ses sommations et les voies de douceur ne produisaient d'autre effet que d'enhardir ces anarchistes, il fit tirer sur la foule un seul coup de fusil, qui abattit une femme! Le reste prit la fuite dans toutes les directions, et le calme se rétablit.

Mais le mécontentement populaire ne s'éteignit pas. L'agitation de la rue était toujours menaçante, et d'autant plus expressive, que les besoins allaient toujours en augmentant. Trois cargaisons de blé venaient encore d'être prises par les Anglais; la Vendée s'était soulevée, et la Convention avait fait mettre l'embargo sur presque tous les vaisseaux étrangers dans nos ports. A Bordeaux, on retint plusieurs navires des villes anséatiques. Dans ces pénibles conjonctures, la Convention envoya dans nos murs un commissaire, le citoyen Mazade, pour y organiser deux bataillons et diriger sur La Rochelle, le plus tôt possible, un fort détachement de cavalerie, afin d'en finir avec les Vendéens. D'autres levées suivirent bientôt celle-là, et malgré les privations de toutes sortes dont ils eurent à gémir, leur caractère belliqueux ne se démentit pas. La jeunesse s'empressa de voler aux frontières; la garde municipale elle-même, qui, par la nature de ses devoirs, était chargée de veiller à la sûreté des personnes et des propriétés, voulut être organisée en gendarmerie nationale. Il se présenta aussi quatre cents préposés des douanes, demandant à grands cris d'aller combattre dans la Vendée, *afin,* disaient-ils, d'effacer de l'opinion publique *les idées de vexation financière dont ils gémissaient d'avoir été les tristes suppôts.* Partout c'était un enthousiasme dont on ne saurait se faire une idée, une fièvre délirante, un mélange d'héroïsme et de férocité, de fierté et de bassesse, d'abnégation et de folles exigences, de scepticisme et de crédulité. C'était quelque chose tellement extravagant que l'esprit public de l'époque, qu'il serait aussi impossible de l'analyser que d'enchaîner les éléments. La population de Bordeaux, ordinairement si paisible et si douce, changea, pour ainsi dire, de nature. Faire une révolution et s'y acharner comme les Parisiens, c'était subir une influence étrangère, renoncer aux douces habitudes de leur état social, donner un démenti aux traditions domestiques, et cesser, en quelque sorte, d'être Bordelais. Aussi, nous ne nous étonnons pas de rencontrer, après la pression des terroristes, tant de fâcheuses disparates entre les hommes de 1786 et ceux de 1793. La peur, la crainte de l'exil, de la persécution, de la misère, de la mort, les exigences éternellement renaissantes des Jacobins, le désir de transmettre ses propriétés à ses enfants, ont étouffé chez un grand nombre les nobles sentiments de leurs ancêtres, et laissé des souvenirs que l'histoire évoque, au grand chagrin de leurs descendants. Nous admettons volontiers des excuses; mais nous devons enregistrer les faits.

La Chambre de commerce de Bordeaux possédait alors une

suite de portraits de nos rois et princes, et de plusieurs personnages de distinction, peints par Rigaud et autres célébrités artistiques de l'époque. Cette précieuse collection lui venait, soit comme don des personnages eux-mêmes, soit comme legs du financier Beaujon; on la gardait avec soin. Mais 1793 arrive : il fallait se montrer à la hauteur des circonstances, se faire Jacobin par force, et oublier et effacer les souvenirs, que la gratitude envers les donateurs devait raviver toujours. Nous allons voir en quels termes les citoyens composant le tribunal de commerce de Bordeaux en écrivirent au conseil-général de la commune :

« Citoyens Magistrats,

» La France républicaine a dû, comme à Rome, faire disparaître tous les signes de la royauté; et c'est dans cet esprit que le tribunal de commerce a substitué dans son enceinte les emblèmes de la liberté à tout ce qui pouvait rappeler les souvenirs de la féodalité et de la servitude. De même, les portraits de rois, de reines et de ci-devant princes, furent relégués, par nos prédécesseurs, dans la poussière d'un galetas de la Bourse, comme le leur prescrivait alors la loi. Mais ces portraits existent; et à peine en avons-nous eu connaissance, que, d'une main révolutionnaire, nous allions en faire justice. Nous n'aurions pas été arrêtés par les regrets des artistes, qui répugneraient à la destruction de ces ouvrages, qu'ils savent être, pour la plupart, des morceaux finis; mais on nous a fait observer que ce n'est pas à nous qu'il appartient d'en disposer, vu que, provenant en grande partie d'un legs du financier Beaujon, en faveur de la ci-devant Chambre de Commerce, qui est supprimée, ce doit être aujourd'hui une propriété nationale.

» Vous reconnaîtrez tout ce que peut et doit notre zèle dans la dénonciation que nous nous empressons de vous faire de ces portraits. Nous vous prions de l'accueillir et

Livre III. Chap. 2.

1793

27 Septembre.

NOTE 14.

» d'en faire registre, en témoignage des vrais sentiments
» *des républicains, membres du tribunal de commerce.*

» *Signé :* Journu-Aubert, *président;* Grammont,
» Crozillac. »

Ainsi, la faiblesse d'une part, la crainte de tous les maux possibles sous le règne de la terreur, la loi même faite et exécutée par les Jacobins, dominaient entièrement des hommes souvent honorables, et les rendaient, malgré eux, complices des turpitudes, des lâchetés et des monstruosités de ces temps néfastes. On n'était pas à soi; la liberté n'était qu'un mot. Un courant irrésistible entraînait presque tous les hommes, même les représentants que la Gironde avait chargés de défendre tous les intérêts de l'ordre social à la Convention.

Les députés de Bordeaux étaient alors presque tous des hommes très-remarquables; mais parmi eux se distinguaient, en première ligne, Vergniaud, Guadet, Gensonné, Boyer-Fonfrède, Grangeneuve, Ducos, etc., etc. C'étaient presque tous des avocats, de grands talents oratoires, des esprits ambitieux du pouvoir, désireux de renverser, sans prévoir, sans se demander combien il leur en coûterait pour reconstruire; voulant abaisser le pouvoir royal, et même s'en passer au besoin, pour y substituer un gouvernement républicain, fondé sur la liberté, l'égalité, et tous les autres sentiments les plus généreux de l'esprit humain; un système gouvernemental où tous les hommes allaient être heureux sous le seul, le doux empire de la loi : la France allait être l'*Eldorado* de ces imaginations brillantes, qui se berçaient de rêves d'or que le temps a prouvés trop irréalisables.

Entraînés dans le tourbillon des affaires plus loin qu'ils n'avaient voulu, les Girondins se virent jetés dans tous les excès de la démagogie.

Ils rencontrèrent sur leur route les Jacobins, amis de Marat, les turbulents partisans de la démocratie brutale du plus grand nombre. La lutte fut sanglante, et la victoire longtemps incertaine. Autour des Girondins se groupèrent presque tous les hommes distingués par leurs lumières, leurs vertus et une honorable vie. Autour de leurs adversaires, on ne voyait que des misérables, sans mœurs, sans fortune, sans considération; mais hardis, ingouvernables, désireux de niveler la société, ne rêvant que l'égalité absolue et le règne de la lie du peuple, l'anarchie en action. C'était la lutte parlementaire la plus opiniâtre, la plus célèbre, dont il soit parlé dans les annales de la France ou du monde.

Jeunes, sans expérience, mais visant au beau idéal en fait de systèmes politiques, nos représentants ne voyaient que la Constitution de 1791. Le jour où elle fut inaugurée avait été à leurs yeux le plus beau qui eût jamais lui sur la France. Le mouvement des idées était précipité; il fallait le modérer et s'en rendre maître. Ils l'accélérèrent, au contraire, et prouvèrent qu'au lieu d'être des hommes d'État, ils n'étaient que des tribuns, des agitateurs incertains et imprévoyants. Ils voulaient du nouveau, mais sans connaissance des hommes, des circonstances et de leur siècle; ils ne prévoyaient pas les dangers de l'inconnu où ils se précipitaient si étourdiment. Leurs brillants talents électrisaient la Convention et le peuple. Ils devinrent le noyau d'un grand parti, qui prit le nom de *Gironde*, ou *Girondins*. Rousseau était leur idole; le *Contrat social*, leur symbole. Nourris dans les idées du XVIIIᵉ siècle, la religion n'avait pas pour eux de frein : leur morale, sans base, sans sanction, tantôt ferme, comme celle des Stoïciens, tantôt vague, comme une spéculation philosophique, toujours terrestre et humaine, se modifiait sur les circonstances. Ils erraient au hasard dans le labyrinthe de la politique, et fixaient constamment leurs regards et leurs méditations sur la liberté de la Grèce et de Rome. Ils admiraient les vertus des grands hommes de ces républiques, et ne rêvaient que la magnanimité de Brutus, la gloire de Démosthènes, la fierté

Livre III.
Chap. 2.

1793

d'âme de Caton, les exploits de Léonidas, les trophées de Miltiade, etc., etc., etc. Plutarque et Tacite étaient leurs lectures habituelles; mais abusés par leurs brillantes illusions, nourris dans la lutte de la parole, enflés de leurs succès éphémères à la tribune, ils employèrent leur admirable éloquence à saper les fondements d'un trône qui était l'œuvre de quatorze siècles. Hardis, présomptueux et fiers de leurs précoces talents et de l'admiration des ennemis de la royauté, ils se précipitèrent dans les assemblées politiques, et nommés représentants, ils se crurent appelés à régenter le monde. Longtemps tout-puissants à la Convention, ils poursuivirent avec une vertueuse indignation les auteurs des abominables meurtres de septembre; mais ils rencontrèrent de la part des *Montagnards* une résistance désespérante. D'accusateurs qu'ils étaient, ils devinrent bientôt accusés, et débordés par les exigences d'un peuple difficile à gouverner et facile à égarer, ils se montrèrent timides, et se mirent à le courtiser par de lâches concessions en faveur des Maratistes. Les mêmes armes qu'ils avaient employées pour traîner Louis XVI à l'échafaud, servirent à les conduire à leur tour à la mort. L'expiation suivit de près la faute; ils couraient en avant dans la voie du désordre, sans s'apercevoir que la fin ressemblerait aux moyens, sans se douter que la justice de Dieu les poursuivait sans cesse. Ils avaient demandé qu'on punît les crimes de septembre, qui déshonoraient et perdaient la liberté; les Montagnards les accusèrent de *modérantisme,* crime nouveau, qui devait alimenter leur insatiable *guillotine!* Dans le jugement de Louis XVI, ils auraient voulu l'appel au peuple : on les fit passer pour royalistes; c'était encore un crime mortel. Se voyant enfin engagés dans l'impasse de la mort, ils en appelèrent à Bordeaux et aux départements; c'était encore un nouveau crime. C'en était trop : la Gironde était déjà vaincue et aux pieds de la Montagne triomphante! La mort attendait les imprudents Girondins!

Après l'abolition de la royauté, les Girondins se réunirent chez Mme Rolland pour célébrer l'avénement de la république : Fonfrède entrevoyait le glorieux avenir de la France et de l'humanité; Guadet se promettait le repos si désiré après tant de fatigues; Vergniaud, imprévoyant, insouciant pour son passé, tranquille, indifférent même pour son avenir, calme et sérieux comme un matelot arrivé après l'orage au port, veut boire à la république. Mme Rolland lui dit de mettre dans son verre quelques feuilles d'un bouquet de roses et d'immortelles qu'elle venait de détacher de son sein. Vergniaud lui tend le verre; puis, se tournant vers Barbaroux, il lui dit : « Au lieu » de roses, mon cher ami, ce sont des branches de cyprès » que nous aurions dû prendre. En buvant à une république » dont le berceau trempe dans le sang de septembre, qui sait » si nous ne buvons pas à notre mort? N'importe; ce vin » serait mon sang, que je le boirais encore à la liberté et à » l'égalité : *Vive la république!* » Tous répondirent · *Vive la république!* Vergniaud ne se trompait pas dans ses pressentiments : la royauté était par terre; et sur les débris du trône renversé dans le sang et la boue, s'était assise sa chère république, qui demanda bientôt après sa tête ! « Lorsque les » Girondins, dit Benjamin Constant, voulurent la république, » une foule de citoyens vertueux leur criaient : *L'anarchie* » *vous suit; elle vous seconde, elle vous dévorera.* Ce fut en » vain; l'enthousiasme de l'entreprise les aveuglait. Ils ne » virent pas les monstres qui formaient leur arrière-garde. » Ils fondèrent la république, et la féroce Montagne la ren- » versa sur ses fondateurs. »

Cela était vrai : les Girondins eurent des torts; mais ils avaient, quant à leurs vues politiques, des sentiments trop généreux pour pouvoir subsister longtemps avec les disciples de Marat et ses infâmes associés. On ameuta les clubs et la populace de Paris contre les Girondins et les hommes d'ordre. On se mit à dire qu'eux seuls étaient les seuls obstacles à la

Livre III.
Chap. 2.

1793

prospérité publique ; on leur reprocha des torts avérés; on leur en supposa d'autres plus graves; enfin, on organisa contre eux l'insurrection des faubourgs, le 10 mars; mais leur noble constance, leur imposante fermeté, et des circonstances indépendantes de leur volonté, firent avorter cette odieuse entreprise. Les Montagnards ne se tinrent pas pour battus : ils ourdirent une nouvelle conspiration, sous les yeux même du gouvernement, ou, pour être plus exact, ce ne fut plus une conspiration secrète, c'étaient des attaques publiques, des pétitions motivées, et présentées, le 11 mars 1793, par une députation de volontaires de la section Poissonnière de Paris, dirigée par un orateur clubiste, Desfieux, un escroc mal famé, le même qui avait fondé le bruyant *club National* de Bordeaux; ils demandaient à la barre un décret d'accusation contre Vergniaud, Guadet et Gensonné.

Vergniaud retrouva ce jour-là sa mâle éloquence; il demanda l'arrestation de Desfieux, comme membre du comité d'insurrection et agent des désordres qui souillaient la capitale. Il fut vivement applaudi. Cependant, les Girondins perdaient déjà la confiance du peuple parisien : les Jacobins les chargeaient de forfaits imaginaires; mais les Bordelais les connaissaient trop bien pour se laisser égarer par la calomnie.

Les malheureux Girondins voyaient le danger imminent : ils en furent effrayés. Il n'y avait plus de liberté ni de sûreté à la Convention ; les députés même étaient à la merci de la populace; tout était en désordre. Ils crurent devoir en instruire les départements et les intéresser à leur sort : ils le firent; mais c'était trop tard. Le mal était irréparable, et Bordeaux ne pouvait rien faire pour ses infortunés enfants. Il aurait fallu agir, et l'on ne savait que parler.

Alarmés de ces tristes nouvelles, et des cris de détresse de leurs députés, les Bordelais se réunissent et délibèrent sur l'état des affaires. Ils opinent qu'il est urgent d'envoyer une adresse à la Convention contre les fatales dissensions et animosités qui existent entre ses membres. Ils se croyaient le droit de réclamer : c'était en partie leurs députés qui étaient opprimés ; c'était encore la liberté des votes, l'inviolabilité des représentants, qu'ils demandaient. Ils comptaient que les sacrifices qu'ils avaient faits pour la patrie donneraient un certain poids à leur réclamation. Ils avaient fourni un escadron de cavalerie avec plusieurs pièces de canon, un grand nombre de volontaires tirés de la garde nationale ; plus, cinq cents hommes des districts de Bourg et de Libourne ; plus, six mille matelots pour la marine. Le 19 mars, les six bataillons des volontaires de la Gironde envoyèrent à Paris, avec une adresse ardente de patriotisme, 272 fr., montant d'une collecte faite entre eux. Le club des *Récollets* se distingua aussi par ses sacrifices. Il était composé de plus de trois mille membres, tous patriotes, dont Fonfrède fit l'éloge à la Convention, en ces termes : « Ils ne demandent qu'une Constitution pour faire » taire les ambitieux, et du fer contre l'ennemi. »

Ces immenses sacrifices, dans lesquels ne sont pas compris les dons patriotiques des particuliers, furent faits dans un moment de détresse générale, au milieu des grands embarras financiers de la ville, et malgré la faim, avec son triste cortége de misère, et les justes appréhensions d'un avenir malheureux. Tout cela méritait des égards et faisait croire naturellement qu'on ferait droit à leurs légitimes réclamations.

Bordeaux, dit Prudhomme, ne pouvait se persuader que Paris fût le réceptacle de tout ce que la France renfermait de vil et de gangréné ; que les Jacobins et la faction de Marat pussent réussir à faire triompher l'anarchie, même sous l'immense influence et la puissante pression des d'Orléans et de Robespierre ; enfin, il paraissait incroyable que la députation de Paris fût composée de scélérats. La majorité de la Convention voulait secouer le joug, et les députés bordelais faisaient entendre à leurs commettants qu'il ne serait pas difficile de réduire au silence ces brigands, cette poignée de scélérats

Livre III.
Chap. 2.

1793

Histoire générale,
tome 5.

et d'assassins, qui, soit dans la Convention, soit dans les clubs, faisaient la loi et voulaient détruire la société, pour s'asseoir sur ses ruines. Tout émus du sort qui attendait leurs représentants, les Bordelais envoient pétitions sur pétitions à la municipalité, pour stimuler son zèle. On n'y proposait rien moins que de former, avec les autres villes et départements, une fédération, afin de composer une force départementale suffisante pour protéger la Convention contre les attaques des Maratistes, et lui assurer la liberté des votes et la sûreté des représentants. Un arrêté même du conseil-général prescrivit la formation d'un corps de cinq cents hommes; mais cet arrêté, signé Pierre Sers, Duranthon, Wormeselle, Grangeneuve, Tarteyron, Jay, Tranchère et quelques autres, ne put recevoir son exécution. Ces diverses mesures et combinaisons, inspirées par les plus nobles sentiments, servirent plus tard, comme cause ou prétexte d'accusation, pour faire tomber bien des têtes!

Les sections se constituèrent en permanence et nommèrent des commissaires pour s'occuper des subsistances, qui étaient très-chères. Telle fut l'origine du *Comité des Subsistances,* qui rendit, pendant près de trois ans, tant de services à la population bordelaise. Grâces à sa philanthropique sollicitude, chaque habitant avait par jour une livre et demie de pain; sans lui, cette ressource si minime aurait manqué dans l'affreuse disette qui régnait dans le pays. Outre cette mesure salutaire, les sections firent rédiger une adresse relative aux circonstances dont la France gémissait, et qui était ainsi conçue :

« Législateurs, les républicains bordelais viennent vous
» tenir un langage ferme et libre; soyez attentifs. L'amour
» de la vérité est la première vertu d'un peuple qui se ré-
» génère.
» Les députés de la Gironde sont devenus les représentants
» de la nation entière : toute la république voit en eux ses
» délégués; et quels que soient les sentiments généreux qu'ils

» inspirent, il est impossible que nous n'éprouvions pas pour
» eux des sentiments plus intimes. Ils tiennent leurs pouvoirs
» des habitants de la Gironde, tous garants de leurs vertus et
» de leurs talents. Notre silence à l'égard de ces députés,
» qui fut jusqu'alors celui de la prudence, serait, dans cette
» occurrence, celui de la lâcheté. Nous déclarons à la Con-
» vention qu'ils n'ont pas cessé de mériter notre estime.

» Depuis longtemps, l'anarchie est à l'ordre du jour : on
» veut l'anarchie, pour usurper les places et voler ; on veut
» l'anarchie, pour essayer si, avec l'audace du crime, on ne
» pourrait pas s'emparer d'un pouvoir régulateur. Enfin, c'est
» en dénonçant ceux qui veulent le règne des lois, en neu-
» tralisant les autorités constituées, qu'on conduit le peuple à
» l'anarchie, en le portant au pillage et au meurtre.

» La représentation nationale n'est plus libre : la rivalité
» des pouvoirs de la municipalité de Paris, son mépris pour
» les décrets, les discussions scandaleuses que leur lecture
» excite dans ses séances, et où l'on finit par se déclarer en
» révolution, exigeant des millions et refusant d'en rendre
» compte, tout cela prouve qu'elle n'est pas libre. Ce défaut
» de liberté tient encore à cette faiblesse de la Convention,
» qui souffre une foule de factieux à sa porte, qui, sous ses
» yeux, vomit contre le plus grand nombre de ses représen-
» tants les plus grands outrages, les menacent, et s'entourent
» d'une horde de massacreurs, et désignent hautement les
» législateurs qu'on a proscrits. L'impunité des scènes scanda-
» leuses qui se renouvellent à chaque instant dans son sein ;
» l'arrogance de ces tribunes tumultueuses qui déshonorent
» les deux partis par leurs hurlements contre les uns et leurs
» applaudissements à l'égard des autres ; de prétendues sec-
» tions qui viennent avec audace leur intimer leurs ordres
» et les menacer d'une insurrection ; enfin, le triomphe d'un
» homme accusé par la nation, et dont la présence scandaleuse
» dispersera les législateurs ; des hommes flétris, des femmes

» ivres et dissolues, se rangent autour de lui dans le sanc-
» tuaire des lois, et la couronne civique recouvre sur son front
» une souillure ineffaçable; telles sont encore les preuves de
» l'asservissement dans lequel gémit la majorité de la Con-
» vention. Elle perd nécessairement sa force : son autorité lui
» échappe, le gouvernement se dissout et l'anarchie com-
» mence. L'infâme tactique des crimes fut toujours de donner
» d'odieuses qualifications aux vertus qui les font rougir. Si
» c'est être Girondin que de partager les vues et les déchi-
» rantes sollicitudes de la majorité de la Convention, nous
» nous honorons tous d'être Girondins; nous le serons jusqu'au
» tombeau, etc., etc. »

Le lendemain (9 mai), d'après des nouvelles plus affligeantes, les sections ajoutèrent à leur adresse cet énergique supplément :

« Législateurs, quel horrible cri vient retentir jusqu'aux
» extrémités de la république! Trois cents représentants du
» peuple voués aux proscriptions, vingt-deux à la hache liber-
» ticide des centumvirs !

» Législateurs, lorsque nous choisîmes nos députés, nous
» les mîmes sous la sauvegarde des lois, de la vertu et de tout
» ce qu'il y a de plus sacré sur la terre. Nous crûmes les en-
» voyer parmi des hommes, et ils sont en ce moment sous le
» poignard des assassins... Que disons-nous, hélas! peut-être
» ils ne sont plus...... Si ce crime atroce se consomme, fré-
» missez, frémissez, de l'excès de notre indignation et de notre
» désespoir. Si la soif du sang nous a ravi nos frères, nos
» représentants, l'horreur du crime dirigera notre vengeance,
» et les cannibales qui auront violé toutes les lois de la jus-
» tice et de l'humanité, ne périront que sous nos coups !

» Convention nationale, Parisiens, jadis si fiers et si grands,
» sauvez les députés du peuple, sauvez-vous de la guerre ci-
» vile !..... Oui, nous organisons sur-le-champ notre garde
» nationale; nous nous élançons sur Paris, si un décret ven-

» geur ne nous arrête, et nous jurons de sauver nos frères ou
» de périr sur leur tombeau..... »

Le même jour, cette énergique adresse fut portée au conseil de la commune, d'où on l'envoya, revêtue de la signature du maire, le citoyen Saige, au conseil-général du district, qui, en témoignage de son approbation, déclara que *ce document contenait les sentiments que lui inspiraient son amour pour les lois, son attachement inébranlable à la cause de la liberté et de l'égalité ; enfin, son dévoûment au maintien de l'unité de la république, qui ne peut exister sans l'unité et l'intégrité de la représentation nationale.*

L'adresse, revêtue de la signature de Lemoine fils, président du district, fut approuvée par le conseil-général du département, présidé par P. Sers. Ce conseil s'exprima ainsi dans sa délibération :

« Considérant que les vives alarmes et l'indignation des
» habitants de Bordeaux ne sont que trop justement excitées
» par les cris forcenés d'une faction scélérate qui provoque
» chaque jour, contre les représentants de la nation, de nou-
» velles injures et de nouveaux excès, qui appelle contre une
» grande partie d'entre eux le fer des assassins, et dont les
» effets tendent évidemment à faire tomber la représentation
» nationale dans l'avilissement, pour la dissoudre ensuite avec
» violence et frapper ainsi la république au cœur ;

» Considérant que la trop longue indulgence de la Con-
» vention nationale, et le silence moins excusable encore des
» départements, n'ont fait que porter à son comble l'audace des
» vils suppôts des tyrans, et qu'il est temps enfin que tous les
» bons citoyens se prononcent, et qu'un cri menaçant et ter-
» rible de la France entière jette l'épouvante dans l'âme des
» conspirateurs ;

» Considérant que la Convention nationale ne verra, dans
» l'expression ardente des sentiments de la ville de Bordeaux,
» qu'une preuve de son attachement pour les représentants

» de la nation ; convaincus que nos frères de Paris ne se
» méprendront pas sur ceux auxquels ces menaces s'adres-
» sent, et que les vrais républicains de cette grande cité n'y
» trouveront qu'un encouragement pour s'opposer avec une
» nouvelle énergie aux violences liberticides des scélérats sou-
» doyés par nos ennemis. »

Cet admirable langage était fait pour impressionner vivement la Convention et effrayer les ennemis des lois et de l'ordre ; il n'en fut rien.

MM. Duvigneau et Leris furent désignés pour porter l'adresse à Paris ; ils se mirent en route le 9 mai ; et arrivés à Paris le 12, à onze heures du soir, ils employèrent le lendemain à voir leurs amis, à étudier l'esprit public et à connaître en général la situation des affaires. Le 14, ils se présentèrent à la barre de la Convention, accompagnés des citoyens Perrens et Duffour, que les Bordelais avaient précédemment députés. Leur admission n'éprouva pas le moindre obstacle : la présence des députés de Bordeaux parut, au contraire, inspirer un intérêt général. Avant de lire l'adresse que nous avons donnée plus haut, nos députés crurent devoir y préparer la Convention par l'allocution suivante :

« Législateurs, organes des cent vingt mille citoyens de Bor-
» deaux et de tous les corps administratifs de cette cité, nous
» nous présentons pour transmettre à la Convention nationale
» les vives alarmes que vient d'éprouver cette grande portion
» du peuple français.

» Législateurs, les regards des Bordelais sont constamment
» attachés sur vous ; vous occupez toute notre âme ; nous nous
» environs de vos triomphes ; vos dangers nous plongent dans
» les plus douloureuses agitations... Vos dangers !... combien
» ne se sont-ils pas multipliés dans un court intervalle ! la
» république entière les a fait retentir. Des libelles, à chaque
» instant plus atroces, plus sanguinaires, vous dévouent à l'in-
» famie ou à la mort. Il y a peu de jours qu'une conspiration

» publiquement formée s'avançait aussi publiquement vers
» son exécution : les victimes étaient comptées, les poignards
» les plus acérés brillaient sur la tête des législateurs. Dans
» le même temps, une correspondance criminelle infectait les
» départements ; elle appelait de toutes parts les couteaux
» qui devaient vous égorger, et vos décrets nous ont appris
» qu'à l'instant même où vous vous occupiez de punir ces
» horribles complots, ces voûtes avaient retenti d'applaudis-
» sements barbares, comme à la jouissance anticipée d'un
» massacre. Bientôt après, l'audacieuse calomnie, abusant de
» la bonne foi qu'elle égare et du patriotisme qu'elle perver-
» tit, s'érige en autorité et vient vous proscrire devant vous-
» mêmes. Tout récemment, les mêmes conspirateurs menacent
» avec plus de violence : ils annoncent, ils préparent une
» force armée qui doit venir exiger ici que trois cents d'entre
» vous soient chassés, et que vingt-deux autres soient immolés
» à leur fureur !.... A ces nouvelles, Bordeaux est frappé de
» consternation ; mais aussitôt tous les citoyens se lèvent à la
» fois : ils s'indignent, accourent, se précipitent simultanément
» dans leurs sections... La représentation populaire est mena-
» cée... Les Bordelais se pressent autour d'elle, l'environnent
» de leur énergie et de leur fidélité. Dans quelques heures,
» ils rédigent, adoptent et communiquent aux corps admi-
» nistratifs, une adresse à la Convention nationale, et nous
» ordonne de vous faire entendre ces paroles.

Alors Duvigneau lut l'adresse d'une voix vibrante ; elle était sévère, bien pensée, digne d'hommes vertueux et libres. La lecture en fut terminée au bruit des plus vifs applaudissements. Après quoi, nos députés continuèrent ainsi :

« Voilà, Législateurs, les pénibles sentiments auxquels ont
» été en proie les fidèles Bordelais ; voilà les traits qui carac-
» térisent tous les citoyens de la Gironde, de ce département
» qui a donné vingt-cinq mille défenseurs à la patrie ; qui,
» dans ce moment, à l'exemple de l'Hérault, fait encore de

» nouvelles levées ; où le pauvre mange le pain très-cher et
» souffre en homme libre ; et, cependant, ces courageux répu-
» blicains ont été calomniés : des scélérats qui se nourrissent
» de mensonges, comme les vautours se nourrissent de cada-
» vres, ont eu l'audace de dire que Bordeaux était en contre-
» révolution ouverte, parce que nous suivons fidèlement une
» révolution où les lois accompagnent sans cesse la liberté ;
» parce que nous ne voulons pas d'une révolution qui impri-
» merait constamment à la république des mouvements con-
» vulsionnaires et désorganisateurs ; parce que, sous le titre
» de révolution, nous ne voulons pas d'un ordre de choses
» où l'effronterie supplée au courage, la violence au pouvoir,
» l'amour-propre en délire au talent, et les convulsions de
» l'esprit au génie ; parce que, sous le titre de révolution,
» nous ne voulons pas lutter audacieusement avec la Conven-
» tion, parce qu'elle est à nos yeux l'arche nationale, et que
» nos mains sècheront plutôt que d'y porter une atteinte sacri-
» lége ; parce que, sous le titre de révolution, nous ne voulons
» pas de cette licence effrontée, qui provoque chaque jour
» l'avilissement du Corps législatif, la désorganisation du gou-
» vernement, et que nous voulons tous périr avant le règne
» des brigands et des assassins.

» Oui, Législateurs, tels sont les Bordelais ; et recevez ici
» leur profession de foi solennelle. Ils ont juré, et nous jurons
» en présence de tous les départements, en face de l'univers,
» fidélité inviolable à la république, une et indivisible.

» Ils ont juré, et nous jurons que les armées de la république
» se grossiront sans cesse de nos soldats ; que nos fortunes
» s'épuiseront pour consommer la révolution ; et que notre
» génération actuelle est prête à s'anéantir pour assurer la
» liberté et l'égalité des générations futures.

» Les Bordelais vous en conjurent, enfin, Législateurs, au
» nom de cette patrie qui vous honora du titre de Français
» et d'hommes libres ; au nom de la paix de vos consciences

» et de l'enfer de vos remords, donnez une Constitution à la
» république française. »

Admis à la séance, les députés bordelais se félicitèrent de cet honneur, ainsi que des applaudissements vifs et souvent répétés qu'on avait prodigués en l'honneur de l'ardeur et du patriotisme bordelais, de la pensée et de la loyauté de leurs sentiments révolutionnaires. Une discussion très-vive s'ouvrit sur l'adresse. Legendre, comme nous le dirons plus bas, lança quelques traits de sa malveillance contre la Gironde : nos députés s'avancent vers la barre; mais les huissiers les arrêtent et les préviennent qu'il faut que la parole leur soit accordée. Le président la leur accorde, et Guadet s'empresse de la prendre; après quoi, les trois quarts de l'Assemblée se lèvent simultanément pour adopter son projet de décret, et nos députés renoncent à la parole, d'après le conseil de Fonfrède, pour ne pas ranimer sans motif, sans utilité, des débats trop irritants.

CHAPITRE III.

Réponse du président à l'adresse des Bordelais. — Approbation donnée par la Convention. — Arrivée de Paganel et Garreau à Bordeaux. — Leur proclamation. — Effervescence parmi les Bordelais. — Comité de surveillance. — Persécution. — Inquisition et proscription des suspects.—Lettre de la municipalité au ministre, sur la disette et famine de Bordeaux. — Une autre lettre à M. Fonfrède. — Réponse.

Livre III.
—
1795

Cette admirable adresse, où l'amour de la patrie et de la liberté éclatait en accents si mâles, si généreux et si nobles, fit une impression profonde sur la Convention. Fonfrède présidait ce jour-là ; il répondit aux députés en ces termes :

« Si la liste de proscription, proclamée insolemment à la
» barre de la Convention nationale, a dû alarmer les coura-
» geux habitants des rives de la Gironde, le mépris profond
» dans lequel les bons citoyens ont plongé les proscripteurs,
» au sein même de la ville qui les renferme, a déjà vengé la
» république à cet égard. Allez donc, Citoyens, allez rassurer
» vos compatriotes : dites leur que Paris renferme encore un
» grand nombre de bons citoyens qui veillent sur le ramas
» des vils scélérats que Pitt soudoie, et qui sont résolus à
» périr, s'il est nécessaire, en défendant la représentation
» nationale. Depuis quatre ans, Bordelais, vous combattez
» partout pour la liberté; les satellites des rois et les rebelles
» savent déjà ce que peut votre courage. Vous n'avez pas en
» vain vu périr les intrépides enfants de votre immortelle cité.
» Si de nouvelles conspirations étaient ourdies contre les fon-
» dateurs de la république, si de nouveaux tyrans voulaient
» élever leur pouvoir sur ses débris, vous vous saisiriez à
» votre tour de l'initiative de l'insurrection, et la France indi-
» gnée imiterait votre exemple. La Convention applaudit au

» courage que vous êtes prêts à déployer pour défendre vos
» représentants ; elle vous invite aux honneurs de la séance. »

L'adresse avait excité des murmures : l'apologie et le langage officiels du président provoquent une rage inexprimable ; les Montagnards éclatent en injures contre les Girondins et les Bordelais : ils crient, ils gesticulent, ils trépignent, comme des forcenés en désespoir ; et ne pouvant plus contenir sa colère, Legendre s'écrie : « Qui donc a signé cela ? Quelques
» citoyens égarés ou soudoyés par des intrigues. Ce n'est
» point là le vœu du département. » Guadet, indigné, s'élance à la tribune et lui réplique avec fermeté : « Je ne monte pas
» à la tribune pour défendre les pétitionnaires : les Bordelais
» n'ont pas besoin d'être défendus par des paroles ; c'est par
» des faits qu'ils répondent aux calomniateurs et qu'ils prou-
» vent qu'ils savent défendre et défendront la liberté. » Ici, La Planche l'interrompt, et dit : « Ce n'est pas Guadet qui
» sauvera la chose publique. » Quoi ! répliqua Guadet, vous voudriez donc « que, pour connaître les sentiments de nos
» compatriotes, ils vinssent tous à la barre ! Eh bien ! si tels
» sont les dangers de la Convention, et que cette dernière
» démarche soit nécessaire, ils y viendront tous. »

Malgré ces tumultes, la Convention rendit hommage au civisme de nos braves Bordelais, en termes honorables et flatteurs : « La Convention nationale décrète l'impression,
» l'envoi dans les départements, et l'affiche dans Paris, de
» l'adresse des citoyens de Bordeaux réunis dans leurs sec-
» tions, et la réponse de son président ; elle a applaudi au
» courage des habitants de la Gironde, ainsi qu'au respect et
» à la fidélité qu'ils témoignent pour la représentation natio-
» nale. »

Les Bordelais croyaient bonnement que tout allait rentrer dans l'ordre : la Convention avait dignement répondu et semblait tout entière penser comme eux ; mais la Montagne se moquait des menaces des Girondins ; et le maire de Paris,

Livre III.
Chap. 5.

1793

Pache, pour tourner en ridicule les patriotiques résolutions des Bordelais, écrivit ironiquement à la municipalité de Bordeaux, « que si les sections bordelaises se décidaient à faire » le voyage de Paris, comme elles l'avaient projeté, les sec- » tions parisiennes ne négligeraient rien pour les bien rece- » voir. »

La grande, la première préoccupation de tous les esprits, était, cependant, la guerre et les dangers qui pourraient résulter de la coalition des rois. Comme Bordeaux paraissait hostile et inquiet, on y envoya Paganel et Garreau pour remonter l'esprit public et comprimer ces élans de la population. A leur arrivée, ils publièrent une proclamation où nous trouvons le passage suivant, qui montrait assez clairement le but qu'ils voulaient atteindre, et tout ce que les Bordelais pouvaient espérer de semblables hôtes :

« La Convention nationale, disaient-ils, pressée par les » circonstances, a investi ses commissaires d'un grand pou- » voir. Que les bons citoyens se rassurent, et que les mauvais » soient glacés d'effroi ; leur châtiment donnera la paix et la » tranquillité aux hommes de bien. Nous l'exercerons, ce » redoutable pouvoir, avec une religieuse impartialité contre » tous les pervers, qui, se repaissant de l'espoir d'entraîner la » république à sa ruine, égarent la bonne foi du peuple, agi- » tent les esprits faibles par des terreurs fanatiques, détour- » nent les citoyens de leurs devoirs envers la patrie par de » perfides insinuations, et sèment dans les villes et les cam- » pagnes tous les levains de discorde.

» Les perfides vivent au milieu de vous ; ayez le courage » de les faire connaître aux commissaires de la Convention » nationale, et vous aurez bien mérité de la patrie. Ils les » traduiront, au nom de la loi, devant le tribunal extraordi- » naire que leurs crimes, toujours impunis, l'ont forcée d'éta- » blir, etc. »

Cette proclamation devint comme un réactif, qui, remuant

la masse de la population, fit monter la lie à la surface, déchaîna les mauvaises passions, et mit au grand jour tout ce qu'il y avait d'impur dans les diverses sections de la ville. Celle de l'*Égalité* demanda à grands cris qu'on mît en état d'arrestation tous les ci-devant nobles, sans exception, les privilégiés, les suspects, mot vague, qui servait leurs vues, toutes les personnes ayant des sentiments aristocratiques ou entachées d'incivisme, tous les pères, mères, époux, épouses, frères, sœurs, enfants, oncles, tantes, neveux et nièces des émigrés, tous ceux, enfin, qui oseraient s'élever contre les principes de l'égalité, de la liberté, de la souveraineté du peuple, et qui seraient désignés par l'opinion publique, ainsi que toute personne qui, dans la quinzaine, ne se serait pas munie d'une carte de civisme. Quant aux ecclésiastiques insermentés ou assermentés, on proposa, s'ils étaient dénoncés comme *suspects* par six citoyens, de les incarcérer au Fort-du-Hâ et dans le couvent des Grandes-Carmélites!

Le 26 mars, Paganel et Garreau écrivirent à la Convention, que l'excédant du contingent pour le département serait considérable; qu'ils avaient destitué le payeur-général, comme suspect; que le commerce était frappé de stérilité, l'industrie presque nulle; que le prix des subsistances était tellement élevé, que les pauvres souffraient réellement; et que les maisons riches autrefois ne pouvant plus faire de sacrifices, ils se voyaient obligés de demander à la Convention des secours en argent pour la malheureuse population.

Cette lettre fut lue à la tribune; c'était pour nos députés une bonne occasion de plaider la cause de leurs compatriotes, comme nous le verrons plus bas; mais les deux représentants n'en continuaient pas moins à vexer et à tyranniser les Bordelais.

On frémit en songeant à cette atroce persécution, qui rendait presque tous les Bordelais suspects, et faisait de chaque maison une prison, et de la ville une solitude! Le croira-t-on? ces propositions furent adoptées!

Livre III.
Chap. 3.

1793

Livre III. Chap. 3.

1793

On établit ensuite un comité de surveillance dans chaque section ; il était composé de six citoyens, et recevait toutes les dénonciations faites dans les sections. Ce comité correspondait avec les représentants, qui, plus sages que les dénonciateurs, avaient l'air d'agir, mais, au fond, modéraient leur ardeur homicide et réprimaient leurs excès.

Chaque propriétaire fut tenu d'afficher, à l'extérieur de sa maison, les noms, prénoms, surnoms, lieu de naissance. âge et profession. de tous les individus qui s'y trouvaient logés. Le club National proposa ensuite de mettre une imposition extraordinaire sur le superflu des riches, et de fixer la consommation de chaque personne à une livre et demie de pain par jour !

Jamais peuple n'a été si foulé ! jamais pays n'a été tyrannisé de la sorte ! et jamais le trop célèbre Denys n'a traité les Syracusains avec cette exécrable barbarie, cet inconcevable mépris de tous les droits, de toutes les lois, de tous les nobles sentiments de l'humanité, que nos misérables tyranneaux ont mis en usage à Bordeaux en 1793 ! Et, hélas ! nous n'en voyons que le commencement ! Mais, dès ce moment, la terreur était organisée : les dénonciateurs et les bourreaux flairaient déjà le sang de leurs victimes ! Les nobles, les riches, la fortune comme la vertu, avaient fui le sol brûlant de la patrie et pris le chemin de l'exil : ceux qui étaient restés par force se virent condamnés à la solitude, ou, par un acte d'hypocrisie, obligés de passer pour ce qu'ils n'étaient pas, de hurler avec les loups, de contrefaire les *sans-culottes,* ou de porter leur tête sous le niveau républicain qu'on allait établir en permanence sur la place Dauphine !

Les prêtres avaient fui : ceux qui, jusqu'ici, avaient compté sur de meilleurs jours, auraient voulu les suivre ; on les en empêche. Ils restent donc par force, se déguisent, se cachent : les grottes, les vallées solitaires, entendent seules leurs plaintes et leurs gémissements. Ils se travestissent en marchands, colporteurs, commis-voyageurs, en ouvriers, et échappent ainsi à l'œil des argus républicains. Ceux qu'on découvre sont traînés en prison, condamnés au cachot ou jetés au fond de la cale, dans des pontons malsains, dans le port de Blaye, où ils sont entassés les uns sur les autres, sans air, sans lumière, respirant une atmosphère infecte, et sans permission, la plupart du temps, de monter sur le pont pour voir le soleil, respirer l'air de la patrie ou se reconnaître, enfin, sous des habits sales et une barbe qui couvrait leur figure et leur poitrine ! Quelques-uns de ces vénérables vétérans du sacerdoce y rendirent le dernier soupir, et les gardiens eurent souvent la barbarie de laisser les cadavres en putréfaction au milieu des survivants, pour les accoutumer probablement à l'idée et à la vue de la mort ! On dirait que c'était pour eux que saint Paul écrivait, dans sa vue prophétique de l'avenir, ces lignes : « Les autres » ont souffert les moqueries et les fouets, les chaînes et les » prisons : ils ont été lapidés ; ils ont été sciés ; ils ont été » éprouvés en toutes manières ; ils sont morts par le tranchant » de l'épée ; ils étaient vagabonds, couverts de peaux de » brebis et de chèvres ; ils étaient abandonnés, affligés, per- » sécutés, eux dont le monde n'était pas digne ; ils ont passé » leur vie errant dans les déserts et les montagnes, dans les » antres et les cavernes de la terre. »

C'était un crime que de garder chez soi une image bénie, un chapelet ou un emblème religieux. On fouettait en public, avec un cynisme digne de Néron et de Caligula, les personnes du sexe qui allaient dans les oratoires cachés entendre la messe des prêtres proscrits ; on jetait en prison ceux qui ne voulaient pas célébrer la décade, ou dixième jour, et travailler le dimanche ; on obligeait les dames, quoique infirmes ou accablées de leurs années, d'aller faire quelque travail manuel le dimanche, ramasser des cailloux pour les routes, transporter de la terre dans des paniers, ou se livrer, avec de jeunes filles, à des occupations pénibles ou humiliantes ; elles

Livre III.
Chap. 3.

1793

Hébr. XI, 37

marchaient presque toujours aux ordres de quelque misérable ou de quelque mégère éhontée qui en avait reçu des bienfaits. Les églises étaient devenues des magasins, des ateliers de salpêtre, ou les *rendez-vous* des clubistes; la chaire était convertie en tribune, et la sainte table était la barre où l'on citait les suspects !

Comme on le voit, l'état moral de Bordeaux était atroce ; l'état physique ne l'était pas moins : la misère était à son comble ; et ce qui paraissait plus désespérant à cette population malheureuse, c'était la triste perspective de la prolongation de ses souffrances, un triste avenir sans espérance.

Qu'on ouvre le registre de correspondance du corps municipal ; qu'on parcoure ce répertoire fidèle des malheurs des temps ; qu'y trouve-t-on à chaque page ? La crainte, les besoins, les douleurs, écrites, pour ainsi dire, avec les larmes des pauvres, des demandes continuelles de secours, l'annonce de la famine, les horreurs du désespoir ! Écoutons les accents de douleur que la municipalité s'efforça, le 26 mars, de faire arriver aux oreilles des agents supérieurs :

« Citoyen ministre, après avoir épuisé toutes les ressources
» du patriotisme le plus pur, de l'amour le plus ardent pour
» la république et des efforts les plus constants pour le main-
» tien de la tranquillité de cette ville, la municipalité de
» Bordeaux, soutenue des corps administratifs supérieurs, se
» voit dans l'urgente nécessité de réclamer les plus prompts
» secours ; elle déclare qu'il lui est impossible de pourvoir à
» la subsistance de cette grande cité, et des parties adjacentes,
» au-delà de vingt-cinq ou trente jours.... Ainsi, la popula-
» tion est exposée aux horreurs de la famine dans vingt-cinq
» jours d'ici, si le Pouvoir exécutif, appuyé par la Conven-
» tion nationale, ne s'empresse de venir très-promptement à
» son secours. Oui, les habitants de Bordeaux sont près de
» mourir de faim, faute de subsistance première.

» La déclaration de guerre contre presque toutes les puis-

» sances de l'Europe, les pertes énormes que vient d'éprouver
» le commerce, et la suspension générale de toutes les affaires,
» par l'impossibilité d'exécuter toute espèce d'exportation, ne
» laissent pas l'espoir de trouver les moindres ressources, même
» parmi les citoyens qui ont démontré le plus de zèle.

» L'épuisement est général en moyens pécuniaires, et la
» pénurie des subsistances est sur le point de combler la
» mesure de nos maux, si la nation ne vient au secours de
» notre immense cité, en lui prêtant une somme de deux
» millions.......

» Il n'est pas de spectacle plus déchirant pour des admi-
» nistrateurs humains et sensibles, que de voir chaque jour
» devant eux les officiers municipaux des campagnes qui
» nous environnent, réclamant, les larmes aux yeux, quelques
» boisseaux de blé, assurant que les habitants de leur terri-
» toire languissent depuis plusieurs jours dans le dénûment
» et la faim, et déclarant que, s'ils n'obtiennent quelques se-
» cours, ils n'osent plus retourner dans les campagnes d'où ils
» viennent. »

Voici une autre lettre de la municipalité à M. Fonfrède; c'est un nouveau trait qu'il faut ajouter à notre affligeant tableau; elle est du 11 mai 1793 :

« Au citoyen Boyer-Fonfrède,

» Il n'est que trop vrai que le projet barbare de faire la
» révolution des propriétés se réalise. Le maximum des prix
» des grains est une véritable loi agraire, dont les maux vont
» être incalculables. Dès que les fruits de la terre sont frappés
» de servitude, la terre elle-même va être livrée au plus
» grand libertinage. D'abord, adieu les villes; car comment
» existeront-elles? S'il ne vient pas de grains au milieu de
» leurs rues, refluera-t-on à la campagne? Mais qui fera cul-
» tiver, lorsque la valeur des productions sera au-dessous du
» prix de la journée de travail? On ne travaillera donc plus

» que pour sa subsistance particulière ; et comme chaque
» propriétaire aura plus de terre qu'il ne lui en faut, l'excé-
» dant sera pris par le premier occupant, qui le cèdera bientôt
» au plus fort. Tout est perdu : il n'y a plus de liberté où il
» n'y a plus de propriété.

» Nous avons épuisé tous les moyens imaginables pour
» procurer à notre cité les subsistances qui lui sont néces-
» saires. Nos concitoyens sont réduits depuis quelque temps
» à se nourrir de pain de méture, et encore n'est-il pas assez
» abondant pour éviter les accidents que sa distribution occa-
» sionne chaque jour aux portes des boulangers. »

Ces extraits de la correspondance de nos députés suffisent assez pour nous montrer à nu l'état pitoyable de Bordeaux au commencement de 1793.

Nos députés le savaient bien aussi par leur correspondance particulière ; mais la lettre de Paganel et de Garreau dévoila toute l'étendue du mal ; c'était une bonne occasion d'appuyer les demandes des Bordelais. Fonfrède s'en empara avec empressement ; et ayant fait de la demande des deux commissaires une motion formelle, il représenta le commerce de la Gironde comme entièrement paralysé, et fit comprendre à ses collègues que le défaut des convois, les périls de la navigation en temps de guerre, l'insurrection de la Vendée, l'audace des corsaires, l'embargo mis sur les bâtiments étrangers, avaient tari les sources de la prospérité de Bordeaux, et détruit toutes les relations commerciales avec le Nord. Il insista avec énergie sur les inquiétudes de ses compatriotes, qui n'avaient dans leurs murs de provisions que pour quinze jours ; et, puisque les particuliers riches s'étaient dépouillés de leur dernier écu pour la république, et que la caisse municipale était épuisée, il demandait que la république accordât deux millions à la ville de Bordeaux.

Après quelques débats sur ce sujet, un membre demanda de quel droit Ducos, Fonfrède et Gensonné avaient autorisé,

par leurs signatures de représentants, quelques négociants d'aller acheter du blé dans le Nord. Fonfrède, révolté de cette indécente apostrophe, répondit avec fierté : « Je prie l'As-
» semblée de contenir son indignation, comme je commande
» pour un moment à la mienne. J'ai dit que les citoyens de
» Bordeaux, malgré leur position précaire sous le rapport
» des subsistances, étaient constamment venus au secours
» de l'administration, et, puisqu'on me force à le dire, j'y
» ai coopéré depuis la révolution pour au moins 40,000 fr.
» Divers agents ont été envoyés à Dunkerque pour y faire des
» achats; ils étaient porteurs des délibérations des corps ad-
» ministratifs, qui attestaient leur mission ; ils nous ont priés,
» au moment où la circulation des subsistances éprouvait des
» difficultés, de les recommander aux corps administratifs de
» Dunkerque. Nous l'avons fait, mes collègues et moi. Je
» commence à concevoir ce système de diffamation suivi par
» des hommes sans courage, mais non sans audace ; sans ta-
» lents, mais non sans ambition; sans vertu, mais non sans
» popularité, et qui emploient tous leurs efforts à ravir la leur
» aux meilleurs citoyens. Mais ils se flattent d'un vain espoir.
» Interrogez mes concitoyens, ils vous diront quelle a été la
» pureté de ma vie. Soumettez notre accusateur, Duhem, à la
» même épreuve; pour moi, je l'abandonne au mépris qu'in-
» spirent ses lâches imputations et ses atroces calomnies. »
Cette énergique réplique fut accueillie par des *bravos* répétés.
Le secours de deux millions fut voté par la Convention, sauf à en faire le prélèvement sur les contributions arriérées de 1792. M. Boyer-Fonfrède annonça cette bonne nouvelle à la municipalité de Bordeaux, dans sa lettre du 9 avril, qu'il termine ainsi :

« ...... Les Bourbons et les d'Orléans partent aujourd'hui
» pour Marseille. On voulait nous faire ce détestable présent;
» nous nous y sommes opposés, et nous avons voté ostensi-
» blement contre. Notre ville est si heureuse, si paisible, si

» patriote, que nous nous serions crus coupables de courir les
» risques de la troubler, ou du moins de l'empoisonner, en
» lui envoyant des princes. Nous sommes enfin parvenus,
» grâces à la trahison d'Égalité fils, à porter le coup mortel à
» cette race infâme, etc., etc. »

Pendant ce temps, la ville de Bordeaux était singulièrement agitée. Le conseil-général venait de voter une adresse à la Convention nationale, et les sections se réunirent et délibérèrent qu'il fallait leur adhésion entière et solennelle à la démarche qu'il avait faite, comme on peut le voir par l'extrait suivant des registres du conseil-général de la commune de Bordeaux, en date du 14 avril 1793. C'est M. Saige, maire, qui, au nom des sections de la ville, s'exprima ainsi devant le conseil du département et les commissaires de la Convention :

« Citoyens Administrateurs,

» Lorsque, par une surveillance aussi active que salutaire,
» vous arrêtez les manœuvres des agitateurs et des scélérats
» qui voudraient établir l'anarchie et le despotisme sur les
» ruines de notre république et de notre liberté, les citoyens
» pourraient-ils demeurer spectateurs tranquilles des succès
» de votre administration ? Non, Citoyens Administrateurs, le
» bonheur qu'elle leur procure vous est payé par la plus
» tendre et la plus vive reconnaissance ; ils sont portés vers
» vous par l'impulsion puissante de ce sentiment qu'il leur est
» bien doux de manifester.

» Oui, Citoyens Administrateurs, vous avez rendu à la chose
» publique le service le plus signalé ; et tout éloge est au-
» dessous du zèle qui a conduit vos démarches dans la décou-
» verte d'une trame qui tient au plan de désorganisation et
» de ruine de la république et de notre liberté.

» Les tyrans, les traîtres, les anarchistes, sont occupés sans
» cesse des moyens de nous rendre victimes de leurs horri-

» bles complots ; vous avez déclaré une guerre ouverte à ces
» monstres; vous venez de prouver que ce n'est pas en vain
» que vous avez entrepris cette guerre ; vous venez de sauver
» cette cité, et si tous les départements de la république ont
» le bonheur d'avoir des administrateurs animés du zèle et
» de la sagesse dont vous venez de donner une preuve écla-
» tante, la république est sauvée : elle ne doit pas craindre
» ni les tyrans, ni les traîtres, ni les anarchistes.

» Grâces vous soient rendues, Citoyens Administrateurs ;
» tous les bons citoyens, les républicains, les amis des lois,
» de la liberté, de l'égalité, le diront avec nous; grâces vous
» soient rendues pour avoir déjoué les perfides complots de
» nos ennemis, de les avoir dévoilés à nos représentants, à la
» nation entière. Tous les Français vous béniront et envieront
» le bonheur d'avoir des administrateurs doués de votre sa-
» gesse.

» Nos représentants, à qui vous venez de découvrir un des
» fils de la trame criminelle qui retarde le bonheur qui nous
» est préparé par la liberté que nous avons conquise, devront
» dire encore que vous avez bien mérité de la patrie ; et la
» France entière, qui saura que vous avez arrêté la source
» des maux incalculables qu'on lui préparait, vous comptera
» au nombre de ses bienfaiteurs.

» Ce n'est pas assez, Citoyens Administrateurs, pour la com-
» mune de Bordeaux, de louer votre conduite, de vous en
» remercier, de vous dire combien elle s'en félicite ; elle vous
» offre aussi les assurances de tout son zèle à concourir à
» vos vues pour la défense de la liberté et de l'égalité, de
» son ardeur à seconder vos démarches bienfaisantes pour
» maintenir la pureté des principes républicains, à combattre
» contre les tyrans, les traîtres et les anarchistes; elle sera
» toujours digne de votre administration paternelle, qui fait
» son bonheur, comme vous êtes dignes de son amour, juste
» récompense de vos travaux. »

Le citoyen Cholet, qui présidait en ce moment l'administration, ayant répondu à ce discours de la manière la plus affectueuse et du ton le plus fraternel, la députation sortit du département au bruit des applaudissements de tous les citoyens, et se porta dans le même ordre qu'elle était partie de la Maison-Commune, au logis des citoyens commissaires nationaux.

Le citoyen Garreau vint au devant d'elle pour l'accueillir; il annonça que le citoyen Paganel, son collègue, était absent; et lorsque tous les membres de la députation et le grand nombre de citoyens qui s'étaient joints à elle furent introduits dans la salle où le citoyen Garreau les invita à entrer, le maire lui adressa le discours qui suit :

« Citoyens Législateurs,

» Une cité célèbre, depuis le commencement de la révolu-
» tion, par les sacrifices qu'elle a faits pour la conquête de la
» liberté et de l'égalité, dont les soldats patriotes ont les pre-
» miers montré leur courage dans la campagne de Moissac,
» pour combattre les ennemis de notre régénération; qui
» compte dans nos armées onze bataillons, dont trois, entière-
» ment levés dans son sein, signalent leur courage dans les
» campagnes d'Andaye et de la Vendée, et les autres, plus
» qu'à moitié formés par ses citoyens, établissent la célébrité
» du nom de la Gironde ; une cité qui, au glorieux témoignage
» d'avoir bien mérité de la patrie, joint l'avantage précieux
» d'avoir maintenu dans son sein la pureté des principes ré-
» volutionnaires avec l'amour de l'ordre et des lois, cette cité
» vient de donner une nouvelle preuve de son amour pour la
» république, de sa haine contre les tyrans, les traîtres et les
» anarchistes.

» Ce n'est pas en vain, Citoyens Législateurs, que la Con-
» vention vous a députés dans notre département pour y éta-
» blir des mesures que les lois ne dictaient pas encore contre

» les ennemis qui travaillent sans cesse à arrêter le bonheur
» dont la révolution doit nous faire jouir. Nos administrateurs
» ont employé avec le plus heureux succès les moyens que
» votre sagesse a mis dans leurs mains pour découvrir les
» traces des complots formés par les ennemis de notre liberté,
» par les monstres qui ne cessent de s'agiter autour de nos
» représentants, pour essayer de nous priver des fruits de
» leurs sollicitudes paternelles.

» Ils allaient semer parmi nous le germe de leurs systèmes
» sanguinaires; ils voulaient étendre jusque dans notre cité
» les fils de leurs trames anarchistes et liberticides. Mais nos
» sages administrateurs ont arrêté leurs complots, en nous
» préservant des maux dont nous étions menacés; ils ont fait
» connaître à nos illustres représentants, et à la France en-
» tière, combien il est instant de se réunir pour former une
» défense invincible et pour éviter les coups que l'on prépare
» dans les ténèbres contre notre liberté et notre égalité.

» Les sections et le conseil-général de notre commune se
» sont félicités des mesures salutaires qui ont été prises par
» les corps administratifs; ils ont applaudi aux adresses qui
» ont été envoyées à la Convention, et ont délibéré de venir
» vous supplier de les appuyer, par la plus forte recomman-
» dation, auprès de nos représentants, vos collègues.

» Dites-leur, Citoyens Commissaires, que, toujours fidèles à
» leurs serments, les Bordelais ne cesseront de défendre la
» liberté et l'égalité, de combattre jusqu'à la dernière goutte
» de leur sang pour la république, une et indivisible; qu'ils
» ont juré une guerre éternelle aux tyrans, aux traîtres, aux
» anarchistes, à ces agitateurs infâmes, dont les manœuvres
» criminelles tendent à sacrifier à leur intérêt ou à leur am-
» bition le repos de la république, à troubler l'union si né-
» cessaire pour notre bonheur.

» Dites-leur que les Bordelais seront toujours le plus fort
» rempart des lois, de la liberté, de l'égalité; que s'ils pou-

» vaient craindre les ennemis du dehors, à leur voix, nous
» formerons des bataillons invincibles, qui mettront hors de
» toute attaque le territoire de la république ; mais que si les
» ennemis du dedans travaillaient à détruire la république, à
» rétablir quelque pouvoir contraire à la liberté et à l'égalité,
» qui font notre bonheur, nous leur demandons de réunir tous
» les moyens que leur autorité peut leur fournir pour éloi-
» gner de nous les malheurs que ces scélérats voudraient
» accumuler sur nos têtes ; que nous les supplions de donner
» l'attention la plus sérieuse à la dénonciation qui vient de
» leur être faite par nos administrateurs, de suivre la trame
» dont leur adresse leur a donné le fil, et de poursuivre, avec
» la sévérité de législateurs républicains, les auteurs de ces
» infâmes machinations ourdies par la cupidité et la perfidie.

» Dites-leur, enfin, que si jamais les lois, l'autorité de nos
» représentants, les principes républicains, la liberté, l'éga-
» lité, pouvaient être méconnus ou attaqués, la Gironde leur
» en fournira toujours les plus ardents défenseurs. »

» Fait à Bordeaux, en la chambre du conseil de la Maison-
Commune, les jours, mois et an que dessus.

» SAIGE, *maire* ; BASSETERRE, *secrétaire-greffier.*

» *Nota.* Les commissaires des sections n'ayant pas tous remis
» leurs noms au secrétariat de la Maison-Commune, il a été
» impossible d'en faire ici le rapport. »

La réponse du citoyen Garreau a été parfaitement digne du caractère auguste dont il est revêtu ; les sentiments qu'il y a manifestés pour la commune, l'assurance qu'il a donnée de son empressement à appuyer auprès de la Convention nationale, et sa demande actuelle, et toutes celles qu'elle aurait occasion de faire, ont excité dans l'Assemblée entière les témoignages les plus éclatants de sa reconnaissance et de sa satisfaction.

La députation étant ensuite rentrée en la Maison-Commune,

les commissaires députés ont manifesté le désir d'avoir une copie des discours prononcés par le maire ; et il a été arrêté : « Ouï, et ce, requérant le procureur de la commune, que de » tout ce dessus il serait fait à l'instant procès-verbal, pour » être inséré aux registres du conseil-général, imprimé et » envoyé aux vingt-huit sections et aux sociétés populaires.»

A cette époque, la position des Girondins était devenue assez délicate; ils pouvaient entrevoir, dans un avenir peu éloigné, les dangers auxquels l'impitoyable acharnement de la Montagne allait les exposer. M. Fonfrède ne cache point, dans la même lettre dont nous venons de lire un extrait, les accablantes tribulations et les attaques violentes qu'avait à supporter une partie considérable de la Convention de la part des Jacobins :

« J'ai reçu, dit-il, par un courrier extraordinaire, votre » lettre du 5 de ce mois. J'y ai retrouvé, avec une bien douce » satisfaction, les expressions de votre estime et de votre » amitié; elles consolent un peu mon cœur des attaques de » la calomnie et de la méchanceté, qui sont naturalisés dans » ce pays. »

Vergniaud aussi épanche sa douleur dans une lettre aux Bordelais. Vergniaud, dont l'âme toujours calme au sein des tempêtes, plus grande que ses malheurs, inaccessible aux traits de sa mauvaise fortune, s'exprime ainsi, avec une sereine mélancolie, sur sa position à Paris : «Dans les circon- » stances difficiles où je me trouve, c'est un besoin pour mon » cœur de s'ouvrir à vous. Quelques hommes, qui se van- » taient d'avoir fait seuls le 10 août, crurent avoir le droit » de se conduire comme s'ils avaient conquis la France et » Paris. Je ne voulus pas m'abaisser devant ces ridicules des- » potes · on m'appela aristocrate. Je prévis que si l'existence » de la commune révolutionnaire se prolongeait, le mouve- » ment révolutionnaire se prolongerait et entraînerait les plus » horribles désordres : on m'appela aristocrate, et vous con-

» naissez les événements déplorables du 2 septembre. Les
» dépouilles des émigrés et des églises étaient en proie aux
» plus scandaleuses rapines. Je les dénonçai : on m'appela
» aristocrate. Le 17 septembre, on commença de renouveler
» les massacres. J'eus le bonheur de faire rendre un décret
» qui plaçait la vie des détenus sous la responsabilité de l'As-
» semblée : on m'appela aristocrate, etc., etc., etc. »

C'est avec ces mélancoliques accents que Vergniaud nous peint le triste tableau de la situation générale des affaires à Paris, et sa position personnelle. Les couleurs sont noires ; mais dans les ombres dont il assombrit sa peinture, il étale le désespoir, le découragement et la profonde tristesse de son âme à la vue anticipée des maux de sa patrie !

« Je vous écris rarement, dit-il, en finissant ; pardonnez-
» moi. Ma tête est souvent remplie de pensées pénibles, et
» mon cœur de sentiments douloureux. A peine me reste-t-il
» quelquefois assez de force morale pour remplir mes devoirs.
» Votre pensée est ma consolation. Étranger, vous le savez,
» à toute espèce d'ambition, n'ayant ni les prétentions de la
» fortune, ni celle de la gloire, je ne forme pour moi qu'un
» seul désir, c'est de pouvoir un jour, avec vous, jouir dans
» la retraite du triomphe de la patrie et de la liberté. »

Il écrivit à la *Société des Amis de la Liberté*, les 4 et 5 mai, les deux lettres suivantes, que nous avons cru devoir conserver :

« Paris, 4 mai 1793, sous le couteau.

» FRÈRES ET AMIS (1),

» Vous avez été instruits de l'horrible persécution faite
» contre nous, et vous nous avez abandonnés. Vous ne nous

(1) Un misérable, nommé Desfieux, vint, à la tête des Jacobins de la section Poissonnière, réclamer, le 11 mars 1793, à la barre de la Convention, un décret contre Gensonné, Vergniaud et Guadet. C'est ce scélérat qui avait fondé le club National de Bordeaux.

» avez soutenus auprès de l'Assemblée nationale par aucune
» démarche; vous n'avez même cherché à soutenir notre cou-
» rage individuel par aucun témoignage de bienveillance.
» Cependant la fureur de nos ennemis s'accroît; la proscription
» et l'assassinat circulent contre nous, et l'on s'apprête pour
» aller à la barre nationale demander nos têtes. Quel est donc
» notre crime, citoyens? c'est d'avoir fait entendre la voix de
» l'humanité au milieu des horreurs qui nous ont si souvent en-
» vironnés; c'est d'avoir voulu conserver vos propriétés et vous
» garantir de la tyrannie de Marat, ou des hommes dont il
» n'est que le mannequin. Faites que nos concitoyens nous
» retirent des pouvoirs dont il est impossible de faire usage
» sans des signes éclatants de leur confiance. Nous ne crai-
» gnons pas la mort; mais il est cruel, alors qu'on se sacrifie,
» de ne pas emporter au tombeau la certitude qu'on laisse au
» moins quelques regrets à ceux pour lesquels on s'immole.

» Vergniaud. »

« Paris, le 5 mai 1793.

» Frères et Amis,

» Je vous écrivis hier, le cœur flétri, non par des dangers
» que je brave, mais par votre silence. Quelques heures après
» le départ de ma lettre, j'ai reçu la vôtre. Des larmes de joie
» ont coulé de mes yeux. J'attends mes ennemis, et je suis
» sûr encore de les faire pâlir. On dit que c'est aujourd'hui
» ou demain qu'ils doivent venir demander de s'abreuver du
» sang de la représentation nationale. Je doute qu'ils l'osent,
» quoique la terreur ait livré les sections à une poignée de scé-
» lérats. On s'y est cependant battu avant-hier; et on ne ten-
» tera pas une démarche dans laquelle on craindra d'éprouver
» de la résistance. En tout cas, nous comptons sur le courage
» de Fonfrède, qui est président, et vous pouvez compter sur
» le nôtre.

» Tenez-vous prêts. Si l'on m'y force, je vous appelle de la
» tribune pour venir nous défendre, s'il en est temps, et venger
» la liberté en exterminant les tyrans. Si nous ne sommes
» plus, Bordeaux peut sauver la république.

» Eh quoi ! n'aurons-nous travaillé depuis quatre ans, tant
» fait de sacrifices, supporté tant d'iniquités, la France n'aura-
» t-elle versé tant de sang, que pour devenir la proie de quel-
» ques brigands, pour courber le front vers la plus tortueuse
» tyrannie qui ait jamais opprimé aucun peuple ?

» Hommes de la Gironde, levez-vous ! la Convention n'a été
» faible que parce qu'elle a été abandonnée. Soutenez-la contre
» tous les furieux qui la menacent. Frappez de terreur nos
» Marius; et je vous préviens que rien n'égale leur lâcheté,
» si ce n'est leur scélératesse. Alors la Convention sera vrai-
» ment digne du peuple français. Des lois sages seront sub-
» stituées à des lois de sang, et les douceurs de la liberté nous
» consoleront des calamités de l'anarchie.

» Hommes de la Gironde, il n'y a pas un moment à perdre.
» Si vous développez une grande énergie, vous forcerez à la
» paix des hommes qui provoquent la guerre civile. Votre
» exemple généreux sera suivi, et enfin la vertu triomphera.
» Si vous demeurez dans l'apathie, tendez vos bras; les fers
» sont préparés et le crime règne.

» Je vous salue fraternellement.

» VERGNIAUD. »

Ce ne fut pas seulement aux traits de la calomnie et de la malveillance de quelques députés que les Girondins se virent exposés. Le danger était plus grand, et les représentants eux-mêmes en avaient le triste pressentiment : ils transmettaient leurs plaintes à Bordeaux ; elles y trouvèrent de l'écho. La lettre suivante de la municipalité le prouve. Mais que pouvaient les Bordelais contre la haine homicide et les éternelles déclamations des Montagnards, appuyés sur la populace de

Paris? Des menaces impuissantes; hélas! on n'en faisait que trop; elles ne servaient qu'à irriter davantage les Maratistes. Il aurait fallu des faits à la place des paroles vaniteuses et inefficaces. « Chers concitoyens, leur écrivit dans ce temps
» notre municipalité, combien votre lettre nous a pénétré de
» douleur ! Combien les complots liberticides des scélérats
» qui veulent tout désorganiser, pour nous replonger dans
» l'esclavage, ont affligé les bons citoyens! Se seraient-ils
» déjà souillés du plus atroce des forfaits? Cette idée fait fré-
» mir; mais espérons que la masse imposante des bons citoyens
» que Paris renferme encore, aura formé le rempart qui ga-
» rantira la Convention contre les attaques de cette horde
» d'assassins.

» Bordeaux s'est enfin levé, et s'est levé tout entier : une
» adresse forte, énergique, et exprimant toute l'indignation
» dont nos âmes sont pénétrées, a été rédigée ce matin, par la
» réunion des sections et d'après l'unanimité de leurs vœux.
» Elle peut, et pourra vous convaincre, que plus les Bordelais
» ont été confiants dans la loyauté des Parisiens, plus aussi
» les craintes que les membres dévoués à la proscription leur
» inspirent, et les risques qu'ils courent, excitent leur solli-
» citude et les déterminent à déployer la vigueur que les
» circonstances commandent. Nous sommes bien assurés de
» l'énergie que le président, notre ancien collègue, aura mise
» dans sa réponse à cette députation armée, instruments des
» scélérats qui ne désirent que l'anarchie. Il aura, sans doute,
» exprimé les sentiments d'une nation entière, qui veut la
» liberté, et qui ne saurait être maîtrisée par une poignée de
» factieux. Qu'il nous tarde, chers Concitoyens, d'apprendre
» l'effet de notre adresse, et combien nous désirons que les
» défenseurs de la liberté n'aient pas succombé sous les efforts
» du crime.

» Ce sentiment, que tous nos concitoyens partagent pour
» tous les membres qui ne désirent que le règne de la loi,

Livre III.
Chap. 3.

1793

» nous affecte plus particulièrement pour vous, et nous devons
» vous en témoigner l'assurance par une suite de l'amitié et
» du vif intérêt que nous inspire la situation affreuse où vous
» vous trouvez. »

Les Bordelais étaient fiers : ils attendaient de leur adresse des effets prodigieux ; mais il n'était guère facile d'effrayer les Montagnards de vaines menaces ; et les passions, au 15 mai, étaient trop violemment agitées pour se calmer à la voix d'une ville située à 150 lieues de Paris. L'adresse, au lieu d'intimider et d'arrêter les méchants, ou de calmer les passions, ne fit que les irriter davantage, et hâter l'explosion de la haine des Maratistes.

Fonfrède avait annoncé la marche des forces armées de Bordeaux sur Paris. Cette opinion s'accrédita dans la Convention, et les journées des 15, 16 et 17 mai se passèrent dans une agitation difficile à décrire. Au milieu de ce tumulte, Guadet monta à la tribune : le silence s'établit enfin comme un témoignage de respect ; et alors, maître de lui-même et presque de ses auditeurs, il laissa tomber avec gravité et une indignation contenue, ces paroles prophétiques, qui prédirent la destinée des partis

« Lorsqu'en Angleterre une majorité généreuse voulut ré-
» sister à une minorité factieuse, cette minorité cria à l'op-
» pression, et parvint, par ce moyen, à opprimer la majorité
» elle-même ; elle appela à elle les patriotes *par excellence.*
» C'est ainsi que se qualifiait une multitude égarée, à laquelle
» on promettait le pillage et le partage des terres. Cet appel
» aux patriotes par excellence, contre les prétendues oppres-
» sions de la majorité, amena l'attentat connu sous le nom de
» *purgation du parlement*, attentat dont Pride, qui de bou-
» cher était devenu colonel, fut l'auteur et chef. Cent cin-
» quante membres furent chassés du parlement, et la minorité,
» composée de cinquante ou soixante membres, resta maî-
» tresse de l'État.

» Qu'en arriva-t-il? Ces patriotes par excellence, instruments par excellence de Cromwel, et auxquels il fit faire folies sur folies, furent chassés à leur tour : leurs propres crimes servirent de prétexte à l'usurpateur. » Ici, Guadet se tournant vers la Montagne, et montrant le boucher, Legendre, Danton, Lacroix et tous les autres Montagnards, accusés de mauvaises mœurs et de dilapidation, ajoute : « Cromwel entra un jour au parlement; et s'adressant à ces membres qui seuls, à les entendre, étaient capables de sauver la patrie, il les en chassa, en disant à l'un : *tu es un voleur;* à l'autre : *tu es un ivrogne;* à celui-ci : *tu es gorgé des deniers publics;* à celui-là : *tu es un coureur de filles et de mauvais lieux.* Fuyez donc, dit-il, fuyez tous, et cédez la place aux hommes de bien. Ils la cédèrent bien, et Cromwel la prit. »

Cette allusion était bien comprise; c'était à la fois une apologie et une censure amère. L'Assemblée en fut vivement frappée; elle resta silencieuse.

CHAPITRE IV.

Vergniaud et quelques autres représentants arrêtés. — Bordeaux dans la consternation. — Adresse des administrateurs. — Établissement d'une Commission populaire. — Ses efforts. — La Montagne s'irrite et calomnie les Girondins. — Elle les accuse de fédéralisme. — Lettre de Grangeneuve au général Custine. — La réponse de celui-ci. — Les Maratistes envoient deux commissaires, Treilhard et Mathieu Mirandal à Bordeaux. — La conduite des Bordelais à leur égard. — La dissolution de la Commission populaire.

Livre III.
—
1793

L'adresse des Bordelais blessa les Montagnards; elle déplut, parce qu'elle était vraie, et parce qu'elle tendait à arrêter dans leur marche ces monstres sanguinaires, qui avaient voué aux Girondins une haine profonde, que le sang seul pouvait éteindre. La municipalité avait décidé la création d'une force départementale, destinée à protéger la Convention contre les tentatives anarchistes de la Montagne, dont on voyait le développement graduel depuis la journée du 31 mai. Mais la nouvelle de l'arrestation de Vergniaud, Gensonné et quelques autres, arrivée à Bordeaux le 10 juin, plongea toute la population dans une profonde consternation. Le soulèvement était général, et on n'entendait dans les rues que des cris de fureur, d'indignation et de vengeance. Dominés, entraînés par les circonstances, les administrateurs se virent obligés de constater, dans une adresse particulière, leurs douloureuses impressions et le spectacle affligeant de la ville. « Des cris de

Courrier français,
10 juin.

» fureur et de vengeance, disaient-ils, retentissent sur toutes
» les places publiques et jusque dans notre enceinte. Un
» mouvement général d'indignation et de désespoir précipite
» tous les citoyens dans leurs sections; les députations se
» pressent autour de nous et viennent nous proposer les me-
» sures les plus extrêmes. Il nous est impossible, dans ce

» moment, de calculer les suites de cette effervescence. Nous
» vous devons la vérité; nous redoutons le moment où nous
» serons forcés de vous la dire tout entière. »

En effet, les sections populaires jurent de venger l'arrestation illégale de leurs représentants (8 juin). Les corps administratifs délibèrent, le 9 juin, sur les mesures à prendre, et arrêtent que l'assemblée se constituera en corps délibérant, sous le nom de *Commission populaire du Salut public de la Gironde;* que tous les départements seront invités à s'entendre et à unir leurs forces pour rendre la liberté à la Convention, et pour soustraire les députés bien intentionnés à la tyrannie des Jacobins. Ils entament à cet effet une correspondance régulière avec les départements; ils envoient Hardouin Tranchère à Lyon, pour soulever cette ville, et chargent d'autres émissaires de la même besogne dans les départements méridionaux. Quelques Girondins s'échappent de Paris et se répandent dans la Bretagne, pour favoriser le mouvement de Bordeaux. Salles se fait passer pour le cousin de Robert Bouquey, à St-Émilion, où il va séjourner quelques jours; Guadet, Petion, Barbaroux, Louvet, Buzot, et quelques autres, s'embarquent à bord d'un navire en rade à Brest, et font voile pour la Gironde. Tout semble marcher au gré de la *Commission populaire*. On avait déjà réuni mille deux cents hommes. Cette force, par le concours des autres départements, allait devenir le noyau d'une armée qui suffirait pour contenir les anarchistes de Paris et délivrer les représentants emprisonnés. Il fallait un appui dans l'armée et s'assurer le concours des généraux; mais la rapidité des événements vint bouleverser tous les projets et arrêter l'enthousiasme du peuple.

La Montagne savait ces menées et tout ce qu'on faisait dans le Midi. On n'osait plus, après le jugement de Louis XVI, accuser les Girondins de royalisme; c'eût été trop absurde. On rappelait, cependant, la lettre que Vergniaud, Guadet et Gensonné avaient écrite au roi par l'entremise de Boze et

Livre III.
Chap. 4.

1793

Thiers.

Histoire de la Révolution,
livre XV.

Thiers.

Ibid.,
tome 2, p. 454.

Thierry, valets de chambre du prince, et qui donnait à comprendre que l'infortuné monarque les avait consultés sur l'*état actuel de la France*. On les accusa d'être traîtres à la patrie; d'avoir envoyé des agents à Londres pour livrer Bordeaux et le Midi au roi d'Angleterre. Mais Fonfrède s'éleva ce jour-là contre cette odieuse charge, avec une généreuse indignation; et après avoir repoussé cette infâme accusation et jeté aux Montagnards le défi d'en donner des preuves, il força Danton d'avouer que les Bordelais avaient été, étaient et seront de bons Français.

Mais la fédération des départements méridionaux existait; c'était un fait incontestable. Bordeaux était coupable, et les Girondins en étaient la cause, disait-on. On invente un nouveau crime : on les accuse de fédéralisme, et d'avoir voulu, par leurs associations, briser le dogme de l'indivisibilité de la république française ! On en avait des preuves multipliées : entre autres, une lettre que Grangeneuve écrivit au général Custine, dont la coopération lui paraissait assurée. Cette lettre était ainsi conçue :

« Départements réunis, Assemblée centrale de résistance à l'oppression.

» Bordeaux, 30 juin.

» Général, Frère et Ami,

» Presque tous les tyrans de l'Europe, coalisés contre la
» république française, sont forcés de déplorer le mauvais
» succès de leurs armes. Une horde de brigands ne voit d'au-
» tres moyens de servir le despotisme, que celui d'introduire
» au sein de la république l'anarchie et le désordre; mais ils
» se trompent : les Français ont juré d'être libres; ils n'auront
» pas juré en vain. Les factions du dedans, liguées avec les
» factions du dehors, viennent de commettre un dernier
» attentat. Le 31 mai, le 1er et le 2 juin, ces factions, secon-
» dées par le canon et les poignards, ont arraché à la Con-
» vention un décret d'accusation contre les membres qui

» avaient le mieux servi la liberté, par leurs talents et leurs
» vertus. A cette nouvelle, un cri de fureur et d'indignation
» s'est fait entendre dans les départements : des citoyens sont
» arrivés de toutes parts; ils veulent la république, une et
» indivisible. Une armée s'organise pour marcher contre Pa-
» ris; quatre-vingt mille hommes au moins s'y rendront sous
» peu. La *Société populaire* de Bordeaux s'empresse de se
» réunir à nous; elle veut la république, une et indivisible.
» Vous l'avez jurée aussi. Bravez les calomnies; attachez-vous
» à votre poste; combattez au dehors les ennemis de la liberté,
» tandis que nous les poursuivrons au dedans. Notre cri de
» guerre doit être, à vous, *guerre aux tyrans;* et à nous,
» *guerre aux royalistes, aux anarchistes et aux tyrans.*

» *Signé :* Grangeneuve, *président de la Commission*
» *populaire.* »

Le général Custine pensait comme les Girondins, et aurait voulu agir comme eux et avec eux; mais la peur et une politique peu loyale lui firent changer de sentiments et de conduite; il crut gagner les bonnes grâces de la Convention, où les principes girondins n'avaient plus ni crédit, ni appui, en lui envoyant la lettre de Grangeneuve, qui compromettait les Bordelais. Plus tard, quand il vit que les Maratistes étaient les maîtres de la France, il répondit aux Bordelais par la lettre suivante :

« Le général Custine aux membres de la Société populaire de Bordeaux.

» Cambrai, 14 juillet.

» Puisqu'au milieu des violentes secousses qui vous agi-
» tent, vos regards se portent sur les armées, montrez l'énergie
» qu'annonce votre adresse, et écoutez la vérité : On désire en
» vain l'unité et l'indivisibilité de la république lorsqu'on ne
» lui fait pas le sacrifice de son opinion, lorsqu'une société
» populaire prétend qu'on lèse la volonté générale dans ses

» écrits et ses passions, lorsqu'elle oublie ses serments et ses
» devoirs jusqu'à se liguer contre les représentants du peu-
» ple. Si la loi n'est pas un point de ralliement, nos ennemis
» sont invincibles et la liberté nous échappe. Dites aux ba-
» taillons de la Gironde qui veulent rentrer dans leurs foyers,
» que la patrie les retient auprès de leurs drapeaux ; à ce
» prix, je suis attaché à vous.
» *Signé* : CUSTINE. »

La lettre de Grangeneuve fut envoyée à la Convention, comme nous l'avons vu ; elle y causa une agitation indicible, une explosion de haine et d'imprécations. On rapprocha cette lettre de celles que Vergniaud avait écrites au mois de mai à ses amis de Bordeaux, et que la *Société des Récollets*, composée de républicains modérés, avait fait afficher dans le lieu de ses réunions, mais que les autres sections, d'accord avec le club National, avaient envoyés à la Convention. Toutes ces circonstances exaltèrent les têtes des Maratistes, qui, craignant une contre-révolution générale, envoyèrent dans le Midi deux commissaires, Treilhard et Mathieu Mirandal, afin de dissoudre la Commission populaire de Bordeaux, faire avorter ses projets et contenir les mécontents. Partis de Paris le 20 juin, ils arrivèrent à Bordeaux le 24 ; mais on les accueillit avec méfiance : on les surveilla ; et craignant que le peuple ne se portât à de fâcheuses extrémités contre eux, l'administration locale leur donna une garde de sûreté de vingt-cinq hommes de la garde nationale. Treilhard était un homme faible, mais non dépourvu de lumières ; il était devenu l'instrument des anarchistes sans le désirer et pour ne pas exposer sa vie ; il aimait mieux servir les assassins que d'être assassiné ; et quelque mauvais qu'il fût, il valait encore mieux que Mathieu Mirandal.

En débarquant sur le port de Bordeaux, on demanda leur passeport, disent-ils dans leur *Récit* de la conduite des Bordelais à leur égard. Ils voulaient loger à l'hôtel Richelieu ;

mais les appartements étant tous occupés, ils allèrent descendre à l'hôtel des Asturies, rue du Chapelet. On mit deux sentinelles à la porte de leurs chambres, malgré le refus de Treilhard; mais on finit par relever les deux sentinelles et n'en laisser qu'une seule; mais il y avait une garde nombreuse dans la cour. Ils invitèrent le procureur-général-syndic à se rendre auprès d'eux; mais il répondit que la Commission populaire du Salut public le lui avait défendu, attendu qu'ils prenaient la qualité de délégués dans le département, qualité que les Bordelais ne voulaient pas leur reconnaître. Dans ce moment, plusieurs personnages influents en ville vinrent les inviter à se rendre auprès de la Commission; mais il était près de minuit et ils étaient fatigués du voyage. C'était assez pour colorer leurs refus; mais leur véritable motif était de ne pas se rendre auprès des gens qui méconnaissaient leur qualité, et sans savoir si une telle démarche compromettrait leur caractère ou le succès de leur mission.

Le lendemain (25 juin), après de mûres réflexions, ils se déterminent à se rendre, le soir, au lieu des séances du comité; ils s'en promettaient de bons résultats. Le matin, Treilhard voulut aller voir un ancien ami qu'il avait distingué la veille dans la foule. Il sortit à travers des flots du peuple: mais à deux pas de l'hôtel, un citoyen en uniforme lui dit qu'il n'aurait pas dû sortir.— « Pourquoi? dit Treilhard; je suis libre, et je sortirai; personne ne m'en empêchera. » Un fusilier se place alors devant lui, et lui dit : « Vous n'avancerez pas..... — Je suis de ces gens qu'on tue, répond Treilhard, mais qu'on n'arrête pas, » et il s'avance malgré les ordres contraires; mais les sentinelles l'accompagnent chez son ami. Après un court entretien, cet ami écrit au maire, pour le prier de lever une consigne donnée probablement pour la sûreté des représentants, mais bien gênante dans ses formes et susceptible d'être mal interprétée : le maire n'avait pas donné d'ordre; il renvoie au président du comité. On s'adresse au président, qui en rejette la responsabilité sur la Commission; mais la consigne fut maintenue, et Treilhard rentra à l'hôtel, escorté de ses gardes.

Le même jour, Mathieu voulut sortir, et il éprouva les mêmes difficultés. Les deux commissaires en instruisirent le soir même la Convention, et se rendirent au sein de la Commission populaire, à pied, et escortés de deux officiers. Le peuple, qui les voyait de mauvais œil, poussa quelques cris significatifs; mais les officiers lui imposèrent silence, et ils arrivèrent à la salle où était la réunion, sans accident, mais non sans crainte.

L'un d'eux crut devoir faire sa profession de foi, et déclara qu'ils étaient disposés tous deux à mourir pour la république, une et indivisible, pour la liberté, l'égalité, le maintien des propriétés et la sûreté des personnes; il exposa l'état de la république, ses besoins et ses espérances; il assura que la patrie comptait beaucoup sur le département de la Gironde, dont les nombreux bataillons s'étaient distingués par leur bravoure et surtout par leur admirable discipline; insista sur la nécessité de l'union, pour mettre fin à tous les maux; annonça que la Constitution serait bientôt présentée à la sanction du peuple; et finit par inviter les citoyens de la Gironde à donner à la république tous les témoignages de dévoûment qu'elle était en droit d'en attendre.

Le président répondit « que le département de la Gironde
» ne pouvait plus reconnaître une Convention qui avait cessé
» d'exister depuis le 2 juin; que tous les actes émanés d'elle
» étaient évidemment nuls, n'étant que l'effet de la violence et
» de l'oppression; qu'on ne pouvait pas nier qu'elle avait été in-
» vestie de force armée et de canons, les 31 mai, 1er et 2 juin;
» que la liberté individuelle des députés et celle de la Con-
» vention entière avaient été violées; qu'il n'y avait, par con-
» séquent, plus de Convention ni de Pouvoir exécutif, parce
» que celui qui existait était le complice de toutes les trahi-

» sons ; que le vœu du département de la Gironde, conforme en ce point à celui de plusieurs autres départements, était de marcher sur Paris, non pour détruire la Convention, mais pour lui rendre sa liberté et faire punir ceux qui y avaient porté atteinte. » Le président s'étendit ensuite sur l'état des finances et de nos armées, sur la trahison des généraux et du Conseil exécutif; et convaincu que les plus grands ennemis de la république n'étaient pas dans la Vendée, mais à Paris, annonça le départ prochain d'un bataillon qui allait marcher sur la capitale.

C'est alors que Fonfrède, membre de la commission des Douze, mais excepté du décret pour l'accusation et le jugement des Girondins, demanda avec énergie qu'on fît, dans les trois jours suivants, un rapport sur les détenus. Cette réclamation, dit Thiers, produisit quelque tumulte. Insensible à ces cris, Fonfrède élève plus haut la voix, et dit : « Il faut prouver » au plus tôt l'innocence de nos collègues ; je ne suis resté ici » que pour les défendre, et je vous déclare qu'une force ar-» mée s'avance de Bordeaux pour venger les attentats commis » contre eux. » A l'instant même, des cris retentissent dans la salle et couvrent sa voix; l'ordre du jour repousse la généreuse proposition de Fonfrède, et on retombe dans le silence. « Ce » sont, disent les Jacobins, les derniers cris des crapauds des » marais bordelais. »

La conférence se prolongea, mais sans résultat. Deux députés des sections vinrent demander que les commissaires fussent conduits hors du département ; c'était un avis significatif dont il était facile de saisir la portée. Nos deux conventionnels avaient d'ailleurs remarqué que les tribunes accueillaient avec applaudissements le discours du président et les inculpations qu'il dirigeait contre l'Assemblée et quelques-uns de ses membres, mais que des murmures venaient souvent interrompre les paroles qu'ils croyaient devoir employer pour justifier la Convention.

Livre III.
Chap. 4.

1793

Thiers.

Histoire de la Révolution, liv. XV.

Le lendemain, Treilhard alla chez le président, accompagné de deux gardes. Ces deux citoyens entrèrent avec lui, et le président les pria de s'asseoir, comme pour être témoins de leur entretien. Dans le cours de la conversation, le président lui dit : « Je vous prie, et je vous somme en présence de ces » deux citoyens, d'exprimer à la Convention le vœu général » et unanime du département, et, notamment, celui de la pu- » nition de ceux qui ont attenté à la représentation nationale. » Treilhard répliqua qu'il avait désiré une conversation, un épanchement, et non une discussion ; qu'au surplus, la Convention saurait tout ; mais que, lui et son collègue, ils étaient hors d'état d'exprimer le vœu du département, parce qu'on avait pris toutes les mesures nécessaires pour les empêcher de le connaître, et, après plusieurs autres observations sur la consigne et autres circonstances, rentra à l'hôtel pour en écrire à Paris.

Pendant leur séjour à Bordeaux, bien peu de personnes avaient la permission de les voir. C'étaient des précautions nécessaires pour empêcher les exaltés de leur communiquer des impressions défavorables, et même de chercher par ce moyen à troubler la paix de la ville. Le même jour, mercredi, le président de la Commission alla rendre visite à Treilhard. On revint sur le même sujet, et l'on s'efforça de faire sentir au président combien était désastreuse la résolution qu'on avait prise de marcher sur Paris ; mais le président répondit que c'était dans le louable but d'assurer la liberté de la Convention. Le lendemain, 27, le président alla les prévenir qu'ils étaient libres de partir ; et comme ils venaient d'instruire le Comité du Salut public, à Paris, de leur arrestation à Bordeaux, ils firent retirer la lettre. Dans le cours de l'après-midi, le président leur fit entendre que la Commission populaire désirait leur prompt départ du département. Cet avis coïncidait assez avec leurs propres idées : leur présence, d'ailleurs, à Bordeaux, était inutile ; et il était à craindre que la Commission populaire n'abusât de son autorité, en recourant à des voies rigoureuses pour les expulser du département. Ils demandèrent donc des chevaux de poste pour minuit : la garde les accompagna jusque sur le port. Ils se rendirent directement à Mucidan, dans le département de la Dordogne.

Il est bon de constater ici que ces deux commissaires de la Convention ont reconnu « que les citoyens qui avaient com-
» posé leur garde n'avaient pas manqué d'égards pour leurs
» personnes; qu'ils avaient toujours cherché à prévenir leurs
» désirs, sans jamais s'écarter des ordres sévères qu'ils avaient
» reçus, et leur avaient témoigné de l'empressement à les
» conduire où ils désiraient ; et, enfin, que, dans le nombre, il
» s'en est trouvé dont ils auraient recherché la société dans
» toute autre circonstance. »

Ainsi, à Paris, on condamnait les Bordelais; mais les conventionnels, à Bordeaux, n'avaient que du bien à en dire. La franchise du président n'avait qu'un tort; elle était plutôt généreuse que politique, et fait honneur au caractère bordelais. Les deux conventionnels le reconnurent, et, dans une lettre qu'ils écrivirent de Mucidan au Comité du Salut public, ils avouèrent que « les Bordelais paraissaient entièrement dévoués
» aux intérêts de la république; mais qu'ils avaient été trompés
» sur la journée du 31 mai, et que quelques personnes ten-
» daient au rétablissement de la royauté. » En preuve de cette assertion calomnieuse, ils alléguèrent le discrédit où étaient tombés les assignats de 400 liv., et quelques cris isolés de *vive Louis XVIII,* qu'ils avaient entendus dans la foule. Sans doute, Bordeaux renfermait des royalistes; mais ces cris séditieux ne sortaient pas de leurs poitrines oppressées; c'était l'œuvre de la police. On voulait dévaster et piller la ville, comme on fit à Lyon ; mais pour cela, il fallait un prétexte. Treilhard réussit : le décret de mise hors la loi fut rendu d'après son rapport, et Bordeaux fut voué à la vengeance.

Dans cet intervalle, la Commission populaire poursuivait ses travaux à Bordeaux : la Convention ne tenait compte ni de ses prières, ni de ses menaces, et le sort des Girondins était toujours entre les mains des Jacobins de Paris. Cependant, l'amour de la république animait toujours les enfants de la Gironde ; ils avaient fait de grands sacrifices et voulaient en faire de nouveaux pour les besoins de la patrie. Dans la séance du 11 juillet, un représentant, exerçant un ministère de surveillance auprès de l'armée de La Rochelle, déposa sur le bureau 30 louis d'or et 562 liv. en argent, offerts à la patrie par les bataillons de la Gironde aux ordres de Westerman. La Convention recevait l'argent de la Gironde ; mais elle repoussait ses vœux patriotiques et légitimes. La Commission continua à recruter la force départementale ; mais l'ardeur du peuple et de la garde nationale se refroidissait de plus en plus, par suite de l'attitude imposante de la Convention et les intrigues des commissaires. Le courage fit place à la peur. Marat venait d'être poignardé ; mais Robespierre, devenu le chef du parti Montagnard, organisait la terreur sur une base plus large, plus conforme à ses idées de réformation. Le peu de justice et de raison qui avait survécu au 21 janvier, allait entièrement disparaître ; la folie et la débauche, les pieds dans le sang, se préparaient à dicter des lois à la France asservie. Une sorte de vertige et des craintes inspirées par une alarmante prévoyance commençaient à s'emparer de toutes les têtes les mieux organisées : le courage d'action était devenu le patrimoine de quelques milliers de scélérats ; tout le reste de la nation n'avait qu'à souffrir, gémir et se taire ! Du fond de leur retraite, les deux commissaires de la Convention travaillaient activement à semer le trouble et la division entre les départements : déjà quelques villes avaient renoncé à tout projet de fédération, et même, parmi les sections de Bordeaux, il s'en trouva qui, craignant de s'être trop avancées, rompirent brusquement avec la Commission populaire, et même se liguèrent contre elle. Enfin, le découragement était si grand et si général, qu'on ne trouva, dans toute la garde nationale, que soixante hommes qui voulussent s'enrôler de bonne volonté ! On fit d'autres tentatives pour augmenter le nombre des volontaires, mais toutes infructueuses. Cependant, on réussit à réunir sous le drapeau quatre cents hommes, qu'on envoya à Barsac, pour se joindre aux détachements des départements voisins. Ces forces départementales se mirent en marche pour Paris; mais la Convention ayant essuyé un échec dans la Vendée, et sachant que la Commission populaire avait renoncé à ses projets, elles se dirigèrent sur la Vendée et y firent des prodiges de bravoure, pour raffermir l'autorité tyrannique qu'elles avaient mission de renverser. Bordeaux, sans s'en douter, contribua à soutenir Robespierre, qui faisait régner la terreur sur la France, et allait bientôt faire mourir ses représentants et l'élite de ses citoyens.

La Commission populaire commença à s'apercevoir qu'elle avait fait fausse route, et avait attiré sur sa tête des châtiments épouvantables : elle avait dit, dans ses délibérations, que soixante départements avaient adopté ses idées et ses projets; mais au 2 août, elle se vit isolée, délaissée et destinée à porter seule le fardeau des fautes communes et la colère des Jacobins triomphants; elle prononça sa dissolution et laissa le champ libre aux terroristes, qui ne demandaient pas mieux que de pouvoir châtier notre population.

Le 6 août, on publia un décret qui anéantit tous les actes de la Commission populaire de Bordeaux, en déclara les membres traîtres à la patrie, et les mit hors de la loi; ordonna à la commune de Bordeaux de réintégrer les 357,320 piastres enlevées à main armée à l'hôtel de la Monnaie, et qui étaient destinées au service de la marine; rendit tous les dépositaires actuels de l'autorité publique, dans Bordeaux, responsables individuellement de ladite somme et des atteintes qui pourraient être portées à la sûreté des fonds et des caisses de la république. C'était l'aurore de nos mauvais jours !

CHAPITRE V.

Lettre de Vergniaud, qui demande d'être jugé.— Il accuse ses calomniateurs et ses persécuteurs. — Paroles généreuses de Fonfrède et de la majorité de la Convention.— Fonfrède cherche à porter la Convention à la miséricorde, par des paroles touchantes. — Langage de Barrère à l'occasion des 357,320 piastres. — Décret de la Convention. — Baudot et Ysabeau arrivent à Bordeaux. — Leur réception. — Leur conduite pendant leur séjour à Bordeaux. — Ils vont s'établir à La Réole. — Ils calomnient les Bordelais. — Quelques sections se prononcent contre la municipalité. — La Société Franklin se distingue par son ardeur démagogique. — Les représentants veulent réduire les Bordelais par la famine. — Supplique des sections et des citoyennes républicaines aux représentants. — Leur réponse. — Le club National s'installe de nouveau. — Son billet à la municipalité.

Livre III.

1793

La dissolution de la Commission populaire, à Bordeaux, devait, ce semble, désarmer la Convention ; c'était tout le contraire : la victime était par terre ; il fallait l'écraser. Les Girondins étaient encore en prison et ne demandaient pas mieux que d'être jugés, tant ils étaient convaincus qu'ils sortiraient de cette épreuve avec honneur et gloire. Fonfrède, qui n'était pas compris dans l'acte d'accusation, avait déjà demandé qu'on statuât sur leur sort; mais on repoussa sa demande. L'esprit public n'était pas assez aigri contre ces hommes; on commença par les humilier, pour pouvoir plus facilement les condamner avec ignominie. Indigné de voir qu'on retenait captifs des représentants du peuple, Vergniaud écrivit à la Convention la lettre suivante, en date du 6 juin. Il y exhale toute sa douleur, toute l'amertume de ses impressions, toute l'aigreur d'un cœur indigné, et d'accusé se fait accusateur ; c'est le chef des Girondins qui parle et demande que lui et ses coaccusés soient jugés, non pas pour eux, mais pour l'honneur de la Convention elle-même.

« Citoyen Président,

» Je demande que le Comité du Salut public, qui devait
» faire dans trois jours son rapport sur les complots dont
» trente représentants du peuple ont été accusés, soit tenu de
» le faire aujourd'hui. Je le demande, non pour moi, j'ai dans
» ma conscience le sentiment consolateur que les persécutions
» que j'éprouve ne peuvent que m'honorer et flétrir mes
» ennemis; je demande le rapport pour la Convention elle-
» même, qui ne peut tolérer que plusieurs de ses membres
» soient plus longtemps opprimés, sans se couvrir d'une honte
» ineffaçable, et se déshonorer par sa faiblesse, si, reconnais-
» sant leur innocence, elle n'a pas le courage de la proclamer,
» ou, par sa tyrannie, si elle n'en a pas la volonté. Lhuillier et
» Hassenfratz, et les hommes qui sont venus avec eux repro-
» duire à votre barre une pétition déjà jugée calomnieuse, ont
» promis des preuves de leur nouvelle dénonciation : s'ils les
» produisent, je me suis mis volontairement en état d'arres-
» tation, pour offrir ma tête pour expiation des trahisons dont
» je serai convaincu; s'ils ne les produisent pas, s'il demeure
» prouvé qu'ils sont imposteurs, qu'ils ont trompé le peuple
» quand ils ont eu l'audace de lui affirmer et de lui faire dire
» par leurs satellites et leurs calomniateurs à gages, que nous
» étions des traîtres, je demande à mon tour qu'ils aillent à
» l'échafaud :

» 1° Pour avoir fait assiéger la Convention par une armée,
» qui, ignorant les causes du grand mouvement qu'on lui
» faisait faire, a failli, par excès de patriotisme, opérer la
» contre-révolution.

» 2° Pour avoir mis à la tête de cette armée un comman-
» dant qui a outragé la représentation nationale et violé la
» liberté par des consignes et des ordres criminels.

» 3° Pour avoir obtenu, par violence, l'arrestation de plu-
» sieurs représentants du peuple, la dispersion d'un grand

» nombre d'autres, et rompu ainsi l'unité de la Convention.

» 4° Pour avoir, par une insurrection, dont on ne saurait
» trop répéter que Paris n'a pas connu les motifs, dont il
» commence déjà à s'étonner, et dont bientôt il témoignera
» son indignation; pour avoir, dis-je, par l'impulsion terrible
» donnée au peuple de cette grande cité, jeté dans tous les
» départements le germe des discordes les plus funestes et
» les brandons de la guerre civile, suivant la diversité des
» opinions et des partis qu'ils vont embrasser, et le plus ou
» moins de chaleur avec laquelle ils les soutiendront.

» 5° Enfin, pour avoir retenu à Paris, et fait servir contre
» la représentation nationale, les bataillons qui devaient aller
» dans la Vendée combattre les rebelles, et s'être, par là, rendus
» coupables de notre dernière défaite à Fontenay-le-Peuple.

» Tandis que des hommes, je ne dirai pas prévenus, mais
» convaincus de crimes aussi graves, promènent librement
» leurs calomnies de groupe en groupe, de section en section,
» et préparent le bouleversement général de la république,
» la Convention nationale souffrira-t-elle que je sois privé de
» ma liberté? Citoyens, mes collègues, je m'en rapporte à
» vos consciences; votre décision sera jugée à son tour par la
» nation entière et par la postérité. »

Cette lettre aurait dû faire une impression profonde sur la Convention; il n'en fut rien : le sort des Girondins était arrêté dans l'esprit des Maratistes. Boyer-Fonfrède demanda aussi qu'on les mît en jugement; mais ce n'était pas là le vœu de leurs ennemis, qui s'occupaient d'entasser décrets sur décrets, afin de détourner l'attention publique des détenus, dont la conduite ferme les embarrassait. Fonfrède, après leur arrestation, ne se gêna pas pour dire, en pleine Convention, que si la modestie n'était pas un devoir, il demanderait à être inscrit sur la liste des accusés; et les sympathies qu'ils inspiraient étaient si profondes et si générales, que la grande majorité, indignée des procédés des Maratistes, se leva en tumulte, et faisant écho aux généreux accents de Fonfrède, s'écria : *Oui, oui, qu'on nous inscrive tous!*

Mais les choses étaient bien changées, et la terreur, qui régnait dans la Convention avant qu'elle ne se répandît sur la France, avait refroidi l'élan des cœurs généreux et glacé le sang dans les veines des amis des Girondins. Guadet était absent; Vergniaud était sous les verroux; la place était vide; Robespierre s'y installa en maître, avec le peuple de Paris, la vile populace derrière lui pour exécuter ses ordres! Fonfrède lui-même semblait entrevoir son propre sort. Généreux et sans peur, il avait bravé la colère des Maratistes en maintes occasions; mais étonné, stupéfait, en présence de tant de monstruosités, il devient timide et balbutie à peine quelques mots en faveur des détenus. Dans le mois de juin, après une proposition sévère de Lacroix contre les Girondins, au lieu d'épancher son indignation, il ne songea qu'à toucher la Convention par des considérations pathétiques. « Le malheur, » s'écrie-t-il, fut un objet de culte chez tous les peuples gé- » néreux; voudriez-vous faire agir en barbare la nation sen- » sible et juste que vous représentez? Si l'on vous demandait » une amnistie, vous auriez raison de conserver l'inflexibilité » de caractère; mais des hommes arrachés de votre sein par » la violence, vous conjurent de les faire paraître devant un » tribunal. Pouvez-vous vous refuser à prendre connaissance » de leurs crimes ou à les reconnaître innocents? Vous ferez- » vous un jeu cruel des coups que la calomnie leur porte » pendant qu'on les retient en captivité? Deux grands hommes » de l'antiquité furent bannis de leur patrie, l'un pour avoir » été juste, et l'autre pour avoir sauvé l'État en dévoilant un » traître. Prenez garde que votre conduite ne donne à penser » que quelques-uns de nos collègues, coupables du même » crime, éprouvent le même sort. »

Rien ne toucha le cœur des farouches Montagnards. Insensibles à tous les nobles sentiments de l'humanité, ils n'avaient qu'une chose en vue; c'était de se défaire, à la première occasion, des Girondins, et de punir Bordeaux et les Bordelais pour avoir si noblement élevé la voix en faveur de l'innocence opprimée. La Commission populaire était dissoute à Bordeaux; les sections s'y étaient ralliées à la Montagne, et l'ordre régnait dans notre cité. N'importe, il fallait écraser Bordeaux; et dans cette vue, la Convention lança, le 6 août, un arrêté foudroyant contre la Commission populaire, les membres auteurs et fauteurs de cette association philanthropique et éminemment française.

A cette époque, le numéraire était très-rare à Bordeaux : la famine et la misère avaient ravagé le pays, et la population était écrasée par des besoins divers. Dans ces pénibles conjonctures, le comité central de Bordeaux avait fait remettre par le payeur, à la municipalité, sur *récépissé*, 357,320 piastres, appartenant à la république et gardées en réserve pour le service de la marine et des colonies. La municipalité avait cru pouvoir prendre cet argent à la place des 2 millions votés par la Convention, le 30 mars, pour les subsistances du peuple de Bordeaux et des environs. Cette mesure fut vivement improuvée par la Convention, comme une violation des droits sacrés de la propriété et une condamnable illégalité. Barrère demanda que cette faute fût sévèrement punie, et que les 2 millions déjà votés fussent envoyés aux Bordelais; mais que tous ceux qui étaient impliqués dans les affaires de Bordeaux fussent déclarés traîtres à la patrie et traités comme tels; que le commerce réintégrât, à la notification de ce décret, dans la caisse du payeur, la somme enlevée; que toutes les autorités constituées fussent responsables, sur leurs têtes, de cette somme et des atteintes qui pourraient être portées à la fortune publique. La Commission populaire n'existant plus, il n'y avait plus d'entente entre les citoyens, plus d'unité de vues; les Bordelais n'osaient ni agir, ni se plaindre. Bordeaux était un corps sans âme, une population avilie. L'argent fut remis, et la Convention se réjouit bien de voir ces fiers Bordelais, naguère si hardis, si audacieux, courber enfin leurs têtes sous le joug des Jacobins !

La Convention adopta un projet de décret. En voici le dispositif :

« 1° Tous les actes faits par le rassemblement qui a pris à
» Bordeaux le titre de *Commission populaire de Salut public*,
» sont anéantis, comme attentatoires à la souveraineté du
» peuple français ;

» 2° Tous les membres qui composent ce rassemblement,
» ainsi que tous ceux qui ont provoqué, concouru ou adhéré
» à ses actes, sont déclarés traîtres à la patrie et mis hors
» de la loi ; leurs biens sont confisqués au profit la républi-
» que ;

» Lavau-Gayon, ci-devant chef d'administration civile de
» la marine, à Bordeaux, est également hors la loi, et ses
» biens confisqués ;

» 3° La commune de Bordeaux réintégrera, dans l'heure
» de la notification du présent décret, les 357,320 piastres
» enlevées à main armée de l'hôtel de la Monnaie, et qui
» étaient destinées au service de la marine ;

» 4° Tous les dépositaires actuels de l'autorité publique,
» dans la ville de Bordeaux, répondront individuellement,
» sur leurs têtes, de la somme de 357,320 piastres et des
» atteintes qui pourraient être portées à la sûreté des fonds
» et des caisses de la république ;

» 5° La trésorerie nationale fera parvenir, dans le plus
» court délai, aux commissaires qui seront nommés par les
» citoyens de Bordeaux, la somme de 2 millions, dont le
» prêt a été décrété le 30 mars dernier, pour pourvoir aux
» subsistances de cette ville ; lesquels commissaires ne pour-
» ront être choisis parmi les membres des autorités consti-
» tuées, ni parmi les citoyens qui ont coopéré ou adhéré aux
» actes liberticides et contre-révolutionnaires des individus

» composant le rassemblement connu sous le nom de *Com-*
» *mission populaire de Salut public;*

» 6° Le présent décret sera porté sur-le-champ, par un
» courrier extraordinaire, aux représentants du peuple actuel-
» lement à Toulouse et à Montauban, qui demeurent chargés
» de prendre tous les moyens d'instruction et de force qu'ils
» jugeront convenables pour assurer sa prompte exécution,
» faire respecter les lois et garantir les citoyens de l'oppres-
» sion, etc., etc., etc.

» *Signé :* Mallarmé, *ex-président;* Dupuy *fils et*
» Ardouin, *secrétaires.* »

Voilà donc ce fameux décret, fruit de la haine, inspiration de la colère, germe de la terreur et cause de tous les maux de Bordeaux! décret infernal, conception homicide, qui atteignit le quart de la population, et qui aurait fini par moissonner tout ce que la ville renfermait de grand, de riche, de généreux, de modéré et de religieux, si Dieu n'y avait pas mis sa main en appelant Robespierre à son tribunal! Quelques jours plus tard, Barrère vint avec bonheur annoncer à la tribune que l'argent avait été remis dans la caisse publique, et que les fédéralistes bordelais n'osaient plus lever la tête; mais que, malgré cette inaction apparente, il ne faudrait pas s'y fier; car ils n'avaient pas changé de sentiments. La Convention partagea ses idées et se hâta de charger Ysabeau et Baudot de mettre à exécution le décret, et de réduire Bordeaux par la force ou la famine.

Baudot et Ysabeau arrivèrent à Bordeaux le 19 août, à sept heures du soir. Ils avaient séjourné à Agen, Tonneins, Marmande, La Réole et Langon; et comme, dans ces villes, ainsi qu'à Bazas et Cadillac, la loi relative aux secours à donner aux parents indigents des volontaires n'était pas exécutée, faute de fonds nécessaires, ils prenaient sur les biens des émigrés de quoi remplir cette obligation; c'était préluder dignement à leurs prouesses à Bordeaux! A peine arrivés, ils se rendent aux *allées de Tourny* pour respirer l'air frais du soir; mais entourés, dit Baudot, de quatre-vingts jeunes gens élégamment vêtus, tous armés de poignards et de cannes à lance, ils se voient accueillis avec des huées et exposés à de grands dangers. Le coup mortel allait être frappé sur la place de la Comédie; mais la foule qui sortait du spectacle empêcha le crime de se consommer; on les mit dans une voiture, qui les conduisit à la municipalité.

Tout le récit de Baudot porte le caractère de la plus profonde malice et d'une exagération absurde; un autre écrivain nie la vérité de ses assertions, et assure qu'au lieu d'être mal reçus, ils y rencontrèrent un accueil plein d'égards, mais froid; il n'en pouvait être autrement, puisqu'on savait que ces deux représentants avaient été envoyés *pour mettre les Bordelais au pas*. Ils ne sortaient plus qu'accompagnés d'une compagnie de grenadiers; et si on les gardait si soigneusement, c'était pour les empêcher de communiquer avec la section Franklin, où les doctrines des Jacobins trouvaient de fidèles interprètes et de bruyants échos. Quelques huées, quelques cris improbatifs, furent entendus; mais la masse des jeunes gens ne se laissa aller à aucune démonstration hostile : ils détestaient les agents d'une Convention qui se mutilait elle-même et se préparait à punir leur cité pour avoir voulu lui rendre son indépendance; mais ils ne voulaient pas, par des actes inutiles, aggraver la position de leurs concitoyens ou s'attirer de nouveaux malheurs.

Après leur profession de foi publique à la municipalité, on les interrogea sur la nature et l'étendue de leur mission. « L'objet de notre mission, répondirent-ils, est du pain, la
» paix et l'exécution de la loi : nos fonctions se partagent
» entre le plaisir de répandre des consolations dans le sein
» de l'homme de bien, et l'obligation de sévir contre les
» ennemis de la patrie.—Êtes-vous chargés de l'exécution du

Livre III. Chap. 5.

1793

Journal de Baudot, 22 août.

Sainte-Luce-Oudaille, *Histoire de Bordeaux pendant dix-huit mois.*

» décret contre la Commission populaire?—Oui, nous le som-
» mes. » Cette réponse provoqua une explosion de murmures ; mais le silence rétabli leur permit d'ajouter « que la Con-
» vention pouvait user d'indulgence, mais qu'eux........... »
De nouveaux cris retentirent à leurs oreilles : la réponse était une menace ; c'était pour Bordeaux quelque chose d'équivalent à la mort ! On arrêta qu'ils auraient une garde, et que l'entrée de leurs appartements à l'hôtel de la Providence ne serait accordée qu'aux généraux, aux officiers supérieurs et aux hommes marquants du pays. Outre la compagnie des grenadiers, on organisa de suite une autre compagnie de cavalerie nationale, composée de tout ce qu'il y avait de distingué dans la ville, en tête de laquelle Baudot distingua Dudon fils et le signala à la Convention.

Après avoir levé la séance, la municipalité les fit entrer dans une grande salle à côté, où on leur fit préparer un souper et des lits. Ils repoussèrent ces propositions et insistèrent pour qu'on les ramenât à leur hôtel. On accéda à leur désir ; mais on crut devoir prendre les précautions nécessaires pour ne pas compromettre leur sûreté. Leur secrétaire, Peyrend-Dherval, fut trouvé errant au hasard dans les rues. On voyait avec peine qu'il s'exposait trop facilement parmi un peuple antipathique à ses maîtres ; on le mit par précaution en état d'arrestation. Les deux commissaires regardèrent cette prudente mesure comme un acte d'hostilité ; on ne pouvait rien faire à Bordeaux qui ne fût interprété en mauvaise part. Le décret était rendu ; on pouvait donc procéder avec une rigueur légale contre les Bordelais. Ce ne fut pas assez pour le féroce Baudot : il recherchait des prétextes pour les traiter selon ses désirs et assouvir sa rage contre une ville qui n'eut d'autre tort que celui d'avoir voulu l'indépendance des représentants et l'affranchissement de la Convention du joug des Maratistes.

Cependant, le bruit se répandit que les deux représentants

allaient quitter Bordeaux, ne pouvant plus y séjourner ni y remplir leur mission. On prévoyait avec raison qu'ils sauraient bien un jour s'en venger sur cette population antipathique, et qu'il valait mieux se ranger du côté de la force, et se sauver, que de persister dans une opposition infructueuse et se perdre avec la Commission populaire. Toutes les sections envoient des députés auprès d'eux; mais aucune ne se fit tant distinguer par son langage libre que la section Franklin, si renommée par son patriotisme ardent et son attachement aux principes républicains. Trois fois la *Société des Amis de la Liberté et de l'Égalité,* ou des *Récollets,* essaya de réussir à les voir; mais elle s'était trop montrée. Le jour même que Lavau-Gayon fut mis hors la loi, elle le nomma son président, et démontra clairement ce que les conventionnels pouvaient en attendre. A minuit, des députés de presque toutes les sections, et le conseil de la commune, vinrent les supplier de retarder leur départ; c'était en vain, leur résolution était prise. Ils se mirent en route à deux heures après minuit, escortés de la municipalité et d'une compagnie de cavalerie : leur voiture suivait par derrière; mais quelques hardis Bordelais réussirent à effacer avec leurs sabres le bonnet de la liberté peint sur les panneaux, et à couper quelques courroies; mais elle fut bientôt remise en état de les porter à La Réole. Baudot prétend qu'on avait offert 25 louis d'or à chacun des postillons qui les conduisaient, pour faire renverser la voiture au bas du Pont-de-la-May, et que les postillons refusèrent cette amorce du crime. Tout ceci n'est qu'une calomnie : il était bon, de sa part, de rendre justice à de vertueux postillons; mais il était impardonnable de chercher à noircir et à diffamer toute une population inoffensive.

Arrivés à La Réole, ils établissent des relations épistolaires avec Libourne, Ste-Foy, Bazas et plusieurs autres petites villes du pays. Ils appellent auprès d'eux tous ceux qui n'étaient pas fédéralistes, et écrivent à la Convention que

Bordeaux est tout anglais, et qu'on demandait aux passants, en pleine rue : *Êtes-vous Anglais?* Ce ne fut qu'une calomnie de plus ; jamais, depuis Charles VII, les Bordelais n'ont désiré d'être Anglais !

Après leur départ, il y eut une sourde fermentation en ville. On n'osait pas directement fronder le sentiment général : la ville ne manquait pas d'anarchistes qui avaient gardé le silence jusqu'au 6 août ; mais depuis lors, ils levèrent le masque et ne cachèrent plus leurs sympathies et leurs vœux. Les sections *Franklin, J.-J. Rousseau, Beaurepaire, Républicaine* et quelques autres, se déclarèrent contre la municipalité et demandèrent avec instance l'exécution franche et littérale du décret du 6 août. La section Franklin alla plus loin encore ; elle se rendit, le 10 septembre, à la municipalité, pour lui intimer l'injonction d'exécuter le décret du 6 août, et ne lui donna pour tout délai que douze heures ; faute de quoi, elle s'en chargerait elle-même pour assurer le triomphe de la loi et se débarrasser des traîtres. Cette menace ne fut que la suite d'une exaltation momentanée ; on en connaissait la cause. Elle ne fit que peu d'effet ; mais une circonstance imprévue donna aux factieux un surcroît d'audace qui servit bien leurs desseins. On se préparait à célébrer la fête de Marat (11 septembre) : on devait porter en procession, par la ville, son buste couronné d'immortelles. Tous les admirateurs de ce nouveau dieu de la démagogie, coiffés du bonnet rouge, avec des culottes rouges, chevelure négligée comme celle de leur patron, crurent devoir promener leur audace et leur cynisme dans toutes les rues. Dans un moment d'ivresse, et sous prétexte de tirer quelques salves d'artillerie, ils courent au Château-Trompette et s'emparent de quelques pièces de canon, qu'ils traînent au lieu de leurs réunions habituelles, le Grand-Séminaire (plus tard hôtel de la Monnaie), où logeaient d'ordinaire les commissaires de la Convention, et où se tenait le premier Comité de surveillance. La nuit suivante (du 11 au 12 septembre), un vol de 200,000 piastres fut commis à l'hôtel des Monnaies; des soupçons pouvaient raisonnablement se former; mais qui oserait en parler? Les autorités même ne faisaient pas de démarches pour en découvrir les auteurs. Cet argent était destiné à acheter des vivres pour la ville. On disait qu'il avait été enlevé pour soudoyer les instigateurs de troubles et pour affamer les Bordelais. Les anarchistes en rejetaient l'odieux sur les fédéralistes et les modérés; mais la partie saine et paisible de la population n'était nullement dupe de ces excuses intéressées.

Pendant ce temps, les deux commissaires de la Convention se tenaient tranquillement à Bordeaux; ils savaient tout ce qui se passait dans cette ville, les généreux efforts que le Comité d'approvisionnement faisait pour prévenir la famine qu'annonçait déjà la disette des grains et les achats considérables qu'il avait faits dans les départements. Ayant ordre de réduire Bordeaux par la force ou la famine, ils écrivent aux autorités de ces divers départements de s'opposer à l'exportation de ces grains, que l'on avait achetés pour les fédéralistes et les traîtres de Bordeaux.

Leurs coreligionnaires politiques n'étaient que trop fidèles à ces injonctions: les grains furent interceptés, et Bordeaux laissé sans ressources alimentaires. Les habitués de la *Société Franklin* profitaient de ces circonstances et déclaraient tout haut que tant que les deux commissaires se tiendraient à La Réole, jamais Bordeaux ne recevrait un boisseau de farine des départements voisins ni de l'étranger; qu'il était urgent de les prier de revenir à Bordeaux, et que le peuple les accueillerait avec respect, soumission et reconnaissance. Les sections s'entendent et leur envoient des députés. Les femmes républicaines, qui avaient voulu marcher les premières avec les bataillons de la force armée départementale, n'ont garde, en cette occasion, de faillir à leurs antécédents; elles envoient aux représentants Baudot et Ysabeau une adresse farcie de termes servilement adulateurs, les suppliant de revenir à Bordeaux mettre un terme aux besoins pressants de cette ville, et exterminer les traîtres qui s'efforçaient d'entraver les intentions bienveillantes de la Convention. Les représentants, enchantés de voir enfin les Bordelais à leurs pieds, répondent qu'il leur était impossible de rentrer dans Bordeaux tant que les fédéralistes y commanderaient. C'était dire aux anarchistes d'expulser les autorités constituées. Les sections, comme nous le verrons bien, comprirent l'insinuation, et la section Franklin surtout s'empressa d'y répondre par des faits.

Le 28 août, les représentants répondirent aux citoyennes, amies de la liberté et de l'égalité, de Bordeaux, par la lettre suivante :

« Quelle que soit votre sensibilité, Citoyennes, aux malheurs
» qui affligent la portion intéressante des habitants de la ville
» de Bordeaux, elle ne peut pas être au-dessus de la nôtre.
» Nous portons sur notre cœur un poids douloureux jusqu'à
» ce que nous apprenions que le fléau (la famine) a cessé, et
» nous n'épargnons pour cela ni soins ni démarches. Si nos vues
» bienfaisantes n'eussent pas été enchaînées dès le premier
» instant de notre arrivée, le peuple, qu'on ne calomnie pas
» auprès de nous, parce que cela est impossible, aurait déjà
» ressenti les fruits heureux de notre mission.

» Vous paraissez ignorer, Citoyennes, la suite d'outrages
» dont nous avons été l'objet, et la captivité honteuse dans
» laquelle nous avons été retenus. Lorsque notre rapport
» fidèle vous aura fait connaître ces circonstances, vous ne
» serez plus surprises qu'à tout prix nous ayons voulu quitter
» une ville dans laquelle il nous était impossible d'opérer le
» bien.

» Un projet aussi honorable à l'humanité, que celui de rendre
» l'abondance à un peuple opprimé et affamé, ne s'abandonne
» pas aisément par des hommes vertueux. Nous persistons
» donc dans notre entreprise, et nous osons espérer d'y réus-

» sir ; mais nous prendrons des mesures pour que les plus
» infortunés reçoivent les premiers secours. Cette distribution
» nous paraît dans l'ordre de la justice.

» Les expressions touchantes de votre lettre, le tendre
» attachement pour les infortunés qui y respire, nous font
» regretter davantage que nos geôliers ne nous aient pas
» permis d'être témoins de la manière dont vous exercez la
» bienfaisance. Rassurez-vous, amies de l'humanité souffrante,
» ce n'est point parmi les objets de votre affection, ce n'est
» point parmi les indigents, parmi le peuple, que se sont
» trouvés nos persécuteurs, nos ennemis, nos assassins : ils
» étaient tous couverts de la livrée de l'opulence. Ils n'avaient
» pas besoin de nous, en effet ; notre présence devait leur
» être à charge.

» Recevez les assurances de notre attachement fraternel.

» *Signé :* Baudot, Alex. Ysabeau. »

Abondance, bienfaisance, vertu, ce sont là de beaux mots ; mais qui ne se trouvaient à cette époque, d'affreuse mémoire, que sur les lèvres de ceux qui ne les connaissaient pas, sur les lèvres de nos représentants. Aussi la famine s'accrut dans des proportions effrayantes, grâce aux soins de nos *bienfaisants* et *vertueux* conventionnels, qui défendaient de transporter ou d'importer des grains à Bordeaux. Ils avaient un double but en agissant de la sorte : d'abord, de se venger des huées, des insultes, dont ils se plaignaient d'avoir été les objets à leur arrivée ; ensuite, de faire sentir le poids de leur courroux vindicatif aux autorités, qui n'avaient rien fait pour empêcher ces démonstrations ; et, enfin, pour soulever contre les administrateurs dont ils se plaignaient, la populace affamée, qui ne manquait pas d'attribuer aux magistrats ses souffrances et ses appréhensions.

Ils trouvèrent, en outre, un puissant et actif auxiliaire dans le club National, qui venait de reprendre ses séances.

Ce club avait été originairement fondé à Bordeaux par un certain Desfieux, mauvaise tête, scélérat reconnu, homme à projets, et industriel cosmopolite. Il avait sollicité, en 1787, auprès des jurats, le privilége exclusif de fournir de l'eau de Figuereau à la ville; mais repoussé par eux avec ses ridicules prétentions, il devint leur ennemi mortel; et, par ses ardentes et incessantes sollicitations, hâta la mort des malheureux Girondins, faute qu'il expia lui-même plus tard, en portant sa tête sur l'échafaud.

Bien digne de son fondateur, le club National était composé des plus fameux démagogues de la ville. C'était là le point de réunion de tous les mauvais esprits du pays, de tous les mécontents, de tous les anarchistes et terroristes déguisés; c'était là que les Bouquet, les Charles, les Delclou, les Guignon, les Oré, les Gelis, les Courtois, les Malavergne et cent autres également obscurs, faisaient assaut d'éloquence de mauvais lieux et se vautraient dans la fange. A force de calomnies honteuses et de basses intrigues, ce club avait soulevé contre lui une partie de la garde nationale et de la jeunesse bordelaise. Il s'était même vu contraint d'interrompre ses séances depuis le mois de mars; mais l'arrivée des représentants, leur protection, la marche politique qu'ils suivaient, enhardirent cette société et lui donnèrent la facilité de se réunir de nouveau. Ennemi de la municipalité, dont il ne sentit que trop l'impuissance, ce club ne lui demanda pas la permission de se réunir, et se borna à lui adresser le billet suivant, qui est une sorte d'insolent défi plutôt qu'un acte de soumission et de respect :

« Bordeaux, ce 8 septembre 1793, IIᵉ de la république, une et indivisible.

» *Les sans-culottes du club National à la municipalité de*
» *Bordeaux.*

» Les membres du club National préviennent la municipa-

» lité, qu'en vertu du décret du 27 août, ils se réuniront
» demain aux ci-devant Jacobins, pour y rouvrir leurs tra-
» vaux patriotiques.

　　» *Signé :* Porthman, Girard, J. Reynaud, Gueyraud,
　　　» Marcel, L.-M.-N. Jardin. »

CHAPITRE VI.

La situation de la municipalité. — Les excès de la section Franklin. — Délibération du conseil-général. — Lettre de Danremont, député à Paris par la municipalité. — La Société populaire de la Jeunesse bordelaise. — On veut la dissoudre. — Lettre du conseil-général à la Convention. — Protestation de la *Jeunesse bordelaise* par l'organe de M. Ravez, son président, contre sa dissolution. — Nouvel ordre des représentants, à La Réole, pour dissoudre la *Société de la Jeunesse*. — Effervescence parmi les jeunes gens. — Allocution de M. Saige, maire. — Réponse de M. Ravez. — Les Jacobins, heureux de voir se dissoudre cette société, s'emparent du pouvoir. — Ils forment une nouvelle municipalité.

Livre III.
—
1795

Cet insolent billet de quelques audacieux démagogues frappa de stupeur la municipalité; c'était quelques jours avant la fête funéraire de Marat. Il avait été écrit sous l'inspiration des représentants, et peut-être dicté par eux; c'était pour nos municipaux l'annonce de leur mort prochaine et le signal du triomphe de la section Franklin. Frappée déjà par le décret du 6 août, qui atteignait presque tous ses membres, la municipalité avait à se défendre contre les commissaires de la Convention, qui l'avaient représentée comme fédéraliste; contre la section Franklin, qui dictait ses lois à tout le monde; contre le club National, qui usurpait aussi une espèce d'omnipotence politique et demandait une nouvelle municipalité qui s'harmonisât avec le progrès de l'esprit public; et, enfin, contre les exigences toujours croissantes et plus pressantes d'une population en délire, qui croyait voir le terme de ses souffrances dans la cessation des pouvoirs qu'on avait confiés aux officiers municipaux.

La section Franklin menaçait de s'emparer des places : ses

membres restaient constamment sous les armes, et avaient demandé, exigé même, qu'on procédât, dans l'espace de douze heures, à l'exécution du décret du 6 août. Leurs menaces, leur attitude hostile, pouvant en même temps disposer des canons qu'ils avaient enlevés du Château-Trompette, comme nous l'avons vu plus haut, et qu'ils menaçaient d'employer contre ceux qui refuseraient d'obéir à leurs injonctions; tout cela répandit partout la consternation.

Toutes les autres sections se montraient moins hostiles à l'administration; elles renfermaient dans leur sein plusieurs citoyens dont les biens et la vie avaient été frappés par le décret du 6 août; c'était là le grand danger pour le moment. Il fut enfin convenu qu'on enverrait à Paris une députation chargée de demander le rappel de ce malheureux décret, qui, par sa vague rédaction et par les inductions qu'on en pourrait tirer, devait frapper la moitié de la population de la ville et du département. Les députés n'étaient pas encore de retour ni n'avaient écrit, mais rien ne semblait désespéré; et se confiant à la justice de la Convention nationale, et se laissant aller à ses espérances, le conseil-général, loin d'obtempérer aux ordres de la *Société Franklin,* s'assembla extraordinairement le 9 septembre, et prit la délibération suivante :

« Vu la délibération de la section Franklin, portant som-
» mation d'exécuter, sous douze heures, le décret du 6 août;
» et que, ce délai passé, elle l'exécuterait elle-même,

» Le Conseil-général de la commune considérant :

» 1° Que le décret du 6 août ne lui est pas parvenu offi-
» ciellement;

» 2° Que les termes généraux dans lesquels il est conçu
» enveloppent, non-seulement toutes les autorités constituées,
» mais encore la majorité des habitants du département de la
» Gironde;

» 3° Que les représentants du peuple, Ysabeau et Baudot,
» ont promis solennellement l'inexécution de ce décret jus-

» qu'au retour des commissaires envoyés par les sections au-
» près de la Convention nationale pour en demander le rap-
» port; ils déclarent aussi qu'il était inexécutable; et que,
» d'ailleurs, la Commission populaire s'étant dissoute sponta-
» nément depuis le 2 août, il portait à faux;

» Considérant que, depuis, la Convention ayant renvoyé la
» demande en rapport du décret au Comité de Salut public,
» il est notoire que ce Comité a déclaré ne devoir s'en occuper
» qu'après les renseignements qui lui seraient transmis par
» les nouveaux commissaires, pour l'exécution du décret de
» la réquisition pour la force armée;

» Considérant que la partie du décret du 6 août, qui devait
» plus particulièrement être exécutée par la municipalité,
» savoir, la remise des piastres au dépôt de la Monnaie,
» l'avait été par elle-même avant l'existence du décret;

» Considérant que tous les membres composant le conseil-
» général de la commune faisaient partie de la Commission
» populaire, par la volonté expresse de leurs concitoyens et
» commettants;

» Considérant, enfin, que le vœu de la section Franklin ne
» forme que la vingt-huitième partie de celui de la commune,

» Arrête :

» Ouï le procureur de la commune : 1° qu'il ne peut, dans
» de telles circonstances, s'occuper de l'exécution du décret du
» 6 août; 2° que le présent arrêté sera néanmoins communi-
» qué aux vingt-sept autres sections, pour qu'elles énoncent
» leurs vœux sur les motifs qui déterminent la réponse du
» conseil à la délibération de la section Franklin;

» Enfin, que, notamment, un exemplaire du présent sera
» sur-le-champ adressé à la section Franklin. »

Quelques jours plus tard, on reçut des nouvelles des députés qu'on avait envoyés à Paris pour demander le rapport
du décret; c'était une réponse à des lettres qu'on leur avait
écrites, et des détails sur leur mission :

« Paris, 10 septembre 1793.

» Au Citoyen Président du Comité des sections.

» Vos deux lettres, des 4 et 5 du courant, me sont parve-
» nues hier, à midi, ainsi que l'adresse du conseil-général
» de la commune de Bordeaux (*note 15e*). Je n'ai pas perdu un
» instant pour me rendre au Comité de Salut public, où je n'ai
» pu être introduit qu'à dix heures du soir, et n'en suis sorti
» qu'à une heure du matin. Voici, Citoyen Président, le résumé
» d'une explication fraternelle que j'ai eue avec les représen-
» tants :

» 1° Que les citoyens Mirandon, Duvigneau et Lavau-Gayon,
» qui sont reconnus pour des êtres très-dangereux, doivent
» subir le coup du décret du 6 août, qui les regarde spécia-
» lement.

» Je puis vous assurer, d'après tout ce que j'ai entendu,
» que ce n'est pas le sang de ces trois particuliers qu'on dé-
» sire; mais il est de toute nécessité qu'ils s'expatrient;

» 2° Que l'on découvre les malveillants qui se sont portés
» aux excès contre la voiture des représentants Ysabeau et
» Baudot, et que toute satisfaction leur soit donnée sur cet
» objet;

» 3° Que la cavalerie bordelaise, qui est à la réquisition
» du ministre de la guerre, parte sur-le-champ; ceux que
» leur santé ou leur âge empêcherait de suivre l'impulsion de
» leur patriotisme, pourront se faire remplacer par de braves
» sans-culottes, auxquels ils donneront leur armement et leurs
» chevaux;

» 4° Que les bataillons, de retour de la Vendée, soient
» sur-le-champ remplacés par deux autres bataillons de la
» Gironde, afin que toute la république puisse juger des sen-
» timents d'unité qui nous ont toujours animés;

» 5° Que les citoyens Grangeneuve, Guadet, Le Roy et

Livre III.
Chap. 6.

1793

NOTE 15.

» Buzot, que l'on assure être à présent à Bordeaux, soient
» arrêtés ;

» 6° Que le club National soit réinstallé ; et pour prouver
» que le bon esprit a toujours guidé les amis de la liberté et
» de l'égalité, qu'ils soient les premiers à mettre de côté tout
» esprit d'animosité, et qu'ils soient de francs républicains ;
» qu'ils demandent eux-mêmes aux corps administratifs l'exé-
» cution de la loi, et que les uns et les autres ne concourent
» qu'à la tranquillité de la cité, qu'au bonheur de la républi-
» que.....

» Salut et fraternité.

» *Signé* : Danremont. »

Tout cela était formel ; il y avait de quoi trembler en présence de ces tyranniques injonctions, qui n'exigeaient rien moins que la dispersion et l'anéantissement de tout ce qui avait du cœur, des sentiments généreux, ou qui pourrait opposer quelque résistance au despotisme de nos deux proconsuls et à leurs sanguinaires séides. Grâce à eux, le club National était déjà réinstallé aux Jacobins : les Bordelais paraissaient abattus, découragés ; mais ce n'était pas assez : la section Franklin se chargea du reste.

Livrés aux appréhensions sérieuses, et accablés des impressions du moment et des craintes de l'avenir, les Bordelais ne savaient que faire : tous les corps constitués se voyaient à la veille d'être chassés de leurs fonctions et traités comme ennemis de la patrie, en vertu du décret du 6 août. On crut un moment qu'il fallait tenir tête à l'orage à Bordeaux ; mais c'eût été la guerre civile avec toutes ses désastreuses conséquences. Il parut plus sage d'en écrire à la Convention même. Le conseil-général du district de Bordeaux s'assembla donc le 13 septembre, et rédigea la lettre suivante, qui fut envoyée à Paris :

« Bordeaux, le 13 septembre 1793, l'an II⁰ de la république française,
» une et indivisible.

» Législateurs,

» Forts de notre conscience, tranquilles sur notre sort, nous
» avons jusqu'ici gardé le silence sur les inculpations calom-
» nieuses qu'on a répandues contre nous, au sein même de
» la ville où nous tenons nos séances, et qui sont propagées
» jusque dans les départements qui nous environnent : notre
» premier crime, aux yeux de ceux qui veulent nous per-
» dre, à quelque prix que ce soit, est d'avoir siégé dans la
» ci-devant Commission de Salut public, créée par la seule
» volonté du peuple; et, de là, les conséquences les plus
» absurdes, les plus perfides, ont multiplié, sans choix comme
» sans réflexion, les délits qu'on nous impute : représentés
» d'abord comme rebelles à la volonté nationale, comme cher-
» chant à détruire le centre d'unité, à diviser la république,
» à la morceler en gouvernements fédératifs; accusés aujour-
» d'hui de royalisme, d'entretenir des correspondances cri-
» minelles avec les despotes étrangers, d'attiser le feu de la
» Vendée, de préparer dans nos murs une contre-révolution
» pour le rétablissement de la monarchie, nous avons livré
» au mépris qu'elles méritent ces accusations, aussi contra-
» dictoires qu'invraisemblables; nous avons cru que notre con-
» duite seule y répondrait, et que la calomnie, bientôt lasse
» de ne trouver aucun aliment, cesserait de nous poursuivre.

» Ce calme que donne l'innocence ne s'est pas un instant
» démenti : les bons citoyens, qui connaissent notre vie passée
» et notre conduite administrative dans les temps les plus
» périlleux de la révolution, ont su apprécier notre silence.
» Mais aujourd'hui que notre contenance a dérangé les pro-
» jets de nos détracteurs, aujourd'hui qu'ils essaient de nous
» enlever la confiance publique, qui faisait notre force et
» notre consolation, en présentant notre existence politique

Livre III.
Chap. 6.

1793

» comme la seule cause des malheurs qu'ils préparent à la
» ville de Bordeaux, ce n'est plus de nous qu'il faut s'occuper;
» c'est de préserver les habitants de cette vaste cité des maux
» dont on la menace à notre occasion.

» Nous oublions alors nos dangers personnels, et nul sacri-
» fice ne nous coûte pour ôter tout prétexte aux vengeances
» terribles qu'on dirige sur nos concitoyens, pour les punir
» d'avoir honoré la vertu, protégé l'innocence et repoussé
» l'idée seule d'une lâcheté qui les aurait rendus l'opprobre
» des nations.

» Pourquoi, nous sommes-nous dit, ces divisions intestines
» qu'on alimente par tant de moyens? Pourquoi cet isolement
» d'un petit nombre de sections, qui, au mépris des lois, déli-
» bèrent, administrent et s'arment à l'insu des autres et contre
» leur vœu? Le nombre des victimes s'est-il donc tellement
» accru, qu'il faille une guerre civile pour les saisir? Cette
» idée nous a fait frémir d'horreur et nous a dicté notre
» devoir.

» Fermes à notre poste pendant que nous avons cru pou-
» voir y faire le bien, nos dangers personnels ne nous ont point
» occupés; il suffisait, pour nous y maintenir, que la volonté
» du peuple se fût expliquée par les énergiques représenta-
» tions qu'il a faites à la Convention nationale; mais, dès l'in-
» stant qu'on est parvenu à lui faire croire que la persévérance
» à exercer des fonctions que nous ne tenons que de lui, ser-
» vait seule de prétexte à l'incroyable sévérité qu'on déployait
» contre une ville entière, nous nous sommes écriés : Nous ne
» sommes ici que pour le peuple, sachons en sortir dès que son
» intérêt et sa sûreté l'exigent; prouvons que nos sollicitudes
» n'ont eu jamais que lui pour objet, et que le dernier acte
» de notre administration soit la dernière preuve de notre
» dévoûment pour son bonheur et son repos.

» Mais ne pensez pas, Législateurs, que cette résolution,
» dont vous apprécierez sans doute l'importance, soit une

» désertion subite de nos postes. Non! aucune lâcheté ne
» souillera jamais des élus du peuple, des hommes de cou-
» rage, qui ont fait tant de sacrifices à la chose publique.

» Nous renonçons, il est vrai, à l'espoir d'être conservés
» à des fonctions que nous n'avons jamais cessé de remplir
» en vrais républicains; nous avions lieu de croire que, mieux
» instruits de notre conduite, en rapportant le décret terrible
» lancé contre nous et le peuple, dont nous n'avions fait
» qu'exécuter les volontés, vous ne nous auriez pas confondus
» avec des rebelles ou des satellites étrangers, armés contre
» la souveraineté d'une grande nation; et qu'en détournant
» de dessus nos têtes le glaive des lois, vous auriez encore
» laissé à des administrateurs, purs et sans reproches, l'hono-
» rable tâche de maintenir la paix au dedans, et de repousser
» au dehors les vils ennemis de notre liberté.

» Cette justice, que nous aurions regardée comme la récom-
» pense de nos pénibles travaux, comme un dédommagement
» des sollicitudes de tout genre que notre courage nous a fait
» supporter, nous y renonçons, et nous y renonçons pour le
» peuple; mais la chose publique n'en souffrira pas : des suc-
» cesseurs et nos comptes, voilà ce qui nous attache encore à
» nos places : nous sommes prêts à tout instant; nous venons
» vous demander de l'accélérer; et si le peuple veut se charger
» lui-même, en attendant votre décision, de nous en fournir
» les moyens provisoires, nous le provoquons aujourd'hui
» même; il va connaître dans peu d'instants le sacrifice que
» nous lui faisons.

» Ne croyez pas, Citoyens Représentants, qu'aucun senti-
» ment de faiblesse ait dicté cette démarche : nous ne cher-
» chons pas à nous soustraire au jugement que vous allez
» porter sur nos actions; nos vues ont été pures, notre con-
» duite, franche et républicaine; qu'avons-nous à craindre?
» Rentrés dans la classe de simples citoyens, nous y atten-
» drons, avec le calme de l'innocence, non pas le jour des

Livre III.
Chap. 6.

1795

» vengeances, nous ne le redoutons pas, mais celui de la
» justice. Déterminés à n'accepter aucune fonction publique,
» nous donnerons à nos concitoyens l'exemple de l'obser-
» vation des lois : nos veilles étaient consacrées à la patrie,
» nos bras seront à son service ; et si ses besoins devenaient
» extrêmes, si ses dangers augmentaient encore, nous sau-
» rons, s'il le faut, mourir au pied de l'étendard de la liberté ;
» tandis que nous verrons fuir les lâches, les faux républi-
» cains, aujourd'hui nos détracteurs et nos ennemis secrets,
» qui seront les premiers à donner l'alarme et à se vendre à
» tous les partis.

» *Les administrateurs composant le conseil-général*
» *du district de Bordeaux.*

» *Signé* : Lemoine, *président ;* Bernada, Perey, Pery,
» Legrix, Boué, Demeyère, *administrateurs ;*
» Lousteau-Lamothe, *procureur-syndic.*

» Par les administrateurs :

» Pagès, *secrétaire.* »

Cette lettre ne produisit pas un grand effet à la Convention ; elle était la timide et respectueuse expression des hommes abattus. Les anarchistes ne les craignaient pas ; ils voyaient, par leur découragement, qu'ils en seraient facilement maîtres ; mais il y avait une autre plus grande difficulté à vaincre ; c'était la *Société populaire de la Jeunesse bordelaise*. Quoique à peine formée, elle inspirait déjà des craintes aux anarchistes et contre-balançait l'influence usurpée de la section Franklin. Elle comptait au nombre de ses membres tout ce que la ville renfermait de jeunes gens riches, influents par leur position sociale ou leurs relations, ou distingués par leur esprit, leurs talents ou leur bravoure. Quelques personnes les soupçonnaient de regretter l'ancien régime et de vouloir la rentrée du roi légitime, qui seul pouvait cicatriser les plaies de la patrie; d'autres les accusaient de chercher, par tous les moyens possibles, à s'opposer à la loi qui les mettait en réquisition; d'autres, enfin, ne voyaient dans leur conduite et leur langage qu'un sentiment de rivalité à l'égard des turbulents chefs des anarchistes, et un désir de réprimer le progrès du mauvais esprit du club National. Quoi qu'il en soit, on en demanda à grands cris la dissolution : les sections, en général, adressèrent à ce sujet de vives réclamations à l'autorité supérieure; les commissaires de la Convention nationale écrivirent dans le même sens à la municipalité, et représentèrent ces rassemblements de jeunes gens exaltés, sans expérience, comme dangereux pour la paix publique, et pouvant devenir le noyau d'une guerre civile. Par suite de ces pressantes réclamations, le conseil-général adressa une proclamation à la *Société de la Jeunesse bordelaise,* avec invitation de se séparer immédiatement. Les jeunes gens connaissaient leurs droits et leurs devoirs; ils se réunirent encore, sous la présidence de M. Ravez, qui a joué depuis un beau rôle dans nos fastes parlementaires, sous le ministère Villèle, et rédigèrent, par l'organe de leur président, la *Réponse* suivante à la délibération du conseil-général de la commune. Cette pièce, quant à sa rédaction, fait honneur aux jeunes gens et aux talents de leur organe, comme protestation contre la pression des partis hostiles et contre l'action extra-légale de l'autorité. Elle mérite une place dans l'histoire de Bordeaux; nous la donnons en son entier :

« MAGISTRATS,

» La Société populaire de la Jeunesse bordelaise venait de
» se réunir pour délibérer sur la proclamation qui l'invite et,
» partant que de besoin, la requiert de se dissoudre, lorsqu'un
» cri d'alarme, frappant à la fois toutes les parties de cette
» grande cité, a annoncé que la tranquillité publique était

» menacée. Volons au poste où le danger et l'honneur nous
» appellent, se sont alors écriés tous les membres de cette
» société; allons offrir dans nos sections, dans nos compagnies
» respectives, et nos bras et nos lumières, et ne nous occu-
» pons de nous que lorsque nous n'aurons plus à craindre pour
» la chose publique.

» Magistrats, si nos alarmes ne sont pas entièrement cal-
» mées, elles sont, du moins, suspendues. La section égarée
» qui avait oublié qu'une portion du souverain n'est pas le
» souverain lui-même, et qui voulait s'arroger un pouvoir qui
» n'appartient qu'aux ministres mêmes de la loi, paraît avoir
» reconnu la funeste erreur dans laquelle des mains *étran-*
» *gères* et perfides l'avaient entraînée. Nous pouvons donc un
» instant quitter le champ de l'honneur, pour nous réunir
» dans le temple de la liberté, et notre premier objet doit
» être de répondre à votre proclamation.

» Vous nous invitez, Magistrats, *et, partant que de besoin,*
» vous nous *requérez de nous dissoudre*. Mais nous sommes
» citoyens français, nous sommes libres, nous sommes assem-
» blés en vertu de l'acte constitutionnel que vous nous avez
» vous-mêmes présenté; nous avons rempli toutes les forma-
» lités prescrites par la loi, et, à ces titres, nous avons le droit
» de vous demander sur quels fondements repose l'invitation
» ou la réquisition que vous nous faites? L'arbitraire est pour
» jamais banni de la France : la loi seule peut ordonner, la
» loi seule peut exiger notre obéissance. Les Français ne
» connaissent plus d'autre maître que la loi et les magistrats
» qui parlent en son nom.

» Quelle est donc la loi, Magistrats, qui vous autorise à
» requérir notre dissolution? Quelle est, du moins, la loi que
» nous avons violée, et dont la violation puisse servir de base
» à la réquisition que vous nous adressez !....... Ici, la mal-
» veillance et la calomnie sont elles-mêmes muettes et con-
» fondues; et ce silence, preuve énergique de leur honte,

» est aussi le gage du triomphe que la loi assure à tous ceux
» qui en sont les fidèles sujets.

» Vous invoquez, Magistrats, *le salut du peuple comme loi*
» *suprême*. Ce grand principe n'est gravé nulle part en carac-
» tères ineffaçables que dans les cœurs ardents et sensibles
» de la jeunesse bordelaise. Mais ne craignez-vous pas vous-
» mêmes que les fauteurs du désordre et de l'anarchie ne
» profanent bientôt cette sublime vérité, en la laissant servir à
» leurs sinistres projets? Ne craignez-vous pas que les désor-
» ganisateurs qui semblent vouloir punir la cité de Bordeaux
» de l'heureuse paix dont elle jouit au sein des orages révo-
» lutionnaires qui ont agité, bouleversé, ensanglanté même
» toutes les autres parties de notre malheureuse France, n'exi-
» gent aussi, comme mesure de salut public, de douloureux
» sacrifices, et n'amènent au milieu de nous, *au nom du salut*
» *public,* ces malheurs et ces forfaits sur lesquels la justice et
» l'humanité verseront des larmes éternelles?

» Le salut du peuple est la suprême loi, sans doute. Mais
» ce principe, dont on a tant abusé, il ne faut l'invoquer que
» lorsque les lois écrites sont sans force, les magistrats sans
» autorité, les citoyens sans vertus. Sommes-nous donc dans
» cette affreuse situation! Non, les lois sont toujours la règle
» du peuple bordelais, ses magistrats sont toujours ses guides
» et ses pères, les vertus sont toujours chères à son cœur.
» Vous le savez, Magistrats, vous en avez fait plus d'une fois
» la consolante expérience, et l'opinion que vous avez dû
» prendre du peuple bordelais aurait dû, nous devons vous
» le dire avec franchise, vous tracer en ce moment la marche
» que vous aviez à tenir.

» Avez-vous dit à ce peuple que l'acte constitutionnel nous
» permet de nous rassembler, et que les lois postérieures
» punissaient les magistrats et les fonctionnaires publics qui
» portaient atteinte à ce droit précieux? Lui avez-vous dit
» que nous ne nous assemblions que pour maintenir les lois

» qui nous gouvernent, défendre les propriétés de nos pères,
» de nos amis, de nos concitoyens, protéger les personnes
» injustement compromises, et anéantir les tyrans sous quel-
» que forme qu'ils se déguisent? Lui avez-vous dit que, ni
» vous, ni aucun autre citoyen, n'avez encore d'autre droit
» que celui de nous surveiller, et non de nous dissoudre, et
» que cette surveillance même est, en quelque sorte, inutile
» pour une société de jeunes gens qui veulent tenir leurs
» séances en public, qui feront imprimer à des époques pério-
» diques le résultat sommaire de leurs travaux, et qui déjà
» (pesez bien ces mots) ont invité leurs magistrats à venir
» dans leur sein pour être les témoins de leurs paisibles opé-
» rations?

» N'en doutez pas, Magistrats, si vous eussiez tenu ce lan-
» gage au peuple bordelais, il eût eu le succès que la voix
» de la vérité aura toujours auprès de lui, et vous ne vous
» fussiez pas mis vous-mêmes en opposition avec la loi.

» Vous avez inséré dans votre proclamation *une partie* de
» la lettre que vous avez reçue des commissaires de la Con-
» vention, en séance à La Réole. Cette lettre, dites-vous, ne
» laisse aucun doute sur l'improbation des représentants du
» peuple à l'égard d'un établissement qu'ils regardent comme
» dangereux. Magistrats, nous ne sommes pas les seuls qui
» avons été calomniés auprès des représentants du peuple;
» mais le règne de la calomnie est aussi court qu'il est hon-
» teux, et la réponse que nous allons faire à la partie de leur
» lettre qui nous concerne, ramènera sûrement leur opinion
» en notre faveur. Les représentants du peuple ont dit dans
» cette lettre qu'une partie de la jeunesse ne s'assemblait
» que *pour s'opposer à la loi qui les met en réquisition.* Depuis
» que cette société existe, il n'a pas été un seul instant ques-
» tion du recrutement; nous offrons de communiquer nos
» procès-verbaux à tout magistrat, à tout citoyen qui voudra
» s'en convaincre.

» Cette lettre parle encore de notre société *comme d'un*
» *noyau de guerre civile.* Une inculpation aussi grave sup-
» pose des faits certains, des projets connus, des intentions
» manifestées. Quels sont ces faits, ces projets, ces intentions?
» Nous défions ici nos détracteurs les plus acharnés; et ce
» défi, auquel ils ne répondront certainement pas, achève de
» démontrer que les représentants du peuple ont été trompés
» eux-mêmes par les envieux secrets qui redoutent l'aspect
» de la jeunesse bordelaise, réunie sous l'étendard de la
» loi.

» Existe-t-il, d'ailleurs, dans la lettre des représentants
» du peuple une réquisition de dissoudre notre société? Et
» comment existerait-elle? Les représentants du peuple n'au-
» raient pu le faire sans violer la loi qui est leur ouvrage,
» et sans tenir une conduite qu'ils devraient punir dans les
» autres? Quand ils seront mieux instruits, quand ils sauront
» que nous sommes assemblés *paisiblement et sans armes;*
» quand ils apprendront que nous n'avons d'autre objet que
» d'opposer, en défendant les lois, les personnes et les pro-
» priétés, un rempart insurmontable aux anarchistes, ils
» regretteront, sans doute, d'avoir écouté trop facilement nos
» ennemis; ils nous vengeront eux-mêmes en applaudissant
» aux vues qui nous animent.

» La réquisition que vous nous avez adressée est donc
» votre propre ouvrage. Or, pouvez-vous faire une pareille
» réquisition? Devons-nous y déférer? Magistrats, requérez-
» nous au nom de la loi, placez la loi à côté de votre réqui-
» sition, alors nous cesserons d'exister. Mais déférer à une
» réquisition qui n'est pas conforme à la loi, qui en est une
» violation expresse, c'est abjurer la qualité de citoyens fran-
» çais, c'est renoncer à la liberté, c'est faire plier des têtes
» libres sous le joug que la révolution a brisé.

» D'autres sociétés populaires existent en cette ville: l'une
» sous le nom de *Société des Amis de la Liberté et de l'Éga-*

» *lité;* l'autre, sous celui de *club National;* une troisième,
» sous le titre de *Surveillants.* La liberté et les lois n'existe-
» raient-elles que pour ces sociétés? Si c'est un crime de le
» penser, si la liberté est un bien commun à tous les hommes,
» si les lois sont égales, notre société doit donc exister aussi;
» elle ne doit donc pas se dissoudre, et personne au monde,
» pas même vous, Magistrats, n'avez le droit d'en requérir
» la dissolution.

» Nous redoutons peu les vaines menaces dont les ennemis
» de la loi, qui seront toujours les nôtres, cherchent à nous
» effrayer. Jamais les magistrats et les fonctionnaires publics,
» dont nous sommes les amis; jamais la brave garde natio-
» nale, dont nous partageons et les sentiments et les dangers;
» jamais les citoyens, dont nous sommes les enfants ou les
» camarades, ne se laisseront assez aveugler par les mal-
» veillants pour exercer aucun acte de violence contre une
» société *paisible et sans armes,* qui ne veut qu'user d'un droit
» que le despotisme seul pourrait lui ravir. Qu'ils apprennent
» du moins que la jeunesse bordelaise, ferme et intrépide
» sous le drapeau de la liberté, les attendra avec le calme
» qui convient à la cause, et que, couverte de l'égide de la
» loi, elle ne cessera d'exister qu'avec la loi même.

» Il nous reste, Magistrats, un autre devoir à remplir. Tous
» les citoyens ont le droit imprescriptible de se plaindre d'une
» infraction à la loi et de la dénoncer aux autorités supé-
» rieures.

» Votre proclamation est une infraction de ce genre.

» Nous déclarons donc que nous allons la déférer à l'ad-
» ministration du district et du département, et que nous en
» poursuivrons la cassation par tous les moyens que la loi
» nous autorise, nous ordonne même d'employer.

» Fait en séance, et délibéré que la présente réponse
» sera portée à la municipalité, au district et au départe-
» ment; qu'en outre, elle sera imprimée pour être envoyée

» dans toutes les sections de la cité et à la garde nationale.

» A Bordeaux, le 10 septembre 1793, l'an IIe de la répu-
» blique française, une et indivisible.

» *Signé* : Auguste Ravez, *président;*
» Ladonne fils,
» Degranges,
» Dupont jeune,
» Paris fils,
} *secrétaires.* »

On voit par ce document si bien pensé et si bien écrit, si admirable de logique, de clarté, de grandeur et de patriotisme véritable, tout ce dont était capable la jeunesse bordelaise. Ardente, mais réfléchie, elle voulait le bien et le règne de la loi; elle visait à maintenir l'union et la paix dans le sein de la cité; mais elle ne voulait pas de tyrans, quel que fût le nom ou le masque dont ils voulussent s'affubler. On pouvait lui imposer silence, mais on ne pouvait pas la réfuter; il était facile de la calomnier, mais impossible d'alléguer des preuves qui pussent motiver sa dissolution. Elle était trop puissante ; elle avait la confiance des riches, du commerce, des honnêtes gens de toutes les conditions. C'était trop aux yeux des misérables qui voulaient tout bouleverser, qui n'avaient rien à perdre, mais tout à gagner dans la destruction de l'ordre social. Toutes les langues, toutes les passions, furent donc ameutées contre les jeunes gens de Bordeaux. La municipalité, les corps constitués, tout le monde, bons et mauvais, les uns par amour pour la paix, les autres mus par des motifs vils et coupables, tous demandaient que la société se séparât de suite.

Indignés de se voir calomniés, les jeunes gens envoient à la section Franklin des députés pour s'expliquer sur leurs propres principes et conduite, et pour demander à ces sectionnaires turbulents raison de leurs calomnies et de leur persécution, ou pour s'entendre même avec eux par une franche réconciliation, s'il était possible. Ces jeunes députés, à peine arrivés au Grand-Séminaire, sont arrêtés. On les appelle *aristocrates, royalistes, fédéralistes,* etc. A cette nouvelle, la jeunesse indignée crie *aux armes :* plus de deux mille jeunes gens accourent et se préparent à marcher contre la section Franklin, lorsque les autorités constituées arrivent ; et après avoir fait mettre leurs camarades en liberté, les engagent tous à déposer leurs armes et à rentrer chez eux. On continue cependant à accuser les jeunes gens de Bordeaux d'être les agents de Pitt et de Cobourg. Nouvel ordre de La Réole de dissoudre leur société. Alors ils se réunissent le soir, pour examiner paisiblement les mesures qu'il conviendrait de prendre. On annonce la visite de M. Saige, maire de Bordeaux, homme prudent, sensible et humain, qui s'exprime ainsi : « La loi » permet, sans doute, aux jeunes gens de s'assembler ; mais » ils ne devaient point ignorer les alarmes qui se répandent » à leur sujet : les représentants du peuple, trompés, sans » aucun doute, sur leur compte, voient avec peine leur so- » ciété ; » il les invite, au nom de la patrie et de la tranquillité publique de Bordeaux, de vouloir bien suspendre leurs séances. « Ce n'est point, répond Ravez, président de la so- » ciété, ce n'est point parce que les malveillants nous accusent » que nous suspendrons nos séances. Assemblés par la loi, il » n'y a que la force des baïonnettes qui puisse nous contraindre » à nous séparer. Nous savons combattre ; et si les misérables » qui nous attaquent valaient les brigands de la Vendée, nous » leur prouverions que la crainte et la terreur sont des sen- » sations étrangères aux cœurs des vrais citoyens, etc., etc. »

Tandis que cette scène se passait à la *Société de la Jeunesse bordelaise,* les Jacobins promenaient en ville le buste de l'ignoble Marat, hurlant des chansons patriotiques et s'enivrant à chaque cabaret. De crainte d'un conflit et de grands malheurs, la société se dissout à regret, et laisse par sa retraite le champ libre aux sans-culottes.

Cette nouvelle fut portée à La Réole, avec prière aux représentants de rentrer à Bordeaux. Ils répondirent qu'il fallait avant tout changer la municipalité. Les sections s'assemblèrent et décidèrent qu'il fallait remplacer la municipalité alors en charge, par une autre composée de deux membres choisis dans chaque section de la ville, et que celle dite *Franklin* relèverait de suite tous les postes occupés par la garde nationale des autres sections, et y ferait le service jour et nuit, jusqu'à nouvel ordre.

Cette résolution fut soumise aux sections réunies dans une assemblée extraordinaire et générale, qui se tint le 18 septembre ; elle fut approuvée par les uns, comme sympathique avec leurs sentiments ; par d'autres, dominés par la crainte, comme mesure utile ; par tous, comme l'expression d'une inexorable nécessité, qui n'admettait ni observation, ni résistance. Chaque section nomma donc deux individus qui devaient former la municipalité, suivant les instructions secrètes qu'on recevait de La Réole ; et ces nouveaux magistrats, produit impur du despotisme de quelques intrigants et de la prétendue souveraineté du peuple, se rendirent, escortés, de la section Franklin à l'Hôtel-de-Ville, où ils trouvèrent le conseil-général de la commune en permanence, attendant le résultat de ces déplorables scènes. Les nouveaux municipaux pénétrèrent dans la salle ; et ne rencontrant point de résistance, le doyen s'exprima ainsi : « La volonté souveraine du
» peuple s'est manifestée dans les vingt-huit sections de cette
» commune, et nous sommes chargés par nos concitoyens de
» prendre les rênes de l'administration civile et politique de
» cette ville. En conséquence, nous vous intimons l'ordre du
» peuple souverain, d'avoir à nous céder sur-le-champ un
» dépôt que vous ne pouvez plus garder. » Les anciens magistrats descendent de leurs siéges ; les nouveaux y montent et se choisissent un maire, un procureur de la commune, un substitut et un secrétaire-greffier (*note* 16e).

Livre III.
Chap. 6.

1793

Sainte-Luce-Oudaille,
Histoire de Bordeaux pendant dix-huit mois.

NOTE 16.

Dans cette nouvelle municipalité, on voyait des concussionnaires, des dénonciateurs, des banqueroutiers, des fripons, des misérables, qui en temps de paix n'osaient guère paraître en public! On y voyait quelques honnêtes gens; mais ils n'étaient là que parce qu'ils n'osaient pas s'y refuser. Ils servaient à voiler un peu les souillures de leurs collègues, comme une feuille d'or étendue sur un meuble pourri ou sur un bois vermoulu.

Dès ce moment, la terreur était organisée à Bordeaux, et les Jacobins de Paris y eurent des échos complaisants et fidèles. La guillotine allait devenir le meilleur moyen possible pour faire respecter la volonté du peuple! Les hommes vertueux, modérés et honnêtes, s'enfuient; les riches cherchent la paix dans des campagnes solitaires; les adversaires des Jacobins se taisent ou approuvent hypocritement leurs infamies. Le courage manque sous la pression de la peur; et les femmes même, renonçant aux vertus et aux douces qualités de leur sexe, se font terroristes; et, plus redoutables que les tigres, qui s'épargnent même dans leur colère, signalent à l'instrument fatal de l'égalité, non-seulement les hommes riches et influents, mais les femmes et les filles qui se faisaient remarquer par leurs bonnes œuvres, leur naissance, leurs vertus ou même leur beauté!

CHAPITRE VII.

Correspondance de la municipalité provisoire avec les représentants, à La Réole.— Visites domiciliaires.— Dénonciations. — Exaltation des sans-culottes. — Cartes de civisme. — Scrutin épuratoire. — Persécution des honnêtes gens. — Le langage de quelques Jacobins bordelais devant la Convention. — Adresse des républicaines bordelaises à la Convention. — Comité de surveillance à Bordeaux. — Armée de Baudot et d'Ysabeau.— Deux galériens envoyés en mission à Bordeaux. — Arrestation de MM. Dudon et Roullet.— Ils sont envoyés à Paris, sous la conduite de Pasquier et de Cazaubon. — Un mot sur les Girondins.

La première pensée de la municipalité provisoire fut de se mettre en rapport avec les représentants, de les instruire de tout ce qu'on venait de faire, et, enfin, de leur envoyer quatre de ses membres pour les prier de se rendre enfin aux vœux des Bordelais. On rédigea en même temps la lettre suivante, pour leur être remise :

Livre III.

1793

Correspondance des Représentants, etc., etc

« Les membres composant la municipalité provisoire de Bordeaux,
» aux citoyens Baudot et Isabeau, représentants du peuple français, en séance
» à La Réole.

» Citoyens Représentants,

» L'union la plus parfaite règne dans la cité de Bordeaux:
» les vingt-huit sections ont unanimement arrêté de remplacer
» la municipalité par deux commissaires de chaque section;
» ils se sont réunis, et forment, dans ce moment, la munici-
» palité provisoire; ils ont tous juré un attachement inviolable

» à la république, une et indivisible, un respect inviolable
» pour les lois, et promis de veiller à la sûreté des personnes
» et des propriétés. Nous nous faisons un devoir de remplir
» ce serment; il importe au maintien de la tranquillité publique
» et au bonheur de nos concitoyens qui nous ont honorés de
» leur confiance. Venez au milieu de nous, Représentants,
» seconder nos efforts, et vous assurer par vous-mêmes des
» sentiments vraiment républicains qui animent la majorité
» des habitants de cette grande cité.

» En attendant que vous remplissiez notre vœu le plus cher
» à cet égard, nous croyons essentiel de vous inviter, de la
» manière la plus pressante, à donner les ordres les plus
» prompts et les plus précis pour faire relâcher des farines
» achetées par le Comité des subsistances, et que vous savez
» être arrêtées, tant à Aiguillon que dans d'autres lieux; nos
» besoins ne sauraient être plus urgents, puisque nous n'avons
» pas de farines pour la distribution de demain.

» Au moment de notre installation, nous sommes avertis
» qu'il se fait, devant le port, un chargement de matières d'ar-
» gent, surtout de la monnaie; nous nous sommes fait repré-
» senter les ordres que vous avez donnés au citoyen L'Hoste,
» qui continue de les exécuter. Nous présumons, Citoyens
» Représentants, que lorsque vous connaîtrez la révolution qui
» vient de s'opérer dans notre cité, et qui doit faire disparaître
» toutes vos craintes sur la sûreté de ce dépôt important, vous
» jugerez peut-être, dans votre sagesse, devoir changer les
» dispositions que vous avez données au citoyen L'Hoste, pour
» le dépôt de ces matières, et d'éviter les risques qu'il courrait
» dans le transport à *Cadillac,* et son retour, si vous proposez
» que le dépôt à *Cadillac* ne soit que momentané; et nous
» vous prions instamment de vouloir nous faire connaître, à
» cet égard, vos intentions, par le retour de notre courrier.

» En attendant, nous avons pris toutes les mesures nécessaires
» pour que le chargement se continue sous une bonne et sûre

» garde, que nous venons de mettre, tant à bord du bateau
» qu'à l'hôtel de la Monnaie.

» Bordeaux, le 18 septembre 1793, l'an IIe de la républi-
» que, une et indivisible.

  » *Signé à l'original :* Pasquier, *président provisoire;*
    » Haussade et Saint-Amand, *secrétaires*
    » *provisoires.*

» Pour copie conforme à l'original :
  » *Signé :* Tallien. »

Cette lettre fut remise le lendemain matin à Baudot et Ysabeau, auxquels s'étaient joints les représentants Dartigoeyte, Legris, Tallien, Pinet aîné, Chaudron-Rousseau et Paganel, tous réunis à Agen, et tous irrités au suprême degré contre les Bordelais. Peu satisfaits de la rédaction et du manque d'énergie qui se faisait remarquer dans cette première lettre, ils rédigèrent, séance tenante, la réponse suivante :

« Agen, le 19 septembre 1793, l'an IIe de la république, une et indivisible.

» Les représentants du peuple, à la municipalité provisoire de Bordeaux.

  » Citoyens,

» Il est bien douloureux pour les représentants du peuple
» de retrouver, dans la première lettre des municipaux pro-
» visoires de la cité de Bordeaux, les mêmes principes, le
» même style, et la même marche qu'ont employé jusqu'à ce
» jour les anciens officiers municipaux. Il n'y a pas, dans votre
» lettre, un mot pour la Convention nationale; il n'y a pas un
» mot sur le décret du 6 août. Nous vous déclarons, Citoyens,
» sous quelque titre que vous existiez, que nous ne croi-
» rons au respect des Bordelais pour les lois, que lorsque ce
» décret sera exécuté en son entier; nous ne croirons à la
» sollicitude des municipaux, sur les subsistances, que lors-

» que les visites domiciliaires auront été faites scrupuleuse-
» ment, en présence des commissaires du peuple, bons sans-
» culottes, choisis par la section *Franklin;* nous ne croirons
» à la tranquillité de votre cité, que lorsque vos grenadiers,
» vos chasseurs, votre jeunesse, se seront transportés sur les
» frontières, lorsque nos canons ne seront plus à la disposi-
» tion de vos administrateurs rebelles, lorsque vous aurez
» restitué le numéraire volé à la république, lorsque vous
» aurez livré au glaive de la loi tous les ci-devant nobles,
» tous les prêtres réfractaires, tous les émigrés, qui couvrent
» le pavé de Bordeaux, lorsque vous aurez chassé de vos
» murs tous les Anglais, les Espagnols et Hollandais, que la
» nation a cru devoir expulser; enfin, lorsque vous aurez
» remis à la Convention ceux de ses anciens membres qu'elle
» a mis en arrestation, et les nouveaux traîtres qui se sont
» réfugiés auprès de vous. Nous vous prévenons, Citoyens,
» que nous écrirons aujourd'hui au citoyen L'Hoste, pour le
» louer de sa légitime résistance. Nous arrêtons de plus fort,
» que l'arrêté de nos chers collègues, Ysabeau et Baudot, sur
» le transport du numéraire et matières d'or et d'argent, de
» Bordeaux à Cadillac, sera mis à pleine exécution. Au sur-
» plus, Citoyens, assurez le bon peuple de Bordeaux que son
» sort nous est cher; que nous nous occuperons sérieusement
» de l'améliorer, surtout lorsque nous aurons brisé les nou-
» velles chaînes que les fédéralistes lui ont forgées.

» *Signé à l'original : Les représentants du peuple,*
» Dartigoeyte, Leyris, Tallien, Chaudron-
» Rousseau, Pinet aîné, Baudot, C.-Alex.
» Ysabeau et Paganel.

» Pour copie conforme à l'original :
» *Signé :* Tallien. »

Le 20 septembre, ils écrivirent à la Convention nationale la lettre suivante :

« Citoyens, nos Collègues,

» Nous croyons devoir vous prévenir que la municipalité de Bordeaux vient d'être changée, par le vœu des citoyens, et remplacée provisoirement par deux commissaires de chacune des sections. Cette mesure serait un grand acheminement au retour de l'ordre, si nous n'avions tout lieu de croire que ce mouvement est une nouvelle tournure de la faction qui n'a pas encore perdu l'espérance d'exciter la guerre civile. Nous vous envoyons copie de la lettre qui nous a été adressée par la municipalité provisoire, et notre réponse.

» *Signé* : Chaudron-Rousseau, J. Pinet, Tallien, Leyris, M.-B. Baudot, Dartigoeyte, Paganel, C.-Alex. Ysabeau et Monestier (du Puy-de-Dôme). »

Le lendemain (21), comme si les affaires ne marchaient pas assez vite, ou croyant peut-être que la municipalité ne comprenait pas toute l'étendue de ses devoirs, et la nécessité d'agir avec promptitude et sévérité, les représentants lui adressèrent la lettre suivante :

« A Agen, le 21 septembre 1793, l'an IIe de la république, une et indivisible.

» Les représentants du peuple, réunis à Agen, aux citoyens composant la municipalité provisoire de Bordeaux.

» Citoyens,

» D'après le rapport de vos députés, il paraît que vous avez fait une démarche éclatante, et telle que nous devions l'attendre de vrais républicains comme vous. Elle a dû vous donner le sentiment de vos forces, et vous prouver que le peuple n'a qu'à vouloir pour faire rentrer dans la poussière ses ennemis les plus insolents. Il vous reste encore quel-

» ques pas à faire pour atteindre le but ; hâtez-vous de par-
» courir cette honorable carrière ; profitez de vos avantages,
» et songez que le joug qui pèse encore sur vos têtes serait
» rendu mille fois plus pesant, si vous n'aviez pas le courage
» de le briser sans retour.

» Nous vous avons indiqué, dans notre première lettre, des
» mesures propres à assurer votre indépendance et le règne
» des lois. Nous entrerons ici dans quelques détails qui ren-
» dront votre marche plus assurée, si, fermant l'oreille aux
» intrigues et aux considérations personnelles, vous n'écoutez
» que la voix de la patrie et l'intérêt de vos concitoyens :

» 1° Vous vous êtes plaints avec raison que jamais les vi-
» sites domiciliaires, pour la recherche des grains et farines,
» n'avaient été faites avec exactitude et sans distinction dans
» votre cité. Que les premiers jours de votre administration
» populaire soient signalés par cette visite, qui s'étendra jus-
» qu'aux vaisseaux. Il en résultera, ou la conviction intime
» d'une disette réelle, ou la découverte d'un amas précieux
» de subsistances ; et dans ces deux cas, le peuple de Bor-
» deaux sera soulagé, ou par les secours qu'il trouvera dans
» l'enceinte de ses murs, ou par ceux que les représentants
» du peuple et des départements voisins s'empresseront de lui
» faire parvenir. Si vos découvertes sont heureuses, vous en
» profiterez, en faisant distribuer le pain aux pauvres, à 3 sous
» la livre.

» 2° L'audace de vos ennemis n'était appuyée que sur les
» forces dont ils avaient eu l'art de s'entourer. Pendant que
» toute la France s'ébranle pour voler aux frontières, n'est-il
» pas scandaleux de voir dans les rues de votre cité une ca-
» valerie, composée de gens suspects, faire éclater son luxe,
» son arrogance et la résistance aux réquisitions légales qui
» lui ont été faites ? Ce corps ne peut laver que dans le sang
» des Espagnols la tache imprimée sur lui ; qu'il parte sur-
» le-champ, ou qu'il cède à des patriotes les moyens et l'hon-

» neur de combattre les tyrans. Il est du devoir des vrais
» républicains d'ôter à de pareils hommes les moyens de nuire
» à la patrie. Il n'est que trop démontré que plusieurs com-
» pagnies de vos grenadiers ont souillé l'honneur de ce nom
» glorieux, en servant de satellites à la faction. Vous les con-
» naissez, Citoyens; vous ferez punir les coupables; et en
» faisant rentrer les autres dans le sein de la garde nationale,
» vous conserverez les principes de l'égalité, et vous vous
» serez acquis des camarades qui partageront vos travaux.

» Lorsque des citoyens paisibles exercent, à l'abri de la
» confiance du peuple, les fonctions administratives, ils n'ont
» pas besoin de s'entourer de l'appareil des armes : ôtez ces
» canons braqués sur le peuple par ses ennemis, et placez-les
» sous la garde des sans-culottes, au Château-Trompette, à la
» Maison-Commune et à l'atelier du Grand-Séminaire.

» 3° Vous n'ignorez pas que les corps administratifs, par
» leur funeste ambition, par leurs intrigues multipliées, ont
» allumé le flambeau de la guerre civile dans le midi de la
» France, et provoqué le fédéralisme. Un crime si horrible et
» si avéré ne peut pas demeurer impuni. Que votre respect
» pour la loi et pour la Convention nationale se manifeste, en
» mettant en état d'arrestation tous les membres de la muni-
» cipalité, du conseil-général de la commune, du département
» de la Gironde et du district de Bordeaux.

» 4° La garde importante de votre cité ne peut pas être
» confiée avec sûreté seulement aux riches; mais, d'un autre
» côté, il n'est pas juste que les sans-culottes sacrifient à cet
» acte de patriotisme la subsistance de leur famille. Nous dé-
» clarons que les citoyens qui n'ont d'autre fortune que leurs
» bras, recevront une indemnité de 40 sous par jour, chaque
» fois qu'ils seront commandés pour la garde. Les membres de
» la municipalité ou du conseil-général de la commune rece-
» vront aussi une indemnité de 3 liv. par jour, lorsque leur
» présence aux délibérations sera constatée, et qu'ils ne pour-

» ront pas faire le sacrifice de leur temps aux affaires publi-
» ques.

» Citoyens, les mesures que nous vous dictons sont con-
» formes aux lois et doivent assurer votre bonheur et votre
» tranquillité. Ne craignez pas de développer toute votre
» énergie. Nous sommes là pour vous soutenir avec tout le
» poids de l'autorité nationale. Des bataillons, braves et exer-
» cés, marchent à votre secours. Nous nous unirons tous pour
» briser vos chaînes et pour soulager votre misère. Notre
» premier soin sera, non-seulement de vous procurer des
» grains, mais de faire en sorte que le pauvre ne paie pas
» son pain au-delà de 3 sous la livre. L'impôt progressif sur
» les riches sera établi avec une juste sévérité, et servira à
» payer l'indemnité aux boulangers.

» *Signé :* Tallien, C.-Alex. Ysabeau, Dartigoeyte,
» J.-B.-B. Monestier (du Puy-de-Dôme),
» Paganel, M.-A. Baudot, Chaudron-
» Rousseau, Leyris, J. Pinet aîné. »

En conséquence de ces tyranniques injonctions, l'arbitraire fut mis à l'ordre du jour, et les visites domiciliaires commencèrent à Bordeaux. MM. Roullet et Dudon fils, prévenus à temps, échappèrent cette fois aux minutieuses et vexatoires perquisitions de la police; mais M. Dudon père fut arrêté et jeté en prison. Quant à la promesse des représentants de faire manger le pain à 3 sous la livre, il n'en fut plus question : la farine manquait aux boulangers, et, en peu de temps, il n'y avait en ville que la modique portion de 7 onces de pain par jour pour chaque individu ! On assiégeait la porte des boulangers et l'entrée des fours; on se lamentait, on criait, on pleurait de désespoir sous les étreintes de la faim, et avec la triste certitude qu'il n'y avait presque plus de vivres en ville. Les anarchistes profitèrent de ces circonstances pour aigrir le peuple contre les maisons opulentes ou aisées; c'étaient les

riches, à les entendre, qui causaient la rareté des subsistances et le malaise général. Ils gardaient pour eux des farines et des grains de toute sorte; tandis que le peuple mourrait de faim. Irrité de ces propos, et pressé par des besoins nombreux et réels, le peuple s'abandonna à des sentiments de haine, et se porta avec d'autant plus d'avidité et d'empressement à ces visites, qu'il espérait y trouver de quoi prolonger son existence et des raisons qui justifiassent son animosité contre les riches et les accapareurs. La populace tournait ses regards vers les représentants, dont la présence à Bordeaux devait être suivie de l'abondance et du bonheur, qui avaient quitté Bordeaux depuis leur départ. Mais les Bordelais n'avaient rien fait qui pût convaincre la Convention qu'ils étaient à la hauteur des idées nouvelles. On parlait beaucoup, on agissait peu aux yeux des représentants, qui attendaient, avant de venir en ville, des faits significatifs. Dans cette persuasion, les sections se hâtèrent de se *sans-culottiser;* c'était l'expression à la mode. La section Simoneau voulait se décorer du nom de *section Marat;* mais les Montagnards affiliés des autres sociétés s'y opposèrent, par la raison « qu'avant de vous dé-
» corer du beau nom de ce véritable ami du peuple, il faut
» donner des preuves répétées et non équivoques de républi-
» canisme et de *sans-culottisme;* jusque-là ce serait une usur-
» pation ! »

Dans une autre section, le *sans-culotte* Jean-Louis Benoît demanda à renier publiquement ses patrons, saint Jean et saint Louis, qui rappelaient, disait-il, le fanatisme et la royauté, pour s'appeler désormais Fargeau Benoît, en mémoire de Lepelletier-Fargeau, martyr de la liberté !

Sa demande et son abjuration furent accueillies avec des frémissements de joie ! La nouvelle municipalité déploya une activité incroyable : elle appela auprès d'elle tous les désœuvrés, tous les mécontents, tous les mauvais sujets de la ville et des environs, et leur donna, en récompense de leur ardeur

démagogique, des places importantes et lucratives dans les diverses administrations de la ville; elle chassa Dieu de ses temples, pour y faire adorer l'exécrable Marat et une comédienne décorée du nom de *Déesse-Raison!* On promenait en procession le buste de Marat, coiffé du bonnet phrygien, tandis que les habitants honnêtes fermaient leurs portes et leurs fenêtres au passage de cet ignoble cortége, où le bonnet rouge semblait annoncer aux Bordelais les sanguinaires projets de ces tyrans à face humaine. Le 20 septembre, cette municipalité provisoire écrivit à la Convention, et lui dit, avec un énergique laconisme, qu'elle tromperait la confiance publique et les espérances du peuple, si elle ne frappait pas un coup décisif sur les conspirateurs que recélait Bordeaux dans ses murs; car l'impunité ne faisait qu'augmenter le nombre des criminels. « N'êtes-vous pas, lui dit-elle, ces sans-
» culottes sur qui le ridicule et le mépris outrageant se ver-
» saient à pleines mains? » C'est dans ce style démagogique que ces municipaux furibonds appellent la vengeance de l'Assemblée sur les membres de la Commission populaire, qui avaient échappé aux recherches de la police ou au couteau des meurtriers stipendiés. Bordeaux était plongé dans un état de stupéfaction, la société était bouleversée, la lie du peuple s'était affublée des insignes du pouvoir, et le morne silence qui régnait sur le passage de ces tyranneaux en haillons et en sabots, parlait plus haut que tous les orateurs du monde contre leurs orgies homicides. Le faubourg St-Seurin vomissait tous les jours des misérables en guenilles, coiffés du bonnet rouge, vêtus de gilets rouges, de culottes rouges, et vociférant des chansons infâmes et des cris de mort contre les aristocrates, les nobles, les riches et les prêtres. La terreur était aussi vigilante qu'elle était puissante; elle était impitoyable comme la haine et la cupidité, qui en étaient les deux principaux éléments. Elle voyait un ennemi partout où il y avait un homme riche, un ami de l'ordre, de bonnes mœurs ou

d'une liberté sage et modérée, et ses progrès étaient tels, que, dans peu de temps, il n'y avait à Bordeaux que deux classes de citoyens, les terroristes et les aristocrates. Les principes des anarchistes étaient trop contagieux pour ne pas se répandre dans la campagne : chaque hameau avait ses agents révolutionnaires ; chaque village, son club, ses délateurs, ses orateurs, ses bourreaux officieux, qui menaçaient pour la moindre parole, le moindre geste, pour le silence même dans certaines occasions, de *raccourcir* les gens par le ministère de la guillotine, suprême exécuteur de la volonté du peuple en délire ! A chaque pas qu'on faisait en ville, à chaque moment du jour et de la nuit, on rencontrait des patrouilles de ces forcenés à moustaches crasseuses, coiffés du bonnet rouge, armés de fusils, de piques et de sabres, et dont l'œil farouche et la mine dégoûtante annonçaient des êtres abrutis par le crime et capables de tout faire : on fuyait à leur approche. Pour pouvoir sortir de chez soi sans crainte, il fallait avoir une carte de civisme ou de sûreté ; c'était une espèce de passeport pour aller d'une commune dans une autre, d'une rue dans une autre, et même chez un voisin ou un ami. Pour obtenir cette carte, il fallait se soumettre à ce qu'ils appelaient le *scrutin épuratoire* sur les principes politiques ; et là, on ne rencontrait souvent pour ses juges que d'anciens domestiques, et toujours des hommes de la lie du peuple. La question qu'on y proposait était, ou des insultes, ou des traits d'un cynisme révoltant ; il fallait monter sur un escabeau, en pleine assemblée, et là, répondre à des questions comme celles-ci : « Ci-
» toyen, que penses-tu de Marat ? As-tu fait quelque chose
» contre les infâmes aristocrates, les prêtres ou les ennemis
» de la liberté ? As-tu murmuré de la disette des subsistances ?
» Qu'as-tu fait pour mériter d'être pendu si la contre-révo-
» lution arrivait ? » Les assistants prononçaient sur le civisme ou l'incivisme du postulant : avoir poursuivi, persécuté, tué même un prêtre, un noble, un fanatique, était un titre à la

Livre III.
Chap. 7.

1795

confiance du public : l'innocence était un non-sens; les bonnes mœurs, une bêtise ; la vertu, un crime aux yeux des sans-culottes; leurs partisans étaient des suspects, et un suspect était une victime qui devait finir sur l'échafaud! Les dénonciations étaient à l'ordre du jour et payées comme des actes méritoires; les églises, les maisons religieuses, furent converties en prisons; les riches se rançonnaient périodiquement, et, ne pouvant pas enfin rassasier d'écus l'avidité toujours croissante de ces misérables qui s'engraissaient de leurs dépouilles, furent jetés en prison et guillotinés comme suspects de modérantisme, de fédéralisme, d'aristocratie, de fanatisme ou de quelque autre crime imaginaire. On se levait le matin sans pouvoir dire où l'on coucherait le soir : en sortant pour ses affaires, l'époux disait souvent, sans s'en douter, un dernier adieu à son épouse et à ses enfants, et la mort semblait avoir partout des agents chargés de lui amener des victimes! On envoya à Paris des émissaires : en arrivant devant la Convention, ils affectaient de braver toutes les convenances dans leurs gestes et leur langage; ils voulaient s'élever à la hauteur des Jacobins de Paris; ils annoncent à l'Assemblée que deux bataillons vont partir de Bordeaux pour les frontières, que les suspects sont arrêtés, les coupables punis, les lâches sévèrement surveillés, et finissent par dire aux Jacobins : « Agissez, continuez à frapper; et si vous avez besoin de » force, parlez, et dix mille bras de Bordeaux vont voler à » votre secours. » Ce langage électrisa la Convention : Bordeaux n'était plus girondin; les Bordelais étaient à la hauteur des Montagnards de Paris.

Cependant les représentants étaient encore à La Réole; on les avait assez priés d'arriver en ville : ils voulaient faire souffrir les Bordelais en expiation de leurs prétendues fautes, pour avoir le mérite, à leur entrée, de mettre fin à leurs souffrances. La Convention elle-même avait appris la modification de l'esprit public à Bordeaux. Comment pourrait-elle l'ignorer? Elle avait reçu des adresses, elle avait vu les députés bordelais; les femmes même, qui se piquaient de sans-culottisme dans nos murs, avaient écrit à la Convention nationale une lettre toute brûlante de patriotisme, où nous lisons ces mots : « Nous jurons de vivre et de mourir libres, et de » défendre la Constitution que nous avons acceptée le 10 août » dernier......... Nous adhérons de tout notre cœur aux jour- » nées du 31 mai, 1er et 2 juin; nous vouons à l'exécration » universelle les royalistes, fédéralistes, conspirateurs, caba- » leurs, accapareurs, et nous jurons encore de dénoncer ceux » que nous connaîtrons être dans ces abominables principes. » Ce n'était pas mal, ce nous semble, pour nos héroïnes *sans-culottes!*

Voulant hâter le progrès de l'esprit républicain dans le pays, les représentants organisèrent à Bordeaux un Comité de surveillance pour tout le département; il se composait de douze membres, hommes connus par l'exaltation de leurs principes. Ysabeau et Baudot avaient recruté à La Réole une armée révolutionnaire de deux mille hommes, tous paysans, qu'ils stimulaient par l'espoir du pillage, et faisaient commander par des Jacobins envoyés de Paris, ou des voleurs et des scélérats du pays; c'était là la politique du Comité de Salut public à Paris : il avait ses affidés partout; et quelque temps avant l'arrivée des représentants, il avait envoyé deux émissaires auprès de la section Franklin pour une mission importante. Ces deux individus se présentèrent à la commune, où, après un court entretien, un municipal s'écria qu'il était sûr qu'ils étaient des échappés des galères. Au trouble que manifesta l'un d'eux, le magistrat se jette sur sa personne, lui arrache ses habits, et montre sur son épaule l'empreinte des lettres G A L. Ces deux brigands furent envoyés en prison, d'où ils ne sortirent qu'à l'arrivée de Baudot et d'Ysabeau.

Bordeaux, depuis lors, avait bien progressé dans les voies

Livre III.
Chap. 7.

1793

NOTE 17.

Prudhomme.

*Histoire
Des Erreurs,*
etc., etc.,
tome 5.

du républicanisme. Au 1ᵉʳ octobre, ayant son Comité de surveillance organisé, il n'avait rien à envier à Paris : les Jacobins de la capitale voyaient chez nous des imitateurs et des rivaux. Les arrestations commencèrent sur une vaste échelle, et plus de quatre cents personnes furent jetées en prison. Roullet et Dudon fils ne purent éviter de grossir ce nombre : le premier fut livré par la municipalité de Cantenac, où il se tenait caché ; le second, dénoncé par Bouquet, partagea les chaînes de son père, et, peu après, ils furent séparés pour ne plus se revoir ! L'un d'eux fut dirigé, avec d'autres prisonniers, vers le tribunal révolutionnaire de Paris, sous la conduite de deux misérables, Cazaubon et Pasquier, qui s'étaient offerts de se charger de cette mission dégradante. Écoutons Pasquier, qui raconte les incidents de son honteux voyage, avec un cynisme plus honteux encore :

« Nous arrivâmes hier au soir, bien sains et saufs. Notre
» troupeau de prédestinés, moitié figue, moitié raisin, vont
» leur train : le bonhomme Dudon, qui semblait menacer
» ruine le premier jour de route, paraît avoir repris une
» nouvelle vie. Il soutiendra la gageure très-gaillardement :
» Dieu et les hommes lui rendront, sans doute, selon ses
» œuvres, et alors je lui souhaite bonne chance......
» .... Les ordres que j'avais reçus du Comité de Sûreté
» générale les fixaient à l'Abbaye ; mais j'avais été obligé de
» les déposer dans la maison d'arrêt de la section de l'Unité,
» lorsqu'il m'arriva, à dix heures et demie (le soir), des ordres
» du Comité, et je fus obligé de parcourir de nouveau les
» rues de Paris, avec quatre fiacres pleins de nos prisonniers,
» de nos gendarmes, et moi à pied. Je me présente à l'Abbaye ; mais il me fut formellement déclaré, qu'attendu que
» cette maison de détention était ce qu'on appelle bondée
» au-delà même du possible, force m'était de chercher gîte
» ailleurs. Il fallait tout recharger, et les mener dans la maison
» d'arrêt de la section de l'Unité. Là, toutes les difficultés s'a-

» planirent, parce que cette maison d'arrêt était moins pleine
» que les autres. J'y remis cinq de mes personnages, qui sont
» Dudon père, Gerci, Hollier, Delormel, Serrier. Les trois
» destinés à la Conciergerie n'éprouvèrent aucune difficulté et
» furent accucillis avec empressement; ce sont Lemoine fils,
» président du district; Lacombe-Puyguéreau, Lemelle. Il se
» pourrait bien faire que le coupe-têtes abrégeât leur cap-
» tivité · quoique ce ne soit pas le terme de leur vœu, il
» pourrait fort bien être le loyer de leurs peines et vertus.

» *Signé* : PASQUIER, *officier municipal provisoire.* »

Ici, nous interrompons un peu le fil de notre narration, pour reporter nos regards et notre pensée sur les malheureux Girondins : les uns languissent dans les prisons de Paris ; les autres se voient condamnés à se cacher ou à errer proscrits dans leur patrie, dont ils s'étaient vus un instant les maîtres; tous malheureux, tous abandonnés, condamnés, tristes jouets de la fortune, à supporter les caprices de ce peuple qu'ils avaient vu à leurs genoux. Nous consacrons quelques chapitres aux principaux chefs de ce fameux parti. Dans notre *Histoire de Bordeaux,* c'eût été une lacune et une faute de ne pas en parler plus amplement que nous n'avons fait : mille traits biographiques, mille circonstances, mille incidents de leur vie, n'ont pu trouver place dans les chapitres précédents; ils en trouveront une ici. Nous nous occuperons exclusivement des chefs, de ceux qui étaient de Bordeaux. Ces détails ne peuvent manquer d'intéresser nos lecteurs bordelais.

Vergniaud, Guadet, Gensonné, Grangeneuve, Fonfrède et Ducos, sont les figures les plus saillantes qui se présentent aux regards de l'historien de Bordeaux ; ils étaient tous des hommes probes, honnêtes gens, doués de remarquables talents, mais plutôt tribuns qu'hommes politiques. De tous les Girondins, il n'y eut pas un seul assez habile pour diriger ou conduire les autres; pas un seul homme d'État autour duquel les autres pussent se grouper. Brillants orateurs, athlètes redoutables à la tribune, ils combattaient vaillamment pour renverser, sans savoir, et même sans se demander, ce qu'il faudrait établir sur les ruines.

Rolland, ou plutôt sa femme, réunissait chez elle, par l'influence de son génie, ces hommes de trempes si différentes, de caractères si fiers, et cependant si dociles aux inspirations de sa sagacité; elle commandait, pour ainsi dire, et presque tous ces grands orateurs approuvaient ses vues et ses conseils; Vergniaud seul s'affranchissait parfois de ce joug : ses affections étaient ailleurs; elle ne sut pas l'enchaîner à son char.

Sorti du ministère, Rolland emporta les regrets des Girondins; sans lui, ils se croyaient faibles et même impuissants. Ils allèrent jusqu'à entamer une correspondance secrète avec la cour, et promirent d'arrêter le mouvement qui emportait la monarchie, si l'on consentait à rappeler le ministre disgracié. Une lettre, signée Vergniaud, Guadet et Gensonné, fut remise à ce sujet à Boze, peintre du roi, qui devait la remettre à Thierry, valet de chambre de ce prince. On peut conclure de cette correspondance, que le monarque les avait consultés. La lettre commence par ces mots : « Vous nous » demandez, Monsieur, quelle est notre opinion sur la si- » tuation actuelle de la France, etc., etc. » Vergniaud et Gensonné avouèrent plus tard qu'ils avaient traité avec la cour pour un ministère de leur nuance politique. Cette démarche n'avait rien d'inconstitutionnel alors, rien qu'on ne pût avouer à la face de la nation; cependant leur franchise fut une faute, et leur lettre interprétée plus tard comme un crime.

Ballotés sur la mer orageuse de la politique d'alors, errant au hasard, sans direction, sans guide, républicains par goût et par principes, monarchistes ou constitutionnels par crainte de l'avenir, les Girondins s'aperçurent trop tard de l'abîme qu'ils avaient creusé et des périls qu'ils avaient créés pour eux-mêmes, pour la monarchie et pour le roi. L'orage éclata enfin ; et Vergniaud, comme s'il sentait déjà des remords, ou ne sachant que faire pour sauver la vie du roi, crut pouvoir désarmer les Jacobins, en faisant prononcer sa déchéance. Mais qu'aurait-il gagné en montrant à la France asservie un roi sans couronne? Cette magnifique ruine n'eût été qu'une source d'importuns souvenirs; les anarchistes n'en voulaient pas; et toutes ces demi-mesures ne tendaient, en dernier lieu, qu'à amener la funeste catastrophe du 21 janvier! Les Girondins s'étaient placés sur la pente; il était difficile, impossible à la fin, de ne pas aller plus loin. En effet, ils votèrent la Convention, la république, et, enfin, la mort du roi. Ils firent quelques efforts pour faire intervenir l'appel au peuple comme dernière planche de salut pour le monarque découronné; mais ce moyen rejeté, ils s'étaient trop avancés pour reculer. Ils persistèrent dans leur vote; et ce fut un député de Bordeaux, Vergniaud, qui, comme président de la Convention, prononça la sentence de mort contre le roi-martyr.

Au moment d'articuler le fatal arrêt, Vergniaud paraissait en proie à de sérieuses préoccupations, où se mêlaient ses remords et ses craintes. « Citoyens, dit-il, vous garderez, je » l'espère, un profond silence : je vais proclamer le résultat » du scrutin. Quand la justice a parlé, l'humanité doit avoir » son tour. » Alors, avec l'accent de la douleur, il déclara que *la peine prononcée contre Louis Capet est la mort!* Ah! Vergniaud, vous dites que la justice avait parlé! Cependant cet arrêt a été révisé et cassé au tribunal de la postérité. Ce jour-là, il n'y avait ni humanité, ni justice; la passion avait usurpé leur place; et votre langue, dans ce moment d'aveugle lâcheté, a démenti les nobles mouvements de votre cœur!

Aveugles ou imprévoyants, comme beaucoup de leurs collègues, les Girondins croyaient que le décret qui renversait le trône et le prince dans le sang, suffirait pour régénérer la

France, changer les institutions, les mœurs, les usages séculaires de la nation, et rendrait les Français paisibles, vertueux et heureux. La royauté qu'ils poursuivaient de leur haine, c'était celle de Louis XIV, dont la gloire avait sans doute resplendi sur la France et sur l'Europe; mais n'avait pu voiler ni faire oublier son éblouissant despotisme : c'étaient les dégoûtantes turpitudes de la régence; c'étaient le parc aux cerfs de Louis XV, les souveraines insolences des Pompadour, la dissipation des trésors du pays et l'asservissement des Français, amis de la liberté. Mais la royauté n'était pas là; il n'y en avait que le nom et les abus. Si les Girondins avaient remonté plus haut, ils auraient vu, comme disait Mme de Staël, qu'en France la liberté était ancienne et le despotisme nouveau; ils auraient vu que, selon l'antique usage des Français, le roi s'appuyait sur le peuple, dont il tirait sa puissance, et que la loi ne se faisait qu'avec le concours du peuple et la Constitution ou sanction du roi *(concursu populi et constitutione regis)*, et, enfin, que le despotisme des rois modernes n'était que le résultat nécessaire du protestantisme, une concentration nécessaire des forces nationales dans la personne du monarque, pour s'opposer plus efficacement à ces doctrines dissolvantes qui sapaient l'autorité, divisaient le peuple en fractions ennemies, soulevaient les sujets contre leurs supérieurs, faisaient de l'autorité un problème et de la résistance un devoir, et soufflaient partout la guerre au nom d'un Dieu de paix !

Les Girondins auraient dû employer leurs beaux talents à replacer la royauté sur son antique base. Mais non, ils s'adressèrent aux passions; et grâces aux Maratistes ou Jacobins, le vaisseau de l'État fut poussé, avec ses imprudents pilotes, contre les écueils, par les mêmes vents qu'ils avaient si imprudemment déchaînés. Leur rêve était beau : ils voulaient le règne de la vertu, de l'ordre, de la liberté et de la justice; mais comment ces nobles passions des cœurs généreux pouvaient-elles naître et se conserver au milieu des Marat, des Danton, Robespierre et *consorts*?

Nous consacrerons à ces malheureux Girondins, au moins aux plus célèbres de ceux de notre ville, des notices particulières. Nous leur ouvrons une galerie spéciale, où nos lecteurs pourront les voir, les examiner individuellement, et, par conséquent, mieux les connaître. Nous commençons par Vergniaud.

LIVRE IV.

CHAPITRE PREMIER.

Notice biographique sur Vergniaud. — Sa vie publique et politique.

Livre IV.
—
1793
—
Vergniaud.

A la tête de ces puissantes intelligences qui ouvrirent la lice où devait plus tard descendre le peuple tout entier, et qui, sous le nom de Girondins, inondèrent la France d'étincelantes lumières, nous mettons naturellement Pierre-Victurnien Vergniaud, le plus brillant de ces météores passagers qui jetèrent tant d'éclat sur nos assemblées politiques.

Vergniaud naquit à Limoges, en 1759, de parents bourgeois, et montra, dès son bas âge, les dispositions les plus heureuses du cœur et de l'esprit. Grâce à M. Turgot, il obtint une bourse au collége du Plessis, et en sortit avec distinction pour entrer au séminaire; mais son âme ardente, ses penchants à une vie voluptueuse et épicurienne, son amour de la liberté, le rendirent ennemi de toute gêne. Les sacrifices et les privations qui forment la vie sacerdotale contrastèrent trop avec l'insouciante indépendance de son esprit, et le dégoûtèrent d'une vie paisible et retirée. Il lui fallait un théâtre plus vaste; il pressentait sa grandeur; et prévoyant que sa parole facile et éloquente lui frayerait une route à la gloire, il choisit le barreau. Il aimait, d'ailleurs, dès sa tendre jeunesse, à parler en public, et s'estimait heureux de pouvoir captiver

VERGNIAUD

l'attention, suspendre la foule étonnée à ses lèvres, l'électriser par ses accents mâles et sonores, et arracher des applaudissements à son auditoire. Souvent, renfermé dans sa chambre, il se représentait devant une nombreuse assemblée et pérorait à haute voix, comme pour se préparer à la lutte de la parole. Un jour, M. Alluaud, son beau-frère, alla l'écouter à la porte; et après avoir entendu un long discours dans lequel Vergniaud déploya toute l'énergie de son âme, toutes les richesses de sa splendide imagination, il se retira enchanté du jeune orateur, avec le pressentiment de sa future gloire.

Quelques mois plus tard, le jeune protégé de Turgot se rendit à Bordeaux, pour y étudier le droit et se former sur les grands modèles de ce barreau célèbre et du Parlement. Il fut recommandé au président Dupaty, pauvre tête, qui ne dut sa célébrité d'un jour qu'à ses originalités et à ses mauvaises lettres sur l'Italie. Le voyant sans ressources financières, doué de dispositions heureuses, d'une mémoire très-fidèle, d'une forte passion pour l'étude et d'un grand amour pour les grands hommes de l'antiquité, Dupaty engagea son gendre, M. de Pichard, président du Parlement, à lui confier l'éducation de ses enfants. Il fit plus : il devint le père de l'orphelin Vergniaud, paya sa pension, et prédit sa future gloire dans une lettre à M. Alluaud, où il n'hésita pas à dire : « Il ne faut au » jeune homme que du temps; un jour, il reflètera une » grande gloire sur son nom. »

Reçu avocat à Bordeaux en 1781, Vergniaud s'éleva bien vite au premier rang; il avait déjà conquis une grande célébrité. Il avait l'insouciance habituelle des grands hommes, et se distinguait par son goût pour les formes majestueuses de l'éloquence du forum romain. Sa passion pour les livres le rendit indifférent pour presque tout le reste; et sans souci pour le cours des choses, il se confiait gaîment au hasard pour son avenir. Un jour, M. Duisabeau, procureur au Parlement, lui porta les dossiers de trois procès : il prit le premier, l'examina et le déposa sur son bureau; il prit les deux autres successivement, et les jetant sur la table, répondit : « Tout cela ne vaut pas le diable. — Mais, répliqua le visiteur, je vous apporte des écus. — Oui, combien? — Tant. — Ah ! dit Vergniaud, c'est joli; mais je plaide pour rien, sur rien, et je n'ai pas le courage de m'abaisser. — Et les écus, dit l'autre?... » Vergniaud se retourna, ouvrit son tiroir, y regarda, et s'écria : « Tiens, voilà cinq pièces de 6 fr.; assez; je ne veux ni de vos mauvais procès, ni de vos bons écus; adieu ! »

La révolution arrive : la réputation et les beaux talents de Vergniaud servent de piédestal à sa gloire et de recommandation auprès du corps électoral; il est nommé représentant. Heureux, respecté à Bordeaux, il monte plus haut et perd le bonheur : l'aigle voulait plus d'espace pour étendre son vol ; mais il portait dans ses serres la foudre qui devait mettre le feu aux quatre coins de la France. Bon fils, il vendit le petit héritage qu'il tenait de sa mère, pour payer les dettes de son père, et racheta ainsi l'honneur de sa famille; mais son âme ne fut pas insensible aux idées philosophiques du jour, aux doctrines subversives des utopistes révolutionnaires. Grâces à son influence, les Bordelais, sous le charme de sa parole, se rallièrent de bonne heure, au moins en partie, autour du char des novateurs politiques. On dit que ce fut à la tribune que son talent d'orateur se perfectionna. Cela n'est pas absolument vrai. Sans doute, sa puissance oratoire a pu recevoir un certain brillant, plus d'éclat par son contact avec l'Assemblée; mais son génie indolent, son caractère insouciant, ses habitudes de nonchalance, son aversion pour tout travail long ou pénible, nous font croire qu'il devait presque tout à la nature et bien peu à l'art. Il avait le sentiment de sa force, et semblait entrevoir, sans le rechercher, un glorieux avenir. Nommé représentant par le collége électoral de Bordeaux, il s'effraie, par une timidité naturelle, de son titre et de l'importance de ses devoirs ; il ne songe pas à la fortune, pas même à la gloire, mais il avait des devoirs à remplir ; il s'en alarmait, comme d'un fardeau trop pesant pour sa paresse. Enfin, ses parents, ses amis, le pressent ; il accepte le mandat et part pour Paris. Pauvre, obscur, modeste, économe par force, il loge dans une misérable chambre, rue des *Jeûneurs*, et, plus tard, dans un pavillon écarté, à l'ombre du jardin des Tuileries. C'est de là que, végétant dans l'obscurité, luttant avec la misère, il écrit à sa sœur : « Je n'ai point d'argent ; » mes anciens créanciers à Paris me recherchent ; je les paie » un peu chaque mois. Les loyers sont fort chers ; il m'est » impossible de payer le tout. » Voilà l'homme qui, plus tard, vit la France à ses pieds, qui dicta des lois à l'Assemblée, et même au roi, qui jeta la couronne de France par terre, sans daigner la ramasser, et proclama la république !

Sa famille eut des intérêts à faire valoir auprès du ministre : Vergniaud refuse de solliciter, et repousse toute idée de courtiser le pouvoir. Bon, généreux, compatissant, il avait d'abord les meilleures qualités possibles ; sa correspondance avec sa famille, à Limoges, respire la douceur, l'amitié, la délicatesse et la sensibilité la plus profonde. Enthousiaste de Rousseau, il aimait toujours sa philosophie et son indépendance. Lecteur assidu de Montesquieu, il s'était saturé l'esprit de ses idées ; mais la religion n'était pas là pour éclairer son âme, diriger son cœur et arrêter la fougue de ses passions et les écarts de son imagination. Partisan des nouvelles idées, le roi était d'abord pour lui quelque chose de grand et de sacré, et il ne parlait jamais de la reine qu'avec respect et attendrissement ; mais la contagion des principes politiques est irrésistible. Dans peu de temps, Vergniaud n'était plus reconnaissable.

Quand Fonfrède et Ducos arrivèrent à Paris, Vergniaud alla loger chez eux. Plus avancés que lui dans la voie républicaine, ils exercèrent une fâcheuse influence sur son esprit. Il n'était plus à lui, il n'était plus le même : ils le poussèrent plus loin qu'il n'aurait voulu aller. D'autres circonstances vinrent hâter leur travail et leurs vœux, et placer le grand orateur en avant de la brillante pléiade girondine. Le 6 octobre 1791, Vergniaud parut à la tribune pour la première fois, mais avec une profonde méfiance de lui-même, et comme un voyageur dans un pays inconnu. Son port était assez noble, sa figure n'était pas belle; mais elle empruntait à son électrisante éloquence un charme, une animation indéfinissable. Son regard était vif, et ses brillantes pensées se reflétaient dans son œil comme dans un miroir ; tandis que de sa bouche s'écoulaient des phrases rapides, mais incisives, arrondies, moelleuses et insinuantes. Quelquefois l'ironie et le dédain se peignaient dans ses regards; mais sur ses lèvres, contractées par de pénibles impressions, s'épanouissait un moment après un sourire gracieux. Son geste était un puissant auxiliaire de sa parole : il était naturel, et n'avait rien d'affecté ni de théâtral. Tout en lui, même sa taille élancée et souple, conspirait, avec les séductions de son éloquence, pour enchaîner l'attention de l'Assemblée, frémissante sous sa parole : « Le front » haut, dit Charles Nodier, l'œil errant sur tous les objets » sans les regarder; imposant, dans l'abandon même de sa » démarche et de ses manières, de toute la grandeur qui s'at» tachait au souvenir de ses paroles; insouciant de la minute » qui venait de s'écouler, insouciant de la minute à venir ; » jouant avec les breloques de sa montre; rêvant — et qui » pourrait dire à quoi Vergniaud rêvait, si ce n'est à l'objet le » plus étranger à sa situation présente. » Dans la chaleur du débit, sa main droite s'enfonçait parfois dans les plis de son jabot ou de sa cravate, pendant que sa main gauche portait le désordre dans sa chevelure artistement arrangée, et inondait la tribune d'une averse de poudre. Quelquefois ce Démosthènes girondin levait sa main, comme pour donner des ordres; c'était le prince de la tribune : on ne lui en contestait pas le droit. Son début était heureux, ses succès nombreux ; tout semblait le convier à de nouvelles gloires; cependant, il fallait le stimuler pour le pousser à la tribune. Il y paraissait comme un météore qui éclaire et éblouit : il captivait par les séductions de son style; il persuadait par la puissance de sa dialectique; il touchait, entraînait et enchantait par ses allusions et la combinaison des ressources de l'art du rhéteur, qu'il possédait au suprême degré. Doué de tout ce qui constitue l'orateur, il n'avait pas le goût des polémiques politiques; il reculait devant le combat; et heureux dans son apathie habituelle, il fallait une secousse, un coup de tonnerre, pour le tirer de cette somnolence de l'âme et faire jaillir quelques étincelles de son admirable éloquence. Soldat de Capoue, il se réveillait quelquefois à la vue du danger, et se ressouvenait du forum : il s'y montrait en héros. Guadet et Gensonné lui firent faire connaissance avec Mme Rolland : elle parlait beaucoup de liberté; mais elle voulait des esclaves à ses pieds. Vergniaud ne lui plut pas : elle croyait lui trouver l'égoïsme de la philosophie; son génie indolent n'était pas à la hauteur de celui de cette femme-ministre. Elle admirait son talent oratoire; c'était tout ce qu'elle aimait en lui. Il était loin d'être sensible aux charmes de cette dame, et peu soumis à l'empire de son génie; il était, d'ailleurs, épris d'une actrice du Théâtre-Français, Mme Simon Candeille. Esclave de cette comédienne, il ne songeait qu'à lui plaire; il composa pour elle, sous un autre nom, quelques scènes du drame, alors célèbre, de la *Belle-Fermière*. Grand à la tribune, applaudi de tous les partis, modeste dans la vie privée, franc, ouvert et amical dans l'intimité, il s'oubliait jusqu'à aller humblement déposer ses lauriers aux pieds de cette femme, dont la société faisait son bonheur. Il s'enivrait à la source où s'amollissait le beau talent qui faisait sa gloire. Ses habitudes paresseuses l'énervaient; il se couchait tard, se levait vers midi, méditait ses discours dans le silence, prenait des notes sur des feuilles volantes, et, dans ses loisirs, les arrangeait, les coordonnait, les polissait;

il ornait de fleurs les armes qu'il maniait avec tant d'adresse contre ses adversaires. Le coup donné, son antagoniste blessé ou renversé, il se retirait du combat, peu soucieux de tout le reste ; il s'abandonnait à sa mollesse et à ses rêveries, ou allait tuer le temps chez la comédienne ou chez ses amis.

Vergniaud, dit Lamartine, était de taille moyenne, mais fort, bien musclé et bien fait ; son nez était court, large, fièrement relevé de narines ; ses lèvres, un peu épaisses, dessinaient fermement sa bouche ; ses yeux noirs et pleins d'éclairs semblaient jaillir de ses sourcils proéminents ; son front, large et plane, avait ce poli de miroir où se réfléchit l'intelligence ; ses cheveux châtains ondoyaient aux secousses de sa tête, ainsi que ceux de Mirabeau. Les marques de la petite vérole timbraient la peau de son visage, comme le marbre dégrossi par le marteau à diamant du tailleur de pierres ; son teint était pâle, presque livide ; sa voix, forte et sonore. Dans la foule et en repos, il n'avait rien qui pût le faire remarquer ; mais quand l'âme se répandait dans sa physionomie, comme la lumière sur un buste, l'ensemble de la figure prenait, par l'expression, l'idéal, la splendeur et la beauté qu'aucun de ses traits n'avait en détail ; il s'illuminait d'éloquence. Les muscles palpitants de ses sourcils, de ses tempes, de ses lèvres, se modelaient sur ses impressions intérieures, et confondaient sa physionomie avec sa pensée même ; c'était la transfiguration du génie. Le jour de Vergniaud, c'était sa parole ; le piédestal de sa beauté, c'était la tribune ; quand il en était descendu, il s'évanouissait : le demi-dieu n'était plus qu'un homme ! Voilà l'homme. Voyons maintenant l'orateur et le politique.

Vergniaud, nourri de la lecture des philosophes du dernier siècle, ne voyait rien au-dessus de la liberté : il la rêvait bonne et belle ; mais il s'embarrassait peu de savoir si elle pouvait devenir incompatible avec l'ordre et dégénérer en anarchie. Né avec des sentiments élevés, il détestait tout ce

qui paraissait au-dessus de son niveau ; il avait des idées sophistiques sur l'égalité ; et raisonnant faussement sur la dignité humaine, il repoussa, le 6 octobre 1791, avec Grangeneuve, les titres de *sire*, de *majesté*, qui le blessaient dans sa manière de voir. Le titre de *roi des Français* lui paraissait moins offensant pour des oreilles démocratiques, et impliquait aux yeux des hommes libres le choix du peuple. « Je suis sur-
» pris, dit-il, en appuyant la proposition de Couthon et de
» Grangeneuve, que l'on craigne que le cœur de Louis XVI,
» roi constitutionnel, se trouve blessé de cette qualification. »
Il pensait, cependant, que si le roi se tenait debout et découvert, par respect pour l'Assemblée, quand il y venait, l'Assemblée, pour le roi, devait faire de même. A ses yeux, l'émigration, qui enlevait à la patrie ses enfants, ses appuis, était une lâcheté et une trahison. Il la flétrit dans un beau discours, plein de chaleur, de mouvement et de logique, dont l'Assemblée, dominée par le pompeux ascendant de sa parole, décréta l'impression ; c'était son premier triomphe à la tribune. Il était sévère contre les émigrés, et croyait que le roi comptait sur eux pour soulever l'Europe contre la France. Ceci résulte évidemment de son langage, le 28 octobre. D'ailleurs, dînant le même soir chez le restaurateur Février, avec Guadet et Gensonné, il leur dit : « Gardez-vous de croire que Louis
» sanctionne le décret contre les émigrés : cet homme ne
» comprendra la révolution que lorsqu'elle lui tiendra le genou
» sur la poitrine. »

Au mois de novembre, des députés bordelais, admis à la barre de l'Assemblée, la supplient de prendre en sérieuse considération les malheurs arrivés à Saint-Domingue. Vergniaud présidait ; il répondit avec convenance, et termina par ces mots : « Quant à vous, Messieurs, qui, ne vous occupant
» que des malheurs d'une autre hémisphère, paraissez oublier
» ceux qui vous sont personnels, comptez que l'Assemblée
» nationale emploiera tous les moyens en son pouvoir pour

» vous aider à réparer vos pertes. » Si l'on avait écouté les sages conseils de Guadet, Ducos et Vergniaud, Saint-Domingue appartiendrait aujourd'hui à la France ; on n'aurait pas eu tant et de si grands malheurs à déplorer.

Dans la séance du 18 janvier 1792, l'Assemblée s'occupait des affaires étrangères et de la guerre. Vergniaud, s'élevant à une hauteur étonnante, fit éclater l'enthousiasme de tous ses collègues, et des *bravos* même sur les bancs de ses adversaires : on disait alors que cet esprit hardi était allé rallumer le flambeau de l'éloquence sur la tombe de Mirabeau. Vergniaud épancha alors à grands flots toute sa bile contre ceux qui conspiraient à l'étranger et à l'intérieur, contre les rois qui les paient, contre les libellistes ou calomniateurs à gages, les prêtres séditieux, les financiers avides ; et après avoir esquissé un noir tableau de leurs machinations ténébreuses et perfides, il s'écria, dans les accents d'un patriotisme exalté, au milieu des plus frénétiques applaudissements : « Aux ar- » mes ! Citoyens, aux armes ! Hommes libres, défendez votre » liberté, assurez l'espoir de celle du genre humain, ou bien » vous ne mériterez pas même sa pitié dans vos malheurs. » Interrompu par des bravos étourdissants et multipliés, il devient plus calme, et continue à traiter la question à l'ordre du jour avec une froide dignité. Il était content d'avoir conquis l'admiration universelle : c'était assez pour le moment ; mais son ivresse le maîtrisant encore, et se sentant avide d'une nouvelle gloire, il s'élève de nouveau au-dessus des hommes et des choses du moment, et termine par cet appel lyrique à tous les hommes généreux : « Une pensée échappe de mon » cœur : je terminerai par elle. Il me semble que les mânes » des générations passées viennent se presser dans ce temple, » pour vous conjurer, au nom des maux que l'esclavage leur » a fait éprouver, d'en préserver les générations futures, dont » les destinées sont entre vos mains. Examinez cette prière ; » soyez à l'avenir une nouvelle Providence ; associez-vous à

» la justice éternelle de Dieu, qui protége les Français. En
» méritant le titre de bienfaiteurs de votre patrie, vous méri-
» terez aussi celui de bienfaiteurs du genre humain. » C'était
un beau jour pour Vergniaud : sa parole était regardée comme
une puissance. On l'appelait, dès lors, l'*aigle de la tribune*,
ou le *Démosthènes bordelais;* mais à force de savourer l'encens
de la flatterie et de s'étourdir dans l'ivresse de sa vanité, il
devint morose, sévère, impitoyable. Son âme était douce et
compatissante; on l'avait poussé dans les extrêmes : il était
devenu presque féroce. Il ne partageait pas d'abord les emportements de quelques Girondins; mais il avait leur ardeur
patriotique, quoiqu'il n'adoptât pas tous leurs principes. Il
n'avait pas, dit Thiers, la vivacité des réparties de Guadet,
mais il s'animait à la tribune; et grâce à une souplesse d'organe, il rendait sa pensée avec une facilité, une fécondité
d'expressions qu'aucun homme n'a égalées.

Au commencement de mars 1792, Gensonné et Guadet
accusèrent le ministre Le Lessart de trahir la France. Vergniaud, poussé par ses amis, appuya la charge; elle devait
porter plus haut que le ministère et atteindre la cour. Après
avoir rappelé une phrase de Mirabeau, relative à la Saint-
Barthélemy, il s'exprima ainsi : « Et moi aussi, je m'écrie de
» cette tribune, où je vous parle : On aperçoit le palais où des
» conseillers pervers égarent et trompent le roi que la Con-
» stitution nous a donné, forgent les fers dont ils veulent nous
» enchaîner, et préparent les manœuvres qui doivent nous
» livrer à la Maison d'Autriche. Je vois les fenêtres du palais
» où l'on trame la contre-révolution, où l'on combine les
» moyens de nous replonger dans les horreurs de l'esclavage,
» après nous avoir fait passer par tous les désordres et par
» toutes les fureurs de la guerre civile. Le jour est arrivé où
» vous pourrez mettre un terme à tant d'audace, à tant d'in-
» solence, et confondre ainsi les conspirateurs. L'épouvante
» et la terreur sont souvent sorties dans les temps antiques,

Livre IV.
Chap. 1.

1793

VERGNIAUD.

*Histoire
de la
Révolution,*
liv. IX.

» et au nom du despotisme de ce palais fameux; qu'elles y
» rentrent aujourd'hui; qu'elles y pénètrent tous les cœurs;
» que tous ceux qui l'habitent apprennent que la Constitution
» n'accorde l'inviolabilité qu'au roi; et qu'ils sachent bien que
» la loi atteindra sans distinction tous les coupables, et ne
» laissera échapper à son glaive pas une seule tête con-
» vaincue d'être criminelle. »

On voit que la belle âme de Vergniaud suivait enfin les passions du temps; il était bien changé. Nous en verrons d'autres preuves dans l'âpreté de son langage.

Ce discours, dont nous venons de lire un extrait, eut un immense succès, mais moindre cependant que celui qu'il prononça le 19 mars. Ce jour-là, il déploya toute sa puissance d'orateur et d'homme politique; il aborda, avec une noble franchise, la question si délicate et si brûlante des affaires d'Avignon et des prisonniers de cette ville. Tranquille et sans passion, il commença avec calme; mais s'échauffant par degrés aux souvenirs des crimes commis dans cette ville, et qu'il attribuait, selon les préventions du temps, aux nobles et au clergé, il s'écria, comme dans un paroxisme fébrile : « Voulez-
» vous punir les assassins des prisonniers? Dressez des écha-
» fauds pour tous les partisans de l'Assemblée électorale, qui,
» irrités des meurtres de l'un de leurs chefs, et violemment
» émus à l'aspect du jeune Lécuyer, tout dégoûtant du sang
» de son père, ont ouvert cette glacière à laquelle on ne peut
» penser sans horreur; ou plutôt, comme la nation française
» est trop généreuse pour fournir assez de bourreaux à votre
» justice sanguinaire, osez demander la foudre du ciel, plus
» humaine que vous, ou à la nature, une de ces grandes
» catastrophes qui fassent disparaître de la terre, et les mal-
» heureux Avignonais, et le sol qu'ils ont déshonoré. » Il continue sur ce ton ses inspirations sublimes, relevées par des gestes appropriés et naturels, et se résume enfin par cette brillante péroraison : « Terminer une guerre civile par des

» supplices, c'est la justice de la victoire; c'est immoler le
» vaincu au vainqueur, celui qui a succombé à celui qui triom-
» phe; c'est couvrir du voile de la loi les proscriptions des
» Marius, des Sylla et des César. Je vous en conjure, que les
» bourreaux ne soient pas le premier présent que vous ferez
» aux Avignonais; envoyez-leur plutôt des paroles de paix et
» de secours, qui effacent, s'il est possible, les traces de leurs
» malheurs. Ils ont tant souffert pour devenir Français! qu'ils
» n'aient pas à souffrir encore de l'être devenus! » Ce discours fit une profonde impression sur l'Assemblée et sur la
France; il fut vivement applaudi.

Le 10 avril, il prononça un discours sur le mode de constater l'état civil des citoyens; mais il n'était pas sur son terrain. Généreux envers tous les cultes, il se montra sévère contre le sien; ignorant en théologie, il ne songeait pas qu'en les élevant tous au même niveau, il les déclarait tous également bons ou également faux, et confondait ainsi la vérité avec l'erreur. Ses idées politico-religieuses sur le mariage décelaient son peu d'habileté politique; elles troublaient la paix des ménages et le bonheur des époux, qui n'espéraient que du ciel la sanction et la bénédiction de leurs liens et de leurs vœux.

Insouciant, indifférent même, la religion ne le réveillait pas; pour dissiper sa somnolence, il fallait les grands mots de liberté, de guerre, de vertus civiques. Sous l'impression de ces idées magiques, il s'élevait jusqu'au sublime; et à un grand fonds d'austérité, il savait allier beaucoup de finesse et d'ironie, comme on peut le voir par son discours du 16 mai. Il y argumenta avec des sophismes, et triompha par sa philosophie impitoyable et son antipathie haineuse contre les ministres de l'autel, que Voltaire et les encyclopédistes lui avaient appris à détester; il les voua à la déportation, pour n'avoir pas voulu agir contre leur conscience, et adopter, à la place de la vieille foi de la France pendant quatorze siècles, une nouvelle religion bâclée, comme des chartes constitutionnelles, par des hommes sans mission et la plupart sans foi. Il renouvela la même motion le 23 août suivant; mais il insista sur la distinction qu'il fallait faire entre les prêtres *assermentés* et les prêtres *insermentés,* c'est-à-dire entre les apostats et les membres du sacerdoce fidèles à leur foi, à leurs vœux, à l'église. Il s'opposa, cependant, à ce qu'on fît une nouvelle loi, qui enveloppât l'innocent et le coupable. Son naturel était bon; il le suivait parfois; mais la passion le dominait bien souvent. En avançant dans la carrière politique, il cessait peu à peu d'être ce que la nature l'avait fait.

L'un des plus beaux jours de l'éloquence de Vergniaud était, sans contredit, le 22 avril. Condorcet venait de faire un rapport qui poussait la France à la guerre: le Démosthènes bordelais, sous les impressions du plus chaleureux patriotisme, s'écria ainsi, avec son énergie habituelle: « Rappelez-
» vous le jour de cette fédération générale, où les Français
» dévouèrent leur vie à la défense de la liberté et à celle de
» la Constitution; rappelez-vous le serment que vous-mêmes
» avez prêté, le 14 janvier, de vous ensevelir sous les ruines
» de ce temple plutôt que de consentir à la moindre capitu-
» lation ou de souffrir une seule modification de votre Con-
» stitution. Quel est le cœur glacé qui ne palpite pas dans
» ces moments augustes? Quelle est l'âme froide qui ne s'élève
» pas, j'ose le dire, jusqu'au ciel, avec les acclamations de la
» joie universelle? Quel est l'homme, l'homme apathique,
» qui ne sent pas son être s'agrandir et ses forces s'élever, par
» un noble enthousiasme, au-dessus des forces de l'humanité?
» Eh bien! donnez encore à la France, à l'Europe, le spectacle
» imposant de nos fêtes nationales; ranimez cette énergie de-
» vant laquelle tombent les bastilles; donnez une nouvelle ac-
» tivité au sentiment brûlant qui nous attache à la liberté et
» à la patrie; faites retentir tous les coins de l'empire par ces
» mots sublimes: *Vivre libres ou mourir; la Constitution tout*

» *entière, sans modification, ou la mort!* Que ces cris se fassent
» entendre auprès des trônes coalisés contre vous ; qu'ils leur
» apprennent que les vœux de conserver la Constitution ou de
» faire la guerre pour la défendre ne sont pas seulement les
» vœux de la majorité de la nation, mais les vœux unanimes
» de tous les Français ; qu'en vain on compte sur nos divisions ;
» que, lorsque la patrie est en danger, nous ne sommes
» plus animés que d'une seule passion, celle de la sauver ou
» de mourir pour elle ; qu'enfin, si la fortune trahissait dans
» les combats une cause aussi juste, aussi sacrée que la nôtre,
» nos ennemis pourraient bien insulter à nos cadavres, mais
» que jamais ils n'auraient un seul Français dans leurs fers. »

<small>Livre IV. Chap. 1.

1793

Vergniaud.</small>

Ce jour-là, le triomphe de Vergniaud fut complet : il fut admirable et sublime ; il fut applaudi sur tous les bancs avec un enthousiasme difficile à décrire. Il revint sur le même sujet, et toujours avec succès. « Il élevait, dit un écrivain de nos » jours, la révolution à la hauteur d'un apostolat ; il étendait » son patriotisme à l'humanité, et entraînait l'Assemblée par » les vertus du peuple. » Le poète-historien a raison : Vergniaud considérait la révolution française comme une apparition miraculeuse et providentielle en faveur de l'humanité ; sa voix de sirène brillantait ses belles conceptions ; et Chénier, charmé par son éloquence, a pu dire de lui avec raison :

<small>Lamartine.</small>

« Vergniaud, dont la tribune a gardé la mémoire. »

Cette impression produite sur Chenier par notre grand orateur, ne fut pas passagère, mais bien réfléchie ; car, en 1793, dit Thiers, quand il s'agissait de la réintégration des députés qui avaient échappé à l'échafaud, Chénier s'écria : « Pourquoi » ne s'est-il pas trouvé une caverne assez profonde pour sous- » traire aux bourreaux l'éloquence de Vergniaud et le génie » de Condorcet !! »

<small>Histoire de la Révolution, livre XXVI.</small>

Le renvoi des ministres Rolland, Servan et Clavière, déplut aux Girondins ; c'était un échec pour leur puissance et surtout pour leur orgueil ; ils devinrent de vrais républicains, et en adoptèrent les idées dans tous leurs développements vers la fin de juin : on eût dit des hommes déjà maîtres de la France, qui se décidaient enfin à abattre le roi, pour s'emparer de ses dépouilles. Ce mauvais sentiment, mélange de haine et de vengeance, perça dans tous leurs discours. Écoutons Vergniaud, quand, après avoir envisagé les circonstances où se trouvait la France, la conduite des rois et les préventions publiques dont il se faisait l'organe, et les termes dont le prince aurait pu se servir pour se justifier, il s'écrie : « Si donc le roi vous tenait ce langage, ne seriez-vous pas en droit de lui répondre : O roi, qui, comme le tyran Lysandre, avez cru que la vérité ne valait pas mieux que le mensonge; qu'on amuse les hommes avec des serments, comme les enfants avec des osselets ; qui avez feint de n'aimer la loi que pour conserver la puissance qui vous servirait à la braver, était-ce nous défendre que d'opposer aux soldats étrangers des forces dont l'infériorité ne laissait pas même d'incertitude sur la défaite ? Était-ce nous défendre que d'écarter les projets tendant à fortifier l'intérieur ?....... La Constitution vous laissa-t-elle le choix des ministres pour notre bonheur ou notre ruine? Vous fit-elle chef de l'armée pour notre gloire ou notre honte? Vous donna-t-elle enfin le droit de sanction, une liste civile et tant de prérogatives, pour perdre constitutionnellement la Constitution et l'empire? Non! non! homme que la générosité des Français n'a pu rendre sensible, que le seul amour du despotisme a pu toucher....... vous n'êtes plus rien pour cette Constitution que vous avez si indignement violée, pour ce peuple que vous avez si lâchement trahi !! »

Il fut vivement applaudi : la démocratie débordait en France! Vergniaud seul, jusqu'alors, lança dans le monde, d'une manière hypothétique, l'idée de la déchéance. Elle fut féconde ; elle s'étendit, et n'acquit son entier développement que le

21 janvier 1793, sur l'échafaud du roi-martyr ! Les Girondins étaient alors les maîtres de l'Assemblée nationale ; c'est à leur aveugle ambition qu'on en peut attribuer les écarts. Mais le 9 août semblait annoncer leur déchéance et le triomphe des Jacobins ; on était à la veille d'une épouvantable crise. Les Girondins se réunissent ; on veut agir : « Abstenons-nous, » s'écria Vergniaud, abstenons-nous ; lequel d'entre vous vou- » drait se mêler à ces meneurs furieux, qui s'emparent du » mouvement ? Nous aspirons à l'insurrection par l'autorité de » la tribune et de la presse ; c'est l'effusion du sang qu'on » prépare..... Nous voulons un roi déposé ; les Jacobins veu- » lent un roi mort ! »

Ces lignes peignent au naturel les Girondins et leurs vues politiques ; ils voulaient aller à l'extrême limite de la monarchie ; les Jacobins poussèrent leur char plus loin et la franchirent. Quand il s'agissait d'enlever la couronne du front de l'infortuné prince, c'est Vergniaud qui fut chargé d'annoncer cette proposition à l'Assemblée, en présence même du monarque. La mission était délicate et pesait comme du plomb sur le cœur du Girondin ; il monta lentement à la tribune, en proie à des préoccupations graves. Ses traits paraissaient altérés ; son visage pâle ; le remords, ou au moins le chagrin, semblait lui ronger le cœur ; sa voix faible, son attitude incertaine ; enfin, se rappelant qu'il avait un devoir à remplir, il s'exprima ainsi : « Messieurs, je viens vous présenter, sans » réflexions, une mesure bien rigoureuse. Je m'en rapporte » à la douleur dont mes collègues et moi sommes pénétrés, » pour juger combien il importe au salut de la patrie qu'elle » soit adoptée. » Tous les regards se portent sur l'infortuné roi ; mais sa physionomie resta toujours calme ; sa sérénité et son impassibilité chrétienne, en présence d'une assemblée qui l'outrage, prouvaient à tout le monde qu'il était moins affecté de son immense disgrâce que l'audacieux Girondin qui venait de la prononcer. A force de vouloir restreindre la royauté,

on finit par l'anéantir ; il semblait aux Girondins que la liberté ne pouvait coexister avec le pouvoir, même restreint, d'un seul. Placé sur cette pente, Vergniaud ne sut pas s'arrêter ; c'était sa fatalité. Aujourd'hui, il arrache au roi sa couronne ; mais, le 3 juillet, il l'avait violemment ébranlée. Ce jour-là, il monta à la tribune ; et après s'être recueilli un instant, sa tête cachée dans ses deux mains, sa voix mal assurée, ses gestes sans vigueur, sans expression, son regard triste, il lança dans l'Assemblée, en accents graves et solennels, un de ces discours qui paralysent toute opposition, et qui conquit, ce jour-là, les applaudissements de la foule. Il rejeta tous les torts sur le roi, et laissa sur l'esprit public des impressions dont le 10 août n'était que la trop fidèle réalisation. Après tant de soupçons et de menaces, Louis XVI n'était plus roi ! Aussi, quand le peuple vint plus tard ravager les Tuileries, où l'on ne voulait pas même voir une de ces *autorités constituées* que Vergniaud avait promis de respecter, il ne fit que tirer logiquement des principes des Girondins leurs dernières conséquences. On se demande quelquefois dans quel but Vergniaud rédigea-t-il l'acte de suspension provisoire du roi ? Était-ce pour en finir avec la royauté ? ou voulut-il apaiser le peuple, et sauver le roi en abaissant la royauté ? On n'en sait rien. « Vergniaud, Guadet et Gensonné, dit Lamartine,
» ne furent que des discoureurs, quelquefois sublimes, tou-
» jours impuissants. Ils n'eurent pas de but arrêté, ou ils pla-
» cèrent ce but trop loin ou trop près. Ils donnèrent à la
» révolution des impulsions tour à tour ou trop faibles, ou
» trop fortes, qui l'arrêtèrent en-deçà, ou la lancèrent au-delà
» de leurs pensées ; ils voulaient le pouvoir, et ils le sapaient ;
» ils craignaient l'anarchie, et ils la conspiraient ; ils voulaient
» la république, et ils l'ajournaient. »

Tout cela est vrai ; leur conduite paraît inexplicable, et leur allure toujours incertaine. Dans le décret de suspension, rédigé par Vergniaud, ils firent des réserves pour la nomination d'un gouverneur du prince royal; on les soupçonna de connivence avec la cour. Cette inconséquence de l'esprit public trouvait sa justification dans l'inconséquente incertitude de la marche des Girondins. On les accusa de s'entendre avec la cour; Vergniaud fut menacé. Il perdit sa popularité; mais il la reconquit en parlant des forces aux ordres de Dumouriez; il étouffa les soupçons, et désigna assez clairement Marat, Robespierre et Danton, comme des misérables affamés du sang des Français.

Vergniaud était naturellement juste, et la méchanceté n'était nullement l'un des éléments de son caractère. Quand, au mois d'août, Jean de Bry demanda, en vrai fanatique de la liberté, qu'on formât un corps de douze cents hommes, qui se dévoueraient à attaquer corps à corps les tyrans qui font la guerre à la France, et les généraux qui étaient payés pour anéantir les libertés des Français, un généreux sentiment d'indignation souleva le grand cœur de Vergniaud, qui, dans une chaleureuse improvisation, foudroya ainsi cette motion criminelle. « Je ne traiterai pas cette question sous le rap-
» port de la moralité; la solution est dans toutes les âmes.
» Nous avons une guerre à soutenir contre des rois; mais
» c'est une guerre loyale que vous voulez faire, celle dans
» laquelle, les armes à la main, on combat un ennemi qui a
» aussi des armes à la main. Si vous organisez un corps de
» tyrannicides, nos ennemis organiseront un corps de géné-
» ralcides; votre décret sera peut-être un décret d'assassinat
» contre vos propres généraux, et vous aurez à craindre d'être
» les premières victimes du projet immoral qu'on vous propose
» d'adopter. »

On voit là tout le cœur de Vergniaud; ses inspirations étaient toujours grandes, presque toujours bonnes et généreuses; mais jamais plus brillantes ou plus émouvantes que lorsqu'il s'agissait de la liberté, de la patrie et de la république. Quand on vint annoncer l'approche de l'ennemi, le

conseil municipal de Paris fit sonner le tocsin et en prévint l'Assemblée. Vergniaud tonna contre l'étranger avec sa verve habituelle ; et après avoir exhorté les Parisiens à marcher contre l'ennemi, il finit par cette électrisante péroraison :
« Vous avez maintenant une grande ardeur pous les fêtes ;
» sans doute, vous n'en aurez pas moins pour les combats.
» Vous avez chanté, célébré la liberté ; il faut maintenant la
» défendre. Nous n'avons plus à renverser des rois de bronze
» *(statues)*, mais des rois environnés d'armées puissantes. Je
» demande que l'Assemblée nationale, qui, dans ce moment-
» ci, n'est plus qu'un grand comité militaire, envoie à l'in-
» stant, et chaque jour, quelques-uns de ses membres, non
» pas pour exhorter par de vains discours les citoyens à tra-
» vailler, mais pour piocher eux-mêmes ; car il n'est plus
» temps de discourir : il faut piocher la fosse de nos ennemis,
» ou, à chaque pas qu'ils font en avant, piocher la nôtre. »

Jamais on n'avait vu plus d'enthousiasme, plus d'exhaltation à l'Assemblée : tout entière, elle bondit sur les bancs et se leva comme un seul homme, au bruit d'innombrables bravos partis de tous les coins de la salle.

On sait toute l'horreur que le massacre des prisons inspira aux Girondins ; c'était l'œuvre des Jacobins, et Vergniaud ne fut pas le dernier à vouer à l'exécration publique les misérables qui faisaient commettre de pareilles atrocités par le peuple abusé ; il voulait même rendre la municipalité responsable des crimes qu'elle avait laissé commettre, et dénonça à la vindicte populaire les misérables agitateurs du parti Jacobin. « Les Parisiens aveuglés, dit-il, osent encore se croire
» libres ! Ils ne sont plus esclaves, il est vrai, des tyrans cou-
» ronnés ; mais ils le sont des hommes les plus vils, des plus
» détestables tyrans. Il est temps de briser ces chaînes hon-
» teuses, d'écraser cette nouvelle tyrannie ; il est temps que
» ceux qui ont fait trembler les hommes de bien, tremblent
» à leur tour. Je n'ignore pas qu'ils ont des poignards à

» leurs ordres.... Eh ! dans la nuit du 2 septembre, n'ont-ils
» pas voulu les diriger contre plusieurs d'entre vous? Dans
» leurs listes de proscriptions, n'ont-ils pas désigné au peuple
» plusieurs d'entre nous comme des traîtres? Et ma tête aussi
» est proscrite : la calomnie veut étouffer ma voix ; mais elle
» peut encore se faire entendre ici ; et je vous en atteste,
» jusqu'au coup qui me frappera de mort, elle tonnera, avec
» tout ce qu'elle a de force, contre les crimes et les scélérats.
» Bien mieux inspirés que Danton du grand mot de Guillaume-
» Tell, nous aussi, Messieurs, nous dirons : Périssent l'Assem-
» blée nationale et sa mémoire, pourvu que la France soit
» libre. — Oui, oui, s'écria toute l'Assemblée debout, péris-
sons tous, et que la liberté reste. » L'explosion d'enthousiasme
passé, l'orateur girondin reprend et ajoute : « Je demande
» que les membres de la commune répondent, sur leur tête,
» de la sûreté de tous les prisonniers. »

Le triomphe de Vergniaud fut complet : la proposition fut adoptée ; mais il se fit des ennemis puissants. L'étoile de Danton commençait à briller à l'horizon ; mais Vergniaud, dépopularisé, voyait pâlir la sienne ; et le fameux triumvirat de Marat, de Robespierre et de Danton finit, par une fiction d'amitié ou de sympathie, l'Assemblée législative. La commune paraissait à Vergniaud un obstacle au bien : il en dévoila les dangers, la montra en état de conspiration permanente contre l'Assemblée, et attaqua, le 25 septembre, corps à corps, pour ainsi dire, le sanguinaire *ami du peuple,* Marat, cette hideuse personnification du terrorisme, dont les excès et les crimes frayèrent à Danton et à Robespierre une route au pouvoir. Marat avait demandé la dictature pour un de ses amis ; il voulait un bourreau officiel et dévoué pour abattre plus vite des milliers de têtes, et surtout celles des Girondins ; mais Vergniaud exhala son indignation en termes sévères ; son exorde ne fut qu'une invective. Comme toujours, il était beau ; mais sa colère rendit la flétrissure moins odieuse ; elle arrêta l'aigle de la Gironde dans son vol, et l'empêcha d'être sublime. « S'il est un malheur pour un député, dit-il, c'est, » pour mon cœur, celui d'être obligé de remplacer à cette » tribune un homme (Marat) chargé de décrets de prises de » corps qu'il n'a pas purgées, contre lequel il a été rendu un » décret d'accusation, et qui a élevé sa tête audacieuse au- » dessus des lois ; un homme dégoûtant de calomnie, de fiel » et de sang. — Je m'en fais gloire, » répondit Marat à cette apostrophe déclamatoire ; et il n'en continua pas moins à provoquer la haine des Jacobins contre les Girondins, qui devenaient impopulaires.

Ce misérable drame ne pouvait pas durer longtemps : on en attendait le dénoûment ; et ce fut Louvet qui fut chargé de l'amener, en accusant Robespierre, que Marat voulait faire dictateur. Toutes les foudres de la Gironde éclatèrent sur la tête du despote désigné ; Vergniaud, inspiré magnifiquement par l'indignation, cette fougueuse muse de Juvénal, dénonça à la France les manœuvres d'une minorité séditieuse ; et étendant les deux bras vers la tribune, d'où tombaient les vociférations des interrupteurs soudoyés, il s'écria : « C'est là, dit-il, » que se tiennent les gardes du corps de Robespierre. Attendez » que Sylla quitte l'Assemblée, et vous verrez ces prétoriens » en guenilles, armés de bâtons à sabres, entourer ce factieux, » l'accompagner partout, et menacer sur leur passage les dé- » putés connus pour n'être pas ralliés à son parti. » La lutte était engagée ; c'était un combat à mort. Robespierre n'était pas homme à oublier ou à pardonner.

Triste et abattu, Vergniaud vit avec peine sa malheureuse position et la puissance de ses ennemis ; le mal empirait tous les jours. Les principes posés par les Girondins produisaient leurs fatales conséquences ; ils s'étaient avancés plus loin qu'ils ne voulaient. Dans une de ses lettres à ses amis de Bordeaux, il dit qu'on l'appelait *aristocrate*. « Ma tête, dit-il, est souvent » remplie de pensées pénibles, et mon cœur de sentiments

» douloureux ; à peine me reste-t-il quelquefois assez de force
» morale pour remplir mes devoirs. Votre pensée est ma con-
» solation. Étranger, vous le savez, à toute sorte d'ambition,
» n'ayant ni les prétentions de la fortune, ni celles de la gloire,
» je ne forme qu'un seul désir, c'est de pouvoir un jour, avec
» vous, jouir dans la retraite du triomphe de la patrie et de
» la liberté. » Hélas ! il croyait pouvoir espérer ; il se berçait
d'illusions !

On demandait le jugement du roi. Notre Démosthènes bordelais se sentait une invincible répugnance à élever l'échafaud sur le berceau de la république ; il savait qu'en répandant le sang royal, on se trouverait dans la nécessité de répandre par toute la France le sang des royalistes et des hommes de bien. Il regardait Louis XVI comme un vaincu, et non comme un accusé ; c'est assez pour un noble cœur de voir l'ennemi couché par terre, pour avoir au moins la générosité du lion. Il savait ce qu'on devait faire ; mais sa conduite fut, durant le procès du roi, indécise et irrésolue. Il proclama la nécessité de soumettre tout ce qu'on ferait à la sanction du peuple, à qui seul appartenait le droit d'approuver ou de condamner les actes de ses délégués. « Tout acte émané des représen-
» tants du peuple, dit-il, est un attentat à sa souveraineté,
» s'il n'est pas soumis à sa ratification formelle ou tacite. Le
» peuple, qui a promis l'inviolabilité à Louis, peut seul dé-
» clarer qu'il veut user du droit de punir, auquel il avait
» renoncé. De graves considérations vous prescrivent de vous
» conformer aux principes. Si vous y êtes fidèles, vous n'en-
» courrez aucun reproche ; et si le peuple veut la mort de
» Louis, il l'ordonnera. Si, au contraire, vous les violez, vous
» encourrez au moins le reproche de vous être écartés de
» votre devoir. Et quelle effrayante responsabilité cette dé-
» viation ne fait-elle pas peser sur vos têtes ? »

Ce discours était beau et entraînant ; il semblait fait pour adoucir les cœurs féroces des Jacobins, et le Girondin croyait

Livre IV.
Chap. 1.

1793

VERGNIAUD.

lui-même avoir arraché à la Convention la tête de l'infortuné prince. Il avait affirmé plusieurs fois à ses amis qu'il ne se prononcerait jamais pour la peine de mort. « Je resterais seul » de mon opinion, disait-il, que je ne voterais pas pour la » mort. » Mais le moment venu, harcelé par les Jacobins, il émit un vote funeste, et se prononça pour l'appel au peuple. Il croyait devoir céder au torrent pour sauver sa tête et celles des Girondins, menacées par les Maratistes, et comptait sur l'appel au peuple pour sauver la vie du roi.

Le dépouillement du scrutin fut long ; l'anxiété était sur tous les fronts. Était-ce la vie, était-ce la mort, qui devait sortir de l'urne ? Hélas ! c'était la mort ! Le malheureux Vergniaud, le même homme qui, à l'Assemblée législative, avait prononcé la déchéance de Louis XVI, celui-là même fut condamné encore, comme président, à lire à cet infortuné monarque sa sentence de mort ! Il se leva, pâle, tremblant : son cœur aurait voulu enchaîner sa langue ; mais il s'était trop avancé pour reculer ; il comptait sur le peuple. « Citoyens, » dit-il, avec l'accent de la douleur, vous allez exercer » un grand acte de justice. J'espère que l'humanité vous » engagera à garder le plus religieux silence. Quand la » justice a parlé, l'humanité doit se faire entendre à son » tour. » Vergniaud, comme Pilate, livra l'innocent aux bourreaux !

Il faut avouer, cependant, qu'il déploya, dans ce procès mémorable, les prestiges de son beau talent, toute la puissance de sa dialectique, et fit ressortir les immenses conséquences et le grave caractère que le jugement de Louis XVI pourrait avoir sous plusieurs rapports. Il réfuta Robespierre, et s'éleva avec énergie contre son orgueilleuse assertion, que la vertu était en minorité sur la terre. « Citoyens, s'écria-t-il, » Catilina fut en minorité dans le sénat romain ; et si cette » minorité eût prévalu, c'en était fait de Rome, du sénat et » de la liberté. Dans l'Assemblée constituante, Maury et Ca-

» zales furent en minorité; et s'ils avaient prévalu, c'en était
» fait de vous, etc. »

Il demande si, pour faire une majorité conforme aux vœux de certains hommes, il faut employer le bannissement et la mort, changer la France en un vaste désert, et la livrer ainsi aux conceptions de quelques scélérats. Après avoir vengé, dit Thiers, la majorité et la France, il se venge lui-même et ses amis, qu'il montre résistant toujours, et avec un égal courage, à tous les despotismes, celui de la cour et celui des brigands de septembre. Il les montre pendant la journée du 10 août, siégeant au bruit du canon du Château, prononçant la déchéance avant la victoire du peuple; tandis que ces Brutus, si pressés aujourd'hui d'égorger les tyrans abattus, cachaient leur frayeur dans les entrailles de la terre. « Oui, dit-il, ils
» veulent la guerre civile, ceux qui, en prêchant l'assassinat
» contre les partisans de la tyrannie, appliquent ce nom à
» toutes les victimes que leur haine veut immoler; ceux qui
» appellent les poignards sur les représentants du peuple, et
» demandent la dissolution du gouvernement et de la Con-
» vention; ceux qui veulent que la minorité devienne arbitre
» de la majorité; qu'elle puisse légitimer ses jugements par
» des insurrections, et que les Catilina soient appelés à ré-
» gner dans le sénat. Ils veulent la guerre civile, ceux qui
» prêchent ces maximes dans les lieux publics, et perver-
» tissent le peuple en accusant la raison de feuillantisme, la
» justice de pusillanimité, et la sainte humanité de conspira-
» tion !...... »

Comme on avait dit que l'Assemblée devait avoir assez de courage pour exécuter elle-même son jugement, sans s'appuyer sur l'avis du peuple, Vergniaud y répond : « Du cou-
» rage, il en fallait pour attaquer Louis XVI dans sa toute-
» puissance; en faut-il tant pour envoyer au supplice Louis
» vaincu et désarmé? Un soldat cimbre entre dans la prison
» de Marius pour l'égorger : effrayé à l'aspect de la victime,

Livre IV.
Chap. 1.

1793

Vergniaud.

Histoire
de la
Révolution,
liv. XI.

» il s'enfuit sans oser la frapper. Si ce soldat avait été membre
» d'un sénat, doutez-vous qu'il eût hésité à voter la mort des
» tyrans? Quel courage trouvez-vous à faire un acte dont un
» lâche serait capable? »

Passant ensuite à un autre genre de courage, celui qu'il faut avoir pour repousser l'étranger, il dit : « On le vaincra,
» sans doute, l'héroïsme des soldats français en est un sûr
» garant; mais ce sera un surcroît de défenses et d'efforts de
» tout genre..... J'écarte toute idée de revers; mais oseriez-
» vous leur vanter vos services? Il n'y aura pas une famille
» qui n'ait à pleurer ou son père, ou son fils; l'agriculture
» manquera bientôt de bras, les ateliers seront abandonnés;
» vos trésors écoulés appelleront de nouveaux impôts; le corps
» social, fatigué des assauts que lui livreront au dehors les
» ennemis armés, au dedans les factions soulevées, tombera
» dans une langueur mortelle. Craignez qu'au milieu de ces
» triomphes, la France ne ressemble à ces monuments fa-
» meux, qui, en Égypte, ont vaincu le temps: l'étranger qui
» passe s'étonne de leur grandeur. S'il veut y pénétrer, qu'y
» trouve-t-il? Des cendres inanimées et le silence des tom-
» beaux! »

S'indignant de voir grandir la puissance des Jacobins, Vergniaud parle de Cromwel; et faisant allusion aux intrigues de Robespierre et *consorts*, il rappelle ce misérable ambitieux, qui fut l'auteur et le principal instigateur de la mort de Charles I*er*, en Angleterre, qui avait poussé d'abord le peuple contre le roi, puis contre le Parlement, et ne visa qu'à les détruire l'un après l'autre pour s'asseoir sur leurs ruines. Par allusion à Robespierre, il dit que si le pain est cher, si l'argent manque, si les approvisionnements sont rares et insuffisants, des hommes comme Cromwel ne cessent de dire : *la cause en est au Temple;* il prédit que le jour n'est pas loin où ces mêmes hommes, après avoir abattu la tête de Louis, iront dire au peuple abusé : *la cause de toutes les mi-*

sères est dans la Convention! « Qui me garantira que de cette
» tempête, où l'on verra ressortir de leurs repaires les tueurs
» du 2 septembre, on ne vous présentera pas tout couverts de
» sang, et comme un libérateur, ce défenseur, ce chef, qu'on
» dit être si nécessaire? Ah! si telle était leur audace, il ne
» paraîtrait que pour être à l'instant percé de mille coups!
» Mais à quelle horreur ne serait pas livré Paris? Paris, dont
» la postérité admirera le courage héroïque contre les rois,
» et ne concevra jamais son ignominieux asservissement à une
» poignée de brigands, rebut de l'espèce humaine, qui s'agi-
» tent dans son sein et le déchirent en tous sens par les mou-
» vements convulsifs de leur ambition et de leurs fureurs!

» Qui pourrait habiter une cité où régneraient la terreur
» et la mort! Et vous, citoyens industrieux, dont le travail
» fait toute notre richesse, et pour qui les moyens de travail
» seraient détruits; vous qui avez fait de si grands sacrifices
» pour la révolution, et à qui on enlèverait les derniers moyens
» d'existence; vous dont les vertus, le patriotisme ardent et
» la bonne foi ont rendu la séduction si facile, que devien-
» driez-vous? quelles seraient vos ressources? quelles mains
» essuieraient vos larmes et porteraient des secours à vos
» familles désespérées?

» Iriez-vous trouver ces faux amis, ces perfides flatteurs,
» qui vous auraient précipités dans l'abîme? Ah! fuyez-les
» plutôt! redoutez leur réponse; je vais vous l'apprendre :
» Vous leur demanderiez du pain; ils vous diraient : Allez
» dans les carrières disputer à la terre quelques lambeaux
» sanglants des victimes que vous avez égorgées! Ou : voulez-
» vous du sang? prenez, en voici! Du sang et des cadavres,
» nous n'avons pas d'autre nourriture à vous offrir!..........
» Vous frémissez, citoyens! O, ma patrie, je demande acte à
» mon tour des efforts que je fais pour te sauver de cette crise
» déplorable! »

Elle était immense, profonde, indescriptible, l'impression

produite par cette brillante et pathétique improvisation ; de tous côtés, sur tous les bancs, on sentit quelque chose comme une commotion électrique qui agitait tous les cœurs. Le Démosthènes girondin avait ébranlé l'Assemblée; mais elle était trop avancée pour reculer ou se laisser entraîner.

Les Girondins croyaient avoir écarté les foudres des Jacobins. Hélas ! ils se trompaient. En cédant à la violence, ils firent preuve de faiblesse; on en profita. Des pétitionnaires de la section Poissonnière se présentent, le 10 mars, et demandent les têtes de Vergniaud, Guadet et Gensonné. On voulait même les égorger en pleine Assemblée le lendemain ; mais avertis à temps, ils n'y parurent pas. Le 12 mars 1793, Marat renouvela contre eux ses attaques ; mais le courageux Vergniaud se leva et dénonça le club des Cordeliers comme le repaire du tigre Marat, qu'il désigna du doigt, et qui avait demandé les têtes de vingt-deux Girondins comme un holocauste à la liberté ! Les Girondins tremblent et se dispersent. Vergniaud reparaît, le 13, à la tribune; et après avoir dépeint en traits de feu les fureurs inqualifiables des Jacobins, il s'écrie : « Un tyran de l'antiquité avait un lit de fer sur le» quel il faisait étendre ses victimes, mutilant celles qui étaient » plus grandes que le lit, disloquant celles qui l'étaient moins, » pour leur faire atteindre le niveau. Ce tyran aimait l'éga» lité; et voilà celle des tyrans qui te déchirent, ô peuple ! » par leurs fureurs. L'égalité pour l'homme social n'est que » celle des droits; on te la présente sous l'emblème de deux » tigres qui se déchirent; vois-la sous l'emblème plus conso» lant de deux frères qui s'embrassent. Celle qu'on veut te » faire adopter, fille de la haine et de la jalousie, est toujours » armée de poignards. La vraie égalité, fille de la nature, au » lieu de les diviser, unit les hommes par les liens d'une fra» ternité universelle..... La liberté ! les monstres l'étouffent, » et offrent à ton culte égaré la licence..... »

C'est ce jour-là même (13 mars), que notre grand orateur

finit l'épanchement de son éloquente indignation par ces mots : « La Révolution, ainsi que Saturne, dévorera-t-elle donc tous » ses enfants ! »

Les attaques des Maratistes furent renouvelées en avril : Robespierre ranima les soupçons et les haines de ses amis, et vint enfin, le 10 avril, dénoncer à l'Assemblée une vaste conspiration, qui n'existait nulle part que dans son imagination, et dont les Girondins étaient, selon lui, les auteurs et les fauteurs les plus actifs. Les Girondins écoutèrent les charges, et Vergniaud remplaça à la tribune le sombre, haineux et impitoyable Robespierre. Son visage était calme ; c'était le mépris plutôt que la colère qui se dessinait dans ses traits. Il avait contenu avec peine l'indignation de ses amis; et son œil, qui décelait d'ordinaire les mouvements de son âme, ne laissa paraître que la stoïque impassibilité de l'innocence calomniée. Puis suivant son infâme accusateur sur tous les points, il le réfute avec succès et énergie; mais arrivant, enfin, à la charge de *modérantisme*, l'une des dernières, l'aigle de la Gironde s'élève dans son vol sublime à une hauteur prodigieuse, et laisse tomber sur le chef des terroristes les paroles écrasantes de cette accablante apostrophe : « Modéré ! je ne l'étais pas » le 10 août, quand tu te cachais dans ta cave...... Modéré ! » non, je ne le suis pas dans ce sens que je veuille éteindre » l'énergie nationale. Je sais que la liberté est toujours active » comme la flamme; qu'elle est inconciliable avec ce calme » parfait qui ne convient qu'à des esclaves. Si on s'était borné » à nourrir le feu sacré qui brûle dans mon cœur, aussi ar» demment que dans vos âmes impétueuses, de cruels dis» sentiments n'auraient pas éclaté dans cette Assemblée. Je » sais bien que dans nos tempêtes révolutionnaires, comme » dans celles de l'Océan, le peuple est difficile à calmer, comme » les flots battus par les orages; mais le ministère du législa» teur est de prévenir ces désastres par de sages conseils, et » non de les entretenir par des manœuvres imprudentes. Si,

» pour être patriote, il fallait se déclarer le perturbateur du
» meurtre et du brigandage, vous pouvez prendre acte de ma
» déclaration, je ne suis pas patriote, je suis modéré.........
» Depuis l'abolition de la royauté, j'ai beaucoup entendu parler
» de révolution; je me suis dit : Il n'y en a plus que deux
» possibles : celle des propriétés, ou la loi agraire, et celle qui
» nous ramènerait au despotisme. J'ai pris la ferme résolution
» de les combattre l'une et l'autre, et tous les moyens indi-
» rects qui pourraient nous y conduire. Si c'est là être mo-
» déré, nous le sommes tous; nous avons voté la peine de
» mort contre tout citoyen qui proposerait l'une ou l'autre. »

Triste et désolé de ses prévisions, Vergniaud regagna mélancoliquement son banc. Une nouvelle dénonciation par les sections de Paris fut faite à l'Assemblée : notre orateur girondin riposta fort et ferme; mais sa voix de sirène se perdit dans le tumulte et dans les vociférations de ses ennemis. Il n'y avait rien là de parlementaire : on ne voyait dans l'Assemblée que les viles scènes, les méprisables passions de la rue. Marat craignait l'éloquence de Vergniaud; mais pour le réduire au silence, il fallait lui couper la tête. Aussi disait-il souvent : « Voulez-vous éteindre les voix, faites tomber les
» têtes : le son cesse quand la cloche est brisée. »

Danton voulait se rapprocher des Girondins; mais ces puritains, avec Guadet à leur tête, lui refusèrent l'indulgence qu'il leur demandait et l'oubli des massacres de septembre. C'était une faute capitale. Ils auraient pu alors le détacher de Robespierre, ou l'empêcher au moins de s'allier étroitement avec lui, ou d'être refoulé vers les Jacobins. Dès ce moment, les Maratistes ne se gênent plus; ils sont libres et procèdent avec acharnement. Le peuple se soulève, pénètre dans la salle des représentants et demande la mort des Girondins. Pendant les abominables scènes anarchiques du 30 et du 31 mai, le canon grondait, le tocsin sonnait, la générale battait, et tout ce bruit infernal n'était interrompu que par des cris de

mort contre les Girondins! La terreur planait sur Paris! La femme de Roland fut arrêtée; et au milieu de cet appareil de meurtres ou de guerre, la séance s'ouvrit le 1er juin; mais les places des Girondins étaient presque toutes vides... Le décret de mise en accusation fut adopté. Vergniaud était consterné; il avait le pressentiment du sort qui l'attendait; car dans un de ces mouvements tumultueux de la capitale, la Montagne, dans l'espoir de compromettre les Girondins par leur refus, proposa à la Convention d'aller fraterniser avec le peuple dans les rues. Loin de s'y refuser, les Girondins s'empressèrent d'y acquiescer, au grand désappointement des Jacobins, et se mêlèrent à cette grotesque procession des représentants et du peuple, précédés de torches et étourdis de cris d'une populace ameutée par Robespierre, Marat et *consorts*. Fonfrède s'approche de Vergniaud, triste et abattu, et lui dit : « Qu'aimes-
» tu mieux de cette ovation ou de l'échafaud dont on nous
» menace? » Vergniaud, la tête baissée, lui répond avec une stoïque indifférence : « Tout m'est égal; il n'y a pas de choix
» à faire entre cette promenade et l'échafaud, car elle nous
» y mène. » Les Girondins se dispersent; Vergniaud reste seul pour braver ses ennemis et défier leur colère. On lui représente les périls qui le menacent. « Hélas, dit-il, qu'importe
» ma vie; mon sang serait peut-être plus éloquent que mes
» paroles pour réveiller et sauver la patrie ; qu'ils le versent,
» s'il doit retomber sur les ennemis de la France. »

Le 2 juin, le décret fut notifié à Vergniaud; il s'y soumit, et écrivit à la Convention pour que le rapport du Comité de Salut public ne fut pas retardé, et que ses dénonciateurs fussent envoyés à l'échafaud s'ils ne produisaient pas les pièces annoncées. Le même jour, on lui offrit un asile où il pourrait se cacher; il refusa d'abord; mais facilement influencé, il s'y rendit, mais toujours avec son insouciance habituelle de son avenir. Le lendemain, il voulut rentrer chez lui; on le pressa d'éviter le danger; mais le sort de ses amis fut plus fort que

sa sûreté. « S'ils sont sacrifiés, dit-il, ma tête, en manquant
» au sacrifice, ne pourrait plus être portée haute. Mourant
» pour la liberté, la couronne du martyre ornera dignement
» mon front; ma vie, rachetée par une lâcheté, le couvrirait
» d'une rougeur ineffaçable. Adieu, Citoyen, je vous remercie
» de votre hospitalité, et surtout de l'estime à laquelle je de-
» vais votre secours. Fonfrède et Ducos ne sont pas encore
» décrétés d'accusation; le venin de Marat s'est adouci pour
» eux; mais l'indulgence d'un tel monstre flétrit plus que sa
» fureur. Je cours les aider à laver leur robe d'innocence
» d'une si horrible protection. »

En rentrant chez lui, c'est-à-dire chez Fonfrède, rue de Clichy, où il logeait, il trouva un gendarme à sa porte. « Ah!
» ah! dit-il en riant, c'est le prisonnier qui vient trouver son
» gardien; cela doit vous rassurer sur mes projets d'évasion. »
Il obtint la permission de sortir en ville, mais escorté du gendarme. On l'accusa d'avoir voulu corrompre et enivrer son gardien pour pouvoir mieux s'évader; c'était absurde et faux : son caractère démentait une si sotte accusation. Quand on lui apprit le crime de Charlotte Corday : « Elle nous tue, dit Ver-
» gniaud; mais elle nous apprend à mourir. » Prisonnier chez lui, il eut la consolation de trouver dans son gardien plus d'égards et de bonté qu'il ne pouvait espérer de la Convention; mais il fut transféré quelques jours après aux Carmes; c'était l'avant-dernier pas à la guillotine. C'est de cette triste prison qu'il écrivit, le 6 juin, à l'Assemblée. « Je me suis mis
» volontairement en état d'arrestation, pour offrir ma tête en
» expiation des crimes dont je serais convaincu; mais si mes
» calomniateurs ne produisent pas leurs preuves, je demande
» à mon tour qu'ils aillent à l'échafaud. »

Son beau-frère alla le voir à la conciergerie; il avait avec lui son fils, alors très-jeune. L'enfant voyant son oncle sale, maigre, pâle, sa chevelure négligée, son visage couvert de barbe et ses vêtements en désordre, eut peur et se rejeta entre les bras de son père ; mais Vergniaud le rassura ; et après l'avoir caressé affectueusement, lui dit : « Tranquillise-toi, » mon enfant ; regarde-moi bien. Quand tu seras homme, tu » diras que tu as vu Vergniaud, le fondateur de la républi- » que, dans le plus beau temps et le plus glorieux costume » de sa vie. »

Le 31 octobre, il fut condamné à la peine de mort, à l'âge de trente-cinq ans. On a raconté beaucoup d'anecdotes sur le compte de l'orateur girondin. Nous n'avons pas cru leur donner place dans cette notice biographique ; elles nous paraissent dénuées de preuves et même de vraisemblance. Nous ne croyons pas non plus à sa conférence avec la trop célèbre *Théroigne de Méricourt*. Si la Montagne avait voulu engager Vergniaud dans ses intérêts, elle n'aurait pas choisi, dans cette vue, une courtisane éhontée, si connue par ses excentricités, plus homme que femme, et si peu faite pour toucher le Girondin ou l'amener à ses projets.

Après avoir esquissé à la hâte la vie parlementaire et les traits saillants des caractères de Guadet, Gensonné, Grange-neuve, Fonfrède et Ducos, nous raconterons les dernières circonstances de leur vie et de celle de Vergniaud.

Rappelons ici, en passant, que lorsqu'il s'agissait de la réintégration des députés échappés à l'échafaud, Chénier s'écria : « Pourquoi ne s'est-il pas trouvé de caverne assez profonde » pour soustraire aux bourreaux l'éloquence de Vergniaud » et le génie de Condorcet ? Il n'improvisait pas comme Gua- » det, dit Mme Rolland ; mais ses discours étaient préparés, » forts de logique, brûlants de chaleur, étincelants de beautés, » soutenus par un très-noble débit. » C'était un véritable orateur ; car il avait du cœur, et c'est du cœur que vient l'éloquence. « Il vécut assez pour sa gloire, dit notre Ferrère de » Bordeaux ; mais trop peu pour le repentir. »

CHAPITRE II.

Notice biographique sur Guadet. — Sa vie publique et politique.

La première place, après celle de Vergniaud, dans la brillante pléiade girondine, appartient incontestablement à Guadet. Nos regards s'arrêteront sur cette belle figure, qui lutta si longtemps contre les Jacobins de Paris, et conquit les applaudissements de ses collègues et l'admiration de la démocratie par ses grands talents, son caractère énergique et son admirable éloquence.

Marguerite-Élie Guadet naquit à Saint-Émilion, en 1758, et se distingua de bonne heure par sa vaste intelligence et ses succès au barreau de Bordeaux. Habile, actif, courageux, incisif, éloquent et profond, Guadet eût pu être un bon chef de parti; mais il s'éclipsait à côté de Vergniaud. Sa physionomie mobile reproduisait tous les grands mouvements de son cœur, toutes les passions de son âme hautaine et dédaigneuse; sa parole était forte, bien cadencée et entraînante; ses discours solides, passionnés, mais moins fleuris, moins beaux que ceux de Vergniaud. Il électrisa bien souvent l'Assemblée, et éleva sa réputation d'orateur au niveau de celle des plus illustres notabilités parlementaires des temps modernes. Il présida plusieurs fois avec distinction l'Assemblée législative et la Convention, et fit preuve, dans sa vie agitée, d'une grande connaissance des hommes et des affaires, d'une prévoyance admirable dans les pénibles et diverses conjonctures de sa carrière politique, et d'une intelligence faite pour les missions les plus délicates et les charges les plus ardues. Austère, obstiné, un peu rude dans ses formes, on le redoutait plus que Vergniaud, on l'ad-

GUADET

mirait moins. Fanatique de la liberté, il détestait les abus de l'ancien régime, et eut le tort de confondre, dans sa haine républicaine, la monarchie avec ses torts réels ou imaginaires, le prince avec ses ministres; mais il abhorrait l'anarchie, et se rendit, pour son malheur et pour sa gloire, l'implacable adversaire de Marat, de Danton, de Robespierre et de tous les égorgeurs de septembre.

Plus passionné, plus ferme, mais moins apathique, moins voluptueux que Vergniaud, il attaquait ses adversaires corps à corps; et quoiqu'il leur eût porté des coups meurtriers, il ne triomphait que lorsqu'il les voyait à terre et à ses pieds. Il ne connaissait pas la pitié, ce sentiment délicat qui fait naître la défaite, ni la miséricorde que sollicitent les humiliations. Il ne tendait jamais la main à l'ennemi qui la demandait, et se montra cruel envers le meilleur des rois, jusqu'à étouffer tous les doux sentiments du cœur et à repousser les offres que lui faisait la royauté abattue. Sa vertu républicaine était une sorte de tyrannie ou de fanatisme : toute supériorité sociale l'offusquait. La tête du roi était plus élevée que la sienne; il aurait chargé la guillotine du nivellement du monde, pour la conservation de sa chère république. Il faut le dire, cependant, il abhorrait toute idée de l'effusion du sang, et exécrait les terroristes, qui voulaient faire de la France un vaste désert; mais il n'y eut de sacrifices qu'il ne fût prêt à faire pour le triomphe de ses idées politiques.

La première, et l'une des plus belles époques de sa vie d'orateur, était, sans contredit, le 14 janvier 1792; il présidait ce jour-là l'Assemblée. C'est alors qu'on commença à le connaître et à l'apprécier. Dans ce temps, tout semblait annoncer une ligue des rois du continent contre la France, et une secrète intelligence entre eux et leurs amis de l'intérieur. L'idée de voir, sous la pression de l'étranger, la liberté détruite, la Constitution anéantie, la France encore asservie, lui a fourni de nobles et de magnifiques inspirations; une courte

citation suffira pour en apprécier le reste. « Quel est donc ce
» complot formé contre la patrie, et jusqu'à quand souffrira-
» t-elle que ses ennemis la fatiguent par leurs manœuvres et
» l'outragent par leurs espérances.... Apprenons donc à tous
» les princes que la nation française est résolue de maintenir
» sa Constitution tout entière, ou de périr tout entière avec
» elle; apprenons aux étrangers qu'ils peuvent bien essayer
» d'égarer le peuple, de répandre des soupçons sur la pureté
» des intentions des représentants; mais que nous, chargés
» de défendre la Constitution, nous en garderons le dépôt
» avec une inviolable fidélité, et que nous remplirons, avec
» le zèle et l'énergie d'hommes libres, la tâche honorable que
» le peuple français nous a confiée. En un mot, marquons
» d'avance une place aux traîtres, et que cette place soit
» l'échafaud. »

Ce discours était magnifique; c'était le triomphe, le premier triomphe de Guadet, la consécration de son talent oratoire. Jamais mouvement plus subit, plus spontané et simultané à la fois, n'avait eu lieu dans les assemblées délibérantes de la France: le sujet était chaud, brûlant, plein d'actualité. Il rencontra partout d'unanimes sympathies; c'étaient des *bravos* étourdissants, quelque chose comme de la frénésie. Sous la parole solennelle de Guadet, parole fortement accentuée, vibrant de l'oreille au cœur, et subjuguant les intelligences, les représentants se levèrent en masse et se tendirent les mains, comme pour sauver la patrie et la Constitution. Les tribunes répondirent par des applaudissements mille fois répétés aux cris approbateurs, qui se prolongèrent en dehors de la salle. Guadet fut connu ce jour-là : sa place était de droit à côté de Vergniaud.

Enivré de ses succès, Guadet prit encore la parole le 20 février; mais il n'était pas sur son terrain. Le sujet était moins favorable à son éloquence; son discours s'en ressentit. Il fit l'éloge des sociétés populaires; il épancha tout son fiel républicain contre l'aristocratie, et même contre le roi. Il alla jusqu'à dire que le mal, tout le mal, se trouvait dans le Pouvoir exécutif ou dans ses timides et infidèles agents. C'était là son cauchemar éternel, la source de ses attaques quotidiennes, où se décelaient un patriotisme haineux et un farouche républicanisme. On le louait, on l'admirait, le 14 janvier ; mais après le triomphe de ce jour, le 6 mars n'était qu'un échec à sa gloire. Ennemi des ministres, il les harcelait sans cesse : on lui crut de l'ambition. S'il en avait, il le cachait bien ; il paraissait n'en avoir d'autre que celle de l'opposition. Renverser, c'était son but; tous les moyens étaient bons ; mais reconstruire ou remplacer ce qu'on renversait, sa politique n'allait pas si loin. « Le mal est à son comble, disait-il ; mais » il ne m'étonne pas plus qu'il ne m'effraie....... Il est temps » de savoir si les ministres veulent faire de Louis XVI un roi » des Français ou un roi de Coblentz. » Familiarisé avec la tribune, il y montait souvent, et toujours avec cette hardiesse que donnait le sentiment de sa force ; mais il se jetait volontairement dans les extrêmes, surtout quand la cour refusa de continuer à négocier avec son parti. Imbu de la philosophie voltairienne, et nourri de la lecture des encyclopédistes, il n'aimait pas la religion. Au mois de mai, il épancha, en haineuses déclamations, son fiel contre les prêtres qui refusaient le serment civique que leur conscience condamnait, et vota pour leur déportation. Il déploya une rigueur outrée contre la garde royale, et s'efforça d'isoler le roi pour mieux le déshonorer et l'abattre; et quand la populace eut souillé le palais du prince, le 20 juin, il demanda qu'elle fut admise aux honneurs de la séance, et qu'elle défilât devant les représentants; c'était approuver les désordres passés et en provoquer de nouveaux.

Il y avait presque toujours dans le langage de Guadet de la finesse et une grande portée; il ne faut pas en conclure que c'était un homme politique; il l'était plus que Vergniaud, car

il était plus méditatif, plus grand penseur, et doué d'une intelligence plus adaptée aux affaires et plus capable de grands travaux. Chez lui, l'ironie prenait un caractère sarcastique ; il la maniait avec adresse : c'était une arme redoutable dont il faisait sentir parfois toute la puissance à ses adversaires. Lafayette, à la tête des troupes, demanda que les anarchistes de Paris fussent sévèrement punis ; Guadet s'y opposa, et déclara que *cette demande, libellée dans le style de Cromwel ou de César, ne pouvait être du fils aîné de la liberté.* Lafayette vint se présenter à la barre de l'Assemblée, et prétendant exprimer les sentiments de ses officiers, demanda avec instance, et d'un ton dictatorial, que la Constitution fût sauvée et que les désordres de juin fussent punis avec une sévérité exemplaire. Guadet, persuadé que le général rêvait le rôle de Monk, s'écria ainsi, avec une ironie mordante : « Quand
» j'ai vu Lafayette, une idée consolante s'est offerte à mon
» esprit. Je me suis dit : Nous n'avons plus d'ennemis exté-
» rieurs : les Autrichiens sont vaincus ; l'illusion n'a pas duré
» longtemps ; nos ennemis sont toujours les mêmes, nos dan-
» gers n'ont pas changé, et cependant M. de Lafayette est à
» Paris ! Il se constitue l'organe des honnêtes gens et de l'ar-
» mée ; mais ces honnêtes gens, qui sont-ils ? Et, d'abord,
» qu'il nous montre son congé. »

Le caractère âpre et mordant de Guadet lui suscita des ennemis : ses succès oratoires lui créèrent des jaloux, et son implacable opposition fit sentir à la cour la nécessité de se gagner cet austère républicain. Il paraît certain qu'il y eut une correspondance entamée, et qu'on fit certaines propositions pour opérer un rapprochement ; mais les prétentions de Guadet furent repoussées par la cour. Cependant, dans toute cette affaire, aucun acte de bassesse ou de vénalité ne souilla jamais le patriotisme des Girondins. Ils voyaient les fureurs démagogiques des Jacobins et les dangers futurs de la France ; ils voulaient le pouvoir entre les mains de Rolland, dont l'esprit faible se dirigeait d'après les idées de sa femme, l'amie des Girondins, et croyaient pouvoir louvoyer avec sûreté entre les écueils, pendant que la tempête grondait tout autour, et menaçait d'emporter le pilote, les passagers et le vaisseau de l'État, presque démâté. Ils étaient allés bien loin, et ils sentirent enfin le besoin de s'arrêter, ne fût-ce que pour contempler les ruines qu'ils avaient traversées. Comme Guadet était le plus redouté des Girondins, la cour lui fit des avances : sa réserve le fit respecter davantage; mais il consentit enfin à avoir une entrevue avec la famille royale. Le lieu et l'heure étant désignés, il s'y rendit par une porte dérobée, à la faveur d'une nuit obscure, et trouva dans une chambre mal éclairée le chef de la Maison de Bourbon, qui attendait le jeune avocat de Bordeaux, dont l'opposition mordante lui avait fait longtemps refuser le titre d'avocat au Parlement. Les circonstances étaient graves, l'orage grondait dans le lointain; la marée montait, et les flots de la démagogie menaçaient de tout emporter. En proie aux plus noirs pressentiments, le roi accueillit avec bonté le fier tribun, qui sapait le trône, et qui contemplait, presque attendri, le dénûment et les horreurs de la situation de la famille royale. Des conseils furent demandés et donnés : on crut gagner le fier Girondin : impossible ; on crut pouvoir l'acheter : encore moins. Des propositions indirectes furent hasardées; mais, à la place d'une âme vénale, on ne rencontra qu'un cœur de bronze. Le Girondin ne savait pas s'abaisser comme courtisan, ni s'avilir comme un mercenaire. Guadet voulut enfin se retirer : la reine essaya encore de l'éprouver, et lui demanda s'il ne voulait pas voir le Dauphin. Elle voulait lire dans la physionomie du démocrate l'avenir de son fils. Pauvre femme ! ce triste secret était encore dans le sein de Dieu ! Guadet suivit la princesse dans un cabinet, où l'enfant royal dormait tranquille au milieu des dangers de la royauté. Guadet, embrassant dans sa pensée le passé et l'avenir, écarte doucement les cheveux du front du prince, et le baise : une larme involontaire vint mouiller sa paupière. Il se détourna pour la cacher; et maîtrisant ses émotions, dit à l'infortunée mère, qui le regardait avec une douloureuse anxiété, comme pour étudier ses émotions : « Madame, élevez-le pour la li-» berté; elle est la condition de sa vie. »

Pendant que la Convention se partageait en factions, qui se faisaient éternellement la guerre, Danton, dégoûté un instant des Maratistes, voulut se rapprocher des Girondins et s'arrêter sur la pente où l'on avait imprudemment lancé le char de l'État. Dumouriez s'offrit comme médiateur, et Vergniaud, soit par l'insouciance habituelle de son caractère, soit par une prévoyance politique, bien rare dans sa vie, consentit à garder le silence et à tout oublier; mais Guadet, Fonfrède et Ducos, pleins d'horreur pour les assassins, repoussèrent les avances du redoutable Danton; et Guadet, indigné contre l'ignoble et exécrable Marat et *consorts,* s'écria, en réponse aux offres officieuses du général : « Tout, excepté l'impunité aux égorgeurs » et leurs complices. » Danton alla prendre la main de l'inexorable Girondin, et lui dit avec douceur qu'il fallait tout pardonner et tout oublier. « Ce n'est pas en pardonnant le crime, » répliqua Guadet, qu'on obtient le pardon des scélérats : » une république pure ou la mort. » Danton laissa tomber la main de son impitoyable collègue, et lui dit : « Vous ne savez » donc pas pardonner, Guadet; vous serez la victime de votre » obstination; allons chacun où le flot de la révolution nous » pousse : unis, nous pouvons la dominer; désunis, elle nous » dominera; adieu. » Danton rompit tout à fait avec les Girondins, dont il jura la perte; il fut refoulé vers Robespierre.

Guadet seul dominait les Montagnards; il les accablait de son mépris, qu'ils payaient de leur haine. Moins splendide que celle de Vergniaud, sa parole était une massue, et ses coups meurtriers. Vif, pétulant, prompt à s'élancer en avant, il passait de l'emportement le plus fougueux au plus grand sang-froid, et se possédait assez à la tribune pour y briller par l'à-propos et électriser par ses mouvements. Marat voulait bien s'en défaire ; il le dénonça comme complotant, avec les autres Girondins, la ruine de la patrie, la destruction de la liberté et le rétablissement du pouvoir royal. Guadet, sous l'impression d'une indignation profonde et mal comprimée, se leva le 4 octobre, et, d'un ton grave, versa sur la tête de ses adversaires un flot d'éloquence, soulevé par un sentiment confus de colère et de mépris.

« Au milieu de ces dénonciations d'un homme (Marat) dont
» je me suis bien promis de ne jamais prononcer le nom, je
» devais m'attendre, dit-il, a être impliqué dans ses calom-
» nies. Je sais depuis longtemps que ma probité et mon cou-
» rage l'embarrassent ; mais j'imaginais qu'il choisirait mieux
» son sujet. » Après avoir déclaré qu'il n'avait jamais désiré la députation, il ajoute : « Si quelque motif me faisait craindre
» d'être élu, c'était, je l'avoue, d'être associé à quelques
» hommes pour qui la révolution signifie massacre, la liberté
» licence, et pour qui la patrie, enfin, ne signifie que parti
» et faction....... Des hommes auxquels il ne fallait, dans la
» Convention nationale, ni talents, ni vertus, qui cherchaient
» à écarter les Condorcet, les Sieyès, des élections de Paris....
» Quant à moi, la confiance que mon département m'a donnée,
» je ne l'ai pas obtenue sous les auspices des poignards et des
» couteaux ; je ne la dois pas à la terreur et à l'épouvante
» dont ici, à Paris, tous les citoyens étaient saisis. »

Cette hardie réplique et la courageuse allusion à l'élection de Marat, foudroyèrent les Montagnards et augmentèrent dans leurs cœurs la haine qui les étouffait. Cependant, ils étaient bien unis et ne cessaient de revenir à la charge : les Girondins étaient abattus et découragés. Les clubs se prononçaient contre eux ; ils entrevoyaient un triste et orageux avenir. Le 9 décembre, Guadet proposa timidement de convoquer les assemblées primaires, afin de sanctionner les choix des corps électoraux ou de révoquer les membres de la Convention qui

auraient perdu la confiance du peuple. Il croyait ainsi se défaire des ennemis de sa puissance et des fauteurs de l'anarchie ; il se trompait : il ne fit que leur révéler son secret et ses vœux ; les Montagnards n'en devinrent que plus acharnés que jamais à la perte des Girondins. Enfin, le 3 janvier 1793, Gasparin dénonça Vergniaud, Guadet, Gensonné et quelques autres, comme ennemis de la république et comme ayant entamé une correspondance avec le roi, par l'entremise de Boze et de Thierry, pour le salut de la monarchie. Mais cette lettre n'avait, dans le temps, rien d'inconstitutionnel : la monarchie existait à l'époque. Le roi les avait consultés, et eux n'avaient rien demandé que la rentrée des ministres disgraciés et quelques mesures dont ils n'avaient pas à rougir. Les Girondins ne pouvaient pas avoir conspiré en faveur d'une monarchie abattue, eux qui avaient les premiers demandé la déchéance du roi. Mais la haine exclut la raison et ne veut que la vengeance : la charge fut portée à la tribune et devant la France. Il ne manqua pas d'esprits faibles pour la croire vraie et pour l'accréditer. Guadet demanda la parole ; et tempérant l'âpreté de son langage par une spirituelle raillerie, réfuta le misérable dénonciateur, qui, au lieu de preuves, n'apporta contre les Girondins que des calomnies. « J'admire, dit-il, comment
» Gasparin a ignoré que c'est Gensonné, qui, le premier dans
» la Commission, a proposé la suspension du roi. J'admire
» comment le besoin de calomnier lui a fait tout à coup ou-
» blier que, dans la Commission, Vergniaud, Condorcet, Las-
» source et nous, nous employâmes le projet de Gensonné ;
» et que les bases en étaient si bien posées, que, le 10 août,
» il fut présenté une heure après que le tyran fut arrivé dans
» l'Assemblée. »

L'Assemblée demanda l'ordre du jour ; mais l'accusation fut reprise plus tard. Vergniaud la repoussa ; Guadet lui succéda à la tribune, et stigmatisa avec sa véhémence habituelle ses vils calomniateurs.

Enfin, le 24 janvier arrive, et Louis XVI est amené devant ses sujets, les mandataires du peuple, qui, comme le disait son illustre défenseur, notre éloquent Desèze, se constituèrent à la fois ses accusateurs, ses juges et ses bourreaux ! Guadet, comme tous les Girondins, aurait voulu soustraire l'infortuné monarque au sort tragique qu'on lui préparait; il aurait voulu l'appel au peuple; mais la majorité ne le voulait pas.

Embarrassé pour savoir comment s'y prendre pour sauver la vie du roi, il paraissait moins libre dans son allure oratoire, et termina son discours en disant : « Je conclus que les » questions soient ainsi posées :

» *Première question.* — Après que la Convention, formée » en tribunal, aura prononcé le jugement de Louis, ci-devant » roi des Français, examinera-t-elle s'il est de l'intérêt du » peuple que le jugement soit exécuté ou la peine commuée?

» *Deuxième question.* — Le décret qu'elle rendra sur ce » point sera-t-il soumis à la sanction du peuple réuni en » assemblées primaires?

» *Troisième question.* — Louis, ci-devant roi des Français, » est-il coupable de conspiration contre la liberté de la nation » française et d'attentat contre la sûreté générale?

» *Quatrième question.* — Quelle est la peine qu'il a méri- » tée ? »

Tout cela, au lieu de simplifier la question principale, ne tendait qu'à la compliquer. On croyait gagner du temps et modifier l'esprit public; c'était trop tard !

La position des Girondins était délicate : ils avaient fait tout ce qui était humainement possible pour affaiblir et renverser la royauté; ils s'étaient placés sur une pente glissante; il n'y avait pas moyen de s'arrêter. Leurs craintes et leur prudence furent interprétées comme autant de signes qui trahissaient leur retour vers l'ancien régime; et leurs généreux efforts pour conserver le roi dans le naufrage de la royauté, quoique habilement dirigés, les firent accuser de *modéran-*

tisme, et, plus tard, de trahison, par les sanguinaires Montagnards. Ne pas voter la mort du roi, purement et simplement, c'était lutter pour l'impossible et consommer leur propre perte; il fallut se laisser aller à la dérive et s'abandonner au courant. Guadet vota la mort du roi; mais accablé de remords et en proie à la douleur la plus vive, il vint avec ses amis (le lendemain), demander qu'il fût sursis à l'exécution ; mais il en fut du sursis comme de l'appel au peuple : les Jacobins étaient maîtres du terrain ; le crime fut consommé ! Nous ne prétendons pas excuser les Girondins; ils ont eu bien des torts; ils ont posé les principes qui ont enfanté les déplorables conséquences que la postérité regrette ; mais s'ils aimaient la république avant tout, il est certain qu'ils voulaient sauver la vie du roi. Ils s'arrêtèrent quand il s'agissait de regarder la guillotine en face ; c'était trop tard : l'Assemblée était en marche; ils furent entraînés par le torrent. Les difficultés de leur position étaient plus fortes qu'eux.

La mort du roi n'éteignit pas les haines : c'était un triomphe pour les Jacobins; mais le combat ne devait se terminer que par la mort des Girondins ! Ils avaient été puissants; ils furent longtemps les rois de l'Assemblée, les dictateurs de la tribune. On les avait humiliés; il fallait les abattre. Le 5 avril, une pétition fut présentée contre les Girondins : Robespierre les attaqua avec une véhémence incroyable. Vergniaud le réfuta, mais ne lui imposa pas silence. Robespierre se sentit fort des craintes et des torts réels ou fictifs de ses adversaires ; il croyait terrasser des victimes. Guadet, toujours courageux, entraînant et inspiré par son indignation, lui répondit avec bonheur et une verve éloquente; il disculpa les Girondins, et fit rejaillir sur les Montagnards l'opprobre dont Danton et Robespierre, devenus amis, cherchaient à couvrir ses collègues.

Le 30 avril, la populace se souleva, et Paris fut livré, en quelque sorte, aux anarchistes stipendiés. Des désordres inqualifiables, des scènes de scandale, jusque même à la porte et dans l'intérieur de l'Assemblée, en troublaient les délibérations; des hommes en guenilles, des figures hideuses, obstruaient les avenues de la Convention; des cris séditieux, des trépignements étourdissants, des vociférations, des injures même, adressées aux représentants; des monstres à figure humaine, affamés de sang; tout cela effraya l'Assemblée; mais Guadet seul eut le courage de le blâmer, et s'écria : « Une » représentation avilie n'existe déjà plus. — Il est prouvé que » vous ne pouvez plus vous faire respecter ici; les autorités » constituées de Paris ne le veulent pas. Il est temps qu'on » impose silence à cette poignée de contre-révolutionnaires » déguisés sous le nom de patriotes. Il faut que cette lutte » cesse. Je vais faire une proposition qui ne portera l'effroi » que dans l'âme de ceux qui ne sont pas déterminés à tout » sacrifier pour sauver la patrie. Je demande que la Convention » nationale décrète que la séance de lundi sera tenue à » Versailles. »

Cette proposition hardie n'eut pas de suite; mais elle décela le caractère de Guadet, et aigrit de plus en plus contre lui les Jacobins de la capitale.

Les esprits s'exaspéraient de plus en plus contre les Girondins; enfin, Bordeaux, alarmé à la vue des dangers qui menaçaient ses enfants, envoie une députation à la barre de la Convention, avec une adresse énergique, mesurée cependant, mais trop menaçante pour échapper à l'animadversion des Montagnards. Legendre se mit à déclamer contre les pétitionnaires; mais Guadet, fort de son droit et entraîné par le devoir, s'élança à la tribune, et s'écria : « Je ne monte pas ici pour » défendre les pétitionnaires : les Bordelais n'ont pas besoin » d'être défendus par des paroles; c'est par des faits qu'ils » répondent à leurs calomniateurs, et qu'ils prouvent qu'ils » savent défendre et défendront la liberté. » La Planche l'interrompit, en disant : « Ce n'est pas Guadet qui sauvera la

» chose publique. » Mais Guadet, se retournant vers lui avec un mépris glacial, lui dit : « Je saurai toujours faire mon » devoir. Vous voudriez donc, pour connaître les vrais sen- » timents des Bordelais, qu'ils vinssent tous à la barre ; eh » bien ! si tels sont les dangers de la Convention, et que cette » dernière démarche soit nécessaire, ils y viendront tous; c'est » un Bordelais qui vous le dit, et qui en répond. »

Repoussés dans toutes leurs attaques, les Montagnards ne se lassaient cependant pas : leur haine était trop vivace; elle se nourrissait de la terreur. Un autre assaut fut organisé contre les Girondins pour le 30 mai; Vergniaud riposta fort et ferme : sa brillante improvisation fut vivement applaudie, mais son parti ne pouvait pas espérer le repos ; on avait juré sa perte. Soulevée par les chefs des Jacobins, toute la canaille des faubourgs vint tumultueusement à la barre demander à grands cris la proscription des Girondins. Guadet se leva, et puisant du courage dans sa conscience et dans son devoir, s'écria : « Les pétitionnaires qui viennent de paraître à la barre » ont parlé d'un grand complot ; ils ne se sont trompés que » d'un mot. Au lieu d'annoncer qu'ils avaient découvert le » complot, ils auraient dû dire qu'ils avaient voulu l'exécuter. » Je m'étonne que les sections de Paris nomment des commis- » saires pour aviser aux moyens de sauver la république ; » elles ne croient donc pas avoir des représentants à la Con- » vention nationale. Si elles le croient, de quel droit nom- » ment-elles des commissaires pour prendre des mesures de » sûreté générale? » On lui cria qu'il voulait perdre Paris. « L'ami de Paris, dit-il avec force, c'est moi ; l'ennemi, c'est » vous. » On ne lui répliqua pas; on le craignait, mais les choses n'en marchèrent pas moins vite: la lutte touchait à sa fin. Vergniaud parla, mais avec une timidité et une modération politique qui trahissaient ses appréhensions. Le même jour, l'accusation fut formulée, et l'arrestation de Vergniaud en fut la conséquence.

Guadet, s'échappant de Paris avec quelques amis, se réfugia dans le Calvados ; ils voulaient soulever la France contre les tyrans de la Convention ; et après avoir longtemps errés de province en province, ils arrivèrent enfin sur les bords de la Gironde, au Bec-d'Ambès, où ils trouvèrent un accueil hospitalier chez le beau-père de Guadet. Forcés bientôt après d'abandonner cet asile, ils se dirigèrent vers Saint-Émilion, et après mille périls, vinrent descendre chez le père de Guadet, qui, âgé de 72 ans, ouvrit sa porte à son fils et à ses malheureux compagnons, Salles, Buzot, Barbaroux et Louvet. Guadet avait été reconnu aux environs de Libourne ; c'était assez pour faire soupçonner la présence des proscrits dans le pays. Tallien et ses associés résolurent de faire des recherches minutieuses : les proscrits se séparèrent et s'enfoncèrent dans les galeries souterraines de la ville ; mais ne s'y croyant pas en sûreté, ils en sortirent et allèrent se cacher ailleurs. Tallien arriva en octobre, accompagné de trente cavaliers, et fit explorer le pays en tous sens ; il plaça le vieux Guadet sous la surveillance de deux gardiens, et mit en vente les propriétés de son fils, le représentant.

Pendant longtemps, les proscrits échappèrent aux poursuites de la police : Mme Robert Bouquey, belle-sœur de Guadet, avait fait pratiquer, dans la cave de sa maison, un passage souterrain qui correspondait avec un puits de 10 mètres de profondeur ; c'est dans ce lieu ténébreux et ignoré que cette femme, à l'âme généreuse et compatissante, avait caché Pétion, Louvet, Buzot, Salles et Barbaroux. Ce secret n'était connu que d'elle et de quelques personnes de sa famille. Elle leur apportait des aliments, des fruits, des légumes ; et soutenue par son admirable dévoûment, elle partageait le peu de pain qu'elle se procurait pour en fournir une partie à ses malheureux proscrits ; elle n'osait pas en acheter en grande quantité, de crainte de se compromettre ; elle aimait mieux se priver elle-même et sa famille que de faire soupçonner la présence des étrangers par une plus grande consommation. Une seule pensée troublait son bonheur; c'était d'être arrêtée avec sa famille, et de laisser sans moyens d'existence ces hommes auxquels elle prodiguait les soins les plus affectueux. « L'échafaud, leur disait-elle, ne m'inspire qu'une » seule crainte : que deviendriez-vous? »

Les recherches devinrent moins fréquentes et moins actives : l'excellente Mme Bouquey faisait asseoir à sa table (la nuit), les proscrits, et leur procura des livres et du papier. Elle fut enfin dénoncée, et prévenue qu'on allait faire chez elle de nouvelles visites domiciliaires. Peu soucieuse de sa propre sûreté, elle conduit ses malheureux hôtes chez le curé de sa paroisse, en attendant qu'elle pût trouver un asile plus sûr, et s'adressa pour cela à son voisin, Baptiste Troquart, perruquier, honnête homme, dont les sentiments lui étaient connus. « Baptiste, dit-elle un jour, quelques amis de mon » frère sont venus le voir; ne pourriez-vous pas les recevoir » chez vous quelques jours? » Troquart comprit sa pensée, et le soir même, il les accueillit comme des frères. « Je les » soignai de mon mieux, dit-il, dans une notice sur les der- » niers moments des Girondins : le jour, la nuit, j'étais en » course pour leur procurer les subsistances nécessaires. » C'est chez lui que Buzot, Louvet et Barbaroux écrivirent leurs mémoires.

Dans ce temps, M. Bouquey rencontra un jour un soi-disant ami avec qui il avait eu quelques relations commerciales pour la vente du vin. Dans un entretien amical, où quelques libations rendaient moins difficile la franchise et les hommes moins prévoyants, Bouquey s'ouvrit à lui et lui fit part de ses sollicitudes au sujet des Girondins dans le pays. Ce misérable, étranger à Saint-Émilion, et payé probablement par la police, communiqua cette confidence au représentant Tallien. Un ami en prévint Mme Bouquey; c'est alors qu'elle fit sortir les proscrits de chez elle. Ils se dispersèrent : Valady se dirige vers les Pyrénées; Pétion, Buzot et Barbaroux prennent la route des Landes, espérant se cacher dans ce désert. Guadet conduisit Salles et Louvet dans un coin ignoré des souterrains de Saint-Émilion, où ils passèrent la journée après avoir fait prévenir un ami d'aller les chercher la nuit suivante pour les conduire chez une certaine dame très-riche des environs, et dont Guadet avait sauvé la fortune; mais l'ami n'y alla pas. Le cœur lui manqua, ou la surveillance, peut-être, était trop rigoureuse. Ils se décidèrent, enfin, à partir tout seuls, par une nuit noire et froide de novembre. La neige semblait couvrir le sol pour faire découvrir leurs pas; mais la pluie tomba bientôt après en torrents sur leurs corps mal couverts et gelés; et, enfin, après bien des souffrances, ils arrivèrent à quatre heures du matin en vue de la maison où ils comptaient trouver un accueil amical. Guadet laissa ses deux amis au pied d'un vieux chêne, et alla frapper à la porte. Il déclina son nom; mais l'ingrate lui répondit par un refus! Guadet revint consterné à ses compagnons, et trouva Louvet mourant de faim et presque gelé de froid; ils s'encouragèrent mutuellement et se mirent encore en route pour Saint-Émilion. Arrivés chez Guadet père, ils y occupèrent une cachette pratiquée dans le grenier; mais Louvet, convaincu qu'il se sauverait plus facilement dans la bruyante population de Paris qu'en province, embrassa ses deux amis et se traîna seul sur la route de la capitale.

De nouvelles perquisitions furent ordonnées en 1794, sous la direction de Julien, envoyé sur les lieux par le Comité de Salut public. On prévient les fameux républicains du pays : Laye, à Sainte-Foy; Oré, à Bordeaux; Lagarde, agent national à Libourne, et quelques autres patriotes de ces contrées. On leur dit le lieu et l'heure de leur réunion; mais ils en ignoraient le but. Cette expédition de la police partit pour Libourne, où elle rencontra bien d'autres bons républicains, qui se mirent en route avec elle, accompagnés d'un fort détachement du 10ᵉ bataillon, arrivé de la Vendée. Ils crurent devoir instruire de leurs intentions et de leurs projets un nommé *Marcou* : il emmena avec lui ses chiens ; et à la faveur d'une nuit obscure, ils arrivèrent à la pointe du jour à Saint-Émilion. La ville fut cernée, toutes les carrières explorées, ainsi que les maisons suspectes. Les jeunes gens parcoururent les souterrains avec les chiens de Marcou ; mais ils ne découvrirent rien. On alla ensuite visiter la maison de Guadet père, sous la direction d'un nommé Favereau. Les perquisitions furent faites avec soin, mais sans résultat. On allait se retirer, quand un gendarme remarqua que le grenier ne paraissait pas aussi long que le rez-de-chaussée. On remonta pour s'assurer du fait ; et après avoir donné quelques coups au mur, on acquit la certitude que ce n'était qu'une cloison en briques qui cachait les proscrits.

Se voyant perdu, Guadet veut se soustraire à l'ignominie de l'échafaud : son pistolet, chargé de balles, rate, et il se trouve à la merci de ses ennemis. On prétendait qu'il voulait se défendre ; c'est peu probable : il aurait pu tuer un homme ; mais c'eût été un acte sans portée, sans profit. Il y en avait bien d'autres, et il était trop réfléchi pour ne pas comprendre que toute résistance eût été inutile. On les tire de leur cachette, on arrête tous les gens de la maison, et le lendemain tous les Jacobins du pays escortent triomphalement les malheureux Girondins jusqu'à Bordeaux.

L'interrogatoire ne fut pas long. « Qui es-tu, lui dit l'in- » fâme Lacombe ? — Je suis Guadet, répondit-il : bourreau, » faites votre office. Allez, ma tête à la main, demander votre » salaire aux tyrans de ma patrie ; ils ne la regardèrent ja- » mais sans pâlir ; et en la revoyant, ils pâliront encore. » En allant au lieu du supplice, le 20 juin, on voyait de tous côtés une foule compacte et attendrie ; on regrettait son malheureux sort, on le plaignait. D'un autre côté, il se trouvait quelques forcenés, quelques Jacobins stipendiés, quelques viles mégères, qui criaient *à bas les Girondins* ; mais Guadet, impassible au milieu de cette populace, lui crie : « Regardez-moi bien; » voilà le dernier de vos représentants. » Arrivé sur l'échafaud, il veut parler au peuple; mais un roulement de tambour étouffa les derniers accents vibrants de l'éloquent Girondin. Alors, indigné de voir qu'on lui enlève la liberté de dire un adieu à sa malheureuse patrie, il s'écrie de toute la puissance de ses poumons : « Peuple, voilà l'éloquence des tyrans; ils » étouffent les accents de l'homme, pour que le silence couvre » leurs forfaits. » A l'instant même, sa tête bondit sur l'échafaud ; c'était, en quelque sorte, la dernière expression de son indignation comprimée. Guadet n'était plus ! les Jacobins se sentirent à l'aise. Ils avaient un obstacle de moins contre leur liberté de mal faire.

Livre IV.
Chap. 2.

1793

GUADET.

Valady avait pris la route des Pyrénées : il courait au devant de la mort. Louvet s'était mis en route pour Paris, déguisé en ouvrier. Pétion, Buzot et Barbaroux furent obligés de quitter le toit hospitalier de Troquart; il les accompagna hors de la ville, et leur donna, en pleurant, son dernier pain avec un dernier adieu (1). Ils marchèrent longtemps sans savoir où, et arrivèrent enfin aux environs de Castillon. C'était le jour de la fête locale : il y avait une foule immense et un bruit qui frappait leurs oreilles avec le son des tambours et des instruments de musique. Ils se crurent cernés de toutes parts et livrés à leurs ennemis. Barbaroux, dégoûté de la vie,

---

(1) Baptiste Troquart expia, par huit mois de captivité, dans un cachot humide et infect, le crime d'avoir sauvé pendant cinq mois la vie des représentants proscrits. Rendu à la liberté, après la révolution de thermidor, mais hors d'état de travailler, par suite des infirmités qu'il avait contractées durant sa détention, il demanda quelques indemnités à la Convention nationale. Un décret, du 21 messidor an III, renouvelé par le gouvernement dictatorial, le 9 prairial an VII, lui alloua 1,500 liv. à titre d'indemnité, et 600 à titre de récompense nationale. Il ne reçut qu'une faible partie de cette allocation, et ce brave citoyen, vieux et indigent, attendit en vain l'exécution du décret du 9 prairial.

(*Note* de M. Amédée Thierry, *Résumé de l'Histoire de la Guienne*, p. 265).

crut que c'était une chasse qu'on leur faisait; il se tira un coup de pistolet et se brisa la mâchoire. Des paysans le trouvèrent baigné dans son sang. Voyant son linge marqué des lettres R B, Lagarde lui demanda s'il était Buzot; ne pouvant pas parler, il fit un signe négatif. *Vous êtes donc Barbaroux?* dit Lagarde; il baissa la tête en signe d'affirmation. Ses deux compagnons s'étaient cachés dans un champ de blé; quelques jours plus tard, on y trouva leurs cadavres, que des chiens et des loups s'étaient disputés.

La perte de Guadet entraîna celle de son vieux père, de sa tante et de son frère cadet, adjudant-général à l'armée de la Moselle.

Mme Rolland faisait grand cas de Guadet et de Gensonné : leur caractère, leurs talents, leur éloquence, étaient différents; mais, au fond, c'étaient des hommes supérieurs. D'après le portrait qu'elle fait de ces deux représentants de la Gironde, Gensonné était froid et Guadet impétueux : le premier s'était fait logicien; le second, la nature l'avait fait orateur. Gensonné se maîtrisait; mais les éclats de la brillante vivacité de Guadet n'étaient jamais suivis d'aigreur, et l'intention d'offenser n'approchait pas de son âme. Tous deux tendres époux, bons pères, excellents citoyens, hommes vertueux, sincères républicains, ils n'ont succombé sous l'accusation de conspirateurs que pour n'avoir pas su se coaliser en faveur de la cause de la monarchie et de la religion.

CHAPITRE III.

Notices biographiques sur Gensonné, Grangeneuve, Ducos. — Leur vie politique, etc., etc.

GENSONNÉ.

Armand Gensonné, né à Bordeaux le 10 août 1758, se consacra de bonne heure aux pénibles travaux du barreau, et se distingua dans la profession d'avocat. Devenu homme de loi, il se fit remarquer parmi ses concitoyens par la hardiesse de ses opinions politiques et par de grands moyens intellectuels. Il partagea les doctrines de Guadet et de Vergniaud, et forma avec eux l'illustre triumvirat de talents, de courage et de convictions républicains qui devint le germe du parti girondin. Il aimait les innovations politiques de son temps, non par fougue, par passion ou par caprice, mais bien par une prédilection à la fois réfléchie et instinctive; il y voyait le bonheur de la France et du monde.

Prévenu en faveur de ses propres idées, à défaut de bonnes raisons, il s'appuyait sur des sophismes; à la place de la réalité, il se contentait de l'apparence ou de l'ombre. Dialecticien sévère et obstiné, du reste, il n'entraînait pas, il contraignait, dit Lamartine : son argumentation était solide; ses défauts étaient dans ses préjugés et dans l'exaltation de ses idées démocratiques. Il estimait ses deux amis; il admirait leurs beaux talents oratoires. Il votait toujours avec eux; mais plus homme d'État qu'eux, et penseur profond, il ne soumettait jamais ses opinions ou son vote à ceux d'un chef. Au début de sa carrière politique, il ambitionnait le pouvoir; mais il en connut plus tard les dangers et les illusions. Dans les débats publics et la discussion des affaires, il aimait à prouver les grandes ressources de son intelligence et la puissance de sa logique; mais il se souciait fort peu de toute autre gloire politique. Il présida souvent avec distinction l'Assemblée législative et la Convention : son éloquence était froide et sans élévation; sa diction grave, correcte et réfléchie; mais elle portait presque toujours l'empreinte irritante d'une mordante ironie et d'une âpreté nerveuse. Procureur-syndic de la commune de Bordeaux, il déploya dans cette charge toute l'acrimonie d'un esprit malade et toute l'antipathie pour les doctrines religieuses que la lecture de l'*Encyclopédie* lui avait inspirée. Il conserva toujours ses sentiments, et, dans sa carrière politique, ne cessa jamais d'être le disciple de Voltaire, l'apôtre de l'incrédulité. Envoyé comme commissaire dans la Vendée, et ne pouvant pas vaincre les antipathies politiques et religieuses de ce peuple chrétien et royaliste, il rentra à Paris avec ses implacables ressentiments contre les nobles et les prêtres, et, dans un discours froid et étudié, exhala toute sa colère contre ces deux classes des citoyens français. Il poursuivait tous les jours de sa haineuse colère tous les ministres; il se chargea du soin de prouver qu'ils étaient tous traîtres à la nation et au roi, et s'efforça de déchaîner les passions populaires contre le ministre de la guerre en particulier, dont il demanda la tête en expiation de ses forfaits.

Au mois de septembre (1792), il fit décréter que dans les villes où le Corps législatif tiendrait ses séances, l'ordre de sonner le tocsin, ou de tirer le canon d'alarme, ne pourrait être donné que par le Corps législatif, et cela sous peine de mort. Ses sentiments républicains étant connus, on le nomma membre du Comité diplomatique, dont le but était d'affaiblir peu à peu la royauté et d'en préparer la chute. C'est pendant ces fonctions qu'il déploya son fanatisme républicain contre les princes frères du roi, contre les ministres, les prêtres insermentés et les émigrés, dont il fit ordonner le séquestre des biens. Voyant que l'intrigue jouait un grand rôle parmi les représentants et dans les ministères, Gensonné demanda, dans un discours substantiel, rempli de bonnes raisons et de vues d'un patriotisme éclairé, qu'aucun membre de l'Assemblée ne pût accepter ou remplir des fonctions politiques avant l'expiration de dix ans, à compter du jour de la promulgation de la Constitution. L'Assemblée rendit ce jour-là un éclatant hommage à la portée et à la sagesse de cette motion politique : elle se leva spontanément et en masse, les chapeaux en l'air, par un mouvement instinctif, et la décréta au milieu des plus bruyants applaudissements. Ce fut l'un des plus beaux jours de la vie politique de Gensonné.

L'influence des Girondins offusquait l'ambitieuse fierté de Robespierre ; il jura de s'en débarrasser ; et s'appuyant sur les Maratistes, il les accusa d'agir de connivence avec la cour, de vouloir enlever la Convention, détruire la Constitution et égorger les citoyens. Gensonné l'attaqua corps à corps, et l'apostrophant avec courage, lui dit : « Tranquillisez-vous, » Robespierre, vous ne serez pas égorgé, et je crois même » que vous n'égorgerez personne. La bonhomie avec la» quelle vous reproduisez sans cesse cette doucereuse inven» tion, me fait craindre seulement que ce soit là le plus cui» sant de vos regrets. Il n'est que trop vrai, l'amour de la » liberté a aussi son hypocrisie et ses tartufes. »

Courageux, mais toujours harcelés par Robespierre, Danton et les Maratistes, les Girondins crurent devoir se rapprocher de la cour, afin de faire rentrer dans le cabinet ministériel Rolland et ses collègues ; ils ne réussirent pas. Leurs conditions étaient inacceptables ; ils furent refoulés vers les anarchistes. Le 10 août en fut la conséquence. Leurs relations avec le roi, quoique alors très-constitutionnelles, furent mal interprétées : la lettre rédigée par Gensonné fut signée par les trois principaux Girondins. Cette lettre, remise à Boze, peintre du roi, et par lui à Thierry, valet de ce prince, fit naître des

Livre IV.
Chap. 5.

1795

Gensonné.

27 Octobre.

Courrier français,
28 Octobre.

soupçons, qui, brodés par Robespierre et les Jacobins, prirent plus tard tous les caractères d'une véritable connivence avec la cour. C'est alors que commença la lutte des Jacobins contre les Girondins. Les Jacobins voulaient régner par la terreur et commander aux esclaves; les Girondins voulaient dominer l'Assemblée et établir une sage et véritable république. Les uns voulaient aller à la démagogie la plus effrénée; les autres voulaient une république fédérative; mais ils n'eurent pas l'idée d'aller au 21 janvier! Ils voulaient l'appel au peuple, comme un moyen de sauver la vie du prince. Robespierre parla contre l'appel, mais Gensonné et ses collègues le réfutèrent avec un succès complet.

C'est Gensonné qui, le premier, fit décréter que chaque citoyen devait porter une *carte de sûreté*, sous peine d'être arrêté comme suspect; il demandait très-souvent la punition des égorgeurs de septembre, dont Tallien, Danton et plusieurs autres députés avaient été les complices. Il fut le premier, si nous en croyons Guadet, qui proposa la suspension du roi, que Vergniaud rédigea en projet de loi. L'appel au peuple, qu'il voulait, fut rejeté : alors, entraînés par la majorité, et craignant de se compromettre en ne suivant pas l'exemple de leur collègue, les Girondins votèrent la mort du roi! Gensonné reconnut que si, comme juge, il devait appliquer la loi, comme législateur, il croyait devoir examiner si la peine de mort pouvait être commuée en une détention perpétuelle. Cette pensée ne fut pas favorablement accueillie. Gensonné finit par voter avec Vergniaud, Jay, Ducos, Garreau, Fonfrède, Duplantier et Deleyre, contre le sursis à l'exécution du jugement, et différa en cela de Guadet et Bergoin, qui votèrent pour.

Jeté dans la même prison que les autres, il conserva toujours sur ses lèvres, dit Lamartine, l'âcreté du sarcasme, ce sel corrosif de sa parole, et se vengeait de ses persécuteurs par son mépris; il fut condamné à mort le 31 octobre, à l'âge de trente-cinq ans, avec une vingtaine de ses collègues. Nous parlerons encore de lui à la fin de ces articles biographiques.

Nous trouvons, dans la *Vie parlementaire de Vergniaud*, par M. Touchard-Lafosse, cette anecdote, que nous croyons devoir conserver ; elle reflète de l'honneur sur la mémoire de nos deux célébrités girondines. Nous n'en garantissons pas la vérité.

Au moment de l'arrestation des vingt-un représentants, Guadet et Gensonné habitaient la même maison, sous la surveillance de deux gendarmes. Une occasion favorable leur fut offerte pour s'évader, au moins à l'un d'eux, pendant que l'autre s'efforçait de raisonner et d'argumenter avec les agents du pouvoir. Une lutte de générosité s'établit entre les deux amis : chacun d'eux conjurait l'autre de fuir, et motivait ses sollicitations sur ce que les jours de son ami étaient plus précieux que les siens, plus utiles à la patrie. Gensonné puisait ses arguments dans l'incontestable supériorité des talents de Guadet. « Il importe à mon pays, disait-il, que j'aille seul
» à l'échafaud ; en me perdant, il n'aura pas à regretter un
» talent extraordinaire....... Je ne valais quelque chose à la
» tribune que par quelques élans d'âme, qui, malgré leur
» énergie, étaient étouffés par les rugissements de la férocité.
» Cependant, j'ai assez marqué dans la révolution et dans mes
» fonctions législatives, pour croire que ma mort arrachera
» les Français à leur coupable indifférence sur les maux qui
» les menacent ; quand cet éveil sera donné, ce sera à toi,
» Guadet, et aux hommes qui ont ton énergie et tes talents,
» à rallier les Français autour des bons principes, à ramener
» le règne de la justice et de l'humanité ! »

Ce dévoûment héroïque, dit l'auteur que nous avons cité, ce dévoûment héroïque à l'amitié et à la patrie, dont on ne retrouve l'exemple que dans les fabuleuses traditions de l'antiquité, cette réalisation sublime des débats de Pylade et

— 434 —

Oreste à l'autel de Diane, furent confirmés par le stoïcisme non moins sublime d'une épouse qui allait devenir mère... Guadet consentit à fuir; Gensonné fut enfermé à la Force avec vingt de ses collègues; mais l'un et l'autre arrivèrent au même terme, quoique par des chemins différents. L'échafaud fut le dernier théâtre de leur gloire.

GRANGENEUVE (Jacques-Antoine).

Sur un plan inférieur à celui des trois célèbres Girondins dont nous venons de parler, se présente à nos regards un autre Bordelais; c'est Grangeneuve, homme droit, honorable, et ennemi des abus réels ou prétendus, contre lesquels la France, depuis quelques années, n'avait cessé de crier.

Grangeneuve (Jacques-Antoine) naquit à Bordeaux en 1750, d'une famille généralement aimée et respectée. Après avoir suivi avec distinction la carrière du barreau, il fut nommé substitut du procureur du roi au commencement de la révolution. Comme tous les jeunes gens de son temps, il aimait la France et en désirait la gloire et la prospérité. Les nouvaux principes avaient pour lui, comme pour presque tous ses contemporains, les prestiges d'une régénération sociale et un charme indéfinissable, qui lui firent oublier les vieilles traditions de sa famille, les douces habitudes de ses jeunes années et son respect pour les vieilles institutions de sa patrie. Homme d'idées courtes, dit Lamartine, mais droit et inflexible, il n'aspirait qu'à servir l'humanité en soldat obscur; d'un esprit assez élevé, mais négligemment cultivé, il n'avait rien à offrir à sa patrie que son bras, sa bourse et son dévoûment aux intérêts du nouveau système politique. Chez lui, rien n'était en réserve quand il s'agissait de servir son pays. Hardi, mais peu prévoyant, il donna, dans plusieurs circonstances, des preuves de son courage: il ne consultait que son cœur et son devoir; mais fanatique de la liberté, il se signala par son ardeur à défendre les nouvelles doctrines qui devaient, disait-on, fonder et consolider cette liberté, comme l'élément le plus indispensable au futur bonheur de la France. De là vient l'excentricité irréfléchie de ses opinions; de là, des écarts regrettables, quelquefois mal interprétés, souvent inspirés par un ardent patriotisme, et toujours conformes, selon sa raison peu éclairée en politique, aux principes regardés alors comme seuls capables de rendre à la France son antique prospérité et sa gloire. Ennemi des abus, il détestait l'ancien régime, qu'on décriait comme en étant la source; mais en travaillant à l'extirpation de ces abus, il ne portait jamais une main sacrilége ni sur l'autel ni sur le trône. Selon lui, c'était la double base de l'ordre social; c'était le fondement du nouvel édifice qu'on allait construire, le gage assuré d'un bonheur qu'on croyait entrevoir dans le lointain. Pour lui, en religion et en politique, au commencement de sa vie parlementaire, il ne voyait que Dieu et le roi : il les confondait dans son amour. Loyal et confiant, il ne soupçonnait jamais chez les autres des sentiments contraires au bien, et se laissait bien souvent entraîner à des fautes qu'il connut, regretta et expia plus tard par ses remords. Les succès de Vergniaud, de Guadet, de Fonfrède, enflammaient son ambition; il aurait voulu leur ressembler, les dépasser même, et ne se laissa malheureusement que trop souvent entraîner hors des voies de la modération et loin de ses antécédents, par leurs conseils et leurs exemples. Il suivait ses imprudents guides, qu'il ne pouvait pas arrêter; et ne se doutait pas qu'en travaillant à l'extirpation des abus, il sapait tous les principes de l'ordre social et lançait la France dans la carrière des révolutions dont nous ne voyons pas encore la fin.

Grangeneuve était peu fait pour la tribune : il y brilla cependant quelquefois, et eut l'honneur bien souvent d'encourir la haine de Marat et de ses infâmes séides. Mme Rolland ne l'aimait pas: il ne voulait pas se courber, comme d'autres, aux pieds de cette femme supérieure, dont le génie avait subjugué presque tous les Girondins. Il la reconnaissait toute-puissante dans son salon, mais il ne voulait pas en recevoir le mot d'ordre. Fonfrède, qui le connaissait mieux qu'elle, disait, en parlant de son collègue Grangeneuve, que c'était le patriotisme même, et que sa tête était comme certaines torches qui s'allument trop vite, mais qui éclairent en brûlant.

Très-souvent le mot *majesté* retentissait aux oreilles des ennemis du roi, dans les communications officielles; il offusquait les amis de l'égalité, et provoquait parfois des éclats scandaleux de la haine des démocrates contre le roi. Grangeneuve crut qu'il était convenable, et même nécessaire, d'ôter cette pierre d'achoppement, pour prévenir le retour de tant de désordres : il demanda et obtint la suppression de ce mot dans les communications officielles qui devaient avoir lieu entre le roi et l'Assemblée. Il croyait, par des concessions, désarmer les ennemis du prince, et maintenir, aux dépens d'une qualification honorifique, mais nullement nécessaire, le respect pour sa personne et pour son autorité; il se trompait : les concessions, en politique, ne sont, pour les uns, que des actes de faiblesse, et pour les autres, que des triomphes. Il ne faisait qu'aider les ennemis du roi à miner le terrain autour du trône, pour y ensevelir plus tard le roi et la royauté !

Dans une autre circonstance, sous l'empire d'une semblable erreur, il prit la défense des Suisses du régiment de Château-Vieux, qui furent condamnés aux galères pour avoir pris part à la révolte de Nancy. Il ne connaissait pas toute l'étendue du mal, et son cœur ne se méfiait pas de son entourage; mais mieux éclairé par ses propres réflexions, par une plus longue expérience des hommes et des choses, et surtout par les excès des Jacobins, que son âme généreuse s'empressait de flétrir, il se repentit amèrement de son extrême crédulité et de sa défense des hommes dont les crimes déshonoraient sa patrie.

Environné d'assassins, et réduit à disputer sa vie aux mi-

sérables qui voulaient la lui arracher, l'infortuné Louis XVI se réfugia au sein de la Convention. Les représentants décidèrent qu'il serait logé dans l'enceinte de l'Assemblée et gardé par un détachement de vingt-cinq hommes. Quelques fidèles serviteurs se glissèrent dans l'intérieur et voulurent à tout prix y rester pour garder le prince. Cette conduite parut étrange et peu régulière à quelques députés. Grangeneuve prévoyant des désordres dans la salle, adopta leurs idées ; et désireux de faire cesser un état de choses anormal et contraire au règlement, dénonça la présence de ces hommes, qui agissaient sans autorisation, et avec qui les ministres et les amis du roi entretenaient des communications actives et incessantes. « Je demande, dit-il, en vertu de quels ordres ces
» gens-là se trouvent là ? Comment voulez-vous que l'Assem-
» blée réponde de l'existence du roi, si nous laissons appro-
» cher de lui des hommes que nous ne connaissons pas ? »

Grangeneuve, dit-on, eut tort dans cette circonstance ; mais avant que de le condamner, a-t-on bien réfléchi à la situation des partis, à la probabilité d'un conflit et aux affreuses scènes qui auraient pu s'ensuivre ? S'il était ennemi du roi et partisan de l'anarchie, il n'avait rien de mieux à faire que de précipiter les conventionnels les uns contre les autres, et se défaire, par un coup de main, et du roi et des royalistes. Mais non ; il croyait prévoir le danger, et il aurait voulu le prévenir et le conjurer. Nous savons aujourd'hui qu'il désirait sauver Louis XVI, et que, sous les menaces de la guillotine, il déclara, à la face de la France, qu'il ne se reconnaissait pas le droit de juger, moins encore celui de condamner son roi. Loin d'étouffer sa sensibilité naturelle, son stoïcisme républicain ne se préoccupait que d'une chose, la vie du roi, qui lui paraissait compromise entre les mains d'une poignée d'hommes, dont il ne connaissait ni les sentiments ni les antécédents. Il craignait un enlèvement ; et toute tentative pour l'effectuer eût produit infailliblement d'affreux malheurs. Son esprit était, sans doute, frappé du danger qui en résulterait pour le roi et pour la Convention. Son cœur, comme ceux de presque tous les gens de son âge, s'abandonnait aux prétendus charmes d'une régénération politique. On ne voyait que l'extirpation des abus, le règne de la liberté civile et politique, un régime constitutionnel à la place des formes trop arbitraires et vieillies de l'ancienne monarchie. En un mot, on se berçait de rêves, on se repaissait d'utopies illusoires et irréalisables. Grangeneuve faisait comme presque tout le monde; mais il ne voulait pas le désordre, et il aurait donné sa vie pour conserver celle de son roi et de la famille royale. Il en a donné la preuve dans un moment solennel, sous la menace de la guillotine, et à l'honneur éternel de son nom. « C'était, » dit Mme Rolland, le meilleur humain qu'on pût trouver sous » une figure de la moindre apparence : d'un esprit ordinaire, » mais d'une âme vraiment grande, il fit de belles choses avec » simplicité, et sans soupçonner ce qu'elles coûteraient à d'au- » tres qu'à lui. »

Au mois de février 1792, il fit plusieurs discours très-remarquables et empreints du patriotisme le plus pur et des sentiments les plus élevés. Ses écarts parlementaires provenaient de ses préjugés; son cœur n'était jamais responsable des fautes que son imprévoyance habituelle dans les inextricables embarras de la politique l'empêchait de bien voir et surtout de bien apprécier dans leur portée et dans leurs conséquences. Il désirait rendre sa patrie heureuse sous un nouveau régime, et doter la France d'une législation plus équitable et moins absolue. C'étaient les généreuses inspirations d'un homme de bien, malheureusement sans expérience au milieu des écueils; il était facile à gagner, parce qu'il était sans méfiance, et avait conçu une indicible horreur pour les fautes réelles ou imaginaires qu'on imputait aux ministres et aux courtisans.

C'est avec ces idées qu'on peut s'expliquer l'emportement

et les accents d'indignation de Grangeneuve, le 25 février : il ne pouvait se contenir, quand il entendit parler d'un nommé Latude, qu'on avait gardé dans un cachot pendant trente-cinq ans. Le nom de Mme de Pompadour fut mêlé à ce triste récit; et tous les affligeants détails de cette trop longue captivité, punition affreuse pour une coupable étourderie d'un intrigant, soulevèrent d'indignation l'honnête cœur du généreux Grangeneuve, au point de lui arracher cette exclamation : « Trop » tard elle est venue, cette insurrection qui nous a délivrés » des horreurs que commettaient les concubines des rois ! » Comme les autres Girondins, il faisait la guerre aux ministres, dont ils convoitaient les portefeuilles; mais des ministres du roi au roi lui-même la distance n'est pas grande; et les coups qu'il dirigeait contre les serviteurs de la couronne, atteignaient le prince lui-même, comme on peut le voir par son discours du 23 mai.

Grangeneuve prit part, avec les Girondins, aux mesures qu'amenèrent le 10 août; mais témoin des scènes abominables qui se passèrent alors à Paris, il conçut un profond dégoût, une horreur indicible pour les anarchistes et les Jacobins. Naturellement imprévoyant, il ne songeait pas qu'on creusait sans s'en douter, pour la plupart de ses collègues au moins, un abîme, où tous ensemble, Girondins et Jacobins, ils allaient être engloutis avec le trône et l'autel. Quelques jours après, il apprit que les membres du Comité de Surveillance se réunissaient pour prendre certaines mesures, afin de diriger les délibérations et la conduite de la majorité. Grangeneuve, ne consultant que son cœur et les intérêts de sa patrie, les dénonça, le 9 décembre 1792, et s'éleva avec énergie contre l'atroce tyrannie de Marat, qui, par ses écrits démagogiques et incendiaires, poussait le peuple à égorger plusieurs membres de la Convention, qu'il accusait faussement de travailler à sauver la monarchie et à détruire les institutions républicaines.

Livre IV.
Chap. 3.

1793

GRANGENEUVE.

La bonhomie de Grangeneuve fut souvent prise pour de la lâcheté; mais, dans ce moment, il faut en convenir, il fallait un grand degré de courage pour s'élever contre Marat, Danton et Robespierre. Il alla même plus loin, et demanda, au nom du comité dont il faisait partie, un scrutin épuratoire, pour découvrir les traîtres, les instigateurs des malheurs publics, afin de les expulser de la Convention. Mais tous les efforts des Girondins furent impuissants: le langage de Grangeneuve et de ses amis ne fit qu'irriter davantage les Montagnards. Ils se turent; mais c'était pour respirer et se préparer à une nouvelle lutte. Elle ne tarda pas à avoir lieu. Marat s'oublia au point de noter d'infamie les hommes qu'il accusait. Guadet et Vergniaud se préparaient à répondre; mais Grangeneuve, indigné, s'avança au milieu de la salle, et, d'une voix vibrante, l'interpella et le somma de donner les preuves de ses notes d'infamie; sinon, il le stigmatiserait comme un calomniateur. Dès ce moment, quoique faible de caractère, il se fit craindre des Jacobins. Ils comprirent que c'était un homme capable de généreuses résolutions. Mme Rolland avait raison de dire qu'il avait l'*âme grande*: les Jacobins crurent devoir s'en défaire. Ils l'enveloppèrent dans le même décret d'accusation, avec les autres Girondins. On lui réserva le même sort.

Maintenant, que faut-il penser des écarts et du langage de ce Girondin? Homme faible, timide, quelquefois courageux quand il s'agissait d'accomplir un devoir, ses fautes, tant condamnables qu'elles soient, ne furent que le résultat de son imprévoyance, des actes d'imprudence, le fruit de l'entraînement et de mauvais exemples. Dans les assemblées politiques, surtout en temps de révolution, on ne s'appartient pas. La conduite de vos amis est contagieuse: vous vous y conformez sans vous en douter, surtout quand, dans votre nuance politique, il se trouve des hommes de génie, qui vous subjuguent et vous entraînent malgré vous. Tout le monde voulait le bonheur de la France; mais les moyens proposés pour y atteindre n'étaient pas les mêmes. On voulait extirper les abus de la cour, les abus des ministères, les abus du clergé, les abus de tout le monde; c'était une chimère, que cette insaisissable perfection que l'on voyait dans le développement des institutions républicaines. Pour extirper ces abus, il fallait crier, juger et condamner : on voulait être patriote. Les charges et les éternelles criailleries de l'opposition furent considérées comme l'expression et la mesure d'un louable patriotisme. Grangeneuve, homme d'honneur, esprit médiocre, dit Thiers, mais d'un caractère dévoué, crut devoir faire comme les autres. L'exemple de ses amis l'entraîna à l'oubli des convenances, de ses antécédents et de ses nobles traditions domestiques; mais après le 10 août, il comprit l'étendue de ses fautes, et s'efforça, par sa modération et la sagesse de ses paroles et de sa conduite, de réparer ses torts et de se faire pardonner ses imprudentes excentricités. Les Jacobins voyaient des abus partout : le roi lui-même en était le plus grand. Après avoir miné tout l'édifice, ils renversèrent le trône, et, au grand scandale du monde, ils mirent le prince en jugement. Les circonstances, disait-on, en faisaient une nécessité; mais la nécessité ne saurait jamais légitimer un crime ou excuser une lâcheté. On meurt, on ne se souille pas. Grangeneuve le comprit ainsi : Quand il vit l'appel au peuple repoussé par Barrère, Robespierre et la majorité, il demanda la parole, et déclara, avec une courageuse franchise, qu'il ne pouvait ni découvrir ni supposer, dans les termes de son mandat, le pouvoir d'accuser, de juger, et encore moins de condamner le roi à subir la peine de mort; qu'il n'avait jamais accepté ce mandat de ses commettants, et que, s'ils avaient eu l'intention de le lui donner, il n'avait jamais eu celle de s'en charger. Il reconnaît et avoue, avec sa loyauté habituelle, « qu'on avait tout mis » en œuvre autour de la Convention, tous les moyens d'in- » fluence capables d'arracher aux représentants une sentence

Livre IV. Chap. 3.

1793

Grangeneuve.

Histoire de la Révolution, livre VII.

» de mort. La mort de Louis n'affermira pas la république ;
» au contraire, elle attirera sur la France de grands maux.
» La liberté d'un peuple n'a jamais dépendu de la mort d'un
» homme : je ne voterai pas pour la mort ; je suis d'avis qu'il
» vaut mieux voter la détention. » On demanda un sursis à
l'exécution du jugement : Grangeneuve et Lacaze voyant que
toutes les démarches étaient inutiles, refusèrent de voter. Leur
abstention équivalait à une désapprobation de la procédure :
l'œuvre de régicide était presque consommée, mais le sang du
roi n'entacha pas les habits du girondin Grangeneuve. Sa noble
et loyale conduite, dans cette terrible conjoncture, suffit seule
pour effacer tous ses torts.

Dans le rapport de Saint-Just, Grangeneuve fut signalé
comme l'un des chefs de la conspiration fédéraliste. Il écrivit,
en juillet, à la Convention, pour désavouer et blâmer les entreprises de ses collègues. Il affirma qu'il n'était pas sorti de
Paris depuis l'insurrection du 31 mai, et montra un grand
attachement à l'unité et à l'indivisibilité de la république.
Chabot s'éleva avec force contre cette lettre, qu'il qualifia
d'artificieuse, et déclara qu'on devait regarder « ce député de
» la Gironde comme un rebelle, qui devait partager le sort
» de ses collègues fuyards ; rebelle d'autant plus méprisa-
» ble, que c'est un lâche, qui s'est caché dans quelque souter-
» rain, pour échapper à la détention où le condamnait la
» loi. »

Sur l'avis de Bréard, l'Assemblée vota le décret d'accusation contre Grangeneuve et Condorcet.

Condamné à mort le 31 octobre 1793, Grangeneuve réussit
à sortir de Paris, et s'enfuit à Bordeaux, où on le cacha quelque temps ; mais Ysabeau, plus fait, dit Amédée Thierry,
pour être inquisiteur que magistrat d'un peuple libre, découvrit sa retraite. Le généreux Grangeneuve fut trahi par l'ouvrier qui avait fait la cachette où il s'était réfugié avec son
malheureux frère ; ils furent sacrifiés l'un et l'autre le même

jour, le 21 décembre (1). Le représentant avait quarante-trois ans, et son frère, Jean, trente-huit ans.

Mme Rolland n'aimait ni Vergniaud, ni Grangeneuve ; elle admirait l'éloquence de l'un ; et ne pouvant pas amollir le caractère probe et austère de l'autre, elle s'efforça de le couvrir de ridicule, et fit courir sur son compte l'anecdote suivante, dont l'absurdité seule suffit pour en faire justice. Cependant, cet épisode de la vie parlementaire du Girondin a été mis en vogue, et accrédité comme vrai par des écrivains intéressés, qui visent, non pas à la vérité historique, mais à faire vendre leurs compilations.

Selon ces faiseurs de livres, Grangeneuve assistait, un jour du mois de juillet 1792, aux discussions sur la déchéance du roi : on délibérait sur les moyens de compromettre la cour, afin de sévir contre elle sans faire crier à l'injustice. « Il » serait à désirer, s'écria Chabot, que la couronne fît attenter » aux jours de quelques patriotes ; ce serait une cause infail- » lible d'insurrection et l'occasion d'un mouvement salutaire. » Grangeneuve, assis dans l'embrasure d'une croisée, écoutait froidement l'avis du Jacobin. Sous les traits les plus calmes, et la physionomie la moins expressive, il cachait toute la grandeur d'âme des stoïciens, sans mélange de leur orgueil ; il se laissa impressionner par les accents animés de Chabot ; et l'attirant, enfin, dans une pièce voisine, il lui dit : « J'ai » été frappé de votre judicieux raisonnement ; mais les tyrans » sont lâches ; ils ne nous fourniront pas l'occasion désirée. » Or, ce qu'ils n'oseront pas tenter, il faut le faire, et le leur » attribuer. — Comment l'entendez-vous, redemanda l'ex-

---

(1) M. Amédée Thierry donne, sur la découverte de la cachette de Grangeneuve, et sur la manière dont il fut livré à Ysabeau, des détails controuvés et inexacts. Nous nous empressons de les démentir : il ne fut trahi que par le misérable ouvrier qui avait été bien payé pour faire la cachette, et probablement mieux payé pour l'avoir découverte.

» capucin surpris? — Rien de plus simple : Que l'un de nous
» se fasse tuer au coin d'une rue par des hommes dévoués à
» la liberté, et le lendemain, on accuse la cour, en montrant
» au peuple le linge ensanglanté du mort, comme Antoine
» exposa jadis la tunique de César aux yeux des Romains.
» — Écoutez, citoyen Chabot, ma vie n'est pas fort utile ;
» trouvez des assassins, et je me dévoue. — Ah ! moi aussi,
» je veux partager votre gloire. — Comme vous voudrez ; un
» seul serait assez ; deux produiront plus d'effet. Il n'y a pas
» gloire à cela ; n'en faisons pas de bruit. — Je me charge,
» dit Chabot, de tout disposer. — Je vous attends, répondit
» le stoïque Girondin. »

Peu de jours après cet entretien, Chabot entra chez Grangeneuve en se frottant les mains. « Tout est préparé, dit-il.
» — Eh bien ! dit le Girondin, fixons le moment : demain
» au soir, continua Grangeneuve, en sortant du comité, pas-
» sons rue Saint-Honoré, au Louvre ; c'est une rue peu fré-
» quentée, et notre affaire sera bientôt faite. » Ils se séparèrent pour faire chacun son testament, régler ses affaires et marcher à la mort, sans préoccupation, sans soucis, comme les Spartiates marchant aux Thermopyles.

Le lendemain, Grangeneuve fut fidèle à sa parole ; mais Chabot ne se rendit point. « Allons, se dit l'impassible Giron-
» din, il aura, sans doute, abandonné l'idée du partage ;
» qu'importe, j'y vais seul, cela suffit. » Il passe, repasse, mais point de détonnation, point de balles patriotes pour en faire un martyr ! Il rentra chez lui, plein de mépris pour Chabot, et dit en se couchant : « Parbleu, mon lit, je croyais
» bien n'avoir plus besoin de toi. » Le lendemain, Grangeneuve rencontra Chabot à l'Assemblée ; et après lui avoir dit que c'était le sacrificateur et non la victime qui avait manqué au sacrifice, le saisit par le bras, et lui dit : « Monsieur, soyez
» tranquille, je tairai ce qui s'est passé entre nous ; car rien
» au monde n'est plus pitoyable que la fanfaronnade de l'hé-

» roïsme. J'aime mieux la franchise de la lâcheté, et je vous
» conseille de vous y tenir. »

Tout ce récit n'est qu'un conte de la façon de Mme Rolland, qui se réfute lui-même. Nous avons déjà vu que Grangeneuve et Chabot n'étaient pas alors bien amis, et, cependant, l'ex-capucin, d'après Mme Rolland, appelle Grangeneuve *mon ami!* Grangeneuve était bon époux, bon père; jamais il ne se serait permis de faire un acte si absurdement déraisonnable. Son stoïcisme n'allait pas jusqu'à plonger sa veuve et ses orphelins, qu'il aimait, dans le deuil et la consternation, et cela, par un acte vil, lâche, sans portée, sans utilité, et pour se conformer aux fanatiques suggestions d'un moine apostat. Celui qui, en présence des menaces des Jacobins, refusa noblement de voter la mort de son infortuné prince, n'a jamais songé à s'offrir comme une victime, pour faire massacrer toute la famille royale et toute la cour. Grangeneuve, sans doute, a fait, comme presque tout le monde, de grandes fautes, dont il se repentit et qu'il s'efforça de réparer plus tard par un langage plus convenable et une conduite sans reproche; mais il n'a jamais été assez vil pour vouloir faire imputer à des personnes innocentes un crime gratuit, qui aurait flétri les derniers jours de sa trop courte existence.

Naturellement bon; trop confiant à une époque où la confiance et l'amitié n'existaient presque plus; trop loyal au milieu des traîtres; monarchique par sentiment, par son bon sens et par les vieilles traditions de sa famille, mais entraîné plus tard, par les discours des novateurs et le courant de l'opinion, vers un régime républicain, où il croyait bonnement pouvoir enter sur la vieille tige de la royauté en France les institutions moins arbitraires d'un gouvernement représentatif; imprévoyant et imprudent au milieu des écueils; concentré, mais impressionnable; facile à séduire et à entraîner, mais cœur droit, ennemi du despotisme, de l'hypocrisie et de l'anarchie; bon époux, bon voisin; faible en plusieurs circonstances, ferme et hardi en plusieurs autres; faisant le bien sans ostentation, condamnant le mal sous toutes ses formes; coupable par imitation, mais assez généreux pour sacrifier sa vie plutôt que de compromettre la paix de sa conscience ou de trahir ses devoirs : voilà Grangeneuve. Sa mort imméritée, sur l'échafaud, fut l'expiation de ses torts : on ne peut pas jeter à sa mémoire le reproche d'avoir sur ses habits une goutte du sang de son roi, que d'autres ont si lâchement abandonné! Il eut des torts; il n'eut pas celui d'être régicide!

DUCOS (Jean-François).

Ducos, l'un des plus hardis et des plus spirituels Girondins, naquit à Bordeaux en 1765; il fit ses humanités avec distinction, et brilla dans la société, à Bordeaux, par son amour des belles-lettres, une poésie douce et suave, un commerce agréable et une passion vive et invincible pour la défense et la propagation de la liberté. Peu éclairé sur la religion, ou plutôt imbu des doctrines anti-sociales de Voltaire, de Rousseau et des encyclopédistes de son temps, il regardait la religion comme une institution qu'on pouvait réglementer par la police et modifier avec le sabre. Il voulait la liberté pour tout le monde; mais tout cela n'était qu'une mystification; car il la refusait aux ministres de la religion; et, dès sa première apparition à la tribune, il épancha avec violence sa haine contre les vénérables prêtres, qui, par des motifs graves, puisés dans leur conscience, refusèrent le serment à la Constitution. Non content de faire des lois civiles, il aurait voulu pénétrer dans le sanctuaire le plus sacré, la conscience, pour y exercer le despotisme le plus exécrable, et asservir ainsi à la volonté du prince ou du magistrat, les sentiments, la volonté, tous les secrets de l'homme. Sa haine s'épanchait souvent sur les nobles, la cour, et même sur le roi. Le 3 août 1792, le ministre présenta à l'Assemblée une dépêche du roi,

où ce prince exposa ses motifs pour maintenir la paix et ses moyens d'assurer le succès de la guerre, si l'on voulait la déclarer. On en demanda l'impression; mais Ducos s'y opposa, par le motif que « ce document exprimait des sentiments dont
» le roi n'avait pas donné de garanties suffisantes; parce que,
» dit-il, si nous disions aujourd'hui à la nation : vous pouvez
» compter sur le roi, peut-être en quelques jours nous se-
» rions forcés à un douloureux désaveu. » Le même jour, Pétion commença à parler de la déchéance du roi! On va vite quand l'on descend, et jamais on ne court si loin que quand on ne sait où l'on va. Les Girondins ne s'arrêtaient pas devant de petits obstacles : ils croyaient pouvoir s'arrêter sur la pente; mais ils glissèrent au milieu des écueils, et finirent par tomber dans l'abîme, eux-mêmes et le vaisseau qu'ils étaient chargés de diriger.

L'anarchie s'étendait en raison de la violente activité des principes républicains. On voulait tout changer; et pour cela, ils crurent devoir tout renverser. Les Jacobins ne voulaient rien qui pût, même indirectement, rappeler la puissance royale; ils poussèrent plus loin leur fureur d'innovation, et demandèrent qu'on effaçât partout l'effigie de Louis XVI.
« Cette effigie scandaleuse, dit Ducos, se trouve encore sur
» les murs de cette Assemblée. Je demande que les commis-
» saires de la salle la couvrent de la déclaration des *Droits*
» *de l'Homme*. »

Quand il s'agissait du jugement du roi, les Jacobins qui l'accusaient ne voulaient pas lui donner des conseils. Ducos repoussa cet avis si barbare, et vota pour qu'on lui donnât un ou plusieurs conseils. Cette opinion, conforme aux principes de la justice et de l'humanité, prévalut; mais, malgré cet acte de générosité, il se laissa dominer par les circonstances; et au moment de l'abolition de la royauté, il sentit que les Girondins étaient dépassés, et comprit que pour garder leur position, il fallait confondre leurs voix avec la voix générale, et voter une mesure arrêtée dans l'esprit de la majorité. Sous l'empire de ces fâcheuses impressions, et cédant à une prétendue nécessité, qui ne saurait jamais forcer un honnête homme à agir contre sa conscience, il s'écria : « Rédigeons » à l'instant ce décret; il n'a pas besoin de *considérant*. Après » les lumières que le 10 août a répandues sur nos affaires, le » considérant de votre décret de la royauté, ce sera l'histoire » des crimes de Louis XVI. » Malheureux Ducos! que dites-vous? Ou vous le croyez, ou vous ne le croyez pas. Dans le premier cas, où sont vos preuves; sans elles, il ne vous reste que vos passions; elles ne vous justifient pas. Dans le second cas, vous mentez à votre conscience, vous cédez à une prétendue nécessité, pour flétrir la vertu, calomnier l'innocence; et encourez au tribunal de la postérité, pour le déshonneur de votre mémoire, la responsabilité la plus redoutable! La république fut alors proclamée d'une seule voix ; mais avec des sentiments divers, où se mêlaient la crainte et l'espérance.

Ducos était plus spirituel que profond, plutôt poète qu'homme d'État; moins ardent, moins éloquent, plus gracieux et aussi réfléchi que Fonfrède, son beau-frère, dont il parle en termes élogieux dans ses lettres à ses amis de Bordeaux : « Le dé-» partement de la Gironde, dit-il, doit beaucoup au zèle et » à l'activité de cet excellent jeune homme (Fonfrède). S'il » continue, comme je l'espère, à marcher d'un pas ferme, la » république tout entière lui aura de grandes obligations. » Ducos parlait très-rarement : ses amis, à Bordeaux, qui lui croyaient de grands talents, blâmaient son silence. Il répondit qu'il aimait mieux agir que parler, servir la chose publique, qu'arranger des phrases ronflantes pour capter une ombre de gloire. Ducos se trompait : dans ce temps-là, parler bien, c'était agir : les Jacobins parlaient et agissaient, et s'efforçaient de faire passer leurs idées dans la catégorie des faits: la parole et leur audace leur asservirent le peuple. Ducos essaie, cependant, de s'excuser de son silence. « J'ai cher-

» ché, dit-il, à rendre quelques services, jamais à remporter
» des succès. J'ai satisfait mon amour-propre ; j'ai quelque-
» fois contenté ma conscience. Ma santé, d'ailleurs, toujours
» languissante depuis le mois de septembre, ne m'a pas laissé
» l'usage de mes facultés, je ne dirai pas oratoires, mais dis-
» cutantes; car tu sais que les poumons de Duchesne sont
» plus puissants dans une assemblée, que la raison même avec
» une voix grêle et aiguë. »

Livre IV. Chap. 3.

1793

Ducos.

Au jugement de Louis XVI, Ducos se montra cruel : il vota la mort de son roi, sans l'appel au peuple, sans condition ; il vota contre le sursis à l'exécution du jugement, et suivit en tout temps et partout l'exemple de son beau-frère, Fonfrède, qu'il affectionnait tendrement : c'est une tache ineffaçable sur leur mémoire ! une cruauté inutile et injustifiable ! La Montagne ne leur savait pas plus de gré de cette impitoyable rigueur.

Au commencement de juin 1793, on répandit le bruit à Paris qu'une armée, sortie de Bordeaux, marchait contre la Convention. Duplantier, député de la Gironde, déclara qu'il ne voulait pas être le représentant d'un peuple sous les armes, qui allait diriger ses coups sur ses frères les représentants à la Convention, ni être soupçonné d'être partisan du fédéralisme des habitants du Midi ; il annonça qu'il allait donner sa démission. « Je n'abandonnerai point mon poste, s'écria Ducos, dans
» les circonstances orageuses : on a parlé d'otages; eh bien!
» je resterai pour en être un à Paris contre les entreprises
» de mon département, dont je me déclare responsable. Du-
» plantier est un lâche, qui met au-dessus de ses devoirs
» sa sûreté personnelle. Je demande que sa démission soit
» rejetée. » On passa à l'ordre du jour sur les instances de Ducos.

Courrier Français, 7 juin 1793.

Duplantier répondit, par une lettre à ses concitoyens, qu'il n'avait eu l'intention de blesser personne, ni de donner de la consistance à des bruits sans fondement; qu'il avait cru devoir, dans cette circonstance, faire sa profession de foi, et prouver, par une démarche éclatante, la pureté de ses intentions et son horreur pour la guerre civile et les déchirements intérieurs de son pays; en un mot, qu'il ne voulait répondre que de ses faits. « Je suis aussi disposé que celui qui a parlé » de moi, à me rendre caution de mes concitoyens; les talents » et la gloire ne sont pas le patrimoine de tout le monde; » mais, au moins, j'ai cherché à faire le bonheur de ma pa- » trie. » Était-ce là une épigramme sur l'exaltation du langage et l'excentricité de la conduite politique de Ducos? Nous n'en savons rien. Duplantier s'était trop avancé; il ne s'est pas justifié : le fait appartient à l'histoire, et la parole de Ducos s'est imprimée sur la mémoire de ce lâche député de la Gironde; c'était l'empreinte du fer sur le dos d'un criminel!

Au mois de juillet, un certain Levasseur, du parti montagnard, vint dénoncer une grande conspiration anti-républicaine, dont les ramifications embrassaient tout le Midi, depuis Marseille jusqu'à Bordeaux; c'était l'ouverture d'une campagne contre les Girondins! Ils sentirent ce jour-là la pointe du poignard des Jacobins! Ducos se leva avec courage, et insista pour que cet homme fût scrupuleusement interrogé, afin de savoir au juste à quoi s'en tenir sur cette conspiration, et si réellement on refusait les assignats, comme il prétendait, ou bien si ces bruits n'étaient pas répandus à dessein pour indisposer le peuple contre ces deux villes, qui avaient toujours bien mérité de la patrie. La malveillance y était pour beaucoup : ce n'est pas aux villes qu'on en voulait; mais on espérait frapper, par-dessus leurs murs, les têtes de leurs illustres députés.

Dans le mois d'août, il prit encore la défense des Bordelais, et affirma, d'après une lettre particulière, « qu'à peine les Bor- » delais ont-ils appris l'infâme rébellion de Toulon, qu'ils se » sont empressés de lever un bataillon pour marcher contre » cette ville. » Mais Robespierre, indigné contre le carac-

tère fier et indépendant des Bordelais, lui répondit : « Il
» faut remercier les patriotes, trop longtemps opprimés, de
» Bordeaux ; mais aussi il faut punir les chefs de la conspi-
» ration bordelaise (Vergniaud, Guadet, Ducos, etc., etc.)
» Défiez-vous des fausses nouvelles que les aristocrates de
» Bordeaux imaginent de répandre, pour tromper votre cré-
» dulité, et, en dernier lieu, votre vigilance. Il n'y a dans
» Bordeaux que les sans-culottes qui soient restés fidèles à
» l'unité de la république ; le reste est de la faction scélérate
» qui siégea dans votre sein. »

Ducos et Fonfrède restèrent cloués sur leurs bancs, et foudroyés par cette calomnieuse hardiesse du chef des Montagnards. De toute la phalange girondine, ils étaient les seuls et derniers débris ! Le torrent grossissait tous les jours, et ils se doutaient bien que leur sort ressemblerait à celui de leurs collègues proscrits. Ils auraient pu fuir ; mais l'honneur leur commandait de s'appuyer sur leur innocence et de braver le péril.

Enfin, ils sont déclarés coupables de conspiration contre l'unité de la république ; mais n'ayant rien à se reprocher, ils restent toujours prisonniers volontaires à Paris. Célèbres à la Convention par leur étroite amitié, les grâces de leur esprit, leurs figures distinguées et leur extrême jeunesse, ils conquièrent les sympathies affectueuses de presque toutes les classes des citoyens. On veut les sauver : on leur offre des moyens de sortir de Paris ; mais l'austère Fonfrède ne veut pas, par sa fuite, accréditer les soupçons que ses ennemis avaient répandus sur son patriotisme. Ducos s'échappa ; mais ayant appris, loin de la capitale, que Fonfrède, son beau-frère, était détenu à la Conciergerie, il revint généreusement à Paris ; et s'étant fait ouvrir la porte de la prison, y entra et tomba dans les bras de son ami. Fonfrède devint moins triste ; Ducos lui avait rapporté la moitié de son être ! Pauvres jeunes amis ! ils se consolaient, ils s'égayaient, ils folâtraient sur le

Livre IV.
Chap. 3.

1793

Ducos.

seuil de l'éternité, et s'étourdissaient, en quelque sorte, dans l'enivrement de leur amitié. Toujours ensemble, toujours indifférents à leur sort, ils lisaient, ils causaient avec leurs codétenus; ils écrivaient des vers en présence de la mort, dont ils pouvaient déjà pressentir les rudes étreintes; ils affectaient même une extrême gaîté, et ne redevenaient jamais sérieux ou tristes qu'à la pensée de leurs femmes et de leurs enfants! Ils marchaient ensemble, se tenant toujours par la main. Une larme venait parfois mouiller leurs paupières; mais cette larme était un souvenir de la famille. Quelquefois la douleur oppressait leurs cœurs; des souvenirs tendres, des affections intimes et domestiques, venaient accabler leurs esprits; mais concentrant toutes leurs affections, autant que possible, en eux-mêmes, ils se jetaient dans les bras l'un de l'autre, et dissipaient leurs chagrins, leur tristesse et leurs craintes, par la communauté de leurs peines et de leurs périls; ils ne tenaient plus au monde que par leurs familles. La vie, du reste n'était plus pour eux qu'un rêve; ils en attendaient la fin avec calme, et jouaient, pour ainsi dire, avec la mort!

Nous raconterons leurs derniers moments dans le chapitre suivant.

J. B. BOYER-FONFRÈDE

CHAPITRE IV.

Notice biographique sur Boyer-Fonfrède (Jean-Baptiste). — Sa vie politique, etc.

Jean-Baptiste Boyer-Fonfrède naquit à Bordeaux en 1766, et se distingua de bonne heure par de brillantes études, des talents précoces, une grande maturité de jugement et un ardent amour pour la liberté de sa patrie. Tout jeune, il se lança dans les débats brûlants de la politique; il y mûrit son intelligence, prit, dans les assemblées où se discutaient les destinées de sa patrie, une place distinguée comme orateur et même comme homme politique; mais il finit comme les autres Girondins, sur l'échafaud, à l'âge de vingt-sept ans. Son père, qui était à la tête d'une opulente maison de commerce, le fit voyager bien jeune; c'était un bon moyen de compléter son éducation, que de lui fournir l'occasion d'étudier lui-même les mœurs, les usages et les lois des peuples étrangers. Le jeune Fonfrède s'en trouva heureux: il passa une grande partie de sa jeunesse dans la Hollande, et y respira l'air de la liberté constitutionnelle, qui n'avait pas encore pénétré en France et qui formait alors le premier élément de l'existence et de la prospérité des Provinces-Unies. Rentré en France, il épousa la sœur de Ducos; elle était le lien qui unissait ces deux amis et leur consolation dans leurs peines. Ils vivaient comme frères, et leur manière de voir, d'agir et de penser, était absolument la même: l'un n'avait pas de secrets pour l'autre, et, à Paris comme à Bordeaux, une même âme semblait animer ces deux corps. Vergniaud était pauvre; ces jeunes amis le prièrent d'accepter un logement chez eux, rue de Clichy. Il accepta, et suivit peut-être trop l'impulsion que, dans leurs opinions plus avancées, ces jeunes représentants donnaient à cet athlète apathique. Il les affectionnait par goût et par reconnaissance; c'était pour lui un devoir, car on le traitait comme un ami.

Après avoir passé quelque temps à Paris, Fonfrède crut avoir étudié et compris son monde; il écrivit à son père, et lui fit part de ses observations sur ses collègues. « Vergniaud, dit-
» il, est la gloire de la Convention : vous connaissez ses ta-
» lents, sa probité et son patriotisme. Je le vois de près; il
» est inaccessible à toute séduction comme à toute crainte.
» Je ne lui connais qu'un défaut, un peu d'apathie dans le
» caractère et quelque propension au découragement. Guadet,
» homme d'un magnifique talent et d'un sublime courage,
» s'est immortalisé le 10 août : sa vie répond aux calomnies
» dont on l'abreuve. Grangeneuve est le patriotisme vivant :
» sa tête s'allume trop vite ; mais elle éclaire en brûlant.
» Gensonné est un homme de ressource : il discute bien. Il a
» eu quelque temps la passion de gouverner; elle est éteinte
» en lui. »

Fonfrède aimait de passion la révolution et abhorrait le despotisme. Un roi constitutionnel lui semblait un prodige, et la pondération des pouvoirs, comme en Angleterre, lui apparaissait comme une machine trop compliquée pour marcher longtemps sans briser ses rouages. On lui citait le gouvernement anglais; mais cet exemple n'était pas concluant. Dans ce pays-là, ce n'est pas une monarchie constitutionnelle qu'on admire, c'est une aristocratie monarchique. Les Français, d'ailleurs, ne ressemblent en rien à ces aristocrates insulaires : en France, on voyait la plus ancienne, la plus illustre noblesse du monde; dans les Iles Britanniques, on ne trouve que des parvenus : la noblesse y avait succombé sous les coups de Henry VIII et des Réformés. La Chambre des députés (alors *The House of Commons)* ne se composait en grande partie que des fils, des gendres ou des parents des lords, des évêques ou des personnages aristocratiques; les deux Chambres, au fond, n'en faisaient qu'une.

Tête chaude, Fonfrède avait une âme grande et généreuse; il se plaisait dans la société de Mme Rolland; il puisait dans ses entretiens ses plus nobles inspirations. Le génie de cette femme lui apparaissait comme une puissance : sa beauté était à ses yeux quelque chose de céleste, qu'on adorait à genoux, et sa politique celle qui convenait le mieux à la France. Il manquait rarement à ces intéressantes réunions qui se tenaient chez elle; et c'est là que, par ses intimes rapports avec les grands hommes du temps, il acquit ce fini, ce brillant, qui, dans les derniers temps de sa vie parlementaire, distingua son éloquence et lui fit donner, pour un moment, la place que la captivité et la mort de Vergniaud avaient laissée vacante. Il détestait les égorgeurs de septembre, et aurait voulu une république sans tache; malheureusement, même alors, elle n'eut que trop de taches sur le masque qu'on lui avait donné; mais un peu plus tard, au 21 janvier, Fonfrède lui-même aida les Jacobins à la couvrir d'un voile de sang !

Il s'habitua facilement aux cris des cannibales qui l'entouraient, et sa bonté naturelle subissait, sans qu'il s'en doutât, les impressions de la foule. Il eut une profonde horreur pour les crimes de septembre, et, plus tard, il parlait sous la direction de l'opinion publique, comme Danton et Robespierre, de la mort du roi, qu'il vota sans hésitation, sans crainte, sans remords. Dans une lettre à ses parents, à Bordeaux, il parle de la mort prochaine de Louis XVI avec le calme de la plus froide impassibilité, une stoïque indifférence. Écoutons-le : « Louis XVI va laisser sa tête sur l'échafaud. Cet événement, » si simple en lui-même, envisagé par chacun de nous sous » différents aspects, est aussi diversement attendu de chacun. » Un reste de superstition, mêlé à je ne sais quelle vague in- » quiétude sur l'avenir, le fait redouter de quelques âmes » timorées; mais le grand nombre le désire : la liberté et la

» légalité le commandent, autant que la justice universelle.
» Le sacrifice est grand : condamner un homme à mort ! mon
» cœur se révolte, il gémit ; mais le devoir parle, je fais taire
» mon cœur. La peine est juste, très-juste ; je n'en veux point
» d'autre garant que la sincérité de ma conscience. Quelques
» membres de la Convention croient qu'il serait utile de sur-
» seoir jusqu'à la paix ; c'est une demi-mesure ; elle ne vaut
» rien. Nous nous perdons, si nous nous épouvantons de notre
» ouvrage. C'est au moment où tous les potentats de l'Europe
» se liguent contre nous, que nous leur offrirons le spectacle
» d'un roi supplicié. »

Qu'il est triste, mon Dieu ! de lire aujourd'hui ces lignes, dans lesquelles Fonfrède a déposé le souffle de la haine la plus implacable ! Quelle aveugle fureur dans ce cœur républicain, naturellement bon, mais corrompu par les circonstances ! Avec quelle adresse, quel hyprocrite attendrissement, il s'efforce de pallier son tort et de justifier son injustifiable vote régicide ! Pourquoi toutes ces ruses, ces raisonnements sophistiques ? C'était pour préparer les esprits, à Bordeaux, à la mort du roi, qu'il qualifie d'*événement simple* et naturel ; à la *mort d'un homme*, qu'il veut supplicier parce qu'il est roi, et parce que les rois se liguent contre de petits tyrans qui veulent prendre la place du meilleur des rois, de celui que ses peuples avaient appelé et appelleront toujours le restaurateur de la liberté en France ! Quelle tache sur la mémoire de Fonfrède ! quelle pitié de voir ce fier Bordelais plaidant sa propre cause, et justifiant son déplorable serment, que la postérité condamne ! Il vota la mort, sans appel au peuple et sans sursis. « Je me
» dépouille, dit-il, même de cette haine vertueuse que l'hor-
» reur de la royauté inspire à tout républicain contre tous les
» individus nés auprès du trône. Je vote la mort !! »

Les Girondins croyaient avoir fondé à tout jamais la république en France, et l'avoir cimentée du sang d'un roi. Hélas ! le torrent qui avait emporté la royauté devait bientôt après

engloutir les Girondins eux-mêmes. Les premiers coups furent dirigés contre Vergniaud, Guadet, Brissot et autres coryphées du parti ; mais Fonfrède n'était pas encore devenu l'objet de la haine des Jacobins. Il ne tarda pas à s'apercevoir que le même sort lui était réservé. Une nouvelle attaque contre les Girondins fut préparée pour le 12 mars 1793. Vergniaud répondit le lendemain à Marat et *consorts* ; et, le même jour, Fonfrède, indigné, épousa la cause de ses concitoyens, et dénonça, dans une brillante improvisation, le Comité d'insurrection, qui voulait tyranniser la France. « Citoyens, dit-il,
» êtes-vous sitôt fatigués de votre ouvrage? Voulez-vous sauver
» la liberté? Ah! sans doute, oui, vous le voulez, et cepen-
» dant, lorsqu'un comité d'insurrection vient de vous être
» dénoncé; lorsque vous êtes avertis qu'auprès de vous, dans
» cette ville, un comité de stipendiés étrangers veut saper les
» fondements de la république que vous avez fondée; lors-
» que ces brigands ont demandé votre tête; lorsque le conseil
» général de la commune vous a dénoncé lui-même qu'on a
» voulu fermer les barrières et dissoudre la Convention, car
» c'est la dissoudre que d'égorger quelques-uns de ses mem-
» bres; lorsque cette nuit n'est pas éloignée pendant laquelle on
» espérait faire courber vos fronts sous de nouveaux maîtres,
» vous balancez, vous hésitez à frapper ceux qui avaient con-
» juré la perte de la liberté. Voulez-vous donc savoir si leur
» empire est léger et leur joug doux et commode ? » Ici, on l'interrompt; il entend une voix qui l'accuse, lui aussi, de conspirer avec les Girondins; et il répond avec toute l'énergie d'un cœur indigné : « Non, je ne suis d'aucun parti; je ne
» veux appartenir à personne; je suis à ma conscience et à
» mon pays. J'acquitte une dette sacrée, lorsque je viens ré-
» veiller du fond de vos cœurs cette énergie républicaine,
» qui seule peut sauver la patrie et vous. »

Cette brillante improvisation, relevée par des gestes significatifs de sa profonde indignation et de son souverain mépris pour les Jacobins, produisit un effet magique sur la Convention : presque toute l'Assemblée se leva, en criant mille fois *bravo!* La motion de Fonfrède fut adoptée.

Pendant la lutte des partis, Fonfrède fit preuve de beaucoup de sang-froid et de sagesse : il contenait les uns, stimulait les autres, et ne demandait à tous que l'union, la modération et la cessation des commotions intestines, si nuisibles au commerce et à l'industrie. Le pain était cher, la confiance nulle, le numéraire très-rare, et, pour comble de misère, la famine et une sorte d'épidémie décimaient la population. Bordeaux demande des secours, et dépeint en couleurs noires le triste tableau de son état physique et moral. Fonfrède fait de cette demande une motion législative, et représente le commerce et l'industrie de Bordeaux comme anéantis. Mais un membre lui demande des explications sur l'autorisation que, d'accord avec Ducos et Gensonné, il avait donnée, sous leurs signatures de représentants, à quelques négociants, pour aller chercher du blé dans le Nord. Fonfrède, indigné et blessé jusqu'au vif, donne sur sa conduite de courtes et satisfaisantes explications, et s'écrie : « Je commence à concevoir ce sys-
» tème de diffamation suivi par des hommes sans courage,
» mais non sans audace, sans talents, mais non sans ambition,
» sans vertu, mais non sans popularité, et qui emploient tous
» leurs efforts à ravir la leur aux meilleurs citoyens; mais ils
» se flattent d'un vain espoir. Interrogez mes concitoyens : ils
» vous diront quelle a été la pureté de ma vie; soumettez
» notre accusateur, Duhem, à la même épreuve. Pour moi,
» je l'abandonne au mépris qu'inspirent ses lâches imputations
» et ses atroces calomnies. »

Cette brillante improvisation, inspirée par un sentiment très-vif, mélange de mépris et d'indignation, impressionna fortement la Convention. Fonfrède fut considéré ce jour-là comme l'un des premiers orateurs de l'Assemblée; elle adopta sa motion, et prêta 2 millions à l'administration municipale de Bordeaux.

Le règne de la terreur arrive, et les attaques se renouvellent contre les Girondins. Ils deviennent plus timides : la crainte enchaîne leur langue et glace leur courage. Vergniaud parlait quelquefois, Fonfrède souvent et avec fermeté, et les autres presque jamais. Fonfrède, ardent, mais moins impétueux que Guadet, calculait les dangers moins que lui, mais n'avait pas autant de ressources politiques ni de puissance oratoire. Ambitieux comme Gensonné, il aimait à se distinguer de la foule : la gloire de la tribune chatouillait sa vanité ; et l'idée de briller dans un comité, une assemblée, ou même dans un salon du beau monde, était le but où se dirigeaient les petites prétentions de son ambition et de son orgueil. Gensonné ne se bornait pas là ; il portait ses regards plus haut. Il se croyait fait et mis au monde pour être ministre : un portefeuille seul pouvait satisfaire l'immensité de ses désirs. Moins apathique que Vergniaud, l'éloquence de Fonfrède s'élevait bien haut, mais ne pouvait jamais suivre le vol hardi de l'aigle de la Gironde. Son courage était celui d'un jeune homme qui se laisse dominer par une seule passion qu'il veut contenter : la passion de Fonfrède était l'amour de la liberté. Pendant l'année 1793, il demanda souvent la parole sur différents sujets, et toujours avec bonheur. Au mois d'avril, il flétrit, en termes énergiques, la trahison de Philippe-Égalité, et opina « qu'il
» fallait garder comme otages les Bourbons ; et que si les
» tyrans qui sont allés rejoindre Philippe-Égalité, et auxquels
» ils ont livré nos collègues, osent, au mépris du droit des
» gens, porter sur les représentants du peuple un fer assas-
» sin, tous ces Bourbons soient traînés au supplice ; que leurs
» têtes roulent au pied de l'échafaud, qu'ils disparaissent de
» la vie, comme la royauté a disparu de la république, et que
» la terre de la liberté n'ait plus à supporter leur exécrable
» existence ! » Ce langage si dur, cette déclamation furibonde fut applaudie ! On voit par là où était tombé la plus polie, la plus douce, la plus intéressante des nations européennes ; la

France était devenue barbare sous le régime des sans-culottes !

Le 12 avril, Fonfrède fut également admirable dans son discours contre Marat et *consorts*; il les attaqua avec audace et les signala en termes foudroyants à l'indignation de la France, comme les éternels ennemis de l'ordre et de la prospérité du pays. Quelques jours plus tard, une accusation fut formulée contre Vergniaud, Guadet, Gensonné, etc., etc. Fonfrède, qui ne soupçonnait pas les Jacobins capables de tant de scélératesse, s'éleva, avec une généreuse indignation, contre les sottes prétentions d'une partie du peuple à faire la loi à toute la nation, et exprima courageusement le regret de n'avoir pas l'honneur de figurer sur la liste des accusés. Cette noble conduite lui gagna l'estime et la confiance de la majorité; il présida la Convention au mois de mai. Les Jacobins lui réservèrent plus tard l'honneur qu'il avait regretté; il fut porté sur la liste des victimes, accusé et condamné.

Une autre époque assez glorieuse de la vie parlementaire de Fonfrède fut le 20 mai. Les Girondins eurent de violentes attaques à soutenir; Vergniaud riposta avec succès, et étonna la Convention par la sublimité de son langage et la puissance de sa dialectique. Les Jacobins niaient l'existence d'un complot terroriste; mais les Girondins en dévoilèrent et les traces, et les agents. Marat, avec son audace accoutumée, persista toujours dans son système de dénégation. Alors Fonfrède s'élança à la tribune, et s'écria : « Par quelle fatalité a-t-on
» perdu la mémoire? Le maire de Paris n'a-t-il pas dénoncé
» les individus féroces, qui n'ont de l'homme que la figure,
» et qui ont voulu nous ravir l'honneur avec la vie ?.........
» Citoyens, ceux qu'on a dévoués à la mort, se dévouent eux-
» mêmes à la calomnie; ils veilleront sur vous, comme vous
» devez veiller sur la liberté; ils respirent encore pour elle.
» Ah ! Citoyens, sauvez Paris, sauvez la république; la patrie
» alarmée vous en conjure par ma voix. »

Le danger était grand et imminent : Fonfrède le voyait bien ; mais rien ne put modifier sa résolution. Fuir ! c'était confirmer les soupçons de ses adversaires et légitimer la poursuite de ses amis. Il resta donc à son poste avec Ducos ; et au mois d'octobre, se vit enfin arrêté, accusé et déclaré coupable d'avoir conspiré contre l'unité de la république. Nous donnerons plus bas des détails sur ses derniers moments (1).

Les autres députés de la Gironde n'ont joué qu'un rôle très-secondaire à la Convention, et ne figurent que parmi les grands orateurs de nos assemblées politiques. Jay, ministre protestant, Garreau et Deleyre, votèrent sans condition la mort du roi. Bergoin, pharmacien à Bordeaux, vota hardiment sans crainte pour la réclusion. Duplantier vota pour la mort ; mais il demanda que la Convention suspendît l'exécution du jugement. Lacaze, de Libourne, homme de conscience, ne voulut pas suivre l'impulsion de l'opinion ; il ne se reconnut pas le pouvoir de condamner, mais seulement celui de faire des lois. Il vota pour la réclusion pendant la guerre, pour le bannissement après la paix. Accusé, comme les autres, de crimes imaginaires, il se défendit bien, et fut guillotiné à l'âge de quarante-deux ans.

Voilà les hommes qui ont le plus contribué à établir la république sur les débris du trône de Saint-Louis. Ils étaient forts ; mais ils ne faisaient que construire les degrés par lesquels les Jacobins sont montés au pouvoir. Arrivés au faîte de l'édifice nouveau, ceux-ci s'y assirent en maîtres : la France entière était leur esclave. Ils rêvaient, avec le secours de la guillotine, l'égalité absolue, la toute-puissance de la populace, le nivellement de la société, l'asservissement d'un peuple libre, par les moyens de la terreur, et mille autres utopies irréalisables. Ayant derrière eux les clubs de la capitale, les chefs

---

(1) Nous regrettons bien de n'avoir pu trouver à Bordeaux les portraits de Grangeneuve, Fonfrède et Ducos.

Livre IV.
Chap. 4.

1793

Les Girondins.

des Jacobins devinrent plus forts que les Girondins; et après une guerre acharnée, ils les firent monter sur l'échafaud. La voix de Vergniaud, de Guadet, de Gensonné et de Grangeneuve, éteinte, il n'y avait plus de liberté; ce n'était plus qu'un mot dont les anarchistes se servaient pour couvrir leurs forfaits, et affermir sur la France républicaine la plus exécrable des tyrannies, celle des brigands sans-culottes et de la foule ignorante et passionnée.

Les Girondins faisaient honneur à l'Assemblée législative et à la Convention; leur gloire se reflétait sur leur patrie. Comme orateurs, ils n'avaient point d'égaux, et Vergniaud empêcha la France de regretter l'éloquence de Mirabeau; mais quelle que soit notre admiration pour les Girondins, nous ne cesserons jamais de condamner leurs égarements politiques et de déplorer leur vote régicide! Ils se sont laissés entraîner par le torrent, dit-on. Oui; mais pourquoi se sont-ils placés sur son passage? Ils nous paraissent bien plus dignes d'éloges quand proscrits, persécutés et chassés de l'Assemblée, qu'ils avaient honorée de leur éloquence, ils attendent la mort avec le calme des hommes de bien qui croient avoir accompli un devoir, et qui font volontiers le sacrifice de leur vie à leur patrie ingrate. Ils sont morts fermes et impassibles pour la cause qu'ils avaient fait triompher; ils marchèrent le front haut; et le tombereau qui conduisit ces héros de la liberté à l'échafaud, était pour eux comme un char de triomphe.

Depuis longtemps, ils prévoyaient le sort qui les attendait! Leurs premières imprudences furent fatales à eux et à la France; ils voulaient la république, et, enfin, voyant les désordres qui déshonoraient le berceau de la liberté, ils demandèrent la punition des égorgeurs de septembre et des assassins stipendiés. On les fit passer pour *modérantistes* et contre-révolutionnaires. Le jugement du roi exigeait une position nette: les Girondins ne pouvaient pas en avoir une. Ils avaient crié contre le roi, renversé le trône, détruit les institutions séculaires de la patrie; et après s'être unis aux Jacobins pour détruire, ils reculèrent d'horreur devant l'échafaud où ceux-ci voulaient faire périr le roi ! Ils se trouvèrent acculés à leurs propre ouvrage, assis dans une impasse sur les débris de l'édifice social : voter contre la mort du roi, c'était donner une base aux accusations de Marat et des Jacobins; voter pour, c'était agir contre leur conscience, démentir leurs projets politiques, et contribuer à la mort du prince, mort dont ils auraient voulu épargner à la France le scandale et le déshonneur. Ils crurent pouvoir adopter un *mezzo-termine*, qu'on interpréta comme une ruse politique; ils votèrent la mort du prince; mais en demandant l'appel au vrai souverain, le peuple, comme moyen presque certain de sauver la vie du monarque découronné. Les Jacobins les représentèrent comme royalistes, ennemis secrets de la république naissante, qu'ils avaient, les premiers, créée et mise au monde, avec l'arrière pensée de l'étouffer dans son berceau. Cette charge fut reproduite, le 3 janvier 1793, et appuyée sur une circonstance vraie et compromettante; c'était d'avoir, par l'entremise de Boze, fait tenir à Thierry, valet de chambre de Louis XVI, une lettre à ce prince, sur les moyens à prendre pour sauver la monarchie. Guadet démontra la perfidie de cette accusation; et Vergniaud, trop loyal pour nier ses actes, réclama avec courage l'honneur d'avoir signé cette lettre toute constitutionnelle, et en demanda la lecture, afin de prouver à la Convention la lâcheté de ses calomniateurs. Les circonstances étaient changées depuis le moment où cette lettre avait été écrite: les Girondins, consultés par la cour, comme il résulte de cette missive, voulaient faire rentrer les trois ministres disgraciés dans un nouveau cabinet, qui pût et voulût favoriser leurs projets. Le peuple, séduit et égaré par les éternelles accusations des Maratistes, se prononça, enfin, contre les Girondins, qui, voyant déjà pâlir leur étoile, écrivirent à leurs amis de Bordeaux pour leur révéler leur malheureuse position et leur sort probable dans un temps plus ou moins éloigné. C'est alors que les administrateurs du département commencèrent à s'occuper activement du sort de leurs représentants, et envoyèrent à la Convention l'adresse suivante, contre les excès et les sanguinaires prétentions des Jacobins :

« La souveraineté nationale, disaient-ils, est attaquée par
» ceux-là mêmes qui s'en disent les défenseurs. Qui ne gé-
» mirait pas de voir qu'on vous fatigue par des pétitions qui
» insultent la nation? Qui ne gémirait pas de voir que Paris
» est inondé d'écrits qui invitent au massacre, au pillage, et
» qui prêchent l'anarchie? Quel peut être le but de ces ma-
» nœuvres? Ne serait-ce pas pour donner à Louis un succes-
» seur, qu'on appellerait dictateur, protecteur, etc., etc.? Ne
» souffrez plus cette lutte entre vous et des hommes qui veu-
» lent égarer le peuple et renverser la république. Quiconque
» ose prêcher l'insurrection est un traître; les Français n'en
» veulent plus. L'insurrection du 10 août leur a assuré la
» liberté; une nouvelle la leur ferait perdre. Occupez-vous,
» Législateurs, de nous donner des lois qui préservent la
» France de toute tyrannie. »

C'était dire assez formellement l'horreur que les Bordelais avait conçue pour les sans-culottes parisiens, qui voulaient s'emparer du pouvoir pour tyranniser la France. La mort des Girondins devait leur laisser le champ libre : la terreur, sous Robespierre, démontra leurs abominables conceptions.

Les Girondins, une fois sous les verroux, ne doutèrent pas un instant du sort qui les attendait : leurs ennemis étaient leurs accusateurs et leurs juges. Sans espérance aucune, ils n'avaient d'autre soutien que leur conscience, contre la triste perspective de la mort; mais leur stoïcisme ne se démentit jamais. Tous les jours, ils se réunissaient pour dîner ensemble : l'hilarité la plus douce régnait dans ce repas commun, et chassait la tristesse de tous les fronts et les chagrins de tous les cœurs. Gais et insouciants, ils folâtraient sur le seuil de

l'éternité; mais souvent ils jetaient un regard amoureux sur leur patrie, qu'ils croyaient avoir bien servie, et regrettaient de ne s'être pas mieux entendus pour en conjurer les périls. Valazé avait des idées que ne partageait pas Vergniaud, et des débats fâcheux envenimaient parfois ces joyeuses réunions, où l'orateur bordelais accablait ses adversaires de la supériorité de son génie et de la force de sa dialectique. Un jour, après une discussion longue et animée, Boileau s'écria en élevant son verre : « N'importe, citoyens, je bois à la ré-
» publique, une, indivisible et impérissable. — Être de rai-
» son, puérile chimère, répondit nonchalamment Vergniaud,
» du fond d'une profonde rêverie. Je dis comme Barbaroux,
» que si j'avais à recommencer ma vie, je la consacrerais tout
» entière aux nobles études qui élèvent la pensée de l'homme
» de bien au-dessus de la terre, et je ne m'aviserais jamais
» de vouloir conduire à la liberté un peuple sans mœurs.
» Cette foule furieuse n'est pas plus digne d'un gouvernement
» philosophique que les *lazzaroni* de Naples et les anthro-
» pophages du Nouveau-Monde. »

Privé de sa liberté, Vergniaud semblait s'ennuyer de la vie : une profonde mélancolie avait engourdi toutes ses nobles facultés. Étendu sur son lit, ou cherchant dans Ovide ou Tibulle de voluptueuses distractions, il se montrait parfois triste, rêveur; mais malgré son insouciante gravité, son visage était toujours serein, et il souriait comme martyr de la liberté, indifférent à son sort. Quelquefois il s'échappait de sa poitrine quelques élans d'éloquence qui charmaient les assistants : cette éloquence, c'était son âme, qu'il répandait au dehors en accents mâles, mais mélancoliques, qui électrisaient les cœurs. En présence de la mort, elle empruntait aux circonstances un caractère grave et solennel, qui dévoilait la tristesse de son âme et touchait les auditeurs. Il avait conservé un peu de foi, et il aimait à s'entretenir avec l'abbé Fauchet, qui maudissait ses erreurs et dont il goûtait les espérances que la religion offre au repentir ; mais à son intelligence il se mêlait trop d'orgueil, pour s'humilier devant le catholicisme. Il considérait la religion chrétienne comme la seule, la vraie philosophie de l'humanité, revêtue de mystères et de mythes, comme pour la rendre, dit Lamartine, accessible aux faibles lumières de l'homme. L'amitié, comme toutes les grandes passions, exerçait un grand empire sur son cœur ; il avait toujours sur lui du poison pour se soustraire à la dernière cruauté de ses bourreaux ; mais ne voulant pas se séparer de ses amis, il le jeta dans la cour et résolut de mourir avec eux.

On le pressait de préparer sa défense devant le sanglant aréopage ; il refusait toujours : c'eût été peine perdue. C'était trop pour ses habitudes molles et apathiques. « Eh ! mes
» amis, laissez-moi jouir du seul bien qui me reste, cette
» douce, cette molle paresse que j'affectionne... cet abandon
» délicieux du corps et de l'âme, qui, sur mon honneur, est
» le plus beau côté de la philosophie. Pourquoi voulez-vous
» que j'obstrue d'inquiétudes et de soins le peu d'instants
» dont je suis encore maître, pour écrire la défense, certai-
» nement inutile, du peu de lendemain qu'aujourd'hui doit
» avoir ?.... C'est compromettre un présent que je tiens, que
» je savoure, pour un avenir chimérique... — Cela s'appelle,
» dit un détenu, professer l'égoïsme de la philosophie. — Et
» vos concitoyens que votre éloquence peut sauver ?.. — Abus !
» dit Vergniaud ; je connais trop les hommes pour espérer
» qu'il soit possible de les persuader contre le vœu de leurs
» passions. Le foyer du crime s'alimente des vérités coura-
» geuses qu'il consume, comme la flamme sur laquelle l'acool
» est tombé. — Ah ! citoyen, si vous ne plaidez pas la cause
» des Girondins, par conviction du succès, plaidez-la par
» devoir. — Je le veux bien, répliqua Vergniaud, en saisis-
» sant son cahier vingt fois abandonné, vingt fois repris ; mais
» avant que je me remette au travail, écoutez le contenu
» d'une lettre que j'ai reçue hier ; la voici·

» Les funestes prévisions de Barnave ne l'abusaient pas. Il
» vient de périr victime du dévoûment inutile qu'il voua, en
» 1791, au roi et surtout à la reine. Vous savez que, com-
» promis par les pièces trouvées dans l'armoire de fer, il
» avait été décrété d'accusation le 15 août 1792, et s'était
» vu contraint de fuir. Arrêté à Grenoble, et renfermé dans
» les prisons de cette ville, il y fut oublié quinze mois. Mais
» dans leurs inimitiés, les hommes du jour n'oublient rien
» définitivement. Transféré dernièrement à Paris, il comparut
» avant-hier au tribunal révolutionnaire. Ce brave jeune
» homme, qui tint après Mirabeau, et avant vous, mon cher
» Vergniaud, le sceptre de l'éloquence, se présenta devant
» ses juges avec une fermeté admirable. La défense produisit
» une vive sensation sur l'auditoire, habitué à condamner les
» accusés aussi vite que leurs juges. Néanmoins, mon ami,
» l'arrêt de mort fut prononcé.... Barnave l'entendit en sou-
» riant. En quittant la salle, il promena sur le tribunal un
» regard où se peignait une indignation mêlée d'ironie. Arrivé
» sur l'échafaud, sa grande âme s'exalta au moment de quitter
» son enveloppe mortelle. Le jeune condamné frappa du pied,
» leva les yeux au ciel, et s'écria : Voilà donc le prix de tout
» ce que j'ai fait pour la patrie....... Trois minutes après, il
» avait vécu !!

» Collègues, dit Vergniaud, en jetant cette lettre sur son
» lit, le sort de Barnave sera le mien et le vôtre; mais vous
» voulez que je dispute notre vie au bourreau; je vous obéis. »

Il reprit la plume pour quelques moments; mais il la quitta pour s'abandonner à sa paresse voluptueuse et aux suaves distractions qui lui voilaient la vue de l'échafaud et l'image de la mort! On le stimula par la pensée que son discours désarmerait ses juges. « Espérances et peines perdues, dit-il;
» notre perte est assurée. On nous fermera la bouche; vous
» pouvez regarder cela comme certain. »

Quelquefois réveillé, pour ainsi dire, et tiré de son état

Livre IV.
Chap. 4.

1795

Les Girondins.

somnolent ou de sa mélancolie taciturne par les discussions de Brissot et de Gensonné sur la liberté, il s'échappait de son génie des réflexions philosophiques comme celle-ci : « Je ne » crois plus à cette déesse qui vient au milieu des hommes » les mains pleines de bienfaits ; mais à cette furie qui les » enivre et les dévore. L'appelez-vous la Liberté ! Quand les » nations reconnurent la divinité du soleil, il n'était pas cou- » vert du voile sanglant des orages. »

Ducos, âgé de vingt-huit ans, et Fonfrède, qui n'en avait que vingt-sept, jouaient pour ainsi dire avec la mort ; ils écrivaient des vers, affectaient leur gaîté ordinaire, ranimaient le courage des autres détenus ; mais retirés à l'écart, ils se serraient dans leurs bras et ne se laissaient aller à la tristesse et aux larmes que lorsqu'ils pensaient à leurs femmes et à leurs enfants. La physionomie mobile, les yeux perçants et noirs de Ducos, ne révélaient que trop les douleurs de son âme. Fonfrède était plus concentré, plus sérieux, plus pensif et plus profondément mélancolique : leur jeunesse, leur tendre amitié, leurs grâces et même leur indifférence, au moins apparente pour leur sort, attendrissaient leurs adversaires, même parmi les Jacobins. On avait ménagé à Fonfrède des moyens d'évasion ; il refusa, et dit : « Non, non, le sort de mon beau- » frère sera le mien ; nous mourrons ensemble. Il semblait, » dit Thiers, abandonner avec facilité, et sa grande fortune, » et sa jeune femme, et sa vie. » Arrivé à la Conciergerie, il serra Ducos dans ses bras, et, d'une voix entrecoupée de sanglots, lui dit : « Mon ami, c'est moi qui te donne la mort ! » Console-toi, nous allons mourir ensemble. » Ducos s'efforça de ranimer le courage de son beau-frère, et lui dit : « Je ne » vois plus qu'un moyen de nous sauver, c'est de déclarer » l'unité de nos deux vies et l'indivisibilité de nos deux têtes. » Fonfrède sourit mélancoliquement, et poussant un profond soupir, pendant que des larmes involontaires sillonnaient ses joues, il s'écria : « Ah ! ma femme ! mes pauvres enfants ! ! »

Gensonné, âgé de trente-cinq ans, conserva toujours son caractère froid, ses habitudes stoïciennes et le calme le plus parfait. Homme raide, réfléchi, le front haut, la tête renversée en arrière avec une apparente fierté, il portait sur ses lèvres l'âcreté du sarcasme, et semblait se venger des Jacobins par le mépris et une insultante indifférence; il avait ses cheveux touffus, hérissés et poudrés. Un sourire sardonique, dit Lamartine, effleurait ses lèvres : son costume, soigné et élégant, contrastait avec les sales haillons des Jacobins, et dans les derniers temps, il affectait de porter des étoffes proscrites et de rechercher l'impopularité par mépris pour ces adulateurs hypocrites du peuple.

Réunis pour la dernière fois autour du dernier banquet, pendant le silence de la nuit, les Girondins comptaient, aux battements monotones de l'horloge, le nombre des heures, des minutes qui les séparaient de l'éternité, et calculaient sans émotion la fuite du temps et l'extinction graduelle de la vie; les uns gais, les autres tristes et silencieux; d'autres, enfin, s'efforçant de s'étourdir sur leur sort par des conversations entrecoupées de soupirs; quelques-uns se levaient, se promenaient la tête penchée sur la poitrine, et tous s'attendaient, avec plus ou moins de préoccupation d'esprit, à se voir le lendemain lancés dans l'éternité! « Que ferons-nous demain, à cette
» heure, dit Ducos? — Nous dormirons, répondit un autre
» détenu. » Brissot parla en prophète des malheurs de la république; mais Vergniaud, secouant, enfin, pour un moment, sa somnolence habituelle, et réunissant, de sa voix vibrante, tous ses co-détenus, leur dit : « Mes amis, en greffant l'arbre,
» nous l'avons tué; il était trop vieux. Robespierre le coupe;
» sera-t-il plus heureux que nous? Non; le sol de la France
» est trop léger pour nourrir les racines de la liberté civique.
» Ce peuple est trop enfant, pour manier ses lois sans se
» blesser... Nous nous sommes trompés de temps et de lieu:
» nous nous sommes crus à Rome, et nous étions à Paris. »

Bientôt la conversation devint bruyante et expansive : les paroles s'échangeaient avec rapidité. Des souvenirs se présentaient, des réflexions diverses et des regrets amers s'échappaient de ces âmes de feu, comme expiation de l'irréparable passé !

Mais le temps s'écoule vite, trop vite, pour ceux qui vont cesser de vivre ! La dernière heure s'approchait : la conversation était devenue sérieuse et roulait sur l'immortalité de l'âme. Fonfrède, Gensonné et Ducos, confessèrent tout haut leur croyance à notre immortelle destinée. Vergniaud confirma ces convictions consolantes, et parla avec enthousiasme de la vie à venir. Il semblait un prophète au milieu des ruines de Ninive ou de la ville sainte, et soulevait, avec des accents graves et solennels, le voile qui leur dérobait leur condition future. Il démontra l'existence d'un premier être incréé, source de vie, créateur de tout ce qui existe. Il prouva la nécessité de la Providence et de sa justice éternelle, et mit en évidence ses convictions sur la certitude de la continuation de l'être, après cet être mortel qui sera, non détruit, mais changé. Cette pensée consolante, il l'emprunta à l'Église catholique, dont la croyance sur ce sujet se résume dans ces belles paroles de la liturgie gallicane : *Ut dum naturam contristat certa moriendi conditio fidem consoletur futuræ immortalitatis promissio. Tuis enim fidelibus domine, vita mutatur, non tollitur et dissolutâ terrestris hujus habitationis domo, æterna in cœlis habitatio comparatur* (1).

Mais un trousseau de clés résonne dans les corridors ; la porte s'ouvre, et le geôlier leur dit : « Citoyens, vous êtes » mandés au tribunal révolutionnaire. » Vergniaud jette au loin sa plume, et dit : « Voilà donc ma tâche finie. » *On les*

---

(1) Afin que, pendant que la certitude de la mort contriste la nature humaine, la promesse d'une future immortalité console notre foi ; car, Seigneur, la vie n'est pas ôtée à vos fidèles, elle n'est que changée. Quand notre résidence terrestre est dissoute, une demeure éternelle nous est procurée dans le ciel.

accuse d'avoir formé une conspiration contre l'unité et l'indivisibilité de la république, contre la liberté et la sûreté du peuple français. Les accusés se groupèrent, le 30 octobre, autour de cet aréopage sanguinaire, et écoutèrent, avec des émotions pénibles et diverses, la mensongère accusation dressée, concertée et arrangée pour leur perte. Vergniaud commence son plaidoyer ; mais le président lui retire la parole, et dit : « *Le jury est suffisamment informé !* » La sentence est prononcée à huit heures du soir ; ils s'écrient tous : « Nous
» sommes innocents ; peuple, on te trompe ; » et ils s'abandonnent à mille rêves, à de sombres préoccupations, et quelquefois à de bruyantes conversations ; mais au milieu du bruit, on les ramène dans leur cachot. Un cri de douleur s'entend au sein du groupe des condamnés ; on se retourne, et l'on voit qu'un seul homme, trop lâche en présence de la mort, s'occupait de sa destinée et dirigeait un poignard vers la région du cœur avec une affreuse impassibilité, sans qu'on pût remarquer la plus légère altération de ses traits. Il chancelle : Gensonné (1) ne se doutant pas du suicide, veut le retenir
» sur la banquette, et lui crie : « Que fais-tu donc, Valazé ?
» As-tu peur ? — Je meurs ! répond le lâche moribond ! » Vergniaud se lève, et se tournant vers son collègue, le docteur Lehardy, lui dit : « Docteur, sacrifiez un coq à Esculape ;
» voilà déjà un de vos malades guéri. — Nos juges, s'écrie
» Gensonné, seront jugés là haut. — Sur le rapport de
» Valazé, qui a pris le devant dans l'intérêt de l'instruction,
» ajoute Ducos en souriant. »

Mais Vergniaud, fortement impressionné, sérieux, et élevant ses accents au niveau des prophètes inspirés, à un lyrisme de diction inexprimable, s'écrie : « Nous parlions de l'immor-
» talité de l'âme : sa meilleure démonstration, n'est-ce pas
» nous, nous ici ? nous, calmes, sereins, impassibles, à côté du

Livre IV.
Chap. 4.

1793

LES GIRONDINS.

___

(1) Lamartine dit que c'était Brissot ; c'est une erreur.

» cadavre de notre ami Valazé, en face de nos propres ca-
» davres, discutant, comme une paisible assemblée de philo-
» sophes, sur l'éclair de la nuit qui suivra immédiatement
» notre dernier soupir....... Qu'est-ce donc que l'humanité ?
» Est-ce cet amas de poussière animée, qui est un homme
» aujourd'hui et sera de la boue et du sang demain ?.......
» Notre témoin, dans ce grand procès avec la mort, c'est notre
» conscience. Notre juge, c'est ce grand être dont les siècles
» cherchent le nom, et dont nous servons les desseins, comme
» des outils qu'il brise dans l'ouvrage, mais dont les débris
» tombent à ses pieds. La mort n'est que le plus puissant acte
» de la vie, car elle enfante une vie supérieure et éternelle.
» S'il n'en était pas ainsi, ajouta-t-il avec plus de recueille-
» ment, il y aurait donc quelque chose de plus grand que
» Dieu. Ce serait l'homme juste, tel que nous, s'immolant
» sans récompense et sans avenir à sa patrie ! Cette supposi-
» tion est une ineptie ou un blasphème ; je la repousse avec
» mépris et horreur.... Non, Vergniaud n'est pas plus grand
» que Dieu ; mais Dieu est plus juste que Vergniaud, et ne
» l'élèvera demain sur un échafaud que pour le justifier et le
» venger dans l'avenir. »

On eût dit Socrate discourant tranquillement sur l'immortalité de l'âme, pendant que la vie lui échappe au milieu de
ses amis étonnés et attendris ! Mais l'heure fatale arrive :
on les appelle. « Messieurs, dit Vergniaud en souriant, la
» séance est levée. » Ils se lèvent, se donnent le bras, et suivent à pas lents, sous les sombres voûtes de la Conciergerie,
les quatre guichetiers qui les précédaient, portant des torches
dont la pâle lueur glissait comme un fantôme sur ces murailles
humides. Le jour du lendemain, sombre et triste, s'annonça
par un épais et ténébreux brouillard, qui voilait le soleil ;
l'horloge du palais sonne l'heure du départ. Les vingt condamnés sont entassés dans le fatal tombereau, et le cortège
funèbre, présidé, dirigé par un cadavre, marche vers le lieu

du supplice. Malgré une pluie fine, la foule va et vient, comme les flots d'une mer en furie : mille clameurs menaçantes retentissent à leurs oreilles; mille cris de *vive la Montagne! vive la république! vive la France!* se confondent; et à toutes ces démonstrations hostiles ou compatissantes, les victimes répondent par l'hymne de Rouget de l'Isle :

> Allons, enfants de la patrie,
> Le jour de gloire est arrivé, etc.

On les fait descendre du tombereau, qu'ils regardaient comme un char de triomphe. Ils s'embrassent tous sur le seuil de l'éternité; et après avoir regardé, sans crainte, la fatale hache qui devait trancher le fil de leurs jours, ils semblaient, en se séparant, se dire : *Adieu! au revoir!* A onze heures et demie du 31 octobre 1793, ces hommes, qui avaient accusé, jugé et condamné le roi de France, avaient tous comparu devant le Roi des rois, le Juge juste et éternel !

On assure que le 31 octobre, à quatre heures du matin, l'abbé Lambert leur avait porté les consolations de la religion. Cet abbé, qui est mort en 1847, à l'âge de quatre-vingt-sept ans, prêta, dans le temps, le serment, et fit partie du conseil de Gobel, évêque de Paris, et avait été aumônier d'un bataillon de la garde nationale de la capitale. Brissot avait été son ami. Introduit, le 31 octobre, auprès des Girondins, il les trouva entassés dans deux cachots, dont l'un renfermait quatorze d'entre eux, et l'autre huit. La présence du ministre de Dieu, dans ce lieu et dans des circonstances si graves, fit naître des pensées sérieuses sur l'avenir; c'était le travail de la miséricorde divine. Sur les quatorze détenus, douze tombèrent aux genoux du prêtre et confessèrent leurs péchés; et ce fut Gensonné, de Bordeaux, qui en donna le signal et l'exemple : sans religion pendant leur vie agitée, la mort réveilla leur foi, et ils se comportèrent en chrétiens. Brissot refusa les offres du prêtre; et l'autre, qui ne tomba pas aux pieds de l'homme de Dieu, c'était Lassource, ministre protestant, mais qui, songeant aux intérêts d'une âme immortelle, fit sentir à Brissot ses torts et blâma son opiniâtreté à refuser les consolations de la religion de ses pères.

« Crois-tu, lui dit-il, à l'immortalité de l'âme et à la pro-
» vidence de Dieu? — Oui, répondit Brissot. — Eh bien, re-
» prit Lassource, il n'y a qu'un pas de là à la religion. Moi,
» ministre d'un autre culte que le tien, je n'ai jamais tant
» admiré les ministres de ta religion que dans ces cachots, où
» ils viennent apporter le pardon, l'espérance, et Dieu même
» à des condamnés. A ta place, je me confesserais. » Brissot
se retira sans répondre.

M. Poujoulat, qui dit avoir interrogé l'abbé Lambert sur ce sujet, a consigné ces détails dans une lettre au rédacteur de la *Gazette du Midi,* que la *Guienne,* journal de Bordeaux, a reproduite dans son numéro du jeudi 15 avril 1853. Appuyé sur le témoignage de l'abbé Lambert, qui avait abjuré ses erreurs et avait été employé par ses supérieurs dans l'exercice du saint ministère, il déclare que les vingt-deux prisonsonniers n'ont pas pu se réunir ; que ni l'un ni l'autre des deux cachots n'offrait assez d'espace pour contenir vingt-deux individus; que les gardiens, d'ailleurs, n'auraient pas consenti à cette réunion, et que le *repas commun* des vingt-deux détenus n'est qu'*une pure invention.*

Nous croyons que Poujoulat se trompe : loin d'être une *fiction,* le banquet commun est une réalité incontestable. Il eut lieu dans le cachot des quatorze; Thiers l'affirme. Touchard-Lafosse, dans son *Histoire de Bordeaux,* le reconnaît; et aucun écrivain, que nous sachions, du moins, n'en a contesté la vérité. Poujoulat lui-même se réfute; car, dans la même lettre dont nous venons de parler, il s'exprime ainsi :

« La seule chose vraie, c'est que dans le cachot des qua-
» torze, au retour de la séance où l'arrêt de mort avait été
» prononcé, *on prit ensemble,* comme de coutume, *le repas*

» *du soir;* c'est qu'on ne se coucha point, et que les condam-
» nés, restés autour de la table, passèrent une partie de la
» nuit en propos légers. Voilà la vérité, telle que je l'ai en-
» tendue de la bouche d'un seul homme qui ait pu la con-
» naître. »

Il paraîtrait, d'après les *Girondins,* tome IV, pages 27 et 30, que Lamartine avait consulté l'abbé Lambert à ce sujet; il parle du repas commun qui fut présidé par Vergniaud. Le matin, l'entretien prit un tour plus sérieux et plus solennel : mille propos divers s'échappèrent des poitrines des condamnés. Enfin, Vergniaud, comme pour couper court aux regrets et pour soulever un coin du voile qui leur dérobait l'avenir, s'écria : « Mes amis, en greffant l'arbre, nous l'avons tué; il
» était trop vieux. Robespierre le coupe, sera-t-il plus heu-
» reux que nous? Non. Ce sol est trop léger pour nourrir les
» racines de la liberté civique. Ce peuple est trop enfant pour
» manier ses lois sans se blesser; il reviendra à ses rois comme
» les enfants à leurs hochets..... Nous nous sommes trompés
» de temps en naissant et en mourant pour la liberté du
» monde..... Nous nous sommes crus à Rome, et nous étions
» à Paris! Mais les révolutions sont comme ces crises qui
» blanchissent en une nuit la tête d'un homme; elles mûris-
» sent vite le peuple. Le sang de nos veines est assez chaud
» pour féconder le sol de la république. N'emportons pas avec
» nous l'avenir, et laissons l'espérance au peuple en échange
» de la mort qu'il nous donne. »

C'est dans ces moments solennels que Vergniaud s'exprima, comme nous l'avons vu plus haut, avec tant de force et d'éloquence, sur l'immortalité de l'âme, l'existence d'un premier être infini, et sur sa providence éternelle. C'est alors qu'après avoir cité, dit Lamartine, de Socrate à Cicéron, et de Cicéron à tous les justes immolés, la croyance universelle des peuples et des sages, preuve au-dessus de toutes les preuves, puisqu'elle est dans la nature un instinct de seconde vie aussi irréfutable que l'instinct de la vie présente, il électrisa ses collègues, et déclara qu'il mourrait plus heureux que Danton, qui allait vivre, et que Robespierre, qui allait triompher!

Après lui, chacun prit la parole et exprima ses craintes, ses espérances, ses doutes et ses convictions. Vergniaud concilia tout à la fin, par ces paroles solennelles : « Croyons ce
» que nous voudrons; mais mourrons certains de notre vie et
» du prix de notre mort! Donnons chacun en sacrifice ce que
» nous avons : l'un, son doute; l'autre, sa foi; tous, notre
» sang pour la liberté! Quand l'homme s'est donné lui-même
» en victime à Dieu, que doit-il de plus?...

» Allons nous coucher, dit Ducos: la vie est chose si légère
» qu'elle ne vaut pas l'heure de sommeil que nous perdons à
» la regretter! »

CHAPITRE V.

Les représentants veulent rentrer à Bordeaux. — Le livre rouge. — Tallien à Libourne.— Brune et Janet conduisent l'armée révolutionnaire.— Manque de subsistances à Bordeaux. — La commune de Paris y envoie deux commissaires. — Leur rapport. — Portrait de Tallien. — Ses antécédents. — Opinion de Cambon sur son compte. — L'entrée de Tallien et *consorts* à Bordeaux.— Délibération de la municipalité provisoire. — Conduite des représentants. — Leurs exactions. — Lettre de M. Dudon fils. — Arrêté des représentants, en dix-neuf articles, etc.

Après avoir esquissé à la hâte les traits généraux des principaux chefs de la pléiade girondine, nous continuerons la narration telle que nous l'avons laissée au chapitre VII du livre III. Nous commençons, dès aujourd'hui, le *livre rouge*, les *annales de sang* de Bordeaux.

Les commissaires de la Convention se décidèrent, enfin, à se rendre à Bordeaux, après deux mois de séjour à La Réole; mais avant d'exécuter ce projet, ils exigèrent que les chefs de la Commission populaire et les principaux suspects fussent mis en état d'arrestation. Les Jacobins de Bordeaux exécutèrent à la lettre ces ordres, et les prisons furent encombrées. Le 6 octobre, Tallien se rendit à Libourne, pour y réchauffer les principes des républicains et faire jeter en prison les personnages les plus respectables de la ville. Enfin, assuré que tout était préparé pour le recevoir à Bordeaux, et convaincu que les Montagnards y étaient tout-puissants, et qu'il n'y avait rien à craindre, il se fait précéder des troupes, sous les ordres des généraux Brune et Janet, l'un l'ami, l'autre le neveu de Danton. Leur marche ne fut marquée d'aucun incident extraordinaire; mais, de tous côtés, on voyait accourir tous les mécontents, tous les démocrates, tous les mauvais sujets du pays, pour grossir ces bandes féroces et indisciplinées. La terreur

Livre IV.
—
1793

et le désespoir les précédaient; la mort et le deuil semblaient s'attacher à leurs pas, et un morne silence les accueillait dans les paisibles campagnes; mais arrivant près de Bordeaux, Brune fut étonné de voir venir au devant de cette cohue de brigands, avides de pillage et instruments de la mort, plus de vingt mille citoyens bordelais, sans armes, musique en tête, et chantant l'hymne de la république : *Allons, enfants de la patrie*, etc., etc.

« Je ne vois, dit-il, dans la conduite des Bordelais, que » des intentions pures : ces gens-là ne sont point les ennemis » de la république. » Prévoyant qu'il allait devenir l'instrument meurtrier des Maratistes, il donna sa démission. Tout ami qu'il était de Danton, il ne voulait pas, pour lui plaire, faire à Bordeaux l'office du bourreau !

Bordeaux manquait de subsistances : les députés de la Montagne interceptaient toujours les arrivages par la Garonne et la Dordogne. Il n'y avait que peu de pain pour les modérés; il y en avait en abondance pour les démocrates de la section Franklin. Le Comité de surveillance, dont nous avons déjà parlé, fonctionnait au gré des proconsuls : on dénonçait les riches, les recéleurs des prêtres et des nobles; on faisait arrêter les suspects, et on dressait officiellement des listes des futures victimes; c'était le réseau de la mort étendu sur tout le pays ! De son côté, la commune de Paris, voulant s'assurer du zèle des proconsuls pour la régénération de Bordeaux, envoya dans cette ville deux commissaires, Dunouy et Viallard, pour lui adresser un rapport sur le progrès de l'esprit républicain dans nos contrées. Quelque temps après leur arrivée dans nos murs, ces émissaires firent, en effet, un rapport qui semblait appeler les mesures de rigueur qui ne tardèrent pas à frapper les Bordelais. « Le peuple de Bordeaux, disent-ils, » est bon, mais il a besoin d'être fortement stimulé pour se » porter à des actions de vigueur qui sont ici plus nécessaires » qu'en aucun autre lieu de la république; mais comme l'aris-

» tocratie se trouve attérée par le premier coup de massue
» que le peuple lui a porté, il ne faut pas lui laisser le temps
» de se relever........ Les Bordelais ressemblent, en ce mo-
» ment, à des enfants qui commencent à se tenir debout, et
» qui ont besoin de quelqu'un pour les soutenir......

» L'on attend avec la plus grande impatience les repré-
» sentants du peuple Baudot et Ysabeau; il est temps qu'ils
» arrivent. Nous comptons les voir demain ou après-demain
» dans nos murs. Ils pourront, par quelques actes de vigueur,
» assurer pour jamais la liberté dans cette ville. »

Ce ne fut point seulement Baudot qu'on adjoignit à Ysabeau pour châtier les Bordelais; mais aussi l'impitoyable, l'inexorable Tallien, ce même féroce Tallien, qui s'était opposé à ce que Louis XVI pût se choisir un ou plusieurs défenseurs; qui aurait même voulu que cet infortuné prince n'eût pas la permission de voir sa famille ou de lui dire un dernier *adieu* avant de mourir; ce Tallien, qui soutint à la Convention les assassins de septembre; qui s'opposa au décret d'accusation contre Marat; qui provoqua, en grande partie, les affreux massacres de Lyon; ce même Tallien, qui, de La Réole, écrivit aux Jacobins de Paris, le 27 septembre 1793 : « Je vous
» adresse, Citoyens, deux exemplaires des divers arrêtés pris
» relativement à Bordeaux. Lisez surtout la correspondance
» que nous avons tenue avec cette ville, et vous y verrez
» qu'elle est loin d'être rentrée dans l'ordre. Méfiez-vous des
» intrigues de la faction girondine; car elle emploiera tous
» les moyens pour vous tromper. N'ajoutez foi qu'à ce que
» nous vous écrivons. Ysabeau et moi sommes chargés de
» l'exécution du décret contre cette ville rebelle. Soyez sûrs
» que nous serons ici ce que nous étions à la Montagne, tou-
» jours inébranlablement attachés aux principes, ne conspi-
» rant jamais avec personne, et voulant faire triompher par-
» tout la cause du peuple, en anéantissant l'aristocratie et le
» fédéralisme. »

C'est ce même Tallien qui, en date du 9 octobre de la même année, écrivit encore ces lignes : « Ce n'est pas sans étonne-
» ment que nous voyons la manière dont on prend à Paris la
» prétendue révolution bordelaise. Quoi ! les Parisiens seront
» toujours les dupes des fripons ou des agitateurs ! Je vais
» vous dire la vérité, car la Convention, les Jacobins, la com-
» mune de Paris, sont trompés sur cet objet.

» Vous croyez à Paris que la ville de Bordeaux est soumise
» aux lois; que Bordeaux ne renferme pas de contre-révolu-
» tionnaires, et que le girondinisme y est entièrement étouffé !
» Eh bien, vous vous trompez : aucune des lois révolution-
» naires n'est exécutée à Bordeaux ; les Muscadins qui compo-
» sent les compagnies de grenadiers et la cavalerie nationale,
» se promènent insolemment dans cette ville ; ils viennent de
» pousser l'impudeur jusqu'à enrôler parmi eux le traître
» Biroteau, l'ex-député Duchâtel, etc., etc. Plusieurs contre-
» révolutionnaires viennent d'être arrêtés par nos soins ; l'on
» compte à peine douze patriotes énergiques sur cinquante-
» six membres qui composent la nouvelle municipalité.......
» On célèbre, il est vrai, des fêtes en l'honneur de Marat ;
» mais ce sont de pures grimaces. La faim et la peur ont
» seules rallié pour un instant les vingt-huit sections de Bor-
» deaux ; mais il n'y en a pas plus de quatre qui soient dans
» les bons principes. Cette prétendue révolution, à laquelle
» vous avez applaudi, n'est qu'un mouvement *feuillantin*,
» dirigé par tous les aristocrates afin d'éviter celui que nous
» méditons avec les sans-culottes, pour tuer le modérantisme
» et le fédéralisme ; car il ne faut pas vous laisser ignorer que
» c'est à Bordeaux que tous les complots contre-révolution-
» naires ont été tramés ; que c'est Lavau-Gayon qui a livré
» Toulon. Ce scélérat était encore, il y a quelques jours,
» président de la *Société des Récollets* : les meneurs de Bor-
» deaux avaient une correspondance avec Lyon, Marseille,
» Caen, Toulouse, La Vendée. Et nous pourrions croire au

» changement subit des Bordelais? Croyez, au contraire, qu'ils
» conspirent dans l'ombre. Nous arriverons sous peu de jours
» à Bordeaux, mais avec une force qui puisse imposer aux
» malveillants et avec des provisions abondantes en grains.

» Nous sommes ici dans une ville patriote (La Réole); nous
» parcourons le département, et nous extirpons le germe du
» fédéralisme. »

Pour achever ce portrait de Tallien, anticipons sur la marche de l'histoire, et voyons ce qu'en dit Cambon, à qui ce proconsul de Bordeaux attribuait tous les maux de l'État, à cause de l'émission excessive des assignats. Cambon, dont la probité et l'intégrité étaient généralement reconnues, ne se contint pas en présence des injures de Tallien; il s'élança à la tribune, en octobre 1794, et s'écria : « Ah! tu m'attaques,
» tu veux jeter des nuages sur ma probité! Eh bien! je vais
» te prouver que tu es un voleur et un assassin. Tu n'as pas
» rendu tes comptes de secrétaire de la commune, et j'en
» ai la preuve au Comité des finances. Tu as ordonnancé une
» dépense de 1,500,000 fr. pour un objet qui te couvrira de
» honte. Tu n'as pas rendu tes comptes pour ta mission à
» Bordeaux, et j'en ai encore la preuve de tout cela au Comité
» des finances. Tu resteras à jamais suspect de complicité dans
» les crimes de septembre. »

Enfin, c'est ce même Tallien qui, dans ses excursions à Libourne et partout dans le département, se permit de prononcer sur le sort d'un nombre infini de bons citoyens; qui convertit en prisons les églises et les couvents; qui appelait la colère de la Convention sur les jeunes gens de Bordeaux, qu'il appelait *muscadins*, à cause de la recherche de leur toilette en opposition avec le hideux négligé des Jacobins, qui affectaient dans leurs vêtements la sordide saleté de Marat. C'est ce monstre qu'on chargea de mettre les Bordelais à la raison!

Ce fut donc le 16 octobre, comme nous l'avons vu plus

Livre IV.
Chap. 5.

1795

Thiers.

Histoire
de la
Révolution,
liv. XXIV.

haut, que ce misérable Tallien, âgé de vingt-quatre ans tout au plus, accompagné d'Ysabeau, Baudot et Chaudron-Rousseau, arriva à Bordeaux, escorté de près de quatre mille hommes, tous revêtus de bonnets et de pantalons rouges, avec de sales moustaches, qui ajoutaient quelque chose d'affreusement repoussant à leurs physionomies sauvages. Ils étaient armés de pistolets, de sabres, de vieux fusils, de faulx, entraînant à leur suite quelques canons. Tallien avait admis dans ces bandes indisciplinées plusieurs sans-culottes du club des Jacobins, pour stimuler le zèle des frères et amis de Bordeaux. La municipalité leur donna pour casernes les grand et petit Séminaires, les couvents des Ursulines, de Notre-Dame et des Carmélites, et invita les citoyens à leur prêter des lits garnis. Par sympathie ou par crainte, les lits furent, non pas prêtés, mais donnés; car on ne les a jamais remis! On donnait à ces brigands du pain, de la viande, et à chacun 50 sous par jour!

Arrivant à Bordeaux, les fiers proconsuls font leur entrée par un passage étroit, pratiqué dans les murs, près de Sainte-Eulalie, au milieu d'une immense population, silencieuse et consternée. Pour faire valoir leur courage et leur patriotisme, ils eurent la sotte vanité d'écrire à la Convention qu'ils étaient entrés dans cette ville rebelle par la brèche; c'était une ridicule parodie de l'entrée de Montmorency en 1548. Les frères et amis avaient tout disposé pour les recevoir : la municipalité provisoire, qui correspondait avec les commissaires (à La Réole), avait préparé la voie à leur tyrannie, par la délibération suivante, en date du 16 vendémiaire 1793 :

« Considérant que, dans le moment de crise où se trouve
» Bordeaux, il est instant de prendre toutes les mesures de
» sûreté générale qui peuvent tendre au maintien du calme
» et de la tranquillité publique; qu'il faut mettre en usage
» tous les moyens de vigueur nécessaires pour terrasser
» les conspirateurs et briser dans leurs mains toutes les ar-

» mes dont ils pourraient se servir pour frapper la liberté ;

» Considérant que la marche lente et mesurée des lois ne
» peut convenir aux mouvements irréguliers et indispensa-
» bles d'un peuple qui se ressaisit de ses droits, et pour qui
» toutes les voies sont égales lorsqu'il travaille à découvrir
» ses ennemis pour les livrer à toute la sévérité des lois,

» Arrête, etc., etc. :

» Article premier. — Les Comités de surveillance des
» sections seront invités à redoubler de zèle et d'activité, à
» dresser une liste de tous les gens suspects qui résident dans
» l'étendue de leur territoire, et à les faire arrêter sur-le-
» champ.

» Art. 2. — Les sections qui n'ont pas encore formé leurs
» Comité des Douze sont invitées à y procéder dans la plus
» prochaine séance, et sans désemparer.

» Art. 3. — Les sections feront passer au Conseil général
» la signature des douze membres qui composent les Comités
» de surveillance.

» Art. 4. — Tous les détenus seront gardés à vue, avec
» défense au concierge de les laisser communiquer avec qui
» que ce soit; et tout ce qui pourra leur être adressé sera
» remis aux commissaires des prisons, qui en feront la visite
» la plus exacte, et le feront passer aux détenus, s'il ne s'y
» trouve rien de suspect.

» Art. 5. — Les scellés apposés sur les papiers des détenus
» resteront dans le même état, jusqu'à ce qu'il en ait été
» autrement ordonné.

Art. 6. — Il ne sera délivré aucun passeport jusqu'à l'ar-
» rivée des représentants.

» Art. 7. — La commission des travaux publics reste
» chargée de faire mettre à exécution la précédente délibéra-

» tion, qui ordonne l'évacuation des maisons nationales, pour
» y recevoir les gens suspects, etc., etc.

» *Signé :* Bertrand, *maire.*
» Vitrac, *officier municipal, faisant les fonctions*
» *de secrétaire-greffier.* »

Le premier acte d'autorité des proconsuls fut le désarmement des Bordelais; mais de toutes les mesures révolutionnaires prescrites par eux ou décrétées par la Convention, celle qui s'exécutait le mieux était l'emprunt d'un million que les riches devaient fournir. Le champ était vaste; il était si facile de passer pour riche quand on n'était pas sans-culotte, que bien peu de petits propriétaires échappèrent aux étreintes du fisc et aux persécutions de ces singuliers philanthropes, amis de la liberté! Ainsi, à Bordeaux, Castillon-Duperron, Pichon de Longueville, Tarteyron et une infinité d'autres citoyens distingués par leur haute probité et les grands sacrifices qu'ils avaient faits pour la patrie, se virent pressurés de nouveau et réduits à l'état de pauvreté. La famille Dudon eut aussi à supporter, non-seulement les rigueurs de la plus dure détention, mais les plus criantes exactions de ces avides agents du trésor. La lettre suivante, de M. Dudon fils, écrite à la municipalité provisoire, datée du Château du Hâ (17 octobre 1793), nous en donnera l'idée et la mesure :

« Citoyens,

» Votre lettre du 14 octobre, adressée à mon malheureux
» père et à moi, me parvient dans la prison où je suis détenu;
» j'y trouve un véritable allégement aux amertumes et aux
» privations dont nous sommes rassasiés; mais vous ne serez
» pas surpris que je recueille précieusement ce témoignage
» authentique de la vérité, que le ciel n'a pas permis qu'il me
» fût enlevé.

» Nous n'avons pas, dites-vous, Citoyens, donné encore
» cette nouvelle preuve de notre amour pour la patrie ; c'est
» déjà quelque chose que vous conveniez que notre amour
» pour le bien public, notre ardent désir d'alléger la misère
» générale, s'étaient précédemment manifestés de plus d'une
» manière, et nous avaient dicté plus d'un sacrifice.

» En effet, Citoyens, consultez les registres de la section
» de la Concorde à laquelle j'appartiens ; interrogez les muni-
» cipalités de Barsac, de Baurech et de Bruges, où nous avons
» des propriétés ; c'est là que vous saurez ce que nous avons
» fait et ce que nous faisons encore pour aider aux subsis-
» tances. Oui, interrogez-les, et jugez-nous.

» Partout vous vous apercevrez que nous n'avons pas eu
» besoin d'être sollicités pour porter des secours à la précieuse
» portion des citoyens qui se trouvent dans l'indigence ; que
» nous avons partagé avec les habitants, et au-dessous du
» prix-courant, le peu de blé que nous avons récolté ; qu'in-
» dépendamment des secours d'argent, nous avons avancé le
» bois pour cuire le pain, et qu'actuellement encore nos bes-
» tiaux sont journellement employés au transport gratuit des
» blés et des farines. Voilà ce que nous avons fait, et voilà
» sur quoi ont porté mes dernières recommandations dans le
» moment où je me suis vu enlever à ma famille et à mes
» affaires. La position dans laquelle je suis réduit excuse
» bien, je crois, cette petite apologie de notre conduite.

» Des sacrifices aussi multipliés, joints au surenchéris-
» sement énorme de toutes choses, venant à la suite d'une
» perte de plus de 300,000 liv. de capital, vous jugerez sans
» peine, Citoyens, que toutes nos ressources sont épuisées.
» On nous a vus, en effet, aliéner nos capitaux, encore som-
» mes-nous loin d'avoir acquitté toutes nos dettes. Voilà notre
» position dans la plus exacte vérité. Vous-mêmes, si vous
» vouliez les calculer, vous jugeriez des frais énormes qu'oc-
» casionne notre arrestation. Le peu qui nous reste suffit à

Livre IV.
Chap. 5.

1793

» peine pour notre subsistance, et pour nous procurer les
» moyens d'alléger notre déplorable position, n'ayant sur nos
» propriétés que des espérances que notre seul défaut de pré-
» sence peut détruire.

» Eh bien ! Citoyens, malgré tant de revers, malgré la ca-
» lomnie qui nous accable, venez encore à la porte de cette
» affreuse prison, dans laquelle j'ai pris la place de mon res-
» pectable et malheureux père, vous y retrouverez encore
» l'impression de ses vertus. Venez ouvrir devant moi la
» bourse que vous destinez aux malheureux, j'aurai la con-
» solation de partager avec eux ce que je destinais à ma
» subsistance.

» Je suis, etc.

» Dudon fils. »

Les Bordelais étaient bien à plaindre ! mais leurs malheurs ne faisaient que commencer. Tallien et Ysabeau voulaient anéantir tout esprit d'opposition, toute pensée d'indépendance, et faire des hommes libres, au nom de la liberté, un peuple d'esclaves. Ils prirent, de concert avec Chaudron-Rousseau et Baudot, qui étaient venus s'adjoindre à eux, un arrêté en dix-neuf articles, qui dépassait tout ce qu'on avait fait jusque-là, et portait la terreur et la désolation dans une ville qui n'avait ni le pouvoir ni la volonté de résister. Cet arrêté, qui renferme tout un système politique, et l'explication de toutes les mesures atrocement révolutionnaires qui furent exécutées à Bordeaux, a trop d'importance pour ne pas trouver une place dans ce travail. Nous le donnons dans son entier :

« *Les Représentants du peuple, en séance à Bordeaux,*

» Considérant que l'époque de leur arrivée dans les murs
» de cette ville doit être celle de la punition de tous les
» traîtres;

» Considérant que le seul moyen d'encourager les patriotes

» qui viennent de sortir de l'apathie dans laquelle ils furent
» plongés longtemps, c'est de faire justice prompte et sévère
» des hommes perfides qui les ont trompés;

» Considérant qu'il est temps de faire tomber sous le glaive
» de la loi les têtes des scélérats qui voulaient faire de Bor-
» deaux une nouvelle Lyon, et faire courber ses habitants
» sous le joug, en livrant la ville, le port et les magasins na-
» tionaux à l'infâme Angleterre (1);

» Considérant que les représentants du peuple doivent au
» peuple une réparation solennelle et promise par les décrets
» de la Convention nationale,

» ARRÈTENT :

» ARTICLE PREMIER. — Le gouvernement de la ville de Bor-
» deaux sera provisoirement militaire, et exercé sous la sur-
» veillance des représentants du peuple.

» ART. 2. — Tous les corps, tant infanterie que cavalerie,
» qui ont accompagné les représentants lors de leur entrée à
» Bordeaux, sont déclarés armée révolutionnaire.

» ART. 3. — Il sera adjoint à ce corps un bataillon de sans-
» culottes bordelais, choisis et indiqués tant par les sections
» que par le club National (2).

» ART. 4. — Il sera, sans délai, créé, par les représentants
» du peuple, un Comité révolutionnaire, composé de vingt-
» quatre membres, chargé de rechercher tous les fils de la
» conspiration, de faire arrêter tous ceux qui y ont pris part,
» tous les hommes suspects, tous les étrangers, et tous ceux,

(1) Les représentants disaient partout que la Commission populaire avait traité avec les Anglais pour leur livrer la ville, et prétendaient avoir à la poche le traité même ; mais il ne l'ont jamais montré. Tustet a consigné cette absurde charge dans son *Tableau des événements de la révolution,* qu'il lut comme procureur de la commune au conseil municipal, le 17 juin 1794.

(2) Ce club, fermé par les autorités de Bordeaux depuis un an, fut réinstallé lorsque ces autorités furent atteintes par le décret du 6 août 1793.

» enfin, qui leur seront désignés par les bons citoyens comme
» ennemis de la république (1).

» Art. 5. — Le Comité de surveillance établi par les re-
» présentants du peuple, et actuellement en activité, conti-
» nuera ses fonctions jusqu'au moment de l'installation du
» nouveau.

» Art. 6. — Toutes les autorités constituées, tant civiles
» que militaires, de la ville de Bordeaux, seront renouvelées
» dans le plus court délai (2), et, à cet effet, les représentants
» du peuple invitent tous les bons citoyens à leur faire par-
» venir la liste des hommes qu'ils croient dignes et capables
» de remplir les fonctions publiques.

» Art. 7. — Il sera formé, sans délai, par les représentants
» du peuple, une Commission militaire, composée de sept
» membres, chargée de reconnaître l'identité des personnes
» mises hors de la loi, et de les faire exécuter dans les vingt-
» quatre heures, ainsi que tous les émigrés rentrés sur le
» territoire de la république, et les prêtres qui ne se sont pas
» soumis à la loi de la déportation.

» Art. 8. — Tous les gens suspects seront mis en arresta-
» tion. Les prévenus de conspiration seront traduits devant
» les tribunaux compétents, et les autres conduits dans des
» maisons nationales (3) situées hors des limites du départe-
» ment de la Gironde. Aucun des détenus ne pourra être mis
» en liberté sans un arrêté des représentants du peuple.

---

(1) Il y avait dans chaque commune un comité semblable, qui correspondait avec celui de Bordeaux. Ils avaient des espions, qui prenaient le titre d'agents de sur-veillance, recherchaient les suspects et mettaient les scellés sur leurs effets mobi-liers.

(2) Le premier renouvellement eut lieu le 6 novembre; mais il y en eut plusieurs autres dans la suite.

(3) Les prisons ne suffisaient pas; on fit quatre nouvelles maisons d'arrêt : c'étaient le Fort du Hâ, le Petit-Séminaire et les anciens couvents des Orphelines et des Carmélites.

» Art. 9. — Le général commandant l'armée révolution-
» naire, sera tenu de se concerter avec les représentants du
» peuple pour toutes les mesures de sûreté générale qu'il
» croira devoir prendre.

» Art. 10. — Tous les citoyens, sans exception, sont re-
» quis de déposer, dans le délai de vingt-quatre heures, toutes
» les armes, de quelque nature qu'elles soient, dans les salles
» du Château-Trompette ; prévenant les bons citoyens, qu'il
» sera incessamment procédé à la remise des armes de gens
» suspects, entre les mains des braves sans-culottes, seuls
» dignes de défendre la liberté et le gouvernement républi-
» cain.

» Art. 11. — Tous les chevaux de luxe, tant de selle que
» de carrosse, dans la ville de Bordeaux, ainsi que les harnais,
» selles, bottes, manteaux et autres objets d'armement et
» d'équipement de cavalerie, sont mis sous la main de la na-
» tion ; et il est défendu à tous particuliers, marchands, ma-
» quignons et autres, de les acheter ou de les recéler, sous
» peine d'être poursuivis comme détenteurs d'effets nationaux.

» Art. 12. — Les mêmes dispositions auront lieu à l'égard
» des habits d'uniformes et autres objets d'équipement, d'ha-
» billement et d'armement.

» Art. 13. — Il sera fait fréquemment, par quatre com-
» missaires de section, accompagnés d'un détachement de
» l'armée révolutionnaire, des visites domiciliaires dans les
» maisons publiques et particulières, magasins et navires, à
» l'effet de découvrir les grains, farines, marchandises prohi-
» bées étrangères, et gens suspects qui pourraient s'y trou-
» ver.

» Art. 14. — Les biens meubles et immeubles des émigrés,
» et ceux confisqués, soit par les décrets de la Convention
» nationale, soit par les jugements des tribunaux révolution-
» naires et criminels, seront mis en vente sans délai.

» Art. 15. — Tous les certificats de civisme accordés ou

» visés jusqu'à ce jour par les municipalités et corps adminis-
» tratifs, dans toute l'étendue du département de la Gironde,
» sont annulés; et tous les fonctionnaires publics, qui n'en
» auraient point obtenu dans le délai de deux mois, seront
» destitués de leurs fonctions.

» Art. 16.—Toutes les délibérations et arrêtés des muni-
» cipalités et corps administratifs du département de la Gi-
» ronde, prononçant main-levée des biens séquestrés pour
» cause d'émigration présumée, contenant décharge du paie-
» ment de la solde de l'habillement de deux soldats citoyens
» et autres, concernant les émigrés ou leurs parents, sont
» annulés, et ils seront tenus d'en obtenir de nouveaux dans
» le délai de deux mois, à dater du jour de cet arrêté.

» Art. 17. — Conformément aux décrets, tous les frais de
» l'armée révolutionnaire et toutes les autres dépenses ex-
» traordinaires, seront supportés par les riches, et surtout
» par ceux connus par leurs sentiments inciviques et fédéra-
» listes (1).

» Art. 18. — En conséquence, il sera fait un état de tous
» les particuliers et négociants qui devront contribuer au
» paiement de ces frais; il leur sera adressé des réquisitions
» nominatives des sommes déterminées qui devront être payées
» dans les vingt-quatre heures, sous peine d'exécution mili-
» taire et de confiscation de leurs biens (2).

» Art. 19. — Toutes les mesures de sûreté générale et
» celles relatives aux subsistances et aux objets relatifs à
» l'existence et au bonheur du peuple, seront prises par les
» représentants, concertées avec les autorités constituées, re-

---

(1) On appelait *fédéralistes* les partisans des Girondins, auxquels les Montagnards imputaient l'intention de faire de la France une république fédérative, dont chaque département serait un état séparé.

(2) Les représentants adressaient quelquefois des réquisitions directes à des particuliers, pour qu'ils livrassent sur-le-champ certaines marchandises dont ils fixaient le prix.

» nouvelées et consignées dans de nouveaux arrêtés, qui seront
» rendus publics par l'impression.

» Fait à Bordeaux, septembre, jour de la troisième décade du premier mois de l'an IIe de la république française,
» une et indivisible.

» *Signé :* C.-Alex. Ysabeau, M.-A. Baudot,
» Chaudron–Rousseau, Tallien.

» *Contre-signé :* Peyren–d'Herval, *secrétaire de la*
» *Commission, commissaire des guerres.* »

CHAPITRE VI.

La remise des armes aux sans-culottes. — Murmures contre le despotisme des proconsuls. — Délibération de la municipalité. — Les prisons pleines de prévenus.— Les représentants étalent un luxe effréné.— Leur table bien servie.— La disette, cependant, à Bordeaux. — La famine. — La conduite des représentants dans ces tristes circonstances. — Portraits de Tallien et de ses collègues.— Des dénonciateurs partout. — La déplorable condition des Bordelais. — La commission militaire. — Lacombe et ses collègues. — Leur manière de procéder. — Un nouveau comité de surveillance établi. — Sa dissolution. — L'arrêté des proconsuls.— On réorganise une nouvelle commission, etc., etc.

Livre IV.

1793

Cet arrêté, digne de Néron ou d'Attala, plongea Bordeaux dans la consternation : il fut accueilli avec une morne stupeur et exécuté avec toute la facilité qu'inspire la crainte à une population qui venait d'apprendre que le silence était un devoir, et le plus léger murmure un crime. On voyait bien le sort malheureux que les proconsuls réservaient pour le pays qu'ils calomniaient pour avoir le droit de le piller. Les citoyens portent leurs armes au Château-Trompette, et la peine de mort est prononcée contre quiconque en gardait ou en recélait ; elles sont remises aux sans-culottes, seuls dignes, disait-on, d'avoir des armes pour la défense de la liberté ! Les Jacobins sont mis en place, et tous ces nouveaux fonctionnaires, affublés de leurs bonnets rouges, promènent en triomphe le buste de Marat, ce dieu des Jacobins. En présence de ces scènes scandaleuses, de ces processions d'anthropophages, quelques âmes généreuses osent proférer quelques paroles d'étonnement, quelques faibles murmures; mais ils sont bientôt comprimés par les délations et les menaces. Voulant étouffer les nobles sentiments des Bordelais, la section révolutionnaire, dans sa séance du 30 vendémiaire an II (21 octobre 1793),

se réunit, et se déclarant « profondément indignée des propos
» infâmes qui se sont propagés sur les mesures rigoureuses
» que nos représentants emploient pour purger la cité de tous
» les malveillants, punir tous les traîtres, écraser, enfin, tous
» les ennemis de la liberté et de l'égalité, a unanimement
» délibéré :

» 1° De livrer au glaive des lois tous ceux qui oseraient
» se permettre quelque signe d'improbation des moyens que
» les représentants du peuple emploient dans l'intérêt du salut
» public. »

Cette délibération, signée Margaron, président, J.-D. Lys fils et Letellier, secrétaires, devait être, par l'art. 2, communiquée aux représentants du peuple, au général Brune et aux vingt-sept sections; c'était interdire la liberté de la parole, proscrire le geste, exiger le silence du tombeau et l'abrutissement d'un peuple ami de la liberté ! Les dénonciations se font, des arrestations nombreuses dans toutes les classes jettent un voile de deuil sur la ville entière. Les patriotes les plus purs, les hommes les moins offensifs, les négociants les plus généreux pour les pauvres, tout ce que Bordeaux renfermait de grand, de noble, de riche, d'indépendant, de religieux, est précipité dans les maisons d'arrêt, qu'on est obligé d'agrandir et de multiplier pour recevoir les infortunées victimes, et en peu de jours plus de deux mille prisonniers, dont six cents sont prêtres, se trouvent entassés dans les vastes dépôts du Fort du Hâ, du Palais Brutus, du Département, de la Maison-Commune, dans les séminaires et les couvents des Carmélites et des Orphelines. Manquant de tout, même de nécessaire, ils étaient livrés à des subalternes soudoyés, qui les traitaient comme de vils animaux. La misère, le chagrin, la maladie, les mauvais traitements, en ravissent plusieurs au fer assassin de la commission militaire; et loin de plaindre ces hommes, victimes des haines politiques, les Jacobins s'écriaient avec un rire sardonique, en regardant ces prisons malsaines : Bah ! ce sont nos ménageries; nous y renfermons nos bêtes !

En présence de ces scènes de misère, d'humiliations imméritées, de chagrin et de désespoir, on voyait les proconsuls et leurs séides entourés de tout ce qui peut flatter les sens et contenter les passions. Ils prêchaient l'égalité, et ils étalaient insolemment le faste le plus révoltant : les Bordelais n'avaient pas de pain, et la table de ces atroces et prétendus amis de l'égalité était servie à profusion et chargée de mets les plus délicats, de vins les plus exquis. Tout était mis en réquisition pour leurs repas : les meilleurs poissons, les viandes les plus recherchées, les produits des îles et des pays étrangers, étaient réservés pour exciter l'appétit et flatter la sensualité de ces nouveaux Lucullus. Un jour, le citoyen Villers venait d'acheter au marché un superbe turbot; il rencontra un membre d'un comité révolutionnaire, qui l'arrête, et lui dit : « Citoyen, je » t'ordonne de me remettre ce poisson; je le mets en réqui- » sition pour les représentants du peuple ! »

Les représentants avaient promis, nous l'avons vu, de se faire suivre à Bordeaux d'abondantes provisions de grains; c'était promettre l'impossible. Il y avait une étonnante rareté de céréales; la confiance était, d'ailleurs, anéantie, le commerce nul, l'agriculture abandonnée aux environs de Bordeaux, et le peu de grains qu'on pouvait recueillir était destiné à la nourriture de l'armée révolutionnaire, des proconsuls et de leurs partisans. Le reste de la population recevait journellement une demi-livre de pain par chaque individu. Et, bon Dieu ! quel pain ! Un composé de son et de fèves ! le son même était repassé jusqu'à ce qu'il n'en restât que 15 livres par quintal ! et ce pain même manquait parfois à l'alimentation du peuple. Alors on faisait, à l'occasion, une distribution de riz ou de marrons ! Malheur à celui qui, par un reste d'aisance, avait plus de facilité que d'autres à se procurer un morceau de porc frais, une volaille, des œufs, du lard, ou une poignée de farine de seigle ou de maïs ! Si le secret le plus profond n'enveloppait ses mystérieux achats, il était en butte aux dénonciations, puis aux poursuites, comme égoïste, aristocrate ou accapareur ! Il avait tout lieu de maudire ensuite le triste privilége, le malencontreux bonheur que son argent, son adresse ou sa bonne fortune lui avaient procuré ! Ce ne fut pas seulement le pain qui manquait, mais le bois, mais le travail, mais l'aumône, mais la charité publique, qu'on ne connaissait plus. Le vin même était rare, parce qu'on ne travaillait plus, on ne taillait plus la vigne, et le peu de cette liqueur qu'on récoltait dans le pays, était emporté par les navires des nations neutres, qui venaient apporter des objets de première nécessité. Cependant, par une amère dérision pour les souffrances morales et physiques des Bordelais, et par une basse flatterie pour les tyranneaux conventionnels, la municipalité d'alors disait que *Tallien et Ysabeau étaient sans cesse occupés de notre bonheur !*

Hélas ! au moment même où l'on disait et répétait cette flagornerie mensongère, le malheureux Genin, ci-devant vicaire de St-Seurin, demandait comme une grâce aux représentants d'être jeté en prison, afin de pouvoir manger même du pain noir ! Ils *s'occupaient de notre bonheur !* Non ; ces singuliers bienfaiteurs du peuple bordelais disputaient, avec le fossoyeur Baritaut, un tarif de 3 liv. par corps de chaque supplicié que celui-ci aurait à enterrer ! Comme ils comptaient sur la continuité des supplices, et le renouvellement quotidien de la besogne, ils auraient voulu qu'il fût moins exigeant pour son salaire ! Ils commandaient au garde-notes de la commune de livrer aux flammes tous les titres féodaux, avec ordre de réserver seulement les parchemins pour en faire des gargousses. C'est ainsi qu'ont disparu des documents importants, que l'histoire et les familles ont également raison de regretter. Ils faisaient faire un nouveau recensement des émigrés et de ceux qui se trouvaient hors de la loi ; ou bien, se donnant un écla-

Livre IV.
Chap. 6.

1793

tant démenti à eux-mêmes, il faisaient saisir la maison de Cazaux, à Bègles, parce qu'elle portait des armoiries, et ordonnaient de conserver, pour servir de modèles aux artistes, les beaux portraits des Capets, qui se trouvaient dans l'une des salles de la Mairie. *Séance du 23 frimaire an II* (13 décembre 1793).

Le prétexte était spécieux ; il servait à voiler la cupidité des proconsuls, qui désiraient se les approprier plus tard ! Et qui étaient donc les chefs de ces hauts faits révolutionnaires ? Tallien, jeune homme de vingt-quatre ans, né dans l'obscurité, sans talents, sans expérience, sans mœurs. Attaché d'abord à un marquis, puis copiste du député Brostaret sous l'Assemblée constituante, et, en dernier lieu, employé au *Moniteur*, à raison de 800 liv. par an, il débuta dans la révolution, en 1791, par le journal des *Sans-Culottes* ou l'*Ami des Citoyens*, soudoyé par les Jacobins ! Après lui vient Ysabeau, moine défroqué, Spartiate dans son langage, sensuel dans sa conduite, cruel envers ses ennemis, dissimulé, et changeant selon les circonstances ses paroles et ses actions. Puis vient Chaudron-Rousseau, acteur obscur, homme de sang, nourri dans son inhumanité par la lecture des philosophes, et assez pervers pour étouffer tous les nobles sentiments des cœurs honnêtes. Baudot, moine défroqué, sans mœurs, sans sentiments, sans humanité, était le digne commensal de ces hommes barbares ; c'était un caractère féroce, impitoyable, sanguinaire. Marat, pour établir sa chère république, ne demandait que deux cent mille têtes d'aristocrates. « Ah ! disait Baudot » pendant sa mission dans le Haut et le Bas-Rhin, fussent-ils » un million, détruisons-les entièrement ! »

A cette réunion de vrais cannibales, la Convention adjoignit, comme secrétaire et comme espion, l'infâme Peyren-d'Herval, d'exécrable mémoire ! Pour le bien connaître, figurez-vous un monstre à figure humaine : ses propos sont affreux, ses mouvements convulsifs, sa mine épouvantable, sa mise dégoûtante de saleté et d'indécence, sa bouche haletante, sa langue noire et desséchée, ses yeux hagards, sa prunelle roulante, sa démarche inégale, ses gestes nerveux et précipités; espion du Comité de Salut public, à Paris, il suivait les démarches des proconsuls, et répandait partout où il paraissait l'effroi et la terreur. Telle était la crainte qu'il inspirait aux Bordelais, qu'en le voyant entrer dans un salon, une femme enceinte, qui s'y trouva, avorta à l'instant même!

Voilà les hommes qui s'occupaient, disaient les municipaux, de notre bonheur! Voilà les misérables auxquels la fortune, les maisons, la famille et la vie des Bordelais, étaient abandonnées! A un signal donné, des nuées de dénonciateurs surgissaient de toutes parts : rien n'était si facile que de trouver un sujet d'accusation, un citoyen coupable, suspect ou suspecté d'être un suspect! Celui qui possédait quelque chose, ne fût-ce qu'un peu de sang noble dans les veines, était un aristocrate; celui qui vivait en dehors des événements et ne se mêlait à aucune intrigue, passait pour un modéré; et le *modérantisme,* comme la charge d'aristocratie, encourait la peine capitale! Tout membre des anciennes administrations devait être un fédéraliste, tout prêtre un conspirateur, le négociant un accapareur, un égoïste ou un agioteur, et toutes ces suppositions, même sans preuves, entraînaient la peine de mort!

Jamais peuple ne fut si avili, si tyrannisé, si foulé par des despotes, comme les Bordelais! On annula les vieilles cartes de civisme : il en fallait de nouvelles; et pour s'en procurer, il était indispensable d'avoir des preuves de civisme. Les riches devaient payer les frais des troupes, et les sommes exigées devaient être versées dans les mains des agents compétents, dans les vingt-quatre heures, sous peine d'exécution militaire.

L'esprit public était complètement anéanti : on aurait dû se soulever pour secouer le fardeau de cette intolérable tyrannie. On se tut; c'était se courber pour se charger de plus pesantes chaînes et subir de nouvelles vexations. Pour avoir une apparence de raison de leur côté, et donner à leurs actions et à leurs projets homicides une ombre de légalité, les représentants instituent une *cour martiale*, ou commission militaire, chargée de juger les personnes accusées de quelque acte, ou parole, ou même de sentiments inciviques.

Ce tribunal de sang fut installé le 23 octobre; il était composé de Lacombe, président, Rey, Parmentier, Marguerie, Morel, Barsac, et Giffey, greffier : le premier était un boulanger, le second un comédien, les trois autres d'obscurs artisans et marchands, et un jeune commis-courtier. Voilà la composition de cet exécrable tribunal; voilà les juges et les bourreaux des Bordelais pendant tout le règne de la terreur ! On ne pouvait point faire appel de leur jugement; et en sortant de la salle, les condamnés, c'est-à-dire l'élite de Bordeaux, étaient portés sur un tombereau sur la place Dauphine, où se trouvait la guillotine en permanence.

Mais de toutes ces ignobles figures, celle de Lacombe était, sans contredit, la plus odieuse. Homme grossier, sanguinaire, ses mœurs dépravées le firent chasser de Toulouse, son pays natal; il vint se réfugier à Bordeaux. L'exaltation de ses opinions politiques le rendit digne de l'amitié de Tallien, qui trouva en lui un excellent auxiliaire dans ses œuvres homicides. Ces hommes, qui n'avaient jamais porté ni épée, ni fusil, qui ignoraient les usages du barreau, et les nobles et sublimes fonctions de juges, se mirent à juger militairement dès le moment de leur installation. Les têtes tombaient tous les jours par les ordres de Lacombe; et à voir à l'œuvre ce sanglant aréopage, on aurait dit que l'enfer avait vomi de son sein des âmes damnées, pour qui le vice était une source de mérites et la vertu un crime. Ce tribunal infernal semblait avoir passé un compromis avec le bourreau pour ne pas lui donner de relâche ! Tous les jours, à dix heures du matin, Lacombe et ses assesseurs déjeûnaient en costume au secrétariat; ils se tenaient prêts à faire leur besogne. Là, le président écrivait les noms de ceux qu'on devait juger; ses sbires allaient chercher les victimes, qu'on entassait dans des cachots humides, en attendant l'ouverture de la séance. Quatre gendarmes, obéissant à ses ordres, amenaient devant lui les individus désignés; le secrétaire lisait le décret du 27 mars, qui a fait ruisseler tant de sang en France. Il était ainsi conçu : « La Convention nationale, sur la proposition d'un » membre, déclare la ferme résolution de ne faire ni paix, » ni trêve aux aristocrates, aux ennemis de la révolution; » elle décrète qu'ils sont hors de la loi. »

Lacombe faisait, pour la forme, décliner les noms, prénoms et les professions des victimes; très-souvent, il commençait par ces mots : *Tu es un aristocrate, un modéré, un égoïste, un accapareur,* etc., etc. Si l'accusé se défendait bien, si on applaudissait à son éloquence, s'il paraissait conquérir les sympathies de la foule, l'infâme président lui retirait la parole, et lui disait : « Tais-toi, le tribunal est fixé sur ton compte; » assieds-toi! » Alors ses collègues se groupant autour de lui pour la forme, Lacombe prononçait le jugement en ces termes : « La commission militaire, séante à Bordeaux..., » convaincue que tu es un aristocrate, ou un ennemi de la » révolution, ou un modéré, ou de la classe des suspects, te » condamne à la peine de mort, et ordonne que le présent » jugement sera, sur-le-champ, exécuté sur la place de la » Révolution (place Dauphine).

Le bourreau, qui se tenait dans le cabinet de Lacombe, s'emparait de suite de la malheureuse victime; et après lui avoir fait sa fatale toilette, la faisait sortir par une petite porte, d'où on la conduisait, sur un tombereau, au lieu du supplice, à travers une nuée de misérables en haillons, de femmes, de filles ivres, et criant comme des furieux : *Mort aux aristocrates!*

Ysabeau était heureux; il s'exprime ainsi à ce sujet :

« Nous nous occupons à anéantir les fédéralistes (à les guil-
» lotiner). Encore quelques jours, et nous aurons démasqué
» les hypocrites, saisi les traîtres et détrôné les fédéralistes.
» Lavau-Gayon a été guillotiné aux acclamations d'un peuple
» immense, qui a applaudi à cet acte de justice nationale. »

Mais on n'allait pas assez vite : il y avait tant à faire ! On créa, le 11 brumaire (1er novembre 1793), un Comité de surveillance pour dénoncer les victimes et dresser les charges ; mais ce comité voulut marcher avec une certaine régularité. Les proconsuls, mécontents, remplacèrent, le 2 frimaire (22 novembre), ces trop scrupuleux membres, par d'autres, moins attachés aux vaines formes légales et dévoués à la bonne cause ! On voulait avoir des hommes complaisants, assez dépravés pour servir de machines à meurtre ! Peyren-d'Herval, dont nous avons déjà parlé, en fut nommé président ; ses associés, Léard, Marcel, etc., etc., furent dignes de lui. Alors recommencèrent plus vivement que jamais les dénonciations, les visites domiciliaires, les tracasseries de toute sorte. On traîna dans les prisons de simples campagnards, dont le seul crime consistait à réciter le chapelet, à faire la prière habituelle, à respecter le dimanche, à travailler le jour de la décade, à cacher un prêtre, une religieuse, un noble ou un homme riche, à faire une œuvre de charité, ou à déclarer qu'ils croyaient en Dieu ! Le crime était légalisé, divinisé, et l'innocence un opprobre et un sujet de condamnation. Osait-on se plaindre, se montrer triste, sensible à la mort de quelque parent, de quelque ami ? alors la guillotine, par les ordres de Lacombe ou de Peyren-d'Herval, effaçait avec le sang les larmes qu'on répandait sur les cercueils des morts ! Et une foule abrutie de misérables, coiffés du bonnet rouge, courait partout, insultant à la tristesse des familles et applaudissant à ces horreurs inouïes, qui firent de la Gironde un vaste cimetière et ensanglantèrent la France pendant deux ans, sous le régime le plus monstrueux, le plus exécrable dont il soit parlé dans les fastes de l'humanité, et au récit desquelles nous frémissons même aujourd'hui, après un laps de soixante années! Jamais nous ne passons sur la place Dauphine sans éprouver une profonde et douloureuse émotion au souvenir des boucheries, prétendues légales, que Lacombe y faisait commettre; et nos cheveux se dressent d'épouvante et d'horreur quand nous pensons que dans le trou creusé au pied de la guillotine, les chiens venaient s'abreuver du sang des plus nobles enfants de Bordeaux !...

Le nouveau Comité de surveillance allait trop vite et trop loin : un cri de désespoir échappe des poitrines des citoyens opprimés, et retentit jusqu'aux oreilles des représentants. Ils s'assemblent, et craignant une réaction inspirée par le désespoir, ils prononcent, par un arrêté formel, la dissolution du nouveau Comité révolutionnaire. Cet arrêté, en date du 16 pluviôse an II (4 février 1794), est ainsi conçu :

« *Les Représentants du peuple, en séance à Bordeaux, etc.,*

» Considérant que de toutes parts il s'est élevé des récla-
» mations contre les mesures arbitraires prises par quelques
» membres de ce Comité, relativement à la police des pri-
» sons;

» Après avoir examiné, avec la plus scrupuleuse attention,
» toutes les pièces et dénonciations qui lui ont été remises
» par plusieurs bons citoyens;

» Après avoir consulté l'opinion publique, etc.,

» Arrêtent ce qui suit :

» Article premier. — Le Comité révolutionnaire de surveil-
» lance, établi à Bordeaux par arrêté du 2 frimaire (22 no-
» vembre 1793), est destitué.

» Art. 2. — Les membres composant ce Comité, les ad-
» joints, agents, employés, commis et trésorier, se rendront
» sur-le-champ en état d'arrestation dans une maison qui
» sera indiquée à cet effet.

» Art. 3. — Les scellés seront de suite apposés sur tous » les papiers, registres et cartons de ce Comité.

» Art. 4. — Il sera nommé une commission composée de » trois membres, savoir : les citoyens Antony, juge-de-paix » de La Réole ; Dutasta, agent national près la commune » de Bordeaux ; Jay jeune, agent national près le district de » Bordeaux, lesquels seront chargés d'entendre, sans désem- » parer, tant les citoyens qui auraient des faits à déposer re- » lativement aux opérations de ce Comité, que ceux qui le » composaient et qui sont mis en état d'arrestation par le pré- » sent arrêté, afin de mettre les représentants du peuple à » même de distinguer promptement l'innocent du coupable, » et de rendre justice à tous.

» Art. 5. — Il sera, dans les vingt-quatre heures, procédé » à la recomposition et réorganisation de ce comité ; et pen- » dant cet intervalle, la municipalité de Bordeaux sera en » permanence et remplira les fonctions attribuées au Comité » de surveillance, etc., etc., etc. »

Tout cela n'était que du bruit ; c'était un leurre qu'on jetait à la crédulité publique. On aimait les changements : l'espérance, la dernière consolation des malheureux, était ici une illusion. On changeait les hommes ; mais le système politique était toujours le même.

CHAPITRE VII.

Tout est changé, même les noms du département, des semaines, des jours, des mois, etc.—Le maire Bertrand.—Son portrait.—Sa conduite.—La correspondance des représentants.— Lettre d'Ysabeau et de Tallien.— Ils envoient des citoyens à Paris pour y être exécutés. — Lettre d'Ysabeau annonçant la mort de M. Saige. — Les éloges de la commission militaire. — Ce que dit Baudot à la tribune. — Hypocrite et machiavélique mansuétude des représentants et de Lacombe. — Remise des armes. — Amendes. — Mort de Berthoneau. — Nouvelle municipalité. — Elle se vote des indemnités. — Lacombe et la guillotine à Libourne. — Lettre d'Ysabeau et Tallien à la Convention, etc.

Le gouvernement révolutionnaire était déjà organisé et fonctionnait au gré de nos tyranniques réformateurs ; mais pour que tous pussent penser et agir de concert, et avec entente, les représentants réorganisèrent, le 6 novembre, les différents corps constitués du département de la Gironde, dont ils changèrent le nom en celui de *Bec-d'Ambès*, en haine des Girondins.

On ne créa point de tribunal civil : les juges-de-paix furent chargés de juger, en dernier ressort, les procès que les tout-puissants représentants leur renvoyaient par des arrêtés spéciaux pris au besoin. Le calendrier grégorien étant aboli, en vertu des décrets des 6 et 25 octobre, on lui substitua alors, pour être employée de rigueur dans tous les actes publics, l'ère républicaine, qui a subsisté jusqu'au 10 nivôse an XIV inclusivement : le lendemain de ce jour reprit le nom du 1er janvier 1806. Mais, à proprement parler, le calendrier républicain datait du samedi 22 septembre 1792. Chaque mois se composait de trente jours, partagés en trois *decadi* ou dizaines de jours, qu'on substitua à ce que nous appelons la *semaine*, ou espace de sept jours. Ces jours s'appelaient

Livre IV.
—
1793

NOTE 18.

primidi, duodi, tridi, quartidi, quintidi, sextidi, septidi, octidi, nonidi, decadi. Pour éviter toute irrégularité, et pour arriver au nombre de 365 et quelques minutes de l'année ordinaire, on ajoutait à la fin de chaque année cinq ou six *jours complémentaires.* Les noms des mois étaient tous nouveaux, des composés barbares, tirés du latin, du grec et du français, et adoucis pour nos oreilles par des terminaisons euphoniques. Ainsi, *vendémiaire*, qui commença le 22 septembre 1792, signifiait la saison des vendanges *(vindemiæ); brumaire* (22 octobre), la saison des brouillards *(brumæ); frimaire* commençait le 21 novembre, signifiait le temps des *frimats; nivôse* commençait le 21 décembre 1792, c'était le temps des neiges *(nix); pluviôse* (20 janvier 1793), le mois des pluies *(pluvia); ventôse* commençait le 19 février 1793, c'était le temps des vents *(ventus); germinal* (21 mars), le temps de la végétation *(germen); floréal* (20 avril), la saison des fleurs *(flores); prairial* (20 mai), le temps de s'occuper des *prairies; messidor* (le 19 juin), le temps des moissons *(messis); thermidor* (19 juillet 1793), le temps des *chaleurs,* du grec *(thermos); fructidor,* commençant le 18 août, était la saison des fruits *(fructus).*

Tout était donc changé autour de nous : les noms des places, des mois, des jours, des communes, du département, de presque toutes les rues. Les hommes, les choses, les institutions, les mœurs et les usages, le langage même, n'étaient plus ce qu'ils avaient été; c'était un nouveau monde, et, comme disaient les Romains, des *hommes nouveaux!* Le nom de Bordeaux subsistait cependant encore ; il paraissait trop aristocratique: il s'agissait un instant de lui donner, par un nouveau baptême républicain, le nom plébéien et démocratique de *commune Franklin,* en reconnaissance des services rendus à la république par le *club Franklin,* de Bordeaux, services que l'histoire a eu le tort de nous laisser ignorer !

Mais l'acquisition la plus importante que firent Tallien et

consorts, c'était, sans contredit, le maire Bertrand et Lacombe. Le maire était horloger de son métier, escroc reconnu, homme vil, méprisable. Dès le lendemain de sa nomination, cet ambitieux hypocrite, qui proscrivait le luxe, prêchait l'égalité et l'horreur des distinctions, s'empara de la voiture et même du cocher du citoyen Saige, son prédécesseur. Il s'établit à la Maison-Commune ; et jetant son costume de sans-culotte, ce prétendu Spartiate afficha le luxe des cours, la morgue d'un seigneur du XVe siècle et l'insolence d'un parvenu ! Les trésors des églises et des familles riches et aisées, tous les fruits des brigandages des sans-culottes, étaient portés chez le citoyen maire. Comme horloger, ses connaissances étaient utiles ; Tallien en faisait grand cas ; et grâces à leur liaison et à leur connivence, on n'a jamais su ce que sont devenus les vases sacrés et l'énorme quantité d'argenterie enlevée dans nos temples chrétiens de Bordeaux et du département. Un mystère impénétrable enveloppe cette partie de la carrière officielle de ces honnêtes républicains !

Ce misérable, décoré de l'écharpe municipale du maire de Bordeaux, avait les plus abominables antécédents : né à Avignon, il fut traduit pour ses forfaits dans les prisons du tribunal criminel ; mais remis en liberté, il se mit à parcourir la France en qualité de marchand d'orviétan, opérateur, alchimiste, horloger, se faisant passer pour un naufragé, se plaignant d'avoir été volé plusieurs fois, et faisant partout des dupes de ses artifices. A Bordeaux, il était logé sur le chemin du Sablonat : ardent démagogue, il dominait dans les sections, se faisait admirer des pauvres en criant contre les richesses et le luxe, et à force de déclamations furibondes, devint un personnage marquant parmi le peuple. Les représentants se félicitent d'avoir trouvé un instrument convenable pour leurs projets; il fut nommé chef de la municipalité, et maintenu comme tel dans l'administration du 6 novembre 1793. Par la nature de sa place, il était le maître de disposer à son gré,

Livre IV.
Chap. 7.

1793

Prudhomme,
tome 5.

et presque sans contrôle, des deniers et des objets nationaux les plus précieux, comme des choses à lui appartenantes ; il gardait si peu de pudeur dans ses spoliations, qu'il ne prenait pas la moindre peine de cacher sa conduite ignominieuse, ni de donner un air de légalité aux moyens qu'il employait. Il faisait enlever et porter chez lui, sans témoin, sans procès-verbal, sans inventaire, les vases sacrés des églises, l'argent des maisons nobles, les épargnes des classes moyennes, les objets les plus précieux des citoyens condamnés, et faisait couler la nuit, en lingots, l'argenterie aussi honteusement volée. Sensuel et glorieux, rien n'égalait la somptuosité de sa table ; il s'était approprié l'équipage de M. Saige, et son luxe était une insulte à la misère générale. Arrêté après la chute de Robespierre, il fut jugé et condamné à douze ans de fers ! Il fit appel ; mais arrêté encore, il fut condamné, dans le département des Landes, à vingt années de fers !

Voilà l'un des coryphées des Jacobins de Bordeaux, le docile et odieux agent de nos tyranniques proconsuls ! Nous parlerons de Lacombe plus bas, de ce misérable qui faisait un objet de spéculation du droit de vie et de mort qu'il avait sur les détenus, au moyen d'une somme plus ou moins forte, mais dont le taux montait souvent à 400,000, 500,000 et même à un million de francs ! Plusieurs citoyens ont évité une mort certaine, dont la cause fut leur fortune !

Dans les jugements, Lacombe et ses vils assesseurs appliquaient un quart de la somme à la construction d'un hospice, à des établissements d'*utilité publique,* et le reste pour les sans-culottes de Bordeaux, ou pour les besoins de la république ! Dieu sait quels sont les établissements d'utilité publique et les hospices qu'ils ont érigés, et quels sont les sans-culottes qui ont participé à ces sommes, prix du sang des citoyens de Bordeaux !

Les hommes dont Tallien et *consorts* firent choix pour abattre les têtes des Bordelais et confisquer leurs fortunes, étaient, sans contredit, le plus grand fléau dont le ciel pût permettre à l'enfer de châtier le pays; ils s'acquittèrent tous, avec une horrible fidélité, de leur mission infernale. Mais pour connaître un peu mieux toute l'étendue des malheurs de Bordeaux, et combien les monstres qui l'opprimaient se faisaient un jeu de ses désastres, suivons un peu la correspondance de nos représentants.

Le 24 juillet 1793, on écrivit de Bordeaux qu'il fallait condamner à la peine de mort tous les aristocrates. Le 9 octobre, Tallien se plaignit dans une lettre que les lois révolutionnaires n'étaient pas exécutées avec assez de rapidité; il lui fallait Lacombe et la guillotine! Nous nous occupons, écrit Ysabeau, le 24 pluviôse (12 février 1794), à anéantir le girondinisme; encore quelques jours, et nous aurons démasqué les hypocrites, saisi les traîtres et détrôné les fédéralistes! Le 24 octobre, Tallien et Ysabeau apprennent à leurs correspondants que la punition des coupables commence, et ne finira que lorsque les chefs de la conspiration auront subi la peine de mort; mais citons leur langage :

« Citoyens, nos collègues, notre présence à Bordeaux com-
» mence à y produire les heureux effets que la république
» avait droit d'en attendre. La punition des coupables a com-
» mencé, et ne finira que lorsque les chefs de la conspiration
» auront subi la peine due au plus grand des crimes. Le traître
» Lavau-Gayon, premier auteur de la contre-révolution à
» Toulon, a été guillotiné hier, aux acclamations d'un peuple
» immense, qui a applaudi à cet acte de justice nationale.
» Hier, nous avons fait arrêter Biroteau et Girey-Dupré : le
» premier ayant été mis hors de la loi par votre décret du
» 12 juillet dernier, sera exécuté aujourd'hui; nous envoyons
» le second au tribunal révolutionnaire de Paris. Cet homme
» a été rédacteur du *Patriote français*, ami et confident in-
» time de Brissot, et qui, après avoir été au Calvados, s'est
» rendu ici sous un faux nom et avec les autres conjurés. Le

Livre IV. Chap. 7.

1795

Moniteur, Séance du 6 brumaire.

» club National, composé de patriotes dignes d'avoir été per-
» sécutés pour la cause du peuple, sera installé ce soir dans la
» salle magnifique du club des Muscadins et des riches, que
» nous avons supprimé. Le désarmement continue avec le plus
» grand succès et nous produira de quoi armer trois nouveaux
» bataillons, qui vont partir pour la frontière de l'Espagne,
» et les sans-culottes, nos frères, qui vont s'incorporer dans
» l'armée révolutionnaire. Quelques Muscadins (jeunes gens
» royalistes) ont mieux aimé briser leurs armes et les jeter à
» la rivière que de les apporter au dépôt. Nous aurons soin de
» corriger ce dépit enfantin. Citoyens, nos collègues, l'esprit
» public se forme à Bordeaux : les méchants sont contenus. Le
» peuple s'instruit, s'éclaire, et bénit chaque jour l'heureuse
» révolution qui l'a arraché à ses tyrans et aux malheurs de
» la guerre civile.
» Salut et fraternité.
» YSABEAU, TALLIEN. »

Sur la fin d'octobre, nos impitoyables représentants envoyèrent à Paris huit citoyens, pour y être jugés : c'étaient Dudon père, ancien procureur-général, Lemoine fils, président du district de Bordeaux, Lemel, membre de l'ancienne municipalité, l'abbé Aulies, de Lormel, imprimeur, Lacombe-Figuereau, Février, et un écrivain courageux, Girey-Dupré. Mais quelques jours plus tard, Baudot demanda qu'on les renvoyât pour être guillotinés à Bordeaux. Robespierre ne céda que pour quelques-uns, et pour ne pas rester étranger aux malheurs de Bordeaux, fit périr les autres à Paris.

Le 12 brumaire (2 novembre 1793), Ysabeau informe ses amis de Paris du sort du malheureux maire de Bordeaux, M. Saige, homme riche de 10 millions. Le lendemain, il écrit que plusieurs traîtres avaient payé de leurs têtes leurs infâmes complots; que la Commission militaire, présidée par Lacombe, agit dans les meilleurs principes, et qu'il est nécessaire que le sabre soit levé, ne fût-ce que pour imprimer une terreur salutaire. Il était, ainsi que Tallien, si content du zèle de Lacombe et de la prodigieuse activité de la guillotine, qu'ils écrivirent le 29 brumaire an II (19 novembre 1793), qu'ils ne pouvaient qu'applaudir à la marche expéditive du tribunal, dont les fonctions ont fait rentrer les aristocrates dans le néant !

Mais écoutons Baudot à la tribune de la Convention, dans la séance du 13 brumaire an II (3 novembre); c'est encore une bien curieuse révélation :

« Tous les châteaux situés dans le département autrefois
» dit de la Gironde, maintenant appelé *Bec-d'Ambès*, ont été
» rasés. La Convention doit, enfin, ordonner l'exécution du
» décret qui porte que tous les châteaux soient détruits dans
» toute l'étendue de la république, afin que les sans-culottes
» se servent des matériaux pour se bâtir des maisons....... Il
» y a maintenant à Bordeaux une commission militaire qui
» juge les délits contre la nation. Tout s'y fait militairement,
» et le gouvernement n'y va qu'à coups de sabre et de guil-
» lotine; c'est la dernière ressource qu'on a trouvée contre les
» aristocrates encroûtés de ce pays-là; il a bien fallu la faire
» valoir. Ils tremblent maintenant, ils fuient, ils se cachent :
» tous leurs efforts seront vains, tous éprouveront le sort ré-
» servé aux traîtres, tous paieront au peuple les maux qu'ils
» lui ont faits. Nous avons manqué prendre les restes de cette
» faction criminelle, et, dès lors, les maux de notre patrie
» eussent été terminés.

» Ils nous ont échappé à Saint-Émilion d'une demi-heure
» seulement ! Ils étaient en grande compagnie; ils s'arrêtèrent
» avec Guadet, qui vous disait qu'il mangeait le pain des
» pauvres dans une petite métairie à lui appartenante. Son
» père, que nous avons fait arrêter, nous a raconté avec
» combien de peines il se faisait payer une rente modique
» que son fils lui avait assurée sur une terre qu'il lui avait

» abandonnée. Guadet venait d'acheter et de payer 500,000
» livres en emplacements.....

» Voulez-vous savoir ce qu'on dira à Bordeaux lorsqu'on
» apportera la nouvelle de la mort des fédéralistes? On dira :
» *Vive la Montagne! vivent les Jacobins! vive la république!*
» Elle est sauvée si on continue sur le pied où nous avons
» mis les choses dans le Midi. Tallien et Ysabeau ont trop
» bien commencé pour rétrograder; maintenant continuez-leur
» votre confiance. »

Dans cette infâme allocution, Baudot faisait allusion aux cinq Girondins dont les têtes venaient de tomber à Paris, le 31 octobre : c'étaient Vergniaud, Gensonné, Fonfrède, Ducos (1) et Lacaze. Guadet errait alors, en compagnie de quelques compagnons proscrits, de cachette en cachette, de caverne en caverne, et finit comme les autres sur l'échafaud, à Bordeaux, le 17 juillet 1794.

La terreur marchait tête levée partout, et on ne voyait à Bordeaux que des scènes de deuil, des larmes et un désespoir général. Les représentants craignirent un instant l'éclat de leurs horreurs : on aurait dit qu'ils en avaient honte; il n'en était rien. Ils comprirent cependant la nécessité de colorer leurs forfaits sous le beau nom d'actes de justice ; c'était le

---

(1) Copie d'une lettre écrite par Mme Lavaud-Ducos au citoyen maire de Bordeaux et aux officiers municipaux.

« CITOYENS,

» Je viens d'être instruite que le citoyen Saugeras, auquel j'avais remis un paquet
» de lettres adressé à mes infortunées filles, les citoyennes Fonfrède et Ducos, avait
» été arrêté à Lormont et traduit ici.

» Je réclame, Citoyens, ce jeune homme ainsi que les lettres, qui ne contiennent
» rien de suspect. Ne contribuez pas, Citoyens, à prolonger le désespoir de deux
» mères de famille, de deux épouses qui sont privées des nouvelles de leurs malheu-
» reux époux.

» Je vous salue fraternellement.

» LAVAUD-DUCOS.

» Bordeaux, 15 octobre 1793, l'an IIe de la république. »

dernier raffinement de leur cruauté anti-sociale. Dans tous les temps, dans tous les pays, les plus odieux tyrans ont revêtu leurs mesures injustes et barbares d'un faux semblant d'équité et d'humanité. La méchanceté ne se méconnaît pas, mais elle se voile; et sous le masque de la bonté, elle cherche à faire son chemin, en en imposant aux hommes. Nos représentants furent fidèles à ce principe machiavélique; ils firent paraître, le 17 brumaire an II (7 novembre 1793), un arrêté auquel on croyait pouvoir applaudir, mais qu'ils démentirent dans leur conduite. La terreur ne faisait que grandir et se développer.

Lacombe, le sanguinaire Lacombe, comprit bien la pensée de ses maîtres; il écrivit le même jour aux diverses sections la lettre suivante :

« La Commission militaire, désirant absoudre les innocents
» qui pourraient gémir dans les fers et punir les coupables,
» a pour cela besoin des procès-verbaux faits par le Comité
» de surveillance, relatifs aux individus contre lesquels ils ont
» lancé des mandats d'arrêt; elle invite les sections à lui en-
» voyer sur-le-champ ces procès-verbaux et tous les renseigne-
» ments qui peuvent éclairer sa justice. Chaque sans-culotte
» est aussi invité particulièrement à écrire et signer tout ce
» qu'il sait relativement aux détenus qu'il connaît.

» LACOMBE, *président.* »

Toutes ces mesures n'étaient imaginées par les proconsuls que pour régulariser l'injustice et faire taire les récriminations. On croyait en imposer à la postérité; mais on savait même alors, malgré leur mansuétude affectée, à quoi s'en tenir sur leur langage et leurs actions. Les tigres prétendaient s'adoucir; mais le sang bordelais n'en coulait pas moins · les prisons regorgeaient de victimes, les familles étaient obligées de porter à la Mairie des uniformes, des chemises et des souliers pour les braves sans-culottes. Plus de vingt mille fusils, près de huit mille pistolets, et environ dix mille armes de différentes formes furent remis aux Jacobins, pour abattre les aristocrates et dompter les Muscadins. La guillotine s'aiguisait tous les jours sur les cous des citoyens; des amendes énormes furent frappées sur les riches, et les frères Raba, négociants, furent condamnés à payer 500,000 liv., pour avoir prêté de l'argent à la Commission populaire !

Les sections, les plus misérables dénonciateurs, envoyaient des citoyens vertueux devant Lacombe : celui-ci signait leur passeport pour la place Dauphine, où la guillotine donnait tous les jours de la besogne au bourreau et au fossoyeur ! Quelquefois, il est vrai, le désespoir arrachait à ces horribles agents de la mort quelques victimes. Le malheureux Berthoneau, qui avait fait partie de la Commission populaire, s'était retiré, après le décret du 6 août, dans la paroisse de Saint-Aubin, en Médoc, où il avait une propriété. Le général Brune, qui commandait l'armée révolutionnaire, ayant appris la retraite de Berthoneau, détacha l'un de ses capitaines, avec un corps de cavalerie, pour se saisir de sa personne. Cerné par les troupes, et armé de deux pistolets, Berthoneau fit feu sur ses ennemis, qui enfonçaient sa porte, et se frappa ensuite mortellement en pleine poitrine. Lacombe, cette fois, n'eut qu'un cadavre; mais pour constater son identité, il le fit transporter à la Commune, où, ayant été parfaitement reconnu, la Commission militaire ne pouvant pas lui ravir la vie, ordonna la saisie de ses biens.

Les affaires allaient au gré de nos proconsuls; mais ils ne trouvaient pas que la municipalité provisoire, même avec sa bonne volonté, fût à la hauteur des innovations. Ils en nommèrent une nouvelle, où figuraient les plus ardents démagogues du club National.

D'après l'art. 4 de l'arrêté organique, que nous donnons dans la note ci-dessus, chaque membre de la nouvelle municipalité devait toucher une indemnité. On croira, peut-être,

qu'on a fait violence à leur modestie de sans-culottes et à leur patriotique désintéressement? Qu'on se rassure : nos braves sans-culottes étaient ennemis des riches seulement; mais ils n'avaient pas le même éloignement pour les richesses. Nos Montagnards bordelais n'ignoraient pas la maxime de l'un de leurs chefs de file, le trop célèbre Javoques, qui disait à un de ses misérables séides : « Mon ami, il faut que les sans-
» culottes profitent du moment pour faire leurs affaires. Ainsi
» fais guillotiner tous les riches, et tu le deviendras. » Nos Jacobins bordelais savaient faire l'un et l'autre. Nous allons voir, par quelques extraits de la curieuse délibération que la municipalité prit à ce sujet le 23 brumaire an II (13 novembre 1793), qu'elle savait bien faire ses affaires; que la charité bien ordonnée commençait par soi et finissait aussi alors; que les riches ne pouvaient pas faire de bons municipaux, et qu'un traitement assez rond ne nuisait en rien aux qualités et à la capacité des sans-culottes administrateurs. Parmi les ingénieux considérants de cette fameuse délibération, nous ne citons que les suivants; c'est un échantillon du savoir-faire de nos Jacobins en écharpe :

« Considérant que pour établir la police et l'ordre néces-
» saire dans la ville de Bordeaux, il fallait que les immenses
» travaux ne fussent confiés qu'à des magistrats investis de
» la confiance du peuple et capables de remplir des fonctions
» aussi importantes que pénibles;

» Considérant que des hommes riches, qui en auraient été
» investis, toujours avides de la fortune, s'occuperaient plutôt
» à l'accroître qu'à faire jouir leurs concitoyens de la bonne
» administration que nécessite la république naissante;

» Considérant que des magistrats sans-culottes doivent se
» sacrifier entièrement pour le bonheur de leurs concitoyens,
» faire promulguer et exécuter les lois rendues dans l'intérêt
» général, oublier toute espèce de bénéfice, pour se réduire à
» l'honnête subsistance d'eux et de leurs familles;

» Considérant que pour donner à la commune une bonne
» police, lui faire restituer les sommes prodiguées ou em-
» ployées à des usages criminels, les faire rentrer dans la
» partie de son patrimoine, illégalement ou frauduleusement
» acquise, toutes ces opérations, jointes à une administration
» qui ne peut souffrir aucun retardement, composent des tra-
» vaux immenses, desquels il ne sera pas permis aux magis-
» trats de se détourner un instant;

» Considérant que si toute la fortune des nouveaux magis-
» trats consiste dans leur travail et leur industrie, il est juste
» qu'ils reçoivent des indemnités proportionnées;

» Considérant que le nouveau Conseil de la commune de
» Bordeaux doit faire oublier le vice de ceux qui l'on pré-
» cédé, en donnant l'exemple de toutes les vertus républi-
» caines, en dispensant la plus exacte justice, en faisant jouir
» ses concitoyens de la salubrité de l'air, qu'ils ont jusqu'ici
» vainement réclamée, en les faisant participer aux bienfaits
» des lois nationales, et en leur faisant connaître le résultat
» de toutes ces opérations, que l'intérêt général aura nécessi-
» tées. — D'après toutes ces considérations, le Conseil général
» arrête :

» 1° Qu'il sera alloué au maire, à titre d'indemnité, une
» somme de 12,000 liv. annuellement, et son logement dans
» la Maison-Commune, composé de six pièces meublées;

» 2° Au procureur de la commune et à son substitut, aussi
» à titre d'indemnité, une somme de 4,000 liv. à chacun;

» 3° A chaque officier municipal, la somme de 3,000 liv.;

» 4° Celle de 2,400 liv. à chaque notable;

» 5° Qu'il sera aussi accordé, à titre d'indemnité, au *pro-*
» *rata* de la somme de 3,000 liv. à chacun des membres qui
» composaient la municipalité provisoire, à dater du 18 sep-
» tembre dernier, qu'ils furent mis en place, jusqu'au jour
» qu'ils auront cessé leurs fonctions. »

(Suivent les signatures).

Voilà ce que c'est que le *savoir-faire* et le profond désintéressement de nos républicains de Bordeaux ! Nous verrons plus tard que la plupart de ceux qui prirent part à cette singulière délibération ont été poursuivis comme voleurs, concussionnaires et dilapidateurs !!!

Pendant ces scènes burlesques de la municipalité de Bordeaux, d'autres scènes d'une nature tragique eurent lieu à Libourne. Le sang y coulait à grands flots ; cela ne doit pas nous étonner : il y avait des maisons riches, des hommes opulents ; c'étaient décidément des aristocrates, des fédéralistes ; il fallait les mettre en jugement. Lacombe et *consorts* s'y rendirent le 3 novembre ; et pendant les onze jours qu'il y resta avec la guillotine, il y rendit soixante jugements, dont cinq portaient la peine de mort (1). Lacombe y fit destituer le Conseil municipal et en organisa un autre, exclusivement composé d'ouvriers sans-culottes. Pour fêter cet infâme président du tribunal de sang de Bordeaux, on lui donnait tous les soirs des soupers somptueux, où les vases sacrés enlevés aux églises étaient horriblement profanés.

Pour échapper à ce monstre, tout le monde se faisait Jacobin ; mais la meilleure preuve qu'on pût donner de son civisme, c'était de porter sur l'Autel de la Patrie ses bijoux, des bas, des habits, des souliers, des chemises, etc., pour les volontaires sans-culottes qui allaient s'incorporer au 12ᵉ bataillon de la Gironde, en garnison dans la ville ; quiconque avait plusieurs chemises était tenu d'en donner au moins une !

Quelques jours plus tard, vers le 20 novembre, Ysabeau et Tallien rendent compte à la Convention de leurs opérations à Libourne, et déclarent, avec une satisfaction bien sentie, « qu'ils avaient fait tomber à Bordeaux les têtes des conspi-
» rateurs et fait rentrer les aristocrates dans le néant.......

---

(1) Hardouin-Tranchère, Paul-Romain Caperon, Roujeol, Jⁿ-Adrien Brudieu, Beaugirard, maire de Virac ; Martial Binet, furent exécutés sur la place de Libourne.

» Telle a été et telle sera toujours la conduite de la commis-
» sion tant calomniée. Tandis que les ennemis de la républi-
» que nous peignent ici comme hommes de sang, peut-être
» se plaint-on à Paris de notre modération ; mais fidèles à
» nos devoirs, nous nous attachons à faire tomber les têtes
» des meneurs, à saigner fortement les bourses des riches
» égoïstes, et à faire jouir des bienfaits de l'indulgence natio-
» nale les sans-culottes bordelais, trompés par des scélérats.
» Nous ne sommes pas ici aussi avancés en philosophie qu'à
» Paris ; nous espérons cependant célébrer aussi la fête de la
» Raison. Déjà on nous a apporté l'argenterie des églises. »

NOTES ET PIÈCES JUSTIFICATIVES.

NOTE I (page 4).

NOMS DES QUATRE-VINGT-DIX ÉLECTEURS DES COMMUNES DE LA SÉNÉCHAUSSÉE DE BORDEAUX, EN 1789.

Alphonze père, André, Batanchon, Bazanac père, Béchade père, Bergeret, Bernadau-Lamarche, Bolle, Borel, Boudin, Bourdier, Broca, Brochon père, Campaignac, Carle père, Cazejus, Chaigneau-Joffret, Chaudru, Chicard, Chicou-Bourbon, Comet, Coustaut, Crozilhac, Dambielle père, Descats père, Desèze, d'Armagnac, Détan aîné, Dubreuil, Dufour, Duranteau père, Duthil, Fabre, Fadeville, Fauché aîné, Faurie père, Feuilherade, Fléché, Fourcade, Fournier, Fourraignan, Gachet-Delisle, Ganucheau, Gassies, Gaube, Gauvry père, Gerbier, Gibaudau, Gibert, Gradis, Journu, Laclaverie, Laclotte père, Lafargue, Lafargue aîné, Lafon, Lagarde, Lapeyre, Laporte, Larré, Latuillerie, Latus, Légé, Lemesle, Lévèque, Leydet, Manville, Marion, Mercier, Monnerie, Moulina, Nairac, Plantevignes père, Rabeau, Rabaud, Ravesies fils aîné, Reveillet, Roget, Roullet, Roussillon, Royer, Sabrier, Sandré, Séjourné aîné, Séjourné jeune, Sers père, Soulignac père, Tarteyron (J.), Trapé, Villotte.

NOTE II (page 47).

NOMS DE CEUX QUI COMPOSAIENT LA NOUVELLE MUNICIPALITÉ, EN 1790 (mois d'avril).

Maire.

Le comte de Fumel, lieutenant-général des armées du roi.

Officiers municipaux.

Ferrière Colk, négociant; Pierre Sers, négociant; Lagarde, marchand; Séjourné aîné, notaire; Louvrié, négociant; Bazanac, tonnelier; Isaac Tarteyron, négociant, André Crozilhac, négociant; Duverger aîné, négociant; Alphonze, apothicaire; Chicou-Bourbon fils, négociant; Despujols, architecte; Duranteau père, avocat; Détan aîné, charpentier; Martignac, avocat; Desmirail, avocat; Gramont de Castera, négociant; Vigneron, trésorier de France; Arnoux jeune, négociant; Courau aîné, forgeron.

Procureur de la commune.

Barennes, avocat.

Substitut du procureur de la commune.

Duranthon, avocat.

Notables.

Jaubert, avocat; Dambielle, pâtissier; Roussillon, bourgeois; Gaube, négociant; Jean David, marchand; Monnerie, avocat; Lafargue, commissionnaire de grains; Lemesle, négociant; Pélissier fils, négociant; Ristau, négociant; Roulet, avocat; Antoine Dubergier, négociant; Baron, notaire; Saint-Guirons, avocat; Gibert, bourgeois; Laclotte aîné, architecte; Coustant, procureur; Brunaud, négociant; Albespy, avocat; Descats, charpentier; Lavaud, graveur; Ch. Brunaud, négociant; Carrié, négociant; Courréjolles, négociant; Candeau, négociant; François Seignouret, négociant; Bauchereau, notaire; Monnerie, procureur; Rauzan, notaire; Gensonné, avocat; Latus, constructeur; Cramon, armurier; Leris, négociant; Chaigneau-Joffret, serrurier; Jacques Delorthe, négociant; Jean Mercier, négociant; Roborel de Climens, avocat; Hazera, notaire; Buhan, avocat; Dalesme, écuyer; Fabre, raffineur; Jean-Daniel François, négociant.

NOTE III (page 65).

ÉTAT DU CLERGÉ DE BORDEAUX, EN 1789.

Mgr l'Archevêque, huit abbés, cinq dignitaires; savoir : l'archidiacre de Médoc, l'archidiacre de Cernès, le grand-chantre, le trésorier, le sous-doyen et le sacriste; neuf chapitres, sans compter les prébendiers; quinze curés en ville, trois cent neuf curés de campagne; dix-huit prieurs, cinquante-huit chapelains, onze prêtres habitués; seize communautés d'hommes, treize de femmes.

Nous donnerons les détails dans une note de notre *Histoire de l'Église de Bordeaux*.

NOTE IV (page 93).

MUNICIPALITÉ DE LA VILLE DE BORDEAUX, EN DÉCEMBRE 1790.

Fumel, lieutenant-général des armées, maire.

Officiers municipaux.

Sers, négociant; Louvrié, négociant; Bajanac père, marchand; Crozillac, négociant; Duvergier, négociant; Alphonze, pharmacien; Despujols, architecte; Gramont, négociant; Vigneron, homme de loi; Arnoux, négociant; Jaubert, homme de loi; Séjourné, notaire; Dambielle; Courau l'aîné; Lagarde, marchand; Détan, charpentier; Lafargue, négociant; Gaube, négociant; Descats, charpentier; Chaigneau-Joffret, serrurier; Gensonné, procureur de la commune; Vielle, substitut; Basseterre, secrétaire-greffier; Verdier, trésorier.

Notables.

Pélissier, négociant; Risbeau, négociant; Laclotte aîné, architecte; Coustant, procureur; Albespy, homme de loi; Lavaud, graveur; Carrié, négociant; Courréjolles, négociant; Candau, négociant; Seignouret, négociant; Bauchereau, notaire; Rauzan, notaire; Latus, constructeur; Delorthe, négociant; Mercier, négociant;

Hazera, notaire, Dalesme; Fabre, négociant; François, négociant; Lemesle, négociant; Cramon, armurier; Monnerie, procureur; Brunaud (Charles), négociant; Leris aîné, négociant; Brunaud aîné, négociant; Gibert; Grangeneuve, homme de loi; Camescasse, négociant; Coudol aîné, courtier; Moulina, marchand; d'Armagnac; Duranteau, homme de loi; Gautier aîné, négociant; Plassan, homme de loi; Burguet, charpentier; Gaye-Martignac, homme de loi; Vallet, horloger; Lassabathie, négociant; Ampoulange, fondeur; Chicou-Bourbon, négociant; Lachapelle, marchand.

NOTE V (page 130).

SUR LA NOUVELLE DÉMARCATION PAROISSIALE DE BORDEAUX, EN 1791.

Par la loi du 6 mars 1791, il fut établi dix paroisses à Bordeaux : 1° celles de Saint-André; 2° de Sainte-Eulalie; 3° de Sainte-Croix; 4° de Saint-Michel; 5° de Saint-Paul; 6° de Saint-Pierre; 7° de Saint-Dominique; 8° de Saint-Seurin; 9° de Saint-Louis, ci-devant église des Carmes; 10° de Saint-Martial.

Nous donnerons les limites ou les circonscriptions de ces paroisses dans notre *Histoire de l'Église de Bordeaux*.

NOTE VI (page 152).

Nous donnerons dans notre *Histoire de l'Église de Bordeaux*, la liste des ecclésiastiques constitutionnels qui furent nommés, par l'assemblée électorale, aux cures vacantes du district de Bordeaux, et proclamés par Vergniaud, en l'église métropolitaine, le jour de la consécration de Pacareau, évêque métropolitain du Sud-Ouest (3 avril 1791).

NOTE VII (page 156).

TEXTE ORIGINAL DE LA LETTRE DE COMMUNION, ÉCRITE PAR PACAREAU, ÉVÊQUE CONSTITUTIONNEL DE BORDEAUX, AU SOUVERAIN PONTIFE, LE 12 AVRIL 1791.

« AD SUMMUM PONTIFICEM,

» *Epistola Domini Episcopi metropolitani Girundæ, juxta articulum XIX, tituli II,*
» *constitutionis civilis cleri Galliæ.*

» BEATISSIME PATER,

» Ubi primum ad sedem episcopalem et metropolitanam Girundæ, judicio Dei,
» populique suffragiis evectus fui, nihil mihi majori curæ fuit quam, ut accurrerem,
» in signum communionis, ad sedem apostolicam, tanquam arcem unitatis, ubi viget
» Petri fides, semperque vigebit.

» Ne despicias, velim, neque dimittas inanem eum qui a teneris aunis, centro
» veritatis addictus, prædecessores tuos, teque principis apostolorum successorem,
» clavumque regiminis ecclesiæ his difficillimis temporibus feliciter tenentem semper
» coluit, et ad extremum usque vitæ exitum venerabitur. Hæc mea sunt vota, hæc
» mea mens est.

» Quidquid obgarriant iniqua loquentes, nihil actum est in comitiis generalibus

PIÈCES JUSTIFICATIVES.

» nostris, nihil sancitum quo fides divinaque præcepta inficiantur. Unam fidem,
» unum baptisma, unumque Christium, pontificem æternum, ecclesiæ invisibile, teque
» visibile caput, ejusque primum vicarium primumque inter alios quos spiritus
» sanctus posuit episcopos regere ecclesiam Dei, agnovimus.

» Hæc immota apud nos permanent; de ecclesiasticà verà politià aliud est. Va-
» rietati enim pro circumstantiis locorum temporumve subjacet; eaque, salvis pie-
» tatis fideique juribus in melius mutari potest.

» Hoc præsagiebat Psalter regius de ecclesià Christi, cum decantaret sponsam
» Salomonis astantem reginam a dextris sponsi, in vestitu deaurato varietate cir-
» cumdatam; hoc Corinthiis insinuabat apostolus promittens se, cum venerit apud
» ipsos, cætera dispositurum fore.

» Non te latet, Beatissime Pater, miserabilis hodierna ecclesiæ conditio. Quoties,
» heu! fletus tuos cum gemitibus columbæ miscens (nemo est qui nesciat), depre-
» catus fuisti Patrem misericordiarum, ut aurum optimum in splendorem antiquum
» restituat et denuò illuminet super nos vultum suum. Interim hæc largiatur Deus
» pacis et consolationis et confirmet quod tam mirabiliter operata est in medio nostri
» dextera ejus, tuam benedictionem mihi impertiri digneris, exorat servorum tuorum
» minimus servus.

» † Petrus, Episcop. metropol. Girundæ.

» Pridie Idib. April, anno Dom. MDCCXCI. »

NOTE VIII (page 176).

DISPOSITIF DE L'ARRÊTÉ DU DIRECTOIRE DU DÉPARTEMENT DE LA GIRONDE, A L'OCCASION DE LA FUITE DE LOUIS XVI ET DE LA FAMILLE ROYALE.

(Suite de l'arrêté, dont le commencement se trouve page 176).

« C'est au nom de la patrie que nous ordonnons :

» 1º Que tous les fonctionnaires publics se tiendront à leur poste et prêts à rece-
» voir les ordres que nous aurons à leur donner; qu'ils renouvelleront tous leur ser-
» ment de fidélité à la nation, et qu'il sera fait un procès-verbal de ce serment sur
» leurs registres;

» 2º Que tous les officiers, soldats et volontaires des gardes nationales et des
» troupes de ligne du département, renouvelleront leur serment de fidélité à la na-
» tion ;

» 3º Que tous les forts du département seront gardés, conjointement avec les
» troupes de ligne, par les détachements des gardes nationales, qui seront jugés né-
» cessaires pour la sûreté publique ;

» 4º Que les armes qui se trouvent dans les forts seront distribuées aux gardes
» nationales, d'après les états que nous arrêterons ;

» 5º Qu'il sera ouvert des registres d'inscriptions dans tous les districts du dépar-
» tement, pour les gardes nationales, qui pourront, au premier signal, voler au se-
» cours de l'empire dans toutes les parties qui pourraient être attaquées;

» 6º Qu'il sera mis un embargo sur tous les bâtiments au bas de la rivière, avec
» défense expresse de mettre en mer sans de nouveaux ordres:

» 7° Il est défendu à tous citoyens de sortir sans passeport des limites du dépar-
» tement ;
» 8° Nous défendons expressément toute exportation d'armes, de munitions et
» d'espèces d'or et d'argent ;
» 9° Nous ordonnons à tous receveurs de deniers publics, de verser dans la caisse
» du district, qui sera placée dans l'Hôtel du Département, tous les fonds qu'ils ont
» en caisse ou qu'ils pourront recevoir; et ne pourra, le receveur, en disposer que
» sur nos ordres et pour le service de la nation ;
» 10° Toute voie de fait contre toute personne ou toute propriété est expressément
» défendue. C'est au nom de la loi, et dans les formes qu'elle prescrit, que tous ceux
» qui contreviendraient à ce qu'elle ordonne doivent être arrêtés, si le cas l'exige ;
» 11° Qu'il y aura un comité composé de membres du département, du district et
» de la municipalité de Bordeaux, qui sera chargé de veiller nuit et jour sur la chose
» publique.
» Au surplus, attendu que le principal objet qui doit occuper en ce moment tous
» les bons citoyens, c'est le maintien de la tranquillité publique, arrête que la garde
» nationale bordelaise sera invitée, dans la personne de M. le Général, à suspendre
» provisoirement les élections de ses officiers.
» Fait en directoire de département, le 24 juin 1791.
» *Signé :* L. Journu, *président ;* Roullet, Derancy, Pujoulx-
» Laroque, Monbalon, A.-D. Lafon, Mandavy, Cholet,
» *administrateurs ;* Barennes, *procureur-général-syndic ;*
» Buhan, *secrétaire-général.* »

NOTE IX (page 194).

MESURES ORDONNÉES PAR LA MUNICIPALITÉ, CONCERNANT LA PROCLAMATION DE LA CONSTITUTION, LE 25 SEPTEMBRE 1791.

« Le maire et officiers municipaux de la ville de Bordeaux, chargés par la loi de
» l'honorable fonction de proclamer l'acte constitutionnel dans cette ville, qui s'est
» tant distinguée par son patriotisme, etc., etc.,
» Ont arrêté ce qui suit :
» 1° En exécution de la loi du 13 de ce mois, la publication solennelle de la Con-
» stitution se fera le dimanche, 25 du présent mois ;
» 2° A cet effet, le corps municipal, assisté de MM. les Notables, sortira de la
» Maison-Commune, avec le cortége ordinaire et un détachement de la garde natio-
» nale, à huit heures du matin ;
» 3° Le livre de la Constitution sera porté, en tête du corps municipal, par le se-
» crétaire-greffier de la commune ; il sera renfermé dans un étui, recouvert de velours
» bleu, entouré de crépines en soie aux couleurs nationales, sur lequel seront brodés
» en lettres d'or les mots : *Constitution française ;*
» 4° Le Conseil-général s'arrêtera à la place de Mai, où il sera fait une première
» publication de l'acte constitutionnel, laquelle sera suivie d'une salve de onze coups
» de canon ;

» 5° Passant de là sur les Fossés de la ville et dans la rue des Faures, il se rendra sur la place du Marché-Neuf, où se fera, dans la même forme, une seconde publication ;

» 6° Il sortira par la Porte de la Grave, pour aller le long du port, sur la place Royale, où se fera une troisième publication, toujours dans la même forme ;

» 7° Il passera ensuite par la Porte du Chapeau-Rouge, le long des Fossés et les allées de Tourny, pour se rendre au Champ-de-Mars, sur l'Autel de la Patrie, où il se réunira avec les corps administratifs, pour déposer sur l'Autel de la Patrie le livre de la Constitution, et faire une quatrième publication, qui sera suivie d'une salve générale d'artillerie ;

» 8° Après cette dernière publication, le livre de la Constitution sera de nouveau déposé sur l'Autel de la Patrie: un hymne civique sera chanté à grand chœur, et il sera fait une autre salve générale de l'artillerie ;

» 9° Le corps municipal reprendra ensuite le livre de la Constitution et le reportera dans le même ordre à la Maison-Commune, pour y être déposé aux achives ;

» 10° Les corps administratifs, Messieurs du tribunal du district, Messieurs du bureau de paix, MM. les Juges-de-Paix et leurs assesseurs, MM. les Juges de l'amirauté et de la juridiction consulaire, MM. les Électeurs des communes de 1789, dont les travaux ont été si utiles dans les premiers instants de la révolution, et MM. les Électeurs de 1791, la garde nationale de la ville de Bordeaux et celle du département, qui pourrait être alors dans la ville, M. le Commandement des troupes de ligne des départements de la Gironde, des Landes et des Basses-Pyrénées, les officiers, soldats et invalides des troupes de ligne, ceux du génie et de l'artillerie, la gendarmerie nationale, les commissaires généraux et ordinaires de la marine, les capitaines des navires marchands, la garde soldée de la ville, à pied et à cheval (par députation), et généralement tous les corps militaires, tant de terre que de mer, seront invités d'augmenter, par leur présence au Champ-de-Mars, l'éclat et la pompe de la cérémonie ;

» 11° Il est défendu à toutes personnes de faire rouler des voitures dans la ville depuis huit heures du matin jusqu'à onze heures du soir, sauf, néanmoins, les voitures qui ont pour objet l'utilité publique, comme celles des messageries ou des porteurs d'eau. Il n'y aura pareillement dans les rues, pendant le même temps, aucun cheval, autres que ceux de la cavalerie nationale et de la cavalerie soldée ;

» 12° Les armateurs et les capitaines sont invités à faire tirer leurs canons en réponse aux salves d'artillerie ;

» 13° L'après-midi du même jour sera consacré à des fêtes publiques, pour lesquelles il y aura des orchestres dans le Champ de la Fédération, autour de l'Autel de la Patrie ;

» 14° Le soir, l'Autel de la Patrie, la terrasse et les grilles du Champ de la Fédération, seront illuminés ;

» 15° Le corps municipal invite tous les citoyens à illuminer la façade de leurs maisons ;

» 16° Cependant, font inhibitions et défenses à toutes personnes de tirer aucun fusils, fusées ou pétards dans les rues, places ou promenades publiques, dans aucun moment de la journée, et, notamment, le soir ;

» 17º Il sera fait par la garde soldée, tant à pied qu'à cheval, des rondes et des patrouilles dans toute l'étendue de la ville et des faubourgs ;

» 18º La douce bienfaisance ne saurait être sans activité dans cette fêtes mémorable de la liberté conquise. C'est dans cet objet, que pour prévenir autant qu'il est possible tout ce qui pourrait altérer ou gêner les transports de la publique allégresse, il sera réparti une somme de 3,000 liv. entre les bureaux de charité des dix paroisses de la ville, pour être distribuée, dans la même journée, par MM. les Administrateurs de ces bureaux, selon qu'ils le jugeront convenable....

» Fait à Bordeaux, le 22 septembre 1791.

» *Signé* : SAIGE, *maire*. »

NOTE X (page 199).

LA NOUVELLE MUNICIPALITÉ ENTRE EN FONCTION LE 6 DÉCEMBRE. — NOUVEAUX NOTABLES. — NOUVEAUX MEMBRES DU DIRECTOIRE DU DISTRICT.

Saige, maire; Auperic, Boyer-Fonfrède, Camescasse, Chaigneau-Joffret, A. Courau, Dambielle, Descat, Détan, Ermerth, Gauthier aîné, Jaubert, Lafargue, Lafite, Lagarde, Lassabathie, Latus, B. Marchand, Oré, Pélissier, Vallet, officiers municipaux; Vielle, procureur de la commune; Plassan, substitut.

Les notables sont : Alphonze, Azema, L. Balguerie, Baour, Bécheau, Bellot, Bertrand, Bonus, Boué, Boulan, Bouluguet, Brugevin, Brunaud aîné, Ch. Brunaud, Burguet, Chicou-Bourbon, Cramon, Crozilhac, d'Armagnac, Delort, Ducurrou, Duranteau fils, Furtado, Gernon, Gibert, Lachapelle, Lapeyre, Le Merle, Leris, Lefebvre, Lopes-Dubec, Louvrier, Maille, Martulle, Martignac, Monnerie jeune, Montera aîné, Moulina, Nauté, Sabrié, Satyre-Leris.

Le directoire du département était ainsi composé. Desbarrats, président; Chollet, Dérancy, Labrouste, Lardeau, Mandavy, Montbalon, administrateurs; Roullet, procureur-général-syndic.

Le directoire du district se composait de Monnerie aîné, président; Bernada, De Meyer, Dufoure, Ch. Pery, administrateurs; Duranthon, procureur-syndic.

NOTE XI (page 233).

NOMS DES NOUVEAUX DÉPUTÉS A LA CONVENTION, ÉLUS LE 13 SEPTEMBRE 1792. — NOMS DES MEMBRES DU NOUVEAU DIRECTOIRE DU DÉPARTEMENT. — NOMS DES MEMBRES DU NOUVEAU DIRECTOIRE DU DISTRICT. — NOMS DES MEMBRES DU TRIBUNAL CIVIL DU DISTRICT.

Députés ou représentants : Bergoin, chirurgien; Boyer-Fonfrède, négociant; Deleyre, homme de lettres; Ducos, Duplantier, Gensonné, Grangeneuve; Guadet, de Saint-Émilion; Jay, de Sainte-Foy; Garreau, de Sainte-Foy; Joseph Lacaze fils aîné, de Libourne, avocat; Vergniaud, avocat de Bordeaux, nommés le 13 septembre.

Membres du directoire du département : Sers, président; Chéry, Chollet, Dubois, Martin Labrouste, Partarrieu, Rambaud, Tranchère, Wormselle, administrateurs; Roullet, procureur-général-syndic. Ces membres furent nommés le 7 décembre 1792.

Membres du directoire du district : Lemoine fils, président; Bernada, Legris, Percy, Pery, administrateurs; Loustau-Lamothe, procureur-syndic, nommés le 7 décembre.

Membres du tribunal civil du district : De Brezets, président; Feuilhe, Laujac, Perrens, Perin, Saint-Guirons, juges; Jaubert, commissaire du roi.

NOTE XII (page 264).

MUNICIPALITÉ DE LA VILLE DE BORDEAUX (12 JANVIER 1793, L'AN SECOND DE LA RÉPUBLIQUE FRANÇAISE).

Maire.

François-Armand Saige, rue du Chapeau-Rouge, n. 24.

Officiers municipaux.

Jean Oré aîné, négociant, rue Saint-Remi, n. 45; Bernard Marchand, négociant, rue Victoire-Américaine, n. 12; Raymond Lafite, négociant, rue des Menuts, n. 57; Jean Camescasse, négociant, rue du Chapeau-Rouge, n. 6; Jean-Élie Gautier, négociant, place de la Comédie, n. 4; Pierre Baour aîné, négociant, rue du Chapeau-Rouge, n. 32; Jean-Paul Latus, constructeur, à la Font de l'Or, sur le port, n. 148; Jean-Cyprien Lassabathie, négociant, rue des Menuts, n. 51; Jean-Baptiste Lagarde, marchand, rue des Remparts-Porte-Dijeaux, n. 60; Benoît Boulan, vitrier, rue des Trois-Conils, n. 4; Jean-Alexandre Becheau, chirurgien, rue Sainte-Croix, n. 23; Jean-Baptiste Nairac, négociant, rue des Menuts, n. 2; Jean Montau aîné, rue Huguerie, n. 7; Jean Ducuron, marchand épicier, rue des Ayres, n. 44; Daniel Marteilhe, négociant, rue Rousselle, n. 38; Jean Boyer neveu, négociant, devant des Chartrons, n. 77; Abraham Furtado, négociant, rue Baurepaire, n. 8; Pierre Sandré père, courtier, place Nationale, n. 41; Jean-Baptiste Dambielle, rue du Pas-Saint-Georges, n. 15; Jean-Baptiste Lartigue, architecte, rue Berry-Sainte-Eulalie, n. 33.

Procureur de la commune.

Jacques-Jacob Vielle, homme de loi, rue des Palanques, n. 10.

Substitut du procureur de la commune.

André Plassan, homme de loi, rue Poudiot, n. 6.

Secrétaire-greffier.

Jean-Zacharie Basseterre, gradué, rue Française, n. 1.

Trésorier

Gabriel Séjourné, notaire, rue Saint-James, n. 21.

Notables.

Jean-Baptiste Lapeyre, chirurgien, rue Neuve, n. 40; Léonard Gaye-Martignac, homme de loi, rue Castillon, n. 10; André Duranteau, homme de loi, rue Saint-Remi, n. 46; Odon-Satire Leris, marchand cordier, grande rue Saint-Jean, n. 155; Louis

Azema, rue Bouffard, n. 22; Pierre Drignac, négociant, rue du Loup, n. 32; Moïse Sabrier, marchand parfumeur, place Sainte-Colombe, n. 20; Louis Alphonze, apothicaire, rue de la Devise-Saint-Pierre, n. 3; Michel Coudol aîné, courtier, rue Sainte-Catherine, n. 41; Pierre-Jean-Georges Emmerth, négociant, cours du Jardin-Public, n. 8; René Magol, peintre, rue Mautrec, n. 3; Louis Balguerie père, négociant, rue du Puits-Descazaux, n. 21; Pierre Bouluguet père, constructeur, au Pont de la Manufacture, n. 107; Louis Bertrand, négociant, rue Neuve, n. 4; Pierre-Joseph Lamarque, commissionnaire, rue de la Fusterie, n. 18; Léonard Cramon, armurier, rue des Trois-Marie, n. 2; Jean-David Brauer, négociant, rue Saint-Remi, n. 32; François Nauté, marchand, rue des Trois-Conils, n. 80; Jean-Baptiste Delmestre père, courtier, rue du Pont-de-la-Mousque, n. 3 bis; Jean Lafargue aîné, commissionnaire, rue des Portanets, n. 19; Louis Maille aîné, menuisier, rue des Minimes, n. 13; Jean Delas, marchand cordier, grande rue Saint-Jean, n. 136; Patrice-François O'Quin, devant des Chartrons, n. 56; Charles Lemesle, négociant, aux allées de Tourny, n. 20; Jean-Baptiste Dubos, négociant, devant des Chartrons, n. 54; Pierre Balguerie fils, négociant, rue du Puits-Descazaux, n. 21; Blaise Despujols, architecte, rue Fondaudège, n. 37; Jean Ferrière-Colck, négociant, devant des Chartrons, n. 93; Pierre Vallet, horloger, rue Huguerie, n. 27; Pierre Lucadou, négociant, rue Maison-Daurade, n. 2; Laurent Laplace, négociant, rue Saint-Pierre, n. 40; Jacques Bellamy, négociant, rue des Bahutiers, n. 32; Pierre Guérin, chirurgien, place Saint-Projet, n. 3; Jean Phelipt, négociant, rue Rousselle, n. 56; Hugues Vignes neveu, négociant, allées de Tourny, n. 9; Denis Couzard, devant des Chartrons, n. 15; André Gressier, négociant, devant des Chartrons, n. 72; Joseph Brugevin, négociant, rue Poitevine, n. 5; Pierre Château, menuisier, petit chemin de Bègles, n. 1; Antoine-Jacques Guibbaud, négociant, marché de la Liberté, n. 15; Nicolas Von Dhoren père, négociant, cours du Jardin-Public, n. 4; François-Augustin Bellot, négociant, rue du Pont-de-la-Mousque, n. 13.

NOTE XIII (page 274).

NOMS DES VINGT-HUIT SECTIONS QU'ON AVAIT FORMÉES DANS LA VILLE DE BORDEAUX, EN 1793.

Section n° 1, appelée des Sans-Culottes, s'assemblait rue Lombard, 56, aux Chartrons.
Id. n° 2, — de la Paix, plus tard du Bonnet-Rouge, à Saint-Louis, aux Chartrons.
Id. n° 3, — des Nations-Libres, à Saint-Louis, aux Chartrons.
Id. n° 4, — de la Légalité, à Saint-Louis, aux Chartrons.
Id. n° 5, — Simoneau, plus tard de Marat, dans une salle de la Bourse.
Id. n° 6, — des Amis de la Sagesse, plus tard Révolutionnaire, dans une salle de la Bourse.
Id. n° 7, — Brutus, au Palais, dans une salle.
Id. n° 8, — Michel-Montaigne, aux Feuillants (collège ou lycée).
Id. n° 9, — de la Loi, au collège des Lois.

PIÈCES JUSTIFICATIVES

Section n° 10, appelée de la Concorde, plus tard de la Révolution, à Saint-Christoly.
Id. n° 11, — Esprit-des-Lois, à Saint-Dominique, ci-devant Jacobins, au Temple de la Raison.
Id. n° 12. — Guillaume-Tell ou Mirabeau, aux Minimes.
Id. n° 13, — du Champ-de-Mars, à l'École chrétienne, près la Fondaudège, à Saint-Seurin.
Id. n° 14, — Franklin, aux ci-devant Catherinettes, à Saint-Seurin.
Id. n° 15, — des Arts, au Grand-Séminaire, à Saint-Seurin.
Id. n° 16, — Républicaine, au Grand-Séminaire, à Saint-Seurin.
Id. n° 17, — Michel Lepelletier, à Saint-Raphaël, près Sainte-Eulalie.
Id. n° 18, — du 10 Août, au collège de Saint-Côme, rue Lalande.
Id. n° 19, — du Bon-Accord, au collège national.
Id. n° 20, — de la Convention, à Saint-Raphaël, près Sainte-Eulalie.
Id. n° 21, — de la Liberté, à Saint-Nicolas-de-Graves.
Id. n° 22, — Beaurepaire, aux Incurables.
Id. n° 23, — des Hommes-Libres, aux Capucins (Grand-Séminaire).
Id. n° 24, — de la Fraternité, aux Bénédictins.
Id. n° 25, — de la Parfaite-Union, aux Capucins (Grand-Séminaire).
Id. n° 26, — Jean-Jacques Rousseau, aux Bénédictins.
Id. n° 27, — des Amis de Tous, ne flattant personne, dans la Maison dite Cambon, au Pont de Pinette, en Paludate.
Id. n° 28, — séante à la Manufacture, dite de la Montagne.

NOTE XIV (page 275).

« NOTE DES TABLEAUX DE LA CI-DEVANT FAMILLE ROYALE ET AUTRES,

» *Suivant l'état ci-après, et qui se trouvent dans la maison-commune de la Bourse;*
» *ladite note remise par le citoyen Ganuchau, concierge; savoir :*

» Un tableau représentant le ci-devant Louis XIV ; trois représentant Louis XV ;
» deux représentant Louis XVI; un représentant l'épouse de Louis XV; un représen-
» tant l'épouse de Louis XVI; deux représentant Monsieur; deux représentant d'Ar-
» tois; un représentant Adélaïde de France; un représentant le roi de Suède; un
» représentant Baujon; un représentant Baille; deux bustes en marbre, avec leurs
» pieds, représentant Monsieur et le comte d'Artois; deux tableaux en tapisserie des
» Gobelins, représentant des paysages et des amours; plusieurs tableaux repré-
» sentant des juges et consuls de la ci-devant juridiction consulaire.

» Bordeaux, le 18 octobre 1793.

» *Signé :* GANUCHAU jeune. »

Il est probable que ces objets précieux existent encore à Bordeaux, chez des particuliers, qui en ignorent l'origine ou ne savent en apprécier la valeur.

NOTE XV (page 343).

PIÈCES JUSTIFICATIVES.

» ADRESSE DU CONSEIL-GÉNÉRAL DE LA COMMUNE DE BORDEAUX,

» *A tous les départements, districts et municipalités de la république française.*

» FRÈRES ET AMIS,

» Une ville distinguée depuis la révolution par son patriotisme, qui plus d'une fois
» a reçu dans le sein du Corps législatif des témoignages honorables de satisfaction
» pour ses vertus civiques, est devenue tout à coup l'objet des plus graves inculpa-
» tions. On cherche à la rendre suspecte, odieuse même : on veut en un moment lui
» ravir l'estime et l'amitié de ses frères.

» Qu'un citoyen soit en butte à la calomnie, on le conçoit. Ses actions ne sont pas
» toujours assez publiques pour que la méchanceté ne puisse s'exercer avec avantage,
» pour que les soupçons ne soient pas quelquefois légitimes; mais qu'une cité de cent
» vingt mille habitants, qui pendant quatre années a proclamé avec tant d'énergie la
» liberté et l'égalité, soit calomniée; que l'erreur des imputations se propage; que
» le plus absurde mensonge prenne enfin le caractère de la vérité; c'est ce qu'il était
» impossible de prévoir; c'est ce qu'il est même difficile de croire. Bordeaux est ce-
» pendant accusé; il ne doit point garder le silence; il faut qu'il se défende, ou qu'il
» reste chargé des plus cruels reproches. Pouvait-il s'attendre d'être jamais obligé
» de se justifier ?

» C'est devant vous, Frères et Amis, qu'une ville entière va comparaître : c'est
» votre justice qu'elle réclame, et seulement votre justice ; elle la veut sévère, mais
» exacte. Elle n'a rien à redouter de la rigidité républicaine; mais elle a tout à craindre
» des suggestions de la malveillance, et surtout des haines que l'orgueil jaloux peut
» inspirer. Défiez-vous, Citoyens, de ces passions, qui dans tous les siècles furent
» des calamités pour le genre humain; nous paraîtrons, avec le calme et la fermeté
» de la vertu, au tribunal de l'opinion publique, et vous nous rendrez cette confiance,
» qui doit être un lien éternel entre tous les membres de la république.

» Depuis le moment où le Français devint citoyen, et reconquit l'égalité, en dé-
» truisant cette caste altière, dont le mépris pour le peuple fut toujours le caractère
» remarquable, vous avez tous été témoins des efforts qu'elle a faits pour ressaisir
» par l'intrigue ces priviléges conquis par la force. Il n'est presque pas une partie de
» la France qui n'ait vu se former des conjurations pour favoriser ses attentats. La
» ville de Bordeaux, toujours pure et forte de son amour pour la liberté et l'égalité,
» n'a-t-elle pas été regardée comme incorruptible, et le désespoir de toutes leurs en-
» treprises ?

» Lorsque le tyran tournait ses regards vers les lieux qui pouvaient favoriser ses
» projets; lorsque ses agents, par des correspondances secrètes, employaient toutes
» les manœuvres pour s'assurer de divers points dans la France, et y concerter avec
» les ennemis une invasion générale. Dans le Nord, sur les côtes de l'Océan, vers les
» Alpes, on désigna les villes qui renfermaient les hommes infâmes qui participaient
» à ce complot exécrable. Combien il y en eut de dénoncées par la voix publique !
» Entendîtes-vous une fois nommer la ville de Bordeaux? Parmi tant d'accusations
» lancées de toutes parts, y en eut-il une seule dirigée contre elle ? Son patriotisme

PIÈCES JUSTIFICATIVES.

» ne fut-il pas hors d'atteinte? Oser même la soupçonner eût paru une violation de
» toute justice. Ne serait-ce qu'un hasard heureux? Non, non; au milieu d'une sur-
» veillance si active, le hasard ne peut rien. Reconnaissez donc, Citoyens, dans son
» zèle ardent pour la cause nationale, dans sa haine pour la tyrannie et dans son
» amour pour la loi, la cause du triomphe du civisme bordelais.

» Lorsque Paris fut convaincu que le Château des Tuileries tramait une conju-
» ration avec l'Autriche; quand le peuple en masse pénétra dans l'asile du despo-
» tisme, et sembla vouloir faire sortir de la conscience du tyran le secret même de
» ses parjures, de combien de manières les Bordelais applaudirent à l'ardeur civique
» des Parisiens! Tous les attributs du royalisme furent détruits, tous ses emblèmes
» disparurent. Les places retentissaient des expressions de l'indignation publique;
» et dans ce moment, on doit le dire, les Bordelais, par leurs vœux énergiques, eu-
» rent l'initiative de la révolution du 10 août.

» A cette grande époque de la régénération française, dans quelle ville la première
» statue royale a-t-elle été renversée? C'est à Bordeaux. Y attendit-on le décret qui
» ordonnait la destruction de ces monuments de l'esclavage? Non, le tyran fut ren-
» fermé le 14 août, et le 20 du même mois, l'image de son aïeul, qui s'élevait dans
» l'une de nos places publiques, était abattue. Reconnaissez-vous à ces traits les
» fauteurs du royalisme? (1)

» Lorsque le tyran tomba sous le glaive de la loi, la république a-t-elle appris qu'il
» y ait eu dans Bordeaux des rassemblements séditieux? L'aristocratie osa-t-elle
» lever une tête insolente, et comme dans plusieurs villes, parut-elle méditer des
» vengeances? Si des hommes nés pour la servitude ont murmuré, c'est dans l'om-
» bre et dans le secret qu'ils ont exhalé leurs viles douleurs.

» Au mois de mars dernier, une horde de brigands, égarés par l'irréligion des
» prêtres, séduits par l'hypocrisie nobiliaire, porte la terreur dans les départements
» de l'Ouest. Où vient-on chercher les vengeurs de la république? Un représentant du
» peuple *(le citoyen Mazade)* arrive à Bordeaux; il annonce que les habitants de la
» Vendée se sont armés pour Louis XVII et pour les prêtres réfractaires: à sa voix,
» trois mille hommes, fournis par la ville de Bordeaux, sont équipés dans deux jours,
» et malgré le temps le plus affreux, ils arrivent dans cinq jours à La Rochelle, lieu
» du rassemblement. Ils étaient requis pour six semaines, et pendant près de six
» mois, ils ont constamment séjourné dans les départements en insurrection. Ils ont
» livré neuf combats, et ont toujours été vainqueurs. La renommée a parlé de ces
» braves républicains; la Convention a donné des éloges à leur conduite. A leur re-

---

» (1) Dans le sein de la Convention, Saint-Just pouvait facilement s'instruire d'un fait, qui est la plus puissante
» réponse aux imputations du royalisme. Il a été entièrement dénaturé : nous allons le rétablir avec vérité. On re-
» présente une comédie, dont le titre n'a aucun rapport avec la révolution ; deux vers prêtent à des allusions, et
» quelques applaudissements se font entendre. L'indignation exprimée par les bons citoyens fait craindre qu'il ne
» s'élève du trouble. Pour effacer cette sorte de tache, ces citoyens demandent que l'hymne de la liberté soit chanté :
» cette demande éprouve quelque opposition. Deux jeunes gens, plus inconsidérés que dangereux, en sont accusés.
» Le magistrat présent au spectacle fait aussitôt un procès-verbal. Le lendemain, le directeur est mandé, et par un
» jugement unanimement prononcé, il est emprisonné. Le spectacle est fermé pour plusieurs jours. Les deux jeunes
» gens sont renfermés dans la maison de correction. Le mot de roi n'avait été prononcé ; personne n'avait fait
» entendre le cri de VIVE LE ROI, comme l'a dit le rapporteur, qui ajoute que le délit n'avait pas été puni, et nous
» vous affirmons que la loi a été vengée. »

» tour dans nos murs, ces soldats de la liberté ont connu quel prix nous attachons à
» la fraternité, et si l'égalité était constamment l'objet de notre culte. Aux témoignages
» publics de reconnaissance, aux cris de *vive la république!* ils ont jugé sans doute
» que la vivacité de nos sentiments civiques en garantissait la durée.

» Une conduite si soutenue n'est-elle pas la plus invincible réfutation de ces ab-
» surdes accusations entassées sans preuve, inconsidérément propagées, qui doi-
» vent à jamais disparaître au jour de la vérité.

» Le despotisme sacerdotal a une liaison intime avec la tyrannie royale. A l'ou-
» verture de la campagne, les prêtres que leur âge avait mis à l'abri de la déportation,
» s'agitaient : ils donnaient de l'inquiétude à la Convention nationale. Déjà, dans plu-
» sieurs départements, ils avaient par leur préférence excité les citoyens à des entre-
» prises contre-révolutionnaires. Le Pouvoir exécutif cherche dans la république un
» lieu qui puisse devenir le dépôt général de ces hommes dangereux. Sans doute
» qu'il fera choix d'une ville dont les sentiments lui soient connus ; eh bien! c'est à
» Bordeaux qu'il les confie. Les prêtres arrivent en grand nombre. Sans tumulte,
» sans conviction, sans violence, ils sont renfermés dans les maisons destinées à
» leur clôture. Des vétérans en sont les honorables gardiens. Depuis quatre mois, ils
» vivent au centre de Bordeaux, sans qu'il se soit formé un seul jour ni parti ni
» faction, sans que les citoyens se soient presque aperçus de leur existence. Ils sont
» oubliés, tant le double joug du despotisme royal et du fanatisme sacerdotal est à
» jamais brisé dans la ville de Bordeaux.

» Si vous pouviez recevoir de nous des preuves matérielles, nous vous ferions con-
» naître avec quelle exactitude les lois sur les émigrés ont été et sont encore exécu-
» tées.

» On nous accuse de fédéralisme, et le 10 août le Champ-de-Mars retentissait des
» cris de *vive la république, une et indivisible!* et nous avons accepté, avec des
» transports unanimes, la Constitution républicaine, et nos places publiques offrent
» souvent le spectacle de citoyens rassemblés, qui répètent ces chants militaires in-
» spirés par le génie de la liberté. Sur nos théâtres, Guillaume-Tell, Brutus, le vieil
» Horace, nourrissent le peuple de cette flamme de courage qui fit triompher l'Helvétie
» de ses tyrans, et rendit Rome la maîtresse du monde.

» Cette accusation de fédéralisme a été un des moyens que la malveillance a em-
» ployés pour surprendre et corrompre l'opinion publique.

» Il faudrait nous prêter les vues les plus extravagantes pour croire à un semblable
» projet. Les proclamations des autorités constituées, les délibérations des sections,
» les adresses présentées par nos commissaires à la Convention nationale, sont la
» plus triomphante réponse que nous puissions faire à des reproches aussi vagues.
» Toutes ces pièces ont été publiques : c'est là qu'on peut retrouver nos principes,
» que sont consignés nos vrais sentiments : c'est là que le dogme fondamental de
» l'unité et de l'indivisibilité, hautement proclamée, ne laisse pas même au soupçon
» le plus léger prétexte.

» Serait-ce la formation de la commission populaire qui pourrait l'autoriser? Cet
» établissement, créé par la volonté du peuple, et détruit avant que la Convention
» nationale eût fait aucune réclamation, et par la seule volonté des membres qui l'ont
» composé, ne peut que servir la mauvaise foi dans son argumentation. Si ce fut une

» erreur que l'établissement de cette commission, ce fut l'erreur de tous les habi-
» tants de la ville de Bordeaux, ce fut l'erreur de tous les habitants du département
» dont elle est le chef-lieu. Mais à cette époque d'anxiété et d'alarme, comment dé-
» mêler la vérité au milieu de tant de nuages? Les citoyens du département trem-
» blèrent pour la liberté de la Convention, et ils désirèrent un établissement qui
» s'occupât de la maintenir: ils rejetèrent toute idée d'insurrection, d'isolement, de
» séparation.

» Cette erreur a été aussitôt réparée que reconnue; et si la justice nationale a
» cru devoir l'improuver, il est facile de s'assurer, par le seul rapprochement des
» dates, que le décret qui en a proscrit toutes les dispositions, n'a pu porter que sur
» un être déjà détruit par lui-même, puisque, dès le 2 août, la commission avait
» spontanément prononcé sa dissolution, et que ce décret est postérieur de quatre
» jours à cet acte solennel de la réunion des citoyens de la Gironde à tous les mem-
» bres de la république.

» Quel a cependant été parmi nous le cruel effet de cette erreur instantanée? Nous
» sommes livrés par la calomnie à toutes les angoisses de la détresse. La hideuse
» famine assiége notre ville; des commissaires se succèdent auprès de nous pour vous
» présenter l'affreux tableau de nos concitoyens employant leur journée à des tra-
» vaux pénibles, et passant les nuits aux portes des boulangers, pour n'obtenir en-
» core qu'une faible partie de leur subsistance; et vous restez insensible à notre
» infortune!... On nous parle de rassemblements, d'accaparements de subsistances,
» lorsque la moitié d'une ville de cent vingt mille habitants ne vit que d'un pain
» grossier, et que l'autre moitié passe des journées entières sans avoir pu se pro-
» curer ce premier aliment; lorsque le commerce, ce nourricier de l'État, est dans
» une stagnation effrayante pour l'agriculture et pour l'industrie. On nous parle
» d'accaparements; et tout au contraire, personne n'ose, personne ne veut faire une
» opération qui l'expose aux recherches de la loi, qui est à cet égard rigoureusement
» observée. On nous parle d'accaparements, lorsque tous les canaux de communica-
» tion sont obstrués, et que, par défaut de circulation, nous n'avons plus aucun moyen
» de diminuer le prix énorme où se sont élevées toutes les denrées et tous les objets
» nécessaires à l'existence. Ah! Citoyens, si vous viviez quatre jours dans nos murs,
» témoins de nos pénibles sollicitudes, vous nous rendriez une éclatante justice.

» Malheureusement, dans cet état de choses, les esprits étaient aigris; une sorte
» de terreur sombre présageait de l'agitation. C'est dans ce moment si peu favorable
» que les représentants du peuple arrivèrent à Bordeaux. Ils entrent inopinément
» dans nos murs: nulle autorité constituée n'en est instruite; c'est sur une prome-
» nade publique qu'ils sont reconnus. Des citoyens pressentant l'impression que pou-
» vait faire leur présence dans la ville, s'ils y restaient sans être annoncés à la mu-
» nicipalité, les abordèrent pour les engager à s'y rendre. C'est ainsi du moins qu'ils
» s'expliquèrent en les présentant au Conseil-général de la commune, qui, dans ce
» moment, vaquait paisiblement à ses fonctions: une foule immense du peuple rem-
» plit toutes les salles.

» Au même instant, le Conseil donna à ces citoyens le témoignage éclatant de son
» respect pour la représentation nationale. Placés à la droite et à la gauche du maire,
» les représentants du peuple furent invités à prendre séance: ils crurent devoir se

» plaindre d'avoir été interrompus dans leur promenade. On en appelle à leur justice :
» cet inconvénient ne pouvait arriver s'ils s'étaient fait connaître.

PIÈCES JUSTIFICATIVES.

» Le Conseil-général ramena le silence, que l'arrivée de plus de deux mille âmes
» dans la salle avait d'abord troublé. Les représentants du peuple rassurèrent les ci-
» toyens sur la cause de leur arrivée : ils leur dirent que leur mission principale était
» d'y pourvoir à la subsistance des habitants ; qu'ils n'avaient d'autre but que de
» fraterniser avec eux et d'y propager les bons principes.

» Après les premiers éclaircissements, les commissaires des sections de la com-
» mune vinrent offrir l'hommage de leur respect aux représentants du peuple : ils
» leur demandèrent une conférence ; elle eut lieu aussitôt. Il en résulta des ouver-
» tures plus fraternelles encore ; et les représentants du peuple, après la demande
» qu'on leur en fit, déclarèrent qu'ils étaient en effet dans Bordeaux pour y faire exé-
» cuter le décret du 6 août.

» Après cette déclaration, ils convinrent que la commission populaire s'étant dis-
» soute le 2 août, et le décret étant du 6 du même mois, ils ne doutaient pas que la
» Convention, sévère, mais équitable, ne rapportât le décret qui semblait porter à
» faux (c'est leur expression).

» Les commissaires des sections les prièrent de vouloir tout suspendre pour at-
» tendre le retour des députés qui avaient été envoyés à la Convention, pour solli-
» citer le rapport de ce décret : ils le promirent ; et alors, par un mouvement una-
» nime, le peuple et les représentants firent retentir la salle des cris de *vive la*
» *république, une et indivisible !*

» La séance fut levée. Le Conseil invita les représentants à accepter le repas des
» membres de la permanence ; ce qu'ils firent : et après avoir porté un *toast* à la
» république, qui fut répété par toute la garde nationale, les représentants furent
» accompagnés par deux membres de la commune, qui leur offrirent tout ce qui
» pouvait être à leur disposition.

» Le lendemain, le Conseil, toujours pénétré du devoir de veiller, avec la plus
» tendre sollicitude, à la sûreté et à l'inviolabilité des représentants, s'occupa de
» tenir des commissaires auprès d'eux pour exécuter les ordres qu'ils pourraient
» donner. Ils parurent, il est vrai, affectés de ce que les commissaires des sections
» leur avaient envoyé une garde d'honneur, que, cependant, ils avaient acceptée le
» soir avec reconnaissance. Les commissaires du Conseil leur offrirent de la faire
» retirer ; ils s'y refusèrent, annonçant que les circonstances les empêchaient de
» faire un plus long séjour à Bordeaux, que leur intention était de partir dans la
» nuit.

» Ils reçurent une visite des commissaires des sections : ils leur tinrent le même
» langage. On leur fit les plus vives instances pour changer de résolution ; bien plus,
» les sections s'assemblèrent, et toutes, à l'envi, les sollicitèrent de ne pas persister
» dans leur projet : cependant leur détermination fut absolue, et ils écrivirent à la
» municipalité la lettre suivante :

» *Les représentants du peuple, soussignés,*

» Prient et requièrent, en tant que de besoin, les citoyens maire et officiers mu-
» nicipaux de Bordeaux, de leur faire fournir six chevaux de poste pour une heure

PIÈCES JUSTIFICATIVES.

» précise après minuit, afin qu'ils puissent se rendre dans les départements voisins
» pour faire parvenir des subsistances au peuple de Bordeaux, dont il a un besoin si
» urgent ; les invitent à prendre toutes les mesures de sûreté que leur sagesse leur
» inspirera pour que leur départ ne soit point inquiété.

» A Bordeaux, le 20 août, l'an II° de la république française, une et indivisible.

» *Signé* : M.-A. BAUDOT et C.-Alex. YSABEAU.

» En même temps, ils firent prévenir le Comité d'approvisionnement, avec lequel
» ils avaient promis d'avoir la veille une conférence sur les moyens de faire parvenir
» des subsistances à Bordeaux, que cette conférence ne pouvait pas avoir lieu, parce
» qu'ils se trouvaient incommodés : cette déclaration détermina le Comité à se tran-
» sporter chez eux, et la conférence eut lieu.

» Il résulte du procès-verbal des Commissaires, qu'en effet les représentants du
» peuple assurèrent ce Comité qu'ils allaient s'occuper du plus prompt envoi de sub-
» sistances à Bordeaux.

» Tous les efforts des citoyens et du Conseil réunis n'ayant pu rien changer à leur
» détermination, il leur fut envoyé des chevaux de poste.

» Plusieurs commissaires du Conseil, des officiers municipaux, tous les commis-
» saires des sections, et divers détachements de la garde nationale, infanterie et ca-
» valerie, se transportèrent à leur domicile. Vers les deux heures, les représentants
» du peuple sortirent avec ce cortége ; ils s'acheminèrent à pied, par les dehors de
» la ville ; leur voiture suivait à trois ou quatre cents pas. C'est dans le moment où
» ils étaient entourés de ce nombreux cortége, et qu'ils s'entretenaient avec ceux
» qui les accompagnaient, qu'un petit nombre de malveillants, profitant de la dis-
» tance et à la faveur de la nuit, s'élancent sur la voiture, frappent de coups de sabre
» l'un des panneaux : à ce bruit, quelques bons citoyens accourent : leur approche
» met en fuite ces scélérats. La voiture rejoint le cortége, le récit de cet événement
» fait frissonner d'indignation tous ceux qui l'entendent. Cependant les représen-
» tants du peuple montent dans leur voiture, et nul autre contre-temps ne retarde
» leur départ.

» Ce fait, que toute la prudence humaine ne pouvait prévoir, que les ombres de la
» nuit ont favorisé ; ce fait, arrivé dans une ville considérable, où la vigilance la plus
» active ne pouvait reconnaître des mal intentionnés qui peuvent facilement se dé-
» guiser, on le dénaturera : on accusera, peut-être, des citoyens intacts, des hommes
» irréprochables, et qui, nuit et jour, se dévouent à la chose publique. La calomnie
» gardera le silence sur l'indignation que les magistrats du peuple exprimèrent pu-
» bliquement ; on ne dira pas combien tous les citoyens vraiment dignes, par leurs
» vertus, d'un gouvernement libre, ont unanimement réclamé une vengeance écla-
» tante. Les sections ont exprimé le même vœu : l'accusateur public est chargé de
» poursuivre les coupables ; la procédure n'éprouvera ni délai ni interruption. Quand
» on n'a pu prévenir une action, que reste-t-il à faire ? C'est de la punir.

» Est-ce donc une vérité éternelle, que les hommes perdent en un moment ce
» qu'ils ont acquis par de longs efforts ? Un peuple qui, depuis plus de quatre années,
» a concouru avec tant de succès à la conquête de la liberté, qui compte vingt-cinq

» mille combattants aux frontières, qui a accueilli avec une fraternité si affectueuse
» tous les citoyens soldats qui ont séjourné dans ses murs, qui a surveillé tous les
» ennemis de la chose publique avec une activité infatigable, qui a résisté à toutes
» les séductions pour rester imperturbablement attaché aux vrais principes; car si
» l'homme est un être sociable, il faut que sa morale soit celle de l'humanité. Un
» peuple qui supporte depuis quatre mois les angoisses de la faim et le prix excessif
» des denrées, un peuple qui, accoutumé aux douceurs d'une vie aisée, a passé sans
» effort des plaisirs du luxe à toutes les privations, ce peuple pourrait devenir un
» moment suspect! et les calomniateurs et les méchants jouiraient de ce triomphe!
» Il ne durera pas, sans doute; la vérité, plus puissante que le mensonge; la fran-
» chise républicaine, plus forte que la perfidie, renverseront cet œuvre de ténèbres,
» et la France entière nous vengera.

» Frères et Amis, venez dans cette cité que le monstre de la calomnie a voulu
» rendre odieuse; mais qui conservera l'estime et la confiance de la république,
» parce qu'on peut dire, sans jactance, qu'elle a bien mérité de la patrie : ainsi l'ont
» prononcé nos législateurs, et ce jugement sera répété par la postérité. Venez
» parmi nous, et vous verrez dans les magistrats, dans les administrateurs, dans
» tous les citoyens, une grande famille, qui, dans tous les moments, s'occupe de
» parvenir au but qui est marqué par la déclaration des Droits, *le bonheur commun.*
» Venez parmi nous : on ne parle ni de roi ni de prêtres. La douce égalité est la
» règle générale; la loi y est fidèlement, sévèrement exécutée; mais nous croirions
» la trahir que de vouloir être plus rigoureux qu'elle. Si une république est le ré-
» sultat de la raison humaine, c'est dans son sein que les droits sacrés de l'homme
» doivent être inviolablement garantis. Ils le sont à Bordeaux.

» Vous n'avez pas, sans doute, la folie de penser que les tempêtes civiques sont
» les seules preuves de l'amour de la patrie. Vous ne croyez pas que les fureurs de
» la barbarie et les attentats homicides sont les titres irrécusables du civisme. La
» nature n'inspire-t-elle des sentiments de reconnaissance et d'amour aux hommes
» que lorsqu'elle déploie son courroux? La sérénité d'un ciel calme et pur cause-t-elle
» moins d'allégresse et de bonheur que les convulsions qui dévastent le globe? Non,
» non, Frères et Amis, le spectacle le plus touchant qu'un grand peuple puisse offrir
» au philosophe, c'est celui de l'harmonie entre tous le membres du corps social, de
» la paix et de la vertu.

» Arbitres en ce moment entre des accusateurs égarés ou séduits, et des citoyens
» fidèles à leur devoir, c'est vous, Frères et Amis, qui devez nous venger de l'op-
» pression de la calomnie. Prononcez avec sévérité; dites si nous avons trahi la
» cause nationale, ou si nous l'avons servie ; si vous nous comptez parmi des répu-
» blicains défenseurs inviolables de la loi, ou parmi ces êtres dégradés, nés pour la
» servitude monarchique.

» Fait à Bordeaux, en séance permanente et publique du Conseil-général de la
» commune, le 24 août 1793, l'an IIe de la république française.

» Saige, maire ; Oré, Marchand, Lafite, Camescasse, Gautier, Baour, Latus, Las-
» sabathie, Lagarde, Boulan, Bécheau, Nairac, Montau, Ducuron, Marteilhe, Boyer,
» Furtado, Sandré, Dambielle, Lartigue, officiers municipaux; Vielle, procureur de

» la commune ; Plassan, substitut ; Basseterre, secrétaire-greffier ; Lapeyre, Gaye-
» Martignac, Duranteau, Leris, Azema, Drignac, Sabrier, Alphonze, Coudol, Em-
» merth, Magol, Balguerie père, Bouluguet, Bertrand, Lamarque, Cramon, Brauer,
» Nauté, Delmestre, Lafargue, Maille, Delas, O'Quin, Lemesle, Dubos, Balguerie
» fils, Despujols, Ferrière Colck, Vallet, Lucadou, Laplace, Bellamy, Guérin, Phe-
» lipt, Vignes, Greffier, Brugevin, Château, Guibbaud, Von Dhoren, notables.

» Pour copie :

» BASSETERRE, *secrétaire-greffier*. »

NOTE XVI (page 357).

MEMBRES DE LA MUNICIPALITÉ PROVISOIRE, NOMMÉS A BORDEAUX LE 18 SEPTEMBRE 1793.

1re Section : les citoyens Clochar, maçon ; Tustet, douanier. 2e Section : Barde, négociant ; Barsac, commis. 3e Section : David ; Dutasta, médecin. 4e Section : Ravaille, Gachou. 5e Section : Rosseuw ; Pétermau, serrurier. 6e Section : Bory, Cassas. 7e Section : Jude, courtier ; Corbières, droguiste. 8e Section : Gibboin, peintre ; Daubon, chapelier ; 9e Section : Verdelet, notaire ; Boiteau. 10e Section : Maurin, notaire ; Boissel, instituteur. 11e Section : Mayer, Vitrac. 12e Section : Hublement, dégraisseur ; Fagué, doreur. 13e Section : Marion, chapelier ; Mathalm. 14e Section : Charles, ouvrier imprimeur ; Cogorus, sculpteur. 15e Section : Lefèvre ; Medous, marin. 16e Section : Morel, doreur ; Dumas. 17e Section : Poussard, huissier ; Cazaubon. 18e Section : Goret ; Auzanel, cordonnier. 19e Section : Champon, tonnelier ; Pinon, marin. 20e Section : Couteaux, tonnelier ; Lataste, commissionnaire de roulage. 21e Section : Chaussade ; Nicolas, chirurgien. 22e Section : Benezet, ouvrier de la Monnaie ; Pasquier, arpenteur. 23e Section : Grenier, commis négociant ; Montcassin, cloutier. 24e Section : Martial aîné, boulanger ; Desbats, marchand épicier. 25e Section : Vayssier, marchand de fer ; Simon. 26e Section : Bertrand, horloger ; Freville. 27e Section : Paré, Duthil. 28e Section : Lagonas, peintre : Gignoux, constructeur.

Bertrand fut nommé maire ; Boissel, procureur de la commune ; Cazaubon, substitut ; Vitrac, secrétaire-greffier ; Séjourné, trésorier.

NOTE XVII (page 371).

« LES REPRÉSENTANTS DU PEUPLE, DÉLÉGUÉS DANS LE DÉPARTEMENT » DE LA GIRONDE,

» Considérant que jamais les ennemis de la république n'ont dû être surveillés
» avec plus de soin et d'exactitude que dans ce temps de perfidie et de trahison, où
» les malveillants de tous les genres semblent avoir réuni tous leurs efforts pour per-
» dre la patrie ;

» Considérant que la grande majorité des citoyens de Bordeaux a exprimé son vœu
» formel pour l'exécution de toutes les lois et pour assurer le triomphe des principes,
» en expulsant de son sein et en réduisant à l'impuissance de faire le mal la tourbe

» infâme des aristocrates et des royalistes qui ont tenté d'obscurcir la gloire des pa-
» triotes de Bordeaux,

» Arrêtent qu'il sera formé sans délai, dans la ville de Bordeaux, un Comité de
» surveillance, qui sera revêtu, dans toute l'étendue du département de la Gironde,
» des pouvoirs attribués au comité connu sous le nom de Sûreté générale et de Salut
» public, par les différents décrets de la Convention nationale, qui y sont relatifs; et
» comme il importe que ce comité soit composé d'hommes purs, incorruptibles et
» d'une fermeté reconnue, les représentants du peuple croient devoir nommer d'of-
» fice les membres qui composent ce comité; savoir :

» Les citoyens Dutasta, Cogorus, Chaussade, Grignon, Casteran, Le Moal, Du-
» vernay, Fontanes, Marcel, Rideau fils aîné, Gueyrand, Tustet.

» Arrêté à La Réole, le 1er octobre 1793, l'an IIe de la république française.

Signé : C.-Alex. YZABEAU et TALLIEN.

» Vu et reconnu par nous, Joseph-François Bertrand, maire de la municipalité
» provisoire de Bordeaux.

» Bordeaux, le 7 octobre 1793, neuf heures du matin, à la Maison-Commune, l'an
» IIe de la république, une et indivisible.

Signé : BERTRAND, *maire provisoire.* »

NOTE XVIII (page 503).

LES MEMBRES DES NOUVELLES ADMINISTRATIONS ÉTABLIES A BORDEAUX LE 6 NOVEMBRE 1793.

L'administration du district de Bordeaux faisait en même temps les fonctions de l'administration départementale; elle était composée des citoyens Benoît Fargeau; Chisteau, menuisier; Compain, comédien; Duret, Fontanes, Le Moal, Meyer, aux Chartrons; Millet, rue du Palais-Gallien; Montville, Reynaud, rue du Temple; Servillers, Viette, rue Ausone; Jay, de Sainte-Foy, agent national.

La municipalité était composée des citoyens Bertrand, horloger, maire; Abraham, rue Judaïque-Saint-Seurin, Auzanet, Charles, Chaussade, au Sablonat, Cogorus, Couteaux, David, grande rue Saint-André, Dumas, rue Chapelle-Saint-Martin, Fague, Freville, grande rue Saint-Jean, Germain, comédien, Gignoux, Lataste, place Saint-Julien, Marion, chapelier, Martial, Malthalm, rue Champ-de-Mars, Montcassin, Nicolas, Rosseuw, rue Saint-Remi, Simon, Vialla, officiers municipaux; Dutasta, agent national; Tustet, substitut.

Les notables étaient les citoyens Aymé, Barrau, Bizard, Champon, Clémenceau, Clochard, Dalbespeyre, instituteur; Dorgueil, orfèvre; Ducasse Malavergne, maître d'écriture; Martin, Moustey, tonnelier; Peterman, Pourcin, Duruset, Riccau, cordonnier; Sajas, Sudreau, Vallet, Veyssière, Veyssier, marchand de fer; Moutard, secrétaire.

NOTE XIX (page 511).

« ARRÊTÉ DES REPRÉSENTANTS DU PEUPLE A BORDEAUX, CONCERNANT LES DÉTENUS
» ET LES PRISONS, DU 17 BRUMAIRE AN II° (7 NOVEMBRE 1793).

» Les représentants du peuple, en séance à Bordeaux,
» Considérant qu'au même moment où le glaive des lois fait tomber la tête des
» conspirateurs, il est juste d'empêcher que l'innocent ne se trouve confondu avec
» le coupable ;
» Considérant que si, dans les temps de révolution, il faut prendre des mesures
» extraordinaires pour maintenir la liberté publique, le législateur doit empêcher que
» l'abus de ces mesures ne compromette la liberté des bons citoyens ;
» Considérant que le plus sûr moyen de faire aimer la révolution, c'est de procu-
» rer à l'opprimé les plus grandes facilités pour établir promptement sa justification
» et obtenir justice des représentants et des magistrats du peuple, qui la doivent à
» tous indistinctement ;
» Voulant empêcher que les petites passions, les ressentiments particuliers, ne
» prennent la place de la plus sévère impartialité, qui doit toujours guider les hommes
» chargés de prononcer sur le sort de leurs semblables ;
» Voulant repousser, d'une manière grande, et digne de la représentation natio-
» nale, les calomnieuses imputations des aristocrates et des fédéralistes, contre les-
» quels tous les bons citoyens ne peuvent exercer une trop active surveillance ;
» Voulant prouver aux ennemis de la république que les vrais patriotes, les sin-
» cères Montagnards sont aussi les amis les plus ardents de la justice et les vengeurs
» des opprimés, arrêtent ce qui suit :
» Art. Ier. Le Comité révolutionnaire de surveillance, établi à Bordeaux par l'ar-
» rêté des représentants, du premier jour de la deuxième décade du présent mois,
» sera tenu de se conformer à toutes les lois rendues par la Convention nationale,
» relativement aux mesures de sûreté générale, et rendra tous les jours aux repré-
» sentants du peuple un compte précis de ses opérations.
» II. Conformément au décret de la Convention nationale, du 17 septembre der-
» nier, toutes les délibérations seront consignées sur un registre, et signées de tous
» ceux des membres qui y auront pris part.
» III. Les mandats d'arrêt devront être revêtus des signatures de sept membres.
» IV. Cependant, pour que les mesures de sûreté générale, nécessaires pour ré-
» primer les trames des ennemis du bien public, n'éprouvent aucun retard, deux
» membres pourront décerner un mandat d'amener contre un citoyen dénoncé ou
» suspect, sauf à en référer, dans les vingt-quatre heures, au Comité assemblé.
» V. Toutes les délibérations ou arrêtés relatifs à la mise en liberté des détenus,
» devront être également signés de sept membres, avant d'être remis aux représen-
» tants du peuple, pour obtenir leur approbation.
» VI. Le Comité sera tenu d'avoir quatre registres : le premier contiendra les arrê-
» tés et ses délibérations ; le second, les dénonciations qui seront faites par les citoyens ;
» le troisième, la liste des personnes suspectes mises en état d'arrestation ; le qua-
» trième, celle des individus envoyés devant les tribunaux, avec l'énoncé des motifs,
» la date de l'arrêté et l'état des pièces remises.

» VII. Tous les trois jours, deux membres du Comité de surveillance, accompagnés
» de deux officiers municipaux, se rendront dans les prisons, entendront les récla-
» mations des détenus, viseront les registres d'écrou, et feront leur rapport, par
» écrit, aux représentants du peuple.

» VIII. La municipalité de Bordeaux est requise de présenter aux représentants
» du peuple, dans le délai de huit jours, les moyens de rendre les maisons d'arrêt et
» de détention plus salubres et plus commodes.

» IX. Toutes les dépenses nécessaires pour opérer ces changements seront sup-
» portées par les riches, détenus comme suspects.

» X. Il sera, par les représentants du peuple, assigné des fonds suffisants pour pro-
» curer des aliments aux prisonniers qui n'ont aucuns moyens d'existence.

» XI. Toutes les décades, la liste des détenus sera imprimée et insérée dans tous
» les journaux.

» XII. Le présent arrêté sera imprimé, publié et affiché partout où besoin sera.

» Fait à Bordeaux, le septième jour de la seconde décade du mois de brumaire,
» l'an IIe de la république française, une et indivisible.

» *Signé :* C.-Alex. Yzabeau, Tallien.

» Par les représentants du peuple :

» *Signé :* Peyrend-d'Herval, *secrétaire de la commission,*
» *commissaire des guerres.*

» Les représentants du peuple, conformément à l'article III de la section II de leur
» arrêté de ce jour, arrêtent que le présent sera réimprimé, publié, affiché et envoyé
» partout où besoin sera.

» Fait à Bordeaux, le 23 pluviôse, an IIe de la république française, une et indivi-
» sible.

» *Signé :* C.-Alex. Yzabeau, Tallien. »

NOTE XX (page 542).

« Arrêté des représentants, en séance a Bordeaux, du premier jour de la
» deuxième décade du deuxième mois de la deuxième année de la république
» (1er novembre 1793), au sujet d'une nouvelle municipalité.

» Les représentants du peuple, en séance à Bordeaux,

» Considérant que, pour établir l'ordre et la police dans la ville de Bordeaux, il est
» urgent d'établir à la tête du peuple des magistrats investis de toute sa confiance et
» capables de remplir des fonctions importantes et pénibles ;

» Considérant que la municipalité, formée dans un moment de trouble, et compo-
» sée d'éléments disparates, n'a joui jusqu'à ce moment que d'une autorité précaire ;

» Après avoir consulté le vœu de tous les bons citoyens et avoir discuté mûrement
» les candidats dont les noms leur ont été offerts d'après leur invitation formelle,

» Arrêtent ce qui suit :

» Art. 1er. La municipalité définitive de Bordeaux sera composée d'un maire, de
» vingt-un officiers municipaux, d'un procureur de la commune, d'un substitut, d'un
» secrétaire-greffier et d'un trésorier.

» Art. 2. Les citoyens dont les noms suivent ci-après exerceront les fonctions at-
» tachées à leurs places par les lois relatives aux corps municipaux, jusqu'aux élec-
» tions, qui seront faites par le peuple, conformément à la nouvelle Constitution qu'il
» a acceptée :

» Bertrand, maire; Charles, Jules David, François Rosseuw, Fagué, Jacques Ma-
» rion, Mathalm, Cogorus, Bernard Dumas, Auzanet, Sébastien Couteaux, Lataste,
» Chaussade, Paul Nicolas, Montcassin, Martial aîné, Charles Simon, Fréville,
» Charles Gignoux, Abraham, Germain (section 17); Viallat-Davaux, officiers muni-
» cipaux; Dutasta, procureur de la commune; Tustet, substitut; Moutard, secré-
» taire-greffier; Grignon, trésorier.

» Art. 3. La municipalité présentera incessamment aux représentants du peuple
» une liste de vingt-quatre citoyens notables, destinés à partager ses travaux, à for-
» mer le Conseil-général de la commune, et à délibérer avec ladite municipalité dans
» tous les cas où la loi exige la convocation du Conseil de la commune.

» Art. 4. Il sera alloué à tous les membres qui composent la municipalité, une in-
» demnité suffisante pour qu'ils puissent consacrer tout leur temps et tous leurs soins
» à la chose publique.

» Art. 5. Le présent arrêté sera imprimé, publié, affiché et envoyé à toutes les
» sections de Bordeaux.

» *Signé :* C.-Alex. YZABEAU, TALLIEN.

» Par les représentants du peuple :

» *Signé :* PEYREND-D'HERVAL, *secrétaire de la commission,*
» *commissaire des guerres.* »

Quelques jours s'écoulent, et la liste ordonnée par l'article 3 fut présentée aux représentants, qui, le deuxième jour de la troisième décade du deuxième mois de l'an IIe
de la république (12 novembre 1793), prirent l'arrêté suivant :

« Les représentants du peuple, en séance à Bordeaux,

» Vu la liste à eux présentée par la municipalité de Bordeaux, conformément à
» l'article 3 de leur arrêté du premier jour de la deuxième décade du présent mois
» (1er novembre),

» Nomment pour remplir les fonctions du Conseil-général de la commune, et pour
» entrer de suite en exercice :

» Les citoyens Champon, Barrau, Pourcin aîné, Dorgueil, Moustey fils, Bizard fils,
» Sudreau aîné, Rauzet, Peterman, Sajas, Martin père, Clochard père, Lacourtau-
» dière, Ruaux, Courtin aîné, Malavergne, Vallet, Clémenceau, Etienne Veyssière,
» Aimé, membre du club; Galloy, Dalbespeyre.

» Le présent arrêté sera imprimé, affiché et publié partout où besoin sera.

» *Signé :* C. Alex. YZABEAU, TALLIEN.

» Par les représentants du peuple :

» *Signé :* PEYREND-D'HERVAL, *secrétaire de la commission,*
» *commissaire des guerres.* »

LK7/1134

Jean Baptiste LACOMBE

Président de la Commission Militaire de Bordeaux, guillotiné le 27 Thermidor, An 2 à l'âge de 35 ans

En me voyant frémir et reculer d'horreur,
De Phinés j'eus la soif, du tigre la fureur,
La balance entre mes mains outrée de mon caprice
Penchait pour le le sang, jamais pour la justice.

HISTOIRE

COMPLÈTE

DE BORDEAUX

SUPPLÉMENT AU PREMIER VOLUME

(DEUXIÈME PARTIE)

LIVRE IV.

CHAPITRE VIII.

La Commission militaire de Bordeaux, présidée par Lacombe.—Les noms des juges. — Le procès-verbal de leur installation.— Liste, par ordre alphabétique, des individus jugés par ce tribunal, depuis le jour de son installation, 2 brumaire an II (23 octobre 1793), jusqu'au 13 thermidor an II (31 juillet 1794) inclusivement.

Avant de parler de la Fête de la Raison, à Bordeaux, ou de donner les détails de ces saturnales impies et sacriléges, qui n'étaient que le délire de l'orgueil humain et l'obscurcissement des intelligences, reportons nos pensées et nos regards sur l'infâme tribunal présidé par Lacombe! Nous avons assisté à bien des scènes de bassesse, d'intrigues, de froide cruauté et d'hypocrites ambitions politiques, maintenant nous allons, à regret, promener nos regards sur des scènes de boue et de sang ! Il faut faire taire notre sensibilité, pour dire toute

1793.

la vérité; il faut retenir nos larmes pendant que nous comptons nos victimes, et porter nos souvenirs sur cette belle place Dauphine, où tant de nobles et généreux enfants de Bordeaux ont été livrés au bourreau, et d'où tant de belles âmes se sont envolées au ciel !

Dans ce travail fastidieux, pénible, mais nécessaire, nous avons eu un instant la pensée de suivre l'ordre chronologique des faits; mais l'ordre alphabétique nous a paru réunir plus d'avantages, et offrir aux recherches du lecteur plus de facilité pour trouver les noms qu'ils chercheront, ainsi que toutes les particularités qui s'y rattachent.

Nous avons déjà vu que Bordeaux s'était prononcé contre les Montagnards en faveur de ses députés; c'était un crime irrémissible. Les Girondins ont supporté une partie de la punition, la ville même devait supporter le reste. Les Bordelais aimaient une sage liberté : ils étaient modérés, c'était un crime; ils étaient riches, c'étaient donc des aristocrates. Il fallait donc leur enlever leur fortune, et leur apprendre la sainte égalité des Jacobins.

Mais pour atteindre au but proposé, il fallait des hommes assez dévoués pour devenir des instruments de pillage et de meurtre. Lacombe se présenta : le meurtre prit le masque de la justice, et la guillotine resta en permanence pour donner raison à Lacombe !

Ysabeau et Tallien installèrent la Commission militaire le 23 octobre, comme il résulte de l'extrait suivant d'un vieux registre déposé au greffe de la Cour de justice criminelle de Bordeaux :

Procès-verbal de cette installation.

« Aujourd'hui, deuxième jour de la première décade du
» deuxième mois de la deuxième année de la République
» française, une et indivisible,
» Les membres de la Commission militaire se sont rendus,

» à dix heures du matin, dans le lieu destiné à ses séances (1).
» Le président a présenté, pour remplir les fonctions de
» commis-greffier, Jean-Baptiste Blanquey, âgé de trente-six
» ans, demeurant place Nationale, 12 : les membres ont una-
» nimement accepté ledit Blanquey pour exercer les fonctions
» de commis-greffier de la Commission; en conséquence, il a
» prêté serment au cas requis.

» Le greffier a présenté les citoyens Sirot, âgé de soixante-
» sept ans, demeurant rue de la ci-devant Intendance, 21 ;
» Henry-Réné Hérault, âgé de quarante-neuf ans, rue Mon-
» bazon, 30 ; André Laplace, âgé de quarante-neuf ans, de-
» meurant rue Boulan, 13, pour remplir les fonctions d'huis-
» siers de la Commission. Elle a reçu leurs serments au cas
» requis.

» A onze heures, les citoyens Ysabeau et Tallien, repré-
» sentants du peuple, sont arrivés ; ils ont pris place sur les
» siéges de la chambre d'audiences ; les membres de la com-
» mission placés debout devant le bureau. L'affluence du peu-
» ple était très-grande dans la salle et aux environs.

» Les représentants Ysabeau et Tallien ont parlé au peuple
» et aux membres de la Commission d'une manière propre à
» éclairer celui-là sur ses véritables intérêts, sur l'importance
» de la Commission, et à inspirer à celle-ci la justice et la
» fermeté nécessaires pour de pareilles circonstances.

» Des applaudissements vifs et réitérés ont prouvé à ces
» dignes Montagnards qu'ils jouissent de toute la confiance des
» bons citoyens.

» Le secrétaire a fait ensuite lecture de l'arrêté portant
» création de ladite Commission. Les membres de la Commis-
» sion, après avoir prêté serment devant le peuple, ont pris
» place sur les siéges, au bruit des acclamations.

(1) Lacombe, président; Rey, Parmentier, Marguerie, Morel, Barsac, juges; et Giffey, greffier. Plus tard on voyait siéger comme juges : Albert, Morel, Barreau, Lacroix; et Dercy, accusateur public.

» Le président de la Commission a pris sa place, et a dit :
» Le sang de nos frères, versé par torrents depuis le com-
» mencement de la révolution, demande vengeance ; leurs
» cris ont été enfin entendus ; la loi va frapper les coupables.
» Peuple, et vous, Représentants, comptez sur notre justice,
» sur notre fermeté. Organes de la loi, nous serons impassi-
» bles comme elle : aucune considération ne pourra nous ar-
» rêter ; et si, dans cette Commission, il se trouvait un être
» assez lâche pour ne pas condamner son père, s'il était cou-
» pable, que le perfide tombe lui-même sous le glaive de la
» loi.

» Les représentants se sont retirés, et la Commission s'est
» mise en activité.

» *Signé :* Marguerie, Morel.

» Pour extrait conforme :

» *Signé :* Durand, *greffier provisoire de la Cour*
» *de justice criminelle de la Gironde.* »

Chaque jugement était précédé de la formule ordinaire :
« *Au nom de la république française, une et indivisible, etc. ;* »
et à chaque prévenu, Lacombe avait soin de demander son nom, âge, profession et dernier domicile ; puis le greffier donnait lecture du décret du 6 août 1793, et ensuite de l'article 11 de l'arrêté des représentants du peuple, ainsi conçu :
« Cette Commission sera chargée : 1° de reconnaître l'identité
» des personnes mises hors de la loi par les divers décrets de
» la Convention avec celles actuellement en état d'arrestation,
» et de les faire exécuter sur-le-champ. »

LISTE ALPHABÉTIQUE

DES INDIVIDUS JUGÉS PAR LA COMMISSION MILITAIRE, A BORDEAUX,

Pendant le règne de la Terreur.

Livre IV.
Chap. 8.

COMMISSION MILITAIRE.

ABADIE (Jean), peintre de Bordeaux, âgé de vingt-trois ans, avoue qu'il s'était enrôlé dans la force départementale, parce qu'on lui avait dit que la Convention n'était pas libre ; dit qu'il avait fait son service sur les frontières, et confesse qu'il avait été égaré par les factions. Acquitté le 7 brumaire an II (28 octobre 1793).

ABZAIS (Jean), commerçant, âgé de vingt-deux ans, de Libourne, avoue qu'il avait communiqué à la municipalité de Guîtres quelques bulletins de la Commission populaire, etc. La Commission, séante à Libourne, reconnaissant que ses intentions ont été pures, le met en liberté le 16 brumaire an II (6 novembre 1793).

ACQUART (André), négociant, condamné à 200,000 liv. d'amende, dont 100,000 pour la république et 100,000 pour l'hospice d'humanité, le 26 germinal an II (15 avril 1794).

ALBERT (Maurice), commis-négociant, âgé de trente ans, natif de Lyon, accusé d'avoir envoyé de l'argent aux émigrés, avoue qu'il a envoyé 5,400 liv. à Paris pour fabriquer des couverts d'argent, etc., etc. La Commission militaire, convaincue que tous les malheurs du peuple ne proviennent que de ces agioteurs, le condamne à la peine de mort, et à avoir ses biens confisqués, le 14 germinal (3 avril 1794).

ALBESPY (Jean), homme de loi, âgé de quarante-huit ans, natif de Bordeaux, avoue qu'il avait fait des démarches pour que les églises fussent rouvertes, mais que c'était avant qu'on eût fait des lois contre des actes semblables ; mais il dit que depuis lors il n'a rien fait dans ce genre, et produit des certificats de civisme de la municipalité de Quinsac ; il fut reconnu pour un bon patriote, et mis en liberté le 1er germinal an II (21 mars 1794).

D'ALBESSARD (Jean-Baptiste), ci-devant conseiller et avocat-général au Parlement de Bordeaux, où il est né, âgé de soixante-dix-neuf ans. La Commission militaire, convaincue qu'il s'est montré ennemi du peuple ; qu'il a conspiré contre la république ; qu'il n'avait pas accepté la Constitution républicaine ; qu'il avait tenu des propos contre-révolutionnaires ; qu'il s'était affligé des victoires remportées par les armées de la république ; qu'il n'avait pas confiance dans les assignats et avait désiré la contre-révolution, le condamne à la peine de mort le 3 thermidor (21 juillet 1794).

Alix (Jeanne), cuisinière, âgée de soixante-cinq ans, native de Saint-Martin, près Ludon, condamnée à mort le 16 messidor, pour avoir recélé des prêtres (4 juillet 1794).

Alloi (Alexis), cultivateur à Gauriac, âgé de quarante-neuf ans, condamné à mort le 13 messidor an II (1er juillet 1794), comme calomniateur de quelques bons patriotes de Gauriac : fanatique, aristocrate et anti-révolutionnaire.

Armangaud (Antoine), agriculteur, ci-devant prêtre, actuellement agent national de la commune de Bayon, district de Bourg, âgé de trente-sept ans, natif de Réalmont, district d'Alby (Tarn), condamné à mort le 18 messidor an II (6 juillet 1794), pour avoir écrit une lettre signée *Gombaud*, pour appuyer des calomnies dirigées contre de bons citoyens de Gauriac, comme aristocrate et prêtre.

Angebert (Alexis), teneur de livres, âgé de cinquante-un ans, natif de l'Ile-de-Ré, prouve qu'il avait fraternisé avec la section Franklin ; qu'il était Montagnard, et produit un certificat de civisme donné par la section Égalité ; il fut acquitté le 1er pluviôse (20 janvier 1794).

Anglade (Pierre), tonnelier, et natif de Saint-Macaire, âgé de vingt-neuf ans, accusé d'avoir participé à la dénonciation faite contre le patriote Raffin, fut condamné à quinze jours de détention et 500 liv. au profit des sans-culottes de Saint-Macaire, pour s'être prêté à des mesures liberticides, et pour lui apprendre à n'être plus esclave de tels ou tels individus, de n'écouter que son cœur et les principes éternels de la justice et de la liberté ! le 7 frimaire an II (27 novembre 1793).

Anjoy (Jean), natif de Bordeaux, demeurant à Libourne, âgé de quarante-cinq ans, condamné à huit jours de prison le 20 brumaire an II (10 novembre 1793).

Arrouch (Guillaume-Delille), marin, trente-huit ans, natif de Bordeaux, condamné à mort le 24 prairial (12 juin 1794), comme aristocrate et ayant crié, le 17 juin, au théâtre : *Vive le roi*, à la représentation de la pièce : *La Vie est un Songe !*

Arrouch (Louis), commis-négociant, condamné comme aristocrate : *déjà jugé par l'opinion publique, ayant poussé la frénésie et l'audace jusqu'à dire à un patriote, en lui montrant ses pistolets : « Voilà de quoi soutenir une opinion, »* âgé de trente-huit ans, condamné à mort le 27 prairial (15 juin 1794).

Aubert (Mathurin), de Gauriac, membre du Comité de surveillance de cette commune, vingt-deux ans, accusé d'aristocratie et de fanatisme ; mais ayant prouvé son patriotisme par ses actes contre les prêtres, les aristocrates et les fanatiques, il fut mis en liberté le 13 messidor (1er juillet), et ses calomniateurs arrêtés. (Voir *Dupuy Pierre*.)

AUBIGNEAU (Françoise), lingère, native d'Angoulême (Charente), âgée de trente ans, condamnée à mort le 18 messidor an II (6 juillet 1794), comme complice d'*Holmière* et de *Freulin*. (Voir ces mots.)

AUDIGNEAU ou AUDIGNON (Marie), domestique à gages, native de Cérons, âgée de vingt-cinq ans, condamnée à un an de prison, comme fanatique, contre-révolutionnaire, le 4 thermidor an II (22 juillet 1794).

AUGEREAU (Bernard), secrétaire-greffier de la gendarmerie nationale de Bordeaux, âgé de soixante-neuf ans, condamné à mort, comme n'ayant pas de carte de civisme ni de certificat de section ; ayant été désarmé comme suspect ; ayant signé pour l'ouverture des églises où des prêtres insermentés devaient fanatiser l'esprit public, et n'ayant point d'ailleurs accepté la Constitution, 6 thermidor an II (24 juillet 1794).

ASTRUC (Samuel), natif de Bordeaux, marchand de soieries, âgé de soixante-sept ans. Sa correspondance atteste « qu'au lieu d'être un homme » véritablement pénétré des principes de la liberté, il préférait ses inté-» rêts à ceux de la patrie; qu'il manifestait pour les assignats des crain-» tes indignes d'un bon Français. L'accusé prouve qu'il a été toujours un » bon républicain, et présente une carte de civisme.... La Commission » ayant égard aux preuves de patriotisme qu'il produit, le condamne » cependant à 30,000 liv., dont 10 pour les sans-culottes et le reste » pour la république, en lui donnant trois mois pour le paiement, le » 14 pluviôse an II (2 février 1794). »

AUSTRAY (Françoise), veuve Journé, couturière, âgée de trente-six ans, née à Saint-Sever (Landes), condamnée à mort le 16 messidor (4 juillet 1794), comme aristocrate, fanatique et ennemie de la révolution.

AZÉMA (Louis), commis-négociant, né à Montpellier, âgé de cinquante-cinq ans, domicilié à Bordeaux, « accusé d'avoir affecté d'être patriote » pour avoir des places; d'avoir partagé l'opinion de ces négociants cou-» pables qui n'avaient détruit les diverses aristocraties que pour en for-» mer une nouvelle plus terrible encore, celle de l'ignorance, de l'orgueil » et des richesses ; d'avoir calomnié un bataillon des braves gardes natio-» nales; d'avoir appuyé le projet liberticide de Buzot, tendant à donner » à la Convention une garde prétorienne pour servir les atroces projets » des députés conspirateurs ; d'avoir parlé avec chaleur pour l'appel au

» peuple et le sursis, c'est-à-dire pour le salut du plus odieux des ty-
» rans ; d'avoir vomi de noires diatribes contre les généreux Parisiens ;
» d'avoir engagé les Récollets de rompre avec les Jacobins de Paris ;
» d'avoir parlé contre ce qu'on appelle les *anarchistes*, les *Maratistes* ;
» d'avoir appelé sur leurs têtes l'indignation des magistrats et du peu-
» ple ; d'avoir participé aux outrages sanglants faits à la Convention
» dans les personnes de Treilhard, Mathieu, Ysabeau et Baudot ; de les
» avoir tenus en charte privée, et d'avoir été membre de la Commis-
» mission populaire ; d'être allé remplir à Bayonne une mission funeste
» à la liberté, etc., etc. »

L'accusé se défendit : Lacombe se récusa comme l'ayant souvent combattu dans la Société des Récollets ; mais le tribunal, présidé par Morel, condamna Azéma à la peine de mort, et avec la confiscation de tous ses biens au profit de la république, le 27 nivôse (16 janvier 1794).

Azéma (Joseph), attaché au Grand-Théâtre, natif de Taillebourg, acquitté le 5 nivôse an II (25 décembre 1793).

Azevedo (David), agent de change, natif de Bordeaux. Il prouve qu'il a toujours été bon citoyen, a toujours combattu l'aristocratie. Il fut mis en liberté le 14 pluviôse an II (2 février 1794).

Bacqué (Bernard), médecin, âgé de vingt-huit ans, natif de Saint-Giron (Vienne), demeurant à La Teste, condamné à mort le 8 pluviôse an II (27 janvier 1794), comme convaincu d'avoir été chassé de Langon pour ses sentiments contre-révolutionnaires ; d'avoir entretenu les espérances criminelles des aristocrates ; d'avoir favorisé des émigrés qui ont eu l'audace de rentrer sur le sol de la république, etc., etc.

Bahr (Jean-Thomas), négociant-commissionnaire, natif de Balschar, en Prusse, demeurant à Bordeaux, reconnu pour être un bon patriote, digne du nom de Français et de républicain, fut mis en liberté le 25 ventôse an II (15 mars 1794).

Badailh (Hyacinthe), avoué au tribunal de Libourne, âgé de quarante-deux ans, condamné a être détenu jusqu'à la paix, et à payer, en outre, une amende de 3,000 liv., dont 2,000 au profit de la république et le reste pour être réparti entre les pères et mères des citoyens de Libourne qui défendent la liberté contre les ennemis. La Commission motivait son jugement sur le *danger qu'il y aurait de laisser un tel homme dans la société jusqu'à ce que la liberté fût affermie sur des bases inébranlables.* Le 10 brumaire (9 novembre 1793).

Badailh (Martial), âgé de cinquante ans, de Libourne, rentier, condamné à 2,000 livres d'amende, dont 1,500 pour la république et 500 pour les sans-culottes, le 19 brumaire (9 novembre 1793).

BAILLET (Philippine), servante, native de Beautiran, âgée de vingt-un ans, convaincue de n'avoir pas dénoncé des particuliers qui se cachaient chez sa maîtresse, la femme Coronat ; elle déclara que sa maîtresse l'avait trompée en fait de religion, et l'avait menacée de la mettre à la porte si elle allait à la messe des prêtres assermentés. La Commission militaire, considérant qu'elle a avoué et rétracté ses erreurs, et qu'elle peut être encore utile à la république, lui fait prêter, à l'audience, le serment civique, et la met en liberté le 11 thermidor an II (29 juillet 1794).

BANH (Pierre-Jacques), négociant, natif de Hambourg, demeurant à Bordeaux. Convaincu par sa correspondance de s'être apitoyé sur le sort du tyran et d'avoir manifesté des opinions criminelles sur le maintien de la république ; mais, qu'au fond, il n'était coupable que de faiblesse, et qu'une *légère correction* suffira pour le maintenir à la hauteur des principes républicains, la Commission le condamna à une amende de 40,000 liv., dont 10,000 pour les sans-culottes de Bordeaux, et le mit en liberté le 14 pluviôse an II (2 février 1794).

BARBERIN, condamné, comme contre-révolutionnaire, a être détenu jusqu'à la paix, le 13 pluviôse an II (1er février 1794).

BARBAROUX (Charles), ex-député de la Convention nationale, natif de Marseille, âgé de vingt-sept ans. Au moment d'ouvrir la séance, la Commission militaire est avertie que Barbaroux touche à sa fin, et qu'il importe de constater au plus tôt son identité ; elle se transporta de suite au Comité de surveillance, y ouvrit la séance, constata l'identité de Barbaroux, ordonna qu'il subirait de suite la peine de mort, et tous ses biens confisqués, le 7 messidor an II (25 juin 1794).

BAPTISTE (Simon), négociant-commissionnaire de graines et de farines, natif de La Lande de Pommereau, district de Libourne. Convaincu d'avoir eu de grands torts, mais que ses intentions ont été pures, et qu'il a déjà subi neuf mois de détention, fut mis en liberté le 27 prairial an II (15 juin 1794).

BARBOT (Étienne-Michel), homme de loi, natif de Saint-Émilion, ci-devant maire de Libourne, âgé de cinquante-cinq ans, accusé d'avoir adhéré aux actes de la Commission populaire et à la force départementale, à laquelle il avait fourni soixante chevaux.

La Commission militaire, séante à Libourne, considérant cependant qu'il avait donné des preuves de son patriotisme ; que le sang de son fils a souvent coulé pour la défense de la patrie ; qu'il l'a retenu dans la

Livre IV.
Chap. 8.

COMMISSION
MILITAIRE.

Livre IV.
Chap. 8.

COMMISSION
MILITAIRE.

Vendée, lorsque les deux bataillons de la Gironde ont voulu rentrer dans leurs foyers; que ses intentions ont été bonnes, mais que sa faiblesse et ses erreurs, pardonnables dans un simple particulier, doivent être punies dans un magistrat, et qu'il faut apprendre aux hommes faibles et sans caractère à ne pas se charger de diriger leurs concitoyens, le condamne à être détenu jusqu'à la paix, le 15 brumaire an II (5 novembre 1793).

BARDON (Jean-Pierre), commis-négociant, de Bordeaux, âgé de trente-huit ans, reconnaît ses erreurs, fait attester son patriotisme par plusieurs sans-culottes, et est mis en liberté le 12 ventôse an II (2 mars 1794).

BARENNE (Raymond), homme de loi, ci-devant accusateur public, natif d'Agen, âgé de cinquante-quatre ans, accusé de ne s'être pas élevé, comme membre de l'Assemblée législative, contre le traître Lafayette, contre la Commission prétendue populaire, est cependant acquitté et mis en liberté, à cause de son civisme dûment attesté, le 11 messidor an II (29 juin 1794).

BARON (Mathieu), instituteur de Sainte-Eulalie, natif de Gaune (Landes), demeurant à Bordeaux, âgé de quarante ans, accusé d'avoir manifesté pour la révolution une insouciance criminelle; d'avoir tenu, au Jardin, des propos contre-révolutionnaires, et d'avoir porté un toast contre la Convention, est mis en liberté cependant, en raison des pièces qui attestent son patriotisme, le 29 frimaire (19 décembre 1793).

BARITAULT (Jean), ci-devant conseiller au Parlement de Guienne, natif de Bordeaux, condamné à mort le 21 messidor an II (9 juillet 1794), comme aristocrate, ennemi de la révolution et complice des émigrés.

BARRET-FERRAND (Jean-Baptiste), ci-devant noble, âgé de quatre-vingt-un ans, natif de Lille, en Flandre, demeurant à Bordeaux, rue Porte-Dijeaux, condamné à mort le 3 thermidor an II (21 juillet 1794), comme ennemi du peuple, conspirant contre la république, n'ayant pas accepté la Constitution républicaine, entretenant des propos contre-révolutionnaires, ayant peu de confiance dans les assignats, etc.

BARTHOUIL (Pierre), ex-noble, natif de Nérac, âgé de soixante-six ans, condamné à mort le 23 prairial (11 juin 1794), comme aristocrate et conspirateur.

BASSETERRE (Jean-Zacharie), secrétaire-greffier de l'ancienne municipalité, natif de Poitiers, âgé de soixante-cinq ans, demeurant à Bordeaux.

Accusé d'avoir des principes aristocratiques; d'avoir voulu empêcher un prêtre de prêter le serment civique, en lui disant : « Si j'étais prê- » tre, j'aimerais mieux être grillé dans une cage de fer que de prêter » un pareil serment; » d'avoir agi dans l'intérêt de la Commission prétendue populaire, etc., etc. Condamné à mort, et ses biens confisqués, le 8 nivôse an II (28 décembre 1793).

Livre IV.
Chap. 8.
—
COMMISSION
MILITAIRE.

Battut (André), négociant, natif de Bordeaux, âgé de trente-un ans, avoue avoir un moment partagé les erreurs des Bordelais; mais ayant donné des preuves de son patriotisme, fut mis en liberté le 11 germinal an II (31 mars 1794).

Baudin (Antoine), de Saint-Laurent, ci-devant noble, âgé de soixante-dix ans, condamné à mort le 12 messidor an II (30 juin 1794), comme aristocrate, et pour avoir fait passer de l'argent à ses trois enfants émigrés.

Bayle (Jean-Clément), ex-militaire, domicilié à La Réole, âgé de quarante-six ans, condamné à mort le 11 messidor (29 juin 1794), comme aristocrate et contre-révolutionnaire, et comme ayant deux fils émigrés et gardes du ci-devant roi.

Bayle (Jean-Clément), militaire, natif du Port-Sainte-Marie (Lot-et-Garonne), demeurant à La Réole, âgé de cinquante-six ans, condamné à mort le 11 messidor an II (29 juin 1794), comme aristocrate et ennemi de la liberté et de la révolution.

Beauretour (Françoise), religieuse, native de Saint-Astier (Dordogne), âgée de soixante-six ans, condamnée à mort le 16 messidor an II (4 juillet 1794), comme fanatique et receleuse de prêtres.

Beaugerard, condamné à mort le 17 brumaire an II (7 novembre 1793).

Beaux (Jean-Louis), négociant, natif de Genève, demeurant à Bordeaux, âgé de quarante-trois ans.

« La Commission militaire, dit le jugement, ne peut qu'applaudir à » l'arrestation de l'accusé, car il appartient à cette caste (négociants), » qui, comme celle des prêtres et des nobles, a fait tous ses efforts pour » renverser la république, s'est engraissée de la plus pure substance du » peuple, et n'a eu l'air de soutenir la liberté que pour asseoir le des- » potisme sur les débris de toutes les aristocraties.

» Considérant, cependant, qu'il n'a jamais fait de ces spéculations » barbares qui ont discrédité les assignats, fait accroître la misère du » peuple, et que sa correspondance atteste sa haine pour les agioteurs, » les accapareurs et les banquiers, ordonne qu'il sera sur-le-champ mis » en liberté le 29 brumaire an II (19 novembre 1793). »

Bélabre (Jean) était un prêtre non-conformiste, âgé de quarante-sept ans, natif de Gourgues, district de Ribérac, demeurant depuis six mois à Bordeaux, convaincu d'avoir refusé le serment civique; d'avoir fanatisé les esprits faibles et crédules, et d'avoir dit la messe dans des maisons particulières, fut condamné à la peine de mort, et tous ses biens confisqués, le 14 frimaire an II (4 décembre 1793).

Belcier-Crin (François), ci-devant noble, natif de Baron, district de Libourne, condamné à mort, et tous ses biens confisqués, le 4 messidor (22 juin 1794).

Benege (Marguerite), native de Cayes, âgée de dix-sept ans, convaincue d'avoir entendu la messe dans des maisons particulières; mais élevée par une femme fanatique, sous les auspices des prêtres insermentés, elle a droit à l'indulgence, etc., etc.; elle fut mise en liberté le 15 frimaire (5 décembre 1793).

Benignet (Pierre-Félix), agent national, âgé de trente-six ans, condamné à mort le 16 messidor an II (4 juillet 1794), comme conspirateur.

Benoit (Gabriel-Gustave), négociant, natif de La Rochelle, demeurant à La Rochelle, âgé de vingt-neuf ans. Sa correspondance prouve qu'oubliant les intérêts de sa patrie, il s'est adonné à des spéculations qui ne pouvaient que nuire à la classe indigente, et qu'il n'a fait aucuns sacrifices pour la république.

« La Commission militaire, convaincue qu'il doit être rangé dans la
» classe des égoïstes et des spéculateurs; voulant, néanmoins, user d'in-
» dulgence par égard pour son jeune âge, et espérant qu'une correction
» paternelle le ramènera aux principes qui caractérisent un bon répu-
» blicain, le condamne à 30,000 liv., dont 10,000 pour les sans-culottes
» de Bordeaux et 20,000 pour la république; accorde trois mois pour
» le paiement, et le met en liberté le 14 pluviôse an II (2 février 1794). »

Benzien (Chrétien-Christophe), négociant, natif d'Auglan, en Allemagne, demeurant à Bordeaux, âgé de quarante-sept ans, accusé d'aristocratie et d'égoïsme; il avoue qu'il avait été séduit par les partisans du fédéralisme et de la Commission populaire; mais il justifie son civisme. Ayant égard à sa bonne foi..., et convaincue qu'une légère correction le ramènera aux principes républicains, le condamne à 10,000 liv. d'amende, dont 2,000 pour les sans-culottes de Bordeaux et 8,000 pour la république, et à trois mois de détention.

Bermont (Jean), négociant, natif de Besançon, demeurant à Blaye, arrêté comme suspect, parce qu'il venait réclamer des marchandises dans la maison de son frère pendant que celui-ci était en prison. Il prouve son civisme, affirme qu'il est bon républicain, qu'il n'a réclamé que ce qui lui appartient, et est mis en liberté le 11 pluviôse an II (30 janvier 1794).

Bernada (Jean), homme de loi, natif de Bordeaux, âgé de trente ans, « accusé d'avoir révolté les esprits contre les Français courageux qui » ont fondé la république; d'avoir fait partie de la Commission prétendue » populaire; d'avoir été l'un des plus zélés défenseurs des traîtres gi- » rondins ; d'avoir accompagné jusqu'à Langon la force départementale, » dont le but était d'égorger les citoyens par les citoyens. Condamné à » mort, et tous ses biens confisqués, le 6 nivôse an II (26 décembre » 1793). »

Bernard (Anne), couturière, de Bordeaux, âgée de cinquante ans, condamnée à mort comme fanatique et contre-révolutionnaire, et pour avoir favorisé les conspirateurs mis hors de la loi, le 20 germinal an II (9 avril 1794).

Bernard (Anne), couturière, sœur de la précédente, de Bordeaux, condamnée à mort le 3 thermidor an II, comme fanatique et contre-révolutionnaire (21 juillet 1794).

Bernatau (Élizabeth), domestique chez Guadet, à Saint-Émilion, âgée de quarante-cinq ans. « La Commission militaire, convaincue qu'elle » est infiniment coupable envers la patrie; que placée depuis vingt ans » chez Guadet père, elle a gardé le silence, lorsqu'elle a su que deux » principaux conspirateurs y étaient cachés.

» Ayant égard, cependant, aux renseignements utiles qu'elle nous a » donnés et à sa bonne foi; considérant surtout que sa profonde igno- » rance ne la mit pas à portée de juger de tout le mal qu'avaient fait ou » que pouvaient faire encore ces scélérats, s'en étant rapportée au pro- » pos insidieux de Guadet père, ordonne qu'elle sera détenue pendant » un an, le 3 thermidor an II (24 juillet 1794). »

Berneval (Joseph), âgé de quarante-huit ans, natif d'Orival, attaché au Grand-Théâtre de Bordeaux, accusé de royalisme et d'aristocratie, fut acquitté le 5 nivôse an II (25 décembre 1793).

Berniard (Pierre), marchand de fer, à Libourne, « condamné à un » mois de détention, le 15 brumaire (5 novembre 1793), pour n'avoir » pas montré l'énergie d'un vrai républicain, et pour n'avoir pas, en sa » qualité de magistrat, témoigné son opinion contre la Commission pré- » tendue populaire; considérant, cependant, qu'il n'a été coupable que » par faiblesse; qu'il a donné des preuves de patriotisme et est père de » onze enfants, etc. »

Berthoneau (André-Jacques), vivant de son revenu, âgé de trente-

Livre IV.
Chap. 8.

COMMISSION
MILITAIRE.

Livre IV. Chap. 8.

COMMISSION MILITAIRE.

trois ans, condamné à mort comme membre de la Commission prétendue populaire et conspirateur (suicidé), le 12 brumaire (2 novembre 1793).

BERTRAND (Louis), négociant-armateur, natif de Toulouse, accusé d'égoïsme; mais il prouva son civisme, et dit qu'il avait déterminé son neveu et son cousin à partir pour les frontières. Il fut reconnu pour un bon patriote, et mis en liberté le 21 ventôse an II (11 mars 1794).

BÉTUS (Jean), commis-courtier d'assurances, natif de Bordeaux, âgé de vingt-six ans, fut dénoncé pour avoir tenu des propos inciviques après le départ d'Ysabeau et Baudot, lors de leur première arrivée à Bordeaux; mais ces propos pas n'étant bien prouvés, et d'ailleurs plusieurs sans-culottes ayant attesté qu'il était bon patriote, il fut mis en liberté le 8 pluviôse (27 janvier 1794).

BEYERMANN (J.), condamné à une amende de 60,000 liv., dont 30,000 pour la république et 30,000 pour l'hospice d'humanité, le 3 germinal (23 mars 1794).

BEWMERTH. (Voir *Martel*.)

BEYLAC (Marie), veuve Groc, née à Bordeaux, âgée de trente-sept ans. « La Commission militaire, convaincue que, si la femme Groc a un en-
» fant émigré, elle n'a pris aucune part à son crime, et qu'elle a même
» essuyé à ce sujet, de la part de son mari, tous les désagréments pos-
» sibles; que, d'après le témoignage d'un grand nombre de républicains,
» elle est généralement connue pour bonne citoyenne; qu'elle est née
» dans la classe dite autrefois roturière, etc., ordonne qu'elle sera mise
» en liberté le 6 thermidor (24 juillet 1794). »

BIENVENUE (François), marchand graisseux, natif de Bordeaux, âgé de soixante-dix ans, accusé de fanatisme, de n'avoir pas donné des preuves de patriotisme; d'avoir préféré la cause des prêtres à la liberté; de leur avoir fourni de l'argent pour continuer leurs manœuvres criminelles; de n'avoir de la vertu que les fausses idées qui lui avaient été données par des prêtres, puisqu'il ignore que toute action nuisible est vicieuse, et que l'existence de ces monstres (des prêtres) est un fléau pour l'humanité, fut condamné à une amende de 20,000 liv., dont 15,000 pour la république et 5,000 pour les sans-culottes de Bordeaux, le 19 frimaire an II (9 décembre 1793)

BILLEAU (Marie), ex-religieuse, native de Landiras, âgée de quarante-un ans, condamnée à la détention jusqu'à la paix, comme fanatique, ayant entendu la messe, etc., etc., le 15 frimaire (5 décembre 1793).

BILLOI (Jacques), gantier, natif d'Arrudy (Béarn), âgé de cinquante-cinq ans, condamné à mort comme recéleur de prêtres insermentés, le 8 messidor an II (26 juin 1794).

Billoi (Marguerite), empeseuse, native de Bordeaux, âgée de vingt-trois ans, accusée comme fanatique; mais *le fanatisme n'étant pas encore enraciné dans son cœur,* elle fut mise en liberté le 8 messidor (26 juin 1794).

Billoi (Marie), tailleuse, native de Bordeaux, âgée de vingt ans, rangée dans la classe des personnes suspectes, d'après les écrits trouvés dans ses papiers, tels que le testament du dernier tyran des Français et des chansons contre-révolutionnaires, condamnée à six mois de détention, le 8 messidor an II (26 juin 1794).

Binet (Martial), directeur des postes à Coutras, natif de Bordeaux, âgé de soixante-trois ans, aristocrate, *n'ayant donné aucune preuve de patriotisme, ayant manifesté des principes contraires à la liberté et à l'égalité, et contribué* infiniment, par ses talents, son adresse et son hypocrisie, à pervertir l'esprit public à Coutras et à Saint-Médard; ayant prêché le fédéralisme; ayant démontré dans sa défense une perfidie et une mauvaise foi, qui annoncent un homme profondément corrompu et très-dangereux pour la république. Condamné à la peine de mort, et tous ses biens confisqués, le 23 brumaire (13 novembre 1793).

Biolle (Pierre), cuisinier, natif de Ramous, district d'Orthes, âgé de quarante-six ans, *suspecté de fanatisme et ayant montré une dévotion ridicule; mais ayant fait son service dans la garde nationale, et s'étant montré humain envers ses frères, et ayant égard à sa profonde ignorance,* fut mis en liberté le 8 messidor an II (26 juin 1794).

Biraud (Antoine), tuilier, de Lormont, âgé de quarante-deux ans, suspecté d'avoir favorisé l'évasion de Grangeneuve; d'avoir eu des rapports avec le curé d'Ambarès, déclare n'avoir jamais ni vu ni connu Grangeneuve; qu'il avait parlé deux fois au curé d'Ambarès, qu'il avait rencontré sur la route; que pénétré de la cause sacrée de la liberté, il avait deux fois excité son fils à partir pour défendre les frontières, fut mis en liberté le 12 brumaire an II (2 novembre 1793).

Biraud (Jean), arbitre, né et domicilié à Bordeaux, âgé de quarante-six ans, accusé d'avoir calomnié les Parisiens; d'avoir favorisé l'évasion de Grangeneuve, déclare qu'ayant été envoyé avec d'autres porter à Paris l'acte d'acceptation de la Constitution, il devait en revenir avec Fontard, curé d'Ambarès; mais que celui-ci n'ayant pas terminé ses affaires, il se mit en route avec un individu que Fonfrède lui donna pour compagnon de voyage, et qui était Grangeneuve; qu'il n'avait jamais connu ni jamais favorisé son évasion; son patriotisme fut reconnu, et il fut mis en liberté le 21 germinal an II (10 avril 1794).

Biré (Jean), huissier, âgé de soixante-quatre ans, contre-révolutionnaire, condamné à mort le 28 prairial an II (16 juin 1794).

Biroteau (Jean-Baptiste), ci-devant membre de la Convention nationale, natif de Perpignan, âgé de trente-six ans, déclaré traître à la patrie comme l'un des chefs de la conspiration de Lyon, et mis hors de la loi, était prêt à partir en matelot pour l'Angleterre; mais il fut trahi par Marandon, à qui il s'était ouvert. Un moment avant de mourir, il demanda d'écrire à sa femme. En montant sur l'échafaud, on lui dit de crier *vive la république*; après avoir promené ses regards sur la foule, il s'écria en haussant les épaules de pitié : *Quel peuple pour une république!* Il mourut, avec calme et sérénité de traits, le 3 brumaire (24 octobre 1793).

Bizat (Pierre), avoué, natif de Villegouge, près Libourne, âgé de quarante ans, suspecté d'être contre-révolutionnaire; mais reconnu ami des sans-culottes, d'après les certificats de La Tresne et Cenac, fut mis en liberté le 4 messidor an II (22 juin 1794).

Bizentigny (Éléonore-Catherine), attachée au Grand-Théâtre, native de Paris, âgée de trente-huit ans, demeurant à Bordeaux, mise en liberté le 5 nivôse an II (25 décembre 1763). (Voir *Goy*, pour la sentence).

Blache (Jean-Baptiste), attaché au Grand-Théâtre, natif de Berlin, âgé de vingt-sept ans, acquitté le 5 nivôse an II (25 décembre 1793). (Voir *Goy*, pour la sentence).

Bleutel (Aimée), condamnée à mort le 18 messidor, comme recéleuse des prêtres réfractaires. Nous trouvons ce nom sur quelques listes; nous croyons que l'on a confondu cette personne avec Blutel (Anne), qui fut guillotinée le même jour, pour avoir recélé le prêtre Cazaux.

Blutel (Anne), dite Gertrude, ex-religieuse, née à La Rochelle, âgée de quarante ans, recéleuse de prêtres et contre-révolutionnaire, condamnée à mort le 18 messidor an II (6 juillet 1794).

Bobin (Jean), greffier du juge-de-paix de Carignan, âgé de vingt-sept ans, confesse qu'il a lu un écrit en faveur de la Commission populaire, mais qu'il ignorait ce qu'il renfermait; affirme que quoique pauvre et père de famille, il avait fait des sacrifices pour la patrie; qu'il a été l'un des premiers membres du club National, et s'y était fait distinguer par son patriotisme; qu'il a arrêté de sa main un prêtre contre-révolutionnaire; que son amour pour la révolution s'était signalé à l'époque du supplice de Capet, supplice qu'il avait invoqué contre lui, longtemps avant que ce tyran ne fût jugé, etc., etc.

La Commission, etc., etc., convaincue qu'il est ennemi des prêtres et des rois, ordonne qu'il sera mis en liberté, le 9 nivôse an II (29 décembre 1793).

Boisron-Boet-Lamontaigne (Marguerite), ex-noble, âgée de quarante-quatre ans, convaincue que née noble et aristocrate bien prouvée, elle a entretenu des intelligences avec des prêtres émigrés, auxquels elle a fait passer de l'argent; qu'ennemie de l'humanité, elle a poussé le fanatisme au plus haut degré; qu'elle a partagé les erreurs des prêtres et des émigrés; qu'elle avait dit : « Nous avons besoin que Dieu ait pitié » de nous pour soutenir tant d'épreuves; ses commandements sont vio- » lés, son église persécutée, etc , etc., » la condamne à la peine de mort, et confisque ses biens, le 24 germinal (13 avril 1794).

Boissel (Lélius), instituteur, natif de Nontron (Dordogne), reconnu, par plusieurs actes de civisme, pour un bon républicain, fut mis en liberté le 17 ventôse an II (7 mars 1794).

Bonal (Marie), veuve Ravigna, négociant, âgée de trente-sept ans, née et demeurant à Bordeaux, aux Chartrons.

Bonal (Jeanne), sa sœur, commis chez elle, âgée de quarante-deux ans.

Elles cachèrent Duvigneau, parce qu'elles le croyaient bon patriote. *Considérant que du moment où elles ont connu la loi, elles se sont empressées de le dénoncer; que leur dénonciation a d'autant plus de mérite, que la crainte n'a pas pu les y déterminer, puisque la cachette de Duvigneau était faite de manière à le dérober aux recherches les plus exactes.*

Considérant encore qu'elles sont reconnues pour d'excellentes patriotes, on ordonna qu'elles fussent remises en liberté le 11 thermidor an II (29 juillet 1794).

Bonin (Charles), menuisier, natif de Sivray, en Poitou, déclare « qu'il » est bon républicain; qu'il passait pour Maratiste; qu'il a été exclu du » club des nobles et des aristocrates.

» Considérant que les défauts à lui reprochés annoncent un caractère » qui peut être utile à la république; qu'il est rangé dans cette classe » respectable qui a fait la révolution, etc., la Commission militaire le » met en liberté, et lui accorde une indemnité de 100 liv., le 26 bru- » maire (16 novembre 1793). »

Bonnefont (Pierre), tonnelier, natif de Saint-Macaire, y demeurant, âgé de trente-six ans, « accusé d'avoir adhéré à la Commission popu-

Livre IV.
Chap. 8.

—

COMMISSION
MILITAIRE.

» laire, etc., etc. La Commission militaire, considérant qu'il a été la
» dupe des fédéralistes, qui ont abusé de son ignorance et de sa bonne
» foi, le condamne à huit jours de détention, le 7 frimaire (27 novem-
» bre 1793).

Bonnière (Louis), reconnu bon patriote, mis en liberté le 13 pluviôse (1er février 1794).

Bonus (Antonin), négociant, natif de Clairac (Lot-et-Garonne), âgé de quarante-neuf ans, partisan par ignorance du fédéralisme, déteste ses fautes, et est remis en liberté le 18 messidor (6 juillet 1794).

Boudin (Ignace-André), homme de loi, né à Bordeaux, âgé de soixante-six ans, « accusé, par la municipalité de Beautiran, de n'avoir pas fait un
» seul acte de patriotisme, malgré sa fortune et ses talents ; de ne s'être
» montré dans aucune assemblée publique; d'avoir formé des liaisons
» marquées avec des aristocrates et des suspects; d'avoir eu des cor-
» respondances avec la mère de Chimbaud, auquel il avait ménagé des
» connaissances et fait compter de l'argent à Frantzfort, etc., etc. Fut
» condamné à mort, et ses biens confisqués le 13 nivôse (2 janvier 1794).»

Boudin (Charles-Paul), marchand, natif de Mortagne (Saintonge), fanatique, contre-révolutionnaire, condamné à 25,000 liv. d'amende, dont 20,000 pour fonder un hospice et 5,000 pour la république, le 23 ventôse an II (13 mars 1794).

Bouet (Joseph), homme de loi, natif de Bordeaux, âgé de cinquante-sept ans. « La Commission militaire, convaincue qu'il a signé pour l'ou-
» verture des églises; qu'il a été membre du club monarchique; que ses
» meilleurs amis, auxquels il a osé donner le nom de patriotes, sont
» Lumière, Albespy et Brezets aîné, connus par leur aristocratie; que
» sa section, après lui avoir refusé une carte de civisme, l'a chassé de
» son sein, et n'a point accepté la Constitution républicaine, le condamne
» à la peine de mort, et à la confiscation de ses biens, le 29 prairial an II
» (17 juin 1794). » (Voir *Paris, Vigneron*).

Bouquey (François), dit Robert, ci-devant procureur, de Saint-Émilion, âgé de quarante-neuf ans. « La Commission militaire, convaincue
» que Guadet père, François Bouquey, dit *Robert*, Thérèse Dupeyrat,
» femme Bouquey, Marie Guadet et Xavier Dupeyrat, ont recélé chez
» eux plusieurs conspirateurs, ordonne qu'ils subiront la peine de mort,
» et tous leurs biens confisqués, le 2 thermidor (20 juillet 1794). ».

Bouquier (Marie), épouse de Jacques Trolongeu, serrurier, servante chez Gimet, âgée de quarante-trois ans, fanatique, contre-révolutionnaire, condamnée à mort le 18 prairial an II (6 juin 1794).

Bourges-Saint-Genis (Jean), marchand, de Libourne, âgé de soixante-six ans, « accusé d'avoir embrassé le parti de la Commission populaire; » d'avoir tenu des propos inciviques; quoiqu'il se fût rendu utile à la » chose publique, fut condamné à une amende de 6,000 liv., le 22 bru- » maire (12 novembre 1793). »

Livre IV. Chap. 8.

COMMISSION MILITAIRE.

Boutin-Lavalette (Jacques), limonadier, âgé de cinquante-six ans, natif de Bauchan, en Normandie, « accusé d'avoir tenu des propos » inciviques; d'avoir reçu dans son café plusieurs ennemis de la li- » berté. »

Il nie ces propos; dit qu'il a un fils sur les frontières; qu'il a mis sa fortune à acheter des biens nationaux; qu'il ne connaissait pas les ennemis de la liberté qui étaient venus chez lui, étant d'ailleurs obligé de recevoir tout le monde.

« La Commission militaire, convaincue qu'il ne s'est pas montré chaud » partisan de la révolution; que son café a été un foyer d'aristocratie; » mais ayant égard à ce qu'il a un fils sur les frontières, le condamne à » une amende de 6,000 liv., dont 2,000 pour les sans-culottes de Bor- » deaux et 4,000 pour la république, et à un mois de détention, le 19 plu- » viôse (7 février 1794). »

Boyer (Emmanuel), ci-devant noble, natif de Civrac, habitant Saint-Christoly, âgé de soixante-deux ans, « accusé de n'avoir jamais donné » la moindre preuve de patriotisme; d'avoir été lié avec les aristocrates » et les fanatiques; d'avoir été en correspondance avec les émigrés; » d'avoir envoyé ses enfants grossir le nombre de ces esclaves qui » croyaient pouvoir anéantir la liberté; d'avoir caché dans sa maison » des armes, etc.; d'avoir aussi caché une certaine quantité de blé, et » de s'être chargé de colporter des lettres abominables d'un curé fana- » tique à des paroissiens, dans lesquelles, entre autres horreurs, on lit : » Ah! fuyez leurs assemblées sacriléges; fermez vos oreilles à leurs » discours impies; renfermez-vous dans la foi des vérités, etc., etc., le » condamne à la peine de mort, et à la confiscation de ses biens, le 28 fri- » maire an II (18 décembre 1793). »

Boyer (Bernard), âgé de cinquante-trois ans.

« La Commission militaire, convaincue qu'il est coupable d'indiffé- » rence envers la patrie, et qu'il a tenu des propos inciviques;

» Voulant user d'indulgence à son égard, à raison de ses facultés » morales, et dans l'espérance qu'il réparera par son énergie le mal qu'il » a fait à la liberté, le condamne à 4,000 liv. d'amende, dont 3,000 au » profit de la république et 1,000 pour les sans-culottes de Libourne;

» ordonne, en outre, qu'il restera enfermé jusqu'à l'entier paiement de
» cette somme, le 22 brumaire an II (12 novembre 1793). »

BRACH (Gérard), cultivateur, ci-devant capitaine de vaisseau, âgé de cinquante-deux ans, demeurant à Montussan, « accusé de s'être tou-
» jours montré l'ennemi irréconciliable de la liberté ; d'avoir des liai-
» sons avec des fanatiques et des aristocrates ; d'avoir fait circuler des
» papiers propres à augmenter l'audace de l'aristocratie ; d'être un de
» ses principaux agents, comme il conste par une de ses lettres, etc. ;
» d'avoir fait chez lui un ramas d'armes, etc. ; d'être convenu, avec le
» marchand, qu'il briserait les pierriers, afin qu'ils ne pussent pas servir
» aux patriotes contre les aristocrates ; d'avoir arraché des lois affichées
» par la municipalité, pour les compromettre et les dérober à la con-
» naissance des habitants des campagnes ; d'avoir gardé dans ses papiers
» plusieurs écrits fanatiques, entre autres celui de Simon Langoiran,
» sur le serment des prêtres ; d'avoir laissé ses terres incultes, afin de
» mécontenter les habitants de la campagne et de leur faire détester la
» révolution en les livrant à la misère, etc., etc., » fut condamné à mort, et ses biens confisqués, le 1ᵉʳ pluviôse an II (20 janvier 1794).

BRESSON (Jean-Alexandre-Augustin), dit DESFONTAINES, employé au bureau des ponts-et-chaussées, natif de Paris, condamné à la peine de mort, comme ennemi de la révolution et aristocrate, le 18 messidor an II (6 juillet 1794).

BRETON (Nicolas), tanneur, de Langon, âgé de quarante-deux ans, administrateur du district de Bazas, membre de la Commission populaire.

« La Commission militaire, convaincue, etc., etc., que l'accusé (par
» suite d'une invitation au citoyen Roullet, procureur-syndic-général
» du département) s'est rendu dans le sein de la Commission populaire ;
» que bientôt après, il s'est retiré à Langon, où le citoyen Desmirail lui
» écrivit aussi une lettre, par laquelle il lui envoya copie de celle écrite
» par Grangeneuve, qui disait que la Convention nationale était dominée
» par des factieux ; et ordonne qu'il subira la peine de mort, et déclare
» ses biens confisqués, le 11 frimaire (1ᵉʳ décembre 1793). »

BRIOLLE (Jeanne), ex-religieuse, âgée de quarante ans, native de Bordeaux, fanatique, condamnée à mort pour avoir entendu la messe des prêtres dont elle avait refusé de faire connaître l'asile, le 19 messidor (7 juillet 1794).

BROCA (Jean-Charles-Vincent-Didier), vivant de son revenu, ci-devant garde du corps du dernier roi, natif de Montauban, demeurant à Bordeaux, âgé de trente-deux ans.

« La Commission militaire, etc., etc., convaincue que depuis la ré-
» volution, il a été un aristocrate bien prononcé, etc., etc.; qu'il s'est
» réuni aux fanatiques qui massacraient les patriotes de Montauban,
» dans la désastreuse journée du 10 août 1791, etc., etc., ordonne qu'il
» subira la peine de mort, et que ses biens seront confisqués, etc., le
» 4 germinal an II (24 mars 1794). »

BROCHON (Jean-Baptiste) fils, homme de loi, demeurant place Puy-paulin, à Bordeaux, « accusé d'avoir été de la Société de la Jeunesse
» bordelaise, etc.; d'avoir écrit une lettre contre les vertueux Monta-
» gnards; d'avoir participé à la prétendue Commission populaire, etc.

» Il a répondu qu'il avait été membre de la Société populaire des
» Jeunes gens; mais que s'il a eu la faiblesse d'en faire partie, c'est
» parce que cette société lui a paru formée pour faire exécuter les lois
» et maintenir la tranquillité publique; qu'il en a même été président,
» et qu'à cette époque, il déclara en pleine assemblée qu'il exigeait une
» obéissance formelle aux décrets de la Convention nationale; qu'au
» bout de trois jours, il demanda sa démission; qu'il a toujours ignoré
» que cette société avait été formée pour éviter la réquisition ou pour
» faire triompher des principes aristocratiques; qu'il lui avait paru, au
» contraire, qu'elle avait le vœu général des citoyens de Bordeaux; et
» fait lecture d'une lettre du 17 septembre 1793, écrite à la section, par
» laquelle il paraît qu'il a fait son possible pour dissoudre cette société,
» à laquelle les autorités constituées s'opposaient; qu'à l'égard de la
» Commission prétendue populaire et à la force départementale, il au-
» rait pu, comme beaucoup d'autres, être dans l'erreur; mais qu'il a
» toujours manifesté une opinion contraire; que s'il a signé quelques
» écrits, c'était en qualité de secrétaire, et qu'il lui arrivait souvent de
» signer sans lire; qu'il a toujours approuvé et respecté les décrets
» émanés de la Convention nationale; que, lorsqu'il avait été question
» du contingent pour la force départementale, il avait invité sa compa-
» gnie à s'y opposer, et qu'il avait hautement déclaré dans sa section
» que Vergniaud et Guadet, et les autres Girondins, avaient voulu sauver
» le tyran, etc., etc.

» La Commission militaire, convaincue qu'il a donné dans des erreurs;
» mais plusieurs sans-culottes ayant attesté son civisme; ayant égard à
» son jeune âge et à sa bonne foi; convaincue, d'ailleurs, qu'il a toutes
» les dispositions qui peuvent conduire à la vertu du républicain, le met
» en liberté le 25 pluviôse an II (13 février 1794). »

BROUSSIN (Jean-Baptiste), prêtre insermenté, natif de Marcil (Basses-

Pyrénées), « accusé d'avoir refusé de prêter le serment ; d'avoir tenu
» des propos horribles contre la liberté ; d'avoir tâché d'inspirer à plu-
» sieurs jeunes gens qu'il instruisait des principes contraires aux intérêts
» de la patrie, etc., etc.; d'avoir, au mépris de la loi, dit la messe dans
» des maisons particulières ; d'avoir contribué à égarer les esprits en les
» fanatisant, etc., fut condamné à la peine de mort, et tous ses biens
» confisqués, le 1er nivôse (21 décembre 1793). »

Brudieu-Beauregard (Jean-Alien), maire de la commune de Vairac, ci-devant aide-major du régiment de Picardie (cavalerie), âgé de soixante-deux ans, « accusé d'aristocratie ; d'avoir engagé plusieurs communes
» à adhérer à la Commission populaire ; d'avoir empêché d'accepter la
» Constitution républicaine du 10 août, ayant dit que si on l'acceptait,
» nous mourrions de faim avant Noël, que nous nous armerions les uns
» contre les autres ; d'avoir égaré ses concitoyens pour leur faire re-
» gretter le dernier roi des Français ; d'avoir signé, lors de l'acceptation
» de la Constitution : *Beauregard, scrutateur,* l'un des trois qui n'ont pas
» accepté la Constitution ; d'avoir dit que les membres de la Convention
» étaient de la canaille ; qu'ils avaient chacun leur coquette et nous
» avaient volé plus de 30 millions, etc., fut condamné à mort, et ses
» biens confisqués, le 16 brumaire (6 novembre 1793). »

Brun (Jean), ci-devant procureur de Libourne, natif de Rauzan, avoué, âgé de vingt-neuf ans, accusé de fédéralisme et d'avoir été partisan de la Commission populaire. Il repousse ses charges et prouve son patriotisme. « La Commission militaire, séante à Libourne, considérant que
» l'erreur et la faiblesse sont punissables dans un magistrat du peuple,
» et que c'est à lui à donner l'exemple de la fidélité aux vrais principes
» et de l'énergie républicaine, etc., etc., le condamne à être détenu jus-
» qu'à la paix, le 17 brumaire an II (7 novembre 1793). »

Brun (Jean), notaire, natif de Laucam, demeurant à Saint-Macaire, âgé de quarante-neuf ans, trois mois de prison.

Brun (François Le), horloger, natif de Beaune (Côte-d'Or), n'ayant pas de carte de civisme, contre-révolutionnaire, condamné à mort le 28 messidor an II (16 juillet 1794).

Brunet-Labarthe (François), ci-devant garde du corps du roi d'Espagne, natif de Faleyrac, district de Cadillac, demeurant à Cazevert, district de La Réole, âgé de trente-deux ans. « La Commission militaire,
» convaincue qu'il a traité les représentants du peuple de *voleurs,* de
» *scélérats,* etc., etc.; qu'il doit être rangé dans la classe des plus grands
» ennemis de la révolution, ordonne que le scélérat subira la peine de

» mort, et ses biens confisqués, le 14 germinal an II (3 avril 1794).

Brunet (Louis-Mathurin), ex-noble, âgé de cinquante-quatre ans, aristocrate, condamné à mort, et ses biens confisqués, le 23 messidor an II (11 juillet 1794).

Bujac (Jacques), natif de Castelmoron, âgé de quarante-quatre ans, « accusé d'avoir adopté les principes de la Commission populaire; d'a-
» voir incendié les sections par des motions tendant à organiser l'armée
» départementale, c'est-à-dire la guerre civile; d'avoir dit que la Mon-
» tagne de la Convention nationale n'était habitée que par des brigands
» et des scélérats; qu'il n'en sortait que des lois de sang; que les Pari-
» siens n'étaient avides que de meurtre et de pillage; que nos législa-
» teurs n'avaient rien de sacré et prendraient bientôt les femmes et les
» enfants; d'avoir porté dans Libourne le poison du fédéralisme, etc.;
» d'avoir dit : Je ne doute pas que le calme revienne; mais pour y par-
» venir, il faut que le médecin vétérinaire soit renvoyé et le *maximum*
» retiré; chargez-vous du dernier objet, je me charge du premier, etc.
» Fut condamné à mort, et ses biens confisqués, le 1er nivôse an II (21 dé-
» cembre 1793), » principalement pour avoir *porté le peuple à s'insurger
contre cette Montagne, l'écueil de tous les ennemis de la république !*

Bullit (Pierre), homme de loi, de Bordeaux, âgé de trente-un ans, aristocrate, ennemi de la révolution, avait tenu des propos inciviques contre les représentants Ysabeau et Baudot. Condamné à mort, et ses biens confisqués, le 29 prairial (17 juin 1794).

Bulliod-Lagorce, colon de Saint-Domingue, natif de Lyon, âgé de quarante-un ans, membre de la Société de la Jeunesse bordelaise. « La
» Commission militaire, convaincue qu'il s'est rendu grandement cou-
» pable envers la patrie, en gardant dans sa section un silence désho-
» norant pour un républicain, etc., etc.; considérant, cependant, qu'il
» s'est montré l'ami de la révolution, etc., etc.; espérant qu'il consa-
» crera ses talents à faire oublier, par de nouveaux efforts, la pusilla-
» nimité qu'il a montrée, et qu'il sera digne du beau nom de républicain,
» ordonne qu'il sera mis en liberté le 29 ventôse (19 mars 1794). »

Buraud (Michel), cultivateur, natif de Chaumé, demeurant à Vayres, âgé de cinquante ans, prouve son patriotisme, et est acquitté le 22 brumaire (12 novembre 1793).

Burdin (François), officier de santé, né à Chambéry, âgé de cinquante-six ans, aristocrate, membre de la Société de la Jeunesse bordelaise, condamné à mort le 24 messidor (12 juillet 1794).

Burson (Jean-Alex.), écrit par quelques auteurs *Bresson*. (Voir ce mot).

Livre IV.
Chap. 8.

COMMISSION
MILITAIRE.

Livre IV.
Chap. 8.

COMMISSION MILITAIRE.

Bussier (Guillaume-Mathieu), marin, âgé de vingt-deux ans, contre-révolutionnaire, prouve son patriotisme ; mais il est condamné à une amende de 100 liv., et mis en liberté.

Cailhe (Gilbert-Antoine), commis, né à Riom (Puy-de-Dôme), âgé de soixante-deux ans, membre de la Société de la Jeunesse bordelaise, contre-révolutionnaire, condamné à mort le 24 messidor (12 juillet 1794).

Calmels (Marie), religieuse, native de Bordeaux, âgée de vingt-sept ans. « La Commission militaire, convaincue que, trompée par des prê-
» tres, élevée dans les préjugés, elle a été jusqu'à ce jour la victime
» innocente de leur séduction, et qu'elle a réclamé au tribunal la faveur
» de prêter le serment de fidélité à la république ;
» Après lui avoir fait jurer devant le peuple, et en présence de l'Être
» suprême, *d'être fidèle à la patrie et aux lois de la république ; de dé-*
» *noncer et de livrer aux tribunaux les prêtres imposteurs, ennemis nés de*
» *la liberté, et de mourir plutôt que de violer son serment;*
» Ordonne qu'elle sera sur-le-champ mise en liberté, le 6 thermidor
» an II (24 juillet 1794). »

Candau (Sébastien), négociant, de Bordeaux, âgé de soixante-un ans, mis en liberté « comme bon citoyen, ami de la république; ayant gravé
» dans les cœurs de ses enfants l'amour de la liberté, au point qu'ils se
» sont empressés de voler à la défense de la patrie, etc., etc., le 27 plu-
» viôse an II (15 février 1794). »

Capdefer (Pierre), distillateur d'eau-de-vie, âgé de vingt-six ans. « Considérant qu'il n'a donné aucune preuve de dévoûment à la patrie ;
» qu'il a manqué à la loi, en ne faisant pas son service dans la garde
» nationale; qu'il pourrait être rangé dans la classe des égoïstes, espèce
» funeste à la liberté ; mais ayant égard à sa probité et à ses bonnes in-
» tentions, et voulant user d'indulgence, le condamne à 50,000 liv., dont
» 20,000 pour les sans-culottes de Bordeaux et le reste pour la répu-
» blique, et le met en liberté le 17 pluviôse (5 février 1794). »

Capelle (Pierre), négociant, natif de Bordeaux, âgé de trente-six ans, accusé d'avoir employé des expressions peu mesurées envers le peuple, et de s'être apitoyé sur le sort du tyran et des émigrés. « La Commis-
» sion militaire, considérant que, sous ce rapport, ils sont (lui et son
» associé, Pierre Leroi) grandement coupables envers le peuple ; mais
» qu'ils ont été égarés et ont donné des preuves de patriotisme ; espé-
» rant qu'ils sentiront le prix de l'indulgence du tribunal, etc., les con-
» damne solidairement (Capelle et Leroi) à 10,000 liv. d'amende au

» profit des sans-culottes de Bordeaux, et ordonne qu'ils seront sur-le-
» champ mis en liberté, le 28 ventôse an II (18 mars 1794). »

Castarède (Jean et Pierre), deux frères, négociants, natifs de Fleurance (Gers); l'aîné avait trente-neuf ans.

« N'ayant trouvé chez eux aucune preuve d'un ardent patriotisme,
» ni aucune trace des spéculations criminelles des négociants, le prési-
» dent fait observer qu'ils appartiennent à une classe d'hommes qui, à
» l'égal des prêtres et des nobles, ont la plupart travaillé à entraver la
» révolution.

» Castarède jeune prouve son patriotisme; déclare que leur maison
» avait beaucoup contribué à l'approvisionnement de la ville. La Com-
» mission militaire les condamne à 150,000 liv., dont 145,000 payables
» par l'aîné, qui est plus riche et n'a jamais fait de sacrifices pour la ré-
» publique, et les autres 5,000 payables par Castarède jeune; leur ac-
» corde un délai de trois mois pour le paiement, et ordonne qu'ils seront
» mis en liberté, le 14 pluviôse (2 février 1794). »

Castillon (Abraham), dit Duperron, natif de Tours, négociant, âgé de cinquante-sept ans. N'ayant pas de carte de civisme; s'étant réfugié à sa campagne (de Pessac), pour tromper les paysans sous un masque de patriotisme; ennemi de la révolution. Condamné à mort le 3 messidor an II (21 juin 1794), et tous ses biens confisqués.

Castincau (Léonard), négociant, condamné à 60,000 liv., dont 30,000 pour la république et 30,000 pour un hospice, etc., le 27 ventôse an II (17 mars 1794).

Caudenès (François), vivant de son revenu, natif de Talence, âgé de quarante ans, condamné à mort, comme contre-révolutionnaire, le 27 messidor an II (15 juillet 1794).

Caussé, négociant à Bordeaux, condamné à mort comme fédéraliste, le 14 ventôse (4 mars 1794). (Voir *Henry*).

Cavaignac (Jean-Baptiste), négociant, natif de Courton (Lot-et-Garonne), âgé de vingt-neuf ans, reconnu pour un véritable républicain; fut mis en liberté le 27 pluviôse (15 février 1794).

Cavaza (Jean-Baptiste), imprimeur, né à Gênes, âgé de trente-six ans, condamné à la peine de mort, et tous ses biens confisqués, comme « s'étant montré l'ennemi du peuple, en désirant que les Français se
» livrassent aux Anglais; en écrivant des feuilles aristocratiques, en-
» traînant la dissolution de l'unité et de l'indivisibilité de la république,
» le 9 thermidor an II (27 juillet 1794). »

Cazeaux (Pierre), prêtre, ex-provincial des Récollets, âgé de soixante-cinq ans, condamné à mort comme réfractaire et ennemi de la révolution, le 16 messidor an II (4 juillet 1794).

CAZEMAJOU (Marthe), demeurant à Saint-Émilion, âgée de cinquante-un ans, détenue jusqu'à la paix, comme fanatique, contre-révolutionnaire, etc., etc., le 16 brumaire an II (6 novembre 1794).

CAZENAVE (Jean), cultivateur, natif de Cadillac, demeurant à Langon, « accusé d'être aristocrate, acharné contre-révolutionnaire, l'un des » principaux fondateurs du club monarchique de Langon, qui, sans l'é- » nergie des bons citoyens, auraient exterminé les meilleurs patriotes ; » d'avoir été partisan du traître Roudié, etc. Condamné à mort, et ses » biens confisqués, le 18 frimaire an II (8 décembre 1793). »

CHANGEUR (P.), négociant, condamné à une amende de 100,000 liv., pour la construction d'un nouveau temple de la Raison, que les représentants doivent établir ici, le 26 germinal an II (15 avril 1794).

CHAPERON (Paul-Romain), homme de loi, de Libourne, âgé de soixante-un ans, accusé d'avoir été l'un des membres les plus ardents de la Commission populaire. Condamné à mort, et ses biens confisqués, le 14 brumaire an II (4 novembre 1793).

CHAPERON (Félix-Vincent), notaire à Libourne, âgé de quarante-trois ans, accusé de ne s'être pas prononcé contre la Commission populaire ; de n'avoir pas embrassé d'abord les principes des Montagnards ; considérant qu'il a été assez puni par un mois de détention, fut mis en liberté le 15 brumaire (5 novembre 1793).

CHAPERON-ROUFFIAC (Bernard), vivant de son revenu, âgé de quarante-sept ans, « accusé d'avoir été l'apôtre du fédéralisme, etc., etc.; d'avoir » dit, lorsqu'il fut chargé de porter à Paris les vœux des sections de » Libourne, pour l'acceptation de la Constitution : *Messieurs, lorsque je* » *me suis inscrit pour la force départementale, je ne croyais pas aller aus-* » *sitôt à Paris : un fusil m'aurait mieux convenu que votre verbal; n'importe,* » *lorsque j'en aurai fait la remise, je vous promets d'aller joindre le noyau* » *de l'armée, et de marcher contre Paris, etc., etc.*

» Que, dans une autre occasion, appelé pour l'acceptation de la Con- » stitution, il avait dit : *Je l'accepte en masse, quoique vicieuse, sous* » *amendement, au retour de Paris* ; qu'à son retour de Paris, il a dit : *Que* » *les Jacobins de cette ville avaient proposé d'égorger les vieillards au-dessus* » *de soixante ans !* »

Chaperon nia tous ces faits; cependant il fut condamné à vingt années de fers et à une amende de 6,000 liv., dont 1,000 pour les sans-culottes de Libourne, le 15 brumaire (5 novembre 1793).

Chappel. Dans l'acte d'accusation contre Lacombe, Dercy, accusateur public, parle d'un certain Chappel, à qui ce Lacombe avait extorqué 7,200 liv. Dercy n'aurait-il pas confondu ce nom avec *Capelle,* qui était condamné à 10,000 liv. ?

Chastel (Raymonde), native de Toulouse, âgée de vingt-trois ans, divorcée d'avec Antoine Lafon.

« Convaincue que la femme Chastel a eu des liaisons étroites avec un
» ennemi de la chose publique ; qu'elle a envoyé à Henry des breloques
» et autres bijoux qui appartenaient à cet individu, et, par conséquent,
» à la nation, puisqu'il était hors de la loi ;

» Considérant, néanmoins, qu'il est possible que ces marchandises
» aient été données à l'accusée par ce particulier, qui vivait avec elle
» avant l'époque où il fut atteint par la loi ;

» Considérant que, peut-être, elle n'avait pas examiné attentivement
» les bijoux qu'elle a envoyés à Henry, et qui portaient les armes du
» tyran ;

» Persuadée, cependant, qu'une femme aussi immorale et aussi peu
» délicate ne peut qu'être dangereuse à la société, et surtout dans une
» république, où la vertu et les mœurs doivent être à l'ordre du jour,
» la Commission militaire la condamne à être détenue jusqu'à la paix,
» comme suspecte, le 3 thermidor (21 juillet 1794). »

Chatelier (Arnaud), prêtre, natif de Bordeaux, âgé de trente-sept ans, « condamné à mort pour avoir refusé le serment civique et avoir
» toujours professé des principes contraires à la liberté, et dit la messe
» dans des maisons particulières, etc., etc., le 15 frimaire (5 décem-
» bre 1793). »

Chaumel (Jean), courtier de change, natif de Clairac, âgé de trente-deux ans, fut mis en liberté « comme ne s'étant jamais écarté du res-
» pect que tout citoyen doit aux sages législateurs qui composent la
» Montagne, etc., le 27 pluviôse an II (15 février 1794). »

Chauvin (Jean), greffier du tribunal de commerce de Libourne, âgé de trente-quatre ans, accusé de s'être laissé induire en erreur sur le compte de la Commission populaire, en ne s'élevant contre elle ; mais reconnu bon patriote, il fut remis en liberté le 16 brumaire (6 novembre 1793).

Chevalier (Louis-Marie), marin, natif de Saint-Pierre, île française, » accusé d'être l'ennemi de la liberté ; d'être payé par les aristocrates
» pour seconder les ennemis du bien public, en faisant le métier de ces
» lâches spadassins qui troublent le repos des citoyens paisibles ; d'a-

» voir insulté de bons patriotes; de s'être vivement récrié au théâtre de
» ce que l'orchestre jouait des airs chéris de la révolution; de s'être
» offensé du beau titre de citoyen; d'avoir dit : Je soutiendrai toujours
» l'ancien régime; mais la république, je m'en f... Condamné à mort, et
» ses biens confisqués, le 6 nivôse (26 décembre 1794). »

Chevenaude (Françoise), lingère, native d'Angoulême, âgée de trente ans, condamnée à mort comme ayant servi les fédéralistes et les aristocrates, par de faux passeports, le 18 messidor an II (6 juillet 1794).

Chillau (Élisabeth), veuve Dumas-Fontbroge, conseiller à la cour du ci-devant Parlement, native de Bordeaux, « accusée d'aristocratie et
» d'avoir été complice des crimes de son mari, qui les a payés de sa
» tête. Condamnée à mort, et ses biens confisqués, le 27 prairial an II
» (15 juin 1794). »

Chillaud (Jacques), ci-devant noble, natif de Bordeaux, âgé de quarante-un ans, condamné à mort comme contre-révolutionnaire et aristocrate, etc., le 28 messidor an II (16 juillet 1794).

Chillaud (Justin), ci-devant noble, natif de Bordeaux, âgé de trente-trois ans. « La Commission militaire, convaincue qu'il peut être gran-
» dement soupçonné d'avoir partagé les erreurs de son frère, dont la
» tête a tombé sous le glaive de la loi, puisque, d'après son propre aveu,
» il s'est plusieurs fois trouvé avec lui, en société et à table; qu'il n'a
» rien fait en faveur de la patrie, et que cette indifférence est un crime
» pour un individu sorti de cette classe; ennemi né de la liberté et de
» l'égalité, le condamne à être détenu comme suspect, le 4 thermidor
» an II (22 juillet 1794). »

Chimbaud (Alexandre-Edme), ex-militaire, âgé de vingt-sept ans, natif de Bordeaux, « accusé d'être allé à Frantzfort se réunir aux ennemis de
» la révolution; d'être trouvé nanti d'une correspondance très-soutenue
» avec les émigrés; d'avoir partagé les complots des ennemis de la pa-
» trie, soit de ceux qui sont restés dans son sein, soit de ceux qui l'ont
» abandonnée pour tourner leurs armes contre elle; d'avoir eu des rap-
» ports très-directs avec les royalistes, qui lui ont marqué le regret le
» plus coupable sur la mort du dernier roi, etc., etc.

» Tous ces faits résultant de ses lettres, etc., etc., la Commission
» militaire, convaincue de l'horreur de l'accusé pour la journée du
» 10 août, pour ce jour d'insurrection sainte, une des principales épo-
» ques du salut du peuple, et qu'un pareil homme ne mérite aucune
» indulgence, etc., etc. » Condamné à mort, et ses biens confisqués, le 15 nivôse (4 janvier 1794).

Cissac (François), dit Saint-André, natif de Bordeaux, perruquier, condamné à mort comme fédéraliste et ayant participé à la force départementale, par suite des journées des 31 mai, 1er et 2 juin, le 28 prairial an II (16 juin 1794).

Claville. (Voir *Petit-Claville*).

Collardon (Jean), natif de Libourne, âgé de trente ans, « accusé du » crime de fédéralisme; d'avoir eu des liaisons avec Sers, premier au- » teur des crimes et des calamités de Bordeaux; d'avoir applaudi, dans » sa commune, aux injures atroces que ce traître a vomies contre Treil- » hard et Mathieu. Condamné à mort, et ses biens confisqués, le 7 ni- » vôse (27 décembre 1793). »

Colas ou Collas-Mauvignier (Pierre), ancien militaire, natif de Bordeaux, âgé de soixante ans, demeurant depuis deux ans à Saint-Christophe-de-Double, condamné à mort comme « un menteur dangereux, » calomniateur, mauvais citoyen, aristocrate, etc., le 8 messidor an II » (26 juin 1794). »

Collineau (Antoine), âgé de vingt-six ans, accusé d'incivisme, etc. « La Commission militaire, convaincue qu'il est coupable d'indifférence » envers la liberté; que, dans un pays libre, l'insouciance et le modé- » rantisme sont dignes d'une punition sévère, etc., etc.; voulant, cepen- » dant, user d'indulgence, et comptant qu'elle excitera dans son âme » l'énergie républicaine, ordonne qu'il sera remis en liberté, après avoir » payé une amende de 500 liv. au profit de la république, le 12 bru- » maire an II (2 novembre 1793). »

Commarque (Mathias), ex-noble, de Bazas, demeurant à Sauternes, âgé de soixante-quinze ans, condamné à mort comme aristocrate, contre-révolutionnaire, le 24 prairial an II (12 juin 1794).

Cornu (Jean-François), homme de loi, natif de Paris, âgé de trente-six ans, condamné à mort comme contre-révolutionnaire et anti-Maratiste, le 6 messidor an II (24 juin 1794).

Cosson (François), ex-noble, de Bourg, condamné à mort le 28 prairial an II (16 juin 1794).

Costes (Bernard), commis à l'administration du district de Libourne, habitant la commune d'Abzac (Gironde), âgé de trente-neuf ans, condamné à vingt ans de fers pour avoir été le chaud partisan de la Commission populaire; pour avoir prêché le fédéralisme et avoir eu les sentiments et les espérances des Girondins, le 22 brumaire an II (12 novembre 1793).

Couraule (Rosalie).

Livre IV.
Chap. 8.

COMMISSION MILITAIRE.

Livre IV.
Chap. 8.

COMMISSION MILITAIRE.

COURAULE (Jeanne), dite RASTOUILLE, toutes deux sœurs et religieuses, recéleuses de prêtres réfractaires, condamnées à mort le 7 thermidor an II (25 juillet 1794).

COUSSIDON (Jean-Bernard), plâtrier, natif de Toulouse, âgé de trente-six ans, accusé d'avoir fait plusieurs cachettes pour des prêtres et des aristocrates; il avoue son erreur avec bonne foi; est mis en liberté, comme un homme guidé par ignorance, le 9 ventôse an II (27 février 1794).

DAGUSAN (Barthélemy), natif de Bordeaux, âgé de vingt-neuf ans, « accusé d'avoir cherché à avilir la représentation nationale; d'avoir » calomnié les législateurs envoyés dans les départements, etc., etc.; » d'avoir parlé avec mépris de cette monnaie précieuse, à laquelle nous » devons la liberté, etc., etc.; d'avoir dit dans une lettre : Il est certain » que de nouveaux proconsuls sont attendus ici pour y faire exécuter » la réquisition de la jeunesse, et que n'avons-nous pas à appréhender » d'après la dernière preuve de tyrannie que les deux commissaires de » La Réole viennent de nous donner? *Armez-vous de poignards*, disent-» ils aux députés de la section du 10 Août : *observez que nous sommes en* » *septembre; devenez autant de septembriseurs!* etc.; l'esprit d'injustice, » de violence et d'horreur qu'elle respire retombera tôt ou tard sur les » provocateurs, etc., etc. : un gouvernement établi par le sang, les car-» nages et les injustices, ne peut jamais être ni stable, ni heureux, etc. » Ailleurs, il dit, en parlant contre les assignats : Ne fût-ce que par la » crainte de les voir ronger par les rats, je n'aime pas à les garder, etc. » Condamné à mort, et ses biens confisqués, le 1er nivôse an II (21 dé-» cembre 1793). »

D'ALBESSARD (Jacques), officier dans le régiment de la Guadeloupe, natif de Paris. « La Commission militaire, convaincue que, s'il n'est pas » coupable d'émigration, il peut au moins en être grandement suspecté; » que dans une crise révolutionnaire, il est dangereux de laisser en li-» berté un homme qui n'a donné aucune preuve de patriotisme, le con-» damne à être détenu jusqu'à la paix, le 6 germinal an II (26 mars » 1794). »

DALBON (Sébastien), officier de santé, né à Cessac, demeurant à Gauriac, âgé de cinquante-trois ans, condamné à mort comme fanatique et calomniateur des patriotes, le 13 messidor an II (1er juillet 1794).

D'ARGICOURT (Marie-Louise-Fumel), native de Paris, demeurant à Bordeaux, âgée de quarante-cinq ans. « Accusée de fanatisme et » d'aristocratie; elle a démontré, par ses réponses, que le fanatisme

» et l'aristocratie étaient si profondément enracinés dans son cœur,
» qu'ils ne pourraient jamais en être effacés. La Commission mili-
» taire, convaincue qu'elle a donné mille preuves de haine pour la
» liberté; qu'elle a engagé plusieurs Français à quitter leur patrie pour
» aller rejoindre ses plus cruels ennemis; qu'elle a toujours fréquenté
» des aristocrates et des fanatiques, et principalement Cossé, etc.; que,
» sous l'appât du gain, elle a engagé une de ses domestiques à recevoir
» la bénédiction nuptiale de ce prêtre scélérat, etc., etc.; que, dans son
» testament, elle marque le plus profond mépris pour tout ce qui n'é-
» tait pas dévoué au fanatisme et à l'autocratie, la condamne à la peine
» de mort, le 13 pluviôse an II (1er février 1794). »

Darles (Pierre), apothicaire, natif de Toulon, demeurant à Bordeaux, âgé de quarante-quatre ans, arrêté comme suspect, pour avoir permis qu'on portât chez lui une caisse appartenant à une femme ci-devant noble, et remplie de titres féodaux; il affirme avoir ignoré ce que la caisse contenait, et prouve qu'il est républicain, ami de l'égalité; mis en liberté le 6 pluviôse an II (25 janvier 1794).

Darodes (Jean), marchand fripier, de Bordeaux, âgé de cinquante ans, arrêté pour quelques propos tenus avec une servante, déclare qu'il s'était toujours comporté en bon républicain; qu'il n'avait pas assisté à la messe des prêtres réfractaires; qu'il n'avait pu être arrêté comme suspect d'aristocratie; fut mis en liberté, et on lui donna, en outre, 48 liv. pour continuer son petit commerce en bon républicain, le 10 brumaire an II (31 octobre 1793).

Dartois (Nicolas), tailleur, natif de Dil (Moselle), déclare qu'il était patriote; qu'il était né et voulait vivre bon sans-culotte; est mis en liberté le 29 nivôse an II (18 janvier 1793).

Dat (Vital), marchand épicier, domicilié et né à Langon, âgé de cinquante-six ans, « accusé de s'être rangé dans la classe funeste des mo-
» dérés; d'avoir penché du côté de l'aristocratie, en communiquant avec
» le perfide maire de Langon (Roudié). La Commission militaire, con-
» vaincue que l'accusé n'est pas évidemment un aristocrate; que ses liai-
» sons avec des fanatiques et avec d'autres ennemis de la révolution le
» font, avec raison, ranger dans la classe des hommes modérés et sus-
» pects; ordonne qu'il sera détenu jusqu'à la paix, le 18 frimaire an II
» (8 décembre 1793). »

David (Jean), marchand drapier, natif de Bordeaux, âgé de soixante-dix ans, « accusé d'avoir manifesté beaucoup d'égoïsme; qu'il avait peu
» de confiance dans la révolution; qu'il a signé pour l'ouverture des

» églises, etc., etc. Il répond qu'il a vu avec plaisir la révolution ; con-
» vient qu'il a signé pour l'ouverture des églises, mais à une époque où
» il y était autorisé par le département ; que deux de ses enfants com-
» battent pour la patrie aux frontières ; qu'il a fait des sacrifices pour
» la république, etc., etc.

» La Commission militaire, convaincue qu'il pourrait être rangé dans
» la classe de ces modérés, d'autant plus dangereuse qu'ils jouissent des
» bienfaits de la révolution sans avoir rien fait pour elle ; ayant égard
» pour son grand âge ; considérant que deux de ses enfants versent leur
» sang pour le soutien de la liberté ; voulant user d'indulgence et lui
» donner une leçon fraternelle, le condamne à une amende de 150,000
» livres, dont 100,000 pour la république et 50,000 pour un hospice
» favorable à l'humanité, que les représentants doivent établir dans
» cette ville ; lui accorde trois mois pour le paiement, et ordonne qu'il
» sera mis en liberté le 1er germinal an II (21 mars 1794). »

Daysse (Françoise), de Bordeaux, âgée de soixante-six ans, « accusée
» d'avoir entendu la messe des prêtres non-conformistes, etc., etc. ;
» considérant que c'est aux femmes à user de leur empire pour faire
» chérir l'égalité, sans laquelle il n'y a pas de bonheur, la Commission
» militaire ordonne qu'elle sera renfermée jusqu'à la paix, le 15 frimaire
» an II (5 décembre 1793). »

Dechamps (Françoise), attachée au Grand-Théâtre, âgée de trente-quatre ans, native de Langon, mise en liberté le 5 nivôse an II (25 décembre 1793). (Pour le jugement, voir Goy.)

Dechamps (Jean), natif de Bordeaux, âgé de trente-six ans, attaché au Grand-Théâtre, mis en liberté le 5 nivôse. (Voir Goy.)

Deforges (Joseph), natif de Troyes, âgé de trente-un ans, attaché au Grand-Théâtre. (Voir Goy.)

Degans (Marie), empeseuse, native de Bordeaux, âgée de quarante-deux ans.

Degans (Anne), empeseuse, de Bordeaux, sœur de la précédente, âgée de trente-six ans, accusées d'avoir caché chez elles Dudognon, prêtre, qui a dit la messe chez elles, etc., etc. Condamnées à mort, et leurs biens confisqués, le 6 messidor an II (24 juin 1794).

Degmont (Guillaume), négociant, né à Bordeaux, âgé de cinquante-trois ans, accusé d'avoir, dans ses lettres, marqué quelques doutes sur les assignats. Il se déclare bon républicain et produit des certificats. « La
» Commission militaire, convaincue que, dans aucune lettre (de sa cor-
» respondance), il n'a marqué cette ardeur qui devrait faire le caractère

» définitif de tout Français ; qu'il semble avoir adopté des propositions
» suspectes, qui n'ont pas été constatées, parce qu'il s'y est trouvé six
» lignes raturées.

» Considérant qu'il peut être envisagé comme un trembleur, qui avait
» cependant de bonnes intentions ; voulant user d'indulgence et ne lui
» donner qu'une correction fraternelle, le condamne à une amende de
» 20,000 liv., applicable à l'établissement d'un hospice, et lui donne
» trois mois pour le paiement, et ordonne qu'il sera mis en liberté le
» 28 pluviôse an II (16 février 1794). »

Degout (Joseph-François), capitaine de la 81ᵉ compagnie des vétérans nationaux, natif d'Auvillars-sur-Garonne, reconnu bon patriote, est mis en liberté le 22 ventôse (12 mars 1794).

Delbes (Pierre), prêtre, âgé de cinquante-quatre ans, natif d'Albes (Aveyron), accusé de fanatisme, etc., etc. On produit une lettre écrite par lui à une nommée Marguerite, où il dit :

« L'abomination aura sa fin ; vous êtes la triste victime de l'iniquité...
» Souffrons, et nous verrons Dieu... Voir Dieu, Marguerite, que vou-
» lons-nous davantage ? Il faut un Dieu... La nation ne l'a pas fait ; elle
» ne le peut détruire, etc., etc. » Condamné à mort, et ses biens confisqués, le 14 germinal an II (3 avril 1794).

Delille (François), accusé d'avoir été partisan de la Commission populaire ; il déclare qu'il lui avait, au contraire, été opposé, et ne peut attribuer son arrestation qu'aux mensonges de ses ennemis ; est mis en liberté, avec 100 liv. d'indemnité à prendre sur les biens des personnes mises hors de la loi, le 9 brumaire an II (30 octobre 1793).

Delonnai (M.), vivant de son revenu, natif de Mai, demeurant à Bordeaux ; reconnu pour un bon républicain, est acquitté le 5 ventôse an II (23 février 1794).

Delort (Henry), médecin, âgé de quarante-neuf ans, résidant aux Chartrons, dénoncé par le citoyen Courtois, déclare qu'il est bon républicain ; qu'il avait dénoncé les conspirateurs ; que sur la motion qui fut faite dans sa section, d'envoyer aux hommes libres de la section Franklin une adresse, il se leva, et dit : « Qu'est-il besoin de dissertation ?
» Armons-nous ; volons vers nos frères et exterminons avec eux ces
» administrateurs perfides, etc. »

« La Commission militaire, considérant qu'il a envoyé contre les bri-
» gands de la Vendée son fils, âgé de quinze ans et demi ; qu'un pareil
» sacrifice doit parler en faveur de ses sentiments civiques, etc., etc. ;
» voulant récompenser le courage de ce jeune républicain, ordonne que

Livre IV.
Chap. 8.

COMMISSION
MILITAIRE.

*Livre IV.
Chap. 8.*

COMMISSION MILITAIRE.

» le citoyen Delort sera remis en liberté, et qu'on lui comptera la somme
» de 300 liv. pour la faire parvenir à son fils, etc., etc., le 26 brumaire
» an II (16 novembre 1793). »

DELRIBAL (Guillaume), natif de Bordeaux, âgé de trente-neuf ans, condamné à mort comme aristocrate et ennemi de la révolution, le 21 messidor an II (9 juillet 1794).

DEPERLE (Pierre), boutonnier, natif de Lille, en Flandre, âgé de cinquante-deux ans, condamné à mort comme espion du roi d'Espagne, aristocrate et correspondant des émigrés, le 4 messidor an II (22 juin 1794).

DESAMAND (Pierre), courtier, natif de Bordeaux, âgé de quarante-un ans. « La Commission militaire, convaincue que Desamand (et ses amis)
» s'est montré l'ennemi du peuple, en désirant que les Français se li-
» vrassent aux Anglais; en écrivant des feuilles aristocratiques; en tra-
» mant la dissolution de l'unité et de l'indivisibilité de la république;
» qu'il doit être rangé dans la classe des aristocrates, le condamne à la
» peine de mort, et ses biens confisqués, le 9 thermidor an II (27 juillet
» 1794). »

DESCLAUX (Paul-Alexandre), commis chez son père, natif de Bordeaux, âgé de trente-huit ans, accusé de n'avoir pas montré toute l'énergie d'un républicain, pour détourner son père des erreurs dans lesquelles il était plongé; mais ayant égard à plusieurs preuves de civisme données par l'accusé, on ordonne sa mise en liberté le 17 pluviôse an II (5 février 1794).

DESCLAUX (Jérôme), maire de Savignac, âgé de cinquante-huit ans, « accusé d'avoir fomenté des troubles dans sa commune; d'avoir tenu
» des propos les plus incendiaires; d'avoir dit, entre autres choses, que
» la France était trop grande pour se gouverner en république; qu'il
» lui fallait un roi, etc., etc.; de s'être opposé aux arrêtés du district
» de Bazas, relativement à la libre circulation des grains, etc. Con-
» damné à une amende de 15,000 liv., dont 12,000 au profit de la ré-
» publique, et les autres 3,000 pour les sans-culottes de Savignac, le
» 12 nivôse an II (1er janvier 1794). »

DESCLAUX-LACOSTE (Pierre), négociant, natif de Tonneins, âgé de soixante-quinze ans. La Commission militaire ayant trouvé dans son livre de correspondance une lettre qui prouve qu'il a donné son consentement à la Commission prétendue populaire; « la Commission militaire,
» convaincue qu'il a montré de la mauvaise foi, même en présence des
» magistrats du peuple; que ses livres contiennent des ratures qui doi-
» vent rendre l'accusé très-suspect;

» Considérant, néanmoins, que, par la faiblesse de son âge, il a dû
» être plus facilement séduit, et voulant user d'indulgence, le condamne
» à 60,000 liv., dont 30,000 pour les sans-culottes de Bordeaux et le
» reste pour la république, et à être détenu jusqu'à la paix, le 17 plu-
» viôse an II (5 février 1794). »

Desclaux (P.-A.), capitaine de navire, natif de Bordeaux, âgé de trente-six ans, prouve son patriotisme ; il fut mis en liberté le 28 pluviôse an II (16 février 1794).

Desclaux (Pierre), négociant, né et domicilié aux Chartrons, âgé de soixante-six ans, convaincu d'égoïsme. Condamné à une amende de 50,000 liv., dont 40,000 pour une fabrique d'armes que le district de Bordeaux se propose d'établir, après avoir consulté le Comité de Salut public et les représentants du peuple, 5,000 pour les sans-culottes de Bordeaux, 5,000 pour ceux de Gradignan ; obligé de payer 20,000 liv. avant de sortir de la maison d'arrêt ; ayant trois mois pour payer le reste. Ayant payé de suite les 20,000 liv., il fut mis en liberté le 22 messidor an II (10 juillet 1794).

Descours (Rose), condamnée à une amende de 6,000 liv., le 5 frimaire an II (25 novembre 1793).

Desdy (Joseph), natif de Marseille, âgé de trente-deux ans, attaché au Grand-Théâtre, mis en liberté le 5 nivôse an II (25 décembre 1793). (Voir pour le jugement, l'article *Goy*.)

Desèze (Casimir), homme de loi, âgé de vingt-huit ans, « accusé de
» n'avoir jamais fait servir ses lumières pour éclairer ses concitoyens ;
» de n'avoir eu pour la révolution que de la tiédeur et de l'indifférence ;
» de s'être souvent assis, dans sa section, au rang des membres qui ne
» professaient pas de bons principes, ceux de la Montagne ; d'avoir eu
» des communications particulières avec Chaperon et Grangeneuve,
» hommes attachés au système de fédéralisme. Un témoin a déposé que
» Desèze avait dit, dans un corps-de-garde, qu'il n'y avait que les bri-
» gands de la Vendée qui pussent sauver la France.

» A cette inculpation, Desèze répondit que si le témoin eût été un
» bon républicain, il n'eût pas souffert qu'on lui tînt impunément des
» propos aussi contre-révolutionnaires ; qu'il eût sur-le-champ traîné
» le coupable devant les magistrats du pays, pour qu'il reçût le châti-
» ment réservé aux conspirateurs. Il a ajouté qu'on ne pouvait pas, sans
» absurdité, croire qu'il eût émis une opinion aussi infâme dans un
» corps-de-garde, et à un citoyen qu'il ne connaissait pas ; qu'au lieu de
» conserver l'espérance d'une contre-révolution, il n'a nourri dans son

» cœur que les sentiments de la liberté ; que, s'il ne s'était pas forte-
» ment prononcé dans sa section, c'est qu'il était naturellement timide
» et n'avait pas le talent de parler sans préparation ; mais qu'il s'était
» assidûment rendu aux assemblées publiques, et qu'il y avait toujours
» donné son assentiment aux délibérations tendant à l'affermissement de
» la république ; qu'il était à la campagne à l'époque où la Constitution
» fut proposée à la sanction du peuple ; qu'il se rendit à Bordeaux dans
» la seule intention de la signer, et qu'il eût signé, en effet, si le pro-
» cès-verbal des séances où l'on l'avait acceptée n'eût été clos ; enfin,
» en avouant qu'il a de tout temps été lié avec Romain Chaperon et
» Grangeneuve, il a protesté qu'il s'était servi de l'ascendant de l'amitié
» pour les dissuader de se mêler parmi les membres de la Commission po-
» pulaire ; Grangeneuve l'ayant trouvé dans la prison, s'écria en y en-
» trant : *Oh! mon ami, si j'en avais cru tes conseils, je ne serais pas où je suis.*

» La Commission militaire, convaincue qu'il n'y a pas de preuves
» suffisantes pour établir le propos contre-révolutionnaire qu'on a mis
» dans la bouche de Casimir Desèze ;

» Considérant qu'il est d'une nature trop grave pour que le tribunal
» y croie sans des preuves certaines ; que l'accusé ne s'est pas montré
» un ennemi décidé de la révolution, mais qu'il n'a rien fait qui prouve
» qu'elle lui était chère ; que s'il eût aimé la patrie comme lui-même,
» il eût trouvé pour combattre ses ennemis la même éloquence qu'il a
» déployée pour se défendre ; qu'à la vérité, il n'a pas grossi le nombre
» des conspirateurs, mais qu'il s'est rangé parmi les modérés, cette
» classe d'hommes qui, par ses principes, a ralenti la marche de la ré-
» volution ;

» Considérant qu'une correction fraternelle lui donnera l'énergie né-
» cessaire dans un temps de révolution, etc., etc., etc., le condamne à
» trois mois de prison et 2,000 liv. d'amende, le 29 nivôse an II (18 jan-
» vier 1794). »

Desèze (Raymond), commis-voyageur, natif de Bordeaux, âgé de trente-un ans, avoue ses torts et affirme les avoir réparés ; produit de bons certificats de la part des sans-culottes, et est mis en liberté le 18 germinal an II (7 avril 1794).

Despart (Victor), dit Tourangeau, menuisier, âgé de trente-six ans, natif de Civray-sur-Cher, arrêté comme fanatique et révolutionnaire.

« La Commission militaire, après avoir lu un prétendu *Rêve mystique*
» écrit de la main de l'accusé, et plusieurs autres écrits qui constatent
» son fanatisme ;

» Convaincue par ses propres aveux qu'il n'existe pas un plus grand
» ennemi de la république, puisque dans son interrogatoire il a déclaré
» qu'il n'a professé aucun principe républicain ; que, quant au nouvel
» ordre des choses, il voit le mal qui se fait et prévoit le bien qui peut
» survenir ; que le mal qu'il voit dans le nouvel ordre des choses est la
» punition de la peine de mort prononcée contre plusieurs personnes
» qu'on aurait mieux fait de pardonner, etc., etc.; que le bien qu'il voit
» dans l'avenir consiste dans l'espoir qu'il a de voir un jour rétablir un
» roi, qui gouvernera en bon père de famille ;
» Convaincue qu'il doit être rangé dans la classe des fanatiques, des
» aristocrates, etc., etc., le condamne à la peine de mort, et ses biens
» à être confisqués, le 24 germinal an II (13 avril 1794). »

Desvignes (Vital), homme de loi, demeurant à Rions, natif de Bordeaux, âgé de trente-six ans. « La Commission militaire, convaincue
» que Desvignes est dénoncé par l'opinion publique comme un aristo-
» crate enragé, le condamne à mort le 29 prairial an II (17 juin 1794). »

Deval (Jean), homme de loi, natif de Libourne, âgé de trente-cinq ans, condamné à un mois de détention pour le punir de l'erreur où il était tombé, et qu'il aurait dû éviter étant un homme de loi, le 18 brumaire an II (8 novembre 1793).

Devielle-Fumade (Jean), prêtre, natif de Ribérac (Dordogne), condamné à mort comme réfractaire, le 18 prairial an II (6 juin 1794).

Deville (Louis), pensionnaire chez la dame Helies, natif de St-Pierre, Martinique, âgé de treize ans. « La Commission militaire, convaincue
» que Lamégie fils et Deville ont reçu dès l'enfance des leçons aristo-
» cratiques chez la femme Helies, institutrice ; ayant égard à leur jeu-
» nesse, et espérant qu'ils n'oublieront jamais leur serment, d'aimer la
» patrie, de mourir pour elle, de ne plus écouter le langage des prêtres
» perfides, de les dénoncer et de mourir mille fois plutôt que de trahir
» leur serment, ordonne qu'ils seront mis en liberté le 4 thermidor an II
» (22 juillet 1794). »

Diatroselly (Jeanne-Louise), dite d'Orfeuille, veuve de Philippe Diatroselly, directrice du Grand-Théâtre et des Variétés, native de La Haye, domiciliée à Bordeaux, âgée de trente-huit ans.

« Accusée de délits graves attentatoires à la liberté et à l'affermisse-
» ment de la république ; d'avoir eu les liaisons les plus étroites avec
» des personnes qui s'étaient distinguées parmi les fauteurs du fédéra-
» lisme et avec un homme connu par son aristocratie, lequel a émigré ;
» d'avoir tâché de corrompre l'esprit public dans Bordeaux, en mettant

» sur le théâtre des pièces aristocratiques; d'avoir répondu à des pa-
» triotes, qui lui en désignaient de bonnes et propres à faire aimer la li-
» berté : *Il ne faut choquer aucun parti*; d'avoir été cause d'un mouve-
» ment séditieux, suscité dans la salle du Grand-Théâtre, à l'occasion
» d'une pièce représentée sous le titre : *La Vie est un Songe*.

» L'accusée a répondu qu'à la vérité, elle a vécu avec D'Orfeuille;
» mais qu'elle n'a jamais partagé les opinions politiques de ce traître;
» qu'il est de toute fausseté qu'elle ait jamais recélé le conspirateur
» Grangeneuve, et qu'elle défiait tous les hommes de le prouver; que
» si elle a fait jouer la pièce dramatique intitulée : *La Vie est un Songe*,
» elle n'a eu aucune intention criminelle; qu'elle était d'autant plus au-
» torisée à croire que la représentation n'en serait pas funeste, qu'elle
» l'avait reçue de Paris, et que cette pièce était jouée par les meilleurs
» patriotes de son théâtre; que, dans quelques circonstances, elle a mis
» au théâtre des drames très-patriotiques, et qu'elle a donné le produit
» de ces représentations aux défenseurs de la patrie, etc., etc. »

A cause de la faiblesse de son sexe et de la modicité de sa fortune, elle ne fut condamnée qu'à être détenue jusqu'à la paix, le 13 nivôse an II (2 janvier 1794).

Didier. (Voir *Broca*.)

Dirat (Louis-Marie), commis-négociant, natif de Nérac, âgé de dix-huit ans, « accusé d'avoir accepté un grade d'officier dans la force dé-
» partementale; d'avoir énoncé sa haine contre Marat, etc., etc.; d'avoir
» montré de la lâcheté lorsqu'il s'agissait d'aller combattre les ennemis
» de la patrie; d'avoir écrit dans ses lettres ces phrases : Vous saurez
» que le monstre Marat est pris et en état d'arrestation; cette nouvelle
» cause ici une joie universelle; depuis longtemps nous aurions dû l'a-
» néantir et tous ses consorts, et nous aurions la paix.... J'ai plusieurs
» missions à remplir; la principale est pour me soustraire à une levée
» de mille hommes, qu'on va faire pour la Vendée.... Vous savez qu'on
» va faire partir tous les jeunes gens de dix-huit à vingt-cinq ans; nous
» nous sommes assemblés au nombre de douze cents, et avons juré de
» mourir tous plutôt que de partir; et encore pour qui, sous qui?.....
» On immole les bons généraux; on nous conduit à la boucherie, etc.;
» on ne peut plus ni penser, ni écrire...; on ouvre toutes les lettres. »

Dirat s'excuse sur sa jeunesse; il est condamné à être détenu jusqu'à la paix, comme coupable de girondinisme, le 15 nivôse an II (4 janvier 1794).

Doadi (Charles), vivant sur son bien, natif de Bordeaux, âgé de cin-

quante-un ans, « accusé d'avoir partagé les sentiments perfides de la
» Commission prétendue populaire des Récollets, et d'avoir marqué la
» plus grande indifférence pour le succès de la révolution, etc., etc. La
» Commission militaire, convaincue qu'il a approuvé la conduite liberti-
» cide de la Commission prétendue populaire ; qu'il a manifesté le plus
» lâche égoïsme; qu'il a uniquement consulté ses intérêts, et n'a fait
» aucuns sacrifices pour la république.

» Voulant, cependant, user d'indulgence, le condamne à 100,000 liv.
» d'amende, dont 20,000 pour les sans-culottes de Bordeaux et 80,000
» pour la république; lui donne trois mois pour le paiement, et ordonne
» qu'il sera mis en liberté le 14 pluviôse an II (2 février 1794). »

Dolax (Antoine), ci-devant notaire à Sainte-Ferme, âgé de trente-
six ans, « accusé d'avoir été membre de l'administration du district de
» La Réole pendant l'existence de la Commission prétendue populaire;
» d'avoir été suspendu de ses fonctions pour avoir donné son adhésion
» à cette Commission ; d'avoir sans cesse entravé la marche de la muni-
» cipalité, en mésusant de l'influence qu'il avait sur le Directoire par ses
» facultés morales; de s'être toujours opposé, au mépris de la loi, à ce
» que les habitants de La Réole fissent disparaître les traces de la féo-
» dalité, en disant que le décret de la Convention permettait à tout ci-
» toyen d'avoir des girouettes, etc., etc. Condamné à la peine de mort,
» et ses biens confisqués, le 29 frimaire (19 décembre 1793). »

Dominget (François), négociant, natif de Bordeaux, âgé de soixante
ans. « Il résulte de sa correspondance que, dans le commencement de
» la révolution, il n'a pas eu l'énergie républicaine; cependant, ayant
» prouvé qu'il avait témoigné de l'amour pour la cause sacrée de la li-
» liberté, etc., la Commission militaire, ayant égard à ses vertus privées,
» le mit en liberté le 21 ventôse an II (11 mars 1794). »

D'Ornal du Guy (Mathurin), prêtre insermenté, natif de Sainte-Ferme,
âgé de soixante ans, s'était caché dans Bordeaux pour se soustraire à la
loi, et y a prêché des principes fanatiques. Fut condamné à mort, et ses
biens confisqués, le 8 messidor an II (26 juin 1794).

Dorville (François-René), marchand de bouteilles, âgé de quarante-
un ans, natif de Dieppe, « arrêté comme suspect de fédéralisme. Le ci-
» toyen Brochon le défendit, et prouva qu'il avait été opposé à la Com-
» mission prétendue populaire; qu'il avait eu un moment d'erreur, comme
» beaucoup de gens égarés par la faction girondine; mais qu'aussitôt
» qu'il s'est aperçu des intentions liberticides de cette Commission, il
» s'est hâté de les dénoncer à sa section, etc., etc.

» La Commission militaire, considérant qu'il a donné plusieurs preuves » de son civisme; qu'il s'est montré humain, bienfaisant; qu'il est chéri » des sans-culottes, etc., etc.; qu'il a secouru avec empressement l'é- » pouse d'un républicain qui était allé combattre les brigands de la Ven- » dée, etc., etc., etc., ordonne qu'il sera mis en liberté le 8 ventôse » an II (26 février 1794). »

Dotézac (André), maître de poste à Bordeaux, âgé de soixante ans, reconnu pour patriote par des certificats de civisme, fut mis en liberté le 8 brumaire (29 octobre 1793).

Dreignac (Pierre), négociant, âgé de trente-deux ans, né à Duras (Lot-et-Garonne), accusé d'être, avec Duvigneau, le principal agent du fédéralisme, condamné à mort le 9 thermidor (27 juillet 1794).

Drouin (Jacques), attaché au Grand-Théâtre, âgé de vingt-huit ans, natif de Lyon; mis en liberté le 5 nivôse (25 décembre 1793). (Voir *Goy*).

Dubergier (Antoine), marchand de morues, à Bordeaux, condamné à une amende de 70,000 liv., dont 50,000 au profit de la république et 20,000 pour les sans-culottes, le 29 brumaire an II (19 novembre 1793).

Dubert (Marie), religieuse, condamnée à mort comme fanatique et receleuse de prêtres, le 16 messidor (4 juillet 1794).

Dubroca (Didier). (Voir *Broca*).

Dubroca (Anne), ci-devant religieuse, née à Bordeaux, âgée de cinquante-cinq ans. « La Commission militaire, convaincue qu'Anne Du- » broca, Jeanne Lavaud, Marie Guerry et Françoise Giraud, sont des » fanatiques, qui ont eu la lâcheté de croire aux mensonges des prê- » tres;

» Considérant, néanmoins, qu'il n'est pas entièrement prouvé qu'elles » en ont recélé quelques-uns; ayant égard à la faiblesse de leur sexe, » ordonne qu'elles seront détenues comme suspectes, le 4 thermidor an II » (22 juillet 1794). »

Dubos (Jean-Baptiste), négociant, natif de Nicole (Lot-et-Garonne), âgé de quarante-quatre ans, avoue qu'il a partagé involontairement et sans le savoir les erreurs des Girondins; mais il dit avoir donné des preuves incontestables de son patriotisme: les sans-culottes témoignent en sa faveur, attestent sa haine pour les tyrans, etc., etc.; il est mis en liberté le 21 germinal (10 avril 1794).

Dubosc (Fr.), de Bordeaux, condamné à la détention jusqu'à la paix, le 13 pluviôse (1er février 1794).

Dudon (Jean-Baptiste-Pierre-Jules) fils, ci-devant procureur-général du Parlement de Bordeaux, âgé de quarante-trois ans, accusé d'aristocratie, etc.

« La Commission militaire, convaincue qu'il n'a donné, depuis le
» commencement de la révolution, aucune preuve de son amour pour
» la liberté; qu'il a toujours fréquenté les hommes contre lesquels l'o-
» pinion publique s'élevait avec le plus de force; qu'il a toujours été
» membre de ce corps aristocratique (la cavalerie) composé en grande
» partie de négociants et de nobles; qu'il n'a jamais paru dans la sec-
» tion, excepté dans les dernières circonstances, et qu'il a été député par
» elle vers la Commission prétendue populaire; qu'il commandait la ca-
» valerie lorsque les représentants du peuple, Ysabeau et Baudot, étaient
» retenus prisonniers; et que, sous le prétexte de veiller à leur sûreté,
» il contribua singulièrement à les éloigner du peuple, qui, à Bordeaux
» comme partout ailleurs, aime la république; qu'il alla à la Société des
» Récollets prêter le serment de maintenir la Constitution de 1791.

» Considérant qu'un tel homme a fait et pourrait faire encore beau-
» coup de mal à la patrie; que son adresse et ses talents le rendent infi-
» niment dangereux; ordonne qu'il subira la peine de mort, et ses biens
» confisqués, etc., etc., le 2 frimaire an II (22 novembre 1793). »

DUDOGNON (Jean-Baptiste), dit VERNEUIL, natif de Condac, district de
Nontron (Dordogne), âgé de trente-neuf ans, etc. « La Commission mi-
» litaire, etc., etc., considérant que Dudognon, prêtre, a refusé de
» prêter le serment ordonné par la loi; que dans son interrogatoire, il
» a déclaré : que, par la grâce du bon Dieu, il n'a pas prêté le serment;
» et que quand même il y aurait eu autant d'hommes sur la terre que
» de grains de sable dans la mer, on ne serait pas parvenu à lui faire
» faire un pareil serment; qu'il a dit la messe dans la maison où il s'é-
» tait caché; que ces citoyennes (Claire Garry et les deux sœurs, Anne
» et Marie Dégans, qui avaient caché ce prêtre chez elles), avaient par-
» tagé ses sentiments, etc., etc., le condamne à subir la peine de mort,
» et à la confiscation de ses biens, le 6 messidor an II (24 juin 1794). »

DUFORT-LAJARTHE (Louis), secrétaire du dernier roi, natif de Bordeaux,
âgé de cinquante-neuf ans, « accusé d'avoir conservé pour l'ancien ré-
» gime un attachement qui lui a fait envisager la révolution française
» comme l'ouvrage de la malveillance; d'avoir été en relation avec les
» contre-révolutionnaires; de s'être bercé des idées opposées au bonheur
» de la république, et, de plus, d'avoir deux fils émigrés; de plus, ac-
» cusé de fanatisme et d'avoir favorisé les prêtres insermentés. Con-
» damné à mort, et ses biens confisqués, le 28 ventôse (18 mars 1794). »

Livre IV.
Chap. 8.

COMMISSION
MILITAIRE.

Livre IV.
Chap. 8.

COMMISSION
MILITAIRE.

Dufort-Lajarthe (Élie-Louis), avocat-général au Parlement, natif de Bordeaux, âgé de quarante ans, condamné à mort comme ennemi de la liberté, le 22 messidor an II (10 juillet 1794).

Dufour (Jean), négociant, natif de Bordeaux, âgé de vingt-huit ans, condamné à mort comme conspirateur, le 8 frimaire an II (28 novembre 1793).

Dujardin (Charles-Lulé), homme de loi, natif de Paris, domicilié à Libourne, âgé de vingt-sept ans, élevé chez Guadet, député à la Convention, qui, alors l'idole des Français, l'avait égaré, fut condamné à la réclusion jusqu'à la paix, le 20 brumaire an II (10 novembre 1793).

Dujarry (Jean-Joseph), ex-notaire, domicilié à Saint-Loubès, condamné à mort comme contre-révolutionnaire, le 13 thermidor an II (31 juillet 1794).

Dumas-Fontbrauge. (Voir *Fontbrauge*).

Dumas-Laroque (Pierre-Henry), ex-conseiller au Parlement de Bordeaux, âgé de cinquante-huit ans, condamné à mort le 1er messidor an II, comme noble et contre-révolutionnaire (1er juin 1794).

Dumau ou Dumeau (Jeanne), religieuse, âgée de vingt-huit ans, condamnée à mort comme fanatique et recéleuse de prêtres insermentés, le 19 messidor an II (7 juillet 1794).

Dumirat (Jean) fils aîné, militaire, âgé de trente-quatre ans, natif de Dudoudou (Saint-Domingue), domicilié à Gradignan.

Dumirat (François) cadet, militaire, âgé de trente-deux ans, né à Saint-Domingue et domicilié à Gradignan, tous les deux frères. Condamnés à mort pour avoir fait partie du club monarchique et de la *Société de la Jeunesse bordelaise*; pour avoir tenu des propos contre l'unité et l'indivisibilité de la république, etc., le 24 messidor an II (12 juillet 1794).

Dumirat (Jean-Baptiste), père des deux fils dont nous venons de parler, ancien militaire, né à Bordeaux, domicilié à Gradignan, âgé de soixante-cinq ans, condamné à mort comme aristocrate et ennemi de la révolution, le 21 messidor an II (9 juillet 1794).

Dumontel (Pierre), prêtre, natif du district d'Excideuil (Dordogne), accusé d'avoir dit la messe dans Bordeaux; d'avoir visité des malades, et par sa morale contre-révolutionnaire d'avoir augmenté le nombre des ennemis de la liberté. Condamné à mort, et ses biens confisqués, le 4 brumaire an II (25 octobre 1793).

Dumoulin (Pierre-Laurent), né et demeurant à La Réole, âgé de soixante-dix ans, condamné, comme aristocrate, à payer une amende de

60,000 liv. et à être détenu jusqu'à la paix, comme être très-dangereux dans la république, le 7 pluviôse an II (26 janvier 1794).

Duperrier de Larsan (Germain), domicilié à Saint-Germain, district de Lesparre, natif de Bordeaux, âgé de trente-neuf ans, avoue qu'il était allé à la Commission prétendue populaire sur l'invitation pressante du procureur-syndic ; qu'il a été au nombre des citoyens égarés ; mais sitôt qu'il eut aperçu l'abîme où l'entraînait cette Commission liberticide, il s'en retourna dans son district ;

Qu'il avait été envoyé auprès des bataillons de la Gironde, dans la Vendée, pour les engager à continuer leur service ; qu'il s'était même offert pour marcher à leur tête contre les brigands.

« Il a ajouté que, quoique ci-devant noble, il n'a jamais aimé les pré-
» jugés de la ci-devant noblesse ; que sa famille a été proscrite par elle
» à l'Assemblée de 1789 pour avoir soutenu les droits du peuple ; qu'un
» de ses frères, lieutenant-colonel au 36ᵉ régiment d'infanterie, vient
» de mourir fidèle à son devoir dans l'armée du Rhin ; que, dès le com-
» mencement de la révolution, il s'en est montré le zélé défenseur ; que,
» courageux ami du peuple, il s'est fait des ennemis nombreux parmi
» les suppôts de l'ancien régime ; que ses certificats de civisme attes-
» tent qu'il a toujours chéri la révolution et les principes républi-
» cains, etc., etc.

» La Commission militaire, convaincue que Germain Duperrier, quoi-
» que né dans la caste orgueilleuse de la ci-devant noblesse, n'en a ja-
» mais aimé les sots préjugés ; que....... il a aimé l'égalité ; qu'il a été
» l'ami des malheureux, et que sa maison a été de tout temps leur
» asile ;

» Voulant rendre à la république un défenseur, et aux sans-culottes
» du district de Lesparre un véritable ami, ordonne qu'il sera sur-le-
» champ mis en liberté, etc., le 3 germinal an II (23 mars 1794). »

Dupeyrat (François-Xavier), ci-devant négociant, natif du Blayais, âgé de soixante-dix-sept ans, condamné à mort pour avoir recélé des conspirateurs, Guadet, etc., etc., le 2 thermidor an II (20 juillet 1794).

Dupeyrat (Thérèse), épouse de François Bouquey, native de Bordeaux, demeurant à Saint-Émilion, âgée de trente-deux ans, condamnée à mort pour avoir recélé des ennemis de la république, des conspirateurs ; ses biens furent confisqués, le 2 thermidor (20 juillet 1794).

Dupin (Joseph) fils, ci-devant noble et gendarme, natif de Monségur, domicilié à Barreysac, district de La Réole, arrêté comme aristocrate, et de s'être prononcé contre la mort de Capet.

« La Commission militaire, convaincue qu'il a traité la Convention
» nationale de ramas de scélérats et de brigands; qu'il a dit qu'en con-
» damnant le traître Capet, la Convention avait fait une chose indigne;
» que les gardes nationales étaient toutes des f...... canailles, et qu'il
» croirait se déshonorer d'en porter l'uniforme, etc., etc.; qu'il est
» d'autant plus coupable, qu'il tenait ces propos à des sans-culottes peu
» éclairés, qu'il cherchait à séduire; le condamne à la peine de mort,
» et à la confiscation de ses biens, le 2 germinal an II (22 mars 1794). »

Duprat (Pierre), notaire, né à La Réole, âgé de soixante-dix ans, ex-noble, condamné à mort comme aristocrate et pour avoir versé des larmes sur la mort du roi, le 21 messidor an II (9 juillet 1794).

Dupré (Lambert), cultivateur, ex-noble, natif et domicilié de Montcrabot (Lot-et-Garonne), âgé de soixante-deux ans, condamné à mort pour avoir reçu des lettres de son fils émigré, et pour avoir caché son argenterie, le 23 prairial an II (11 juin 1794).

Dupu (Françoise), louant ses services chez des religieuses, blanchisseuse de profession, native de Bordeaux, âgée de trente-huit ans.

« La Commission militaire, convaincue que Dupu, qui louait ses ser-
» vices à des religieuses insermentées, a pu facilement partager leurs
» sentiments fanatiques;
» Considérant, néanmoins, qu'elle appartient à une classe d'autant
» plus facile à séduire, qu'elle est moins instruite;
» Ayant égard aux aveux importants et utiles à la chose publique
» qu'elle s'est empressée de faire au tribunal, et la franchise avec la-
» quelle elle s'est offerte elle-même de faire le serment civique, dont les
» prêtres et des femmes fanatiques l'avaient éloignée, etc., etc., or-
» donne qu'elle sera mise en liberté, etc., etc., le 4 thermidor an II
» (22 juillet 1794). »

Dupuy (Louis), ci-devant noble, autrefois lieutenant au 59e régiment, ci-devant Bourgogne, natif de Saint-Jean-du-Gard, demeurant à Talence, âgé de vingt ans.

Il avoue « qu'il a eu le malheur d'être né dans une caste orgueilleuse
» qui a fait tous ses efforts pour perdre la liberté, mais qu'il n'a jamais
» partagé ses sentiments; que son oncle, capitaine dans le même régi-
» ment que lui, ayant, à raison de son âge et de ses infirmités, voulu
» abandonner le service, l'obligea de l'accompagner, craignant de le
» livrer à sa jeunesse et à son inexpérience, et dans l'espérance d'ob-
» tenir de lui les soins dus à sa vieillesse; que son frère a le bonheur
» de servir en ce moment la patrie, et qu'il jouirait du même avantage

» s'il n'eût été arrêté à cause de sa noblesse; que, depuis son arrivée à
» Talence, il avait donné de grandes preuves du civisme le plus pur; et
» que s'il désire être mis en liberté, c'est uniquement pour aller com-
» battre les ennemis de la chose publique, etc., etc.

» La Commission militaire, ayant égard à sa jeunesse, à ses certifi-
» cats, à la franchise de ses réponses et à son désir d'aller combattre
» les ennemis de la liberté, ordonne qu'il sera mis en liberté le 6 plu-
» viôse an II (25 janvier 1794). »

Dupuy (Pierre), syndic de marine, né et domicilié à Gauriac, âgé de cinquante-six ans, condamné à mort comme calomniateur des patriotes, fanatique et contre-révolutionnaire, le 13 messidor (1er juillet 1794).

Durand de Ramefort (Léonard), prêtre insermenté, natif de Bour-dielles (Dordogne), demeurant à Montagnac-Lacromps, route de Bergerac à Périgueux, condamné à mort pour « s'être soustrait à la loi de
» la déportation, pour fanatiser des femmes ignorantes et simples qui
» voulaient mourir avec lui, le 9 thermidor an II (27 juillet 1794). »

Lorsque Lacombe eut fini d'interroger le malheureux Durand, celui-ci retourna à sa place; et l'infâme président-juge, résumant froidement les charges, prononça la sentence de mort! Alors Durand de Ramefort bondit de sa place, et s'écrie : « Tu me condamnes, moi qui suis inno-
» cent; mais la colère du Seigneur est prête de tomber sur toi : encore
» quelques jours, et dans ce même lieu tu seras condamné à mort pour
» tes crimes, comme je le suis pour mon innocence; ce même peuple te
» conduira à l'échafaud à coups de pierres. — Peuple, s'écrie Lacombe,
» le règne des fanatiques est passé : tu ne seras plus leur dupe; tu ne
» croiras plus aux prophéties et aux miracles. Gendarmes, reconduisez
» cet homme en prison. » Ce prêtre était alors un prophète; sa prédiction s'est accomplie quelques jours plus tard.

Durand (Jean-Baptiste), greffier au tribunal du district de Libourne, où il est né; il avoue qu'il a partagé par ignorance les principes de la Commission populaire; mais il était de bonne foi, donna plusieurs preuves de son patriotisme; à cause de sa jeunesse (vingt-sept ans) et de son ignorance, il ne fut condamné qu'à huit jours de détention, le 11 brumaire an II (1er novembre 1793).

Durand (Marguerite), religieuse, native de Marmande, âgée de trente ans, condamnée à mort comme fanatique et recéleuse de prêtres, le 8 messidor an II (26 juin 1794).

Durand (Suzanne), demeurant dans la commune de Virazey, district de Marmande, âgée de vingt-six ans, arrêtée comme suspecte d'après les

Livre IV.
Chap. 8.

COMMISSION MILITAIRE.

écrits trouvés dans ses papiers, tels que le testament du dernier tyran. Condamnée à six mois de détention, le 8 messidor (26 juin 1794).

Durand (Jean), procureur du roi à Libourne, âgé de soixante-quatre ans, condamné à six ans de fers et 250,000 liv. d'amende, dont 200,000 au profit de la république et 50,000 pour les sans-culottes de Libourne, le 14 brumaire an II (4 novembre 1793).

Durand-Lagrangère (Jean-Étienne), président au tribunal de Libourne, âgé de quarante-six ans.

« La Commission militaire, convaincue qu'il est allé porter l'adresse
» perfide de Roujol dans les communes de Vayres et d'Arveyres;
» Considérant qu'il s'est empressé de revenir de ses erreurs, etc.;
» Considérant qu'en sa qualité de juge au tribunal du district, il a
» donné des preuves multipliées de ses talents et de son intégrité;
» Voulant, cependant, lui apprendre que, dans un pays libre, on ne
» s'écarte jamais impunément de la ligne des principes, le condamne à
» huit jours de détention, et ordonne qu'au sortir de la maison d'arrêt,
» il reprendra sa place, dont il s'est montré digne, et dans laquelle il a
» été conservé par le représentant du peuple, Tallien, le 22 brumaire
» an II (12 novembre 1793). »

Durandeau (Pierre), ci-devant curé de Laclotte, demeurant à Coutras, âgé de soixante-quatorze ans, arrêté comme suspect et réfractaire.

Après avoir entendu Rousset, secrétaire de Coutras, en sa faveur, les délits à lui imputés n'étant pas prouvés et provenant de haines particulières; et en considération de son grand âge, qui méritait l'indulgence du tribunal, etc., on le mit en liberté le 23 brumaire (13 novembre 1793).

Duranty (Jean), curé de Noaillan, natif de Baran (Gers), âgé de soixante ans, « accusé d'avoir entretenu une correspondance avec Langoiran, ci-
» devant vicaire-général de Bordeaux; de s'être chargé de distribuer
» un écrit infâme de ce Langoiran; d'avoir chanté un *Exaudiat*, le 31 mai
» 1793, en faveur du dernier des tyrans; d'avoir recélé chez lui des
» titres féodaux; d'avoir caché son argenterie, etc., etc. Condamné,
» comme aristocrate, à la peine de mort, et ses biens confisqués, le
» 19 ventôse an II (9 mars 1794). »

Duranton (Jacques), homme de loi, natif de Mussidan, ancien ministre de la justice, âgé de cinquante-huit ans, « accusé d'avoir, en sa
» qualité de ministre de la justice, soutenu, autant qu'il était en lui,
» les perfides partisans de Capet, puisqu'il resta seul fidèle à ce scélérat,

» alors qu'il fut abandonné de tous les autres ministres ; d'avoir signé
» des écrits liberticides, etc., etc.

» La Commission militaire, convaincue que, s'il avait véritablement
» aimé la liberté, il aurait employé le même courage avec lequel il s'é-
» leva contre les prêtres fanatiques au commencement de la révolution ;
» que l'approche de la cour, et surtout celle du tyran, avait entière-
» ment corrompu son âme, puisqu'à son retour, il eut la bassesse de
» faire l'éloge de ce monstre, etc., etc. Condamné à mort, et ses biens
» confisqués, le 29 frimaire an II (19 décembre 1793). »

Durieu (Pierre), tailleur à Sainte-Foy, âgé de cinquante-un ans, natif de Bruges, condamné à mort comme aristocrate et fanatique, et complice des émigrés, le 29 frimaire an II (19 décembre 1793). (Voir *François*.)

Durios-Durinval (Philippe), attaché au Grand-Théâtre, natif d'Agen, âgé de quarante-deux ans. (Voir *Goy*.)

Dussault (Jean-Maurice), ex-conseiller au Parlement de Bordeaux, âgé de soixante-quatre ans, condamné à mort comme aristocrate et ennemi de la révolution, le 22 messidor an II (10 juillet 1794).

Dussault (Marie), âgée de vingt-deux ans.

Dussault (Marguerite), âgée de vingt-un ans.

Dussault (Marie), âgée de dix-neuf ans, toutes trois sœurs, nobles, nées et domiciliées à Bordeaux.

« La Commission militaire, convaincue que les trois sœurs Dussault
» sont entachées d'aristocratie, et qu'appartenant à une caste si juste-
» ment proscrite, elles auraient dû prouver par leur conduite qu'elles
» ne tenaient pas aux anciens préjugés, ordonne qu'elles seront déte-
» nues comme suspectes, le 4 thermidor (22 juillet 1794). »

Dussaulx (Jérôme), agriculteur, natif de La Réole, demeurant à Morizes, âgé de soixante-quatorze ans. « La Commission militaire, con-
» vaincue que Raymond Melet, George Sabarot, Gabriel Séjourné, Fran-
» çois Verges, Jérôme Dussaulx, se sont montrés les ennemis du peuple
» en cherchant, par leurs propos et leurs actions, à détruire l'unité et
» l'indivisibilité de la république, en entretenant des correspondances
» avec les émigrés, etc.;

» Ordonne qu'ils subiront à l'instant la peine mort, et que tous leurs
» biens seront confisqués, le 11 thermidor an II (29 juillet 1794). »

Dussolier (Jean-Auguste), dit Saint-Martin, natif de Bordeaux, âgé de quarante ans, condamné à mort comme ennemi de la république, le 24 messidor an II (12 juillet 1794).

DUTHOZIA (Guy), maire de Pellegrue, âgé de trente-trois ans, accusé de fédéralisme. Il reconnaît qu'il avait été égaré par les perfides manœuvres du district de La Réole ; il abjure ses erreurs et se comporte depuis lors en vrai patriote ; il dit qu'il s'est vu avec plaisir traduit devant le tribunal, qui est à la fois la terreur du vice et de l'aristocratie, l'égide de la vertu et de la patience, etc. ; il fut mis en liberté le 7 pluviôse (26 janvier 1794).

DUTILH (Sébastien) aîné, capitaine de navire, né et domicilié à Gauriac, âgé de cinquante-six ans, condamné à mort comme calomniateur des bons patriotes de Gauriac, le 13 messidor (1er juillet 1794).

DUTILH (Raymond), juge-de-paix, né et domicilié à Gauriac, âgé de quarante-sept ans. « La Commission militaire, convaincue qu'ils avaient
» donné (Dutilh et consorts) des preuves de vertus républicaines ; qu'ils
» avaient été calomniés par des concitoyens ; mais sachant tout ce qu'ils
» avaient fait contre les prêtres, les fanatiques et les aristocrates, les
» met en liberté le 13 messidor an II (1er juillet 1794). »

DUVAL (Hugues-Joseph), ex-noble, conseiller au ci-devant Parlement de Bordeaux, âgé de quarante-neuf ans, condamné à mort comme contre-révolutionnaire, ayant payé un homme pour la force départementale, par suite des journées des 31 mai, 1er et 2 juin 1793, le 7 pluviôse an II (26 janvier 1793).

DUVAL (Joseph), ex-noble, âgé de quatre-vingts ans, condamné, comme aristocrate et ennemi de la révolution, à subir la peine de mort, et à avoir ses biens confisqués, le 1er thermidor an II (19 juillet 1794).

DUVIGNEAU (Pierre-Hyacinthe), greffier du tribunal correctionnel, natif de Bordeaux, âgé de quarante-deux ans. « La Commission militaire,
» convaincue que Duvigneau et Dreignac ont été les principaux agents
» du fédéralisme, ordonne qu'ils subiront la peine de mort, et leurs
» biens confisqués, le 9 thermidor (27 juillet 1794). »

ELIES (Marguerite), épouse Larrouy, née à Paillet, domiciliée à Bordeaux, âgée de soixante-quatre ans, condamnée à être détenue jusqu'à la paix, pour n'avoir pas dénoncé à l'autorité les lettres que son mari recevait de ses enfants, émigrés, le 29 thermidor an II (15 juillet 1794).

ERRÉRA (Daniel) fils, âgé de vingt-sept ans, marchand, né à Saint-Esprit (Bayonne), reconnu bon patriote, est mis en liberté le 5 ventôse an II (23 février 1794).

ESMARD (Gabriel-Pascal), homme de loi, de La Réole, condamné, comme aristocrate, à 20,000 liv. d'amende, est rendu à la liberté le 8 pluviôse an II (27 janvier 1794). (Voir *Jacques Laveyssière.*)

Estèbe (Saint-Éloi), négociant, natif de Québec, en Canada, âgé de cinquante-trois ans; reconnu bon patriote, est mis en liberté le 17 germinal an II (6 août 1794).

Etourneau (Charles-Alexandre), natif de La Rioche, en Saintonge, ci-devant noble, actuellement précepteur des enfants du citoyen Le Brun, accusé d'aristocratie, etc., etc. « La Commission militaire, con-
» vaincue qu'il avait accepté avec empressement la place de précepteur
» des enfants de Le Brun, pour les fortifier dans les sentiments de leur
» père; qu'il a hautement professé les principes aristocratiques, et qu'il
» doit être rangé dans la classe des aristocrates, etc., etc. Condamné à
» subir la peine de mort, et ses biens confisqués, le 17 pluviôse an II
» (5 février 1794). »

Expert (Bernard), tonnelier, demeurant à Lormont, âgé de trente-deux ans, « répond qu'il n'a jamais tenu des propos contre la liberté et
» ses défenseurs; qu'il n'a jamais eu des liaisons particulières avec le
» curé d'Ambarès; est mis en liberté le 11 brumaire (1er novembre 1793). »

Fabre (Jean-Baptiste), capitaine de navire, à Bordeaux, âgé de quarante-six ans, accusé d'avoir, comme commandant de la rade de Pointe, donné l'ordre d'arborer le drapeau blanc, répond qu'il en avait reçu l'ordre lui-même du général d'Arrost, etc., etc. Fut mis en liberté le 11 germinal an II (31 mars 1794).

Fagète. (Voir *Lafon*).

Fargeau (Benoît), préposé aux douanes nationales, actuellement administrateur du district de Bordeaux, natif de Bordeaux, âgé de vingt-neuf ans, prouve qu'il a toujours été bon patriote, ennemi des fédéralistes, de la Commission populaire et de la Société de la Jeunesse bordelaise. Mis en liberté le 28 nivôse an II (17 janvier 1794).

Fauquier (Jean-Baptiste), ci-devant conseiller au Parlement de Bordeaux, natif de Langon, y demeurant, âgé de soixante-dix-neuf ans, condamné à mort comme contre-révolutionnaire, le 19 frimaire an II (19 décembre 1793).

Faucher (Raymond), négociant, né à Limoges, domicilié à Bordeaux, officier de santé, condamné, comme égoïste et contre-révolutionnaire, à une amende de 30,000 liv. au profit des sans-culottes de Bordeaux, dont 10,000 payables avant d'être mis en liberté. Le 22 messidor (10 juillet 1794).

Faure (Robert), ci-devant conseiller à la Cour des Aides, natif de la commune de Saint-Amand-des-Bois (Haute-Charente), demeurant à Bordeaux.

Livre IV. Chap. 8.

COMMISSION MILITAIRE.

« La Commission militaire, convaincue que Jean-Baptiste Albessard, » Robert Faure, Raymond Laraudouette, Thérèse de Martin de Marcellus » mère, Jean-Baptiste Guadet (Saint-Brice), Simon Panetier, Thérèse » Thiac, Anne Bernard et Edme-Jean-Baptiste Ferraud, se sont montrés » les ennemis du peuple, en conspirant contre l'unité et l'indivisibilité » de la république, en favorisant les conspirateurs mis hors de la loi ; » en n'acceptant pas la Constitution républicaine ; en tenant des propos » contre-révolutionnaires ; en s'affligeant des victoires remportées par » les armées de la république ; en ayant peu de confiance dans les assi-» gnats, et en désirant la contre-révolution, etc., etc. La peine de mort, » leurs biens confisqués, le 3 thermidor an II (21 juillet 1794). »

Faure (Jeanne), couturière, âgée de soixante-cinq ans.

Faure (Sabine), couturière, âgée de soixante-six ans, toutes deux sœurs, domiciliées à Saint-Émilion. Ayant égard à leur ignorance, on les met en liberté le 16 brumaire an II (6 novembre 1793).

Faye (Pierre-Jean), curé de Saint-Macaire, né dans ce lieu, âgé de trente-cinq ans. « La Commission militaire, convaincue que l'accusé a » été un des principaux fédéralistes ; qu'il a abusé de sa grande influence » sur ses concitoyens, faibles et ignorants, pour les écarter des principes » de la liberté et de l'égalité, etc., etc., le condamne à être détenu jus-» qu'à la paix, à être exposé aux regards du peuple pendant trois jours, » sur la place Nationale de Bordeaux, sur un échafaud ; et pendant trois » marchés consécutifs, sur la place municipale de Saint-Macaire, deux » heures chaque fois ; ayant devant et derrière un écriteau portant ces » mots : *Partisan du fédéralisme et calomniateur d'un patriote* (le citoyen » Roffin) ; le condamne, en outre, à une amende de 10,000 liv., etc., » le 6 frimaire an II (26 novembre 1793). »

Feilhe (Charles), ex-religieux, curé constitutionnel de Gontaut, né à Villeneuve (Lot-et-Garonne). « La Commission militaire, convaincue » que si, dans quelques circonstances, Feilhe a paru tenir à ses fonctions » ecclésiastiques, ses intentions ont été expliquées par sa conduite de-» puis 1789 ;

» Considérant qu'ami de la liberté, il a tout sacrifié pour elle, et qu'il » a l'avantage d'être le premier prêtre, le seul religieux du tiers-ordre » qui ait prêté son serment sans y être forcé par la loi ;

» Considérant que son civisme, prouvé par deux pièces authentiques, » doit le séparer de cette classe horrible, qui, au nom d'un Dieu qu'ils » déshonorent, veulent assassiner son plus bel ouvrage, la liberté ; per-» suadée qu'il pourra servir utilement son pays, ordonne qu'il sera sur-

» le-champ mis en liberté, le 6 thermidor an II (24 juillet 1794). »
Felgère (Marie), âgée de soixante-deux ans.
Felgère (Marie), âgée de cinquante-deux ans.
Felgère (Jeanne), âgée de quarante-huit ans, toutes trois sœurs, marchandes mercières dans la rue Sainte-Catherine, accusées d'avoir entendu la messe des prêtres insermentés; d'avoir signé pour l'ouverture des églises; de n'avoir pas donné de preuves de patriotisme depuis le commencement de la révolution, sont condamnées solidairement à une amende de 40,000 liv., dont 20,000 au profit de la république et 10,000 pour les sans-culottes de Bordeaux, et à être, en outre, détenues jusqu'à la paix. Le 13 frimaire an II (3 décembre 1793).

Ferrand. (Voir *Barret*).

Ferrière (Jean), négociant, né à Bordeaux, âgé de cinquante-deux ans. « On lui demande s'il a toujours fait son commerce en bon répu-
» blicain, et s'il peut donner des preuves de son patriotisme. »

Il répond qu'il a toujours préféré les intérêts de la patrie aux siens; qu'il a toujours été l'ami du peuple; qu'il a rendu des services aux hôpitaux; que, depuis plus d'un an, il ne fait plus de commerce; qu'il a gravé dans le cœur de son fils l'amour de la liberté, et qu'il la défend actuellement contre ses ennemis. Est mis en liberté le 14 pluviôse an II (2 février 1794).

Ferrière (Gabriel), négociant, natif de Bordeaux, âgé de quarante-sept ans, condamné, comme égoïste, coupable de *négociantisme*, contre-révolutionnaire, à 150,000 liv. d'amende, dont 50,000 pour la république et 100,000 pour un hospice en faveur des pauvres, que les représentants doivent établir à Bordeaux. Le 1er ventôse an II (19 février 1794).

Ferrignan (Anne), marchande, native de Bordeaux, âgée de dix-huit ans, condamnée, avec Suzanne Durand et Marie Billoi, le même jour, 8 messidor (26 juin 1794), à six mois de détention, et pour les mêmes raisons. (Voir *Suzanne Durand* et *Marie Billoi*).

Feuilherade (Gabriel), courtier d'assurances, natif de Bordeaux, âgé de quarante-trois ans; reconnu bon patriote malgré ses grandes erreurs, est mis en liberté le 3 messidor an II (21 juin 1794). (Voir *Vidal*).

Feuille (Jean-Barthélemy), homme de loi, natif de Monségur, demeurant à Bordeaux, âgé de quarante-deux ans, condamné à mort comme fédéraliste et aristocrate; ayant montré dans toutes ses actions un orgueil démesuré et jamais de patriotisme; de n'avoir fréquenté que des aristocrates, et notamment de Piis. Le 11 messidor an II (29 juin 1794).

Filhot–Chimbaud (Marguerite-Thérèse), ci-devant noble, native de Bordeaux, âgée de soixante ans, « accusée d'avoir habituellement fréquenté les aristocrates et les fanatiques; d'avoir engagé un de ses enfants à quitter la patrie pour aller rejoindre ceux qui devaient y rentrer pour rétablir le despotisme; d'avoir correspondu avec lui et avec plusieurs autres émigrés; de leur avoir fait passer de l'argent; d'avoir contribué à discréditer les assignats et à faire augmenter les denrées de première nécessité; d'avoir, dans plusieurs lettres aux émigrés, manifesté le désir impie de voir bientôt les émigrés rentrer triomphants sur le territoire de la république.

» Confondue par ses propres écrits, l'accusée a eu cependant la mauvaise foi de taire les noms de tous ses complices, au nombre desquels se trouvent plusieurs négociants désignés par des signes énigmatiques, et qui lui avaient fourni les moyens de faire passer de l'argent aux émigrés;

» Considérant que si la faiblesse et l'ignorance sont pardonnables chez les femmes, la cruauté est chez elles un crime encore plus atroce que chez les hommes, la nature les ayant formées pour toutes les vertus douces et propres à faire le bonheur de la société, etc. Condamnée à mort, et ses biens confisqués, le 1er pluviôse an II (20 janvier 1794). »

Filhot (Gabriel-Barthélemy-Romain), ex-conseiller au Parlement de Bordeaux, âgé de quarante-huit ans, natif de Bordeaux, condamné à mort comme aristocrate et contre-révolutionnaire, le 22 messidor an II (10 juillet 1794).

Fisson-Monaveau (Philippe), ci-devant écuyer, domicilié à Faleyras, âgé de quarante-sept ans, accusé de s'être opposé, à Targon, à l'exécution de la loi sur le recensement des grains; d'être aristocrate et contre-révolutionnaire; est condamné à la peine de mort, et ses biens confisqués, le 14 germinal an II (3 avril 1794).

Fizeac (F.), ci-devant négociant, né à Bordeaux, âgé de soixante-dix-neuf ans. « La Commission militaire, convaincue que Fizeac a un grand reproche à se faire, celui d'avoir recélé une somme considérable en or, apportée par un homme dont il devait au moins suspecter l'incivisme; qu'il servait, par cette démarche inconsidérée, le parti des aristocrates, et manquait à la loi, qui ordonne la circulation du numéraire;

» Considérant que cette somme avait été mise en dépôt chez Salvané, qui croyait devoir la soustraire à la séquestration de ses biens, comme

» père d'émigrés, et que, sous ce rapport, l'accusé est moins coupable
» de l'avoir acceptée ;

» Considérant, d'ailleurs, que son grand âge, ses infirmités et la con-
» fiance que Salvané lui avait inspirée, lui méritent l'indulgence du tri-
» bunal, etc., etc.; ordonne qu'il sera sur-le-champ mis en liberté, le
» 4 thermidor an II (22 juillet 1794). »

Fontaine (Jeanne), native de Bordeaux, demeurant à Langon, âgée de quarante-cinq ans, « accusée par des Langonnais d'avoir manifesté
» des opinions contraires à la révolution ; d'avoir recélé des prêtres ré-
» fractaires et des nobles; d'avoir été trouvée nantie de plusieurs écrits
» empoisonnés d'aristocratie et de fanatisme, dans un desquels on lit ces
» projets, aussi ridicules que contre-révolutionnaires : Nous dirons une
» messe pendant neuf jours, et le *Miserere*, les litanies de la Sainte-
» Vierge : le premier jour, pour notre infortuné monarque ; le second
» jour, pour les prêtres qui sont sous le glaive de leurs ennemis. .....;
» le cinquième, pour toutes les religieuses si exposées depuis qu'elles
» sont dans le monde; le sixième, pour ceux qui sont morts sans sacre-
» ments depuis que l'exercice de la religion est défendu en France ; le
» septième, pour tous les prêtres catholiques exilés pour la foi, etc.

» La Commission militaire, convaincue que l'accusée a porté à la ré-
» volution une haine d'autant plus cruelle, qu'elle a le fanatisme pour
» base; que sa maison a été de tout temps une caverne, où les prêtres
» se combinaient avec les nobles pour étouffer la liberté dans son ber-
» ceau; que ces prières absurdes qu'on a trouvées chez elle prouvent
» qu'elle est esclave des prêtres et des rois ; qu'elle regarde comme cou-
» pables les hommes sages, qui, en France, ont porté le flambeau de la
» philosophie ;

» Convaincue qu'une femme dont l'âme est viciée par les idées de
» l'aristocratie et du fanatisme ne peut être qu'un fléau pour la patrie,
» la condamne seulement à être détenue jusqu'à la paix et à une amende
» de 15,000 liv., dont 10,000 au profit de la république et 5,000 pour
» les sans-culottes de Langon ; la condamne, en outre, à être exposée
» pendant trois jours sur un échafaud, sur la place publique de Langon;
» ayant devant et derrière un écriteau portant ces mots : *Fanatique et*
» *aristocrate*, etc., etc. Le 9 nivôse. »

Fontard-Courti (François-Hyacinthe), prêtre conformiste, natif de Tournon (Lot-et-Garonne), domicilié à Ambarès, âgé de trente-cinq ans.

« Accusé d'avoir fait le voyage de Paris avec Grangeneuve, ex-député

» de la Convention ; de l'avoir recélé chez lui à Ambarès pour le sous-
» traire à la recherche des républicains. Il reconnaît, en effet, avoir
» voyagé jusqu'à Cubzac avec un homme qui prenait le nom de Gran-
» ger ; étant député par sa commune pour porter à la Convention na-
» tionale l'acceptation de la Constitution, il partit de Paris avec ce même
» Granger, avec qui le citoyen Bérard lui proposa de faire ce voyage,
» et qui, arrivé à Ambarès, se déclara Grangeneuve et voulait venir à
» la cure. Le curé refusa. Me croyez-vous capable, dit-il, moi qui depuis
» le commencement de la révolution n'ai pas un seul instant tergiversé
» des principes sacrés de la liberté ; moi qui n'ai cessé de sacrifier mon
» temps à la chose publique, etc., etc.

» Il produisit des certificats de civisme, et qui prouvaient qu'il avait
» prêché les principes républicains et combattu le fédéralisme, etc.

» La Commission militaire, convaincue qu'il a eu le courage de s'é-
» lever contre les préjugés religieux, et qu'il peut encore être grandement
» utile à la république, le met en liberté le 8 pluviôse (27 janvier 1794). »

FONTBOURGADE (Jean), ex-noble, natif de Saint-Pey de Castets, district de Libourne, âgé de soixante-dix-huit ans.

» La Commission militaire, convaincue que les individus ci-dessus
» dénommés (Pierre-Léonard Seur, Paul Lapierre, Marc Villeneuve,
» Jean-François Rolland, Jean Fontbourgade, Jeanne Fontbourgade,
» Léonard-Antoine Sentout, Élies-Jean Fontroze, Martin Glynn, Samuel
» Geslin Larcnerie) sont désignés par l'opinion publique pour des aristo-
» crates enragés, des fanatiques et des ennemis de la liberté ; qu'ils n'ont
» point assisté à leurs sections, ni accepté la Constitution, etc. ; qu'ils
» doivent être rangés dans la classe des aristocrates et des ennemis de
» la liberté ; ordonne qu'ils subiront la peine de mort à l'instant, et leurs
» biens confisqués, le 1ᵉʳ thermidor an II (19 juillet 1794). »

FONTBOURGADE (Jeanne), native de Saint-Pey de Castets, demeurant avec son père, âgée de trente-un ans, condamnée à mort comme aristocrate et ennemie de la révolution, le 1ᵉʳ thermidor an II (19 juillet 1794).

FONTBRAUGE (Jacques-François-Dumas), ex-noble et conseiller au ci-devant Parlement de Bordeaux, âgé de soixante ans, condamné à mort comme aristocrate et correspondant des émigrés, le 14 prairial an II (2 juin 1794).

FONTROZE (Élies-Jean), ci-devant conseiller aux requêtes du Palais, natif de la commune d'Eyraud (Dordogne), âgé de cinquante-six ans, condamné à mort comme aristocrate et ennemi de la révolution, le 1ᵉʳ thermidor an II (19 juillet 1794).

Fontémoing (Jean-Baptiste) fils, natif de Libourne, âgé de vingt-cinq ans, accusé d'avoir prêché le fédéralisme ; d'avoir calomnié le vertueux Marat, Robespierre, Danton et autres ; d'avoir dit, lors de l'acceptation de la Constitution, qu'elle était vicieuse, etc.;

Livre IV. Chap. 8.

COMMISSION MILITAIRE.

« Considérant qu'il a donné les preuves du civisme le plus constant ;
» Considérant que, jeune et sans expérience, il a dû être dupe d'une
» foule d'intrigants, etc.;
» Considérant qu'il pourra encore servir la république, et que l'in-
» dulgence du tribunal augmentera son courage à la défendre ; la Com-
» mission militaire le condamne à être détenu jusqu'à la paix, et à une
» amende de 60,000 liv., dont 50,000 pour les sans-culottes de Libourne,
» le 20 brumaire an II (10 novembre 1793). »

Fontémoing (Jean), homme de loi, natif de Libourne, âgé de cinquante-deux ans. « La Commission militaire, convaincue qu'il est coupable
» d'insouciance et de modérantisme ;
» Considérant que ces deux vices sont destructifs de la république, et
» qu'ils doivent être sévèrement punis ;
» Considérant que pour faire oublier sa qualité d'ex-conseiller, il au-
» rait dû se montrer l'ardent ami de la liberté ;
» Considérant qu'un tel homme pourrait être dangereux dans la so-
» ciété des Français, etc., etc., le condamne à être renfermé jusqu'à la
» paix, le 21 brumaire an II (11 novembre 1793). »

Fourb (Jean-Pierre-Léonard), natif de Bordeaux, âgé de cinquante-deux ans, condamné à mort comme contre-révolutionnaire, le 8 brumaire an II (29 octobre 1793).

Fourcade (Guillaume), tonnelier, âgé de cinquante-trois ans, répond qu'il n'a pas assisté aux messes des prêtres réfractaires, n'en connaît aucun en leur demeure, ni n'a été détourné par eux des églises constitutionnelles, et avait fait exactement le service de la garde nationale ; est mis en liberté le 8 brumaire an II (29 octobre 1793).

Fourcaud (Nicolas), négociant à Libourne, âgé de cinquante-six ans. Il déclare que son âge et ses infirmités ne lui avaient pas permis d'assister aux assemblées publiques ; qu'il a fait tout ce qu'il a pu pour soulager les pauvres, et a employé son temps à faire venir du froment, qu'il donnait à 20 sous de perte par boisseau, et qu'il a fait des dons à la patrie.

« La Commission militaire, convaincue, d'après la disposition de l'ac-
» cusé, qu'il s'est rendu coupable d'insouciance et de modérantisme... ;
» qu'il ne s'est pas attelé, comme il aurait dû, au char de la révolution,
» afin de le faire parvenir plus promptement à son but ;

» Considérant que dans un pays libre, l'indifférence pour la chose pu-
» blique est un des plus grands crimes;
» Ayant, cependant, égard aux preuves de patriotisme qu'il a don-
» nées et au départ de son fils pour combattre les ennemis de la patrie,
» le condamne à une amende de 20,000 liv., dont 14,000 pour la répu-
» blique, 3,000 pour les pères et mères des enfants qui combattent pour
» la cause de la liberté, et 3,000 pour ceux qui ont combattu les rebelles
» de la Vendée, etc. Le 21 brumaire (11 novembre 1793). »

FOURNIER (Pierre-Jean), peintre de Bordeaux, né à Toulouse, âgé de cinquante-trois ans, « accusé d'avoir été l'auteur d'un écrit intitulé :
» *Dialogue entre un grenadier et le père Duchesne*, tendant à tromper les
» bons citoyens en faveur de la Commission prétendue populaire ; ca-
» lomniant beaucoup, et la Convention nationale et ses sages décrets;
» protégeant les Girondins, etc., etc. »

Fournier s'excuse, reconnaît son erreur, déclare qu'il n'avait composé l'écrit en question que pour être lu dans un dîner ; mais que le citoyen Bernada en ayant pris connaissance, lui en demanda copie et le fit lui-même imprimer et afficher.

« La Commission militaire, convaincue qu'il a été un des plus chauds
» partisans de la force départementale, etc., etc.; qu'il a eu la barbarie
» de blâmer dans ce même ouvrage la sage lenteur de la Convention
» nationale à sévir contre les conspirateurs de Bordeaux, et qu'il a pu
» lui manifester son désir de voir engloutir dans le même abîme, et les
» sans-culottes égarés, et les intrigants et les meneurs de Bordeaux, etc.,
» le condamne à subir à l'instant la peine mort, et déclare ses biens con-
» fisqués, le 25 brumaire an II (15 novembre 1793). »

FOY (Moyse-Marc), natif de Pagnol, domicilié à Bordeaux, âgé de trente-cinq ans, condamné à une amende de 50,000 liv., dont 45,558 au profit de la république, et 4,442 pour les sans-culottes, et, en outre, à être détenu jusqu'à l'entier paiement de ces sommes. Le 5 ventôse an II (23 février 1794).

FRÉTÉ (Pierre-Nicolas), courtier, associé de Chaumel, natif de Clairac, domicilié à Bordeaux. Il produit de bons certificats de civisme, et est mis en liberté le 28 pluviôse an II (16 février 1794).

FREULIN (Étienne), chasseur dans la cavalerie du Gers, né à Aget, district de Marmande, âgé de trente ans, condamné à mort comme complice d'Holmière, le 18 messidor an II (6 juillet 1794).

FRANÇOIS (Jean), ferblantier, de Sainte-Foy, natif de Belves, âgé de trente-huit ans, « accusés (avec Durieu et Moulines) de s'être montrés

» les ennemis de la révolution; d'avoir fait tous leurs efforts pour égarer
» le petit nombre de citoyens faibles et ignorants qui étaient restés fidèles
» à leur patrie ; d'avoir toujours reçu des journaux contre-révolution-
» naires ; d'avoir plusieurs fois rassemblé dans leurs maisons un grand
» nombre de mauvais citoyens, pour leur en faire la lecture et les main-
» tenir par là dans leurs principes aristocratiques; d'avoir reçu plusieurs
» lettres des émigrés; d'avoir troublé l'ordre qui régnait à Sainte-Foy ;
» d'avoir soutenu des prêtres fanatiques et leurs nombreux complices,
» contre l'énergie du véritable républicain, etc. Condamné à mort le
» 29 frimaire an II (19 décembre 1793). »

Fringues (François), gendre de Barennes, âgé de trente-deux ans, accusé de s'entendre avec son beau-père; mais enfin acquitté comme lui le 11 messidor an II (29 juin 1794).

Fumel-d'Argicourt. (Voir D'Argicourt).

Fumel (Joseph), ci-devant noble, né à Toulouse, demeurant à Haut-Brion, près Bordeaux, condamné à la peine de mort (avec Cavaza, Desamand et autres) le 9 thermidor an II (27 juillet 1794). (Voir, pour le jugement, les mots Cavaza, Desamand).

Fusier (Louis-Antoine-Jean-Baptiste), attaché au Grand-Théâtre de Bordeaux, âgé de quarante-trois ans. (Pour le jugement, voir le mot Goy).

Gabeau (Pierre-Félix), clerc de notaire, accusé d'avoir dit qu'il rougirait de se dire Français en pays étranger; que la révolution ne durerait pas. Condamné à mort le 22 prairial an II (10 juin 1794).

Gachet-Delille (Joseph), négociant, natif de Saint-Pierre (Martinique), âgé de cinquante-deux ans.

« La Commission militaire, convaincue qu'il a montré un égoïsme in-
» digne d'un bon républicain, le condamne, solidairement avec Testard,
» à une amende de 200,000 liv., dont 100,000 pour la république et
» 100,000 pour un hospice favorable à l'humanité, que les représentants
» du peuple doivent établir incessamment à Bordeaux ;
» Considérant qu'il peut être rangé dans la classe de ces modérés,
» dont la liberté est d'autant plus dangereuse dans une république nais-
» sante; ordonne qu'il sera détenu jusqu'à la paix, le 22 ventôse an II
» (12 mars 1794). »

Gaillard (Claude), natif de Chambéry, attaché au Grand-Théâtre, âgé de quarante-quatre ans. (Voir Goy).

Gallard (Joseph de), prêtre et noble, natif de Serville (Lot-et-Garonne), accusé d'avoir insulté les magistrats; de n'avoir pas prêté le

Livre IV.
Chap. 8.

COMMISSION
MILITAIRE.

serment ; d'avoir déguisé son nom ; d'avoir vendu ses propriétés pour les soustraire à la nation ; d'avoir cherché à se soustraire aux yeux surveillants des sans-culottes, en se retirant dans une cachette faite exprès; est condamné à mort, et ses biens confisqués, le 29 pluviôse an II (17 février 1794).

Galoupeau (Pierre), cultivateur, né et domicilié à Langon, âgé de soixante-quatorze ans.

« Accusé par les habitants de Coymères d'avoir tenu des propos con-
» tre-révolutionnaires ; d'avoir fait tous ses efforts pour empêcher le
» recrutement des trois cent mille hommes ; d'avoir parlé aux habitants
» de la campagne de manière à leur faire regretter d'avoir envoyé leurs
» enfants contre les ennemis de la patrie ; d'avoir, dans plusieurs occa-
» sions, cherché à les décourager par le tableau exagéré des forces et
» des succès des puissances coalisées ; d'avoir parié une vache et d'avoir
» annoncé, avec une joie barbare, que les émigrés seraient rentrés en
» France et remis en possession de tous leurs biens avant le 25 juin 1793;
» de s'être offensé grièvement de ce qu'on l'honorait du beau titre de
» citoyen, etc., etc. Condamné à mort comme aristocrate et ennemi de
» la révolution, le 13 nivôse (2 janvier 1794). »

Gans (Marie et Anne de). (Voir *Degans*).

Garat (Jean-Léonard), habitant de Libourne, âgé de quarante-sept ans, arrêté comme suspect d'aristocratie, d'hypocrisie et de fanatisme, fut condamné, à Libourne, « à être renfermé jusqu'à la paix; à être ex-
» posé aux regards du peuple pendant deux heures, sur un échafaud,
» qui sera, à cet effet, dressé sur la place municipale; ayant un écriteau
» devant et derrière, portant ces mots : *Fanatique, modérantiste, égoïste*;
» condamné, en outre, à une amende de 100,000 liv., dont 90,000 pour
» la république et 10,000 pour les sans-culottes de Libourne, payables
» en huit jours. Le 15 brumaire an II (5 novembre 1793). »

Garry (Claire), ouvrière, de Bordeaux, âgée de quarante-cinq ans, condamnée à mort le 6 messidor an II (24 juin 1794). (Pour le jugement, voir *Dudognon*.)

Gassiot (Anne), religieuse, née et domiciliée à Bordeaux, condamnée à mort pour avoir entendu la messe des prêtres réfractaires, et pour avoir refusé de faire connaître leur asile. Le 19 messidor (7 juillet 1794).

Gaubeau. (Voir *Gabeau Pierre-Félix*).

Gaussens (Jean), autrefois secrétaire du ci-devant Parlement, agriculteur, natif et domicilié de La Réole.

« Accusé, avec Dumoulin, par le Comité de surveillance de La Réole,
» de n'avoir jamais donné aucune preuve de patriotisme ; de s'être
» montré l'ami des aristocrates et des personnes suspectes d'incivisme.
» Condamné à une amende de 100,000 liv., dont 20,000 pour les sans-
» culottes de La Réole, le 7 pluviôse an II (26 janvier 1794). (Voir *Du-*
» *moulin.*) »

GAUTIER (Jean), armateur, natif de Cabarac, domicilié à Bordeaux, âgé de trente-un ans.

« La Commission militaire, convaincue qu'il a profité des circon-
» stances critiques de la république pour augmenter rapidement sa for-
» tune ; qu'il s'est beaucoup plus occupé de ses intérêts particuliers que
» de la république ; que, sous ce rapport, il pourrait à juste titre être
» rangé dans la classe des aristocrates ;
» Ayant égard, cependant, aux preuves de civisme qu'il a données
» en différentes occasions et à la modicité de sa fortune, le condamne à
» 20,000 liv., dont 5,000 pour les sans-culottes de Bordeaux, 15,000
» au profit de la république, et lui accorde trois mois pour le paiement ;
» et ordonne, en outre, qu'il sera remis en liberté le 14 pluviôse an II
» (2 février 1794). »

GAUTIER (Pierre-Antoine), natif de Veau, district de Marennes (Charente-Inférieure), est reconnu comme bon patriote ; il remet une note de ses dons particuliers ; il est mis en liberté. Après son jugement, il donne volontairement 4,000 liv. pour les sans-culottes de sa section ; 25,000 pour le vaisseau *Bec-d'Ambès*, et fait remise de 71,000 liv. qui lui sont dues par la république. Le 16 germinal an II (5 avril 1794).

GAUVRI (Jean), ci-devant secrétaire de Dudon, natif de Coutures, près Monségur, âgé de quarante-sept ans, condamné à mort comme un homme « généralement connu pour un mauvais citoyen ; qu'on a en-
» tendu faire des vœux pour la contre-révolution....; que, ne pouvant
» cacher sa haine pour la liberté, il a eu l'audace de dire publiquement,
» en voyant des habits d'uniforme nationale suspendus dans une bouti-
» que : Qu'il ne serait jamais content qu'il ne vît tous les habits patriotes
» brûlés en public, etc. Le 3 messidor an II (21 juin 1794). »

GEOFFRE-CHAMPAGNAC (Isaac-François), homme de loi, natif de Laroque, en Périgord, résidant à Coutras, aristocrate ; « ayant une corres-
» pondance avec le citoyen Lafargue, homme de loi, résidant fossés des
» Tanneurs, et un autre nommé Désieux, vicaire émigré, et avec d'au-
» tres contre-révolutionnaires, qui manifestaient par écrit leur haine
» pour la Convention, pour les Jacobins, leur amour pour la royauté et

» le désir de voir promptement fondre sur la république cette horde de
» brigands couronnés, qui prétendaient détruire la liberté des Français.
» Condamné à mort, et ses biens confisqués, le 3 frimaire (23 novembre
» 1794). »

Géraud (Pierre), natif et marchand, de Libourne, âgé de quarante-deux ans, égoïste, insouciant pour les intérêts de la république. Condamné à huit jours de prison le 21 brumaire an II (11 novembre 1793).

Géro-Laperrière, natif de Luçon, âgé de trente-six ans, attaché au Grand-Théâtre. (Voir *Goy*.)

Gervais (Jean), domicilié à Langon, tanneur, condamné à la déportation pour quatre ans, comme contre-révolutionnaire, le 11 brumaire (1er novembre 1793).

Geslin-Larenerie (Samuel), orfèvre, natif de Châtaigneraie (Vendée), âgé de quarante-quatre ans, condamné à mort le 1er thermidor an II (19 juillet 1794). (Pour le jugement, voir *Fontbourgade Jean*).

Gestas (Charles-Sébastien-Hubert), général de brigade, ci-devant maréchal-de-camp, né à Douzen (Haute-Marne), âgé de quarante-deux ans.

« Accusé d'avoir, dans sa qualité de maréchal-de-camp, favorisé les
» ennemis de la patrie, et d'avoir été destitué pour cette raison par les
» représentants du peuple Garreau, Lamarque et Carnot; d'avoir cor-
» respondu avec sa belle-sœur, son épouse et plusieurs autres émigrés;
» d'avoir demeuré à Bordeaux durant l'existence de la Commission pré-
» tendue populaire, et d'y avoir secondé ses efforts liberticides, etc.
» Condamné à la peine de mort, et ses biens confisqués, le 7 nivôse
» (27 décembre 1793). »

Gimet (Marie), empeseuse, native de Bordeaux, âgée de trente-trois ans, condamnée à mort comme receleuse de prêtres réfractaires, surtout Moulinier, Jourg et Deville-Fumade, le 18 prairial an II (6 juin 1794).

Giraud (Françoise), religieuse, âgée de cinquante-six ans, née et domiciliée à Bordeaux, condamnée, comme suspecte, à être détenue, avec Anne Dubroca et autres, le 4 thermidor an II (22 juillet 1794). (Voir *Dubroca Anne* pour le jugement).

Glyn (Martin), prêtre non-conformiste, natif d'Irlande, demeurant à Bordeaux, place de la Montagne. « La Commission militaire, convaincue
» que Glyn, prêtre non-conformiste, a cherché à se soustraire à la loi
» sur la déportation, ordonne qu'il subira la mort, et déclare ses biens
» confisqués, le 1er thermidor an II (19 juillet 1794). »

Gombaud (Michel), meunier, né et domicilié à Berson, district de Bourg, âgé de quarante-neuf ans.

Gombaud (Pierre), tonnelier, né à Saint-Ciers-de-Canesse, domicilié à Saint-Urgent, district de Bourg, âgé de vingt-neuf ans.

Gombaud (Jean), meunier, né à Gauriac, canton de Blaye, domicilié à Bessac, même canton, âgé de cinquante-deux ans, accusés tous trois d'avoir calomnié de bons patriotes; mais leur innocence fut reconnue; ils furent mis en liberté le 13 messidor (1er juillet 1794).

Gombaud (Jean-Daniel-Alphonze), ex-noble, né à Bordeaux, âgé de soixante-dix ans, condamné à mort comme aristocrate, fanatique, et pour avoir dit au procureur de la commune : « Que jamais la tyrannie » n'avait été exercée avec plus de cruauté, » le 15 prairial an II (3 juin 1794).

Gombeau (Marie), épouse de Guille Meynard, meunière, domiciliée à Gauriac, âgée de quarante-huit ans, condamnée à mort pour avoir corrompu les comestibles, le 27 germinal (16 avril 1794).

Gondal (Joseph), négociant, né à Bordeaux, âgé de quarante-un ans, condamné à quatre mois de détention le 4 ventôse an II (22 février 1794).

Goursac (Guillaume), homme de loi, natif de Bordeaux, âgé de soixante-seize ans. Ayant montré une indifférence coupable envers la patrie, ses concitoyens lui ayant refusé une carte de civisme, il ne fut condamné cependant, à cause de son grand âge, qu'à être détenu jusqu'à la paix, le 29 prairial an II (17 juin 1794).

Goy (Jean-Paulin), natif de Paris, âgé de quarante-quatre ans, attaché au Grand-Théâtre de Bordeaux, arrêté avec Blache, Gailhard, Berneval, Fusier, Lorrain, Poleron, Deschamps, Juglier, Azéma, Drouin, Durier, Laperrière, Déforges, Desdy, et les citoyennes Bizentigny, Deschamps et Lanoche, tous attachés à ce théâtre.

« Le président leur fit observer que l'opinion publique avait dénoncé » le Grand-Théâtre de Bordeaux comme étant le rendez-vous de tous » les aristocrates de cette ville; que les royalistes, les égoïstes, les mus- » cadins *(jeunes gens)*, s'y montraient avec une audace inconcevable; » qu'ils y parlaient ouvertement contre les principes de la république; » qu'en un mot, le foyer de la grande comédie était un vrai foyer de » contre-révolution, où les puissances coalisées, les fédéralistes et les » aristocrates de l'intérieur avaient peut-être plus d'un agent; qu'on » y conspirait la perte de la patrie ; que les complots liberticides tramés » dans ce réceptacle de crimes s'étaient surtout décelés à l'époque de

Livre IV.
Chap. 8.

COMMISSION
MILITAIRE.

Livre IV.
Chap. 8.

COMMISSION
MILITAIRE.

» la représentation d'une pièce intitulée : *La Vie est un Songe*, puisque,
» dans le cours de ce spectacle, à l'aide d'une rumeur excitée à dessein
» dans les loges et dans le parterre, on entendit des scélérats pousser
» l'infâme cri de *vive le roi* ; qu'on n'avait pas fait choix d'un pareil drame
» sans l'intention préméditée de provoquer une émeute funeste, d'égarer
» le peuple à une époque où le fédéralisme le travaillait en tous sens ;
» de le séduire par un tableau qui prêtait à des rapprochements perfi-
» des, en lui présentant, sous des couleurs avantageuses, les jours de
» son esclavage, etc.

» La Commission militaire, convaincue de ces faits, etc., etc., etc. ;
» voulant, néanmoins, user de l'indulgence à leur égard ; espérant qu'ils
» sauront mieux apprécier les bienfaits d'une révolution qui les tirera
» de la boue, du mépris public où les préjugés les tenaient enfoncés ;
» qu'ils sentiront mieux le prix de l'égalité, dont le règne doit leur être
» particulièrement cher ; dans la confiance que, profitant d'une leçon pa-
» ternelle, ils changeront leur théâtre en une école de patriotisme et
» de bonnes mœurs ; qu'ils le feront servir à épurer l'opinion, à re-
» monter dans Bordeaux l'esprit public, si énervé par l'égoïsme, le luxe
» et la noblesse ; qu'ils échaufferont les âmes de leurs concitoyens par
» les tableaux multipliés des vertus républicaines, et sentiront désor-
» mais que leurs grandes fonctions leur imposent l'obligation expresse
» d'éclairer le peuple, de répandre les grandes maximes de la morale
» et de la politique, et se vouer particulièrement à l'apostolat révolu-
» tionnaire.

» Séparant, d'ailleurs, leur cause de celle des artistes les plus coupa-
» bles et des personnes chargées de la direction du Grand-Théâtre, sur
» lesquelles le tribunal se réserve le droit de prononcer, ordonne que
» les accusés seront sur-le-champ mis en liberté, le 5 nivôse an II (25 dé-
» cembre 1793). »

GRAMIDOU (Pierre), serrurier, de Langon, « accusé d'avoir manifesté
» des sentiments inciviques ; d'avoir été lié avec Roudié, maire de Lan-
» gon, émigré ; d'avoir fait tirer sur le peuple lorsqu'il était officier
» municipal ; d'avoir frappé lui-même de bons citoyens de la classe des
» sans-culottes ; d'avoir été membre du club monarchique ; d'avoir loué
» sa maison pour faciliter ce rassemblement d'hommes contre-révolu-
» tionnaires ; enfin, de n'avoir pas accepté la Constitution républicaine.

» La Commission militaire, considérant, néanmoins, qu'il appartient
» à la classe respectable des sans-culottes ; qu'il en aurait eu les vertus
» si des scélérats n'eussent abusé de son ignorance pour le rendre com-

» plice de leurs crimes ; ne pouvant pas, cependant, le rendre à la li-
» berté, qu'il n'aima jamais, et à laquelle il pourrait nuire, le condamne
» à dix années de fer, le 28 frimaire an II (18 décembre 1793). »

Grandidier. Sur certaines listes, nous trouvons le nom d'un certain Grandidier, condamné, pour son insouciance pour la république, à trois mois de prison, le 13 pluviôse (1er février 1794).

Grangeneuve (Jacques-Antoine), homme de loi, représentant du peuple, âgé de quarante-trois ans.

« Accusé de s'être rendu indigne de la confiance du peuple, en vio-
» lant les lois les plus sacrées ; d'avoir calomnié les véritables amis de
» la liberté, les législateurs les plus vertueux, et d'avoir grandement
» contribué, par sa correspondance, à égarer les citoyens de Bordeaux ;
» de s'être soustrait au décret d'accusation lancé contre lui, après avoir
» solennellement déclaré à la Convention nationale qu'il n'était pas sorti
» de Paris et qu'il y attendrait son jugement ; de s'être lâchement caché
» dans une tannière pour se soustraire à la poursuite des républicains ;
» d'avoir composé des écrits trouvés avec lui au moment de son arres-
» tation, dans lesquels il déclame de la manière la plus indécente contre
» la Convention nationale, contre les braves Parisiens, contre tout le
» peuple français.

» L'accusé, par ses réponses à ces diverses accusations, n'a fait qu'ag-
» graver les crimes nombreux dont il s'était rendu coupable ; il n'a pas
» rougi d'avancer qu'*on regardait aujourd'hui comme un crime des opinions*
» *utiles.* »

Il fut condamné à la peine de mort, et ses biens confisqués, le 1er nivôse (21 décembre 1793).

Grangeneuve (Jean) cadet, administrateur du département, âgé de trente-huit ans.

« Accusé d'avoir été membre de la Commission prétendue populaire ;
» d'avoir signé presque tous les écrits de cette assemblée monstrueuse,
» qui, par le fédéralisme, voulait nous ramener à la royauté et à l'es-
» clavage ; d'avoir déclamé, dans la Société des Récollets et dans le sein
» de la Commission perfide, contre les Parisiens, les vertueux législa-
» teurs, contre tous les citoyens courageux à qui nous devons la répu-
» blique ; d'avoir abusé de ses talents pour la lecture, et d'une sensibilité
» factice pour faire passer dans les âmes le poison subtil de l'aristo-
» cratie. »

Il fut condamné à mort, et ses biens confisqués, le 1er nivôse an II (21 décembre 1793).

GRANGER (Jean-Jacques), capitaine de navire, natif d'Anacady, domicilié à Brest, âgé de quarante ans.

« Il déclara qu'au moment de son départ, son armateur, le citoyen
» Poulicain, lui amena à bord sept particuliers, en lui disant qu'ils étaient
» des négociants de Bordeaux ; qu'il lui observa que sa destination était
» pour l'Ile-de-Ré ; alors ledit Poulicain lui répondit d'aller à Blaye,
» où il aurait meilleur compte des futailles dont le navire était chargé ;
» et que ce fut pendant le voyage qu'il apprit que parmi les sept parti-
» culiers se trouvaient Guadet et Wimphen.

» La Commission militaire, convaincue que l'accusé, à son départ de
» Brest, prit sur son bord sept particuliers, au nombre desquels étaient
» Guadet et Wimphen, et plusieurs autres conspirateurs ; que la marche
» qu'il a tenue ne permet pas de douter qu'il connaissait ces personnages
» dangereux, car sa destination était pour l'Ile-de-Ré, et il vint à Bor-
» deaux ; qu'étant arrivé en cette ville, il alla annoncer au citoyen Du-
» peyrat, beau-frère dudit Guadet, l'arrivée de ce dernier et de ses
» complices au Bec-d'Ambès, dans le bien appartenant audit Dupeyrat ;
» qu'il revint le lendemain chez le même Dupeyrat pour y voir Guadet ;
» que la mauvaise foi qu'il a mise dans ses réponses et ses contradictions
» multipliées démontrent sa complicité avec le citoyen Poulicain, de
» Brest, qui a voulu dérober à la hache de la loi des hommes infiniment
» dangereux pour la république ; qu'il a partagé tous leurs crimes en
» voulant les dérober à la juste mort qu'ils ont méritée, etc. »

Condamné à mort, et ses biens confisqués, le 8 frimaire an II (28 novembre 1794).

GRATIOLET (Élie), défenseur officieux, âgé de cinquante-quatre ans, natif et domicilié de Bordeaux. « La Commission militaire, convaincue
» que Gratiolet a vexé et tyrannisé les habitants des communes de Salles et
» de Belin, où il a habité pendant dix ans, comme agent du scélérat Pichard.

» Convaincue que, dans son premier interrogatoire, il en a imposé au
» tribunal, en réclamant le témoignage de sa section, qui a unanime-
» ment déclaré ne l'avoir vu qu'une ou deux fois ; qu'il n'a point fait son
» service dans la garde nationale et n'a point accepté la Constitution, etc.,
» le condamne à subir à l'instant la peine mort, et déclare tous ses biens
» confisqués, le 4 thermidor an II (22 juillet 1794). »

GRENIER (Pierre), prêtre conformiste, âgé de cinquante ans, natif de Taille-Cavat, domicilié à Cours, avait remis ses lettres de prêtrise ; mais il recommença bientôt après ses fonctions, et fut condamné à mort comme fanatique, le 12 messidor an II (30 juin 1794).

Grenier (Joseph), dit Belmont, verrier, demeurant à Saint-Macaire, âgé de cinquante-deux ans, condamné à être détenu jusqu'à la paix, pour avoir été un chaud partisan du fédéralisme, pour avoir adhéré à la Commission populaire et pour avoir calomnié Rafin. Le 7 frimaire an II (27 novembre 1793).

Groc (Jean), président de la ci-devant Cour des Aides, natif de Bordeaux, âgé de cinquante-cinq ans, demeurant à Villeneuve-de-Graves, condamné à mort pour avoir été membre du club monarchique, de la Commission prétendue populaire, du club des Cordeliers et de la Société qui se réunissait chez Pallandre. Le 12 messidor an II (30 juin 1794).

Groc (Sophie), née à Bordeaux, âgée de vingt-trois ans.

« La Commission militaire, convaincue que Sophie Groc a, par une
» lettre écrite à Groc, son père, voulu le soustraire au juste châtiment
» de ses crimes;

» Ayant, cependant, égard à la faiblesse de son sexe, de son âge, et
» considérant qu'elle travaillait pour son père;

» Espérant qu'elle n'oubliera jamais que l'intérêt de la république doit
» marcher avant tout intérêt particulier; et qu'en rendant hommage à
» la justice nationale, la mort même de son père doit l'encourager à
» faire de nouveaux efforts pour mériter l'estime de ses concitoyens;
» ordonne qu'elle sera sur-le-champ mise en liberté, le 4 thermidor
» an II (22 juillet 1794). »

Grousit (Marie-Hortense), née à Bordeaux, âgée de trente-six ans.

Grousit (Marie-Françoise), sa sœur, âgée de trente-cinq ans, « accusées
» d'avoir entendu la messe des prêtres non-conformistes, soit chez elle,
» soit dans des maisons particulières; d'avoir donné leurs signatures
» pour l'ouverture des églises, afin de procurer aux conspirateurs plus
» de facilité pour opérer, s'ils avaient pu, leurs projets contre-révolu-
» tionnaires et rétablir par là les anciens abus.

» Coupables de fanatisme et d'aristocratie, elles furent condamnées
» seulement, à cause de la modicité de leur fortune, à être détenues jus-
» qu'à la paix, le 13 frimaire an II (3 décembre 1793). »

Guadet (Jean) père, courtier de vins, natif et domicilié à St-Émilion, âgé de soixante-dix ans, condamné à mort, et ses biens confisqués, le 2 thermidor an II (20 juillet 1794). (Pour le jugement, voir *Bouquey François*).

Guadet (Marie), âgée de soixante-cinq ans, native de Saint-Émilion, vivant avec son frère à Saint-Martin, district de Libourne, condamnée à mort, et ses biens confisqués, le 2 thermidor an II (20 juillet 1794). (Voir *Bouquey*).

Livre IV.
Chap. 8.

COMMISSION MILITAIRE.

GUADET (Marguerite-Élie), homme de loi, député à la Convention nationale, âgé de trente-cinq ans, mis hors de la loi par décret de la Convention nationale; exécuté à Bordeaux le 1er messidor an II (19 juin 1794), par suite des journées des 31 mai, 1er et 2 juin 1793. (Voir *Guadet*, page 410 du premier volume, 2e partie).

GUADET-SAINT-BRICE (Jean-Baptiste), ci-devant adjudant-général de l'armée de la Mozelle, natif de Saint-Émilion, y demeurant chez son père, âgé de trente ans, condamné à mort le 3 thermidor an II (21 juillet 1794). (Voir le jugement *Faure Robert*).

GUENOT (Bernard), huissier, né à Bordeaux, âgé de quarante-quatre ans. « La Commission militaire, convaincue que Guenot est généralement
» reconnu pour fanatique et contre-révolutionnaire; qu'après avoir signé
» pour l'ouverture des églises, il a secondé les efforts du scélérat Vigne-
» ron, qui, pour soutenir les prêtres insermentés, souilla l'écharpe mu-
» nicipale, comme magistrat, à la tête du club des Cordeliers, etc. »
Rangé dans la classe des aristocrates et des ennemis de la révolution, il fut condamné à mort, et ses biens confisqués, le 4 thermidor an II (22 juillet 1794).

GUERRY (Marie), religieuse, native de Saint-Sulpice-du-Bernat, district de Libourne, âgée de soixante-trois ans, condamnée à être détenue comme suspecte, le 4 thermidor an II (22 juillet 1794). (Voir *Dubroca Anne*).

GUESSART (Henry), ci-devant noble, natif de Parcou (Charente-Inférieure), âgé de cinquante-quatre ans, condamné à mort comme aristocrate, le 27 messidor an II (15 juillet 1794).

GUILHEM (Jeanne), native de Cayes (Saint-Louis), âgée de seize ans, fut mise en liberté le 15 frimaire an II (5 décembre 1793). Voir, pour le jugement, les mots *Benége (Marguerite)*, qui fut jugée le même jour qu'elle et avec elle).

GUIGNARD (Étienne), natif de Pineuil, domicilié à Lèves, près Sainte-Foy, âgé de quarante ans.

« La Commission militaire, convaincue qu'il a été rangé par les bons
» citoyens qui le connaissaient dans la classe des aristocrates; qu'il a
» été étroitement lié avec des femmes fanatiques; qu'il a engagé son
» frère à rétracter le serment qu'il avait prêté en qualité d'ecclésiasti-
» que, etc. Condamné à mort, et ses biens confisqués, le 12 ventôse an II
» (2 mars 1794). »

GUIRAUD ou GIRAU (Marguerite), née à Bordeaux, âgée de vingt-sept ans, religieuse, condamnée à mort comme complice de prêtres insermentés, qui ne se sont pas soumis à la déportation, et dont elle n'a pas voulu faire connaître l'asile. Le 19 messidor an II (7 juillet 1794).

Guiraud (Marie), religieuse tourière, native de Bordeaux, condamnée à mort comme recéleuse de prêtres réfractaires, le 7 thermidor an II (25 juillet 1794) (1).

Hache (Jean-Jacques), négociant, natif de Calais, demeurant aux Chartrons, à Bordeaux, âgé de quarante-neuf ans.

« La Commission militaire, convaincue que l'accusé s'est élevé contre
» la permanence des sections, dans un temps où elles étaient composées
» en grande partie de vrais sans-culottes, qui voulaient détruire les
» abus et empêcher les horreurs dont les négociants et les sans-culottes
» se sont rendus coupables; qu'il a été chaud partisan de cette perma-
» nence, lorsqu'elle tendait à corrompre les citoyens bien intentionnés
» et à précipiter Bordeaux et la république dans un abîme de malheurs;
» qu'avant l'établissement de l'infâme comité des Douze de la Convention
» nationale, il aurait voulu provoquer l'établissement d'un comité révo-
» lutionnaire, qui aurait droit de vie et de mort sur tous les membres
» de la Convention et sur tous les citoyens qui étaient à dix lieues de
» Paris; qu'il a adopté l'adresse perfide des Bordelais, dans laquelle ils
» menaçaient la Convention nationale de faire marcher contre Paris la
» moitié de la garde nationale; qu'il a provoqué l'établissement d'une
» force départementale avant celui de la Commission populaire; qu'en
» sa qualité de commandant du 4e bataillon de la légion du Nord, il a,
» non-seulement fait adopter la force départementale, mais encore dé-
» noncé comme des scélérats des citoyens assez courageux pour les
» combattre; que sa lettre à l'infâme Sers prouve, d'une manière évi-
» dente, qu'il était dans le secret des conspirateurs de la Convention na-
» tionale et de Bordeaux; qu'il a soutenu Lavau-Gayon, destitué par le
» ministre de l'intérieur, etc. Condamné à mort, et ses biens confisqués,
» le 4 frimaire an II (24 novembre 1793). »

Hallot (Étienne), homme de loi, natif de Cruly (Calvados), âgé de vingt-cinq ans, domicilié à Blaye, condamné à mort pour avoir été membre de la Commission populaire; pour avoir été, avec Lavau-Gayon, prêcher le fédéralisme dans le département des Bouches-du-Rhône. Ses biens furent, en outre, confisqués, le 16 frimaire (6 décembre 1793).

Hélies (Marie), institutrice, âgée de cinquante-neuf ans, née à Bordeaux, rue des Menuts, où elle tenait une maison d'éducation renommée.

---

(1) Nous trouvons sur certaines listes une troisième *Marie Guiraud* ou *Girau*, exécutée le 7 thermidor; nous croyons qu'il y a erreur.

Livre IV.
Chap. 8.

COMMISSION MILITAIRE.

« La Commission militaire, convaincue que Marie Hélies est rangée
» depuis longtemps par l'opinion publique dans la classe des fanatiques
» et des aristocrates; qu'elle a signé pour l'ouverture des églises, afin
» d'y rassembler les fanatiques et les aristocrates, qui, ainsi qu'elle,
» désiraient l'anéantissement de la république;

» Convaincue qu'elle a, au mépris de la loi, fait dire la messe chez
» elle par Penin; qu'elle a aussi reçu Simard, prêtre insermenté, et lui
» a laissé dire plusieurs fois la messe;

» Convaincue qu'elle était intimement liée avec les aristocrates et les
» nobles, dont plusieurs, qui ont perdu la tête sur l'échafaud, lui avaient
» confié l'éducation de leurs enfants, etc., etc.

» La Commission militaire la condamne à subir la peine de mort, et
» déclare ses biens confisqués, le 4 thermidor an II (22 juillet 1794). »

Henry (Michel), marchand, natif de Lyon, domicilié à Bordeaux, âgé de cinquante-huit ans.

L'accusé a été désigné par le Comité révolutionnaire du Bec-d'Ambès comme un égoïste et un modéré. Il n'a pas accepté la Constitution, et on a retrouvé chez lui une somme de 400 liv. en numéraire.

Il répond qu'il était absent au moment de l'acceptation de la Constitution; qu'il n'avait pas l'intention de soustraire cette somme à la circulation, puisque c'est lui-même qui indiqua aux commissaires le lieu où elle était déposée.

« La Commission militaire, convaincue que les modérés et les égoïstes
» sont d'autant plus dangereux dans une république, qu'uniquement
» occupés de leurs intérêts particuliers, ils jouissent des sacrifices que
» font les vrais patriotes, sans y contribuer eux-mêmes;

» Voulant, cependant, user de l'indulgence, le condamne à une amende
» de 40,000 liv., dont 10,000 pour les sans-culottes des sections de
» Bordeaux, et 30,000 distribuables aux comédiens attachés au ci-devant
» théâtre de la Nation, qui ont souffert de la fermeture de ce spectacle;
» et ordonne qu'il tiendra prison close jusqu'à entier paiement, le 6 plu-
» viôse an II (25 janvier 1794). »

Henry (Jacques), commis marchand, natif de Metz, âgé de vingt-neuf ans. « La Commission militaire, convaincue qu'Henry, d'après son aveu
» même, a acheté et vendu des médaillons sur lesquels était gravé le
» testament du tyran; qu'il a gardé chez lui des breloques portant des
» signes de la royauté, dans l'intention, sans doute, de les vendre à quel-
» que aristocrate;

» Convaincue qu'il est lui-même aristocrate, d'après la réponse qu'il

» fit au tribunal lors de son premier interrogatoire, et qu'il attendait
» dans le silence la contre-révolution ;

» Convaincue qu'il est infiniment lié avec le fédéraliste Caussé, qui
» s'est soustrait au glaive de la loi ; qu'il a contribué à dérober à la
» nation environ 15,000 liv. de marchandises appartenant à Caussé, en
» les recevant pour le compte de la femme Chastel, etc. Condamné à
» mort, et ses biens confisqués, le 3 thermidor an II (21 juillet 1794).
» (Voir *Viser Lyonnais*). »

Henry (Denis-Gabriel), natif de Coustens, âgé de trente ans ; reconnu bon patriote, est mis en liberté le 5 brumaire an II (25 novembre 1793).

Herzoog. (Voir *Martel*).

Hesse (Thierry-Charles), négociant, natif de Hambourg, domicilié à Bordeaux, âgé de trente-huit ans ; reconnu bon citoyen, bon républicain, est mis en liberté le 24 ventôse an II (14 mars 1794).

Holmière (David), dit Gascon, marchand, né à Castres (Tarn). Il possédait le secret d'enlever sur le papier l'encre la plus noire. On obtenait des passeports de la municipalité ; Holmière ne laissait sur le papier que les caractères imprimés, les signatures des magistrats et le *visa* des représentants. Il les remplissait ensuite en faveur des scélérats qui désiraient échapper au glaive de la loi. Il fut condamné à mort, le 18 messidor an II (6 juillet 1794), avec Freulin et Aubigneau.

Hortense (Marie), née et domiciliée à Bordeaux, rue Poudiot, âgée de trente-six ans, condamnée, comme fanatique, à être détenue jusqu'à la paix, le 13 frimaire an II (3 décembre 1793).

Hosten (Joseph), menuisier, à Saint-Michel de Bordeaux, âgé de vingt-sept ans. Il avoua qu'il avait une fois servi la messe du prêtre Dumontet, dans une maison particulière ; mais il ne croyait pas alors mal faire, ne connaissant pas les décrets ; mais qu'au surplus, il était bon citoyen, faisait le service de la garde nationale et aimait la république, et qu'il s'était soustrait au service de la force départementale, si nuisible à la liberté.

« La Commission militaire, indulgente pour un *homme faible et igno-*
» *rant* ; considérant qu'en général l'ouvrier, pour qui la révolution a été
» faite, qui profite principalement de ses avantages, ne peut être accusé
» que d'erreur quand il s'élève contre elle ;

» Considérant qu'il suffit d'éclairer le peuple sur ses véritables inté-
» rêts pour lui faire chérir l'égalité, l'acquitte et le met en liberté le
» 5 brumaire an II (26 octobre 1793), après que le président lui eut
» donné des remontrances fraternelles propres à le guérir de ses erreurs

Housset (Michel), boulanger, de Bordeaux, âgé de trente-huit ans, condamné à mort comme aristocrate et ayant fréquenté les frères Long, deux aristocrates enragés, connus sous le nom de *Patience*, le 24 prairial an II (12 juin 1794). (Voir *Long*).

Imbert (Pierre) père, marchand de bois de construction, natif de Fleix, district de Bergerac, âgé de quarante-six ans.

Imbert (Pierre) fils, né au même lieu, mais demeurant à Bordeaux.

Lacotte-Moru, leur associé, âgé de vingt-six ans, natif de St-Giron.

« Accusés tous trois d'égoïsme et d'immoralité, et d'avoir fait passer
» de l'argent à un émigré.

» Imbert père a répondu que l'émigré en question est le ci-devant duc
» de la Force; qu'antérieurement à la loi qui défend toute correspon-
» dance avec les Français qui se trouvaient sur le territoire étranger, il
» reçut effectivement quelques lettres, par lesquelles il lui demandait de
» l'argent; mais que loin de céder à ses instances, il lui répondit de la
» manière la plus vigoureuse, et l'engagea à rentrer en France pour
» jouir des bienfaits de la liberté et seconder les efforts des bons ci-
» toyens; que, depuis deux ans, il a cédé sa maison de commerce à son
» fils et à Lacotte-Moru, et n'a eu depuis lors aucune part à leur cor-
» respondance, etc., etc. Il remet sur le bureau plusieurs certificats
» constatant son civisme.

» Imbert fils a répondu que Moru tenait la correspondance, et qu'il
» n'a eu aucune connaissance de certaines lettres dont il entend la lec-
» ture. Moru atténue les faits.

» La Commission militaire, convaincue qu'Imbert père, quoiqu'il n'ait
» pas participé à la correspondance de ses associés, est cependant cou-
» pable de n'avoir pas inspecté leurs travaux et surveillé leur conduite;

» Convaincue qu'Imbert fils et Lacotte-Moru ont manifesté dans leur
» correspondance un égoïsme profond et le désir criminel de s'enrichir,
» même aux dépens de la nation; qu'ils n'ont pas rougi d'employer, à
» Paris, pour mieux vendre leurs denrées, un homme dont ils connais-
» saient l'immoralité, et dont ils ont néanmoins fait l'éloge, parce qu'il
» pouvait satisfaire leur soif de gagner;

» Ayant, cependant, égard à leur jeunesse, et comptant qu'une cor-
» rection paternelle les ramènera aux principes de la vertu, sans lesquels
» il n'est pas de bons républicains; et voulant punir Imbert père de sa
» négligence criminelle, les condamne tous trois à 100.000 liv. d'amende,

» dont 20,000 pour les sans-culottes de Bordeaux et 80,000 pour la
» république; leur donne trois mois pour le paiement. Condamne Imbert
» fils et Moru à trois mois de prison, et met le père en liberté le 14 plu-
» viôse (2 février 1794). »

Ingres (Jean-Bernard), officier de santé, natif de Saint-Martin-Gimos (Gers), âgé de vingt-trois ans, domicilié à Lacanau. Compromis par ses lettres toutes royalistes, et ne pouvant nier le fait, il fut condamné à mort comme aristocrate, fanatique, royaliste et contre-révolutionnaire, le 24 germinal an II (13 avril 1794).

Jarry (François), syndic de la navigation de la Gironde, natif de Montélimart (Dauphiné), domicilié à Bordeaux, âgé de cinquante-huit ans, arrêté comme suspect et aristocrate.

« La Commission militaire, convaincue qu'à Jarry a été refusé un
» certificat de civisme; qu'il a été désormais connu suspect, le condamne
» à la peine de mort, et déclare tous ses biens confisqués, le 6 messidor
» an II (24 juin 1794). »

Jouin (Charles), tanneur, demeurant à Libourne, natif de Courville, près Chartres, âgé de cinquante ans.

« Accusé d'avoir tenu des propos contre les Jacobins de Paris et la
» Convention nationale; d'avoir dit, à son retour de Paris, que la Con-
» vention nationale était composée d'une troupe de scélérats; qu'il a dit
» que les Jacobins de Paris avaient proposé d'égorger tous les vieillards
» âgés de soixante ans, etc.
» Il fut condamné à vingt années de fers, à être exposé deux heures,
» pendant trois marchés consécutifs, sur la place municipale de Libourne;
» ayant devant et derrière un écriteau portant ces mots : *Calomniateur*
» *de la représentation nationale et des braves Parisiens.* Le 18 brumaire
» an II (8 novembre 1793). »

Journu (Auguste), négociant de Bordeaux, âgé de quarante ans.

« La Commission militaire, convaincue qu'avant la révolution, l'ac-
» cusé a manifesté beaucoup d'orgueil et s'est targué de sa noblesse,
» achetée nouvellement par son père...; qu'il a engagé la femme Beau-
» mont, ci-devant noble, à se défaire de ses assignats; qu'il taxe de fana-
» tisme l'amour des nègres pour la liberté; qu'il a préféré les marchan-
» dises aux assignats, et a engagé ses correspondants à imiter son
» exemple; qu'il a calomnié la révolution, en lui prêtant tous les maux
» qui l'ont suivie; tandis qu'on ne peut les attribuer qu'à l'égoïsme, au
» modérantisme et à l'aristocratie; qu'il a regardé comme des crises
» déplorables celles qui seules peuvent sauver le peuple français; qu'il a

» calomnié les bons citoyens, parce qu'ils se plaignaient avec raison des
» accaparements ; qu'il a donné au capitaine d'un de ses navires l'ordre
» de le vendre aux Anglais ; qu'il s'est servi, pour déprécier les assignats,
» cette monnaie précieuse, de l'expression la plus indécente, en les
» comparant à des *pétards*, en disant qu'il n'en est pas friand, et en con-
» seillant de ne pas les laisser vieillir en portefeuille ; que ce ton ironi-
» que ne décèle pas seulement la pusillanimité de son âme, mais encore
» sa haine profonde pour la révolution ; que, dans une de ses lettres, du
» 29 août 1793, osant faire l'éloge de Bordeaux, il ne parle qu'en faveur
» des riches, eux dont l'influence a été si funeste à la liberté ; qu'il a,
» dans une autre lettre, fait l'apologie des mesures liberticides prises
» par les meneurs de cette ville, qui, par son égarement, a fait tant de
» mal à la république ; que la perfidie qui a multiplié à l'infini les ratures
» dans sa correspondance, doit naturellement faire supposer au tribunal
» des crimes encore plus atroces.

» Convaincue qu'il doit être rangé dans la classe de ceux qui ont
» adhéré à la Commission prétendue populaire et à la force départe-
» mentale, ordonne qu'il subira la peine de mort, et déclare ses biens
» confisqués, le 15 ventôse an II (5 mars 1794). »

Jousseaume (Jean), tonnelier, natif et domicilié de Saint-Macaire, âgé de trente-sept ans.

« La Commission militaire, considérant que, dans toutes ses démar-
» ches, ses intentions ont pu être pures, puisqu'il s'était montré jusqu'à
» cette époque l'ami de la liberté, et qu'il fut facile de tromper la bonne
» foi d'un homme peu instruit ; voulant, néanmoins, lui apprendre à
» réfléchir, à ne plus se livrer en aveugle aux impulsions qui pourraient
» lui être données, le condamne à un mois de détention, etc. Le 8 fri-
» maire an II (28 novembre 1793). »

Juglier (Jean-Jacques), attaché au Grand-Théâtre de Bordeaux, âgé de vingt-huit ans. (Voir *Goy*.)

Julian (Baptiste), ancien négociant, natif de Bayonne, domicilié à Bordeaux, âgé de soixante-sept ans ; reconnu bon patriote, est mis en liberté le 17 ventôse (7 mars 1794).

Katter (Henry), négociant, natif de Hambourg, domicilié à Bordeaux, âgé de vingt-neuf ans, fut reconnu bon patriote et mis en liberté ; mais son associé, Liénau, accusé d'avoir avili et traité de populace le peuple français, fut condamné à 60,000 liv. d'amende, dont 30,000 pour la république et le reste pour les sans-culottes de Bordeaux. Le 25 ventôse an II (15 mars 1794).

Kunkel (Jacques), natif de Blendolf-sur-le-Rhin, âgé de trente-six ans, produit des certificats de civisme et donne des preuves de patriotisme. Fut mis en liberté.

Immédiatement après son jugement, il donna au tribunal une nouvelle preuve de son patriotisme, en lui offrant 25,000 liv. pour la construction du vaisseau le *Bec-d'Ambès,* 4,000 liv. pour les sans-culottes de sa section, et la remise de 20,000 liv. qui lui étaient dues par la république. Le 16 germinal an II (5 avril 1794).

Labadie (André), négociant, de Bordeaux, âgé de trente-deux ans.

Labadie (Pierre-Marie), négociant, âgé de trente-six ans, tous deux frères, condamnés à mort pour avoir manifesté du mépris pour les assignats; d'avoir calomnié le peuple français, qui était indigné contre les accapareurs. Le 23 prairial an II (11 juin 1794).

Labadie (Bernard), négociant, âgé de trente-huit ans, condamné à mort pour les mêmes motifs que les deux précédents, et le même jour, le 11 juin 1794.

Labarthe. (Voir *Brunet-Labarthe*).

Labrouste (Marguerite), âgée de soixante-dix ans, avoue avoir été trompée. « La Commission militaire, vu le grand âge de l'accusée et la
» promesse solennelle qu'elle a faite en présence de l'Être-Suprême et
» du tribunal de n'être plus dupe de ces charlatans religieux qui, pour
» servir des intérêts particuliers profanent la Divinité en donnant de
» fausses idées de la vertu; ordonne qu'elle sera mise en liberté le
» 15 frimaire an II (5 décembre 1793). »

Lacam (Roch), prêtre non-conformiste, natif de Caylas, district de Montauban, domicilié depuis quatorze ans chez Mandron, rue Bouhaut, âgé de trente-huit ans.

« La Commission militaire, convaincue que l'accusé a, par sa rétrac-
» tation du serment civique, annoncé une perfidie qui le rend encore
» plus criminel que ses collègues aux yeux de la patrie; que, lors de sa
» rétractation, la distinction qu'il a faite entre le spirituel et le temporel
» n'annonce qu'une subtilité théologique propre à abuser les ignorants
» et à exciter l'indignation des vrais républicains; que, dans son inter-
» rogatoire public, il a osé manifester son dévoûment aux intérêts de
» l'église, qui, dans tous les siècles, a soutenu l'erreur et a fait couler
» à grands flots le sang des hommes; qu'il doit être considéré comme
» le complice des principaux conspirateurs qui ont été trouvés chez
» Mandron, dans un appartement préparé à les dérober (par le moyen
» d'une trappe) aux poursuites des républicains, etc., etc. Le condamne

» à la peine de mort, et déclare tous ses biens confisqués, le 14 frimaire » an II (4 décembre 1793). »

LACAZE (Gaston), domicilié à Libourne, âgé de vingt-cinq ans, condamné, pour ses propos inciviques, à être détenu jusqu'à la paix, le 20 brumaire (10 novembre 1793).

LACOMBE (Jean-Baptiste), cultivateur, natif de Toulouse, âgé de trente-deux ans, mis en liberté le 2 ventôse (20 février 1794).

LACOMBE (Jean-Baptiste), président de la Commission militaire de Bordeaux; ci-devant instituteur à Toulouse et à Bordeaux, condamné à mort comme prévaricateur, concussionnaire, exacteur, corrupteur des mœurs et de l'esprit public, et, comme tel, traître à la patrie, le 27 thermidor an II (14 août 1794). (Voir son procès au deuxième volume, 2e partie).

LACOTTE. (Voir *Imbert*).

LACOUR (Marc-Antoine), conseiller à la Cour des Aides, natif de Buzan, âgé de trente-neuf ans.

« Accusé d'avoir manifesté les opinions les plus inciviques; de n'avoir » eu des liaisons qu'avec les hommes les plus entachés d'aristocratie; » d'avoir conspiré avec eux la ruine des lois; d'avoir quitté sa patrie » pour se réunir à la horde de ses ennemis, et d'être rentré dans son » sein après avoir émigré; d'avoir fait pratiquer, dans la maison du » traître Mandron, une trappe ou demeure secrète, où, avec un grand » nombre de conspirateurs, il espérait échapper aux yeux pénétrants des » sans-culottes, etc., etc. Il fut condamné à mort, et ses biens confis- » qués, le 14 frimaire an II (4 décembre 1793). »

LACOUR (Simon), imprimeur, âgé de soixante-treize ans.

« La Commission militaire, convaincue que l'accusé n'a fait, depuis » le commencement de la révolution, aucun sacrifice pour la chose pu- » blique; qu'il ne s'est pas borné à l'égoïsme, crime affreux dans un État » libre, qu'il a encore manifesté verbalement ses sentiments inciviques; » qu'il a imprimé tous les écrits de la Commission prétendue populaire; » qu'il est par là devenu un de ses principaux complices; qu'il a con- » sacré et adhéré à tous ses actes liberticides; que ces conspirateurs » n'auraient jamais formé le projet audacieux d'usurper les pouvoirs du » peuple, s'ils n'avaient compté sur un imprimeur assez lâche, assez » intéressé, assez ennemi de la patrie, pour exhaler au loin leur venin » fédéraliste et contre-révolutionnaire; qu'il ne pouvait ignorer la loi » du 29 mars 1793, qui punit de mort tout imprimeur qui aura souillé » ses presses d'écrits tendant à rompre l'unité et l'indivisibilité de la » république, etc., etc.; ordonne qu'il subira à l'instant la peine de

» mort, et déclare ses biens confisqués, le 25 frimaire an II (17 dé-
» cembre 1793). »

Lacouture (Veuve), âgée de soixante-deux ans, couturière.

Lacouture (Magdeleine), âgée de cinquante-sept ans, couturière.

Lacouture (Rose), tailleuse, âgée de quarante-cinq ans.

Lacouture (Marie-Thérèse), âgée de trente ans. C'était toute une famille; toutes accusées d'avoir entendu la messe des prêtres non-conformistes, notamment de Chatelier.

« La Commission militaire, considérant que c'est aux femmes à user
» de leur empire pour faire chérir l'égalité, sans laquelle il n'y a pas de
» bonheur, ordonne qu'elles seront renfermées jusqu'à la paix, le 15 fri-
» maire an II (5 décembre 1793). »

Lacroix (Jean-Baptiste-Jérémie), ci-devant noble, natif de Bordeaux, gendarme de la garde, âgé de soixante-un ans.

« Il a répondu qu'étant à la campagne, il ignorait le moment de l'ac-
» ceptation de la Constitution; mais que son cœur partageait les vœux
» de tous les bons citoyens; que, s'il avait des ennemis particuliers,
» c'était parce qu'il n'allait pas à la messe et qu'il avait un procès avec
» le maire de Saint-Loubès; mais qu'il avait toujours été bon citoyen.

» La Commission militaire, convaincue qu'il n'avait pas accepté la
» Constitution républicaine; qu'il a écrit et affiché des lettres séditieuses
» tendant à égarer le peuple; qu'il a souhaité l'entrée des troupes enne-
» mies sur le territoire français; qu'il en a même menacé les bons sans-
» culottes; considérant qu'il doit être rangé dans la classe des aristo-
» crates et des ennemis de la révolution, le condamne à subir la peine
» de mort, et déclare tous ses biens confisqués, le 17 pluviôse an II
» (5 février 1794). »

Lacroix (Simon), aubergiste à Sainte-Foy, condamné à être détenu jusqu'à la paix, le 4 frimaire (24 novembre 1793).

Ladugnie (Antoine), natif de la commune de Mauroux-Cabanac, district de Lauzerte (Lot), ci-devant négociant, condamné à mort pour n'avoir pas accepté la Constitution, et comme aristocrate, le 27 messidor an II (15 juillet 1794).

Lafargue (Jean), homme de loi, natif de Bordeaux, âgé de trente-quatre ans, domicilié à Libos (Lot-et-Garonne), accusé d'aristocratie et d'avoir écrit à Geoffre-Champagnac, ci-devant lieutenant-général du sénéchal de Coutras, des lettres contenant des sentiments aristocratiques et contre-révolutionnaires.

« La Commission militaire, convaincue que l'accusé a été membre

» de la Société monarchique, qui voulait détruire les Jacobins de Bor-
» deaux, alors qu'ils ramaient dans le sens de la révolution ; que, dans
» plusieurs lettres trouvées parmi ses papiers et adressées par lui à
» Champagnac père, on lit, entre autres phrases contre-révolutionnaires,
» celle-ci : » « Ici nous sommes dans le délire et tout à la fois dans la con-
» sternation la plus profonde. Il y aurait beaucoup à dire sur la tyrannie
» des clubs et la scélératesse abominable de ce V......, dont vous me
» parliez dernièrement ; mais il n'y aurait de sûreté ici pour vous ni
» pour moi de confier tout cela dans une lettre. Celle-ci sera peut-être
» ouverte, et les inquisiteurs qui se permettent cet attentat seront peut-
» être assez impudents pour me faire un crime des plaintes que je n'ose
» laisser échapper.

» Nous ne sommes pas, il s'en faut bien, aussi heureux que vous,
» mon cher papa, quoique nous soyons plongés ici dans la plus affreuse
» anarchie, ainsi que tout le reste de la république ; car il n'y a plus de
» monarchie ; il faut s'extasier sur l'excellence et la beauté de ce nouvel
» ordre de choses, à moins qu'on ne veuille être traité comme un aris-
» tocrate, c'est-à-dire livré aux chiens et à la fureur du peuple, qui
» l'emporte de quelques degrés sur celle des cannibales. Voilà où nous
» en sommes mon frère et moi : nous n'avons plus d'état ; il nous res-
» tait quelques maisons en ville, on va bientôt les surcharger d'im-
» pôts, et, de plus, nous sommes forcés de faire des rabais sur les
» loyers. »

« Considérant qu'un tel homme serait d'autant plus dangereux à la
» république, qu'il a osé se couvrir du masque du patriotisme, le con-
» damne à subir la peine de mort, et décare ses biens confisqués, le
» 3 frimaire an II (23 novembre 1793). (Voir *Geoffre-Champagnac*). »

LAFARGUE (Jean-Baptiste), âgé de vingt-trois ans.

LAFARGUE (P.-Ambroise), âgé de trente-un ans, frères, natifs de Bordeaux ; reconnus pour être bons patriotes, sont mis en liberté le 4 frimaire an II (24 novembre 1793).

LAFEUILHERADE. (Voir *Feuilherade Vidal*).

LAFITTE (Marie) aînée, âgée de soixante-dix ans.

LAFITTE (Marguerite), âgée de soixante-trois ans.

LAFITTE (Catherine), âgée de cinquante-six ans, toutes trois sœurs,
marchandes quincaillières, demeurant place du Palais.

« La Commission militaire, convaincue qu'elles ont fréquenté des
» prêtres qui voulaient renverser la liberté ; qu'elles ont signé pour l'ou-
» verture des églises, afin que ces imposteurs pussent prêcher publi-

» quement leurs doctrines contre-révolutionnaires ; qu'au mépris de la
» loi, elles ont fait dire la messe chez elles, etc., etc.;
» Considérant que le fanatisme est incompatible avec les principes de
» liberté ; que les accusées sont les complices de ces hommes dange-
» reux, etc., etc.;
» Ayant, cependant, égard à la faiblesse de leur sexe et à leur âge ;
» espérant que les grands exemples qui leur sont présentés, et surtout
» l'absence des fourbes qui les ont égarées, laissant un libre cours à leur
» raison, les ramèneront peut-être dans les sentiers de la véritable vertu
» et de la république ; et voulant user d'indulgence, les condamne soli-
» dairement à une amende de 60,000 liv., dont 40,000 pour la républi-
» que et 20,000 pour les sans-culottes de Bordeaux ; les condamne, en
» outre, à être renfermées jusqu'à la paix, le 13 frimaire an II (3 dé-
» cembre 1793). »

LAFON (Veuve), dite FAGÈTE, native de Bordeaux, rue Leyteire, âgée de cinquante-huit ans.

« La Commission militaire, convaincue qu'au mépris des maximes
» éternelles de la liberté, elle a suivi les doctrines funestes des prêtres
» contre-révolutionnaires ; que sa manière de répondre au tribunal
» prouve qu'elle en a malheureusement trop profité, et qu'il sera diffi-
» cile de déraciner de son âme le fanatisme et l'aristocratie ;
» Considérant, néanmoins, qu'elle a six enfants, et que ces innocentes
» créatures ne doivent point être dupe de la sottise de leur mère, la
» condamne seulement à une amende de 6,000 liv. au profit de la ré-
» publique, et à être détenue jusqu'à la paix, le 13 frimaire an II (3 dé-
» cembre 1793). »

LAFON (Jean) aîné, négociant, de Bordeaux, âgé de quarante-trois ans.

« La Commission militaire (malgré des certificats de civisme), con-
» vaincue qu'il ne s'est occupé que de spéculations qui annoncent un
» cœur intéressé et sacrifiant tout à ses propres intérêts ; qu'il a ca-
» lomnié le peuple et qu'il n'a pas donné à la république des secours
» proportionnés à sa fortune ;
» Considérant, néanmoins, qu'il n'est que l'organe de son père *(mort!)*,
» et voulant user de l'indulgence, le condamne à une amende de 300,000
» livres, dont 200,000 pour la république et 100,000 applicables à un
» hospice favorable à l'humanité, que les représentants du peuple doi-
» vent établir à Bordeaux ; ordonne que Lafon gardera la prison jusqu'au
» parfait paiement. Le 7 germinal an II (27 mars 1794). »

Livre IV.
Chap. 8.

COMMISSION
MILITAIRE.

LAGASSE (Jacques-Antoine), membre du bureau de conciliation, né à Bordeaux, âgé de quarante-trois ans.

Il prouve qu'il a toujours été un excellent républicain; qu'il avait été chassé de Lyon pour avoir dit que cette ville était aristocrate et royaliste; qu'il n'avait jamais été qu'une seule fois dans la salle de la Commission prétendue populaire. Il fut mis en liberté le 17 nivôse an II (6 janvier 1794).

LAGORCE (Joseph), commis-négociant, natif de Brives-la-Gaillarde (Corrèze), âgé de quarante-trois ans.

« La Commission militaire, convaincue que si Lagorce a partagé une
» erreur, malheureusement commune à plusieurs bons citoyens de Bor-
» deaux, ses intentions ont été toujours pures; qu'au milieu de ces
» mêmes erreurs, il l'a prouvé d'une manière indubitable;

» Considérant qu'il s'est empressé de réparer sa faute en prenant les
» armes avec sa compagnie pour marcher contre la Société de la Jeu-
» nesse bordelaise, qui voulait soutenir les principes de la Commission
» prétendue populaire;

» Considérant que du fond des prisons, où il était détenu depuis dix
» mois, animé par un patriotisme brûlant, il a servi la chose publique,
» en faisant parvenir au Comité de surveillance des renseignements
» qui ont fait découvrir plusieurs conspirateurs, etc., etc., etc.;
» ordonne qu'il sera mis en liberté le 2 thermidor an II (20 juillet
» 1794). »

LAGRANGÈRE. (Voir *Durand-Lagrangère*.)

LAGUIRE (Joseph), marchand droguiste, natif de Mansic (Gers), domicilié à Bordeaux, âgé de cinquante-sept ans.

« Accusé de fanatisme et d'aristocratie; de n'avoir jamais rien fait
» pour la révolution; d'avoir embrassé la querelle des prêtres réfrac-
» taires; d'avoir prêté l'oreille à leurs suggestions; d'avoir entendu leurs
» messes dans les lieux où ils se cachaient pour conspirer la ruine de la
» liberté, et de leur avoir fourni de l'argent; de n'avoir point fréquenté
» les assemblées ni accepté la Constitution, etc., etc.

» La Commission militaire, convaincue que sa section le regarde
» comme un homme suspect; que les vices de l'aristocratie et du fana-
» tisme sont enracinés dans son âme; qu'il serait dangereux pour la
» république de laisser un tel homme parmi ses concitoyens, avant que
» la république soit délivrée des puissances qui veulent l'anéantir, le
» condamne à une amende de 50,000 liv., dont 40,000 au profit de la
» république et 10,000 pour les sans-culottes de Bordeaux; cette der-

» nière somme payable en trois jours et la première en trois mois, etc.
» Le 12 nivôse (1er janvier 1794). »

Lajard (Pierre), courtier, natif de Marseille, âgé de soixante-un ans.

« La Commission militaire, convaincue qu'il n'a donné aucune preuve
» de patriotisme ; que les pièces produites prouvent son égoïsme, et que
» ses dons à la patrie sont infiniment au-dessous de sa fortune et pres-
» que une dérision; qu'on trouve, dans une lettre du 19 août, ces mots :
» Je vois avec douleur s'élever des cris pour demander la déchéance du
» roi, etc. ;

» Convaincue qu'un pareil individu ne peut être que très-nuisible à
» la république; mais ayant égard à son grand âge, et voulant concilier
» autant qu'il est en elle ce qu'on doit à l'humanité, à la justice et sur-
» tout à l'intérêt de la république, le range dans la classe des hommes
» suspects, et ordonne qu'il sera détenu jusqu'à la paix; le condamne,
» en outre, à une amende de 300,000 liv., dont 200,000 au profit de la
» république et 100,000 pour l'hospice favorable à l'humanité, que les
» représentants doivent établir à Bordeaux. Le 9 germinal an II (29 mars
» 1794). »

Lajarthe. (Voir *Élie Dufort-Lajarthe.*)

Lalanne-Planimeste (Jean-Gabriel), âgé de quarante-un ans, condamné à six années de fers et à être exposé, pendant deux heures, sur un échafaud, aux regards du public, pour avoir tenu des propos peu ménagés contre la Convention nationale, en sa qualité de simple citoyen et de commandant de bataillon, et pour avoir favorisé la Commission prétendue populaire et la force départementale. Le 8 brumaire an II (29 octobre 1793).

Lalande (Jean-Raymond), avocat-général au ci-devant Parlement de Bordeaux, natif de Bordeaux, âgé de trente-huit ans, condamné à mort comme aristocrate et ennemi de la révolution, le 22 messidor an II (10 juillet 1794).

Lalimand (Jean-Joseph), ex-conseiller au Parlement de Bordeaux, né à Marmande, âgé de cinquante-quatre ans, condamné à mort comme aristocrate et ennemi de la révolution, le 22 messidor an II (10 juillet 1794).

Laloubie (Jean-Baptiste), se disant cultivateur depuis la révolution, et domicilié à Pessac, âgé de soixante-seize ans, condamné à mort comme ayant fréquenté des maisons où se réunissaient des femmes fanatiques et des prêtres réfractaires, enfin, comme ennemi à la révolution, le 18 messidor (6 juillet 1794).

LALOUETTE (Simon), chirurgien, natif de Coutras, âgé de quarante ans,
« accusé d'avoir fréquenté les maisons des aristocrates et d'avoir avec
» eux des liaisons, etc., etc.

» La Commission militaire, convaincue que ses talents peuvent être
» utiles à la république; qu'il brûle de les employer à battre nos enne-
» mis, en guérissant les braves soldats de la liberté, ordonne qu'il sera
» remis en liberté, et qu'il lui sera remis la somme de 100 liv., le 18 bru-
» maire an II (8 novembre 1793). »

LAMAGNÈRE (Joseph), homme de loi, natif de Bordeaux, âgé de quarante-un ans, fut condamné à mort comme aristocrate et ennemi de la
révolution, le 4 messidor an II (22 juin 1794).

LAMARQUE (Pierre-Joseph), négociant, âgé de vingt-sept ans, né et
domicilié à Bordeaux, avait été entraîné dans l'erreur; mais il avait
donné de grandes preuves de civisme; il produisit de bons certificats
des bons sans-culottes, et fut mis en liberté le 19 messidor an II (7 juillet 1794).

LAMÉGIE (Guillaume), apothicaire, à Bordeaux, reconnu bon patriote,
est mis en liberté le 4 thermidor an II (22 juillet 1794).

LAMÉGIE (Mathurin-Désiré), commis au tribunal du district de Libourne, natif de Libourne, âgé de vingt-cinq ans. Par indulgence envers
un homme un instant égaré, il ne fut condamné qu'à huit jours de détention, le 21 brumaire an II (11 novembre 1793).

LAMIT (Pierre), demeurant à Libourne, âgé de soixante-cinq ans, nie
les faits à lui reprochés.

« La Commission militaire, séante à Libourne, convaincue qu'il a
» tenu des propos contre la Convention nationale et les membres du
» district de Libourne; ayant, cependant, égard à son âge, le condamne
» à 300 liv. d'amende, applicables aux sans-culottes de Libourne, et à
» tenir prison close jusqu'au paiement de cette somme. Le 14 brumaire
» an II (4 novembre 1793). »

LANNEAU-DUCÈS (Louis), attaché au Grand-Théâtre, natif de Versailles,
mis en liberté le 5 nivôse. (Voir *Goy*).

LANBERT (Marie), âgée de quinze ans, attachée au Grand-Théâtre, mise
en liberté le 5 nivôse an II. (Voir *Goy*).

LANCE père (et son épouse), natif de Gênes, marchand de citrons, domicilié à Bordeaux, âgé de soixante-sept ans, accusé, avec sa femme,
d'incivisme, soit en tenant des propos contre l'organisation civile du
clergé, soit en colportant des écrits incendiaires. Lance nie tout, excepté
les nouvelles; mais ne sachant ni lire ni écrire, il ne pouvait s'assurer

si ces papiers étaient incendiaires ou patriotes; il voulait soutenir la liberté.

« La Commission militaire, convaincue qu'ils ont été les dupes des
» prêtres perfides, qui, sous prétexte de la religion, voulaient ramener
» les abus sacrilèges dont vivait un clergé insolent et paresseux;
» Considérant que leur ignorance profonde et leur grand âge les ren-
» dent peu dangereux pour la liberté, et leur méritent l'indulgence du
» tribunal, ordonne qu'ils seront remis en liberté et qu'ils recevront
» 200 liv. pour reprendre leur petit commerce, le 12 brumaire an II
» (2 novembre 1793). »

LANGE (Moïse), dit L'AMÉRICAIN, natif et domicilié à Bordeaux, âgé de trente-six ans, négociant.

« La Commission militaire, convaincue, d'après plusieurs lettres et
» ratures, qu'il s'est permis des spéculations illicites sur les changes;
» qu'il a montré des sentiments pusillanimes et indignes d'un républi-
» cain; que, sous ces rapports, il pourrait être rangé dans la classe de
» ces hommes faibles sur lesquels la patrie ne peut guère compter.
» Ayant, cependant, égard à une lettre écrite en 1791 et à quelques
» preuves de civisme qu'il a données; espérant qu'une correction fra-
» ternelle ne servira qu'à lui donner cette énergie qui caractérise le bon
» républicain, le condamne, solidairement avec ses frères, à une amende
» de 80,000 liv., dont 40,000 pour la république et les autres 40,000
» pour l'établissement d'un hospice favorable à l'humanité, que les re-
» présentants du peuple doivent y établir; lui accorde trois mois pour
» le paiement, et ordonne qu'il sera sur-le-champ mis en liberté, le
» 11 ventôse an II (1er mars 1794). »

LANGOIRAN (Thomas), natif de Bordeaux, ci-devant prêtre assermenté, âgé de soixante ans.

« Sur les reproches à lui faits d'avoir été membre de la Commission
» prétendue populaire et partisan de la force départementale, il a ré-
» pondu qu'il s'était à la vérité rendu, le 23 juin, à l'ordre qu'il avait reçu
» de Roullet, procureur-général-syndic; mais qu'ayant aperçu le but
» criminel de cette Commission, qui avait usurpé les pouvoirs du peu-
» ple, il s'était élevé contre elle avec le courage d'un vrai républicain;
» qu'il avait habituellement blâmé les manœuvres employées pour for-
» mer la force départementale; qu'il a toujours envisagé et présenté
» cette force funeste comme devant exciter les citoyens contre les ci-
» toyens, et attirer sur la république les maux incalculables de la guerre
» civile; qu'il a lutté de tout son pouvoir contre cette Société de la Jeu-

» nesse bordelaise ; qu'il a principalement contribué à sa dissolution ;
» qu'il fut et sera toujours l'ennemi des aristocrates, des royalistes, des
» Girondins ; en un mot, de tous les ennemis de l'égalité ; qu'il lui serait
» permis dans sa position de rappeler ses actions patriotiques, son dé-
» voûment absolu à la cause sacrée de la liberté ; mais il pense que ses
» concitoyens ne l'auront point oublié, et il se repose avec confiance sur
» la justice d'un tribunal qui, s'il est la terreur de l'aristocratie, est
» aussi l'appui du patriotisme, etc., etc. Il fut mis en liberté le 27 fri-
» maire an II (17 décembre 1793). »

On n'avait point oublié, en effet, qu'il plantait l'arbre de la liberté pendant qu'on massacrait son respectable frère, l'abbé Langoiran, vicaire-général du diocèse !

LANTOURNE (Tiburce), ancien gendarme de la garde du tyran, âgé de cinquante-huit ans, natif et domicilié de Castillon, district de Lauzun (Lot-et-Garonne).

« La Commission militaire, convaincue que Lantourne et Vasserot
» sont coupables des mêmes crimes ; que la voix publique, depuis long-
» temps, les a comptés au nombre des aristocrates ; qu'il était de noto-
» riété publique que Vasserot tenait chez lui des assemblées d'aristo-
» crates, qui n'en sortaient jamais que la nuit ;
» Ordonne qu'ils subiront la peine de mort, et déclare leurs biens
» confisqués, le 27 prairial an II (15 juin 1794). »

LAPERRIÈRE (Géro), natif de Luçon, âgé de trente-six ans, attaché au Grand-Théâtre, mis en liberté le 5 nivôse. (Voir *Goy*).

LAPIERRE (Paul), marchand de farine, natif de Puy-Castres (Gers), âgé de soixante-un ans, condamné à mort comme ennemi de la révolution, n'ayant jamais assisté à sa section ni accepté la Constitution, le 1er thermidor an II (19 juillet 1794).

LAPIERRE (Hugues), condamné à mort comme contre-révolutionnaire, le 11 messidor an II (29 juin 1794).

LAPORTE (Jean-Baptiste), conseiller au Parlement de Bordeaux, natif de Flaise, et, depuis dix-huit mois, domicilié à Tarbes, condamné à mort comme aristocrate et ennemi de la révolution, et ne s'étant jamais prononcé pour elle, le 22 messidor an II (10 juillet 1794).

LARANDOUETTE (Raymond), commis-négociant, natif de Bayonne, demeurant à Bordeaux, âgé de soixante-douze ans, condamné à mort comme ennemi du peuple, favorisant les conspirateurs, etc., le 3 thermidor an II (21 juillet 1794). (Voir *Faure-Robert*).

LARENERIE. (Voir *Geslin*).

Larceteau (Jacques), négociant, âgé de cinquante-sept ans, et Duray-Longa, négociant, son associé, âgé de quarante-trois ans, demeurant à Libourne.

« Accusés d'égoïsme, ne fréquentant ni les sociétés populaires, ni les
» sections ; n'ayant jamais rien fait pour la chose publique ; ne consa-
» crant leur temps qu'aux spéculations du commerce, et, quoique très-
» riches, n'ayant fait aucun sacrifice pour la république ; paraissant aux
» yeux de leurs concitoyens des hommes entièrement neutres.
» La Commission militaire, séante à Libourne, convaincue que les
» accusés sont coupables d'égoïsme et d'insouciance ; qu'ils n'ont em-
» ployé leur temps, depuis la révolution, qu'aux spéculations de leur
» commerce ;
» Considérant qu'ils doivent être rangés dans la classe de ces hommes
» modérés et insouciants, les ennemis les plus dangereux de la félicité
» publique ;
» Considérant, néanmoins, qu'ils n'ont pas cherché à discréditer les
» assignats et à faire augmenter les denrées de première nécessité, les
» condamne solidairement à 110,000 liv., dont 100,000 au profit de la
» république et 10,000 pour les sans-culottes des sections de Libourne ;
» ordonne, en outre, qu'ils tiendront prison close jusqu'au paiement de
» cette dernière somme. Le 16 brumaire an II (6 novembre 1793). »

Lariecht (Louis), ex-chevalier de Saint-Louis, domicilié à Barsac, âgé de soixante-quatorze ans, natif d'Agareau (Basses-Pyrénées), condamné à mort comme aristocrate ; n'ayant pas de carte de civisme ; n'ayant déposé sa croix de Saint-Louis que longtemps après l'époque fixée par la loi, et n'ayant pas accepté la Constitution. Le 9 messidor an II (27 juin 1794).

Laroche (Nicolas-François), natif de Perpignan, âgé de trente-six ans, attaché au Grand-Théâtre de Bordeaux. (Voir *Goy*).

La Roque (Martin), domicilié à Bordeaux, ex-noble et chevalier de Saint-Louis, âgé de soixante-douze ans.

« Accusé d'aristocratie et d'avoir été trouvé nanti de deux preuves
» non équivoques de son attachement à la féodalité et au royalisme, sa-
» voir : une cocarde où était attachée une croix de Saint-Louis, sur-
» montée de ce qu'on appelait jadis un *Saint-Esprit*, et d'une pièce de
» poésie où l'on excite les frères du tyran à venger son supplice, où
» l'on menace nos législateurs qui ont eu le courage de proscrire sa
» tête, et où se découvrent le désir infâme de l'espérance de la contre-
» révolution ; c'est ce que prouvent les vers suivants :

» O vous, descendants d'Henry IV !
» Dignes d'être ses petits-fils,
. . . .
» Volez au champ de la victoire,
» La mort d'un frère est à venger,
» En même temps que votre gloire.
. . . .
» Tremblez, féroce aréopage,
» Monstres vomis par les enfers,
» La mort sera votre partage.
. . . .

» Aux armes, bons Français, accourez à ces noms (Louis XVI et Henry IV).
» Vengez, vengez le sang du plus pur des Bourbons.

» L'accusé reconnaît ces vers et la cocarde comme siens; mais il re-
» fuse de dire au président de qui il les avait reçus.

» La Commission militaire, convaincue qu'appartenant à la classe des
» ci-devant nobles, il en a aussi partagé les crimes; que les emblêmes
» de la féodalité, conservés par lui jusque dans sa cocarde, annoncent
» que l'amour de l'ancien régime est profondément enraciné dans son
» cœur; que sa haine forcenée pour la révolution et pour la république
» est prouvée d'une manière évidente par ces couplets horribles, et
» dont chaque mot est un blasphème contre la représentation nationale,
» un cri de guerre contre le peuple et un vœu pour le rétablissement
» de la tyrannie;

» Convaincue que l'accusé a des intérêts et des intentions contraires
» au maintien du droit de l'homme, le condamne à la peine de mort, etc.,
» le 7 pluviôse an II (26 janvier 1794). »

LAROQUE. (Voir *Dumas-Laroque*).

LARROUYE (Pierre), maître écrivain, natif de la commune d'Escot, près d'Oleron (Basses-Pyrénées), âgé de soixante-cinq ans, domicilié à Paillet, district de Cadillac, condamné à mort pour n'avoir pas accepté la Constitution de 1793, le 27 messidor an II (15 juillet 1794). (Voir *Élies Marguerite*).

LASSABE (Pierre-Toussaint), officier de santé, natif de Sauveterre (Hautes-Pyrénées), demeurant à Bordeaux, âgé de cinquante-cinq ans.

« La Commission militaire, convaincue que Lassabe a, depuis le com-
» mencement de la révolution, donné des preuves de son aristocratie;
» qu'il était intimement lié avec Groc, aristocrate forcené; qu'il a donné

» ses soins à Panetier, prêtre réfractaire, qu'il savait parfaitement être
» caché pour se soustraire au juste châtiment qu'il méritait ; qu'il a en-
» tretenu des correspondances avec des hommes grandement suspectés
» d'émigration, et qui, dans leurs lettres, osent se déclarer ouvertement
» contre-révolutionnaires, etc. Condamné à mort, et ses biens confis-
» qués, le 4 thermidor an II (22 juillet 1794). » (Voir *Groc Jean*).

LASSABATHIE (Jean-Cyprien), ci-devant officier municipal, négociant-raffineur, rue des Menuts, âgé de soixante-cinq ans.

« La Commission militaire, convaincue que l'accusé a concouru aux
» mesures liberticides de la Commission prétendue populaire, et qu'il a
» dû partager avec elle le système horrible d'affamer Bordeaux, pour le
» livrer plus facilement aux Anglais ; qu'en sa qualité de chef de bureau
» des subsistances et d'officier municipal, il n'a rien fait pour dérober
» ses concitoyens à la plus affreuse disette ; qu'il a refusé, dans plusieurs
» occasions, de vendre du blé, dont ses greniers étaient remplis; tandis
» que les citoyens de Bordeaux étaient réduits à la famine ; qu'il a ré-
» pondu à quelques boulangers, obligés d'aller lui demander du blé :
» *Vous n'en aurez pas plus que de la m....* ; qu'il a dit à d'autres qui se
» plaignaient de la mauvaise qualité des grains et des farines : *Vous serez*
» *bien heureux si, dans quelque temps, on vous donne des patates;* que son
» aristocratie était si profondément gravée dans son cœur, qu'il ne put
» s'empêcher, dans une circonstance, de témoigner son indignation
» contre un patriote qui l'honorait du beau nom de citoyen ; qu'on a
» trouvé chez lui de très-belles farines, dont il se nourrissait, tandis que
» ses malheureux concitoyens mangeaient du pain détestable, etc. Le
» condamne à subir la peine de mort, et déclare ses biens confisqués,
» le 17 frimaire an II (7 décembre 1793). »

LASSIME (Jean-Jacques), conseiller au ci-devant Parlement de Bordeaux, condamné à mort, à l'âge de quarante-trois ans, comme aristocrate, ennemi de la révolution, et n'ayant jamais rien fait pour elle, le 22 messidor an II (10 juillet 1794).

LATUILLIÈRE (Jean), associé d'Estèbe (voir ce mot), natif de Salies (Gers); reconnu bon citoyen, bon patriote, est mis en liberté le 17 germinal an II (6 avril 1794).

LAUJAC-CHARRIER (Jacques-François), cultivateur, de Grignols (Gironde), âgé de quarante ans.

« Accusé d'avoir été dans la Commission prétendue populaire; d'avoir
» eu la faiblesse d'accepter une mission auprès d'elle; de n'avoir pas
» protesté par écrit contre elle, malgré les témoignages des citoyens

» Coucy, Dubalet, secrétaire de la commune de Grignols; de Lamarque,
» maire de Meilhan, et de Jean Sacriste, municipal de Grignols, en fa-
» veur de ses sentiments civiques et de son amour pour la liberté, etc.

» La Commission militaire, voulant, néanmoins, punir dans un ma-
» gistrat du peuple un acte de faiblesse, et apprendre à l'accusé qu'il
» aurait dû protester par écrit contre la Commission prétendue popu-
» laire, le condamne à une amende de 12,000 liv., dont 10,000 au profit
» de la république et 2,000 au profit des sans-culottes de Grignols; le
» condamne, en outre, à être détenu pendant trois mois dans la maison
» d'arrêt de Bazas. Le 12 frimaire an II (2 décembre 1793). »

Launay (Marguerite), couturière, née à La Sauve, condamnée à mort pour avoir recélé des prêtres réfractaires pendant quatorze mois, et pour avoir refusé de faire connaître leur asile, le 16 messidor an II (4 juillet 1794).

Laurent (Louis), horloger à Libourne, âgé de quarante-un ans.

« La Commission militaire, séante à Libourne, convaincue que Lau-
» rent avait manifesté des principes contraires à ceux des patriotes de
» la Convention nationale, et favorables aux fédéralistes, à la Commis-
» sion prétendue populaire, à la force départementale; qu'il a tenu des
» propos contre les membres du Directoire, qui ont eu le courage de ré-
» sister aux mesures liberticides de cette Commission monstrueuse et
» perfide;

» Considérant que l'accusé est rangé dans cette classe laborieuse et
» respectable intéressée à soutenir la liberté et l'égalité, son unique base;

» Considérant que son ignorance et la nécessité où il était de travailler
» pour nourrir sa femme et un grand nombre d'enfants, ont dû le rendre
» dupe des conspirateurs perfides et des meneurs adroits, etc., etc.;

» Ordonne qu'il sera remis en liberté après avoir reçu du président
» une morale propre à le garantir désormais de l'intrigue et de l'aristo-
» cratie, couverte du masque du patriotisme. Le 14 brumaire an II (4 no-
» vembre 1793). »

Lavalette. (Voir *Boutin-Lavalette*).

Lavau-Gayon (Pierre), natif de Marmande (Lot-et-Garonne), administrateur de la marine à Bordeaux, condamné à mort, et ses biens confisqués, comme ayant été mis hors de la loi et contre-révolutionnaire, le 2 brumaire an II (23 octobre 1793).

Lavau (Jeanne), religieuse, de Bordeaux, âgée de quarante-trois ans, condamnée à être détenue jusqu'à la paix, le 4 thermidor an II (22 juillet 1794).

Lavenue (Raymond), homme de loi, natif de Bazas, ex-député de l'Assemblée constituante, procureur-syndic du district de Bazas.

« Il avoue que, vers le mois de juin dernier, le département de la Gi-
» ronde envoya au district de Bazas un arrêté, pour qu'il eût à nommer
» deux commissaires, afin de se rendre par devers le département et
» non devers la Commission populaire ; qu'il fut nommé commissaire ;
» mais qu'ayant aperçu des œuvres perfides, il se retira à Bazas.

» La Commission militaire, convaincue que l'accusé a, dans l'Assem-
» blée constituante, manifesté des sentiments contraires à la liberté ;
» que, depuis le commencement de la révolution, il s'est constamment
» montré l'ennemi du peuple ; qu'après le 21 juin 1792, membre du
» district de Bazas, il partagea les sentiments de cette administration
» qui flagornait bassement, dans une adresse, le tyran Louis XVI, et
» qui s'élevait avec force contre les hommes fermes, qui, depuis long-
» temps, visaient à la république ;

» Convaincue que, dans ces dernières circonstances, il a été membre
» de la Commission populaire ; qu'en sa qualité de procureur-syndic du
» district de Bazas, il a été le complice de cette Commission perfide ;
» ordonne qu'il subira la peine de mort, et déclare ses biens confisqués,
» le 25 brumaire an II (15 novembre 1793). »

Laveyssière. (Voir *Verduzan*).

Laveyssière (Jacques), ci-devant noble, natif de La Réole, âgé de soixante-six ans.

« Accusé (avec Lugat Charles et Ezmard Gabriel-Pascal) d'être en-
» nemi de la révolution ; de n'avoir pas donné des preuves de patrio-
» tisme, ni fait aucun sacrifice malgré son immense fortune ; de n'avoir
» pas empêché son fils de quitter la France pour se réunir aux lâches
» émigrés ; d'avoir dit, à l'époque de l'Assemblée constituante, que s'il
» ne fallait que le sacrifice de sa vie, il le ferait, pour mettre le feu à la
» salle où l'Assemblée tenait ses séances.

» Ezmard, accusé de s'être refusé de se rendre aux assemblées mu-
» nicipales, d'être resté à la campagne et de ne venir en ville que pour
» fréquenter les aristocrates. »

A cela, il répondit qu'il avait été malade à la campagne ; et loin d'être un aristocrate, il soutient qu'il est bon républicain ; et en preuve, affirme qu'il a été l'un des fondateurs de la Société populaire de La Réole.

Ezmard fut condamné à 20,000 liv. d'amende, dont 10,000 au béné-fice des sans-culottes de La Réole, et les autres 10,000 pour la républi-que, et lui accorde trois mois pour le paiement. (Voir *Lugat*).

Laveyssière fut condamné à subir la peine de mort, et ses biens furent confisqués, le 8 pluviôse an II (27 janvier 1794).

Laveyssière (Louis), chanoine, domicilié à Bordeaux, âgé de soixante-six ans, condamné à mort comme prêtre réfractaire.

Laveyssière ou Lavaissière (Pierre), ci-devant gendarme du tyran. Comme maire de la commune de Saint-André-du-Gard, il adhéra à la Commission prétendue populaire, et fit adopter, par des municipalités voisines, un ouvrage rédigé par le district de La Réole, etc., etc. Il fut condamné à mort, et ses biens confisqués, le 11 frimaire (1er décembre 1793).

Lavigne (Jean-Hugon), menuisier, de Sainte-Foy, âgé de quarante-six ans.

« Accusé d'aristocratie et de propos contre-révolutionnaires, comme
» celui-ci : S'il y avait cent b...... comme moi, nous mettrions tous les
» patriotes à la lanterne. Je ne me battrai pas pour Calvin, mais pour le
» roi. La veille de l'arrivée de Belleville et de Jay, qui avaient été envoyés
» à Paris pour y porter les vœux des sections de Sainte-Foy, il tint ces
» propos : On dit que Jay et Belleville portent des ordres pour faire
» partir les hommes; pour moi, je ne partirai pas : on pourra faire partir
» les républicains, car les plus coquins sont les plus honnêtes gens !
» Pour moi, je suis royaliste, f.....;

» Considérant que l'accusé a mérité la mort; mais qu'il peut être plus
» utile de le donner en exemple aux mauvais citoyens de Sainte-Foy,
» qui seraient tentés de l'imiter; et que, jeune et vigoureux, il pourra
» encore travailler utilement pour la patrie dans les galères de la répu-
» blique, la Commission militaire le condamne à vingt années de fers,
» et à être exposé aux regards du peuple, deux heures chaque fois, pen-
» dant huit marchés consécutifs, sur la place municipale de Sainte-Foy;
» ayant devant et derrière un écriteau portant ces mots : *Fanatique,*
» *perturbateur et royaliste.* Le 16 brumaire an II (16 novembre 1793). »

Lavie (Antoine), ci-devant président au Parlement de Bordeaux, domicilié au Taillan, âgé de quarante-six ans.

« Lavie répond aux charges, que, député à l'Assemblée constituante
» par l'ancienne noblesse, il n'a jamais voté que pour ce qui pouvait
» faire le bonheur du peuple; qu'à cette époque, il reçut des remerci-
» ments pour la conduite qu'il avait tenue contre Cazalès, Maury et au-
» tres, membres du côté droit.

» La Commission militaire, considérant qu'il s'était toujours comporté
» en bon citoyen; qu'ami de l'humanité et de la liberté, il a donné tous

» ses soins à l'éducation d'un jeune nègre, qu'il a adopté au nombre de
» ses enfants.

» Enfin, quoique noble et né dans cette caste orgueilleuse qui, ne
» s'occupant qu'à humilier le peuple, il n'a jamais cessé d'être le frère
» des sans-culottes etc. Il fut mis en liberté le 24 ventôse an II (14 mars
» 1794). »

LEBER (Jeanne), ci-devant officier du Bon-Pasteur, née à Clairac (Lot-et-Garonne), âgée de trente-trois ans, complice de Cazeaux et de Pauze. Condamnée à mort comme fanatique, receleuse de prêtres et ennemie de la révolution, le 16 messidor an II (4 juillet 1794).

LEBLANC (Jean), âgé de cinquante-huit ans, et sa femme, accusés de fanatisme, etc., etc.

« La Commission militaire, convaincue qu'ils ont pensé et agi comme
» les prêtres qui voulaient rappeler tous les abus de l'ancien régime,
» dont ils vivaient aux dépens du peuple ; qu'ils ont assisté plusieurs
» fois à des messes ; qu'ils ont signé pour l'ouverture des églises, c'est-
» à-dire pour donner à l'aristocratie des temples où elle pût répandre à
» son aise son poison et ses calomnies, les condamne à être détenus jus-
» qu'à la paix, et à payer une amende de 60,000 liv., dont 40,000 au profit
» de la république et 20,000 pour les sans-culottes de Bordeaux Le
» 13 frimaire an II (3 décembre 1793). »

LEBRET (Marguerite), religieuse, née au Cap, âgée de trente-quatre ans, domiciliée à Bordeaux, condamnée à mort comme complice des prêtres réfractaires et comme fanatique, le 19 messidor an II (7 juillet 1794).

LE BRUN (Philippe-Antoine-Amédée), ci-devant receveur des douanes, natif de Dieppe, demeurant à Bordeaux, âgé de quarante-quatre ans.

« Accusé de n'avoir donné aucune preuve de civisme ; d'avoir fré-
» quenté habituellement les aristocrates ; d'avoir grossi sa fortune par
» des moyens illicites ; d'avoir, dans ces dernières circonstances, sou-
» tenu de tout son pouvoir la Commission prétendue populaire ; d'avoir,
» comme président de la section autrefois dite *Simoneau*, actuellement
» *Marat*, signé des écrits destructeurs de l'unité et de l'indivisibilité de
» la république, et provocateur de la guerre civile ; d'avoir présenté à
» cette section un citoyen qui avait fait partie de la force départemen-
» tale dirigée contre la liberté ; de s'être soustrait au mandat d'amener
» lancé contre lui par le Comité de surveillance du département du
» Bec-d'Ambès ; d'avoir fait pratiquer dans son bien, à Caudéran, une

» cachette qui devait le dérober à la poursuite des républicains; d'avoir
» enfoui dans ce même lieu une somme considérable en numéraire, et
» d'avoir confié l'éducation de ses enfants à un ci-devant noble, connu
» par ses principes aristocratiques, etc., etc.

» La Commission militaire, convaincue que plus l'accusé a montré de
» talents (dans sa défense) et plus il serait dangereux pour la républi-
» que; attendu le mauvais usage qu'il en a fait jusqu'à ce jour, ordonne
» qu'il subira la peine de mort, et que ses biens seront confisqués, le
» 16 nivôse an II (5 janvier 1794). »

Le Brun. (Voir *Brun*).

Le Comte (Jean-Baptiste), cultivateur, ci-devant noble et ci-devant exerçant les fonctions de vicaire dans la paroisse de La Tresne, âgé de trente-deux ans.

Il nie avoir eu des correspondances avec des émigrés; que les lettres produites ne sont ni de lui ni pour lui, mais probablement au citoyen Le Comte, professeur de mathématiques; que loin de quitter la terre de la liberté, il a toujours été l'ami des habitants de la campagne, et que c'est par eux qu'il constatera son séjour en France.

« La Commission militaire, ayant lu les certificats de civisme et une
» lettre de la commune de La Tresne, qui atteste le civisme de l'accusé;
» qu'il a toujours été le consolateur et l'ami des pauvres, et le père des
» sans-culottes; qu'il leur a fourni du blé et permis de prendre du bois
» dans ses biens; que, les encourageant par ses soins et son exemple,
» ils lui doivent le bonheur inappréciable, pour des républicains, d'avoir
» planté un arbre de la liberté dont il leur a fait don;
» Considérant que l'évasion des prisons de l'État n'est qu'une suite
» des craintes que des malveillants lui avaient inspirées; que, sous le
» règne de la liberté, un moment d'erreur ne peut être considéré comme
» un crime;
» Considérant qu'il a prêté le serment civique en présence de toute
» la municipalité de La Tresne, dont le maire est venu lui-même attester
» le civisme du prévenu;
» Convaincue que les lettres ne sont pas de lui; qu'il a toujours été
» l'ami du peuple et le père des sans-culottes, ordonne que, quoiqu'il
» soit prêtre et ci-devant noble, il sera sur-le-champ mis en liberté, le
» 1er ventôse an II (19 février 1794). »

Lefeuvre (Jean-Baptiste), fourbisseur, natif de Narbonne, âgé de cinquante-six ans. Peu instruit, il a été égaré et trompé par des perfides meneurs. Il fut mis en liberté le 22 ventôse an II (12 mars 1794).

Légal (Michel), garde de la marine, âgé de trente-six ans, né en Provence, domicilié à Bordeaux.

Il produit des certificats de civisme, avoue qu'il avait été un instant égaré par les Girondins; mais se fait reconnaître bon patriote. Il est mis en liberté le 25 ventôse (15 mars 1794).

Leluc (Mathieu), cordonnier, condamné à mort comme contre-révolutionnaire, le 15 frimaire an II (5 décembre 1793).

Lemel (Jean-Antoine), attaché au Grand-Théâtre, natif de Montreuil, âgé de trente-neuf ans. (Voir *Goy*).

Le Nouvel (Pierre-Auguste), né à Falaise, commis-voyageur, âgé de vingt-six ans. Gagné par des traîtres, il rétracta ses erreurs et se sépara des aristocrates; il produisit des attestations favorables à son civisme de la part des citoyens Legôt et Courtois, représentants, et des habitants patriotes de Falaise; il rejeta ses fautes sur sa jeunesse et sur son inexpérience, et fut mis en liberté le 6 pluviôse an II (25 janvier 1794).

Leris (Odon-Satyre), cordier, âgé de cinquante-un ans, natif de Bordeaux; partisan du fédéralisme par ignorance, rétracta ses erreurs et fut mis en liberté le 18 messidor an II (6 juillet 1794).

Le Roy (Pierre). (Voir *Capelle Pierre*).

Lescure (Jean), notaire, natif de Saint-Macaire, demeurant à Bordeaux, âgé de soixante-un ans.

« La Commission militaire, convaincue que Lescure a développé les
» principes les plus aristocratiques, qui, à cette époque, le firent empri-
» sonner par les habitants de Saint-Macaire, justement indignés de ses
» propos inciviques;

» Qu'il a, non-seulement signé pour l'ouverture des églises, mais même
» qu'il est fortement soupçonné d'avoir fait dire la messe chez lui; qu'il
» n'a point de carte de civisme, etc.;

» Convaincue que, sous tous ces rapports, il doit être rangé dans la
» classe des aristocrates; ordonne qu'il subira la peine de mort, et tous
» ses biens confisqués, le 3 messidor an II (21 juin 1794). »

Lestrade (François), boulanger, natif du Périgord, domicilié à Bordeaux, âgé de quarante-trois ans.

« La Commission militaire, convaincue, d'après la lecture de diverses
» lettres à l'accusé, par des émigrés et divers prêtres insermentés, etc.,
» que, dans certaines lettres écrites par lui-même, il manifestait le désir
» de voir rentrer sous peu de temps, dans le territoire de la France, les
» despotes qui l'ont trop longtemps tenu souillé de leur présence;

Livre IV.
Chap. 8.

COMMISSION
MILITAIRE.

» Qu'il est coupable d'agiotage, puisqu'il déclare (dans une lettre
» adressée de Bordeaux, le 5 octobre dernier, à Monzié de Carlus, en
» Périgord), qu'il a gagné 20,000 liv. d'un seul coup dans le mois de
» juillet dernier, et que, sans la démonétisation des assignats à l'effigie
» royale, il en aurait gagné 40,000 ; ordonne qu'il subira la peine de
» mort, et que ses biens seront confisqués, le 28 brumaire an II (18 no-
» vembre 1793). »

Letellier (Jean), âgé de vingt-neuf ans.

Letellier (Jacques), âgé de vingt-sept ans, frères, négociants, nés à Bordeaux.

« Il résulte de la lecture de leur correspondance, qu'ils pourraient
» être grandement soupçonnés d'être royalistes; qu'ils avaient cru avoir
» rempli toutes leurs obligations en mettant le numéraire en balance
» avec le sang humain ; que plusieurs lettres annoncent l'égoïsme et
» l'inhumanité, vices trop ordinaires à quelques négociants, qui, pleins
» d'orgueil, repoussent les citoyens qui n'ont d'autres richesses que leur
» conscience et leur amour de la liberté, etc., etc.;

» Ayant, cependant, égard à quelques preuves de civisme, à leur
» jeunesse et à leur inexpérience; espérant que cet acte d'indulgence
» pourra les ramener aux vrais principes de la liberté; ne voulant ce-
» pendant pas compromettre les intérêts de la république, en rendant
» à la société des citoyens dangereux, la Commission militaire ordonne
» qu'ils seront détenus jusqu'à la paix ; les condamne à une amende de
» 400,000 liv., dont 200,000 pour la république et 200,000 applicables
» à l'établissement d'un hospice favorable à l'humanité, que les repré-
» sentants du peuple doivent établir incessamment à Bordeaux. Le 29 plu-
» viôse an II (17 février 1794). »

Levère (Jenny ou Génie), couturière, âgée de dix-huit ans, native du Cap, mise en liberté, avec Marguerite Benége, le 15 frimaire an II (5 décembre 1793). (Voir *Benége Marguerite*).

Liénau, négociant, associé de Katter. (Voir *Katter*).

Limousin (Victor), tonnelier, âgé de trente-quatre ans, natif de Pauillac, ci-devant procureur de Cenon, où il est domicilié, reconnaît avoir signé un écrit qui lui fut présenté par le citoyen Vernes, négociant ; il ne savait pas ce que c'était, et déclare qu'il avait toujours été bon citoyen, bon patriote. Il fut mis en liberté, avec 300 liv. comme indemnité, le 11 brumaire an II (1er novembre 1793).

Limousin (Joseph), agriculteur, natif de Coutras, âgé de trente-huit ans, accusé d'aristocratie.

Il affirme qu'il avait été l'un des premiers à inviter ses concitoyens à prendre les armes pour défendre la république; qu'il a toujours été l'ami des lois et de la patrie; qu'il n'allait pas aux sections à cause de son rhumatisme et de la faiblesse de sa vue; qu'il a acheté du blé à un haut prix pour le vendre à un prix plus bas aux pauvres, etc., etc.

« La Commission militaire, séante à Libourne, convaincue qu'il a
» manifesté des principes contraires à la liberté, le condamne à une
» amende de 100,000 liv., dont 85,000 au profit de la république, 5,000
» pour les sans-culottes de Libourne, 5,000 pour ceux de Coutras et
» 5,000 autres pour ceux d'Arveyres; ordonne qu'il tiendra prison close
» jusqu'au paiement des 15,000 liv. pour les sans-culottes. Le 15 bru-
» maire an II (5 novembre 1793). »

Lionnais ou Lyonnais (Pierre), marchand-bijoutier, natif d'Eroy (Aube), demeurant à Bordeaux, âgé de quarante-deux ans.

« La Commission militaire, convaincue que Lyonnais a acheté à Henry
» des objets sur lesquels était le testament du tyran, gravé avec le plus
» grand soin; que ces médaillons étaient nécessairement les hochets
» des royalistes et tendaient à entretenir leurs espérances criminelles;
» qu'on ne peut douter que son intention était d'en faire le commerce,
» et non, comme il a prétendu dans sa défense, de se servir de ces mé-
» daillons pour y mettre des gravures patriotiques.

» Ayant, cependant, égard aux rapports avantageux qui ont été faits
» sur son compte, etc., etc.; ordonne qu'il sera détenu jusqu'à la paix.
» Le 3 thermidor an II (21 juillet 1794). »

Lobgeois (Louis-Antoine), natif de Paris, ingénieur-militaire, âgé de vingt-sept ans.

« La Commission militaire, convaincue que Lobgeois a donné dans
» l'erreur malheureusement commune à plusieurs bons citoyens; que,
» trompé par les discours astucieux du perfide Azema, qui, sous le nom
» de patrie, tramait la contre-révolution, il a fait le voyage de Bayonne
» avec lui;

» Considérant, cependant, qu'au milieu de ses erreurs, ses intentions
» étaient pures; qu'il croyait servir la patrie, et que, dans plusieurs oc-
» casions, il a donné des preuves de son attachement à la république;

» Considérant que, jeune et sans expérience, il a pu facilement se
» laisser entraîner par les manœuvres perfides des Girondins, dont il a
» cru que le but était de sauver la chose publique;

» Considérant qu'il appartient à la classe respectable qui a fait la ré-
» volution; que lui-même, depuis 1789, a donné des preuves authenti-

» ques de son patriotisme; qu'il a cherché à réparer ses erreurs en se
» consacrant aux travaux publics; qu'il s'est empressé d'employer ses
» talents à réparer des fortifications que les ennemis intérieurs de la
» république avaient laissé tomber en ruine pour les livrer plus facile-
» ment aux ennemis extérieurs;

» Ordonne qu'il sera sur-le-champ mis en liberté, le 4 thermidor an II
» (22 juillet 1794). »

LOMBARD (Joseph), ex-noble, natif de Grenoble, âgé de soixante-trois ans, condamné à mort pour avoir caché des armes, comme ennemi de la révolution et n'ayant pas accepté la Constitution, le 9 thermidor an II (27 juillet 1794).

LONG (Guillaume), ferblantier, âgé de trente-huit ans, condamné à mort comme *aristocrate enragé* et ayant poussé la fureur jusqu'à maltraiter les enfants qui ne voulaient pas se dire aristocrates, le 24 pluviôse an II (12 février 1794).

LONG (Jean-Pierre), dit PATIENCE, ferblantier, âgé de trente ans, condamné à mort le même jour et pour les mêmes raisons, le 24 pluviôse an II (12 février 1794).

LONGUA-DUREY, âgé de quarante-trois ans, négociant, de Libourne, associé de Largeteau, jugé le même jour que lui (16 brumaire) pour insouciance, égoïsme et modérantisme. Condamné solidairement avec *Largeteau*. (Voir ce nom).

LOPES (Aaron), commerçant, natif de Bordeaux, âgé de quarante ans.

« La Commission militaire, convaincue, par ses propres aveux, que sa
» fortune est augmentée depuis la révolution; qu'il a tenu une neutra-
» lité indigne d'un républicain et qui le rend coupable envers la patrie;
» que cette indifférence pouvait le faire ranger dans la classe des égoïstes
» et des modérés;

» Ayant, cependant, égard à quelques preuves de patriotisme données
» par lui, le condamne solidairement à une amende de 50,000 liv., dont
» 40,000 au profit de la république et 10,000 pour les sans-culottes de
» Bordeaux; accorde trois mois pour le paiement, et ordonne qu'il sera
» mis en liberté le 23 ventôse an II (13 mars 1794). »

LORANDEAU (Jean), négociant-commissionnaire, natif de Pau, domicilié à Bordeaux, fut reconnu pour être très-bon républicain; est mis en liberté le 8 ventôse an II (26 février 1794).

LORIAGUE (Pierre), négociant, âgé de cinquante-huit ans, natif de Saint-Jean de Luz.

« Arrêté par mesure de sûreté générale, il répondit que, né d'une

» famille pauvre, il avait commencé par être mousse; que son industrie
» lui a gagné quelque fortune; qu'il s'est toujours fait honneur de se
» placer dans la classe des sans-culottes, etc. Il fut remis en liberté,
» après avoir reçu le baiser de la fraternité de Lacombe, le 19 pluviôse
» an II (7 février 1794). »

Lorrain (Jean-Louis), attaché au Grand-Théâtre de Bordeaux, âgé de trente-huit ans, natif de Versailles. (Voir *Goy*).

Loustalet (Suzanne), religieuse, native de Bordeaux, âgée de trente-neuf ans.

« La Commission militaire, convaincue que Suzanne Loustalet et
» Marguerite Durand savaient où Mathieu Dornal, prêtre, s'était caché,
» et ne l'avaient pas dénoncé, et avaient facilité les mesures prises pour
» le cacher, etc., etc.; ordonne qu'elles subiront la peine de mort, et
» déclare leurs biens confisqués, le 8 messidor an II (26 juin 1794). »

Lousteau (Bernard), ci-devant frère lai, chartreux, natif d'Alagos, en Béarn, sans domicile, âgé de cinquante ans.

« Accusé de s'être soustrait à la loi de la déportation, il a répondu
» que le serment qu'on lui avait proposé répugnait à ses principes et ne
» pouvait s'accorder avec sa conscience; qu'il sait bien qu'il était soumis
» à la peine de la déportation; mais que personne ne lui ayant enjoint
» de se déporter, il a resté dans le territoire de la république.

» La Commission militaire, convaincue qu'il n'a pas prêté le serment
» civique, et que c'est par fanatisme qu'il a refusé de remplir ce devoir;
» qu'après avoir désobéi à ce décret, il a enfreint un autre, qui le sou-
» mettait à la déportation;

» Considérant qu'un tel homme ne peut qu'être dangereux au main-
» tien des lois, puisque sa conduite et sa conscience sont incompatibles
» avec elle, le condamne à la peine de mort, et déclare ses biens con-
» fisqués, le 7 pluviôse an II (26 janvier 1794). »

Lousteau-Lamothe (Martial), homme de loi, natif de Bordeaux, âgé de quarante-deux ans.

« La Commission militaire, convaincue que Martial Lousteau-Lamothe
» a commis des erreurs préjudiciables à la patrie; qu'il a cependant
» donné des preuves de patriotisme; que son amour pour la république
» l'avait rendu un objet d'horreur pour les aristocrates; ordonne qu'il
» sera sur-le-champ mis en liberté, le 29 prairial an II (17 juin
» 1794). »

Loyac (Laurent), ex-conseiller au Parlement de Bordeaux, âgé de soixante ans, condamné à mort pour n'avoir pas remis ses titres féodaux, qu'il gardait enfouis avec soin, et pour avoir espéré la contre-révolution, le 9 messidor an II (27 juin 1794).

Louvet (Jean-Robert-Honoré), négociant-commissionnaire, natif de Honfleur, ancien commandant de la ci-devant cavalerie nationale de Bordeaux, âgé de trente-huit ans.

« Soupçonné d'avoir eu des liaisons avec Dudon ; d'avoir été le chef
» d'un corps reconnu pour aristocrate ; de ne s'être pas opposé, en sa
» qualité de commandant, aux mesures de violence prises par la Com-
» mission prétendue populaire contre les représentants du peuple Baudot
» et Ysabeau, etc.

» Louvet nie ses relations avec Dudon, et affirme qu'il n'avait agi que
» d'après des ordres supérieurs, etc., etc.

» La Commission militaire, convaincue que par une pusillanimité in-
» digne d'un bon républicain, il ne s'est pas servi de l'autorité que lui
» donnait le titre de commandant pour empêcher les vexations et les
» insultes que les aristocrates de son corps ont osé faire aux représen-
» tants du peuple ; qu'il est, sous ce rapport, grandement coupable en-
» vers la patrie ;

» Ayant, cependant, égard aux preuves de patriotisme précédemment
» données par l'accusé ; aux témoignages qu'ont rendus sur son compte
» plusieurs sans-culottes ; espérant qu'une correction fraternelle pourra
» rendre à la république un citoyen égaré et lui donner l'énergie digne
» d'un bon républicain, le condamne à 25,000 liv. d'amende, applica-
» bles à un hospice favorable à l'humanité, etc., etc. Le 13 ventôse an II
» (3 mars 1794). »

Lugat (Claude), ci-devant noble, natif et domicilié de La Réole, âgé de soixante-onze ans.

Accusé d'avoir fait passer de l'argent à un de ses neveux, émigré ; de s'être opposé, en sa qualité de maire de La Réole, à ce qu'un ci-devant Bénédictin, qui avait commis un acte d'incivisme, fût dénoncé ; de s'être montré l'ami des aristocrates, etc., etc. Condamné à être renfermé jusqu'à la paix, et à payer une amende de 80,000 liv., dont 20,000 pour les sans-culottes de La Réole et 60,000 pour la république, et lui accorde trois mois pour le paiement. Le 8 pluviôse an II (27 janvier 1794).

Lumière (Thomas), homme de loi, âgé de cinquante-trois ans, natif de Castillon, auteur du club Monarchique, membre de celui des Cordeliers, premier agent de l'aristocratie et ennemi de la révolution.

La Commission militaire le fit appeler il y a six mois ; il était malade.

Mais voyant qu'il *abusait de l'humanité de ses juges,* on le fit enfin paraître ; il avait une longue barbe, un accoutrement de malade. On l'interroge ; il ne répond pas. On invite, pour constater sa maladie, un chirurgien qui était à la séance ; c'était Duburg, père de l'ancien curé de Saint-Michel ; il tâta le pouls par ordre, et déclara qu'il ne lui trouvait pas de fièvre. On l'interpelle de nouveau, mais inutilement. Il fut condamné à mort, et ses biens confisqués, comme contre-révolutionnaire, le 14 messidor an II (2 juillet 1794).

Magendie (Magdeleine), âgée de cinquante-sept ans, couturière à Bordeaux, condamnée, comme fanatique, à être détenue jusqu'à la paix, le 15 frimaire an II (5 décembre 1793).

Magendie (Jacques), maître d'écriture, natif de Bordeaux, âgé de soixante-un ans, accusé d'être partisan de la Commission populaire et de la force départementale. Il manifesta des sentiments républicains, et avait ses quatre fils aux frontières. Il fut mis en liberté le 9 brumaire an II (30 octobre 1793).

Magol (René-Marguerite), peintre, ci-devant notable, de Bordeaux.

« La Commission militaire, convaincue qu'il était membre de la Com-
» mission prétendue populaire ; que, dans la société perfide dite des
» *Récollets*, il a manifesté les opinions les plus outrageantes contre les
» membres de la Convention, qui ont sauvé la république, et particuliè-
» rement contre Marat ; qu'il a été un des plus ardents défenseurs de la
» Commission prétendue populaire ; qu'il a accepté la mission qu'elle lui
» avait donnée, tendant à exciter dans le département du Saône-et-
» Loire, et dans toute la république, le feu de la guerre civile, etc., etc.
» Le condamne à la peine de mort, et déclare ses biens confisqués, le
» 25 brumaire an II (15 novembre 1793). »

Mallet (Marguerite-Laurence), épouse d'Henry Mallet, native de Castelmoron, domiciliée à Loubès, âgée de vingt-neuf ans, condamnée à mort comme conspiratrice et contre-révolutionnaire, le 28 messidor an II (16 juillet 1794).

Mallet (Françoise), épouse de Jérôme Dussault, âgée de vingt-huit ans, sœur de la précédente, domiciliée à Saint-Loubès, condamnée à mort comme conspiratrice, le 28 messidor an II (16 juillet 1794).

Malo (Jacques), ci-devant Cordelier, imprimeur et militaire depuis la révolution, natif de Toqueville, près Cherbourg (Manche).

« Accusé d'avoir pris part aux troubles du Calvados, il répond que
» jeté dans un cloître dès sa plus tendre jeunesse, peu fait pour ce
» genre de vie, il vit arriver la révolution avec enthousiasme ; qu'il

» n'attendit pas d'avoir quitté la robe monacale pour faire son service
» dans la garde nationale ; qu'il embrassa d'abord l'état d'imprimeur et
» fut l'un des premiers à s'enrôler, etc., etc. »

Il fut mis en liberté le 6 germinal an II (26 mars 1794).

Mam (Jeanne) cadette, marchande, âgée de vingt-trois ans, native de Lyon, domiciliée à Bordeaux, avait vendu, il y a dix-huit mois, des gilets couverts de fleurs de lys, sur lesquels on voyait les armes du tyran d'Autriche, et sur lesquels on lisait cette infâme légende : *Vive le roi, vive la reine*. Elle avoue qu'elle savait, par l'opinion publique, que ces gilets devaient servir de ralliement aux lâches partisans de la tyrannie ; mais qu'elle avait cru pouvoir les vendre à un ci-devant noble qui partait pour Coblentz. Elle fut condamnée à être détenue jusqu'à la paix, le 12 messidor an II (30 juin 1794).

Mandron (Jean-Félix), écrivain, natif de Bordeaux, âgé de quarante-cinq ans, condamné à mort pour avoir pratiqué une trappe pour cacher les prêtres et les nobles. Le 13 frimaire an II (3 décembre 1794).

Manpetit (Marie), accusée, avec la veuve Mezin, d'avoir abandonné la cause de la liberté « pour épouser celle des prêtres menteurs, qui ont
» tout fait pour renverser l'édifice de la république ; d'avoir entendu la
» messe dans des maisons particulières et donné leurs signatures pour
» l'ouverture des églises ; d'avoir constamment persisté dans leurs sen-
» timents aristocratiques, etc.

» La Commission militaire, ayant égard à leur franchise, et voulant
» user d'indulgence, les condamne à être renfermées jusqu'à la paix, et à
» payer solidairement une amende de 40,000 liv., dont 30,000 au profit
» de la république et 10,000 distribuables aux sans-culottes de Bor-
» deaux. Le 13 frimaire an II (3 décembre 1793). »

Marandon (Gab.-Bruno), membre de la Commission militaire, âgé de trente-cinq ans, natif de La Rochelle, condamné à mort comme membre de la Commission populaire ; comme ayant, par ses intrigues, égaré les bons citoyens ; comme ayant fait et signé plusieurs ouvrages tendant à rompre l'unité et l'indivisibilité de la république, à armer les citoyens contre les citoyens, et plonger la France entière dans les horreurs de la guerre civile ; et, enfin, comme ayant prêché, dans le département du Gers, la réunion aux aristocrates, pour exterminer les Parisiens, la Montagne et les anarchistes, c'est-à-dire les vrais patriotes. Le 6 brumaire an II (27 octobre 1793).

Marcellus (Marie de Martin) fils, âgé de dix-huit ans, agriculteur, né et domicilié de Marcellus (Lot-et-Garonne).

« La Commission militaire, convaincue que Marie de Martin Marcellus
» a, sans doute, partagé les sentiments inciviques de sa famille ; mais
» n'ayant pas de preuves suffisantes, et ayant égard à son jeune âge et
» à celui de sa sœur (Pélagie de Marcellus), les condamne à être détenus
» jusqu'à la paix. Le 3 thermidor an II (24 juillet 1794). »

Marcellus (Aglaë de Martin), âgée de quatorze ans, demeurant chez sa mère.

« La Commission militaire, convaincue qu'elle a partagé les sentiments
» aristocratiques de toute sa famille, et a même témoigné de la mau-
» vaise foi devant le tribunal ;
» Ayant, cependant, égard à son jeune âge ; espérant qu'en la mettant
» dans une maison d'éducation, où elle ne recevra que des principes ré-
» publicains, elle oubliera la caste aristocratique qu'elle a suivie dans
» son enfance ;
» Ordonne qu'elle sera mise en liberté, et, cependant, dans une maison
» d'éducation, pour déraciner de son jeune cœur les germes d'aristo-
» cratie qui ont déjà poussé des racines profondes, et que compte en
» sera rendu aux représentants du peuple, en séance à Bordeaux. Le
» 3 thermidor an II (24 juillet 1794). »

Marcellus (Pélagie de Martin), âgée de vingt-quatre ans, femme divorcée du nommé Descorailles, émigré, native de la commune de Pontlibre, district de La Réole, demeurant avec sa mère à Marcellus.

« La Commission militaire, convaincue que la femme Pélagie de Martin
» de Marcellus n'a divorcé d'avec son mari, émigré, que depuis huit
» mois, époque à laquelle l'aristocratie expirante ne lui laissait plus
» d'espérance de la voir revenir triomphante, la condamne à être dé-
» tenue jusqu'à la paix, le 3 thermidor an II (24 juillet 1794). »

Marcellus (Suzanne-Thérèse de Martin), âgée de cinquante-quatre ans, native de Bordeaux, demeurant à Marcellus (Lot-et-Garonne).

Condamnée à subir la peine de mort à l'instant même, sur la place nationale, et ses biens confisqués, le 3 thermidor an II (24 juillet 1794).

Furent condamnés avec elle, le même jour : Albessard, Faure-Robert, Larandouelle, Guadet, Saint-Brice, etc., etc. (Voir *Faure-Robert*).

Maret (Catherine), religieuse, née à Ponat, district de Sarlat, âgée de quarante-deux ans, condamnée à mort comme complice des prêtres qui ne se sont point soumis à la déportation, et pour avoir entendu la messe des prêtres cachés, dont elle a refusé de faire connaître l'asile. Le 19 messidor an II (7 juillet 1794).

Marraquier (Pierre), âgé de cinquante-deux ans.

Marraquier (Anne), sœur de Pierre, âgée de quarante-six ans, «natifs
» de Bordeaux, accusés de fanatisme; d'avoir servi la cause des prê-
» tres conspirateurs; d'avoir fait des quêtes pour ces fléaux de la société;
» d'avoir entendu la messe, etc. Condamnés solidairement à 1,000 liv.,
» distribuables aux sans-culottes de Bordeaux, le 19 frimaire an II
» (9 décembre 1793). »

Marsau (Thomas), cultivateur, de la commune de Lesse, au service de la citoyenne Grailly, âgée de plus de quatre-vingts ans, infirme et mère d'un émigré, etc., etc.

« Considérant que cette erreur des gens, qui ont cru devoir l'arrêter,
» a éloigné un bon citoyen de sa charrue, de sa femme et de ses en-
» fants; que le cultivateur est de tous les hommes le plus utile à la so-
» ciété, celui qui mérite le plus d'égards et qui a rendu les plus grands
» services à la révolution, etc., etc.

» La Commission militaire ordonne qu'il sera sur-le-champ remis en
» liberté, et qu'il reçoive la somme de 200 liv. pour le dédommager de
» la perte que sa détention lui aura fait éprouver, etc. Le 18 brumaire
» an II (8 novembre 1793). »

Marsœuvre (Jean-Louis-Dominique), peintre en miniature, âgé de quarante-quatre ans.

« Convaincu de s'être montré coupable de faiblesse; que sa conduite
» civique peut le ranger dans la classe des intrigants et des meneurs
» qui ont contribué à égarer les citoyens, etc., etc. Fut condamné à un
» un mois de détention, le 11 brumaire (1er novembre 1793). »

Martel (Théodore), négociant, natif de Cognac, âgé de quarante-deux ans, avec ses associés : Bewmerth (Frédéric-Guillaume), négociant, âgé de quarante-un ans; Herzoog et autres, etc.

« La Commission militaire, convaincue que la Maison Martel et Ce
» recevait des courriers extraordinaires, qui influençaient les opéra-
» tions du change; que les associés de Martel ont manifesté dans une
» lettre des sentiments indignes d'un courageux républicain;

» Ne pouvant, cependant, confondre l'ambition, la peur et l'égoïsme,
» trop malheureusement communs chez les négociants, avec les crimes
» contre-révolutionnaires, et voulant les punir par le côté le plus sen-
» sible;

» Espérant que les accusés sentiront le prix d'une indulgence qui ne
» peut que les ramener à des sentiments plus républicains;

» Les condamne solidairement à une amende de 150,000 liv., dont
» 100,000 applicables à l'hospice favorable à l'humanité, que les repré-

» sentants doivent établir incessamment à Bordeaux, et 50,000 au profit
» de la république ; leur accorde trois mois pour le paiement, et ordonne
» qu'ils seront mis en liberté le 9 ventôse an II (27 février 1794). »

Martial (Jean-François), âgé de trente ans, associé de Cavaignac, dit et prouve qu'il a toujours été un zélé républicain ; en donne des preuves écrites ; reconnu tel par ses concitoyens, qui l'ont nommé deux fois assesseur du juge-de-paix. On reconnaît qu'un associé d'un citoyen sorti glorieusement du scrutin épuratoire de la loi, ne pourrait qu'être digne de lui. On le met en liberté le 28 pluviôse (16 février 1794). (Voir *Cavaignac*).

Martin (Jean), cultivateur, natif de Saint-Symphorien, demeurant à Hostein, âgé de quarante ans.

« La Commission militaire, considérant que s'il était plus instruit, il
» devrait être considéré comme complice des administrateurs du district
» de Bazas, qui ont partagé les crimes de la Commission prétendue po-
» pulaire ; qu'il était plutôt fait pour labourer son champ que pour ad-
» ministrer ses concitoyens, le fit mettre en liberté le 1er frimaire an II
» (21 novembre 1793). »

Martin (Jeanne), femme dite Coronat, âgée de trente-huit ans, condamnée à mort comme fanatique et contre-révolutionnaire, et recélant Cornu et autres conspirateurs, le 9 messidor an II (27 juin 1794).

Martineau (Jean) neveu, négociant-commissionnaire, natif de Tonneins, demeurant à Bordeaux, âgé de trente-deux ans, fut reconnu par sa correspondance, ses certificats de civisme donnés par de bons patriotes, qu'il avait confiance dans les assignats ; qu'il avait partagé les bons principes. Fut mis en liberté le 29 ventôse an II (19 mars 1794).

Massade (Dieudonné), commis des postes de Bordeaux, âgé de cinquante ans. Reconnu pour un bon patriote, il fut mis en liberté le 12 nivôse an II (1er janvier 1794).

Massieu (Jean), maréchal-ferrant, né et domicilié à Langon.

« La Commission militaire, convaincue que l'accusé a discrédité les
» assignats ; qu'il a manifesté son mépris pour cette monnaie nationale,
» sans laquelle notre révolution eût été bientôt anéantie, en disant : *Je*
» *me moque de ces f..... gueux de papiers* ; qu'il a voulu parier, avec un
» autre citoyen, que les Espagnols entreraient bientôt victorieux en
» France ; qu'il s'est glorifié d'avoir reçu de Saint-Blancard, curé de
» Langon, depuis longtemps émigré en Espagne, une paire d'espadril-
» les ; que, menacé d'être dénoncé au juge-de-paix ou à la municipalité,
» il répondit : *Je m'en f...* ; qu'après tous ces faits, il mérite la mort ;

» mais ayant égard à son ignorance, le condamne à dix années de fers,
» à être exposé pendant deux jours sur un échafaud, dressé sur la place
» Nationale de cette ville et de celle du marché de Langon, ayant devant
» et derrière lui un écriteau portant ces mots : *Fanatique ; il a cherché
» à discréditer les assignats ;* le condamne, en outre, à une amende de
» 15,000 liv., dont 10,000 pour la république et 5,000 pour les sans-
» culottes de Langon. Le 16 frimaire an II (6 décembre 1793). »

Massip (Augustin), ci-devant noble, natif de Saint-Sulpice-du-Bernat, district de Libourne, demeurant à Bordeaux, allées de Tourny, accusé d'aristocratie avec Mendes.

« La Commission militaire, convaincue que Massip et Mendes se sont
» rendus les ennemis du peuple, en conspirant contre l'unité et l'indi-
» visibilité de la république ; que Massip a cependant surpris un certificat
» de civisme à une section, dans laquelle il n'a jamais paru ; qu'il fut
» dans le temps dénoncé par sa cuisinière, qui avait trouvé dans sa poche
» un signe de ralliement pour les royalistes et les fanatiques, etc., etc.
» Condamné à la peine de mort, et ses biens confisqués, le 2 thermidor
» an II (20 juillet 1794). »

Mathieu (Charles), cultivateur, natif de Libourne, âgé de quarante ans, accusé d'aristocratie, d'avoir tenu des propos inciviques et soupçonné d'émigration ; il nie ces charges.

« La Commission militaire, séante à Libourne, convaincue qu'il avait
» tenu des propos contraires à la liberté, et d'avoir été le partisan de
» l'aristocratie ;
» Considérant qu'un tel homme pourrait continuer à répandre dans
» la société le même poison et aliéner le cœur des hommes simples de
» l'amour qu'ils doivent à la république, le condamne à être détenu jus-
» qu'à la paix. Le 13 brumaire an II (3 novembre 1793). »

Mathieu (Jean-Baptiste), condamné à 150,000 liv. d'amende, dont 100,000 pour la république et 50,000 pour les sans-culottes. Le 9 ventôse an II (27 février 1794).

Mauvignier. (Voir *Colas*).

Mayeur. Le 17 nivôse an II (6 janvier 1794), tous les artistes du théâtre des vaudevilles furent cités à la barre de la Commission militaire, pour avoir tous plus ou moins contribué à la représentation de quelques pièces propres à alarmer la pudeur des âmes vertueuses et à corrompre les mœurs publiques par des tableaux de lubricité, notamment à l'époque où lesdits acteurs jouèrent sur le théâtre une comédie intitulée : *La Tentation de saint Antoine*, pièce scandaleuse, qui tend à faire passer le vice par tous les sens, en étalant des scènes entières de prostitution.

Le citoyen Mayeur, directeur du théâtre, proteste que ses vues étaient pures ; qu'il était l'un des vainqueurs de La Bastille ; l'un des Français qui avaient proclamé la liberté en Amérique. Il ajoute que par ladite pièce, il ne voulait que verser le ridicule sur les préjugés religieux et peindre la vie hypocrite et vicieuse des dévots, etc., etc.

« La Commission militaire, espérant que lui et ses collaborateurs
» seront plus prudents dans le choix des pièces qu'ils doivent repré-
» senter, qu'ils sentiront que si l'impudeur et l'esclavage marchent en-
» semble, la république ne peut se fonder et s'affermir que sur les bases
» de la vertu ; que les spectacles qui amusaient les oisifs de l'ancien ré-
» gime efféminent le cœur et usent les ressorts du gouvernement ; que
» pour servir la patrie, les artistes doivent échauffer l'âme de leurs
» concitoyens par les mâles accents de la liberté, etc. ; ordonne de
» mettre en liberté François-Marie Mayeur avec ses quarante-quatre
» associés, tous artistes du théâtre de la Montagne, à Bordeaux. »

Le même jour, 17 nivôse an II (6 janvier 1794), tous les artistes du Grand-Théâtre furent aussi obligés de paraître devant la Commission militaire.

« Après diverses inculpations à eux faites sur leur civisme individuel,
» il leur a été observé par le président que l'opinion publique avait dé-
» noncé le Grand-Spectacle de Bordeaux comme étant le *rendez-vous* de
» tous les aristocrates de cette ville ; que les royalistes, les égoïstes et
» les muscadins *(jeunes gens)*, s'y montraient avec une ardeur inconce-
» vable ; qu'ils y parlaient ouvertement contre les principes de la répu-
» blique ; qu'en un mot, le foyer de la Grande-Comédie était un vrai
» foyer de contre-révolution, où les puissances coalisées, les fédéralistes
» et les aristocrates de l'intérieur avaient peut-être plus d'un agent ;
» qu'on y conspirait la perte de la patrie ; que les complots liberticides,
» tramés dans ce réceptacle de crimes, s'étaient surtout décelés à l'épo-
» que de la représentation d'une pièce intitulée : *la Vie est un songe*,
» puisque dans le cours de ce spectacle, à l'aide d'une rumeur excitée à
» dessein dans les loges et dans le parterre, on entendit des scélérats
» poussant le cri infâme de *vive le roi ;* qu'on n'avait pas fait choix d'un
» pareil drame sans l'intention préméditée de provoquer une émeute
» funeste, d'égarer le peuple, à une époque où le fédéralisme le travail-
» lait en tous sens ; de le séduire par un tableau qui prêtait à des rappro-
» chements perfides, en lui présentant, sous des couleurs avantageuses,
» les jours de son esclavage ; que, sous tous ces rapports, tous les in-

» dividus de ce théâtre pourraient être rangés dans la classe des suspects.

» La Commission militaire, convaincue de ces faits, pourrait sévir » rigoureusement contre ces individus, comme ayant été attachés, d'une » manière plus ou moins directe, à un théâtre qui a grandement con- » tribué à pervertir l'esprit public ; voulant, néanmoins, user d'in- » dulgence à leur égard ; espérant qu'ils sauront apprécier davantage » les bienfaits d'une révolution qui les a tirés de la boue du mépris pu- » blic, où les préjugés les tenaient enfoncés ; qu'ils sentiront mieux le » prix de l'égalité, dont le règne leur doit être particulièrement cher ; » dans la confiance que, profitant d'une leçon paternelle, ils changeront » leur théâtre en une école de patriotisme et de bonnes mœurs ; qu'ils » le feront servir à épurer les opinions, à remonter dans Bordeaux l'es- » prit public, si énervé par l'égoïsme, le luxe et la noblesse ; qu'ils » échaufferont les âmes de leurs concitoyens par les tableaux multipliés » des vertus républicaines, et sentiront désormais que le nouvel ordre » de choses leur impose l'obligation expresse d'éclairer le peuple, de » répandre les grandes maximes de la morale, et de se vouer particu- » lièrement à l'apostolat révolutionnaire, etc., etc. ; ordonne qu'on les » mette sur-le-champ en liberté. »

Suivent les noms de soixante-quatre artistes attachés au Grand-Théâtre. (Voir l'*Histoire des Théâtres de Bordeaux*, par M. A^d Detcheverry.)

MEDOUS (Pierre), ancien marin, natif de Bordeaux, âgé de quarante ans, arrêté comme un homme sans mœurs.

« La Commission militaire, convaincue que Medous s'est écarté quel- » quefois du chemin que les républicains doivent suivre, celui des vertus » privées ; que cette faute devient un crime, surtout au moment où la » Convention nationale a décrété que la probité, les mœurs et la vertu, » sont à l'ordre du jour, et a voulu prouver à la nation française qu'il » ne peut exister de république sans ces principes sacrés ;

» Considérant, cependant, que l'ardeur de l'âge a pu l'égarer invo- » lontairement ; qu'il a donné des preuves de son attachement à la ré- » publique, etc., etc. ; ordonne qu'il sera sur-le-champ mis en liberté, » le 4 messidor an II (22 juin 1794). »

MELET (Raymond), ci-devant noble, natif de Cessac, âgé de cinquante-six ans.

« La Commission militaire, convaincue que Raymond Melet s'est montré » l'ennemi du peuple, et doit être rangé dans la classe des aristocrates, » ordonne qu'il subira la peine de mort, le 11 thermidor an II (29 juillet » 1794). (Voir *Dussaulx Jérôme* pour le jugement).

Mendes (Jean), commissionnaire, âgé de trente-quatre ans, né et domicilié à Bordeaux, rue des Augustins.

« La Commission militaire, convaincue que Mendes est convenu lui-
» même à l'audience, que ses principes religieux ne s'accordent point
» avec la Constitution, et qu'il n'a pas accepté cette Constitution; or-
» donne qu'il subira la peine de mort, et déclare ses biens confisqués,
» le 2 thermidor an II (20 juillet 1794). »

Mercier (Jean), négociant, de Bordeaux, âgé de soixante-huit ans, accusé d'avoir propagé sa morale liberticide et d'avoir cherché à discréditer les assignats, qui remplacent si mal, dit-il, l'argent.

« La Commission militaire, convaincue qu'il a développé un caractère
» indigne d'un républicain; qu'il a osé profaner le nom de l'humanité,
» en ne s'en servant que pour calomnier la révolution, etc., etc.;
» Ordonne qu'il subira la peine de mort, et déclare tous ses biens
» confisqués, le 17 pluviôse an II (5 février 1794). »

Mercier-Terrefort (Jean), ci-devant maire de Saint-Estèphe, âgé de cinquante-huit ans.

« Accusé d'être le constant ennemi des lois nouvelles; de s'être élevé
» dans sa commune en faveur des prêtres fanatiques; d'avoir été un
» zélé partisan du royalisme; d'avoir déclamé contre les patriotes pas-
» sionnés pour la liberté; de les avoir traités de *scélérats*, de *Maratistes*;
» d'avoir attenté à leur vie pour les empêcher de se réunir en société
» populaire; d'avoir intrigué pour s'élever aux postes publics; enfin,
» d'avoir adhéré à la Commission prétendue populaire. »

Condamné à mort, et ses biens confisqués, le 26 frimaire an II (16 décembre 1793).

Merle (Jean), tonnelier, natif de Verdet, demeurant à Saint-Macaire, âgé de trente-quatre ans, accusé par Raffin de l'avoir calomnié. Il fut condamné à trois mois de détention et 3,000 liv. d'amende, pour avoir été l'un des dénonciateurs d'un bon et courageux patriote, qui a été incarcéré d'après cette dénonciation.

Meslon (Jean-André), ex-noble, conseiller au Parlement de Bordeaux, né et domicilié à Bordeaux, âgé de quarante-six ans, condamné à mort comme ennemi de la liberté, n'ayant rien fait pour elle, et comme aristocrate, etc., le 22 messidor an II (10 juillet 1794).

Mestre (Étienne), négociant, de Bordeaux, âgé de soixante-dix ans.

« Il résulte de sa correspondance, qu'il s'est toujours occupé de ses
» intérêts particuliers; que ses spéculations ont pesé sur les classes in-
» digentes du peuple; que, possesseur de grandes richesses, il a toujours

Livre IV.
Chap. 8.

COMMISSION MILITAIRE.

» marqué l'égoïsme le plus décidé, et n'a en rien manifesté son amour
» pour la patrie, qui distingue les vrais patriotes de ces égoïstes, fléaux
» de la république.

» La Commission militaire, convaincue qu'il n'a pas manifesté pour la
» patrie cet amour qui distingue un véritable patriote ;

» Considérant que quelques légers sacrifices faits par des négociants
» (Mestre avait donné 37,000 liv.), et toujours payés par la classe indi-
» gente du peuple, ne peuvent être mis en comparaison avec le sang
» des sans-culottes, qui coule depuis le commencement de la révolution
» pour la défense de la patrie ;

» Considérant que, sous ce rapport, l'accusé pourrait paraître très-
» coupable ; mais persuadé qu'une leçon paternelle lui apprendra le vé-
» ritable usage qu'il doit faire des richesses,

» Le condamne à 150,000 liv. d'amende, dont 50,000 pour la répu-
» blique et 100,000 applicables à l'hospice favorable à l'humanité, que
» doivent former les représentants du peuple ; lui accorde trois mois
» pour le paiement, et ordonne qu'il sera mis en liberté le 29 pluviôse
» an II (18 février 1794). »

MEYER (Jean-Daniel), négociant, natif de Magdebourg, âgé de cinquante-deux ans.

Accusé (avec ses associés : Jean-Henry Schiller père, âgé de quarante-deux ans ; Étienne-Louis Schiller, âgé de trente-un ans ; et Jean-Chrétien Schonbeck, natif du Maine, et âgé de quarante-six ans), d'égoïsme et d'indifférence. On fit examiner par deux interprètes leurs livres et leur correspondance, et on n'y trouva rien qui pût jeter le moindre doute sur leur civisme. « Leur correspondance a aussi prouvé qu'ils ne se sont
» permis aucune de ces spéculations funestes au bonheur de la républi-
» que, et malheureusement si communes parmi les négociants ; on or-
» donna qu'ils fussent mis en liberté le 28 pluviôse an II (16 février
» 1794). »

MEYNARD (Jean), meunier, demeurant à Tauriac, âgé de quarante-huit ans, condamné à mort pour avoir corrompu les comestibles (la farine), le 27 germinal (16 avril 1794). (Voir *Gombeau Marie*, sa femme).

MEYNOT (Pierre-Barthélemy), juge-de-paix à Saint-Émilion, âgé de trente-neuf ans.

« Il avait donné son adhésion à la Commission prétendue populaire ;
» mais il prit, de concert avec la municipalité, une délibération, le
» 17 juillet dernier, portant rétractation de cette adhésion.

» La Commission militaire voit toujours avec douleur que les magis-

» trats du peuple se rendent un seul instant indignes de la confiance qui
» leur a été accordée ;

» Considérant que c'est à eux à donner dans tous les temps l'exemple
» de l'attachement aux vrais principes et de l'énergie républicaine ;

» Considérant que pour l'instruction des hommes en place, elle ne
» peut, sans manquer à ses devoirs, ne pas punir en eux jusqu'aux
» moindres fautes,

» Le condamne, malgré les preuves multipliées de patriotisme qu'il a
» données jusqu'à l'époque du 31 mai, et malgré sa prompte rétracta-
» tion, à 2,000 liv. d'amende au profit des pères et mères de Saint-Émi-
» lion, dont les enfants défendent actuellement la patrie, etc. Le 16 bru-
» maire an II (6 novembre 1793). »

Mezin. La veuve Mezin. (Voir *Manpetit Marie*).

Michel, marchand, natif de Lyon, domicilié à Bordeaux, âgé de cinquante-huit ans. L'accusé a été désigné par le Comité révolutionnaire du Bec-d'Ambès, comme un égoïste et un modéré. Il n'a pas accepté la Constitution, et on a trouvé chez lui une somme de 400 liv. en numéraire.

Il répond qu'il était absent au moment de l'acceptation de la Constitution ; qu'il n'avait pas l'intention de soustraire cette somme à la circulation, puisque c'est lui-même qui indiqua aux commissaires le lieu où elle était déposée.

« La Commission militaire, convaincue que les modérés et les égoïs-
» tes sont d'autant plus dangereux dans une république, qu'uniquement
» occupés de leurs intérêts particuliers, ils jouissent des sacrifices que
» font les vrais patriotes, sans y contribuer eux-mêmes ;

» Voulant, cependant, user de l'indulgence, le condamne à une
» amende de 40,000 liv., dont 10,000 pour les sans-culottes des sec-
» tions de Bordeaux, et 30,000 liv. distribuables aux comédiens atta-
» chés au ci-devant Théâtre de la Nation, qui ont souffert de la ferme-
» ture de ce spectacle ; et ordonne qu'il tiendra prison close jusqu'à en-
» tier paiement. » Le 6 pluviôse an II (25 janvier 1794).

Mignoni (Jean-Pierre), natif de Polène, prêtre, âgé de quarante-quatre ans, accusé de s'être échappé de l'hôpital Saint-André. Condamné à mort comme réfractaire, le 18 frimaire an II (8 décembre 1793).

Milon (Marguerite), habituée du Bon-Pasteur, née à Galgon, district de Libourne, âgée de trente-sept ans, condamnée à mort comme receleuse de prêtres et ennemie de la révolution, etc., etc., le 16 messidor an II (4 juillet 1794).

Livre IV.
Chap. 8.

COMMISSION MILITAIRE.

MINIAULT (Claire), vivant de son revenu, née à Marmande, condamnée à mort comme recéleuse de prêtres et ayant refusé de faire connaître leur domicile, et comme ennemie de la révolution, le 16 messidor an II (4 juillet 1794).

MOLINIER (Jean), prêtre, âgé de vingt-sept ans, de Bordeaux, condamné à mort comme réfractaire, le 18 prairial an II (6 juin 1794).

MOMUS, instituteur, convaincu de fanatisme et d'avoir avili l'âme de ses élèves en les faisant réciter à genoux des litanies et autres prières propres à dégrader à leurs yeux l'auteur de la nature. Fut condamné à la réclusion jusqu'à la paix, le 11 messidor an II (29 juin 1794).

MONGEON (François), ex-noble, domicilié de Sainte-Eulalie-d'Ambarès, condamné à mort comme contre-révolutionnaire et aristocrate, le 13 thermidor an II (31 juillet 1794).

MONTAUD (Jean), chapelier, né et domicilié à Bordeaux, âgé de cinquante-sept ans.

MONTAUD (Augustin) cadet, âgé de cinquante-cinq ans, chapelier.

« La Commission militaire, convaincue que Montaud aîné a eu la fai-
» blesse de ne pas s'élever, en sa qualité d'officier municipal, contre la
» Commission prétendue populaire, à laquelle, cependant, il n'a jamais
» assisté;
» Convaincue que Montaud cadet a été enrôlé dans la force départe-
» mentale;
» Considérant, néanmoins, qu'au milieu de leurs erreurs, tous les
» deux avaient des intentions pures; que, patriotes depuis 1789, ils
» croyaient servir la cause de la patrie et rendre à la Convention natio-
» nale la liberté, dont les meneurs girondins la disaient privée;
» Considérant que Montaud, officier municipal, était du petit nombre
» de ces magistrats qui ont poursuivi les aristocrates, les prêtres et les
» émigrés; qu'il a eu la bonne foi, ainsi que son frère, d'avouer publi-
» quement son erreur; qu'ils sont convenus tous deux, que, sans doute,
» leur indifférence à l'époque de la Commission prétendue populaire
» doit paraître criminelle; mais que, cependant, ils assurent avec vé-
» rité que s'ils n'ont pas cherché à développer les principes de cette
» réunion monstrueuse, c'est qu'ils étaient occupés de leur fortune, et
» que, d'ailleurs, ils n'ont jamais su agir qu'en faveur de la chose publique;
» Ayant encore égard aux témoignages multipliés de patriotisme qui
» leur ont été donnés par un grand nombre de bons citoyens, ordonne
» qu'ils seront sur-le-champ mis en liberté, le 6 thermidor an II (24 juil-
» let 1794). »

Montsec-Reignac (Bernard), natif de Bordeaux, demeurant à Saint-Loubès, ex-noble, conseiller au ci-devant Parlement de Bordeaux, âgé de quarante-sept ans.

« Accusé d'avoir participé aux projets liberticides de Louis Montsec-
» Reignac, son père; d'avoir caché avec lui, dans un cuvier, deux barri-
» ques pleines de titres féodaux; d'avoir enfoui dans sa cave une caisse
» pleine d'argenterie; d'avoir aidé son père à soustraire à la nation les
» ornements de l'église de Saint-Loubès.

» L'accusé déclare qu'il n'a rien à lui; qu'il n'a pas pu faire des sacri-
» fices pour la république.

» La Commission militaire, convaincue qu'il n'a donné aucune preuve
» de patriotisme; qu'il a tenu des propos contre-révolutionnaires, etc.;
» ordonne qu'il subira la peine de mort, et déclare tous ses biens con-
» fisqués, le 19 pluviôse an II (7 février 1794). »

Montsec-Reignac (Louis), ex-noble, domicilié à Saint-Loubès, âgé de soixante-quinze ans, condamné à mort comme ayant tenu des propos contre-révolutionnaires; comme ayant caché, avec son fils, ses titres féodaux, et comme ennemi de la révolution, le 12 pluviôse an II (31 janvier 1794).

Montsengal (François), courtier de denrées coloniales, né à Bordeaux, âgé de vingt-sept ans.

Ce jeune homme, très-estimé par ses bonnes mœurs et son ardent patriotisme, fut égaré un instant par de mauvais citoyens; mais les témoignages des bons patriotes le firent rendre à la liberté le 24 messidor an II (12 juillet 1794).

N. B. Cette séance fut tenue dans l'église des Minimes.

Moquart (Mathieu-François), natif du Cap-Français, et recevant chez lui, à Bordeaux, les denrées des colonies, âgé de trente-deux ans, prouve qu'il a été très-attaché à la révolution; il contribua pour les subsistances; il engagea deux volontaires, qui sont sur les frontières; reconnu bon patriote, il fut mis en liberté le 23 ventôse an II (13 mars 1794).

Moriac ou Mauriac (Henry), dit Cassius, prêtre, noble et parent de Dudon, âgé de trente-trois ans, né près de Nelves, à Saint-Sabine (Dordogne), domicilié à Bordeaux, condamné à mort comme réfractaire, le 24 messidor an II (12 juillet 1794).

Morin (Gabriel), maire de Saint-Christophe-de-Double, âgé de quarante-huit ans.

Il fut dénoncé comme calomniateur et ancien agent du ci-devant duc de Richelieu; mais reconnu pour un républicain imperturbable, il fut mis en liberté le 8 messidor an II (26 juin 1794).

Morin ou Maurain (Louis-Jean), ex-noble, âgé de quarante-trois ans, domicilié à Saint-Vivien, condamné à mort pour avoir traité les législateurs de la Convention de brigands; pour avoir désiré l'arrivée des Anglais et la rentrée des émigrés, etc., etc., le 11 pluviôse an II (30 janvier 1794).

Morin (J.), ex-noble, natif de Bordeaux, âgé de quarante-deux ans, condamné à une amende de 100,000 liv., et à être détenu jusqu'à la paix, le 11 pluviôse (30 janvier 1794).

Morin (Jean-Bernard), natif de Blaye, domicilié à Bordeaux, âgé de soixante-deux ans.

« Accusé d'avoir fait un écrit où les bons principes sont combattus
» et les intentions des bons législateurs présentées sous les couleurs les
» plus défavorables.

» Il avoue tout; mais il dit qu'il était tellement fâché de l'avoir fait,
» qu'il voulait se punir en se jetant à l'eau, pour fuir une existence déshonorée, et affirme qu'il avait donné des preuves de patriotisme.

» La Commission militaire, considérant qu'il avait été dupe; que la
» faute de Morin est pardonnable dans un vieillard dont l'âge a émoussé
» les facultés intellectuelles; qu'il se hâta de réparer sa faute et de s'en
» punir; mais que son âme est républicaine, et que ses regrets et sa
» détention ont suffisamment expié sa faute; ordonne qu'il sera sur-le-
» champ mis en liberté, le 11 pluviôse an II (30 janvier 1794). »

Moru. (Voir *Imbert*).

Moulines (André), natif de Saint-Antoine-Duqueyrat, âgé de quarante-six ans. (Voir *François, Jean*).

Moulinier (André), officier de santé, natif de Parempuyre, demeurant à Bordeaux, âgé de quarante-deux ans.

« La Commission militaire, convaincue que Moulinier a donné dans
» des erreurs grandement fatales à la patrie, en servant la cause du fé-
» déralisme;

» Considérant, néanmoins, qu'au milieu de ses erreurs ses intentions
» étaient pures, et qu'il croyait servir la cause de la liberté;

» Considérant encore, que ses dénonciateurs conviennent que, depuis
» le commencement de la révolution, il s'est montré un des plus ardents
» défenseurs de la liberté; qu'un an avant la mort du tyran, il osa dé-
» terminer sa section à prendre le nom de républicaine;

» Considérant, d'après les certificats les plus authentiques, et notam-

» ment de la Société de surveillance de Bordeaux, qu'il a toujours été
» dirigé par les principes du vrai civisme, et que, dans toutes les occa-
» sions, jusqu'au moment de son erreur, il a soutenu avec fermeté et
» courage les intérêts de la patrie ; ordonne qu'il sera sur-le-champ mis
» en liberté, le 4 thermidor an II (22 juillet 1794). »

Moulinier (Jean), prêtre, natif de Queylus (Lot), âgé de vingt-sept ans, condamné à mort. (Voir *Molinier*).

Mounier (Jean), agriculteur à Coutras, âgé de soixante-trois ans, accusé comme suspect de modérantisme et d'insouciance pour la chose publique.

« La Commission militaire, séante à Libourne, considérant que l'ac-
» cusé, d'après son propre aveu, a mérité d'être taxé d'insouciance ;
» que, dans une république, on est grandement coupable de ne pas se
» prononcer avec énergie en faveur de la liberté ;
» Considérant, néanmoins, qu'il a mis dans ses réponses une fran-
» chise qui décèle une âme faite pour s'élever à la hauteur républi-
» caine, etc., etc.; ordonne qu'il sera sur-le-champ remis en liberté, le
» 18 brumaire an II (18 novembre 1793). »

Mounier (Guillaume), commissionnaire de vins, demeurant à Libourne, âgé de vingt-neuf ans, accusé (avec Piffon) d'avoir prêché dans les communes voisines de Libourne les doctrines des Girondistes.

« Il résulte des réponses desdits Piffon et Mounier, qu'ils ne se sont
» chargés de la mission que leur avaient donnée les sections que dans
» l'intention de servir la république, et que leur démarche n'avait pas
» pour but d'entrer dans les vues perfides de cette Commission mons-
» trueuse, qui, sous les dehors du républicanisme, a été la cause de
» leur malheureuse erreur ;
» Après avoir entendu les réponses des prévenus, accusés d'être allés
» dans les campagnes, distribuant l'adresse perfide de Roujol, qui dis-
» tillait à chaque ligne le poison du fédéralisme et du royalisme ;
» Considérant que leur franchise, vraiment républicaine, et leurs
» facultés morales, sont encore de nouveaux titres à l'indulgence du
» tribunal, les condamne seulement à être détenus pendant huit jours.
» Le 24 brumaire an II (14 novembre 1793). »

Mourre (Pierre-Joseph), prêtre, natif de Londres, en Provence, curé de Lacanau, accusé d'aristocratie ; d'avoir discrédité les assignats dans sa paroisse ; d'avoir recélé cinq jours chez lui le coupable Wormeselle ; d'avoir diminué le zèle des simples habitants de la campagne pour la révolution, à laquelle leur bonheur est particulièrement attaché, etc.

Livre IV.
Chap. 8.

COMMISSION
MILITAIRE.

Condamné à mort, et ses biens confisqués, le 24 frimaire an II (14 décembre 1793).

Muller (Jean-Baptiste), chef de manége, natif de Luxembourg, âgé de quarante-quatre ans.

« La Commission militaire, convaincue que Muller, Desamaud, Pagès
» de la Bouissette, Fumel, Cavaza (voir ces mots), se sont montrés les
» ennemis de la révolution et du peuple, en désirant que les Français se
» livrassent aux Anglais; en écrivant des feuilles aristocratiques; en
» tramant la dissolution de l'unité et de l'indivisibilité de la république;
» Convaincue que, sous tous ces rapports, ils doivent être rangés
» dans la classe des aristocrates et des ennemis de la révolution; or-
» donne qu'ils subiront la peine de mort, et déclare leurs biens confis-
» qués, etc., etc., le 9 thermidor an II (27 juillet 1794). »

Muller (Jean-Jacques), natif de Magdebourg, en Prusse.

« La Commission militaire, convaincue que le seul reproche qu'on
» puisse lui faire, c'est de n'avoir peut-être fait pour la patrie des dons
» proportionnés à sa fortune, ordonne qu'il sera mis en liberté. Le tri-
» bunal a vu une nouvelle marque de patriotisme dans les dons qu'il a
» faits à la patrie, d'une somme de 30,000 liv., dont 10,000 pour le na-
» vire le *Bec-d'Ambès*; 10,000 pour l'hospice, 7,000 pour les sans-cu-
» lottes, et 3,000 pour le club national. Le 4 germinal an II (24 mars
» 1794). »

Nairac (Jean-Baptiste), raffineur, de Bordeaux, âgé de trente-neuf ans, fit prouver son patriotisme et fut mis en liberté le 16 messidor an II (4 juillet 1794).

Nau (Élizabeth), servante chez Guadet père, à Saint-Émilion, native de la commune de Saint-Martin, âgée de dix-huit ans.

« La Commission militaire, convaincue qu'Élizabeth Nau a voulu
» quitter Guadet père du moment où elle s'est aperçue que sa maison
» devenait suspecte aux bons citoyens, et qu'elle en fut empêchée par
» sa tante *Bernatau* (voir ce mot);
» Considérant que son ignorance et son jeune âge lui ont fait garder
» le silence en faveur des conspirateurs cachés dans la maison de Gua-
» det, et que, par suite de cette même ignorance, elle ne savait pas
» qu'ils fussent hors de la loi;
» Ordonne qu'elle sera mise en liberté le 3 thermidor an II (21 juil-
» let 1794). »

Nauté (Jean), marchand de toile, natif de Bordeaux, âgé de cinquante-deux ans.

« Lecture ayant été faite de sa correspondance, il en résulte que, dans
» plusieurs lettres, il a montré une pusillanimité indigne d'un bon répu-
» blicain ; qu'il s'est écarté des principes d'après lesquels les hommes de
» couleur ont recouvré leurs droits ;

» Considérant que, sous ces rapports, il est grandement coupable ;
» mais pesant dans la balance ses vertus privées et plusieurs traits de
» sa vie, qui prouvent son humanité et même son attachement pour la
» patrie, puisqu'il a envoyé deux de ses neveux pour la défendre contre
» les despotes ;

» Considérant qu'une correction fraternelle suffira pour le porter à
» la hauteur de la révolution, puisqu'il a une partie des vertus sur les-
» quelles elle est fondée.

» La Commission militaire le condamne à 25,000 liv., dont 20,000
» applicables à un hospice favorable à l'humanité, que les représentants
» doivent incessamment établir à Bordeaux, et 5,000 pour les sans-
» culottes de cette ville ; lui accorde trois mois pour le paiement, et le
» met en liberté le 7 ventôse an II (25 février 1794). »

NONET. (Voir *Géraud Pierre*), dit NONET, de Libourne, marchand, âgé
de quarante-deux ans.

NONLABADE (Guillaume), négociant, natif de Villeneuve-d'Agen, âgé
de cinquante ans, produit plusieurs bons certificats de civisme, qui prouvent qu'il est bon patriote, bon père, et qu'il a désiré le triomphe de la
liberté. Il fut mis en liberté le 23 ventôse an II (13 mars 1794).

ORRÉ (Claude-Nicolas-Marie), natif de Thouars (Deux-Sèvres), âgé
de quarante-cinq ans, associé et ami de Saint-George, qui était accusé
d'aristocratie et d'avoir tenu des propos contre-révolutionnaires. Orré,
accusé d'avoir suborné des témoins et de leur avoir donné de l'argent
pour déposer en faveur de Saint-George, dont il était le défenseur officieux, etc., etc.

« La Commission militaire, convaincue que Saint-George a tenu des
» propos contre-révolutionnaires ; qu'il a parlé en faveur des brigands
» de la Vendée ; qu'il a refusé d'accepter la Constitution, etc., etc.;

» Convaincue qu'Orré est coupable d'avoir voulu produire de faux
» témoins, auxquels il a donné de l'argent, pour les engager à en imposer
» à la justice ; que si la loi punit de mort les faux témoins, celui qui a
» tâché d'en suborner est encore plus coupable ; qu'il partageait les sen-
» timents de Saint-George, etc., etc.;

» Ordonne qu'ils subiront la peine de mort, et que tous leurs biens
» seront confisqués au profit de la république ;

» Considérant que les républicains Jean Hivernerie, Flutiaux et Brouch,
» n'ont reçu l'argent d'Orré que pour le démasquer, et sont venus livrer
» à la Commission militaire une somme de 100 liv., qui leur avait été
» comptée, etc., etc.;

» Voulant, au nom de la nation, toujours reconnaissante et généreuse,
» les mettre à même de secourir leurs familles, et prouver que la vertu
» n'est jamais sans récompense, leur accorde à chacun 400 liv., etc.
» Le 28 germinal an II (17 avril 1794). »

Paban (Bernard), dit Massip, ci-devant abbé de Sainte-Colombe, natif de Clermont, district de Dax, commis marchand à Bordeaux depuis 1790.

« Accusé d'aristocratie; d'avoir conspiré contre l'unité de la républi-
» que; désiré le rétablissement de l'ancien régime, etc., etc.

» La Commission militaire, convaincue qu'il a été rangé dans la classe
» des aristocrates, n'ayant fréquenté que des fanatiques et des prêtres
» rebelles aux lois, etc., etc.; qu'il a été un des auteurs des troubles qui
» ont eu lieu à Bordeaux à la suite des journées des 31 mai, 1er et 2 juin
» derniers; qu'il a partagé les sentiments liberticides de la Commission
» prétendue populaire; qu'il n'a paru dans sa section que pour soutenir
» le club de la Jeunesse bordelaise, dont il était le secrétaire, etc., etc.;
» ordonne qu'il subira la peine de mort, et que ses biens seront confis-
» qués, le 8 germinal an II (28 mars 1794). »

Paccary (Pierre), garçon de magasin, né à Rouen, âgé de vingt-six ans, condamné à être détenu jusqu'à la paix, le 15 frimaire an II (5 décembre 1793).

Pagès de la Bouissette (Jean-Baptiste), propriétaire, âgé de soixante-treize ans, né à Bas, district de Cahors (Lot). (Pour le jugement, voir *Muller*).

Pailhas (Victorin), natif de Saint-Sever, demeurant à Libourne, âgé de trente-huit ans.

Accusé d'avoir porté dans les communes voisines les bulletins de la Commission prétendue populaire; d'avoir publié les principes de cette Commission. Il avoua ses erreurs, mais allégua sa bonne foi, et croyait réellement servir la république.

On se montra indulgent envers les hommes faibles et ignorants; on a eu égard à sa conduite civique et à la pureté de ses intentions; mais pour lui apprendre à réfléchir lorsqu'il s'agit de démarches qui peuvent nuire à la république, le condamne à huit jours de prison, le 11 brumaire an II (1er novembre 1793). (Voir *Durand (Jean-Baptiste)*, qui fut condamné avec lui le même jour, pour les mêmes motifs).

Pallandre (Arnaud-Antoine), libraire, âgé de quarante-cinq ans, condamné à mort comme fédéraliste, le 27 prairial an II (15 juin 1794).

Palmade (Pierre), natif de Pamiers (Ariége), âgé de cinquante ans, demeurant à Saint-Émilion.

« La Commission militaire, convaincue qu'il a adhéré aux mesures
» liberticides de la Commission prétendue populaire; qu'il a eu la fai-
» blesse de refuser la place de maire, à laquelle il avait été porté par la
» confiance de ses concitoyens;
» Considérant qu'il s'est empressé de rétracter son adhésion, etc.;
» que son erreur momentanée et sa faiblesse, en refusant la place de
» maire, dans laquelle il aurait pu être utile à la république et à ses
» concitoyens, sont assez punies par deux mois de détention, ordonne
» qu'il sera sur-le-champ remis en liberté, le 19 brumaire (9 novem-
» bre 1793). »

Panetier (Simon), prêtre non-conformiste, âgé de soixante-quinze ans, condamné à mort pour n'avoir pas prêté le serment, pour n'avoir pas accepté la Constitution et comme ayant favorisé des conspirateurs mis hors de la loi, le 3 thermidor an II (21 juillet 1794).

Paris (Simon), ancien professeur au collége de Bordeaux, actuellement juge-de-paix, natif de Nevers, demeurant à Bordeaux.

« La Commission militaire, convaincue que Paris a toujours professé
» des sentiments inciviques; qu'il n'a employé ses talents que pour jus-
» tifier des aristocrates connus, tels que Lumière et Auguste Journu,
» dont les têtes sont tombées sous le glaive de la loi;
» Convaincue que, sous tous les rapports, Bouet, Vigneron, Desvi-
» gnes (voir ces mots) et Paris, doivent être rangés dans la classe des
» aristocrates et des ennemis de la révolution; ordonne qu'ils subiront
» la peine de mort, et que leurs biens seront confisqués, le 29 prairial
» an II (17 juin 1794). »

Paty (Bernard), dit Du Rayet, conseiller au Parlement, natif de Bordeaux, condamné à mort comme contre-révolutionnaire, le 28 prairial an II (16 juin 1794).

Pauze (Léonard), porteur d'eau, natif de Dursac, district de Périgueux, âgé de quarante-sept ans, condamné à mort comme connaissant les lieux où se cachaient les prêtres et les aristocrates, et refusant de les faire connaître, le 16 messidor an II (4 juillet 1794).

Peixotto (Charles), banquier, de Bordeaux, âgé de cinquante-trois ans.

« Accusé d'avoir poussé l'aristocratie, même sous l'ancien régime,

» jusqu'à prétendre qu'il descendait de la famille de Levi, et qu'il était,
» par cela même, le premier noble du royaume; d'avoir platement fait
» sa cour aux rois, et de leur avoir élevé des statues; d'avoir montré
» de la haine pour les ouvriers, en leur refusant leur juste salaire, etc.

» La Commission militaire, convaincue que l'homme qui idolâtra les
» rois, et eut l'orgueil de vouloir, même sous l'ancien régime, être
» au-dessus de tous les nobles, ne pourra jamais être l'ami de la li-
» berté;

» Ayant, cependant, égard à son empressement à acheter les biens
» nationaux, quoiqu'il ne puisse avoir en vue que ses propres intérêts
» particuliers, le condamne à une amende de 1,200,000 liv., dont un
» million au profit de la république et 200,000 pour les sans-culottes
» de Bordeaux; et jusqu'au paiement de cette dernière somme, il gar-
» dera prison close; il lui est accordé trois mois pour le paiement du
» million restant. Le 26 frimaire an II (16 décembre 1793). »

Pelet d'Anglade (Jacques), ancien conseiller au Parlement de Bordeaux, né à Bordeaux, âgé de soixante-quinze ans.

« Accusé d'avoir, pour la révolution, la haine la plus profonde; d'avoir
» envoyé son fils grossir le nombre des émigrés; de l'avoir excité à se
» rendre à Coblentz pour servir contre sa patrie; tandis que ce lâche
» demandait à rester à Bruxelles, pour ne courir aucun danger; de lui
» avoir fait passer des secours pécuniaires ainsi qu'à d'autres émigrés.
» L'accusé a aussi été trouvé nanti d'une foule d'écrits tendant tous au
» maintien de la royauté, dans l'un desquels on lit cette prière : *Père
» des Bourbons, patron du lys, veille sur nous; sauve Louis, sauve la reine
» et le fils.* Il résulte même d'autres lettres, qu'il correspondait avec des
» fanatiques et des hommes qui discréditaient les assignats; et qu'en
» même temps qu'il déifiait les rois, il se livrait aux emportements les
» plus féroces contre les amis du peuple, qu'il vouait aux plus horribles
» tourments. J'ai reçu, dit-il à son fils, votre lettre de Bruxelles; est-
» ce là où vous obtiendrez une place ? est-ce là que vous vous instruirez
» des devoirs de votre état ? Vous n'êtes dans cette ville que pour con-
» tenter votre goût pour les plaisirs; cependant, tous vos compagnons
» sont à Coblentz; c'est là qu'on se fait connaître. Vous paraissez ba-
» lancer pour servir dans les gardes nationales de la maison du roi.
» Allez plutôt dans les maisons des princes, vous aurez plus de dangers
» à courir; mais de quel œil seriez-vous vu dans les provinces, d'après
» l'opinion publique et les préventions où l'on est contre tout ce qui est
» garde nationale et relatif au maintien de la Constitution ? Comment

» allier la crainte du péril avec l'honneur et la délicatesse ? Je m'imagi-
» nais bien que vous restiez passif à Bruxelles, etc., etc. »

Anglade écrivit de sa propre main : « Les affaires prennent une meil-
» leure tournure, et je crois que nous ne serons pas longtemps sans
» agir. Le roi de Prusse, a dit son grand écuyer, doit fournir cent mille
» hommes ; on travaille à force aux équipages de campagne du duc d'Al-
» bret, qui doit commander l'armée impériale, ayant sous ses ordres le
» maréchal Bender. Le roi de Suède commandera la marine. L'empe-
» reur a dit à M. de Noailles qu'il faisait avancer des troupes du côté de
» la Bohême, et qu'il saurait bien réprimer l'insolence de l'Assemblée
» nationale..... J'ai appris les choses qui se sont passées relativement
» aux qualifications qui appartiennent à la personne du roi et à sa di-
» gnité. On aurait de la peine à se persuader qu'il y eût des hommes
» assez insensés, assez audacieux, assez téméraires, assez imprudents,
» et, enfin, pétris de toutes sortes d'horreurs et de forfaits, pour oser
» entreprendre jusqu'à interdire au roi les distinctions qui lui sont pro-
» pres depuis le commencement de la monarchie. Vils individus ! vils
» reptiles ! Ces monstres ne devraient-ils pas être livrés à des supplices
» jusqu'à présent inconnus ? Je ne puis y penser sans que mon imagi-
» nation se perde ! Après de pareils attentats, ces malheureux ne
» devraient-ils pas être brisés dans un mortier ou plutôt déchiquetés
» comme on ferait d'un animal dont on voudrait avoir les os ? »

« La Commission militaire, convaincue par l'horrible correspondance
» de l'accusé, etc., etc.; qu'on a trouvé chez lui une multitude d'écrits
» dictés par la plus horrible aristocratie, dont les uns contiennent des
» prières pour l'affermissement de la tyrannie, pour le salut de cette
» femme scélérate (1), qui a si longtemps corrompu et opprimé la nation
» française, et dont les actes respirent le fanatisme et tendent à discré-
» diter les assignats ; qu'il n'est pas d'expressions adulatrices dont il ne
» caresse le tyran ; tandis qu'il forme les souhaits les plus féroces contre
» les amis de la liberté.

» Considérant que ces supplices raffinés qu'il a imaginés pour les pa-
» triotes, conviennent plutôt à ses crimes ; mais qu'il suffit à un tribunal
» républicain de purger la société des scélérats qui la déshonorent ; or-
» donne qu'il subira la peine de mort, et déclare tous ses biens confis-
» qués, le 6 nivôse an II (26 décembre 1793). »

Pélissier (Jacques), négociant, ancien officier municipal de Bordeaux,

---

(1) Cette femme, c'était la reine.

âgé de soixante-onze ans, accusé d'avoir envoyé de l'argent aux émigrés, d'être égoïste, insouciant, etc., etc.

« La Commission militaire, convaincue qu'il a eu des liaisons avec le
» président Maurice, dont les sentiments et le fanatisme étaient généra-
» lement connus; qu'il lui a envoyé des fonds à Bilbao; qu'il n'a fait au-
» cun sacrifice pour la patrie, etc., etc.;

» Convaincue qu'il pourrait être rangé dans la classe des conspira-
» teurs; mais ayant égard à son grand âge et le rangeant seulement
» dans la classe des suspects, le condamne à être détenu jusqu'à la paix,
» et à une amende de 50,000 liv., dont 25,000 pour la république et
» 25,000 pour un hospice d'humanité, que les représentants doivent
» incessamment établir à Bordeaux, le 13 germinal (2 avril 1794). »

Pellé (Gratian), instituteur, âgé de vingt-huit ans, natif de Castres.

« Accusé d'avoir retenu dans sa maison des effets appartenant au
» nommé Bouzigne, ci-devant curé de Castres, et maintenant émigré;
» de n'avoir déclaré ces effets qu'au moment où il a été convaincu qu'ils
» étaient chez lui, et d'avoir par là favorisé l'émigration de ce prêtre
» réfractaire.

» Lafond, défenseur officieux, répond que lesdits effets n'avaient ja-
» mais appartenu à l'accusé; qu'ils avaient été donnés par Bouzigne à
» sa sœur, en paiement des gages qu'il lui devait, et ajoute qu'il peut
» prouver par de bons témoignages qu'il avait toujours été bon répu-
» blicain.

» Thérèse Pellé, sœur de l'accusé, affirme et offre de prouver que les
» meubles en question avaient été déplacés de chez Bouzigne, plus de
» dix-huit mois avant son émigration; qu'elle avait été sa domestique
» pendant six ans; que ne pouvant lui payer ses gages, il lui avait donné
» un lit, un cabinet et quelques autres effets; mais que, depuis cette
» époque, elle n'avait eu aucune relation avec ledit Bouzigne, etc.;

» Convaincue de tout cela, par les certificats des sans-culottes de
» Castres, qu'il était un vrai républicain, la Commission militaire or-
» donne qu'il lui sera compté 400 liv. d'indemnité, et qu'il sera mis en
» liberté le 27 pluviôse an II (15 février 1794). »

Penin (Antoine), prêtre, natif de Poitiers, demeurant chez la citoyenne Hélies, comme instituteur des enfants qu'elle tenait en pension.

« La Commission militaire, convaincue que Penin, prêtre, n'ayant pu
» donner au tribunal aucune preuve de patriotisme, on peut, à juste
» titre, douter de la validité du certificat par lequel il a voulu prouver
» qu'il a prêté son serment, puisque tous les bons sans-culottes l'ont

» fait arrêter et l'ont confondu parmi ceux qui ont été traduits à Bor-
» deaux pour être déportés ;

» Convaincue qu'amené dans cette commune, il a pu, à cette époque,
» facilement échapper au glaive de la loi, sous des administrateurs cor-
» rompus ; mais qu'il ne peut échapper aujourd'hui à l'œil vigilant des
» républicains, qui ne voient en lui qu'un prêtre réfractaire et aristo-
» crate ;

» Ordonne qu'il subira la peine de mort, et déclare ses biens confis-
» qués, le 4 thermidor an II (22 juillet 1794). »

Pentous (Henry), condamné à être détenu jusqu'à la paix et à payer
1,000 liv. d'amende, le 13 pluviôse an II (1er février 1794).

Perpignan (Jean), marchand graisseux, domicilié à Bordeaux, âgé de
quarante-cinq ans.

« Accusé d'insouciance pour la république ; de n'être pas exact au
» service de la garde nationale, ni assidu aux assemblées de sa section ;
» d'avoir été un sectateur zélé des prêtres fanatiques ; d'avoir signé pour
» l'ouverture des églises et d'être, dans le fond de son cœur, un partisan
» de l'ancien régime, et d'avoir voulu, sous le manteau du fanatisme,
» aider des prêtres perfides à ramener la royauté ;

» Considérant, cependant, son peu de lumières, etc., etc., le con-
» damne à être détenu jusqu'à la paix, et à payer une amende de 50,000
» livres, le 11 pluviôse an II (30 janvier 1794). »

Perreyre (Isaac), agent de change, né et domicilié à Bordeaux, âgé
de trente-cinq ans.

« Arrêté comme suspect d'agiotage ; attendu qu'il appartient à une
» classe d'hommes cupides *(juifs)* qui, par leurs opérations frauduleuses,
» ont amené la baisse excessive des changes, la ruine du commerce de
» Bordeaux et la stagnation des affaires, qui a aggravé la misère du
» peuple. »

Perreyre se défendit bien, et dit qu'étant juif, il avait toujours béni la
révolution, qui lui a donné une existence civile ; qu'il l'a soutenue par
ses discours et des faits, a fait des dons à la patrie. Il a été mis en liberté le 13 nivôse an II (2 janvier 1794).

Perrier (Alexandre), propriétaire des barraques de la foire, né à
Bordeaux, âgé de quarante-sept ans.

« La Commission militaire, convaincue que Perrier a ouvertement
» manifesté des sentiments royalistes ; qu'il a provoqué une insurrection
» dans la section n° 5, à l'effet d'aller désarmer les sans-culottes de la
» section Franklin ;

» Convaincue qu'il a été un des plus ardents prosélytes de la Société
» de la Jeunesse bordelaise, etc., etc.; qu'il s'est honoré d'être inscrit
» dans un verbal de la section, pour s'être opposé à sa profession de foi;
» que, depuis le commencement de la révolution, il s'est fait gloire de
» son aristocratie, affectant de mal faire son service et ayant eu l'au-
» dace d'insulter une patrouille, de concert avec son cousin, Perrier
» neveu, etc., etc. Condamné à la peine de mort, et ses biens confisqués,
» le 4 thermidor an II (22 juillet 1794). »

Péry (Jean-Xavier-Constantin), homme de loi, demeurant à Bordeaux, âgé de trente-huit ans.

« Accusé, comme membre de la Commission prétendue populaire,
» d'être toujours rangé dans la classe des modérés, des aristocrates;
» sous l'Assemblée constituante, d'avoir déclamé contre Robespierre,
» parce que ce vertueux législateur osait, à cette époque, proclamer l'é-
» galité, sans laquelle la liberté n'est qu'une chimère, etc. Fut con-
» damné à mort, et ses biens confisqués, le 16 frimaire an II (6 décem-
» bre 1793). »

Petit-Claville (Jean-Pierre), notaire, natif de Chartres, demeurant à Libourne, âgé de cinquante-cinq ans.

« La Commission militaire, convaincue qu'il ne s'est pas élevé comme
» il aurait dû contre la Commission populaire; que, comme homme
» accoutumé à réfléchir, son insouciance dans un moment critique, est
» au moins une faute digne de punition;
» Considérant, néanmoins, qu'il a donné des preuves non équivoques
» de son patriotisme jusqu'au 31 mars, et bientôt après cette époque
» mémorable; mais voulant apprendre à tous les hommes instruits qu'ils
» ne doivent jamais dévier des vrais principes et de l'énergie républi-
» cains, le condamne à quinze jours de prison, le 18 brumaire an II
» (8 novembre 1793). »

Petiteau (Pierre-Jean), natif de Rauzan, âgé de soixante-sept ans, demeurant à Lugasson, district de Cadillac, ex-notaire, condamné à mort le 27 messidor an II (15 juillet 1794).

Petiteau (Jean), capitaine de navire, natif de Saint-Émilion, condamné à une amende de 6,000 liv., dont 4,000 au profit de la république et 2,000 pour les pères et mères des sans-culottes qui défendent les frontières. Le 16 brumaire an II (6 novembre 1793).

Pévrieu (Jean-François), marin, lieutenant du port de Bordeaux, âgé de cinquante-neuf ans, natif de Bordeaux.

» La Commission militaire, convaincue qu'il a partagé quelques ins-

» tants l'erreur funeste de la grande majorité des Bordelais, sur les prin-
» cipes du club National....; ayant égard à la franchise qu'il a mise dans
» ses réponses et aux preuves multipliées qu'il a données à son amour
» pour la liberté; qu'il a servi la chose publique avec le zèle d'un vrai
» sans-culotte, et qu'il s'est battu avec le plus grand courage contre les
» ennemis de la France, etc.;

» Ordonne qu'il sera mis en liberté le 15 ventôse an II (5 mars 1794). »

Peycam (Pierre), marchand quincaillier, natif de Bordeaux.

« Accusé d'avoir tenu, contre les Parisiens et les législateurs les plus
» vertueux, des propos tendant à diminuer leur influence si utile à la
» chose publique; mais considérant qu'il avait été égaré par des intri-
» gants, et qu'il avait manifesté des sentiments républicains; il fut mis
» en liberté le 9 pluviôse an II (28 janvier 1794). »

Peyronnet (Jean-Louis), ci-devant trésorier de France, ci-devant noble, cultivateur depuis la révolution, âgé de soixante-trois ans, natif et
domicilié à Bordeaux.

« La Commission militaire, convaincue que Peyronnet, toujours at-
» taché à la cause dans laquelle il est né, et conservant les sentiments
» liberticides des ennemis de la révolution, a entretenu une correspon-
» dance criminelle avec les émigrés;

» Convaincue, d'après son propre aveu, qu'il n'a point de carte de
» civisme et qu'il n'a point accepté la Constitution républicaine;

» Convaincue que, sous tous les rapports, Lescures, Peyronnet, Cas-
» tillon et Gauvri (voir ces mots), doivent être rangés dans la classe des
» aristocrates, etc., etc.;

» Ordonne qu'ils subiront la peine de mort, et déclare tous leurs biens
» confisqués, le 3 messidor an II (21 juin 1794). »

Phélipt (Jean), négociant, âgé de cinquante-sept ans, né et domicilié
à Bordeaux.

Phélipt (Pierre), fils du précédent, âgé de vingt-deux ans.

« Il résulte de la lecture de sa correspondance, que, consultant ses
» intérêts particuliers plutôt que ceux de la patrie, il a fait des opéra-
» tions (commerciales) qui lui ont donné de gros bénéfices.

» La Commission militaire, convaincue que cette correspondance ne
» contient aucun sentiment civique; qu'on y distingue, au contraire,
» beaucoup d'égoïsme, vice trop funeste à la république; que l'accusé
» doit être rangé dans la classe des modérés, etc., etc.;

» Le condamne à une amende de 50,000 liv., dont 40,000 applicables
» à un hospice favorable à l'humanité, que les représentants doivent

» incessamment établir à Bordeaux, et 10,000 pour les sans-culottes de
» Bordeaux, et lui donne trois mois pour le paiement. Le 28 pluviôse
» an II (16 février 1794). »

PIBEREAU (Raymond) père, courtier de vins, natif de Podensac, âgé de soixante-douze ans.

PIBEREAU (Jean) fils, négociant, né à Podensac, âgé de vingt-huit ans, tous deux accusés d'aristocratie.

« La Commission militaire, convaincue que Pibereau père et fils ont
» entretenu des correspondances avec les émigrés, auxquels ils ont fait
» passer des fonds, et dont ils étaient les banquiers, etc., etc.;
» Ordonne qu'ils subiront la peine de mort, et déclare leurs biens
» confisqués, le 27 prairial an II (15 juin 1794). »

PIFFON (Auguste), cultivateur, natif et domicilié à Libourne, âgé de trente-sept ans, condamné, comme Mounier, à huit jours de détention, le 21 brumaire (11 novembre 1793). (Voir *Mounier Guillaume*).

PIFFON (François), homme de loi, de Libourne, âgé de trente-deux ans, condamné à une amende de 10,000 liv., dont 7,000 au profit de la république, 2,800 pour les pères des défenseurs de la patrie, à Libourne, et 200 pour Arnaud, orphelin. Le 22 brumaire (12 novembre 1793).

PIIS (Charles-Antoine), ex-noble, grand sénéchal au présidial de Bazas, âgé de cinquante-deux ans, condamné à mort comme aristocrate, ennemi de la révolution, le 16 prairial an II (4 juin 1794).

PIMENTEL (Jacob), négociant, natif du Portugal et domicilié à Bordeaux.

Il prouve qu'il a toujours été un zélé patriote; que les frères Pimentel ont toujours donné l'exemple des vertus publiques; que leur empressement à secourir les malheureux et leurs sacrifices pour la patrie ne peuvent laisser aucun doute sur leur amour pour la liberté. Il déposa sur le bureau ses certificats de civisme de la commune de Caudéran, etc. Il fut mis en liberté le 1er ventôse an II (19 février 1794).

PINEAU (Nancy), religieuse, native de Bordeaux, âgée de vingt-deux ans.

« La Commission militaire, convaincue que Nancy Pineau, séduite
» par des prêtres scélérats, n'avait pu manquer d'adopter leurs senti-
» ments fanatiques;
» Considérant, néanmoins, qu'à son âge, son cœur n'est pas corrompu
» au point de lui faire déguiser ses sentiments, et que, revenue de ses
» erreurs, pénétrée des grands principes de la raison, elle a fait de
» bonne foi, en présence du tribunal et du peuple, le serment d'être

» fidèle à la patrie, de sacrifier sa vie pour elle, de dénoncer tous les
» prêtres imposteurs, dont les principes étaient d'enseigner une doctrine
» qu'ils se gardaient bien de suivre, et qu'ils ne propageaient que pour
» leur propre intérêt ;

» Espérant que, par une conduite vertueuse, elle réparera une erreur
» aussi funeste à la patrie ; qu'elle deviendra bonne citoyenne, bonne
» mère ; qu'elle n'oubliera jamais le vif intérêt que ses concitoyens lui
» ont témoigné, et qui a dû lui prouver que si les républicains sévissent
» avec courage contre les aristocrates, ils savent de même distinguer
» l'erreur d'avec le crime ;

» Ordonne qu'elle sera sur-le-champ mise en liberté, le 4 thermidor
» an II (22 juillet 1794). »

Planimestre. (Voir *Lalanne*).

Poleron-Saint-André, natif d'Argenteuil, âgé de vingt-six ans, attaché au Grand-Théâtre. (Voir *Goy*).

Pommiers (Jean-Pierre), ex-noble, natif de Bordeaux, âgé de soixante-sept ans, condamné à mort comme s'étant mis hors de la loi, comme ne s'étant pas soumis à la loi du 27 germinal an II, et comme ennemi de la révolution, le 9 messidor an II (27 juin 1794).

Pommiers (Josset), ci-devant baron de Breuil, natif de Bordeaux, demeurant à Cissac, âgé de cinquante ans.

« Accusé d'avoir tenu des propos infâmes contre la liberté ; de s'être
» réuni aux ci-devant nobles pour renverser la république ; d'avoir fait
» des réparations à son château, dont le but était, sans doute, de se
» fortifier contre les amis de la liberté ; d'avoir conservé dans ses pa-
» piers un bulletin manuscrit de la Commission prétendue populaire,
» dans lequel on calomnie de la manière la plus atroce le club National
» de Bordeaux, etc., etc. »

Condamné à mort, et ses biens confisqués, le 17 pluviôse an II (5 février 1794).

Pouchan (Jean-Marie), négociant, natif de Tarbes, demeurant à Bordeaux âgé de quarante ans.

Il résulte de sa correspondance, qu'il a manifesté des craintes sur les subsistances, à Bordeaux, etc., etc.

« La Commission militaire, convaincue qu'il a partagé les sentiments
» des fédéralistes, etc., etc.;

» Considérant, néanmoins, qu'il s'est fortement prononcé pour les
» républicains, etc., le condamne à une amende de 25,000 liv. applica-
» bles à un hospice favorable à l'humanité, que les représentants doi-

» vent fonder bientôt à Bordeaux, et ordonne qu'il soit mis en liberté
» le 25 ventôse an II (15 mars 1794). »

Pradelle (Jean-Pierre), médecin, né à Espalion (Aveyron), âgé de quarante ans, demeurant à Bordeaux, condamné à mort comme aristocrate, le 24 messidor an II (12 juillet 1794).

Pujoux (Louis), étudiant en droit, demeurant à Saint-Macaire, âgé de vingt-neuf ans. Le citoyen Raffin l'avait connu pour un bon républicain; il applaudit avec chaleur à la mort du tyran Louis XVI.

« La Commission militaire, convaincue qu'il a été partisan du fédé-
» ralisme ; voulant, cependant, conserver à la république un citoyen,
» qui, revenu de son égarement, peut la servir encore avec autant d'é-
» nergie que de succès, le condamne à être détenu pendant un mois, à
» payer une amende de 20,000 liv., dont 17,000 au profit de la répu-
» blique et 3,000 au profit des sans-culottes de Saint-Macaire, etc., etc.
» Le 7 frimaire an II (27 novembre 1793). »

Queyssart (Henry), ex-noble, natif de Parcou (Charente-Inférieure), demeurant à Bordeaux, âgé de cinquante-quatre ans, condamné à mort comme ennemi de la révolution, le 27 messidor an II (15 juillet 1794).

Quinaud (Jean), ancien procureur au Parlement, administrateur de l'hospice de la Manufacture, condamné à mort comme aristocrate, le 24 messidor an II (12 juillet 1794).

Quintin (George), marchand, natif de Bergerac, demeurant à Sainte-Foy, âgé de trente-neuf ans, accusé d'avoir été partisan de la Commission prétendue populaire, d'avoir calomnié Marat, Robespierre et Danton, tous les meilleurs patriotes de la Convention nationale, etc., etc. ;

« Ayant égard, cependant, aux preuves de patriotisme qu'il a données
» en plusieurs circonstances, la Commission militaire ordonne qu'il sera
» détenu jusqu'à la paix; qu'il paiera une amende de 10,000 liv., dont
» 4,000 au profit de la république, et 6,000 pour les sans-culottes de
» Sainte-Foy, le 3 frimaire an II (23 novembre 1793). »

Raba (les cinq frères), négociants à Bordeaux, condamnés à une amende de 500,000 liv., dont 400,000 pour les frais de l'armée révolutionnaire, payables dans trois mois, et 100,000 pour les sans-culottes, payables en quinze jours, le 9 brumaire an II (30 octobre 1793).

Raffin (Jean-Baptiste-Antoine), homme de loi, natif de Saint-Macaire, âgé de vingt-neuf ans. Il prouve qu'il n'a jamais été partisan de la Commission prétendue populaire; qu'il a toujours montré de l'énergie républicaine; qu'il avait été exclu de la société rebelle de Saint-Macaire, parce qu'il avait voulu éclairer les bons citoyens qui avaient été dans l'erreur; que les dénonciateurs Pujoux fils, Joseph Grenier, ci-devant nobles; Jeanty Merle, Anglade jeune, et Faye, curé, ainsi que les citoyens Jusseaume et Bonnefond, n'ont pas cessé d'être les plus chauds partisans de la Commission populaire. Il invoque plusieurs témoignages, qui constatent ses principes républicains, etc.

« La Commission militaire, considérant qu'il a été dénoncé par des » hommes qui lui ont fait un crime de son retour aux vrais principes, » et de son courage à les manifester verbalement et par écrit dans le » club de Saint-Macaire;

» Considérant que les calomniateurs des patriotes, de quelque masque » qu'ils se couvrent, méritent l'indignation des vrais républicains et une » punition exemplaire;

» Ordonne que l'accusé sera mis en liberté, et qu'un courrier sera, » sur-le-champ, expédié au Comité de surveillance de La Réole, afin » d'inviter les républicains qui le composent de se transporter de suite » à Saint-Macaire, pour y faire arrêter, et traduire dans les prisons de » Bordeaux, les calomniateurs du citoyen Raffin, etc. Le 28 brumaire » an II (18 novembre 1793). »

Rambaud (Pierre-Thomas), homme de loi, né à Libourne, demeurant à Saint-Émilion, âgé de soixante-cinq ans.

Accusé de fanatisme, il répond qu'il avait été arrêté par ordre de Tallien, parce qu'il n'allait pas à la messe; mais qu'il n'était pas pour cela un fanatique, puisqu'il n'y allait pas avant la révolution; qu'il avait refusé de signer une délibération de sa commune, portant adhésion à la Commission prétendue populaire, comme contraire aux vrais principes; qu'il n'avait jamais dit un seul mot qui pût porter atteinte aux principes de la liberté et de l'égalité, etc., etc.

« La Commission militaire, convaincue, d'après les dépositions de plu- » sieurs témoins, que l'accusé a marqué du regret sur la destruction » des abus dont les prêtres profitaient avant la révolution;

» Considérant que les fanatiques sont les ennemis les plus dangereux » de la liberté; considérant, néanmoins, que, par une inconséquence » heureuse pour lui et pour la république, il a su accorder ses opinions » prétendues religieuses avec ses devoirs de citoyen; considérant, en » outre, qu'il est chargé d'une nombreuse famille, ordonne qu'il sera » sur-le-champ remis en liberté, le 20 brumaire an II (20 novembre » 1793).

Ramonet (Jean), officier de santé, natif de Bagnères (Hautes-Pyrénées), âgé de soixante-quatre ans, arrêté comme suspect; mais, par suite de ses bons certificats et des témoignages des sans-culottes, il fut remis en liberté le 19 messidor an II (7 juillet 1794).

Raymond (Augustin), négociant, natif de Toulouse, domicilié à Bordeaux, âgé de quarante ans.

« La Commission militaire, convaincue, d'après la correspondance
» de l'accusé, qu'il a outragé dans ses écrits (lettres) les braves défen-
» seurs de la patrie; qu'il a eu la bassesse et la lâcheté, après les avoir
» tournés en ridicule, de s'exempter lui-même du service militaire
» ordonné par la loi et que tout patriote doit s'empresser de faire; que,
» livré à la superstition et au fanatisme, il a donné sa signature pour
» l'ouverture des églises, et qu'enfin il doit être rangé dans la classe des
» ennemis de la révolution, le condamne à la peine de mort, et déclare
» tous ses biens confisqués, le 17 pluviôse an II (5 février 1794).

Rauzan (Mathias), ci-devant noble, natif de Macau, âgé de quarante-six ans;

Rauzan (Léon), né à Macau, ancien capitaine-commandant au 19e régiment, ci-devant Normandie, âgé de cinquante-neuf ans : tous deux condamnés à mort comme aristocrates et ennemis de la révolution, le 27 messidor an II (15 juillet 1794).

Rauzan (Pierre), ex-noble, natif de Macau, âgé de trente-huit ans, condamné à mort comme ennemi de la révolution, le 28 messidor an II (16 juillet 1794).

Reignac (Gaston-Jean-Baptiste), ci-devant noble, conseiller au Parlement de Bordeaux, âgé de quarante-trois ans, né et domicilié à Bordeaux.

« Accusé de n'avoir pas donné de preuves de patriotisme; de n'avoir
» pas fait son service dans la garde nationale; de n'avoir pas assisté à
» sa section; de n'avoir pas daigné tirer parti de ses talents pour servir
» la chose publique; d'avoir fréquenté les ennemis de la révolution;
» d'avoir tenu des propos contre elle; de n'avoir pas accepté la Consti-
» tution, etc., etc.

» La Commission militaire, convaincue que de pareils faits, joints à
» ses qualités de ci-devant noble et de conseiller au Parlement, ne lais-
» sent aucun doute sur ses intentions contre-révolutionnaires; que de
» pareils hommes sont d'autant plus dangereux, qu'ils ont plus de talents
» et plus d'adresse pour tromper les citoyens faibles et ignorants, etc.,
» etc.; ordonne qu'il subira la peine de mort, et déclare tous ses biens
» confisqués, le 9 pluviôse an II (28 janvier 1794).

Reignac. (Voir *Moutsec-Reignac Louis*).

Richon (Jean-Antoine), ci-devant négociant, natif et domicilié de Bordeaux, « accusé d'avoir manifesté les principes d'un aristocrate et » d'un contre-révolutionnaire décidé ; d'avoir témoigné de la joie lorsque » les armées de la république avaient éprouvé quelques échecs sur les » frontières ; d'avoir applaudi à la conduite des Français qui quittaient » leur patrie pour aller, en pays étrangers, soulever les despotes et » s'armer contre la liberté ; d'avoir toujours calomnié les meilleurs » patriotes ; de n'avoir fréquenté que les aristocrates ; d'avoir abusé de » ses talents et de ses lumières pour égarer les citoyens faibles et igno- » rants ; de n'avoir jamais donné de preuves de patriotisme ; de n'avoir » pas accepté la Constitution, etc., etc. » Il fut condamné à mort, et ses biens confisqués, le 4 pluviôse an II (23 janvier 1794).

Risteau (François), négociant, âgé de quarante-cinq ans, natif de Sainte-Foy, domicilié à Bordeaux. Il prouve qu'il s'est toujours opposé à la Commission prétendue populaire ; il justifie de son civisme ; produit en sa faveur les certificats de quelques bons sans-culottes, et notamment du citoyen Jay, ministre protestant, etc. Il fut mis en liberté le 27 pluviôse an II (15 février 1794).

Rivet (Christophe-Claude-Bernard), curé de Saint-Émilion, âgé de soixante-douze ans, ci-devant procureur de sa commune, avait adhéré à la Commission prétendue populaire ; mais il répara cette faute, en se rétractant quelque temps après, et n'a cessé de donner des preuves de son civisme. Il fut mis en liberté le 19 brumaire an II (9 novembre 1793).

Roberr, condamné à mort le 4 thermidor (22 juillet 1794), d'après le *Journal du Club bordelais*, n. 10.

Roberdeau (Marie), veuve, âgée de cinquante-sept ans, « accusée » d'avoir entendu la messe de prêtres contre-révolutionnaires, qui ne » s'étaient pas soumis à la loi sur la déportation.

» La Commission militaire, convaincue qu'elle est fanatique et aris- » tocrate, la condamne à une amende de 50,000 liv., dont 40,000 au » profit de la république, et 10,000 liv. en faveur des sans-culottes de » Bordeaux ; la condamne, en outre, à être renfermée jusqu'à la paix, » etc., le 13 frimaire an II (3 décembre 1793). »

Robin (André), tonnelier, de Gauriac, âgé de quarante-trois ans, natif de Saint-Ciers-de-Canesse, mis en liberté le 13 messidor an II (1er juillet 1793. (Voir *Roux*).

Robin (Jean), natif de Bordeaux, demeurant à Carignan, greffier du juge-de-paix, mis en liberté, comme bon patriote, le 9 nivôse an II (29 décembre 1793).

Livre IV.
Chap. 8.

COMMISSION MILITAIRE.

Rolland (Jean-François), ci-devant noble, âgé de soixante-dix ans, ci-devant conseiller au Parlement de Bordeaux, condamné à mort comme aristocrate enragé, fanatique et ennemi de la révolution, le 1er thermidor an II (19 juillet 1794). (Pour le jugement, voir *Fontbourgade*).

Rosu-Lescourt (Pierre), natif de Paris, trésorier du Grand-Théâtre de Bordeaux, âgé de cinquante-deux ans, « accusé d'avoir eu des rela-
» tions avec Dorfeuille, si connu par son aristocratie et son émigration,
» etc., etc.
» La Commission militaire, convaincue qu'il a eu des liaisons mar-
» quées avec un homme diffamé par ses antécédents et sa trahison;
» qu'on a trouvé dans sa maison des écrits qui ne durent jamais souiller
» les mains d'un vrai patriote, et des lettres qui, si elles ne démontrent
» pas qu'il est coupable d'agiotage, le tachent de soupçon de ce crime;
» Ayant cependant égard à ses réponses et aux preuves de civisme
» qu'il a présentées, le condamne à une amende de 6,000 liv., distri-
» buables aux comédiens qui ont souffert de la stagnation du spectacle;
» ordonne que l'accusé tiendra prison close jusqu'à l'entier paiement de
» cette somme, le 5 nivôse an II (25 décembre 1793).

Roujol (Jean-Baptiste), attaché aux Douanes nationales, âgé de trente-huit ans. Il convient d'avoir tenu des propos inciviques, et s'excuse sur les erreurs où, comme d'autres, il avait été entraîné.

« La Commission militaire, séante à Libourne, convaincue qu'après
» avoir contribué à égarer les sections de Libourne, il était allé en leur
» nom prêcher le fédéralisme dans les communes voisines; qu'il a été
» l'un des plus chauds partisans et apôtres de la Commission prétendue
» populaire; qu'il a été le rédacteur d'une adresse dans laquelle il invitait
» tous les départements à marcher contre nos frères de Paris; qu'il a
» osé dire à la tribune du club : « Est-il un seul d'entre nous, Citoyens,
» qui refusât de mourir pour les Guadet, Vergniaud, Gensonné, Bris-
» sot? etc., etc.; » le condamne à la peine de mort, et déclare ses biens
» confisqués, le 14 brumaire an II (4 novembre 1793). »

Roullet (Jean), homme de loi, ci-devant procureur-général-syndic du département de la Gironde, âgé de quarante-quatre ans, natif de Monségur, accusé d'avoir présidé la Commission prétendue populaire et d'avoir été dans le secret des fédéralistes, etc.; fut condamné à mort, et tous ses biens confisqués, le 2 frimaire an II (22 novembre 1793).

Roumegous (Gérard), commis-négociant, natif de Bordeaux, âgé de soixante-huit ans, condamné à la peine de mort comme aristocrate et ennemi de la révolution, le 27 messidor an II (15 juillet 1794).

Rousseau (Pierre), menuisier, âgé de cinquante-six ans, natif de Bordeaux, condamné à mort « pour s'être ouvertement prononcé contre la » révolution, dont les bienfaits jaillissent particulièrement sur cette » classe si respectable et si méprisée autrefois par des individus appe- » lés nobles, qui se croyaient plus que les autres hommes.

Livre IV.
Chap. 8.

COMMISSION
MILITAIRE.

» Convaincu qu'il n'a jamais fait de service dans la garde nationale » et qu'il ne s'est jamais présenté à la section, ni n'a pas prêté son ser- » ment civique, ni accepté la Constitution, » le condamne à mort, et déclare ses biens confisqués, le 4 thermidor an II (22 juillet 1794).

Roux (Étienne), maire de Gauriac, où il est né, âgé de trente-trois ans, arrêté avec André Robin, Jean Roy, Aubert et Duthil cadet, tous habitants de Gauriac. Ils avaient donné des preuves de patriotisme et de vertus républicaines; mais de mauvais citoyens réussirent à les perdre. Le frère de l'un d'eux (Duthil aîné) était à la tête du complot; mais sachant tout ce qu'ils avaient fait contre les prêtres, les aristocrates et les fanatiques, le tribunal les fit relaxer; et les calomniateurs furent arrêtés et condamnés à la peine de mort, le 13 messidor an II (1er juillet 1794). (Voir *Duthil, Dupuy, Dalbon, Alloi*, etc.)

Rozier (Pierre) aîné, négociant, âgé de vingt-huit ans, domicilié à Castillon; accusé d'être ennemi de la révolution, fut mis en liberté après des preuves sur lesquelles on appuya ce *considérant*, que rien ne peut le rendre suspect, etc., etc., le 13 ventôse an II (3 mars 1794).

Roy (Jean), dit le Pelletier, officier municipal à Gauriac, âgé de trente-sept ans, fut mis en liberté le 13 messidor an II (1er juillet 1794). (Voir, pour le jugement, *Roux*.)

Sabarot (George), architecte, âgé de cinquante ans, domicilié à Bordeaux, condamné à mort le 11 messidor an II (29 juin 1794). (Voir, pour le jugement motivé, *Dussaulx Jérôme.*)

Saige (Armand), maire de Bordeaux, âgé de soixante ans, demeurant au Chapeau-Rouge (hôtel de la Préfecture), condamné à mort pour avoir adhéré aux actes de la Commission prétendue populaire; pour avoir signé une adresse du Conseil général de la ville à ses concitoyens, en date du 9 juillet 1793, concernant la formation d'une compagnie de chasseurs et d'une compagnie de cavalerie, destinées à faire partie de la force départementale qui devait se porter sur Paris, et pour outrages faits à la majesté nationale, dans la personne des deux représentants du peuple, Ysabeau et Baudot, contre lesquels outrages Saige ne s'est point élevé, en sa qualité de maire. Tous ses biens furent confisqués. Le 4 brumaire an II (25 octobre 1793).

Baudot avoue que cet honnête homme avait été guillotiné *parce qu'il avait une fortune de dix millions. (Lettre de Baudot à la Convention, du 2 novembre 1793.)*

SAINT-GEORGE (Thomas-Marie), homme de loi, âgé de quarante ans, natif d'Auxerre (Yonne), condamné à mort comme ex-noble et aristocrate, le 28 germinal an II (17 avril 1794).

SAINTOUT ou SANTOUT (Léonard-Antoine), ex-noble, âgé de soixante-sept ans, domicilié rue Fondaudège, condamné à mort comme aristocrate et ennemi de la révolution, le 1er thermidor an II (19 juillet 1794). (Voir, pour le jugement, *Fontbourgade Jean.*)

SALLENAVE (Jean-Baptiste), marchand drapier, natif de Tarbes, âgé de cinquante-sept ans.

« La Commission militaire, convaincue qu'il a été un des plus chauds
» partisans de la Commission prétendue populaire; qu'il rédigea une
» adresse dans laquelle il en faisait l'éloge; qu'il la colporta en plusieurs
» lieux et qu'il extorqua plusieurs signatures, en disant que c'était
» l'ouvrage de la section de la *Liberté*;
» Considérant que l'accusé doit être rangé dans la classe de ces me-
» neurs perfides qui égarent les hommes faibles et ignorants, que ses
» intentions ne pouvaient être pures, le condamne à la peine de mort,
» et déclare ses biens confisqués, le 2 frimaire an II (22 novembre
» 1793). »

SALLES (Jean-Baptiste), médecin, âgé de trente-quatre ans, ex-député à la Convention, natif de Durger, département de la Meurthe; mis hors la loi et exécuté à Bordeaux le 1er messidor an II (19 juin 1794).

SALOM (Moyse), marchand, demeurant à Bordeaux, âgé de soixante-deux ans. Il prouve son patriotisme; il avait fait des sacrifices pour la patrie, avait envoyé un de ses enfants combattre les ennemis de la liberté, avait accepté la Constitution et était toujours bon sans-culotte. Il fut mis en liberté le 19 pluviôse an II (5 février 1794).

SALUCES (Claude-Henry-Hercule-Joseph de Lur-Saluces), baron de Fargues, vicomte d'Aureilhan, comte d'Uza, seigneur châtelain de Gondrecourt, baron de Malugies, seigneur de Renou, etc., etc. Il naquit à Male, le 8 novembre 1731; fut fait cornette de la compagnie colonelle du régiment de cavalerie de Saluces, le 19 avril 1744; capitaine d'une compagnie, le 10 mars 1747; commandait, à quinze ans, le 4e escadron du régiment de son père, à la bataille de Lawfeld, où son cheval fut tué par un boulet de canon. L'année précédente, il avait combattu à Rocoux; il servit ensuite au siége de Berg-op-Zoom. Mestre-de-camp du régiment Penthièvre-Dragon, il combattit à Rosback, à la tête de son régiment et sous les ordres de son père. Blessé de trois coups de sabre, il tomba, baigné dans son sang, ramassé par les ennemis et fait prisonnier de guerre. Plus tard, il reçut la croix de Saint-Louis à Leipsik. Il est peut-être sans exemple qu'on ait envoyé cette croix aux officiers français prisonniers chez l'ennemi. Il fut fait brigadier en 1762, et maréchal-de-camp en 1770. Père de M. Ferdinand-Eugène de Lur-Saluces, qui prit une part si active aux mouvements royalistes en 1814 et 1815, et qui, comme député en 1830, protesta avec une réelle énergie, par une lettre du 22 août, au président de la Chambre, contre *un acte qui, en intervertissant l'ordre de successibilité au trône, et dont le moindre des vices est l'illégalité, se refusa à un serment qui, selon sa conscience, était un parjure.*

« Accusé d'avoir entretenu une correspondance criminelle avec un
» grand nombre d'ennemis de la révolution, dont plusieurs sont émi-
» grés; d'avoir eu des rapports très-directs avec des prêtres fanatiques
» qui ont aussi fui leur patrie dans l'espérance d'y rentrer bientôt pour
» y jouir encore des anciens abus qui pesaient sur le peuple; ce qui est
» démontré dans les passages suivants, extraits de diverses lettres,
» toutes plus révolutionnaires les unes que les autres : « Je suis bien
» mortifié que les affaires de l'État aient changé de la manière qu'elles
» ont fait; j'aimerais à perdre tout ce que j'ai de plus cher, au prix que
» tout revint comme ci-devant; » et ailleurs : « Le règne de la canaille
» va bientôt finir; » dans une autre : « Tout le monde se plaint, per-
» sonne n'est heureux, mais le malheureux peuple n'y voit goutte.
» Voilà quelques brochures; vous voudrez bien les faire passer à M. le
» Curé de Langon, en lui offrant mes compliments, etc.; » et dans une
» autre : « L'état actuel des choses semble nous permettre de voir
» l'avenir moins en sombre. L'archiduc François fait marcher ses trou-
» pes; 2,500 hommes sont passés ici hier pour se rendre à Aix-la-Cha-
» pelle et dans les Pays-Bas; il est passé aussi par ici 1,400 chevaux.
» Tout cela annonce que nous sommes au dénoûment. Les choses vont
» prendre certainement une fin; sans cela, dans cinq mois, il n'y aurait
» plus de gentilshommes.... Quant à nos dangers, je crois qu'ils se bor-
» neront à peu de choses; quoique de très-braves gens, nous ne serions
» pas de très-bons soldats. »

« La Commission militaire, convaincue que l'accusé hait mortelle-
» ment la révolution; qu'il a partagé la scélératesse des émigrés, par
» l'infâme correspondance qu'il a eue avec quelques-uns de ces traîtres;

» que, quoique appartenant à la classe ci-devant noble, si fameuse par
» leur irréligion, il s'est uni à des prêtres perfides pour faire retomber
» dans l'esclavage le peuple égaré par le fanatisme; qu'un tel homme
» serait un fléau pour la patrie, si une indulgence coupable détournait
» de lui le glaive de la justice du peuple; ordonne qu'il subira la peine
» de mort, et que ses biens seront confisqués, le 24 frimaire an II (14 décembre 1793). »

SALUS (Vidal), dit BELAIR, natif de Morne, district de Saint-Flour, domestique chez la femme Mallet, à Saint-Loubès, âgé de trente-six ans, condamné à mort pour avoir favorisé la correspondance des femmes Mallet avec les émigrés, le 28 messidor an II (16 juillet 1794).

SALVANÉ (Arnaud), natif de Bordeaux, âgé de soixante-un ans, agriculteur.

« La Commission militaire, convaincue que Salvané, père d'émigré,
» partageait les sentiments des aristocrates qu'il fréquentait, et parti-
» culièrement ceux de Groc, etc., etc.; qu'il a signé pour l'ouverture
» des églises; qu'il a placé chez Fizeac, pour la soustraire à la circula-
» tion, une somme considérable de louis d'or; qu'il avait de même caché
» chez Lassabe, autre aristocrate, qui a péri sur l'échafaud, une grande
» partie de son linge, pour le soustraire au séquestre mis sur ses biens,
» comme père d'émigré, etc., etc.;
» Ordonne qu'il subira la peine de mort, et déclare ses biens confis-
» qués, le 4 thermidor an II (22 juillet 1794). » (Voir *Fizeac, Groc, etc.*)

SARRAZIN (Jean), tailleur d'habits, âgé de vingt-six ans; arrêté pour s'être mêlé dans une querelle de femmes, aux allées de Tourny, fut reconnu bon patriote et remis en liberté avec 60 livres, comme preuve de la bienfaisance du tribunal, le 12 brumaire an II (2 novembre 1793).

SAUJEON (Pierre), agriculteur de La Tresne, né à Bordeaux, condamné à mort pour avoir fréquenté le club des Cordeliers et le bureau de Coudol, courtier d'assurances, et comme aristocrate, ennemi de la révolution, le 11 messidor an II (29 juin 1794).

SAUVE (Jeanne), religieuse du Bon-Pasteur, couturière, native de Lauzun, âgée de cinquante-huit ans, condamnée à mort pour avoir recélé des prêtres, le 16 messidor (4 juillet 1794).

SCHILLER (Jean-Henry).
SCHILLER (Étienne-Louis).
SCHOUBECK, tous associés avec Meyer. (Voir ce mot).
SEGUIN (Jean), chapelier, natif de Sainte-Bazeille (Lot-et-Garonne).

âgé de vingt-six ans, condamné à mort comme calomniateur, le 19 prairial an II (7 juin 1794).

Ségur (Jacques), négociant à Bordeaux, natif de Castres, âgé de trente-deux ans; reconnu pour un bon patriote, est mis en liberté le 6 brumaire an II (27 octobre 1793).

Seignouret (Joseph), négociant-armateur, âgé de soixante-quatre ans, né à Tonneins, domicilié à Bordeaux.

Il résulte de sa correspondance, qu'il déplore le sort de Capet, qu'il appelle *son pauvre roi* ; que loin de se féliciter, avec tous les citoyens libres, de l'abolition de la royauté et de la tyrannie, il conservait toujours des sentiments contraires.

Seignouret avoue qu'il avait par humanité plaint le tyran, non pas comme roi, mais comme homme; mais que depuis qu'il a senti le bonheur de vivre sous un gouvernement républicain, il s'était empressé d'accepter la Constitution.

« La Commission militaire, convaincue qu'il a eu la lâcheté de s'api-
» toyer sur le sort de Capet; ayant égard, cependant, aux marques
» de patriotisme que l'accusé a données depuis quelque temps, le con-
» damne à une amende de 100,000 liv., dont 30,000 pour les sans-cu-
» lottes de Bordeaux et 70,000 pour la république, et ordonne, en ou-
» tre, qu'il sera détenu jusqu'à la paix, le 14 pluviôse an II (2 février
» 1794). »

Séjourné (Gabriel), notaire, né et domicilié à Bordeaux, âgé de cinquante-deux ans, condamné à la peine de mort le 11 thermidor an II (29 juillet 1794). (Voir *Dussaulx Jérôme*).

Serres (Jean), homme de loi, natif de Brives-la-Gaillarde, âgé de cinquante-deux ans, condamné à mort comme contre-révolutionnaire, le 9 thermidor an II (27 juillet 1794).

Seur (Jean-Pierre-Léonard), homme de loi, domicilié à Bordeaux, âgé de cinquante-deux ans, condamné à mort comme aristocrate enragé, fanatique et ennemi de la liberté, le 1er thermidor an II (19 juillet 1794). (Voir *Fontbourgade*).

Servan (G.), condamné à 30,500 liv. d'amende, dont 30,000 au profit des sans-culottes et 500 au profit de Jean Dandes, cordonnier et agent national, le 1er messidor an II (19 juin 1794).

Simard (Pierre), prêtre non-conformiste, âgé de vingt-huit ans, condamné à mort comme prêtre réfractaire, le 14 frimaire an II (4 décembre 1793).

Sorbé (Jacques-Daniel), négociant-raffineur, natif et domicilié à Bordeaux (ses deux frères reconnus pour d'excellents républicains), fut mis en liberté le 24 ventôse an II (14 mars 1794).

Soury (Louis), prêtre, âgé de vingt-neuf ans, condamné à mort comme ne s'étant pas soumis à la loi sur la déportation, le 18 prairial an II (6 juin 1794).

Stender (Jean-Frédéric), négociant, natif de Hambourg, âgé de quarante-trois ans, fut reconnu bon philosophe, bon citoyen et ami de l'humanité; bien différent de ceux qui se sont apitoyés sur le sort du scélérat Capet, il a applaudi à la vengeance nationale;

« Considérant qu'il est rare de trouver des républicains sans tâche
» dans la classe des négociants, la Commission militaire ordonne qu'il
» sera sur-le-champ mis en liberté, après avoir reçu du président le
» baiser fraternel, à cause de ses vertus civiques. Le 7 ventôse an II
» (25 février 1794). »

Sticotti (Fortuné), commis aux Douanes, natif de Paris, produit des certificats de civisme, et est mis en liberté le 22 ventôse an II (12 mars 1794).

Taffart (Jean), ci-devant officier dans le 50e régiment d'infanterie, âgé de trente-trois ans.

« La Commission militaire, séante à Libourne, convaincue que l'ac-
» cusé a toujours été soupçonné d'incivisme; qu'il n'a donné, en aucun
» temps, des preuves de son amour pour la liberté; qu'il a fait le voyage
» de Paris avec Lesval et autres mauvais citoyens, qui ont émigré; qu'il
» a quitté sa place d'officier, lorsque la patrie avait le plus besoin de
» défenseurs; que cette indifférence, ou mieux cette lâcheté, fait bien
» connaître ses intentions perfides, le condamne à être renfermé jusqu'à
» la paix, à payer une amende de 3,000 liv. au profit de la république.
» Le 22 brumaire an II (12 novembre 1793). »

Tallemont (Jean), marchand, de Libourne, âgé de trente ans, condamné à huit jours de prison, pour le punir d'avoir porté dans les communes voisines une adresse en faveur de la Commission prétendue populaire. Le 20 brumaire an II (10 novembre 1793).

Tarteyron (Jean), négociant, natif de Gand (Hérault), domicilié à Bordeaux, âgé de soixante-un ans.

« La Commission militaire, convaincue que l'accusé, toujours occupé
» du bonheur de ses concitoyens, a fait travailler les terres les plus
» arides; qu'il n'a jamais cessé d'estimer les habitants de la campagne
» comme ses frères, avec lesquels il a partagé sa fortune; que cette
» même fortune ne peut être mal envisagée par un tribunal révolution-

» naire, qui n'examine que la vertu, etc., etc.; ordonne qu'il sera sur-
» le-champ mis en liberté, le 27 pluviôse an II (15 février 1794). »

Tardieu (Pierre-Morin), ex-noble, condamné à mort comme contre-révolutionnaire et aristocrate, le 11 pluviôse an II (30 janvier 1794).

Terrefort (François-Joseph), conseiller au ci-devant Parlement de Bordeaux, âgé de soixante ans, condamné à mort comme aristocrate et ennemi de la révolution, le 22 thermidor an II (9 août 1794).

Terrefort. (Voir *Mercier-Terrefort*).

Testard, négociant, associé de Gachet-Delille. (Voir ce mot).

Thiac (Thérèse), couturière, âgée de soixante ans, native de Bordeaux, condamnée à mort le 3 thermidor an II (21 juillet 1794). (Pour le jugement, voir *Faure*).

Thiac (Jean), natif de Bordeaux, architecte, âgé de trente-un ans, « accusé d'avoir fait construire une cachette dans la maison d'une ci-
» toyenne, à Caudéran, où Lebrun s'est caché pour se soustraire au
» glaive de la loi.

» Thiac avoue qu'il avait été conseillé par la citoyenne Dumoulin ;
» qu'il avait indiqué un endroit, mais qu'il ignorait à quel usage il était
» destiné, etc.

» La Commission militaire, convaincue que, sous ce rapport (celui de
» la cachette), il est grandement coupable envers la patrie, etc., etc.;

» Considérant qu'il n'a cessé, depuis le commencement de la révolu-
» tion, de donner des preuves de patriotisme ; que, né dans la classe
» des sans-culottes, il en a constamment professé les principes ; qu'il
» s'est opposé à la Commission populaire ; que, s'il a eu dans ces der-
» nières circonstances une erreur momentanée, il en a été suffisamment
» puni par trois mois de détention ; ordonne qu'il sera sur-le-champ
» mis en liberté, le 6 germinal an II (26 mars 1794). »

Thibaut (Suzanne-Thérèse), religieuse, âgée de quatre-vingt-huit ans, accusée de fanatisme ; d'avoir entendu la messe dans des maisons particulières ; fut remise en liberté, à cause de son grand âge et de ses infirmités, le 15 frimaire an II (5 décembre 1793).

Thievent (Jacques-Louis), chef du bureau des étrangers, natif de Paris, âgé de trente-cinq ans, avait commis quelques erreurs ; mais, cependant, reconnu bon patriote, il fut mis en liberté le 13 ventôse an II (3 mars 1794).

Thompson (Guillaume), négociant, domicilié à Bordeaux, âgé de trente-neuf ans. Il dit que sa correspondance était tenue par son associé

Witfood, alors en Suède; se flatte d'être bon patriote, et fut mis en liberté le 8 ventôse an II (26 février 1794).

Tiburce. (Voir *Lantourne*).

Tiffrey (Marie), domestique, née à Coutras, âgée de soixante-quatorze ans, condamnée à mort comme recéleuse de prêtre réfractaires, dont elle ne voulait pas faire connaître l'asile, et comme fanatique, le 16 messidor an II (4 juillet 1794).

Toebaerts (André), négociant, né et domicilié à Bordeaux, âgé de cinquante-sept ans.

« La Commission militaire, convaincue, d'après le rapport du comité
» révolutionnaire de Bordeaux et les livres de Toëbaerts, qu'il a entre-
» tenu une correspondance criminelle avec les ennemis de la républi-
» que; qu'il a improuvé toutes les opérations de l'Assemblée consti-
» tuante; qu'il a osé se présenter chez Ducasse, son défenseur officieux,
» pour le solliciter, de la manière la plus pressante, d'enlever cette
» correspondance et d'en substituer une autre, qui ne présenterait que
» de bons principes; que Ducasse, indigné d'une pareille proposition,
» le dénonça sur-le-champ au comité révolutionnaire; que, de plus,
» Toëbaerts est dénoncé par sa section comme un égoïste, etc., etc.;
» Ordonne qu'il subira la peine de mort, et déclare ses biens confis-
» qués, le 6 thermidor an II (24 juillet 1794). »

Tramesaigues (Jean-Baptiste), instituteur à Libourne, âgé de vingt-huit ans; reconnu bon patriote, est mis en liberté le 16 brumaire an II (6 novembre 1793).

Tranchère (Ardouin), ci-devant administrateur du département, âgé de vingt-cinq ans, demeurant à Libourne. Il avoue qu'il avait été membre de la Commission populaire de Bordeaux; qu'il avait été à Lyon comme commissaire; mais qu'il était de bonne foi, etc., etc.

« La Commission militaire, séante à Libourne, convaincue que comme
» membre de la Commission prétendue populaire, il avait fortement
» appuyé les principes du fédéralisme, qu'elle voulait répandre dans
» toute la république; qu'il était allé à Lyon pour réunir les conspira-
» teurs de Bordeaux à ceux de cette ville rebelle; ordonne qu'il sera à
» l'instant exécuté sur la place municipale, et ses biens confisqués, le
» 14 brumaire an II (4 novembre 1793). »

Trimoulet (Pierre), de Libourne, âgé de quarante-deux ans, condamné à huit jours de prison, le 21 brumaire an II (11 novembre 1793).

Vaillant (Jean), commis-négociant, natif de Bordeaux, âgé de vingt-sept ans, condamné à mort comme n'ayant pas de carte de civisme, n'ayant pas accepté la Constitution, et ayant fait le voyage de Paris à l'époque où les chevaliers du poignard s'y rendaient pour défendre le tyran. Le 28 thermidor an II (15 août 1794).

Vaqué (Bernard), ci-devant lieutenant d'infanterie, et cultivateur depuis la révolution, âgé de soixante ans, natif et domicilié de Langon.

« Accusé de s'être qualifié de noble depuis la révolution ; d'avoir em-
» brassé un émigré nommé Léglise, qui avait eu l'audace de souiller le
» sol de la patrie ; d'avoir protégé les aristocrates et les mauvais ci-
» toyens de Langon, pendant son élection à la place de juge-de-paix ;
» de n'avoir pas fait un sacrifice pour la révolution ; d'avoir été le con-
» fident du traître Roudier ; d'avoir été membre du club Monarchique ;
» de s'être éloigné de l'assemblée primaire pour se dispenser d'accepter
» la Constitution républicaine de 1793, etc., etc. »

Condamné à mort, et ses biens confisqués, le 28 frimaire an II (18 décembre 1793).

Vasserot (Simon), marchand de tuiles, natif de Vic, district de Tarbes, domicilié de Bordeaux, âgé de cinquante-trois ans, accusé d'aristocratie ; condamné à mort le 27 prairial an II (15 juin 1794). (Pour le jugement, voir *Lantourne*). On avait trouvé son nom dans une lettre écrite à Pibereau père, où l'on blâmait Robespierre, Marat et les Montagnards.

Verduzan (Victoire), âgée de vingt-deux ans.

Verduzan-Laveyssière, âgée de quarante ans, toutes deux ci-devant nobles, nées et domiciliées de La Réole.

« L'une des accusées a marqué même à la barre du tribunal sa haine
» pour l'égalité.

» La Commission militaire, convaincue que la femme Verduzan-La-
» vissière a tenu, dans plusieurs occasions, des propos contre la liberté ;
» qu'elle a manifesté le mépris le plus profond pour la loi et ses orga-
» nes ; qu'elle était partie pour émigrer, lorsqu'elle fut arrêtée par la
» municipalité ; qu'elle a encouragé l'émigration de son fils, loin d'user
» de son influence pour l'empêcher d'aller se réunir aux ennemis de la
» patrie ; qu'elle a fréquenté habituellement les aristocrates ; qu'elle a,
» au mépris de la loi du 23 juillet, demeuré dans la ville de Bordeaux,
» et qu'elle s'est, par cela même, rangée dans la classe des émigrés ; la
» condamne à être détenue jusqu'à la paix, à payer une amende de
» 30,000 liv., et à être exposée trois jours consécutifs, durant l'espace
» d'une heure, sur un échafaud ; ayant devant et derrière un écriteau
» portant ces mots : *Aristocrate, mère, sœur et belle-sœur d'émigré* ;

» Convaincue que Victoire Verduzan n'a donné aucune preuve de pa-
» triotisme depuis sa sortie du couvent; qu'elle a fréquenté des fanati-
» ques, des aristocrates, et qu'elle doit être rangée dans la classe des
» suspects; ordonne qu'elle sera renfermée jusqu'à la paix, le 7 pluviôse
» an II (26 juin 1794). »

Vergès (François), officier de santé, natif de Ville-Contal, district de Marmande (Gers), demeurant à Sainte-Eulalie-d'Ambarès, condamné à mort comme contre-révolutionnaire, le 11 thermidor an II (29 juillet 1794). (Pour le jugement, voir *Dussaulx Jérôme*).

Viandon (Pierre), vigneron, natif de Cessac, y demeurant, âgé de vingt-six ans.

« La Commission militaire, convaincue que Viandon, travaillant chez
» le métayer de Melet, paraît avoir été gagné pour faire des démarches
» afin de dérober de grands coupables au glaive de la loi;
» Considérant, néanmoins, qu'il est facile d'égarer un habitant de la
» campagne, dont les mœurs pures et simples ne peuvent soupçonner le
» crime;
» Considérant que certains nobles ont tellement su se masquer, en
» attendant la contre-révolution, que l'accusé a cru faire des démarches
» pour de bons citoyens; ordonne qu'il sera mis en liberté le 11 ther-
» midor an II (29 juillet 1794). »

Vernes (Jacob), négociant, natif de Genève, domicilié à Bordeaux, âgé de trente-six ans, avoue qu'il a été trompé par les Girondins; qu'il a écrit deux ou trois fois à Fonfrède au sujet des subsistances; affirme qu'il est bon républicain et qu'il a été persécuté par les aristocrates. Il fut mis en liberté le 5 pluviôse an II (24 janvier 1794).

Vidal (Joseph), commis-marchand, natif de Toulouse, demeurant à Bordeaux, âgé de vingt-six ans.

« La Commission militaire, considérant que Vidal a commis de grandes
» erreurs, et que, cependant, s'il a fait la proposition de donner une
» garde aux représentants Baudot et Ysabeau, il n'avait eu d'autres in-
» tentions que celle de les faire escorter pour leur sûreté;
» Considérant qu'il a constamment donné des marques de son ardent
» amour pour la liberté; qu'il a trois frères sur les frontières, et qu'il
» brûle d'aller les rejoindre; ordonne qu'il sera mis en liberté (avec
» Lafeuillerade) le 3 messidor an II (21 juin 1794). »

Vidal-Dat aîné, marchand épicier, de Langon, âgé de cinquante-six ans, condamné comme suspect à être détenu jusqu'à la paix, le 18 fri-maire an II (8 décembre 1793).

Vigneau (Jean), marchand drapier, âgé de trente-deux ans, natif de Bordeaux, demeurant à Langon.

« Accusé d'être l'ami de Roudier ; d'avoir eu des opinions inciviques ; » d'avoir été du club Monarchique ; de s'être fait expulser de la société » des sans-culottes ; d'avoir mieux aimé défaire son habit d'uniforme » que d'en revêtir un volontaire, qui devait aller combattre les ennemis » de la patrie ; enfin, de n'avoir pas voté pour l'acceptation de la Con- » stitution républicaine.

» La Commission militaire, considérant, néanmoins, que l'accusé a » pu faillir par un défaut de lumière, et qu'il n'est point un des princi- » paux conspirateurs ; qu'il a pu être la dupe des hommes perfides qui » l'ont égaré, le condamne seulement à dix années de fers, et à être ex- » posé à un poteau pendant trois marchés consécutifs, sur la place pu- » blique de Langon. Le 5 nivôse an II (25 décembre 1793). »

Vigneron (François), homme de loi, natif de Bordeaux, demeurant à Bruges, âgé de quarante-quatre ans.

« La Commission militaire, convaincue que Vigneron a usurpé la con- » fiance du peuple, par les apparences trompeuses du patriotisme ; » qu'il a été à la tête des contre-révolutionnaires et des prêtres perfi- » des ; qu'il a été l'un des premiers signataires pour l'ouverture des » églises, et l'un des soutiens de l'aristocratie et des prêtres, etc. ;

» Convaincue que, sous tous les rapports, Bouet, Vigneron, Desvi- » gnes et Paris doivent être rangés dans la classe des aristocrates et des » ennemis de la révolution, ordonne qu'ils subiront la peine de mort, et » leurs biens confisqués, le 29 prairial an II (17 juin 1794). »

Vigort (Jean), ci-devant chevalier de Saint-Louis, natif de Bourg, y demeurant, âgé de soixante-onze ans, condamné à mort comme contre-révolutionnaire et aristocrate, le 27 messidor an II (15 juillet 1794).

Villehumade-Lafon (Jean de), dit Noffat, prêtre, natif de Ribérac (Dordogne), condamné à mort comme réfractaire.

Villeneuve (Marc) fils aîné, ex-noble, domicilié à Bordeaux, âgé de quarante ans, condamné à mort comme aristocrate et ennemi de la révolution, le 1er thermidor an II (17 juillet 1794). (Voir *Fontbourgade*).

Villeneuve (Nicolas-Abel), commis-négociant, natif de Castres (Tarn), « accusé d'avoir dit que Treilhard, Mathieu, Ysabeau et Baudot, étaient » des hommes de sang ; d'avoir favorisé la Commission prétendue po- » pulaire, etc., etc. Il fut condamné à la peine de mort, et ses biens » confisqués, le 8 brumaire an II (29 octobre 1793). »

VIRAC (Jean-Baptiste), chirurgien, natif et domicilié de Langon, âgé de soixante-trois ans.

Accusé d'avoir tenu des propos aristocratiques et d'avoir été dénoncé pour cela plusieurs fois à l'autorité constituée; de s'être plu à aggraver les événements fâcheux et irréparables de la guerre, pour décourager les paisibles cultivateurs et pour empêcher le recrutement. Condamné à mort, et ses biens confisqués, le 17 frimaire an II (7 décembre 1793).

VISER (Antoine), commis du magasin général des hôpitaux militaires, natif de Toulouse, âgé de seize ans.

« La Commission militaire, convaincue que Viser s'est conduit de
» manière à donner de mauvaises espérances sur son compte, en par-
» tageant les sentiments d'une sœur immorale;
» Ayant, cependant, égard à son jeune âge; espérant qu'il n'oubliera
» jamais le danger qu'il a couru par sa démarche inconsidérée auprès
» d'Henry, auquel il a remis un paquet, sans examiner ce qu'il conte-
» nait; regardant comme inconséquence de sa part, ordonne qu'il sera
» mis en liberté le 3 thermidor an II (21 juillet 1794). »

VITRAC (Antoine), louant ses services, né à Saint-Saury (Lot), âgé de trente-trois ans, condamné à mort comme ennemi de la révolution et ayant foulé aux pieds la cocarde nationale, le 24 messidor an II (12 juillet 1794).

WENTER (Jacques), négociant, natif de Hambourg, et associé de Hesse, âgé de quarante-neuf ans, se fait connaître comme bon patriote, et est mis en liberté le 24 ventôse an II (14 mars 1794). (Voir *Hesse*).

WESTEMBERG (Jacques-Henry), négociant et vice-consul de Prusse, natif de Stettin, domicilié à Bordeaux, âgé de quarante-sept ans.

On a trouvé des ratures dans son livre et des phrases qui semblaient annoncer sa haine pour Marat et un penchant pour les antagonistes de cet ami du peuple.

Il répond que sa qualité de vice-consul l'exemptait du service de la garde nationale; qu'il allait rarement à sa section; qu'il ignorait les causes des ratures incriminées; que, lorsqu'il parlait des turbulents qui agitaient Bordeaux, il entendait ceux qui provoquaient la formation d'une Commission populaire; qu'il a toujours été patriote; qu'il n'avait jamais été spéculateur avide, mais toujours attaché à la Constitution et à la liberté.

« La Commission militaire, convaincue que, si l'accusé a marqué du
» patriotisme en 1792, il a paru approuver, en 1793, le parti des intri-

» gants ; qu'il ne s'est pas rendu dans sa section pour y combattre les
» principes liberticides de la Commission prétendue populaire, et qu'il
» a même osé calomnier les plus vertueux législateurs ; qu'une conduite
» aussi criminelle pourrait le ranger dans la classe des ennemis de la
» république et attirer sur sa tête la vengeance de la loi ;

» Ayant, cependant, égard à ses vertus privées et aux témoignages
» rendus en sa faveur par de bons sans-culottes, et voulant user d'in-
» dulgence, le condamne à une amende de 30,000 liv., dont 10,000 au
» profit des sans-culottes de Bordeaux et 20,000 pour la république ;
» lui accorde trois mois pour le paiement de cette somme, et ordonne
» qu'il sera sur-le-champ mis en liberté, le 27 pluviôse an II (15 fé-
» vrier 1794). »

Wormeselle (Gabriel), cultivateur, administrateur du département et membre de la Commission prétendue populaire de la Gironde, âgé de quarante-trois ans, condamné à mort pour avoir pris part aux travaux de ladite Commission prétendue populaire, le 12 brumaire an II (2 novembre 1793).

Le Parlement de Bordeaux perdit, dans cette boucherie légale, une vingtaine de ses membres ; quelques-uns de leurs collègues, MM. Nicolas-Pierre de Pichard et Maurice de Sentout, présidents, ainsi que M. Hyacinthe de Latouche-Gauthier, furent guillotinés à Paris. Quelques autres membres du Parlement de Bordeaux réussirent à se cacher pendant la Terreur, ou, pour échapper à la mort, allèrent dans un exil volontaire pleurer le sort de leur patrie, et terminer leur vie, au moins quelques-uns d'entre eux, sur un sol étranger.

Parmi ceux qui ont échappé à l'échafaud, nous citerons MM. Maurice de Verthamont, Joseph de Gourgues, Arnaud de Lavie, tous trois présidents ; Jean-François de Marbotin, Amédée de Marbotin-Conteneuil, Louis-Élie de Peyronnet, mort à Naples ; Benoît d'Arche de Lassalle, Louis de Barbeguière, Guillaume de Brivazac, Amanieu de Ruat de Buch, Hector de Branne, Le Blanc de Mauvesin, Gabriel de Castelnau-d'Auros, de Labat de Savignac, Joseph de Lamouroux, de Minvielle, François de Bergeron, Jean de Mallet et quelques autres dont les noms nous échappent. Ils ont été tous fidèles à leurs devoirs et attachés à leur roi et à la France ; ils ont légué à leurs enfants de beaux noms, une vie sans tache, un héritage de gloire.

MONTANT

DES AMENDES IMPOSÉES AUX ARISTOCRATES

AU PROFIT DE LA RÉPUBLIQUE ET DES SANS-CULOTTES.

> « La guillotine et de fortes amendes font opérer le scrutin épuratoire du commerce. Bordeaux versera plus de trente millions dans les coffres de la république. »
> (*Rapport des représentants du peuple en mission à Bordeaux à la Convention nationale.* — MONITEUR du 13 décembre 1793.)

9 brumaire an II. — RABA frères, condamnés à 500,000 fr. d'amende, dont 400,000 fr. pour les frais de l'armée révolutionnaire, payables dans trois mois, et 100,000 fr. pour les sans-culottes, payables dans quinze jours, ci. 500,000

12 brumaire an II. — COLLINEAU, condamné à 500 fr. d'amende au profit de la république, ci. 500

14 brumaire an II. — DURAND, condamné à six ans de fers et 250,000 fr. d'amende, dont 200,000 fr. au profit de la république, et 50,000 fr. au profit des sans-culottes de Libourne, ci. 250,000

14 brumaire an II. — LAMIT, condamné à 300 fr. d'amende pour les sans-culottes de Libourne, ci. 300

15 brumaire an II. — CHAPERON-ROUFIAC, condamné à vingt ans de fers et 6,000 fr. d'amende, dont 5,000 fr. pour la république, et 1,000 fr. pour les sans-culottes de Libourne, ci. 6,000

15 brumaire an II. — GARAT, condamné à la détention jusqu'à la paix, et à 100,000 fr. d'amende, dont 90,000 fr. pour la république et 10,000 fr. pour les sans-culottes de Libourne, ci. 100,000

15 brumaire an II. — LIMOUSIN, condamné à 100,000 fr. d'amende, dont 85,000 fr. pour la république, 5,000 fr. pour les sans-culottes de Libourne, 5,000 fr. pour ceux de Coutras, et 5,000 fr. pour ceux d'Arveyres, ci. 100,000

A reporter. 956,800

Report.	956,800
16 brumaire an II. — LARGETEAU-LONGA, condamné à 110,000 fr. d'amende, dont 100,000 fr. pour la république et 10,000 fr. au profit des sans-culottes de Libourne, ci	110,000
16 brumaire an II. — PETITEAU, condamné à 6,000 fr. d'amende, dont 4,000 fr. au profit de la république et 2,000 au profit des pères et mères des sans-culottes du canton de Saint-Émilion, ci.	6,000
16 brumaire an II. — MEYNOT, condamné à 2,000 fr. d'amende au profit des mêmes, ci.	2,000
19 brumaire an II. — BADAIL, condamné à 2,000 fr. d'amende, dont 1,500 fr. pour la république et 500 fr. pour les sans-culottes, ci.	2,000
19 brumaire an II. — BADAIL (Hyacinthe), condamné à la détention jusqu'à la paix et 3,000 fr. d'amende, dont 2,000 fr. pour la république et 1,000 fr. pour les sans-culottes, ci.	3,000
20 brumaire an II. — FONTÉMOING, condamné à la détention jusqu'à la paix et 60,000 fr. d'amende, dont 50,000 fr. pour les sans-culottes de Libourne, ci.	60,000
20 brumaire an II. — GASTON-LACAZE, condamné à la détention jusqu'à la paix et 10,000 fr. d'amende, dont 9,500 fr. pour la république et 500 fr. pour les sans-culottes de Libourne, ci..	10,000
21 brumaire an II. — FOURCAUD, condamné à 20,000 fr. d'amende; 14,000 fr. pour la république; 3,000 fr. pour les pères et mères des soldats de la liberté, et 3,000 fr. pour les citoyens qui ont combattu les rebelles de la Vendée, ci.	20,000
22 brumaire an II. — BOYÉ, condamné à 4,000 fr. d'amende; 3,000 fr. pour la république et 1,000 fr. pour les sans-culottes de Libourne, ci.	4,000
22 brumaire an II. — TAFFARD, condamné à la détention jusqu'à la paix et 3,000 fr. d'amende au profit de la république, ci.	3,000
22 brumaire an II. — BOURGES, condamné à 6,000 fr. d'amende au profit de la république, ci.	6,000
22 brumaire an II. — PIFON, condamné à 10,000 fr. d'-	
A reporter.	1,182,800

Report.	1,182,800

mende; 7,000 fr. au profit de la république, 2,800 fr. pour les pères et mères des défenseurs de la patrie, et 200 fr. pour Arnaud, orphelin, ci. 10,000

29 brumaire an II. — DUBERGIER, condamné à 70,000 fr. d'amende; 50,000 fr. au profit de la république et 20,000 fr. pour les sans-culottes, ci. 70,000

3 frimaire an II. — QUINTIN, condamné à la détention jusqu'à la paix et 10,000 fr. d'amende; 4,000 fr. pour la république et 6,000 fr. pour les sans-culottes de Sainte-Foy, ci. 10,000

6 frimaire an II. — FAYE, condamné à la détention jusqu'à la paix, 10,000 fr. d'amende et trois jours de poteau, ci. 10,000

6 frimaire an II. — MERLE, condamné à un mois de détention et 3,000 fr. d'amende, ci. 3,000

7 frimaire an II. — ANGLADE jeune, condamné à quinze jours de détention et 500 fr. d'amende au profit des sans-culottes, ci. 500

7 frimaire an II. — PUJOUX fils, condamné à un mois de détention et 20,000 fr. d'amende; 17,000 fr. au profit de la république et 3,000 fr. au profit des sans-culottes, ci 20,000

12 frimaire an II. — J.-F. LAUJAC-CARRIER, condamné à trois mois de détention et 12,000 fr. d'amende, dont 2,000 au profit des sans-culottes, ci. 12,000

13 frimaire an II. — Les citoyens MEZIN et MANPETIT, condamnés à 40,000 fr. d'amende, dont 10,000 pour les sans-culottes, et renfermés jusqu'à la paix, ci. 40,000

13 frimaire an II. — Les trois sœurs LAFFITTE, condamnées à 60,000 fr. d'amende, dont 20,000 pour les sans-culottes, renfermées jusqu'à la paix, ci. 60,000

13 frimaire an II. — Les trois sœurs FELGÈRE, condamnées à 40,000 fr., dont 10,000 pour les sans-culottes, renfermées jusqu'à la paix, ci. 40,000

13 frimaire an II. — Veuve ROBERDEAU, condamnée à 50,000 fr. d'amende, dont 10,000 pour les sans-culottes, renfermée jusqu'à la paix, ci. 50,000

13 frimaire an II. — Veuve LAFON, condamnée à 60,000

A reporter.	1,508,300

Report.......	1,508,300
francs d'amende pour la république, et détenue jusqu'à la paix, ci............	60,000
13 frimaire an II. — LEBLANC, MARY et FANNIE, condamnés à 60,000 fr. d'amende, dont 20,000 pour les sans-culottes, retenus jusqu'à la paix, ci.........	60,000
16 frimaire an II. — MASSIEU, condamné à 15,000 fr. d'amende, deux jours de poteau à Bordeaux et deux à Langon, ci............	15,000
19 frimaire an II. — MARAQUIER frères et sœurs, condamnés à 1,000 fr. d'amende pour les sans-culottes, et détenus jusqu'à la paix, ci.........	1,000
19 frimaire an II. — F. BIENVENU, condamné à 20,000 fr. d'amende, dont 5,000 pour les sans-culottes de Bordeaux, et détenus jusqu'à la paix, ci........	20,000
26 frimaire an II. — PÉCHOTTES, condamné à 1,200,000 fr. d'amende, ci............	1,200,000
5 frimaire an II. — Rose DESCOUR, condamnée à 6,000 fr. d'amende, ci............	6,000
9 frimaire an II. — FONTAINE, condamné à 15,000 fr. d'amende, à trois jours d'exposition à Langon, et détenu jusqu'à la paix, ci............	15,000
12 nivôse an II. — DESCLAUX, à 15,000 fr. d'amende, ci	15,000
12 nivôse an II. — LAGUERRE, condamné à 50,000 fr. d'amende, et détenu jusqu'à la paix, ci.........	50,000
29 nivôse an II. — Casimir SÈZE, condamné à 2,000 fr. d'amende et à trois mois de détention, ci.......	2,000
7 pluviôse an II. — MICHEL HENRI, condamné à 40,000 fr. d'amende, ci............	40,000
7 pluviôse an II. — GAUZAN, condamné à 100,000 fr. d'amende, et détenu jusqu'à la paix, ci.......	100,000
7 pluviôse an II. — DUMOULIN, condamné à 60,000 fr. d'amende, et détenu jusqu'à la paix, ci.........	60,000
7 pluviôse an II. — VERDUZAN-LAVEISSIÈRE et Victor VERDUZAN, condamnés à 30,000 fr. d'amende et à trois jours de poteau, ci............	30,000
8 pluviôse an II. — Claude LUGAT, condamné à 80,000 fr. d'amende, et détenu jusqu'à la paix, ci.........	80,000
A reporter.......	3,262,300

Report.	3,262,300

8 pluviôse an II. — G. Pascal ESMART, condamné à 20,000 fr. d'amende, ci. 20,000

11 pluviôse an II. — J. MORIN, condamné à 10,000 fr. d'amende, et détenu jusqu'à la paix, ci. 10,000

11 pluviôse an II.—J. PERPIGNAN, condamné à 50,000 fr. d'amende, et détenu jusqu'à la paix, ci. 50,000

12 pluviôse an II. — H. PENTONI, condamné à 1,000 fr. d'amende et détenu jusqu'à la paix, ci. 1,000

14 pluviôse an II. — J. MORUE et IMBERT fils, condamnés à 100,000 fr. d'amende et à trois mois de détention, ci. . 100,000

14 pluviôse an II. — P. CASTARÈDE, condamné à 150,000 francs d'amende, ci. 150,000

14 pluviôse an II. — J. BANH, condamné à 40,000 fr. d'amende, ci. 40,000

14 pluviôse an II. — BENZIEN, condamné à 10,000 fr. d'amende et à trois mois de détention, ci. 10,000

14 pluviôse an II. — G. Gustave BENOIT, condamné à 30,000 fr. d'amende, ci. 30,000

14 pluviôse an II. — ASTRUC, condamné à 30,000 fr. d'amende, ci. 30,000

14 pluviôse an II. — DOADY, condamné à 100,000 fr. d'amende, ci. 100,000

14 pluviôse an II. — SEIGNOURET, condamné à 100,000 fr. d'amende, et détenu jusqu'à la paix, ci. 100,000

14 pluviôse an II. — GAUTHIER, condamné à 20,000 fr. d'amende, ci. 20,000

17 pluviôse an II.—P. DESCLAUX, condamné à 60,000 fr. d'amende, dont 20,000 pour les sans-culottes, et renfermé jusqu'à la paix, ci. 60,000

17 pluviôse an II. — P. CAPDEFER, condamné à 50,000 fr. d'amende, dont 20,000 pour les sans-culottes, et mis en liberté, ci. 50,000

19 pluviôse an II. — J. BOUTIN-LAVALETTE, condamné à 6,000 fr. d'amende, dont 2,000 pour les sans-culottes, et à un mois de détention, ci. 6,000

27 pluviôse an II. — J.-H. WISTEMBERG, condamné à 30,000 fr. d'amende, dont 10,000 pour les sans-culottes,

A reporter.	4,039,300

Report.	4,039,300
et mis en liberté, ci.	30,000

28 pluviôse an II. — G. Degmond, condamné à 20,000 fr. d'amende, pour un établissement projeté par les représentants, ci. 20,000

28 pluviôse an II. — Phelipt, condamné à 50,000 fr. d'amende, dont 40,000 pour un établissement projeté par les représentants, et 10,000 pour les sans-culottes, ci. . . 50,000

29 pluviôse an II. — E. Mestre, condamné à 150,000 fr. d'amende, dont 100,000 pour l'établissement projeté par les représentants, et 50,000 pour les sans-culottes, ci. . 150,000

29 pluviôse an II. — J. Letellier, condamné à 400,000 fr. d'amende, dont 200,000 pour la république et 200,000 pour l'établissement projeté par les représentants, détenu jusqu'à la paix, ci. 400,000

1er ventôse an II. — G. Ferrière, condamné à 150,000 fr. d'amende, dont 50,000 pour la république et 100,000 pour l'établissement projeté par les représentants, ci. 150,000

5 ventôse an II. — Moïse Marcfoi, condamné à 50,000 fr. d'amende, dont 45,558 pour la république et 4,442 pour les sans-culottes, en prison jusqu'au parfait paiement, ci. . . 50,000

7 ventôse an II. — J. Nauté, condamné à 25,000 fr. d'amende, dont 20,000 pour l'établissement projeté par les représentants, et 5,000 pour les sans-culottes, ci. 25,000

9 ventôse an II. — J.-B. Mathieu, condamné à 150,000 fr. d'amende, dont 100,000 pour la république et 50,000 pour les sans-culottes, ci. 150,000

9 ventôse an II. — Théodore Martelle, condamné à 150,000 fr. d'amende, dont 100,000 pour l'hospice d'humanité à fonder par les représentants, et 50,000 pour la république, ci. 150,000

11 ventôse an II. — Moïse Lange, condamné à 80,000 fr. d'amende, dont 40,000 pour la république et 40,000 pour l'hospice d'humanité à fonder, ci. 80,000

13 ventôse an II. — J. Robert-Honoré Louvet, condamné à 25,000 fr. d'amende pour l'hospice d'humanité à fonder, et à trois mois de prison, ci. 25,000

22 ventôse an II. — Gachet-Delille, condamné à 200,000

A reporter.	5,319,300

Report.	5,319,300
francs d'amende; 100,000 fr. pour l'hospice d'humanité à fonder, 100,000 fr. pour la république; détenu jusqu'à la paix, ci.	200,000
23 ventôse an II. — Charles-Paul Boudin, condamné à 25,000 fr. d'amende; 20,000 fr. pour l'hospice d'humanité à fonder, 5,000 fr. pour la république, ci.	25,000
23 ventôse an II. — Aaron Lopes, condamné à 50,000 fr. d'amende; 40,000 fr. pour la république et 10,000 fr. pour les sans-culottes, ci.	50,000
25 ventôse an II. — J.-M. Pouchan, condamné à 25,000 francs d'amende pour l'hospice d'humanité à fonder, ci. .	25,000
25 ventôse an II. — Lienaud, condamné à 60,000 fr. d'amende; 30,000 fr. pour la république et 30,000 fr. pour les sans-culottes, ci.	60,000
27 ventôse an II. — Léonard Castincau, condamné à 60,000 fr. d'amende; 30,000 fr. pour l'hospice d'humanité et 30,000 fr. pour la république, ci.	60,000
28 ventôse an II. — Leroy, condamné à 10,000 fr. d'amende pour les sans-culottes, ci.	10,000
1er germinal an II. — J. David, condamné à 150,000 fr. d'amende; 100,000 fr. pour la république et 50,000 fr. pour l'hospice d'humanité.	150,000
3 germinal an II. — J. Beyerman, condamné à 60,000 fr. d'amende; 30,000 fr. pour la république et 30,000 fr. pour l'hospice d'humanité, ci.	60,000
7 germinal an II. — J. Lafon aîné, condamné à 300,000 fr. d'amende; 100,000 fr. pour l'hospice d'humanité et 200,000 pour la république, ci.	300,000
9 germinal an II. — P. Lajard, condamné à 300,000 fr. d'amende; 200,000 fr. pour la république et 100,000 fr. pour l'hospice, et détenu jusqu'à la paix, ci.	300,000
13 germinal an II. — J. Pelissier, condamné à 50,000 fr. d'amende; 25,000 fr. pour la république et 25,000 pour l'hospice d'humanité; détenu jusqu'à la paix, ci.	50,000
26 germinal an II. — André Aquart, condamné à 200,000 francs d'amende; 100,000 fr. pour les sans-culottes et 100,000 pour l'hospice d'humanité, ci.	200,000
A reporter.	6,809,300

	Report.	6,809,300

26 germinal an II. — P. Changeur, condamné à 100,000 francs d'amende, appliqués à un nouveau temple de la Raison que les représentants doivent former, ci. 100,000

1ᵉʳ messidor an II. — G. Servan, condamné à 30,500 fr. d'amende; 30,000 fr. pour les sans-culottes et 500 fr. au profit de Jean Dandos, cordonnier et agent national, ci. . 30,500

22 messidor an II. — P. Desclaux, condamné à 50,000 fr. d'amende; 40,000 fr. pour une fabrique d'armes, 5,000 fr. pour les sans-culottes de Gradignan et 5,000 fr. pour ceux de Bordeaux, ci. 50,000

22 messidor an II. — R. Faucher, condamné à 30,000 fr. d'amende pour les sans-culottes de Bordeaux, ci. 30,000

Total. 7,049,800

RÉCAPITULATION.

Pour la république.	4,909,050
— les sans-culottes.	775,050
— l'hospice d'humanité.	1,195,000
— le temple de la Raison.	100,000
— la fabrique d'armes.	40,000
— divers.	700
Total pareil.	7,049,800 (1)

La Commission militaire, présidée par Lacombe, avait pour mission d'exterminer et de spolier les *aristocrates*. 52 séances ont suffi à ce tribunal pour prononcer 344 condamnations à mort, et pour infliger 94 amendes qui atteignent un total de 7,049,800 fr., soit 134,996 fr. 15 c. par séance.

On voit si Lacombe et ses acolytes ont été fidèles à leur mandat.

(1) Cet État récapitulatif est extrait de l'ouvrage intitulé : *Bordeaux sous la Terreur*. Malgré les différences qu'il présente avec notre grande liste quant à l'orthographe des noms propres, nous avons cru devoir le copier textuellement.

TABLEAU

DES HOMMES CONNUS DANS LES SECTIONS DE BORDEAUX

COMME AYANT PARTICIPÉ AUX HORREURS COMMISES SOUS LA TYRANNIE QUI A PRÉCÉDÉ LE 9 THERMIDOR AN II (27 JUILLET 1794),

Dressé en exécution du décret de la Convention nationale du 21 germinal an III ;
De l'arrêté du représentant du peuple Boussion, du 26 germinal même année ;
De l'article 3 de la loi du 12 floréal ;
De l'arrêté du directoire du district de Bordeaux, du 4 prairial, portant : « que la » municipalité de Bordeaux fera, en se conformant aux lois et arrêté du représen- » tant du peuple ci-dessus rappelés, procéder sans délai au désarmement des indi- » vidus dont les noms suivent. »

BARSAC, rue Doidy, ex-juge de la Commission militaire.
DOUAT aîné, huissier, rue Borie.
MALAVERGNE, instituteur, ex-officier municipal.
DARNÉ, greffier du juge de paix de Bacalan.
Jean-Baptiste CHAUSSIER, place du Bonnet-Rouge.
Gabriel PAGUENAUD, rue Minvielle.
LASSERRE, rue Barreyre.
RAYNAUD, rue Minvielle.
SAVARIAU jeune, rue Jean.
COURTOIS, actuellement à Paris.
FONTANES, rue Cornac, ex-administrateur du district.
Jacques LAMARQUE, pavé des Chartrons.
LACOURTAUDIÈRE, pavé des Chartrons.
BERERD, liquoriste, aux baraques des Chartrons.
ROYNON, sur le port.
MARQUIZOT, vitrier, sur le port.
MOILARD aîné, cafetier, au Chapeau-Rouge.
PARMENTIER, ci-devant juge de la Commission militaire.
DORGUEIL, orfèvre, rue Remi.
ARTIGUENAVE, chez Ferbos, tailleur.
DESPLAN, marchand, rue Esprit-des-Lois.
DAVID, marchand, rue Catherine.

Margaron, teinturier, rue Siméon.
Langevin, marchand, rue Traversière.
Levavasseur, tailleur, rue l'Égalité.
Chéri, perruquier, rue Maucoudinat.
Prieur, marchand parfumeur.
Samson fils, rue du Cerf-Volant.
Barrau, ex-juge de la Commission militaire.
Doche, sondeur.
Ducastel, sur le port.
Brousse, rue Saint-James.
Marquet.
Barbet, graveur.
Lalbie, cordonnier, rue des Mothes.
Goujon, rue du Loup.
Bedouin, cordonnier, rue du Hâ.
Giffey, ci-devant greffier de la Commission militaire.
François, rue des Palanques.
Lacroix, ex-juge de la Commission militaire.
Albert, idem.
Roudez.
Cadillac.
Marguerie, idem.
Thuillier, fondeur.
Audouin, tailleur.
Benoit, chaudronnier.
Lepelletrie, tailleur.
Le Sourd, imprimeur.
Vaincour, horloger, rue Catherine.
Labroue, rue des Trois-Conils.
Gaubet, détacheur.
Trossé, dit Dutroussi, perruquier.
Lochon, cordonnier, cours de Tourny.
Andron, rue des Remparts.
Duran, cordonnier, rue Porte-Dijeaux.
Michel, chapelier, rue des Remparts.
Goisneau, section de l'Esprit-des-Lois.
Lizot, fossés Marat.
Péru, section Esprit-des-Lois.

Duvernay, rue Guillaume-Tell.
Fagué, doreur, place Guillaume-Tell.
Deydet, cordonnier, section Guillaume-Tell.
Dumont, cordonnier, idem.
Bourrillon, marchand, idem.
Larrivière, relieur, idem.
Couronne, commis au district, idem.
Perpezat, idem.
Delas, idem.
Beguignon, tailleur de pierre à la Croix de Seguey.
Charles, ex-officier municipal, rue Brutus.
Girard, ex-moine, rue Brutus.
Joseph Martin, section Francklin.
Berneval, idem.
Cogoreux, idem.
Portmann, imprimeur, idem.
Sainte-Rose Jeanty, idem.
Barbé, dit Jean-Bart, capitaine de navire.
Vialla, perruquier.
Peyrend-d'Herval.
Marcel, comédien.
Mesnil, menuisier.
Morel, doreur, ex-président de la Commission militaire.
Leard, comédien.
Lehanneur, section Républicaine.
Diot, dit Blondin, sauteur.
Benoît Guerre, écuyer.
Auzanet, cordonnier, ex-officier municipal.
Rieux, écrivain.
Isaac Oliveyra, section du Dix-Août.
Bordelais, idem.
Joubert, fossés des Salinières.
Chenaud, perruquier.
Cassan, perruquier.
Fellixe, rue Citran.
Veyssière, ex-maître de pension.
Chaussade, ex-officier municipal.
Gaudric, dragueur.

Sambellye.
Martial, ex-officier municipal.
Paslom, section de la Parfaite-Union.
Bosredon, serrurier, rue Pradeau.
Bernatet, marchand de terraille.
Freville, ex-officier municipal.
Ysabeau jeune, actuellement à Paris.

Le désarmement de ces individus, désignés par la municipalité, fut effectué, conformément au vœu de la loi du 21 germinal an III (10 avril 1795).

Mais tous les terroristes de Bordeaux ne sont pas compris dans le petit nombre d'individus que nous venons de citer. Cette liste, qui est extraite de celle de la Mairie, est incomplète. Nous pensons qu'on n'y a fait figurer que les noms des hommes qu'on regardait comme les plus dangereux et à qui l'on croyait devoir ôter les armes. Le *Livre rouge* nous donne les noms de 469 *hommes de sang et dénonciateurs*, et nous dévoile les hauts faits de ces amis de la *liberté* et de la *fraternité* (1). La *Feuille de Bordeaux*, journal qui succéda à celui du club national, contient des détails très-circonstanciés sur les exactions de quelques-uns des partisans de la Terreur. Enfin, nous pourrions encore citer une trentaine de noms également dignes de figurer parmi ceux de ces misérables. Mais à quoi servirait de révéler de nouvelles turpitudes? Ensevelissons dans l'oubli ces noms et ces crimes : notre silence aura une portée morale que l'on comprendra facilement.

Au reste, il existe un document très-propre à nous faire connaître les actes odieux de la plupart des terroristes; c'est l'ouvrage intitulé : *Bordeaux sous le régime de la Terreur*. Après nous avoir révélé les horribles projets de leurs chefs,

---

(1) Cette publication fut faite dans un moment de réaction politique, sous la Restauration, et sans nom d'auteur. On ne pourrait, sans contrôle, ajouter foi à toutes les accusations qui y sont portées.

l'auteur nous montre ces hommes sanguinaires accomplissant des forfaits tels que ceux qui leur étaient ordonnés par les décrets suivants :

Décret du 14 février 1793, qui accorde 100 francs de récompense à tout individu qui arrêtera un prêtre.

Décret du 16 février 1793, qui met en réquisition permanente les célibataires ou veufs sans enfants.

Décret du 28 février 1793, portant que les émigrés sont morts civilement et leurs biens confisqués.

Décret du 5 mars 1793, qui condamne à la peine de mort les *enfants* au-dessus de quatorze ans.

Décret du 21 mars 1793, portant création du comité de surveillance pour faire arrêter, juger et guillotiner les suspects. (On était suspect quand on paraissait triste.)

Décret du 23 mars 1793, qui condamne à la peine de mort les émigrés pris en France.

Décret du 27 mars 1793, qui met les aristocrates hors la loi, et ordonne que les citoyens seront armés de piques.

Décret du 29 mars 1793, qui enjoint aux propriétaires de faire afficher extérieurement les noms, prénoms, âge et profession de leurs locataires.

Décret du 16 avril 1793, portant que les émigrés ne doivent, dans aucun cas, être jugés par des jurés.

Décret du 20 mai 1793, pour la levée d'un emprunt forcé d'un milliard sur les riches.

Décret du 26 mai 1793, portant qu'il ne sera fait aucun prisonnier anglais et hanovrien et de leur refuser la vie.

Décret du 8 juin 1793, qui ordonne la vente des ornements d'église.

Décret du 27 juin 1793, qui abandonne aux *défenseurs de la patrie*, 600 millions de récompenses territoriales, à prendre sur les biens des émigrés.

Décret du 31 juillet 1793, qui ordonne que les forêts seront abattues, les repaires des rebelles détruits, les récoltes coupées et le feu mis dans toute la Vendée.

Décret du 1er août, 1793, portant qu'il sera envoyé dans la Vendée des matières combustibles pour incendier le pays.

Décret du même jour, qui ordonne la confiscation sous huitaine, au profit de la nation, des maisons et autres édifices portant des armoiries.

Décret du 1er août 1793, qui condamne à la peine de mort ceux qui placeront des fonds sur les banques étrangères.

Décret du 7 août 1793, portant que tout citoyen qui sera surpris déguisé en femme, sera puni de mort.

Décret du 12 août 1793, qui ordonne l'arrestation des *suspects*.

Décret du 16 août 1793, qui ordonne la saisie et le séquestre des biens et des propriétés que les sujets du roi d'Espagne possèdent en France.

Décret du 22 août 1793, portant abolition de toutes actions civiles et privées, ainsi que des jugements prononcés contre les hommes de la révolution. (Les monstres s'absolvaient : ils étaient conséquents.)

Décret du 5 septembre 1793, qui ordonne des visites domiciliaires.

Décret du 11 septembre 1793, qui condamne à la peine de mort les distributeurs de fausses nouvelles.

Décret du 17 septembre 1793, qui ordonne l'arrestation de ceux *qui n'ont pas montré d'attachement* à la révolution.

Décret du 12 octobre 1793, portant que la ville de Lyon sera détruite.

Décret du 17 octobre 1793, qui ordonne de convertir en piques les grilles et portes de fer des châteaux d'émigrés.

Décret du 22 octobre 1793, qui ordonne la démolition des villes qui se rendront sans avoir soutenu l'assaut.

La terreur ayant été mise à *l'ordre du jour* le 7 novembre 1793, les décrets suivants vinrent grossir la liste des crimes des Montagnards :

Décret du 10 novembre 1793, qui érige la cathédrale de Paris en temple de la Raison.

Décret du 30 janvier 1794, qui condamne à mort les complices d'émigrés. (C'est-à-dire un père et une mère qui faisaient passer de l'argent à leurs enfants).

Décret du 11 avril 1794, qui condamne à mort tout individu qui aura recélé un prêtre.

Décret du 13 mars 1794, qui condamne à mort quiconque donnera asile aux émigrés.

Décret du 11 juillet 1794, qui met à la disposition de la nation les biens des hôpitaux et de tous les établissements de charité.

Décret du 11 août 1794, portant qu'il ne sera plus fait de prisonnier espagnol.

Le bilan de la Révolution ne s'arrête pas là. Comme conséquence des décrets qui précèdent, nous trouvons les résultats suivants, que nous croyons devoir consigner ici pour justifier la haine que les hommes honnêtes portent aux doctrines qui créent les Marats et les Robespierres.

Voici la liste des individus qui ont péri par le fait de la Révolution, 1789 à 1795 :

Sous l'Assemblée constituante, du 17 juin 1789 au 1er octobre 1791	3,753
Sous l'Assemblée législative, du 1er octobre 1791 au 20 septembre 1792	8,044
Sous la Convention nationale, du 21 septembre 1792 au 25 octobre 1795	2,011,106
Ensemble	2,022,903

Le nombre des lois et décrets rendus à ces différentes époques s'élève, savoir :

Par l'Assemblée constituante, à	2,557
Par l'Assemblée législative, à	1,227
Par la Convention nationale, à	11,210
Ensemble	14,994

Il faut ajouter à cette triste nomenclature 189 châteaux incendiés et plus de 20,000 hameaux, villages, métairies et fermes dévastés.

Les scélérats de cette époque semblaient s'appliquer ces paroles que faisait entendre Louchet à la Convention nationale : « Le peuple français a confié la massue révolutionnaire » à la vigueur de mon bras. » Ils se croyaient donc autorisés à spolier, à ruiner la France et à faire le plus de victimes possible pour arriver à leurs fins.

Voici quelques-uns des enseignements qui leur étaient recommandés par les professeurs de morale de cette époque :

Robespierre. — « La génération qui a vu l'ancien régime
» le regrettera toujours ; ainsi tout individu qui avait plus de
» 15 ans en 1789, *doit être égorgé.* »

Fouquier-Tinville. — « Si la liberté est en danger, nous
» surpasserons les tyrans en audace : nous dévasterons le sol
» français ; les riches, les égoïstes, seront la première proie. »

Jean Debry propose à l'Assemblée législative, le 26 août 1792, la création d'une légion de 1,200 tyrannicides, destinée à combattre les rois corps à corps.

Isnard. — « La liberté ne s'achète que par des flots de
» sang. Provoquez des arrêts de mort. C'est au commence-
» ment d'une révolution que vous devez être *tranchants.* »

Javogues. — « Il faut que les sans-culottes profitent du
» moment pour faire leurs affaires, n'importe par quels
» moyens. »

Rewbel. — « Allez dans toutes les maisons, forcez les coffres-forts, prenez ce qui s'y trouve. »

Mirabeau. — « Dans un état libre, la délation est une
» vertu. »

Amar disait, à Nantes : « Le père doit dénoncer son fils et le fils son père. Il n'y a point de vrais patriotes sans dénonciations. »

Bô avait tenu le même langage : « On ne doit connaître ni parents ni amis ; le fils peut égorger son père, si celui-ci n'est pas à la hauteur des circonstances. »

Danton. — « En révolution, l'autorité appartient aux plus scélérats. »

Cette morale porta ses fruits. On travailla activement à la dépopulation et à la ruine de la France. N'ayant plus de Dieu, puisqu'on l'avait banni à tout jamais, on éleva 50,000 temples de la Raison ; on planta 54,634 arbres de la liberté, que l'on arrosait par dévotion avec le sang des aristocrates, et on construisit 48,724 bastilles pour remplacer celle qui avait disparu à Paris.

A Paris, on avait construit un aqueduc pour conduire à la Seine le sang des victimes, et, tous les quatre jours, quatre hommes, au moment des exécutions, venaient puiser le sang humain à pleins seaux et allaient le vider dans cet aqueduc.

Le proconsul Dartigoyte faisait attacher les accusés à des crèches, comme de vils animaux, et leur faisait servir la plus dégoûtante nourriture. Il y eut des motions atroces pour faire périr les détenus en jetant du vert de gris dans leurs aliments, tandis que d'autres voulaient simplement qu'on laissât le bouillon assez longtemps dans les vases de cuivre pour qu'il devînt du poison. Le tribunal avait ses juges, ses jurés pour assassiner; l'infirmerie avait ses médecins et ses apothicaires pour empoisonner à l'aide de tisanes préparées à cet effet (1).

A Nantes, il y eut 25 noyades, dont une de 600 jeunes enfants, que les tigres aux ordres de Carrier désignaient sous le nom de *louveteaux;* aussi la Loire fut plusieurs fois rouge du sang des victimes égorgées, sur une étendue de 18 lieues, de Nantes à Saumur.

A Lyon, on creusa une immense fosse sur la place des Terreaux pour recueillir le sang des victimes, et Joseph Lebon en avait fait ouvrir une semblable sous l'échafaud, à Arras, pour contenir 64 têtes à la fois.

La ville de Lyon fut démolie au nom de la loi par l'infâme Couthon; Marseille dut subir le même sort; et Toulon fut condamné à voir son port comblé.

A Bordeaux, une bande de scélérats harcelait sans cesse les proconsuls de dénonciations. Ils dirigeaient et commandaient la force publique et allaient arracher les malheureux de leur domicile pour les présenter au tribunal de Lacombe,

---

(1) Prud'homme, tome V, pages 295 et 320.

qui leur disait simplement : *Le Tribunal est fixé sur ton compte,* puis les envoyait à la mort.

C'était cette horde sauvage « qui dirigeait l'*esprit public*, faisait trembler les habitants, et alimentait constamment l'échafaud. L'oreille toujours tendue pour recueillir les plus légers propos, ces bandits sans-culottes, et souvent sans souliers, disposaient souverainement de la vie de tous ceux qui leur déplaisaient ou qui avaient quelque chose à perdre. Ils parcouraient les rues de Bordeaux armés de piques, insultaient ceux qu'ils ne pouvaient ou n'osaient saisir, et pénétraient dans les maisons sans sommation, sans autre ordre que leur volonté ou un chiffon de papier délivré par un proconsul. La plupart de ces misérables ne savaient pas lire; de là des méprises qui pouvaient coûter la vie aux individus mal désignés ou dont le nom présentait quelque ressemblance avec le nom de celui qu'on cherchait. En pareil cas, l'erreur reconnue ne profitait pas à celui qui en était l'objet ; les tigres étaient tellement altérés de sang humain, qu'ils ne lâchaient jamais leur proie. » (1)

Voilà les fruits de la morale qu'enseignaient au peuple ceux que leurs infâmes complices appelaient les *vertueux législateurs!* Voilà les hauts faits des cannibales de la *Terreur,* époque à jamais néfaste, où la France sembla descendre dans un abîme de boue et de sang !

(1) Un fait, dit encore l'auteur de *Bordeaux sous la Terreur*, pourra faire juger de l'ignorance des misérables qui s'étaient faits les bourreaux de la France. Quelques-uns d'entre eux voulurent se donner le plaisir de visiter la belle propriété de MM. Raba frères. Étant introduits, ils aperçurent le chiffre RF, abréviation de Raba frères. Ils décidèrent de suite que c'étaient des armoiries prohibées par le décret du 1er août. Les propriétaires voulant s'amuser de leur ignorance et prouver leur patriotisme pour échapper à la confiscation et à la mort, leur firent croire que le chiffre RF signifiait *République française*. Ils le crurent, et MM. Raba échappèrent ainsi à la persécution de ces *savants* montagnards.

LISTE

DES RUES DONT LA DÉNOMINATION FUT CHANGÉE

PENDANT LA RÉVOLUTION.

NOUVEAUX NOMS.	ANCIENS NOMS.
Rue des Pêches............	Rue Bonafoux.
— de la Justice...........	— Bouffard.
— de la Frugalité.........	— Boulan.
— Citoyenne.............	— Brunet.
— du Sommeil...........	— Castelmoron.
— du XVII-Septembre......	— Castelnau-d'Auros.
— des Jardins............	— des Catherinettes.
— Ça Tiendra............	— de la Chapelle-Saint-Martin.
— du Réveil.............	— de la Chartreuse.
— de l'Amitié...........	— Ciron.
— de l'Union............	— Colignan.
— de la Surveillance......	— Cornu.
— des Amarantes.........	— Couturier.
— des Nations Libres......	— du Couvent.
— du Tabac.............	— Créon.
— Cassius...............	— de la Croix-Blanche.
— Nationale.............	— Dauphine.
— de l'Unité.............	— Dufau.
— des Sans-Culottes.......	— Dufourcq.
— du Jeune Barra.........	— de l'Église-Saint-Seurin.
— du Bœuf..............	— Faucher.
— de l'Arbre-Chéri........	— Ferdinand.
— Montaigne............	— des Feuillants.
— des Piques............	— de Gasc.
— de l'Immortelle.........	— du Hâ.
— de la Délivrance.......	— Judaïque-Saint-Seurin.
— de la Fraternité........	— Lacroix.
— de la Section-du-Dix-Août..	— de Lalande.

NOUVEAUX NOMS.	ANCIENS NOMS.
Rue Haine aux Tyrans	Rue des Lauriers.
— de l'Unité	— Lalliman.
— des Amarillis	— Lavie.
— du Coq	— Lecoq.
— du Département	— Maximilien.
— de l'Empire-des-Lois	— Merle.
— Guillaume-Tell	— des Minimes.
— J'adore-l'Égalité	— Montbazon.
— Brutus	— Mondenard.
— du Tourne-Sol	— Mouneyra.
— Vivre-Libre-ou-Mourir	— Neuve-Saint-Seurin.
— de la Raison	— du Palais-Gallien.
— du Romarin	— des Palanques.
— de l'Égalité	— du Parlement.
— de la Conciliation	— Poissac.
— Nationale	— Pont-de-la-Mothe.
— Plus-de-Rois	— Pont-Long.
— du Basilic	— Porte-d'Albret.
— de l'Esprit-des-Lois	— Porte-Richelieu.
— du Chamois	— Pradel.
— Ausone	— Richelieu.
— de l'Indivisibilité	— Rohan.
— Beauvais	— Rolland.
— Chalier	— Rougier.
— du Peuple-Souverain	— Rouleau.
— de la Liberté	— Royale.
— du Champ-de-Mars	— Royale-Saint-Seurin.
— de l'Opinion	— Saint-André.
— de la Lumière	— Saint-Bruno.
— du Temple-Décadaire	— Saint-Dominique.
— Primidi	— Saint-Étienne.
— Lalau	— Saint-Fort.
— du Silence	— Saint-Louis.
— de la Régénération	— Saint-Martin.
— de la Convention	— Saint-Nicolas.
— du Dix-Août	— Saint-Paul-Saint-Seurin.
— de la Fidélité	— Saint-Roch.

NOUVEAUX NOMS.	ANCIENS NOMS.
Rue Gemmapes	Rue Sainte-Colombe.
— du Bonheur	— Sainte-Sophie.
— Beaurepaire	— Sainte-Thérèse (P^{tes}-Carmélites)
— Ça-Va	— Ségur.
— Michel-Lepelletier	— Servandony.
— des Navets	— Vareilles.
— du Bec-d'Ambès	— Verteuil.
— des Français-Libres	— Villeneuve.
Cours Messidor	Cours d'Albret.
— de la Convention	— d'Aquitaine.
— Fructidor	— de Tourny.
— Thermidor	Allées d'Albret.
Fossés Marat	Fossés de l'Intendance et du Chapeau-Rouge.
Place des Droits-de-l'Homme	Place des Capucins.
— du Dix-Août	— Chauf-Neuf.
— Nationale	— Dauphine.
— du Département	— Ferdinand.
— de l'Égalité	— du Marché-Royal.
— des Piques	— Mériadeck.
— des Hommes-Libres	— de la Monnaie.
— Brutus	— du Palais-de-l'Ombrière.
— du Jeune-Barra	— du Pradeau.
— Guillaume-Tell	— Rohan.
— de la Liberté	— Royale.
— de la Montagne	— Saint-André (grande place).
— de l'Opinion	— Saint-André (petite place).
— de la Convention	— Saint-Julien.
— des Sans-Culottes	— Saint-Projet.
— Gemmapes	— Sainte-Colombe.

DÉPARTEMENT DU BEC-D'AMBÈS (GIRONDE)

RELEVÉ GÉNÉRAL DES ÉMIGRÉS

Du 6 Juin 1792 au 29 Floréal an II (18 Mai 1794)

CONTENANT LEURS NOMS, PRÉNOMS, SURNOMS, PROFESSIONS, LES NOMS DES LIEUX OU ILS AVAIENT DES PROPRIÉTÉS.

(Les dates que nous donnons sont celles des listes ou des arrêtés du département qui ont constaté l'émigration. Si la date est suivie seulement du nom du mois républicain, sans indication de l'année, il s'agit alors de la première année de la république ou du calendrier républicain ; les autres années sont toujours indiquées).

ABRÉVIATIONS.

Propr., propriétaire. — *Dom.*, domicilié. — *En réclam.*, en réclamation.

ANDEAU (Hilaire), brûleur d'eau-de-vie, propr. à Bordeaux, 6 nov. 1792.

AUGIER-GUILLERAGUE, de Bordeaux, 16 avril 1793.

AUDEBERT, religieux de la Merci, de Bordeaux, 21 juin 1793.

AURICOTE, de Bordeaux, 1er frimaire (21 nov. 1792).

AMANIEU-RUAT, de Bordeaux, 1er frimaire.

ACQUART (les deux fils), de Bordeaux, 1er frimaire.

ARROUCH fils, de Bordeaux, 7 nivôse (27 décembre 1792).

AMAN (Simon), de Bordeaux, 1er frimaire (21 nov. 1792).

BEYNETTE (Antoine-Raymond), propriétaire à Bordeaux et à Artigues, 9 juin 1792.

BONNEFOND (Pierre), propriétaire à Saint-Loubès, Beychac, Montussan et Cameyrac, 2 et 9 juin 1792.

BONNEAU DU TILLAC, propr. à Ambarès et à Bordeaux, 28 janvier 1792.

BEARN DE GALLARD, ci-devant comte, propriétaire à Bordeaux, 26 août 1792, 21 juin et 2 septembre 1793.

BASTEROT (veuve), née d'Augeard, ci-devant noble, propriétaire à Bordeaux et Saint-Médard-en-Jalle, 21 juin 1793.

Bouchet, ci-devant noble, propriétaire à Bordeaux, 20 août 1792.
Biré Saint-Sever, garde-du-corps, propriétaire à Bordeaux, 16 avril et 2 septembre 1793.
Biré, chanoine à Saint-André, propriétaire à Cenon, 30 ventôse (20 mars 1793).
Bonneuil (Nicolas), de Paris, propriétaire à Lanton et Audenge, 14 août 1792 et 21 nov. — Il réclama.
Basquiat père (Jean-Joseph Mugriel), conseiller au Parlement de Bordeaux, 6 nov. 1792, 16 avril 1793.
Bourran (Jean-Germain), syndic de la ci-devant noblesse, propriétaire à Bordeaux, Martillac, Saint-Loubès, Yvrac et Cadaujac, 20 août 1792, 21 juin 1793.
Brivazac (Léon), fils aîné, propriétaire à Bordeaux et Ambarès, 14 août et 18 décembre 1792; 23 mars, 16 et 17 août 1793.
Batanchon, ci-devant chanoine de Bordeaux, 6 nov. 1792, 16 août 1793.
Brunet, prop. à Bordeaux, ci-devant officier au régiment de Languedoc, 10 nov. 1792, 16 avril 1793.
Blangy (Pierre-Constantin), dom. à Bordeaux, propriét. à Castelnau, Avensan, Macau, 18 décembre 1792.
Bidet et Pougues (veuve), dom. à Bordeaux, propriétaire à Macau, 18 décembre 1792.
Bailles, propriétaire et dom. à Bordeaux, 18 décembre 1792.
Byrne frères, dom. à Bordeaux, 18 déc. 1792, 30 pluviôse et 29 germinal, propriétaires à Bordeaux, Ludon, Labarde et Macau.
Boy, prêtre, propriétaire et dom. à Cenon, 10 déc. 1792.
Baudounat, domicilié à Bordeaux, 18 décembre 1792. En réclamation.
Binet, prêtre à Salignac et propriétaire à Bordeaux, 16 avril 1793.
Berthelot, domicilié à Bordeaux, prop. à Barbezieux, *id.*
Bonay, propriétaire à la Guadeloupe, *id.*
Belinaye (vicomte de la), domicilié à Paris, 17 avril 1793.
Breteuil (baron de), 17 avril 1793.
Baron, ci-devant curé, à Bordeaux, 17 avril 1793.
Brochon, *id.* *id.* *id.* et 30 pluviôse.
Bergey, ci-devant bénéficier de St-Michel, à Bordeaux, 17 avril 1793.
Bascampo (Jean-Pierre), prêtre, à Sainte-Bazeille, 17 avril 1793.
Berthonneau, prêtre, à Bordeaux, 21 juin et 3 septembre 1793.
Bentzman, ci-devant chanoine, à Bordeaux, 12 avril, 21 juin et 2 septembre 1793.
Beaumale (Rabar), prêtre, à Bordeaux, 21 juin et 2 septembre 1793.

Billaud, à Bordeaux, 21 juin et 2 septembre 1793.

Baaze, prêtre, ci-devant vicaire de Saint-Christoly, à Bordeaux, 21 juin et 2 septembre 1793.

Bro, ci-devant frère lai de la Merci, à Bordeaux, 21 juin et 2 sept. 1793.

Baulos, ci-devant curé, à Queyrac, 21 juin 1793.

Basterot (Barthélemy), conseiller au Parlem., à Bordeaux, 1er frimaire.

Baritaut, ci-devant garde-du-corps, et son fils, à Bordeaux, 1er frimaire, 29 germinal.

Benoit, ci-devant gardien des Récollets, à Bordeaux, 2 septemb. 1793.

Brons et son fils, à Bordeaux, 1er frimaire.

Belcier frères,   id.   id.

Bouquier, ci-devant conseiller au Parlement, à Bordeaux, 1er frimaire.

Binet fils (Joseph), à Bordeaux, 1er frimaire. — En réclamation.

Brivazac (Edme-Jean-Baptiste), propr. et dom. à Bassens, 1er frimaire.

Bergeron fils, ci-devant conseiller, à Bordeaux, 1er frimaire.

Barrière-Beaufort,   id.   id.

Bardèche, curé de Rauzan,   id.   id.

Boubens, prêtre,   id.   id.

Bourdet (Pierre), prêtre,   id.   id.

Barbot-Belgarde,   id.   id.

Bardon (Berthomé), prêtre, à Bordeaux, 1er frimaire, 15 pluviôse.

Barret (Pierre-Jean-Baptiste-Marie), propriét. à Bouillac, domicilié à Bordeaux, 1er frimaire. — En réclamation.

Bourbon, prêtre, à Sainte-Eulalie-d'Ambarès, 1er frimaire, 15 et 30 nivôse, 30 pluviôse.

Branchereau frères, propriét. à Bordeaux et Ambarès, 1er frimaire.

Bazignan fils, à Bordeaux, 1er frimaire.

Buisson (Pierre), propriét. au Taillan, dom. à Bordeaux, 7 nivôse.

Bacalan fils (Timothée), propriét. et dom. à Bordeaux, 24 nivôse.

Blanc (Jean-Saint-Roch), ci-devant bénéficier de Saint-Michel, dom. à Bordeaux, 15 pluviôse.

Barrau, ci-devant curé de Castelnau, dom. à Castelnau, 29 nivôse et 30 pluviôse.

Bonnai, propriét. à Bordeaux, dom. à Paris, 15 pluviôse.

Bayle (Pierre), prêtre, domicilié à Cantenac, 30 pluviôse.

Bois-Boissel, ci-devant abbé de Verteuil, dom. à Cantenac, 30 pluviôse.

Barrière (Étienne), curé, dom. à Sainte-Hélène,   id.

Branne (Hector), ci-devant conseiller au Parlement de Bordeaux, 29 germinal.

— 168 —

CANDALE (François-Henry), baron, dom. à Bordeaux, 15 juin 1792 et 12 avril 1793.

CALMEIL (Louise-Devalon, veuve) et ses trois fils, domiciliés à Bordeaux, propriét. à Bordeaux, Bouillac et Tresses, 28 juin et 14 août 1792 et 21 juin 1793.

CHAVAILLE frères et fils, dom. à Bordeaux, 20 août 1792.

COLIGNAN fils (Alexandre)   id.   id.

COPPINGER (Luc), prêtre,   id.   id.

CAYLA (Valentin), garde-du-corps, Bordeaux, 20 août 1792, 21 juin et 2 septembre 1793.

CASTELNAU-D'AUROS, conseiller au Parlement, Bordeaux, 20 août 1792 et 21 juin 1793.

CASTELNAU (femme de), née Cazenave, de Bordeaux, propriétaire à Sadirac, 1er frimaire. En réclamation.

CASTELNAU-DESSENAUT, propr. à Bordeaux et Cantenac, 1er frimaire. En réclamation.

CHIMBAUT, dom. à Bordeaux, 20 août 1792.

CHIMBAUT (veuve) et fils, propriét. à Bordeaux et Sadirac, 1er frimaire.

CARRIÈRE fils (Joseph), conseiller au Parlement, propriétaire à Cenac et à Bordeaux, 24 octobre 1792, 17 avril 1793.

CANOLLE (François-Antoine), à Bordeaux, 18 décembre 1792, 21 juin et 2 septembre 1793.

COUPERIE (Michel-Isidor), propr. et dom. à Saint-Caprais, 18 décembre 1792, 24 nivôse.

CIVRAC-DELORGE, propr. à Bègles et à Bordeaux, 24 décembre 1792 et 23 mars 1793.

CAJUS cadet (Nicolas), propriétaire à Saint-Loubès, dom. à Bordeaux, 18 décembre 1792, 21 juin 1793. En réclamation.

COMET (Marcelin), prêtre, dom. à Saint-Loubès, 18 décembre 1792.

CAJUS, curé du Teich, dom. au Teich, 21 juin 1793, 30 pluviôse.

COMET (Xavier), dom. à St-Loubès, 18 décembre 1792.

COMET (Paul), curé,   id.   17 août 1792.

CAMIRAN, chanoine de St-André, propr. à Montferrand, 18 décemb. 1792.

CASTELNAU-LAHAYE, propriétaire à Bordeaux, Bassens et Montferrand, 18 décembre 1792.

CHAIGNEAU, bénéficier de Saint-Michel, à Bordeaux, 10 novemb. 1792.

CHAIGNEAU, bénéficier de Saint-André;   id.   16 et 17 id.

CHAIGNEAU frères, dom. à Bordeaux, 21 juin 1792.

CASTELNAU, chanoine,   id.   10 novembre 1792.

Chazelle, officier militaire, Bordeaux, 16 août 1792.
Cualon (Ardouin), ambassadeur en Portugal, 16 août 1792.
Caillau (veuve), à Bordeaux, 16 avril 1792.
Charrrite (de), président du Parlement de Pau, dom. à Pau, 16 avril.
Chateau, domicilié à Bordeaux, 16 avril.
Cicé (Champion), ci-devant archevêque, dom. à Bordeaux, 21 juin 1792.
Carton (Arnaud-Étienne-Julien), à Bordeaux, 21 juin 1792.
Carton (femme), à Bordeaux, 1er frimaire.
Cantefort et Lafaye, prêtres, à Bordeaux, 21 juin 1792.
Carrière fils, à Bordeaux, 21 juin 1792.
Camblanes (de), baron, 23 mars 1792.
Cazeaux (Guillaume-Joseph), président du Parlement, à Bordeaux, 1er frimaire.
Claussun, à Bordeaux, 1er frimaire.
Castillon frères, Dumoncheau, à Bordeaux, 1er frimaire.
Couleau, procureur du roi au Sénégal, Bordeaux, 1er frimaire.
Chimbaud fils, à Bordeaux, 2 août 1792.
Chauvet, conseiller au Parlement, Bordeaux, 1er frimaire.
Cazaubon, prêtre, Bordeaux, 1er frimaire.
Coilat, boulanger,   id.   id.
Chatelier, prêtre,   id.   id.
Comarque, officier militaire, à Bordeaux, 1er frimaire.
Caussourd, prêtre, dom. et propr. à Bordeaux, 1er frimaire.
Coutures, chevalier de Saint-Louis,   id.   id.
Carbonnier, à Bordeaux, 1er frimaire.
Calvimont (femme Villac), à Bordeaux, 1er frimaire.
Camos, prêtre, dom. à Bordeaux,   id.
Clock, à Bègles, 1er frimaire.
Champès, à Bordeaux, 1er frimaire.
Conqueret-Montbrison, propr. à Avensan et Bordeaux, 1er frimaire.
Coureau (Jean), Bordeaux, 1er frimaire.
Castillon-Duperron frères, Bordeaux, 1er frimaire.
Calbet fils, à Bordeaux, 1er frimaire.
Calamy fils,   id.   id.
Chevalier frères, fils, Bordeaux, 1er frimaire.
Caupenne, gendre de la veuve Castelnau, à Sadirac et Bordeaux, 7 nivôse.
Cosson fils, à Parempuyre, 7 nivôse.
Caudrès, ci-devant curé, à Cannéjan, 24 nivôse.

Caze, curé, à Martignas, 24 nivôse.
Cambon, fils aîné, à Bordeaux, 24 nivôse.
Clarck fils, curé, id. id.
Campagnon fils (Louis-René), garde-du-corps, Bordeaux, 24 nivôse.
Canteloup, ci-devant carme, à Bordeaux, 15 pluviôse.
Cornu, homme de loi, prop. à Bordeaux et Caudéran, 30 pluviôse.
Choiseuil (Marie-Gabriel-Florent-Auguste), dit *Beaupré-Gonfier*, de Paris, propriétaire à Bordeaux, 30 nivôse.
Choiseuil-Beaupré (Michel-Félix), maréchal-de-camp, Paris, 30 nivôse.
Darcambal-Delas (Jean-François), maréchal-de-camp, de Paris, propriétaire à Biganos et Audenge, 9 juin 1792.
Durfort-Civrac, demeurant à Pondichéry, propriétaire à Biganos, 9 juin 1792.
Darche (Luc), conseiller au Parlement, propr. à Bordeaux, Ambarès et Monferrand, 8 et 20 août 1792.
Dublan-Lahet fils, avocat, propr. à Bordeaux, Villenave, Cadaujac et Cenon, 20 août 1792.
D'Augeard-Virazel, à Bordeaux, 20 août 1792.
D'Augeard aîné, Bordeaux, 21 juin 1793.
D'Augeard, fils de l'aîné, à Bordeaux, 29 germinal.
Deffieu-Chillau, à Bordeaux, 20 août 1792.
De Gères frères, propriétaires à Saint-Loubès, 20 août 1792.
Duperrier, propriétaire à Bordeaux, id.
Dudevant, chanoine, id. id.
Durozier, id. id.
Durfort-Duras (le duc Emmanuel-Auguste-Céleste), Bordeaux, 14 août 1792.
Dabadie (Pic-Bernard), Bordeaux, 6 novembre 1792.
D'Arche aîné (Lassalle), conseiller au Parlement, à Bordeaux, 16 novembre 1792.
Dufourcq, bénéficier de Sainte-Colombe, à Bordeaux, 6 novembre 1792 et 21 juin 1793.
Dufaure-Lajarte (Élie-Louis), avocat général, à Bordeaux, 16 nov. 1792.
Dufaure-Lajarte frères, à Bordeaux, 1er frimaire.
Dufaure fils, Merlet-Bellevue, à Bordeaux, id.
Delbos-Laborde père, président du bureau des finances, Bordeaux, 6 novembre 1792.
Delbos-Laborde fils, garde-du-corps, à Bordeaux, 1er frimaire.
Decubes (François), prêtre, Bordeaux, 6 novembre 1792.

Descorps (Henri), curé, Ambarès, 6 novembre 1792, 29 nivôse.
Domenge, conseiller au Parlement, à Bordeaux, 6 novembre 1792.
Domenger, 1er frimaire.
Dubelloy fils et sa mère, dom. à Bordeaux, 18 décembre 1792.
Dutirac Martin (veuve),   id.   id.
Du Hamel,   id.   id.
Daudebat-Férussac,   id.   id.
Duperrier (Raymond Lerlefort-), capitaine au régiment provincial, Bordeaux, 14 janvier 1792.
Duperrier, grand-sénéchal, à Bordeaux, 20 août 1792.
Déjean, curé, Lormont, 16 avril 1793.
Day fils, à Bordeaux,   id.
Donadei, capitaine au régim. de Champagne, à Bordeaux, 16 avril 1793.
Desvignes-Vital, homme de loi, Bordeaux, 10 nov. 1792.
Duval, à Montraut, 16 avril 1793.
Dugravier, chevalier de Penn, 17 avril 1793.
Dezets frères, à Bordeaux,   id.
D'Estienne, domicilié à Bordeaux, 17 avril 1793.
Deshoms fils, id.   id.   id.
Duroi, femme St-Angel, id.   id.
Darot, ci-devant commandant de la Guadeloupe, dom. à Bordeaux, 17 avril 1793.
Ducluzeau (Alexis Lafon-), dom. à Bordeaux, 17 avril 1793.
Dufaure (Lamothe-),   id.   id.
Dupuy (veuve),   id.   id.
Dupouy, prêtre,   id.   id.
Dandrezel, id.   id.   id.
Desbiey, prêtre déporté.   id.   id.
Donissan, sa fille et Lescure, son gendre, dom. à Bordeaux, 17 avril 1793.
De Léobardy, prêtre,   id.   id.
Dorilhac, id.   id.   id.
De Mons, ci-devant marquis,   id.   id.
Dillon frères,   id.   id.
Domy,   id.   id.
Dudevant, femme Lalanne,   id.   id.
Debon, prêtre,   id.   id.
Desaigues,   id.   id.
Dumoulin,   id.   id.
Daulède, sa femme et ses enfants, id.   id.

— 172 —

Dumeray, Pic-Dominique, domicilié à Bordeaux, 17 avril 1793.
Durousseau, ci-devant garde-du-corps, id. id.
Duviella, ci-devant chanoine, id. id.
Dupuch, ci-devant curé, id. id.
Dubois frères, id. id.
Delort, prêtre, id. id.
Domet, ci-devant feuillant, id. id.
Deloste-Latour, id. id.
Deville, id. id.
Dupaty (veuve), propriét. à Bordeaux, 1er frimaire. En réclamation.
Du Fossé, dom. à Bordeaux, id.
Duboscq (les deux fils), propr. à Labarde, dom. à Bordeaux, 1er frimaire.
Dumay fils aîné, propr. à Macau, id. id.
Dauriol, propr. à Ambarès, 1er frimaire.
Dunogués, prop. à Ludon, id.
Dillon (veuve), propr. à Blanquefort, dom. à Bordeaux, 1er frimaire.
De Laroche fils, id. id.
D'Alphonse (veuve), propr. à Bordeaux, 1er frimaire. En réclamation.
Deshommes fils et deux frères, propr., domicilié à Bordeaux, 1er frimaire.
D'Alphonse (femme de Vassau, id. id.
Dumas-Goffreteau fils, id. id.
Desarnaud fils, prêtre, id. id.
De Lacour fils, id. id. id.
Dalon fils, id. id.
Dutirac fils (Martin), propr. à Macau et Bordeaux, id.
Du Boscq, propr. à Bordeaux et Labarde, 7 nivôse. En réclam.
Despens-Delancre, ci-devant président du Parlement, dom. et propr. à Bordeaux, 7 nivôse.
Durand, ci-devant chanoine, dom. à Bordeaux, 7 nivôse.
Dumau, ci-devant Carme, id. id.
Du Roy aîné, lieut. au régt de la reine, id. id. En réclam.
Dumas-Laroque fils, id. id. En réclam.
Dupuch, ci-devant curé à Tresses, id. id.
Dabadie, prêtre, id. 24 nivôse.
Dublan (veuve), dom. et prop. à Bordeaux et au Bouscat, 29 niv. et 29 germ.
Deraspe, dom. et propr. à Bordeaux, 15 pluviôse.
Desobineau (Gilbert), négociant et dom. à Bordeaux, 15 pluviôse.
Dubos (Jean), ci-devant curé à Soussans, 30 pluviôse.
Dudon fils plus jeune, garde-du-corps, dom. à Bordeaux, 30 pluviôse.

Dussault-St-Laurent et trois fils, propr. à Bordeaux, 30 pluviôse.

Eesdras (Pierre), propr. à Bordeaux, 1er frimaire.

Eyquem, prêtre, propr. et dom. à Bordeaux, 1er frimaire.

Frichon, id., id. 20 août 1792.

Fagès (Pierre-Maurice), dom. à Bordeaux, propr. à Mérignac, 23 oct., 18 décembre et 21 juin 1793.

Flouquetaire, vinaigrier, dom. et propr. à Bordeaux, 10 nov. 1792. En réclamation.

Fatin (Pierre-Simon), dom. à Bordeaux, propr. à Pessac, 18 déc. 1792.

Faget, Policard et Latour-Barret, dom. et propriét. à Bordeaux, 16 avril 1793.

Fontanille, prêtre, dom. et propr. à Bordeaux, 21 juin et 2 sept. 1793.

Ferbos, ci-devant curé de Virelade, dom. et propriét. à Bordeaux, 21 juin et 2 septembre 1793.

Ferbos, ci-devant curé, dom. et propr. à Bordeaux, 21 juin et 2 septembre 1793. En réclamation.

Fourcaud (Guillaume), ci-devant curé d'Artigues, dom. à Artigues, 21 juin 1793.

Fourcaud, ci-devant curé de Saint-Médard d'Eyrans, où il est domicilié, propr. à Bordeaux, 30 pluviôse.

Fenaud (Pierre), ci-devant bénéficier de Saint-Michel, domicilié et propr. à Bordeaux, 23 mars et 21 juin 1793.

Faye, prêtre, de Talence, domicilié à Bordeaux, 23 mars 1793.

Felletin, ci-devant lieutenant au sénéchal, domicilié et propriétaire à Bordeaux, 1er frimaire. En réclamation.

Fonbourgade, domicilié et propriétaire à Bordeaux, 1er frimaire.

Faure Lesponi, id. id.

Fayet, prêtre, id. id.

Feger (Hyacinthe), id. 1er frimaire. En réclam.

Faure-Lacaussade (la femme de) et son fils, dom. et propr. à Bordeaux, 1er frimaire. En réclamation.

Forestier, prêtre, dom. à Bordeaux, 1er frimaire.

Fonvielle, dom. et propr. à Monral, id.

Faugère-Bilate, dom. à Bordeaux, propr. à Bassens, 1er frimaire.

Filhol-Marans, dom. et propr. à Bordeaux, Ambarès et Montferrand, 1er frimaire. En réclamation.

Fayet-Alin, dom. à Bordeaux, propr. à Ambarès, 1er frimaire. En récl.

Fonvielle fils, dom. et propr. à Ambarès et Bordeaux, 1er frimaire.

Faugères fils (Jean), dom. et propr. à Bordeaux, 1er frimaire.

— 174 —

Francines fils, dom. à Bordeaux, 1er frimaire. En réclam.

Fatin fils (Jean-Gabriel), dom. à Bordeaux, 1er frimaire. En réclam.

Faucher fils, dom. et propr. à Bordeaux, 1er frimaire.

Ferreyre (veuve), dom. à Bordeaux, propr. à St-Vincent de Paule, 7 niv. (Mourut avant son inscription sur la liste.)

Fontan (François), prêtre député, dom. et propr. à Bordeaux, 29 nivôse.

Fabre fils aîné (Pierre), nég., dom. à Bordeaux, prop. à Tresses, 15 pluv.

Freneau (Pierre), prêtre député, dom. et propr. à Bordeaux, 30 ventôse.

Guionnet-Montbalen aîné (noble), domicilié et propr. à Bordeaux, à Montussan, Ivrac, St-Vincent-de-Paule et St-Loubès, 18 décembre 1792 et 21 juin 1793.

Guionnet (Joseph-François), dom. et propr. à Bordeaux et à Pessac, 15 juin 1792.

Guionnet (Joseph), propr. à Bordeaux, Lormont et Cantenac, 9 et 18 juin 1792.

Guionnet jeune (Joseph-Eustache), prêtre, dom. à Bordeaux et propr. à Bègles, 7 nivôse. Est en réclam.

Gauffreteau (Étienne), ci-devant conseiller, dom. et propr. à Bordeaux, 20 août 1792, 23 mars et 18 avril 1793.

Ganduc (François), dom. et propr. à Bordeaux, 20 août 1792.

Giac, dom. et propr. à Bordeaux, 2 septembre 1793.

Gautier-Latouche fils, dom. et prop. à Bordeaux, 21 juin et 20 août 1793.

Gombaud père, chevalier d'honneur, dom. et propr. à Bordeaux, 10 novembre 1792.

Gombaud (Joseph), officier au régiment Laval-Dragons, à Bordeaux, 17 avril et 7 nivôse.

Gally et sa femme, dom. et propr. à Bordeaux, 1er frimaire. En récl.

Guimps (de), dom. à Bordeaux et propr. à Saintes, 17 avril 1793.

Gansefort fils, dom. et propr. à Bordeaux, 1er frimaire.

Gruilly, dom. et propr. à Bordeaux, 21 juin et 2 septembre 1793.

Galatheau (Thérèse), femme de Montagne, dom. et propr. à Bordeaux, 1er frimaire.

Gornet, dom. et propr. à Bordeaux, 1er frimaire.

Garat aîné,   id.   id.

Gobineau,   id.   id. En réclam.

Gazan, bénéficier de Saint-Pierre, dom. à Bordeaux, 21 juin 1793 et 1er frimaire.

Gestas (fils de la veuve), (son vrai nom Lambert), dom. et propr. à Paris, 1er frimaire.

Groc fils, dom. et propr. à Bordeaux et à Villenave, 7 nivôse.

Gourgues fils, dom. et propr. à Bordeaux et à St-Caprais, 7 et 24 nivôse 1793.

Geslin, curé, propr. au Taillan et à Blanquefort, dom. à Gaillan (Lesparre), 24 nivôse.

Guiraud fils (Joseph), prêtre, dom. et propr. à Eyzines, 24 nivôse.

Garelon (Jean), ci-devant carme, dom. à Bordeaux, 15 pluviôse.

Gatange,   id.   id.   id.

Géraud, prêtre, dom. à Bordeaux et propr. à Bassens, 30 pluviôse.

Gouny, prêtre, dom. à Bordeaux, 30 pluviôse.

Geraux (de), dom. et propr. à Bordeaux et à Libourne, 29 germinal.

Gombaut-Plainpoint, de Bordeaux, 1er frimaire.

Hustin aîné, dom. et propr. à Bordeaux et à Eyzines, 1er frimaire.

Hustin jeune,   id.   id.   id. En réclamation.

Joigny-Bellebrune, ci-devant marquis, dom. et propr. à Bordeaux, 10 nov. 1792 et 17 avril 1793.

Jarry, ci-devant maréchal-de-camp, dom. et propr. à Bordeaux, 21 juin et 2 septembre 1793.

Joubert, ci-devant vicaire, dom. à Bordeaux, 7 nivôse.

Jareau (Jean-Félix), prêtre, domicilié à Bordeaux, propr. à Mérignac, 30 nivôse et 30 pluviôse.

Kirwan et fils, domiciliés et propr. à Bordeaux, 30 nivôse.

Lapauze, prêtre, dom. à Bordeaux, propr. à St-Loubès, 9 juin 1792.

Lamouroux (Joseph), conseiller au parlement, dom. et propr. à Bordeaux et à Parempuyre, 29 juillet et 10 nov. 1792, 16 avril 1793.

Lamouroux (Guillaume), officier garde-du-corps, dom. et propriét. à Bordeaux et à Margaux, 14 août 1792.

Lamouroux-Dumaine, dom. et propr. à Bordeaux et au Pian, 1er frimaire. En réclam.

Lacaussade-Cazenave fils, dom. et propr. à Bordeaux et à Ambarès, 20 août et 18 septembre 1792. En réclam.

Laborie, dom. et propr. à Bordeaux, 20 août et 23 mars 1793.

Laporte fils (Jean-Baptiste), le chevalier, dit *Pauliac*, propr. à Bordeaux, 29 germinal. Condamné à mort par Lacombe.

Laporte fils, à Bordeaux, officier militaire, 29 germinal. Condamné à mort par Lacombe.

Laporte fils, dom. à Bordeaux, 29 germinal. Condamné à mort par Lacombe.

Latour (de), dom. à Bordeaux, 29 germinal.

Leris (Simon), prêtre, dom. à Bordeaux, propr. à Bègles, 7 nivôse et 29 germinal.

Lalande, propr. à Cenon, dom. à Bordeaux, 20 août, 18 décemb. 1793. En réclam.

Lalande (Louis-Raymond), dom. et propriét. à Bordeaux et au Pian, 7 nivôse.

Lataste (les héritiers de), propr. à Andernos, 14 août 1791. — C'est au préjudice de Belcier père, ayant deux fils émigrés, que le séquestre a été fait, étant propriétaires et non héritiers de la veuve Lataste.

Lombard aîné, capitaine de vaisseau, dom. et propriét. à Bordeaux et à Monferrand, les 10 novembre et 21 juin 1792, 2 septembre 1793.

La Montaigne, homme de loi, dom. et propr. à Bordeaux, 10 nov. 1792.

Le Blanc-Mauvezin, conseiller, dom. et propr. à Bordeaux, 18 déc. 1792.

Loizeau (Jean), prêtre, dom. et propr. à Bordeaux et à Pompignac, 30 pluviôse.

Lemoine (Charles), dom. à Bordeaux et propr. à Lanton, 18 déc. 1792. En réclam.

Lemoine (Antoine-Pierre), officier de marine, propr. à Bordeaux, 17 avril, 24 juin et 2 septembre 1793.

Léglise, dom. et propr. à Bordeaux et à Soussans, 18 déc. 1792 et 21 juin 1793.

Leclerc aîné (Martial), domicilié à Bordeaux et propr. à Floirac, 18 décembre 1792. En réclam.

Lartigues (Jacques), dom. et propr. à Bordeaux, 10 novembre 1792 et 21 juin 1793.

Labrousse-Mirebeau, dom. à Angoulême et propr. à Bordeaux, 16 avril 1793.

Laferronaye, propr. à Bordeaux et domicilié à Paris, 16 avril 1793.

Lauvergnac, ci-devant curé, propriét. à Saint-André-de-Cubzac, 28 mars et 16 avril 1793.

Laboissière et Paparet-Dorfeuil, tous deux dom. et propr. à Bordeaux, 16 août 1793.

Lafage, prêtre, dom. à Bordeaux, 2 septembre 1793.

Lacour fils, dom. à Bordeaux, propr. à Léognan, décembre 1792. — Condamné à mort par Lacombe.

Le Chevalier (Jean-Baptiste), prêtre, dom. à Bordeaux, 17 avril et 21 juin 1793, 15 pluviôse.

Lapierre, domicilié à Bordeaux, propr. à Castelnau, 17 avril 1793.

Laborde, ci-devant curé, dom. à Bordeaux, 17 avril 1793 et 30 vent.
Laboirie, prêtre, dom. à Sainte-Bazeille, 17 avril 1793.
Lamarque et Pounnion, ci-devant carmes, dom. à Bordeaux, 21 juin et 2 septembre 1793.
Lajaunie (Pierre-Joseph), ci-devant chanoine, dom. à Bordeaux, 21 juin et 2 septembre 1793.
Léobardy, prêtre, dom. à Bordeaux, 21 juin et 2 septembre 1793.
Lafitte, ci-devant officier, dom. et propr. à Bordeaux, 21 juin et 2 septembre 1793.
La Porte, ci-devant grand-vicaire, dom. à Bordeaux, 21 juin et 2 septembre 1793.
La Chapelle fils, noble, dom. et propr. à Bordeaux, Montferrand et Ambarès, 21 juin 1793, 29 germinal.
Labarre fils, dom. et propr. à Bordeaux, 23 mars 1793. En réclam.
Langlois (Jeanne-Marie), veuve Goffreteau, dom. et propr. à Bordeaux, 23 mars 1793. En réclam.
Lacroix, ci-devant bénéficier de Sainte-Colombe, dom. à Bordeaux, 23 mars 1793.
La Roche, prêtre, dom. à Bordeaux, 23 mars 1793.
Lassalle, *id.*   *id.*   2 septembre 1793.
Lisleferme père (Nicolas), dom. et propr. à Bordeaux, 20 août 1792. En réclam.
Lée, Américain, dom. à Bordeaux, propr. en Amérique, 1er frimaire.
Laborde, receveur des consignations, dom. et propriét. à Bordeaux, 1er frimaire, 15 pluviôse et 29 germinal.
Laborde, curé, dom. à Bordeaux, 1er frimaire et 29 germinal.
Luxemont, dom. à Bordeaux, 1er frimaire. En réclam.
Lamolère père (Jean-Baptiste), propr. à Bordeaux et Floirac, 1er frimaire et 29 germinal.
Lamolère fils (épouse de Sens-), 1er frimaire et 29 germinal.
Lalanne (Louis), dom. et propr. à Bordeaux, au Pian, au Bouscat et à Macau, 1er frimaire. En réclam.
Lynch (Baptiste), propr. à Bordeaux, à Labarde et à Paris, dom. à Bordeaux, 1er frimaire. En réclam.
Lapierre fils, dom. et propr. à Bordeaux, 1er frimaire.
Lafon (fils de la veuve), *id.*   *id.*
La Roze fils (Fontbrune), *id.*   *id.*
Laclote (Jean-Petiton), *id.*   *id.*   En réclam.
Lavie, propr. au Taillan, dom. à Bordeaux, *id.*

LAFON, marchand, dom. à Bordeaux, 1ᵉʳ frimaire.
LAUREJAC, id. id.
LAMARTHONIE fils, propr. à Bordeaux et à Bouliac, dom. à Bordeaux, 1ᵉʳ frimaire et 29 germinal.
LACROIX, chevalier de Saint-Louis, dom. à Bordeaux, 1ᵉʳ frimaire. Condamné par Lacombe.
LA BOILE, prêtre, domicilié à Bordeaux, 1ᵉʳ frimaire.
LAFFITTE, id. id. id.
LACROIX, ci-devant curé, id. id.
LALANDE (la Dame), id. id.
LABARRÈRE, dom. et propr. à Bordeaux, id.
LACAUSSADE fils, négociant, dom. à Bordeaux, 1ᵉʳ frimaire. En réclam.
LUC-COMBETTE, id. id.
LAMBERT, ci-devant officier, id. id.
LECOMTE, id. id.
LOUBET (Henry), dom. et propr. à Bordeaux et à Bègles, 1ᵉʳ frimaire et 7 nivôse.
LAGRAVELLE fils, dom. et propr. à Bordeaux et à Macau, 1ᵉʳ frimaire.
LAUYAS (Laurent), dom. à Cameyrac, id.
LACHASSAGNE, dom. et propr. à Bordeaux et à Bouliac. En réclam.
LACHASSAGNE (Jean-Isaac), dom. à Bordeaux, 30 nivôse.
LACROIX fils, propr. à Saint-Loubès, 1ᵉʳ frimaire.
LACROIX frère, propr. à Bordeaux, 7 nivôse.
LARUE fils (Pierre), de Bordeaux, 1ᵉʳ frimaire.
LHERM (les deux fils), id. id.
LUKENS, dom. à Bordeaux, id. En réclam.
LAROCHE fils, de Bordeaux, propr. id. id.
LAROCHE, prêtre, dom. à Bordeaux, id. id.
LARROQUE, prêtre député, 1ᵉʳ frimaire et 15 pluviôse.
LAGARDE (Raymond), ci-devant carme, dom. à Bordeaux, 7 nivôse. En réclam.
LAUDON, prêtre, dom. à Bordeaux, 7 nivôse.
LAVILLE, curé, dom. et propr. à l'île Saint-Georges.
LOUBÈRES (Mathurin), prêtre, dom. et propr. à Bordeaux et à Montussan, 24 nivôse.
LAVERGNE, ci-devant bénéficier de Saint-Pierre, à Bordeaux, 29 nivôse.
LAROCHE-JACQUELIN, maréchal-de-camp.
MONTALEMBERT (Marie-René), Paris.
MASSIP aîné (Guillaume), Saint-Sulpice.

Maugé.

Maurice-Sentout (Jean-Jacques), président aux requêtes, à Bordeaux.

Monsec-Reignac, à Bordeaux.

Mouclaira-Labat, *id.*

Madronet père (Pierre-Joseph), à Bordeaux.

Malescot.

Moncheuil, à Bordeaux.

Minvielle, *id.*

Mourian-Besses (Jean-Jacques), noble, à Bordeaux.

Montalier-Borie, *id.*

Marceau (S^t), *id.*

Monjon (Maurice) et Lajarte, *id.*

Monsec fils, *id.*

Malavergne, bénéficier de Saint-Michel, *id.*

Monier (Mal-Martin-Félix), prêtre, *id.*

Martial (fils), *id.*

Montmirel, ci-devant curé, *id.*

Metivier (Paul), *id.*

Mascard, ci-devant bénéficier de Ste-Eulalie, *id.*

Mercier-Richemont, Guadeloupe.

Moreau de Saint-Marc (les héritiers de), Saint-Domingue.

Mathieu, prêtre, à Bordeaux.

Meynier, à Bordeaux.

Moureny, ci-devant curé, à Bordeaux.

Mouturon, ci-devant vicaire, à Bordeaux.

Marterson (la Dame Philis), veuve de Thomas Siston, ci-devant comte de Clonard, à Bordeaux.

Madronis fils (Saint-Eugène), à Bordeaux.

Mabromé, prêtre, *id.*

Maugein, *id.* *id.*

Micaud, *id.* *id.*

Mel fils (Fontenay), *id.*

Marès, prêtre, *id.*

Maigné, *id.* *id.*

Mendibure, *id.*

Marsault, *id.*

Montagne fils (Casimir), *id.*

Meslon (André), *id.*

Montagne-Mussaguet, *id.*

Marbotin père (Jean-François), à Bordeaux.
Maraudet fils (François), id.
Ménard fils, id.
Mondenard (Louis), id.
Macérousse, prêtre, id.
Mirambet (Jean), à Bazas.
Monfleury fils, à Saint-Germain-en-Laye.
Miquau (Jeanne), servante, Soussans,
Maigriez, à Bordeaux.
Mallet fils, id.
Narbonne, id.
Ordonneau, prêtre, id.
Paty (Bellegard), id.
Paty (Léon Rayet-), capit^e au régim^t de La Fère, à Bordeaux.
Paty (Léon), capitaine de vaisseau, id.
Paty (Labarcot), id.
Paty (Marcelin-Antoine), prêtre, id.
Paty (Richard), doyen de Saint-Seurin, id.
Pérès, prêtre, à Bordeaux.
Prunes (Duvivier), ci-devant conseiller, à Bordeaux.
Périssac, dom. à Bordeaux, 20 août 1792.
Parcabe fils, id. id.
Policard fils, id. 20 juin 1792, 16 avril 1793.
Poitevin, prêtre, id. 18 décembre 1792, 21 juin 1793.
Peyraud (Pierre), prêtre, propr. à Bordeaux et Bassens, 18 décembre 1792 et 29 germinal.
Pontac, ci-devant chevalier, dom. à Bordeaux, 1er frimaire.
Pichard, dom. à Bordeaux, 16 avril 1793. Condamné à mort par le Tribunal révolutionnaire séant à Paris.
Prioreau (Georges), dom. à Versailles, 17 avril 1793.
Poissac, dom. à Bordeaux, 21 juin 1793 et 1er frimaire.
Pascal, ci-devant carme, à Bordeaux, 21 juin 1793 et 1er frimaire.
Pontac (veuve), 1er frimaire. En réclamation.
Pichon-Longueville, ci-devant chevalier, 1er frimaire.
Perpignan, dom. à Bordeaux, 1er frimaire.
Pomiers fils (Bacalan), id. id.
Parel, ci-devant feuillant, dom. à Bordeaux, 1er frimaire.
Peyrebrune père et fils, id. id. En réclamation.
Arrêté du 9 germinal.

Pauquet et sa femme, dom. à Bordeaux, 1er frimaire. En réclamation.
Pardaillan, dom. à Vernon, propr. à Biganos et Audenge, 1er frimaire. En réclamation.
Plumeau, à Bordeaux, propr. à Ambarès, 1er frimaire.
Plumeau, ci-devant carme, dom. à Bordeaux, 7 nivôse.
Papin fils, dom. à Bordeaux, 1er frimaire.
Plessy fils,   id.   id. En réclamation.
Plessy fils (Berons), dom. à Bordeaux, 1er frimaire. En réclamation.
Pineau fils,   id.   id.
Puisségur-Pichard et sa femme, 24 nivôse.
Perrier, prêtre déporté, à Cambes, 15 pluviôse.
Perrens (Élie-Alexis), négociant, à Bordeaux, 30 pluviôse.
Pommiers fils (Pierre-Jean-Bapt.), capit. de dragons, à Bordeaux, 30 niv.
Queyriaux (François), ci-devant curé, à Avensac, 30 pluviôse.
Raymond (Pierre-Louis), vicomte à Bordeaux, 15 juin et 20 août 1792.
Reynal, prêtre, propr. à Bordeaux et St-Médard-d'Eyrans, 23 mars et 21 juin 1793.
Roche fils, prêtre, propr. à Bordeaux et à Artigues, 21 juin et 2 septembre, 24 et 29 nivôse, 16 pluviôse.
Rozier, dom. à Bordeaux, 1er frimaire.
Renaud, prêtre,   id.   id.
Rouffignac,   id.   id.   id.
Roustaing, ci-devant procureur au sénéchal, 1er frimaire.
Roland, homme de loi, dom. à Bordeaux,   id.
Roland fils, ci-devant au Parlement, 7 nivôse.
Reignac, propr. à Parempuyre et à Bègles, 1er frimaire.
Royès, prêtre, 7 nivôse.
Rayne (gendre de Pontac), 30 pluviôse.
Saint-Simon (Giscours), propr. à Labarde et à Macau, 9 juin et 24 août 1792.
Ségur aîné (Jean-Marie Cabanac), maréchal-de-camp, propriét. à Bordeaux et à Parempuyre, 20 août 1792 et 28 juillet 1793.
Ségur (Jean-François-Henry-Montagne), officier de marine, 20 août 1792. En réclam.
Sentout fils, propr. à Croignon, 18 décembre 1792.
Salvané, homme de loi, propr. à Cadaujac, 18 décembre 1792. A été condamné à mort par Lacombe.
Salvané fils, 1er frimaire.
Saintangel fils, dit le Chevalier, propr. à Cenac, 18 décembre 1792.

Saintangel, garde-du-corps, propr. à Bordeaux, 14 janvier 1793.
Saintangel (Jean), ci-devant écuyer, propr. à Bruges, 7 nivôse.
Serres, prêtre, propr. à Bègles, 18 décembre 1792.
Serrent, de Paris, propr. à Bordeaux, 16 avril 1793.
Sauveterre (femme), 21 juin et 2 septembre 1793. En réclam.
Soupre, ci-devant carme, de Bordeaux, 21 juin et 2 septembre 1793.
Souffrant, prêtre,   id.   id.
Servat fils, 1er frimaire. En réclam.
Sarrau (trois frères), propr. à Bordeaux, à Bassens et à Lanton, 1er frim.
Saintcriq fils, de Bordeaux, 1er frimaire.
Simonon fils,   id.   id.
Seguineau fils, propr. à Ludon et au Pian, 1er frimaire. En réclam.
Scambrun (femme), femme de chambre à Bordeaux, 1er frimaire. Id.
Saint-Jean, domestique, à Bordeaux, 1er frimaire.
Seguin, prêtre,   id.   7 nivôse.
Sentey,   id.   id.
Sorbier,   id.   id.
Simard, prêtre,   id.   id.
Subercazeaux fils (Félix),   id.   id.
Subercazeaux (Pierre-Julien), prêtre, propr. à Bordeaux et à Bassens, 30 pluviôse et 29 germinal.
Sans frères, à Bordeaux, propr. à Sainte-Eulalie et à Bassens, 7 et 24 nivôse.
Simondes, lieutenant de vaisseau du roi d'Espagne, à Bordeaux, propr. à Saint-Caprais, 7 nivôse. En réclam.
Sappey, jacobin député, dom. et propr. à Bordeaux, 15 pluviôse.
Secondat fils, à Bordeaux, 24 nivôse.
Tonnac (Marc-Antoine), propr. à Cameyrac, 18 déc. 1792 et 20 germ.
Tournier, ci-devant curé, dom. et propr. à Bordeaux, 16 avril, 21 juin et 2 sept. 1790, et 30 ventôse.
Trias, dom. et propr. à Bordeaux, 21 juin 1793.
Theysseney, prêtre, dom. et propr. à Bordeaux, 21 juin et 2 septembre 1793.
Thierry, ci-devant grand-vicaire, dom. et propr. à Bordeaux et à Martillac, 21 juin et 2 septembre 1793, et 30 nivôse.
Toulouse (Lautrec), dom. et propr. à Bordeaux, 23 mars 1793.
Tribour frères, à Bordeaux, 1er frimaire. En réclam.
Touret (Jean),   id.   id.
Trias, abbé,   id.   id.

Theyssine, dominicain, déporté, dom. à Valence, 7 nivôse.
Tranchère (Arnaud), conseiller à la Cour des Aides, dom. et propriét. à Bordeaux, 24 nivôse.
Trailles, ci-devant curé, propr. à Ludon, 29 germinal.
Villepreux (Pierre-Laurent), dom. à Bordeaux et propriét. à Cailleau, Sallebœuf et Saint-Sulpice, 9 juin 1792 et 15 pluviôse.
Verthamont (Cyprien), dom. et propr. à Bordeaux et à Latresne, 15 juin 1792 et 6 avril 1793.
Verthamont, dom. et propriét. à Bordeaux, 20 août 1792.
Verthamont (François),   id.   16 avril 1793.
Vassan (Gabriel-Michel), id.   20 août 1792, 16 et 17 avril 1793.
Verteuil (Joseph-Philippe), dom. et propr. à Bordeaux, 16 avril 1793.
Vanoch,   id.   id.
Verteilhac,   dom. à Paris, propr. à Bordeaux,   id.
Vabin (Dargier), dom. et propr. à Bordeaux, 21 juin et 2 sept. 1793.
Villevieille, prêtre, dom. à Bordeaux, 7 nivôse.
Vignon, prêtre,   id.   id.
Vigneras fils, dom. et propr. à Bordeaux, 24 nivôse.
Vidal fils,   id.   id.
Veyres,   id.   id.
Vanier,   id.   id.
Videau fils, ci-devant cordelier, dom. et propr. à Bordeaux, 29 nivôse.
Varcarsel, ci-devant chanoine, dom. à Cadillac, propr. à Bordeaux, 29 nivôse.
Villeneuve (les deux fils), dom. à Bordeaux, propr. à Gujan, 7 nivôse.
Verthamont, dom. à Bordeaux, propr. à Gujan, 15 juin 1792.
Verthamont, dom. à Bordeaux, propr. au Teich, 14 août 1792.

DISTRICT DE LIBOURNE.

Blenac (la veuve), propr. à Saint-Philippe-d'Aiguille, 8 juin 1792.
Brugière-Bellevue (Defessart), dom. à Bellevue, propr. à Ste-Foy, 8 juin et 2 septembre 1793.
Boissac (Mathieu), président de la ci-devant Élection, dom. et propr. à Libourne, 8 juin 1792. En réclam.
Boufflers (la dame), veuve Campet-Saugeon, dom. à Paris, propr. à Puysseguin, Vérac, Saillans, Fronsac, N.-D. de La Rivière et Villegouge, 8, 28 juin et 24 octobre 1792.

Barbot (Romain), Bellegarde, officier militaire, dom. à Bordeaux, propr. à Saint-Émilion et à Saint-Christophe, 28 juin et 14 août 1792.

Borie frères (Charles), dom. et propr. à Naujean, 30 août 1792. En réclamation.

Bonneau (Campret), dom. et propr. à Saint-Émilion, 24 octobre 1792.

Boucher (Lamothe), dom. à Libourne, propr. à Vérac, id.

Bacalan aîné (Pierre Laurée), dom. à La Réole, propr. à Doulezon.

Bacalan puîné (Jean Laurée), id. id. 24 octobre 1792.

Brons père et son fils, officier militaire, dom. et propr. à Libourne, Vérac et Villegouge, 24 octobre 1792.

Bonneau (Painpoint), propr. à Saint-Hippolyte, 24 octobre 1792.

Bardouin père (Sausac), dom. à Libourne, propr. à Sainte-Foy, 24 octobre 1792.

Bordes, prêtre, dom. et propr. à Saint-Quentin, 24 octobre 1792.

Basterot, propr. à Izon, 24 octobre 1792.

Chanterac (Croopt), dom. à Chanterac, propr. à Saint-Émilion, l'Isle, et Saint-Étienne-de-l'Isle, 28 juin et 24 octobre 1792.

Chabannes (Curton), officier-général, dom. à Paris, propr. à Daignac, Grézillac et Tizac, 20 juillet, 4 août et 24 octobre 1792.

Comarque (François-Martin), officier militaire, dom. à Belvès, propr. à Tayac, Lussac et Puysseguin, 22 août 1792.

Castodic jeune, propr. à Libourne, 8 juin 1792.

Chalon, ambassadeur en Portugal, propr. à Puy-Normand, Francs, Tayac, Gours et Moulon, 6 mars 1793.

Chalon fils, propr. à Libourne, 12 avril 1793.

Canterac, dom. et propr. à Libourne, 8 juin 1792.

Cazenave, prêtre, propr. à Libourne, 24 octobre 1792.

Canolle cadet et ses enfants, propr. à Libourne, Saint-Émilion, Saint-Sulpice, 24 octobre 1792 et 2 septembre 1793.

Chancelle, ex-prince de Coutras, dom. à Périgueux, propr. à Peintures, 24 octobre 1792.

Ducheyron jeune, officier militaire, dom. et propr. à Libourne et Moulon, 8 juin et 30 août 1792.

Ducheyron aîné (Léonard), receveur aux Douanes, dom. et propr. à Libourne, 8 juin 1792.

Durfort (Jean-Laurent), duc de Lorge, dom. et propr. à Cabara, Saint-Aubin, Moulon, Brannes, Mouliès, Civrac, Lugagnac, Grésillac, Naujean, Génissac, 8 juin, 3 et 6 juillet, 30 août et 24 octobre.

Durat-Lassalle, prêtre, dom. et propr. à Camps, 8 juin 1792. En réclam.
Desaigues aîné (Salles-Laubardemont), dom. et propr. à Libourne, 24 avril 1793.
Desaigues cadet (Salles-Saint-Denis), id. id. id. 24 avril 1793.
Dumons (de Dunes), propr. à Saint-Émilion, Saint-Sulpice, Saint-Laurent et Saint-Romain, 28 juin, 3 et 6 juillet et 4 août 1792.
Duval (Jean), propr. à Capitourlan, 28 juin 1792.
Durfort (Emmanuel-Céleste-Augustin), duc de Duras, officier militaire, dom. à Bordeaux, propr. à Saint-Jean-de-Blagnac, Rozan et Pujols, 28 juin et 3 juillet 1792.
Durfort, propr. à Coutras, 8 juin 1792.
Dumas fils (Laroque), dom. à Bordeaux et propr. à La Rivière et Saint-Germain, 6 juillet et 4 août 1792.
Demey (Certan), officier militaire, dom. à Libourne, propr. à Néac, 14 août 1792.
Daulède (Louis-Frédéric), dit Pardaillan, dom. à Villegouge, propr. à Saint-Germain, Lugon, Villegouge, Capitourlan, Périssac et Saint-Antoine, 14 août 1792 et 6 mars 1793.
Drouet, propr. à Peintures, 24 octobre 1792.
Daulède (Pardaillan), cheval. de Malte, prop. à St-Antoine, 6 mars 1793.
Dumoulin (Jentilly), dom. à Rouen, propr. à Fronsac, 6 mars 1793.
Durfort (Civrac), propr. à Postiac, 28 juin 1792.
Dumas père et fils, propr. à Villegouge, 24 octobre 1792.
Deschamps (Lapouyade), propr. à Castillon, 8 juin et 24 octobre 1792.
Deschamps jeune (Lamothe), officier militaire, dom. à Sainte-Terre, 8 juin 1792.
Duplessis-Vignerol (Armand Richelieu), duc de Fronsac, ex-comte de Chinon, dom. à Paris, propr. à Peintures, Saillans, Vérac, Fronsac, Bayas, Bonzac, Fieux, Coutras, Abzac, Saint-Romain, Lagorce et Les Billaux, 20 juillet et 4 août 1792, 6 mars 1793.
Dijon (Montelan), propr. à Gensac, 24 octobre 1792.
Eymeric (Pierre), prêtre, dom. à Lefieu, 6 mars 1793.
Fillot (Mezières), dom. à Montravel, propr. à Sainte-Foy, 8 juin 1792.
Fonvielle, propr. à Gensac, 4 octobre 1792.
Gereau (Pierre de), dom. et propr. à Sainte-Radegonde, Flaujagues et Doulezon, 8 et 28 juin 1792.
Gauffreteau (veuve), dom. à Bordeaux et propr. à Baron, Saint-Quentin et Vérac, 24 octobre 1792.

Gereau (trois frères), Lancalerie, dom. à Sainte-Foy, propr. à Caplong et Saint-Quentin, 20 juillet.

Gauffreteau fils (Guillaume), conseiller au Parlement de Bordeaux, dom. à Bordeaux, propr. à Baron, Saint-Quentin et Vérac, 24 octobre 1792.

Goderville aîné (Gabriel Roussel), officier militaire, dom. et propr. à Abzac, Sablon et Saint-Denis, 8 juin et 3 juillet 1792.

Goderville jeune (Charles Roussel), officier militaire, dom. et propr. à Puysseguin, Saint-Christophe et Montagne, 8 et 28 juin 1792.

Gastodie jeune (Moulinier), dom. et propr. à Libourne, 8 juin 1792. En réclam.

Gouffreteau, propr. à Moulon, 8 juin 1792.

Grailly oncle, (Castagne), propr. à Castillon, Sainte-Terre, Saint-Émilion et Capitourlan, 24 octobre 1792.

Grailly fils, id.

Grailly (les deux neveux), id.

Gombaud fils (Plainpoint), propr. à Saint-Aignan et Villegouge, 24 octobre 1792. En réclam.

Genestet, ci-devant curé, dom. à Tabanac, propr. à Peintures, 24 octobre 1792.

Gazan, propr. à Fronsac, 6 mars 1793.

Hervé, prêtre, dom. à Bordeaux, propr. à Saint-Ciers-d'Abzac, 4 août et 24 octobre 1792.

Lafaurie (Monbadon), dom. à Libourne, propr. à Moulon, 8 juin 1792. En réclam.

Lesval, ci-devant dans les chevau-légers, dom. et propr. à Libourne, 8 juin 1792.

Labordère (Joseph), prêtre, dom. et propr. à Libourne, 8 juin 1792.

Lamarvaille, propr. à Lisle, 28 juin 1792.

Laroche-Aymond aîné (Nicolas), dom. à Saint-Martin-du-Bois, propr. à Saint-Martin-en-Laye, 20 juillet 1792.

Laroche-Aymond (Louis-Jean-Jacques-Henry-Geoffroi-Charles), dom. et propr. à Saint-Martin-des-Bois, 20 juillet 1792.

Laroche-Aymond (Philibert), dom. à Saint-Martin-des-Bois et propr. à Saint-Genès-de-Queuil, 4 août 1792.

Laroche-Aymond (Nicolas), dom. à Saint-Martin-des-Bois et propr. à Saint-Genès-de-Queuil, 4 août 1792.

Lalande (Dislet-Laclotte), officier militaire, dom. et propr. à Puy-Normand, 4 août 1792.

Lalande (Dislet-Nivelle), officier-militaire, dom. et propr. à Puy-Normand, 4 août 1792.

Lalande (Dislet), officier militaire, dom. à Montauban, propr. à Puy-Normand, 4 août 1792.

Lavie, conseiller au Parlement, dom. à Bordeaux, propr. à St-Étienne-de-l'Isle et Saint-Hippolyte, 24 octobre 1792.

Latour-Bouillon, ci-devant prince, dom. à Paris, propr. à Gensac, 24 octobre 1792.

Lauvergniac, ci-devant curé, dom. à Saint-André-de-Cubzac, propr. à Guîtres, 24 octobre 1792.

Labarthe-Barbe, propr. à Sainte-Terre, 24 octobre 1792.

Laubardemont et Saint-Denis-de-Seignées, propr. à Guîtres, 8 juin 1792.

Montauzon, à Périgueux, propr. à Tourtirac et Belvez, 8 et 28 juin 1792.

Mayac fils (Joseph-François), dit d'Abzac, dom. et propr. à Libourne, 8 juin 1792.

Merchentilly (Dumoulin), propr. à Fronsac, 28 juin 1792.

Mauriac (Taillefer), garde-du-corps, dom. à Listrac, propr. à Coutras et Doulezon, 8 juin 1792.

Mallet (deux frères), (Roquefort), officier militaire, dom. à Caumont, propr. à Postiac, 28 juin 1792.

Massip, propr. à Izon, 24 octobre 1792.

Paty (Mayneviel), officier de marine, dom. à Bordeaux, propriét. à Saillan, 28 juin 1792.

Paty (Bellegarde), officier militaire, dom. à Bordeaux, propr. à Vérac, Jarne, l'île de Carney, Villegouge et Lugon, 3 et 6 juillet, et 20 août 1792.

Paty (Labrède), dom. à Saint-André-de-Cubzac, propr. à St-Genès-de-Queuil, 4 août 1792.

Paty (Durayet), officier militaire, dom. à Bordeaux, propr. à Vayres, 14 août 1792.

Peluchuneau, ci-devant curé, dom. et propr. à Jugazan, 24 oct. 1792.

Pigneau (Jean), propr. à Saint-Quentin, 24 octobre 1792.

Rigaud (Pierre Dumarchet), dom. et propr. à Sainte-Foy et Coutras, 8 juin et 30 août 1792.

Rozanne (Louis), dom. et propr. à Sainte-Foy, 8 juin 1792.

Roncecy, dom. à Chasseneuil, propr. à Sainte-Foy, *id*.

Rabar (Beaumale), dom. à Libourne, propr. à Saint-Denis-de-Piles et Libourne, 8 juin, 4 août et 24 octobre 1792.

Ségur (Boirac), dom. à Sainte-Foy, propr. à Saint-Médard, Sainte-Foy,

Doulezon, Abzac, Saint-Romain, Lagorce, Gensac et Riocaud, 8 juin, 4 août, 24 octobre 1792 et 20 février 1793.

SIMARD frères, dom. à Saint-Émilion, propr. à Saint-Sulpice et Saint-Émilion, 28 juin, 3 juillet et 24 octobre 1792.

SARGOS (veuve), propr. à Vérac, 28 juin.

SAVIN (les héritiers de la dame), propr. à Vérac, 28 juin.

SENTOUT fils (Nicolas-Arnaud), dom. à Bordeaux, propr. à Saint-Romain et à Saint-Germain, 4 août 1792.

SOUBISE, dom. à Paris, propr. à Lagorce, 4 août 1793.

TAUZIA (Henry), MONERUN, lieutenant des maréchaux de France, dom. et propr. à Sainte-Foy, 8 juin 1792.

TOURNIER, prêtre, dom. à Saillan, propr. à Libourne, 8 juin 1792.

TRANCHÈRE aîné (Arnaud), dom. à Libourne, propr. à Guîtres, 24 octobre 1792.

TRAVIEU-LARROQUE, propr. à Saint-Michel, 24 octobre 1792.

VALBRUNE fils, propr. à Villegouge, 6 juillet 1792.

DISTRICT DE LESPARRE.

BLANGY (Constantin), lieutenant général, dom. à Paris, propr. à Listrac, Cubzac, Moulis et Saint-Laurent, 13 juillet 1792.

BUDOS aîné, ci-devant noble, dom. à Bordeaux, propr. à Saint-Julien, 26 octobre 1792.

BUDOS cadet, ci-devant noble, dom. à Bordeaux, propr. à Saint-Julien et autres lieux, 23 mars 1793.

BONNEAU, prêtre, dom. et propr. à Soulac, 23 mars 1793.

BOULET, ci-devant vicaire, dom. à Vendayes, propr. à Lesparre, 20 février 1793.

BERGER (Sylvain), prêtre, dom. à Dax, propr. à Saint-Trélodi, 5 et 30 nivôse.

BERTUS, brigadier de gendarmerie, dom. et propr. à Soulac, 26 octobre 1792.

BOURDIN, curé de Puynormand, dom. et propr. à Soulac, 5 nivôse.

BISTON (Mathieu), prêtre, dom. et propr. à Moulis, 5 et 30 nivôse.

BRETONNEAU (veuve BENOIT), dom. à Soissons et propr. à Moulis, 1er germ.

BASTEROT (Barthélemy), conseiller au Parlement, dom. à Bordeaux et propr. à Saint-Trélody, Uch et Saint-Vivien, 5 et 30 nivôse.

BASTEROT (veuve), dom. à Bordeaux et propr. à Saint-Vivien, Dignac, Valeyrac, Loirac et Jau, 13 juillet 1792.

Belamy, dom. à Royan, propr. à Soulac, 26 octobre 1792.
Baulos, curé de Queyrac, dom. et propr. à Bordeaux, 1er juin 1793.
Collas, prêtre, dom. et propr. à Saint-Estèphe, 5 et 30 nivôse.
Clairant, dom. à Bordeaux et propr. à Lesparre, id.
Constant, prêtre, dom. à Begadan, id.
Cruchon (Étienne), prêtre, dom. à Lesparre, propr. à Saint-Trélody, Lesparre, Huchet et Queyrac, 5 et 30 nivôse.
Camiran (les héritiers de), dom. à Bordeaux et propriét. à Verteuil et Saint-Estèphe, 23 août 1792.
Duplessis, dom. à Bordeaux et prop. à Moulis, 26 octobre 1792. En récl.
Donissan (Citran), dom. à Avensac et propr. à Moulis, 5 nivôse.
Duboscq fils, tonsuré, dom. et propr. à Jau, 12 août 1792.
Dumas, conseiller à la Cour des Aides, dom. à Bordeaux et propriét. à Saint-Trélody, 26 octobre 1792. En réclam.
Durival, ci-devant curé, dom. à Potensac, 5 et 30 nivôse.
Décube, prêtre, dom. à Moulis, 1er juin 1793.
Daux (les deux frères), Barthélemy, Dubarrail, dom. à Begadan, propriét. à Begadan, Civrac et Potensac, 13 juillet 1792.
Daux fils (de Périgueys), dom. à Vendays, propr. à Begadan et Saint-Christoly, 13 juillet 1792 et 20 février 1793.
D'Augeard (fils de Jean-Charles), dom. à Bordeaux, propr. à Civrac, Begadan, Preignac, Saint-Trélody et Uch, 5 et 30 nivôse.
Duboscq fils, dom. et propr. à Saint-Julien, 1er germinal.
Duffourcq, ci-devant curé, dom. et propr. à Queyrac, 1er juin 1793.
D'Augeard (Henry Virazel), homme de loi, dom. à Bordeaux, propr. à Jau, Saint-Vivien et Talais, 13 juillet 1792.
Ducastenet (Jacques-Maxime) et Pichard, sa femme, Puységur, officier militaire, dom. à Bordeaux, propr. à Pauillac et St-Sauveur, 5 et 30 nivôse.
Desaigues fils, propr. à Saint-Christoly, 23 août 1792.
Fresquet, prêtre, dom. et propr. à Vendays, 12 avril 1793.
Fayet-Alen (Jean-Baptiste-Catherine), officier des gardes-suisses, dom. à Paris, propr. à Pauillac et Saint-Sauveur, 6 mars 1793.
Goinard (Blaise-Vincent), ci-devant curé, dom. à Lesparre, propr. à Saint-Trélody, 5 et 30 nivôse.
Geslin, ci-devant curé, dom. et propr. à Gaillan, 5 et 30 nivôse.
Gardy (Saint-Hilaire), dom. à Jau, propr. à Cadourne, 1er juin 1793.
Gramond (Louis-Antoine-Armand), dom. à Toulouse, propr. à Lesparre et Uch, 1er juin 1793.

Hons (Jean), ci-devant curé, dom. et propr. à Vensac, 23 mars 1793.
Healy, ci-devant curé, dom. et propr. à Saint-Christoly, 1ᵉʳ juin 1793.
Hosteng (femme Ducluseau), à Bordeaux, propr. à Listrac, 5 et 30 niv.
Jouly, ci-devant curé, dom. à Vensac, 1ᵉʳ juin 1793.
Le Blanc (Mauvesin), conseiller au Parlement, dom. à Bordeaux, propr. à Moulis, Lamarque et Arcins, 13 juillet 1792.
Lalanne (Louis), dom. à Bordeaux, propr. à Saint-Estèphe. En réclam.
Labarthe fils, dom. à Cussac, propr. à Saint-Sauveur, 13 juillet 1793.
Lami (Zacharie), instituteur, dom. et propr. à Lesparre, 20 févr. 1793.
Lachaussedie (Clerans), garde-française, propr. à Cissac, 26 oct. 1792.
Lapierre, directeur de la poste, dom. à Castelnau, 5 et 30 nivôse.
Lalo, ci-devant vicaire, dom. à Hourtin, propr. à Saint-Seurin-de-Cadourne, 5 et 30 nivôse.
Laroze fils, dom. à Bordeaux, propr. à Saint-Julien, 5 et 30 nivôse.
Miegemolle (Jean-Pierre), ci-devant vicaire, dom. et propr. à Talais, 23 mars 1793.
Morin (Jacques-Jean), dom. et propr. à Saint-Vivien, 13 juillet 1792.
Morin (Joseph Ruptan),   id.   id.   id.
Morin (Guillaume), ci-devant vicaire,   id.   5 et 30 nivôse.
Moor (ci-devant curé), dom. à Civrac, 1ᵉʳ juin 1793.
Madjert (Nicolas), prêtre, dom. et propr. à Civrac, 12 avril 1793.
Madjert, ci-devant curé, dom. et propr. à Blagnan,   id.
Mercier (Nicolas), ci-devant curé, dom. et propr. à Pauillac et Verteuil, 5 et 30 nivôse.
Murphy, ci-devant curé, dom. à Civrac, 5 et 30 nivôse.
Moutardier (Paulin), prêtre, dom. à Périgueux, 1ᵉʳ juin 1793.
Montesquieu fils (Secondat), dom. à Bordeaux, 5 et 30 nivôse. En récl.
Monpeyroux (Gabriel-Henry-Grégoire), Descardies, dom. et propr. à Cadourne et Jau, 1ᵉʳ juin 1793.
Piffon (Pierre), prêtre, dom. et propr. à Valeyrac, 12 avril 1793.
Ségur (Jean-Marie), Cabanac, dom. à Bordeaux, propr. à Sᵗ-Estèphe, Begadan, Conquèque, Talais, Soulac, Saint-Germain, Sᵗ-Christoly et Saint-Vivien, 13 juillet 1792 et 12 avril 1793.
Sauveterre (la veuve), dom. à Bordeaux et propriét. à Saint-Vivien, 13 juillet 1792. En réclam.
Taffard, ci-devant curé, dom. et propr. à Jau, 5 et 30 ventôse.
Verthamond (second fils de la veuve), dom. à Bordeaux et propriét à Saint-Christoly, Conquèque, Saint-Izan et Begadan, 5 et 30 nivôse.
Vidal, vicaire, déporté, dom. à Lesparre,   id.

DISTRICT DE BAZAS.

Agon, ci-devant curé, déporté, dom. et propr. à Préchac, 12 pluviôse.
Bouquier (veuve Castelnau-d'Auros), dom. à Bordeaux, propriét. à Auros et Saint-Germain, 6 mars 1793.
Bauduer, prêtre déporté, dom. et propr. à Bazas, 6 ventôse.
Bourriot, chanoine déporté, dom. et propr. à Bazas, à Birac, Saint-Côme, Gajac et Préchac, 6 ventôse et 12 pluviôse.
Basterot, curé déporté, dom. et propr. à Gans, 6 ventôse et 12 pluv.
Benoît, frère capucin, déporté, dom. et propr. à Bazas, 26 germinal.
Barberin, propr. à Masscilles, 6 juin 1792.
Castelnau, (Jean-Mathieu), Moléon, officier militaire, dom. et propr. à Langon, 6 juin 1792.
Castelnau (Denis), Laporteneuve, garde-du-corps, dom. et propr. à Langon, 6 juin 1792.
Castelnau (fils aîné), d'Auros, dom. et propr. à Langon, 20 févr. 1793.
Castelnau fils puîné (de Preigna),   id.   id.
Castelnau, Cazebonne, officier militaire, dom. à Langon, propr. à St-Pierre-de-Mons, 6 juin 1792.
Castaing, curé, déporté, dom. et propr. à Grignols, 26 germinal.
Couture, maître d'école, dom. et propr. à Langon, 1er juin 1793.
Couture, prêtre,   id.   id.
Couraud, prêtre, déporté, dom. à Bazas, 6 ventôse.
Cazmon, cultivateur, dom. et propr. à Bazas, à Cudos, Marions, Levazan et Grignols, 25 juin, 22 juillet 1792 et 6 mars 1793.
Camiran fils aîné, dom. et prop. à Langon et Mons, 15 novembre 1792.
De Gascq (François Laroche), officier militaire, dom. et propriét. à Aillas, 11 juin 1792.
D'Arche (Jean-Luc), conseiller au Parlement, dom. à Bordeaux, propr. à Langon, Toulène, Sauterne, Saint-Pierre-de-Mons, Mazerolles, Aillas et Monclaris, 6 juin 1792.
Drouilhet, conseiller au Parlement, dom. à Marmande, propr. à Aillas et Bazas, 11 et 25 juin 1792. En réclam.
Ducau (Raymond), gendarme, dom. et propr. à Bazas et Cudos, 25 juin 1792.
Dyriard, prêtre, déporté, dom. à Bazas, 6 ventôse.
D'Artigolles, prêtre, déporté, dom. et propr. à Sillas, 12 pluviôse.
Destrac,   id.   id.   id.   à Grignols, 26 germin.

Delorière-Villeneuve, dom. à Villeneuve-sur-Lot, propriét. à Saint-Pierre-de-Mons, 4 juin 1792.

Drouilla-Sabla, propriétaire à Aillas, 30 octobre 1792.

Estenave, curé, dom. et propr. à Langon, 12 pluviôse.

Étienne, ci-devant capucin, dom. et propr. à Langon, 12 pluviôse.

Fabas, prêtre, déporté, dom. et prop. à Auros,   id.

Foutant, id.   id.   id.   à Uzeste,   id.

Faugère, id.   id. dom. à Grignols, propr. à Cours, 26 germinal.

Fayard, dom. à Bordeaux, propr. à Saint-Pierre-de-Mons, 6 juin 1792.

Fayard,   id.   , propr. à Aillas, 11 juin 1792.

Gelas (Joseph-François), dom. à Condom, propr. à Bommes, 30 octobre et 9 novembre 1792.

Gautier (Pierre), de Couthures, propr. à Grignols, 25 juin 1792.

Gautier jeune, de Couthures,   id.   id.

Labarthe (Daniel), capucin, dom. et propr. à Langon, 12 pluviôse.

Laboirie, officier militaire, dom. à Bazas, propr. à Captieux, Cudos, Savignac, Berthez, Bernos, Escaudes, 11 et 25 juin, 22, 16 et 28 juillet 1792, 2 et 23 mars 1793.

Lafon (Jean), prêtre, déporté, dom. à Bazas, propr. à Langon, 12 pluv.

Losse fils jeune, prêtre, déporté, dom. et propr. à Masseilles, 26 germinal.

Lansac, prêtre, déporté, dom. à Saint-Côme, 12 pluviôse.

Lansac, chanoine, déporté, dom. à Bazas,   id.

Lavenue, prêtre,   id.   id.   à Birac, 6 ventôse.

Lagleyre,   id.   id., dom. à Ciron et propr. à Castelnau, 6 ventôse.

Lalanne,   id.   id., dom. et propr. à Jusos, 12 pluviôse.

Lasaussée, de Langoiran, dom. à Bordeaux, propr. à Saint-Pierre-de-Mons, 6 juin 1792.

Labescau, dom. à Labescau, propr. à Captieux, 11 juin 1792.

Laplume (Marguerite), propr. à Grignols, 25 juin 1792.

Lalanne (de Houille), propr. à Grignols,   id.

Longeon, dom. à Bazas, propriét. à Aillas, Labescau et Saint-Michel,

Mirambet aîné, officier militaire, dom. et propr. à Bazas, Coimères, Birac, Gajac et Marions, 25 juin, 22 juillet, 15 novembre 1792 et 6 mars 1793.

Mirambet jeune, officier militaire, dom. à Bazas, propr. à Langon, 6 juin 1792.

Mirambet (Marenne), dom. à Bazas, propr. à Sendets et Gajac, 6 et 11 juin 1792.

Marbotin (Jean-Baptiste), officier de marine, dom. à Langon, et propr. à Bazas, Captieux, Casatz et Sauviac, 30 octobre et 27 novemb. 1792.

Marbotin (Ruberant), propr. à Sainte-Croix-du-Mont, 30 octobre 1792.

Malescot jeune, officier militaire, dom. à Bazas, et propr. à Mirambeau et Bernos, 16, 18 août et 15 novembre 1792.

Malescot aîné (Jean-Joseph), officier militaire, dom. à Bazas, et propr. à Gajac, Langon et Bazas, 16, 18 août et 15 novembre 1792.

Montalier (Thomas), cultivateur et noble, dom. à La Réole, propr. à Toulène et Fargues, 6 juin 1792.

Morin, prêtre, déporté, dom. et propr. à Cours, 12 pluviôse.

Macerouse, id. id. à Baillon, 26 germinal.

Meillan, prêtre, reclus, id. à Bazas, 6 ventôse.

Marbotin, id. id. à Langon, 12 pluviôse.

Meneguerre, prêtre, déporté, dom. à Saint-Sauveur, propr. à Aillas, 12 pluviôse.

Mauvesin, dom. et propr. à Bazas, 25 juin 1792.

Pichard (Didier), officier militaire, dom. et propr. à Savignac, 23 mars 1793. En réclam.

Prunes (Alexis, Duvivier), conseiller au Parlement, dom. et propr. à Brouqueyran, 25 juin 1792.

Pierron, prêtre, déporté, dom. à Castillon, 12 pluviôse.

Plumeau fils, id. dom. et propr. à Cazalis, 12 pluviôse.

Pradier, id. id. à Balizac, id.

Pansel, id. id. à Berthes, id.

Pouget (Amédée), prêtre, déporté, dom. et propr. à Uzeste, 12 pluv.

Roudier (Pierre), ci-devant gendarme, dom. à Langon, propr. à Mons, Toulenne, Mazères, Langon et Saint-Pey, 6 et 25 juin 1792.

Restouil, prêtre, déporté, dom. et propr. à Aillas, 26 germinal.

Racle, barnabite, député, dom. et propr. à Bazas, 12 pluviôse.

Rayne, officier militaire, dom. et propr. à Aillas et Grignols, 22 juillet, 16 et 28 août 1792.

Saint-Blancard, prêtre, déporté, dom. et propr. à Langon, 12 pluviôse.

Sorbés, id. id. à Escaudes, id.

Saint-Espès, id. id. à Bazas, id.

Sauzan fils, id. dom. à Bazas, 6 ventôse.

Salviat, prêtre, déporté, dom. à Coutures, prop. à Bazas, 12 pluviôse.

Voley, commis de la marine, dom. à Langon, 1er juin 1793.

Vignau, prêtre, déporté, dom. et propr. à Cudos, 12 pluviôse.

Vigouroux, propr. à Grignols, 25 juin 1792.

DISTRICT DE LA RÉOLE.

Auger neveu, militaire, propriétaire à Saint-Sulpice et Monségur, 16 juin et 24 juillet 1792.

Anglade, noble, propr. à Blagnac, 13 juin 1792.

Andereau, prêtre, propr. à Mesterrieux, 26 nivôse.

Anglade, dom. et propr. à La Réole,   id.

Bearn-Gallard, ci-devant colonel, dom. à Martignac, propriét. à Lamothe-Landeron, 16 juin 1792.

Bonsol aîné (Gratien), garde-du-corps, propr. à Esseintes, Gironde, La Réole, Bourdeilles, Fontcaude, Morisès et Bazas, 13, 16 juin et 17 août 1792.

Bonneau jeune, militaire, 4 juillet 1792.

Basquiat père et fils, ci-devant conseiller au Parlement, dom. à Bordeaux, propr. à Saint-Martin-de-Cascas et à Caudrot, 27 nov. 1792.

Brulard (Sillery), propr. à Taillecavat, 16 juin 1792.

Bouillon, ci-devant duc, dom. à Paris, propr. à Pellegrue, Ste-Foy-la-Longue et Clairac, 13, 16 et 17 août 1792.

Bayle, propr. à Saint-Félix-de-Pommiers, 16 juin 1792.

Bacalan, propr. à Fontet et Floudès, 26 nivôse et 16 juin 1792.

Bentejac, prêtre, propr. à Fontet et Floudès, 26 nivôse.

Bignon, propr. à Puybarban, 26 nivôse.

Boulin, propr. à Pellegrue, 26 nivôse.

Cantarel, officier militaire, propr. à Casseuil, Gironde, Sainte-Foy-la-Longue et Morisès, 13 et 16 juin 1792.

Camiran (trois frères), propr. à Camiran, Saint-Exupère, Fontcaude, Saint-Félix-de-Pommiers et Bazas, 13, 16 août 1792.

Cazemon ou Casmont, propr. à Bourdeilles, Fossés et Baleysac, 16 juin 1792.

Castaignos, propr. à Lamothe-Landeron, 16 juin 1792.

Castet, propr. à Floudès, 24 juillet 1792.

Cantarel fils, propr. aux Esseintes, 13 juin 1792.

Chalon (Ardouin), ambassadeur en Portugal, propr. à Saint-Léger, Dieulivol et Saint-Martin-du-Puy, 12 avril et 1er juin 1793.

Cornuaut, prêtre, propr. à Saint-Léger et Saint-Romain, 26 nivôse.

Chaudruc (Duclos), prêtre, déporté, dom. et propr. à La Réole, 26 niv.

Catherineau,   id.   dom. et propr. à Gironde,   id.

Destas (Henry-Daniel) et Benjamin, son frère, propr. à Pellegrue, 3 flor.

Duval fils (Pradier), ci-devant conseiller, dom. à Bordeaux, propr. à Saint-Léger, 14 juillet 1792.

Dunoguès (Victor), gendarme, dom. et propr. à La Réole, 3 floréal.

Darche second (Lassalle) et son épouse, militaire, dom. à Bordeaux, propr. à Sainte-Foy-la-Longue, 20 février 1793.

Dubois fils aîné (Dufrène), dom. à La Réole, propr. à Saint-Martin-de-Lerm, 3 floréal.

Delas fils (Lagravère), garde-du-corps, dom. à La Réole, propriét. à Saint-Exupéry, 3 floréal.

Durfort, duc de Duras, dom. à Bordeaux, propr. à Saint-Antoine de Queyret, Mérignas, Landerrouet et Mauriac, 13 juin, 14 juillet 1792 et 12 avril 1793.

Dijon (Philippe), propr. à Pellegrue et Lareyre, 16 juin 1792.

Dégascq (Bertin), propr. à Noaillac, 4 juillet 1792.

Dubois (Lagrange), dom. à La Réole, propr. à Monségur, 24 juillet 1799.

Dumergier, prêtre, déporté, dom. et propr. à Esseintes et La Réole, 26 nivôse.

Espagnet (Heubert), prêtre, déporté, dom. à Saint-Michel, propr. à Mougauzy, 26 nivôse.

Fonvielle-Bacalan, mari et femme, dom. à Bordeaux, propr. à Saint-Antoine-de-Queyret et Listrac, 13 juin et 4 juillet 1792.

Favards, propr. à Bourdelles, 16 juin 1792.

Fournetz (Mathieu), prêtre, déporté, dom. et propr. à Roquebrune, 26 nivôse.

Goineau, officier-garde-côte, propriét. à Gironde et Sainte-Foy-la-Longue, 13 juin 1792.

Goisson (Pierre-Raymond), propr. à Mérignas, 27 novembre 1792.

Gachet, prêtre, déporté, dom. et propr. à Gironde, 26 nivôse.

La Noaille aîné (Jean-Baptiste), militaire, dom. à Massugas, propr. à Pellegrue et Listrac, 16 juin et 4 juillet 1792.

Laveyssière (Verduzan), militaire, propr. à Saint-Félix-de-Pommiers, 16 juin 1792.

Laboirie, militaire, propr. à Saint-Martin-de-Mont-Félix, 13 juin 1792.

Laroche fils (Aubert), officier militaire, dom. et propr. à La Réole et Saint-Selve, 3 floréal.

Lamouroux et son épouse, officier d'artillerie, propr. à Saint-Laurent-du-Plan, Sainte-Foy-la-Longue et Morisès, 13 et 16 juin 1792.

Lacaze (Pierre Bolet), prêtre, dom. et propr. à La Réole et Saint-Hilaire-de-la-Noaille, 13 juin et 14 juillet 1792.

— 196 —

Labenne, propr. à Saint-Martin-de-Sescas, 13 juin 1792.

Labarthe (Barbe-Sylvain), propr. à Mérignas, *id.*

Labayje, capucin, déporté, dom. à Neuffons, propr. à Noaillac, 26 niv.

Latour, prêtre, déporté, dom. et propr. à Noaillac, *id.*

Menou, dit Philibert, militaire, propr. à Monségur, 3 floréal.

Mauriac, dit Taillefer, garde-du-corps, propriét. à Saint-Antoine-de-Queyret et Listrac, 13 juin et 4 juillet 1792.

Montagne, dit Cangran, garde-du-corps, propr. à La Réole et Loubens, 13 juin 1792.

Montalier (Thomas), militaire, propriétaire à La Réole, Loubens, Bourdelles, Mongauzi et Saint-Hilaire-de-la-Noaille, 13 et 16 juin, 24 juillet 1792.

Mirambet, propr. à Blaignac, Lamothe-Landeron et Floudès, 13 et 16 juin, 24 juillet 1792.

Meilhan, prêtre, déporté, dom. à Esseintes et La Réole, 26 nivôse.

Pis fils (Daniel), propr. à Puybarban, 3 floréal.

Pis (François), propr. à Lamothe-Landeron, 16 juin 1792.

Perusse (deux fils), militaires, propr. à Castillon, 3 floréal.

Pontac, propr. à Mérignas, 13 juin 1792.

Pellé, prêtre, déporté, dom. et propr. à Mesterrieux, 26 nivôse.

Pasquerit, prêtre, déporté, dom. et propr. au Puy, *id.*

Pardiac (Jean), prêtre, déporté, dom. et propr. à Bagas, *id.*

Peytraud, *id.* *id.* *id.* à La Réole, *id.*

Roland (Labouat), *id.* *id.* *id.* à St-Ferme. *id.*

Ségur-Boirac (Jean-François), comte, militaire retiré, et son épouse, propr. à Pellegrue, Listrac et Massugas, 16 juin et 17 août 1792, 4 juillet 1793.

Saint-Robert fils aîné (Roboham), propr. à Caumont, 3 floréal.

Soyres, dom. à Caumont, Sainte-Foy-la-Longue et Saint-Martin-du-Puy, 13 juin, 24 juillet 1792 et 3 floréal.

Saint-Cricq, prêtre, propr. à Caudrot, 27 novembre 1792.

Toulouse fils, propr. à Puybarban et La Réole, 3 floréal.

Verthamon (Maurice), officier militaire, dom. à Bordeaux, propriét. à Loupiac, Fontet, La Réole, Bourdelles, Saint-Hilaire-de-la-Noaille et Floudès, 13 et 16 juin, 4 et 24 juillet 1792.

Verthamon (Saint-Fort), prop. à Mongauzy et Noaillac, 16 juin et 4 juillet.

Villevicelle (Jean), prêtre, déporté, dom. à Monségur, propr. à Monségur et Le Puy, 26 nivôse.

Uzann (trois frères), militaires, propr. à Loupiac et La Réole, 13 juin.

DISTRICT DE CADILLAC.

BARITAUD (Hippolyte), garde-du-corps, propr. à St-Germain-de-Graoux, 21 juin 1792.

BARITAUD (Hector),   id.   id.   id.
21 juin 1792.

BARITAUD (Auguste), et son fils, garde-du-corps, propr. à Saint-Pierre-d'Aurillac, Saint-Germain-de-Graoux et Sainte-Croix-du-Mont, 21 juin 1792, 10 janvier 1793.

BARITAUD (Charles), officier militaire, propr. à St-Germain-de-Graoux, 21 juin 1792.

BOURRAN père (Jean-Germain), noble, dom. à Bordeaux, propr. à Haux et Saint-Germain-de-Lombard, 25 juillet 1792.

BASQUIAT père (Joseph), ci-devant conseiller, dom. à Bordeaux, propr. à Illats, Landiras et Preignac, 9 novembre 1792.

BASQUIAT fils, noble, dom. à Bordeaux, propr. à Barsac et Preignac, 21 octobre 1792, 10 et 12 janvier 1793.

BARITAUD fils aîné, noble, dom. à Bordeaux, propr. à Saint-Macaire, 10 janvier 1793.

BARITAUD (deux frères), dits d'HORRIES, propr. à Beguey, 24 oct. 1792.

BROUX (François), prêtre, déporté, dom. et propr. à Lestiac, id.

BEYLOT (Jean-Joseph), id.   , dom. à Paris, propr. à Rions, 21 juin 1792 et 10 janvier 1793.

CASTELNAU (deux frères), d'Auros, nobles, propr. à Preignac, 17 août 1792.

CALVIMONT (Auguste), officier militaire, propr. à Cérons, Podensac et Morillon, 17 août 1792 et 2 février 1793.

CHAPELLE (JUMILLAC), officier militaire, propr. à Langoiran, 24 octobre 1792. En réclam.

CANTAREL (Jean), noble, propr. à Coirac, 21 juin 1792.

CHATEAU, Américain, propr. à Barsac,   id.

CLASSUN (LUQUES), noble, propr. à Montignac, Soulignac et Ladaux, 21 juin 1792.

CHIMBAUT (Fillot), ci-devant conseiller, dom. à Bordeaux et propr. à Preignac, 24 octobre 1792.

CARLES (André-Charles, dit TRAJET), propr. à Beguey, Rions et Laroque, 21 juin 1792.

DE GÈRES fils, dit VAQUEY, officier militaire, propr. à Rions, 21 juin 1792.

— 198 —

De Gères, sa femme et deux fils, propr. à La Sauve-Majeure, 21 juin 1792.

Darche (Pierre), dit Lassalle, noble, propr. à Saint-André-des-Bois et Saint-Macaire, 10 et 12 janvier 1793.

Despens neveu, propr. à Saint-Macaire, 10 janvier 1793.

D'Arche (Jean-Baptiste), dit Deluxe, noble, dom. à Bordeaux, propr. à Saint-Pierre-d'Aurillac, 10 janvier 1793. En réclam.

Duzan (Jean), prêtre, déporté, dom. et propr. à Preignac, 24 octobre 1792.

Désarnaud, *id.*, *id.* à Saint-Maixent, 10 janvier 1793.

Dumas, prêtre, déporté, dom. et propr. à Paillet et Cardan, 24 octobre 1792.

Dupuy (la veuve), dom. et propr. à Castres, 10 janvier 1793.

D'Allon (les sœurs), dom. à Bordeaux, propr. à Montprinblanc, Cabanac et Baigneaux, 21 juin 1792.

Darmajan, ci-devant chanoine, propr. à Preignac, 24 octobre 1792.

Étienne, noble, propr. à Portets, 25 juillet 1792.

Ferbos, curé, dom. à Bordeaux, propr. à Sainte-Croix-du-Mont et à Loupiac, 12 janvier 1793.

Fayard, propr. à Saint-Pierre-d'Aurillac, 21 juin 1792.

Grenier (Raymond), officier militaire, propr. à Haux et à Langoiran, 21 juin et 6 mars 1793.

Gassiot, prêtre, déporté, propr. à Cabange, 20 février 1793.

Lauvergnas (Joseph), officier garde-côte, propriét. à Cadillac, Haux, Cérons et Barsac, 21 juin et 25 juin 1792.

Léglise frères, nobles, propr. à Saint-Macaire, Pian, Saint-André-des-Bois, 10 et 12 janvier 1792.

Lamouroux (Joseph), noble, propr. à Barsac, 21 juin 1792.

Lacroix fils, prêtre, propr. à Budos et Saint-Maixent, 20 février 1793.

Larroque (Charles), dit Bunos, officier militaire, propriét. à Budos, Landiras, Illats, Preignac et Saint-Michel-de-Rieufret, 24 juin 1792.

Larroque jeune, militaire, propr. à Saint-André-du-Bois, *id.*

Lamarre (Louis), ci-devant curé, propr. à Cardan, 10 janvier 1793.

Larrouy (Louis), prêtre, propr. à Paillet, 24 octobre 1792.

Larrouy (Pierre), *id.* *id.* *id.*

Labenne, propr. à Saint-Macaire, 21 juin 1792.

Mondenard fils, dit Lapassoune, officier de marine, propr. à Cadillac et Loupiac, 21 juin 1792.

Montalier, noble, propr. à Preignac, 24 juin 1792.
Mallet, propr. à Castelviel et Laroque, id.
Malvin, id. à La Sauve, id.
Mondenard, ci-devant curé, dom. à Rions, propr. à Loupiac, 12 janvier 1793.
Maret fils, prêtre, propr. à Sainte-Croix-du-Mont, 2 septemb. 1793.
Nombel, propr. à Montpezat, 24 janvier 1792.
Preissac père (Charles), ci-devant lieuten^t-général, propr. à Cadillac, Béguey, Cérons et Barsac, 24 juin et 25 juillet 1792.
Peytraud (Simon), prêtre, propr. à Saint-Pierre-d'Aurillac, 10 janvier 1793.
Rolland fils, propr. à Preignac, 24 octobre 1792.
Rey, dit Millange, propr. à Saint-Genès-de-Lombaud, 24 juin 1792.
Roques fils, prêtre, propr. à Preignac, 24 octobre 1792.
Ségur, dit Cabanac, noble, propr. à Cabanac et Cérons, 24 juin et 24 octobre 1792.
Ségur, dit La Roquette, noble, propr. à Barsac, 10 janvier 1793.
Saint-Marc (Jean Donat), prêtre, propr. à Loupiac, 24 octobre 1793.
Saluce et ses enfants, propr. à Preignac, Barsac et Tabanac, id.
Tesseney, prêtre, 2 septembre 1793.
Wavrans (Charles-François-Marie), comte de Benauge, propr. à Arbis, Montpesat, Escoussans, Saint-Martial, Semens, Omet, Graoux, Aubiac, Ladaux, Donzac, Saint-André-du-Bois, Saint-Germain et Mourens, 24 juin et 25 juillet 1791.
Vassal (Gabriel), officier militaire, dom. à Bordeaux, propr. à Rions, Lestiac, Tourne, Paillet, Tabanac et Haux, 24 juin 1792.
Verduzan (Hyacinthe-Philémon), dit Lavaissière, officier militaire, propr. à Castelviel et Gornac, 12 avril 1793.
Verthamon (François-Joseph), dit Saint-Fort, officier militaire, propriétaire à Laroque, Lestiac et Loupiac, 24 juin 1792.
Varcauzel, chanoine, dom. et propr. à Cadillac, 2 septembre 1793.
Vergnes, ci-devant curé, dom. et propr. à Saint-Michel-de-Rieufret, 20 février et 1er juin 1793.
Vidau, sous-diacre, dom. et propr. à Rions, Beguey et Laroque, 1er juin et 6 mars 1793.
Verteuil fils, officier militaire, propr. à Sainte-Croix-du-Mont et Aubiac, 25 juillet 1792.
Vassal, garde-du-corps, propr. à Rions et Laroque, 10 et 12 janvier 1793.

DISTRICT DE BOURG.

Chanon, femme de Dorival, dom. à Blaye, propr. à St-Martin, Pugnac et Lacaussade, 30 juin 1793.

Chanon (Jean), dom. et propr. à Blaye, Saint-Martin, Lacaussade et Saint-Christoly, 20 et 30 juin, 17 juillet 1792.

Chanon aîné, dom. à Blaye et propr. à Civrac, 20 juin 1792.

Chanon jeune, dom. à Blaye et propr. à Pugnac, 30 juin 1792.

Chanon plus jeune, dom. à Blaye et propr. à Lafosse, 17 juillet 1792.

Calmeilh frère, dit Poyanne, dom. à Gauriac, propr. à Lafosse, id.

Calmeilh, propr. à Saint-Christoly, 17 juillet 1792.

Calmeilh (la veuve), propr. à Gauriac, id.

Croizeau (la demoiselle), dom. à Bordeaux et propr. à Saint-Christoly, 17 juillet 1792. En réclam.

D'Auch, dom. à Bourg, propr. à Saint-Simon, 1er juin 1793.

Descorps (Pierre), dom. à Bourg, propr. à Cézac et Cubnezais, 20 juin 1792.

Delage, prêtre, dom. et propr. à Saint-Christoly, 17 janvier 1792.

Duc, prêtre, dom. à Prignac, et propr. à Preignac et Marcamps, 2 septembre 1793.

Dudezert (Henry), dom. à Blaye et propr. à Saint-Paul et Mazious, 24 septembre 1792.

Dudezert, dom. et propr. à Blaye, 24 septembre 1792.

D'Aulède, Pardailhan (trois-sœurs), dom. à Blaye, propr. à Blaye, Saint-Andony, Cars et Saint-Genis, 24 septembre 1792.

Duluc, propr. à Blaye, 20 juin 1792.

Delage puîné, dom. à Teuillac, propr. à Montbrier, 20 juin 1792.

Damblemont, dit Saint-Fort, propr. à Saint-Louis, 17 juillet 1792.

Dupré (demoiselle), propr. à Saint-Christoly, 2 septembre 1792.

Gombaud, dit Plainpoint, dom. à Bordeaux, propr. à Marsas, 30 juin 1792. En réclam.

Gonde, propriétaire à Saint-Louis, 17 juillet 1792.

Guiraud fils (Jean), domicilié à Bayon, 2 septembre 1793.

Guiraud fils (Jacques), id. id.

Joigny, dit Bellebrune, dom. à Bourg, propr. à Prignac et Marsas, 20 et 30 juin 1792.

Barberin, dit Lamothe, dom. à Bourg, propr. à Lansac et St-Seurin, 20 juin 1792.

Barberin (Pierre), dom. à Bourg. propr. à Bourg et Saint-Seurin, 30 juin et 17 juillet 1793.

Barberin, dit de Lansac, dom. à Bourg, propr. à Montbrier et Tauriac, 20 juin 1792.

Basquiat, ci-devant conseiller, dom. à Bordeaux, propr. à Notre-Dame-d'Ambès, 12 avril 1793.

Bellade (Décime), dom. à Bourg, propr. à Montbrier, 20 juin 1792.

Bellade, dit Taudia, dom. à Bourg, propr. à Lalibarde et Bourg, 30 juin 1792.

Bellot aîné (Jean-Baptiste), dom. à Blaye, propr. à Blaye et St-Paul, 20 juin et 23 novembre 1792, 6 mars et 2 septembre 1793.

Bellot, dit le Chevalier, officier militaire, dom. à Blaye et propriét. à St-Androny, 1er juin 1793.

Bellot, dit Lafon, dom. à Blaye, propr. à Berson, 20 juin et 24 septembre 1792.

Bonnevin, dit Lasserre, dom. à Bordeaux, propriét. à Saint-Marien, 27 novembre 1792.

Bonnevin père et fils, dom. à Bordeaux, propr. à Berson, 20 juin 1792.

Broglie (femme), dom. à Paris, propr. à Cavignac et Gauriaguet, 21 juin et 24 septembre 1792.

Brosse (de), dom. à Paris, propr. à Reignac, 17 juillet 1792.

Barbé (Jean-Luc), officier militaire, dom. à Blaye, propr. à St-Paul et Cars, 24 septembre et 22 novembre 1792.

Brunel, dom. à Cubzac, propr. à Saint-André-de-Cubzac, 20 juin 1792.

Boucaud, dom. à Bourg, propr. à Laruscade et Cavignac, id.

Belot, dom. et propr. à Eyrans, 30 juin 1792.

Ballode père, dom. et propr. à Saint-Christoly, 17 juillet 1792.

Brun-Cadeau, dom. à Blaye, propr. à Compugnan, Genérac, Marsas et Plassac, 24 septembre, 22, 27 novembre 1792 et 1er juin 1793.

Berrier (la Dame), propr. à Saint-Louis et Étauliers, 17 juillet 1792. A justifié de sa rentrée.

Ballode (Gabriel), dom. et propr. à Saint-Christoly, 2 septemb. 1793.

Chaban, dom. et propr. à Saint-André-de-Cubzac, 20 juin 1792.

Champion, dit Cicé, ci-devant archevêque, dom. à Bordeaux, propr. à Montbrier, Saint-Savin, Civrac, Cézac, Saint-Seurin et St-Marien, 20 et 30 juin, 17 juillet 1792.

Joigny, dom. à Bordeaux, propr. à Laruscade, Gauriaguet, Marcamps, Saint-Laurent, Saint-Marien, Virsac et Saint-Louis, 20, 30 juin et 17 juillet 1792.

Joigny père et fils, dom. à Cézac, propr. à Cézac et Aubie, 20 juin 1792.

Joigny, dit Labellue, dom. à Bordeaux, propr. à Cavignac et Marsas. 20 juin 1792.

Joly, chirurgien, dom. et propr. à Bourg, 30 juin 1792.

Isles frères, propr. à Saint-Paul et autres lieux, 2 septembre 1793.

Laboirie, ci-devant officier des gardes-françaises, dom. à Bordeaux, propr. à Notre-Dame-d'Ambès, 17 juillet 1792.

Lachassaigne, prêtre, dom. et propr. à Cazelle, 2 septembre 1793.

Lachassaigne père, dom. et propr. à Cubzac, 30 juin 1792.

Laroque fils, dom. à Bourg, propr. à Bayon, 17 juillet 1792. Est en récl.

Landreau fils (Jean), laboureur, dom. et propr. à Bayon, 2 sept. 1793. Est en réclamation.

Lavergne-Mirande, dit Delage, dom. et propr. à Saint-Ciers-de-Canesse, 30 juin 1792.

Lamoignon (la Dame), propr. à Eyrans et Campugnac, 30 juin et 24 septembre 1792.

La Richardière et Deloche, propr. à Saint-Louis de Montferrand, 17 juillet 1792.

Laudard (demoiselle), propr. à Saint-Christoly, *id.*

Lamothe (les héritiers de), dom. à Blaye, propr. à Saint-Androny, 17 juillet 1792.

Latourette frères et sœurs, dom. à Blaye et propr. à Saint-Louis, 17 juillet, 31 août et 24 septembre 1792.

Lamalélie (les héritiers de), propr. à Campugnac, 24 septembre 1792.

Montalier, dit Grissac, propr. à Cavignac, 20 juin 1792.

Morin (veuve Barbé), propr. à Saint-Paul, 2 septembre 1793.

Noiret aîné (Auguste), dom. à Brives, propr. à Pugnac, 30 juin 1792.

Nieul (De), propr. à Reignac, 17 juillet 1792.

Paty, dit Labrède, dom. à Libourne, propr. à Saint-André-de-Cubzac, 20 juin 1792.

Pic d'Abadie, dit Pujard, propr. à Cavignac, 20 juin 1792.

Ponteneuil, propr. à Marcillac, 17 juillet 1792.

Peychaud fils, dom. à Bourg, propr. à Blaye, 24 septembre 1792.

Roncecy, dom. à Bourg, propr. à Gauriac et Villeneuve, 30 juin 1792.

Roulin, dom. et propr. à Berson, 20 juin 1792.

Roulin (Guillaume), dit Comarque, dom. et propr. à Berson, 24 septembre 1792.

Subercazeaux, prêtre, dom. à Bordeaux, propr. à Blaye et Tauriac, 24 septembre 1792.

Saint-Simon, propr. à Saint-Louis, 17 juillet 1792.
Tandonnet, prêtre, dom. à Bordeaux, propr. à Pugnac, 1er juin 1793.
Varcarsel, id. dom. et propr. à Blaye, 24 septembre 1792.

Vu par nous, administrateurs du Directoire du département du Bec-d'Ambès, à Bordeaux, le 17 fructidor, an 2me de la République française, une et indivisible.

Signé : Laumont jeune, *Président ;* Lafargue, Mouville, Payrebrune et Minor, *Administrateurs ;* Fellixe, *Secrétaire général.*

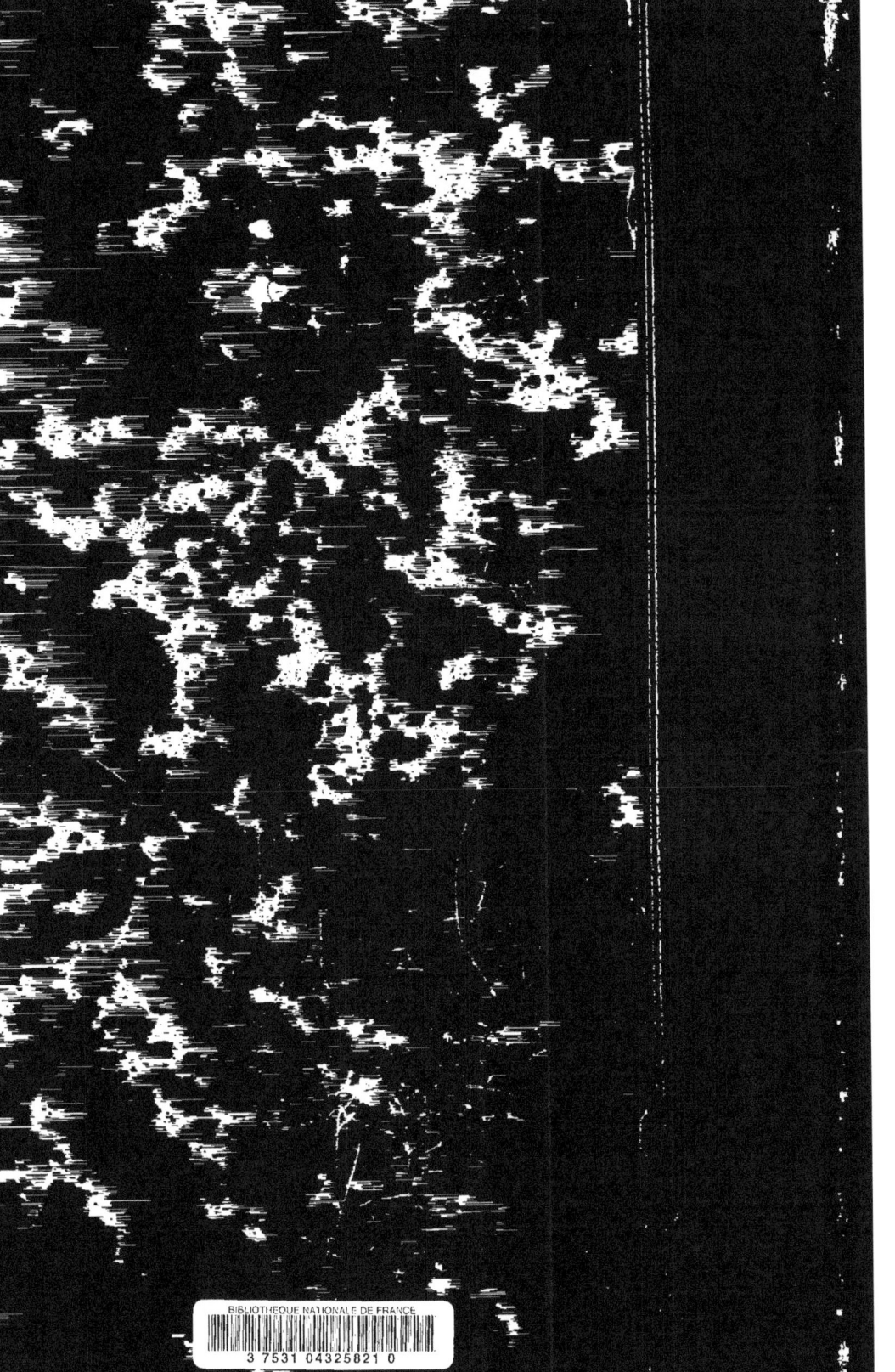

www.ingramcontent.com/pod-product-compliance
Lightning Source LLC
Chambersburg PA
CBHW061733300426
44115CB00009B/1201